新実例刑法

[各論]

池田 修
金山 薫 [編]

青林書院

◆ 編 者 ◆

池田	修	福岡高等裁判所長官
金山	薫	元大阪高等裁判所判事・前日本大学大学院法務研究科教授

◆ 執筆者 ◆

西田 眞基	大阪地方裁判所判事		島田 一	東京地方裁判所判事
波床 昌則	千葉地方裁判所判事		伊藤 寿	司法研修所教官
佐々木 一夫	名古屋地方裁判所判事		岩倉 広修	大阪地方裁判所判事
田口 直樹	福岡地方裁判所判事		和田 真	大阪地方裁判所判事
後藤 眞理子	千葉地方裁判所判事		堀田 眞哉	千葉地方裁判所判事
山田 耕司	岐阜地方裁判所判事		吉村 典晃	東京地方裁判所判事
登石 郁朗	東京地方裁判所判事		朝山 芳史	横浜地方裁判所判事
下津 健司	東京地方裁判所判事		長井 秀典	大阪地方裁判所判事
伊藤 雅人	東京地方裁判所判事		大野 勝則	東京高等裁判所判事
山口 裕之	東京地方裁判所判事		松田 俊哉	さいたま地方裁判所判事
芦澤 政治	東京地方裁判所判事		大熊 一之	さいたま地方裁判所判事
伊藤 寛樹	大阪地方裁判所判事		畑山 靖	大阪高等裁判所判事
川田 宏一	東京地方裁判所判事		村越 一浩	大阪高等裁判所判事
藤井 敏明	東京地方裁判所判事		松藤 和博	福岡高等裁判所判事
稗田 雅洋	千葉地方裁判所判事		吉井 隆平	司法研修所教官
近藤 宏子	東京地方裁判所判事		若園 敦雄	東京地方裁判所判事
齋藤 正人	大阪地方裁判所判事		菊池 則明	東京高等裁判所判事
河原 俊也	大阪地方裁判所判事		小倉 哲浩	京都地方裁判所判事

（掲載順，所属・肩書は本書発行時）

目 次

1　メダルの不正取得と窃盗罪　　　　　　　　　　西田眞基　*1*

　甲と乙は，パチスロ機に針金を差し込んでこれを誤作動させるなどの方法（ゴト行為）で不正にメダルを取得しようと話し合い，乙において，Aパチンコ店設置のパチスロ機につきゴト行為を行って100枚のメダルを取得し，甲においては，専ら店内の防犯カメラや店員による監視から乙のゴト行為を隠ぺいする目的で，乙がゴト行為を行っているパチスロ機の隣のパチスロ機で通常の方法で遊戯して50枚のメダルを取得した。甲の罪責はどうか。

2　窃盗罪における占有　　　　　　　　　　　　　波床昌則　*14*

　Aは，B公園のベンチに座り，セカンドバッグを傍らに置いて，恋人のCと話し込んでいた。Aは，このセカンドバッグをベンチに置き忘れたまま，Cを駅に送るため，Cとともにその場を離れた。Aは，Cを見送り，駅構内の喫茶店でコーヒーを飲むなどしていたところ，セカンドバッグを忘れたことに気付き，急いで上記ベンチの所まで戻ったが，セカンドバッグはなかった。セカンドバッグは，近くでAらの様子をうかがっていた甲が取ったものであるが，上記ベンチから駅までの距離は約1キロメートル，Aが気付いたのは約30分後であり，戻ったのは約40分後であった。甲の罪責はどうか。

3　親族相盗例　　　　　　　　　　　　　　　　佐々木一夫　*24*

　次の場合，甲，乙の罪責はどうか。
〔1〕甲は，近所に暮らしている祖父のA方から封筒入りの現金を盗んだ。この現金は，Aが預かっている町内会費であった。
〔2〕家庭裁判所からBの未成年後見人として選任されていた祖父乙は，後見の事務として預かり保管中のBの預金を引き出し，勝手に自分のために使ってしまった。

4　仮設店舗の改造と不動産侵奪罪　　　　　　　　田口直樹　*36*

　甲は，Aから，直ちに撤去可能な屋台だけとの条件で，その所有土地を無償で使用させてもらい，仮設店舗を建てて，飲食業を営んでいた。その後，同所で風俗営業を営むこととし，Aに無断で，上記仮設店舗を改造した。甲の罪責はどうか。

5　事後強盗罪における窃盗の機会　　　　　　　　後藤眞理子　*45*

　甲は，車を道路端にとめ，車をそこに置いたまま歩いて盗みに入れそうな家を物色し，車から約200メートル離れたA方に侵入し，財布を盗み，だれにも見付かることなく，車に戻った。車に乗り込んで財布の中身を数えたところ，額が少なかったことから，再びA方に盗みに入ることにし，車を降りて歩いて引き返した。盗みから数分後，A方敷地内に入ったところ，そこに居た家人の

v

目　次

Bに見付かり，あわてて逃げたが，追いかけられ，A方から約100メートル離れた路上で捕まりそうになって，持っていたナイフをBに向けて振り回した。Bは，これを避けようとして転び，手のひらに全治約1週間を要するかすり傷を負った。甲の罪責はどうか。

6　譲渡目的を秘した預金口座の開設，誤振込みと詐欺罪　　山田耕司　58

次の場合，甲，乙について詐欺罪は成立するか。
〔1〕　甲は，銀行で，自己名義の預金口座開設に伴って交付される通帳，キャッシュカードを第三者に譲渡するつもりであるのに，その意図を隠し，自己名義の普通預金口座の開設を申し込んで自己名義の通帳，キャッシュカードの交付を受けた。
〔2〕　乙名義の普通預金口座に誤った振込みがなされた。乙は，銀行で，その事情を知りながら，誤振込みであることを隠して預金の払戻しを受けた。

7　クレジットカード等の不正使用　　登石郁朗　71

次の場合，甲，乙の罪責はどうか。
〔1〕　甲は，A方に侵入して，A名義のクレジットカードとキャッシュカード等を盗んだ。甲は，加盟店で，このクレジットカードを示し，Aのごとく振る舞って，店員から商品を購入した。また，甲は，銀行のATMに，このキャッシュカードを入れて，現金を引き出した。
〔2〕　Bは，乙に対し，賭博の借金を支払うため，50万円ほどまでなら買物をしていいと言って，自己名義のクレジットカードを渡した。乙は，加盟店で，このカードを示し，Bと名乗って，店員から商品（販売価格60万円）を買った。

8　2項詐欺における処分行為（無銭宿泊）　　下津健司　82

甲は，旅館に一泊し，翌朝，従業員に「ちょっと近くを散歩してくる。」と声を掛け，従業員からは「行ってらっしゃいませ。」と言われ，旅館を出たまま，戻らなかった。甲は宿泊代金を払っていない。甲の罪責はどうか。

9　詐欺罪における不法領得の意思　　伊藤雅人　93

甲は，支払督促制度を悪用してAの財産を不正に差し押さえて多額の金員を得ようと考え，簡易裁判所に対し，Aを債務者として，甲がAに対して1億円の債権を有する旨の内容虚偽の支払督促を申し立てた。裁判所からAあてに発送される支払督促正本については，共犯者乙がAを装って郵便配達員から受け取ることで，適式な送達がなされた外形を整え，支払督促の効力を確定させようとした。乙は，甲から連絡を受けて，A方付近で待ち受け，支払督促正本の送達に来た郵便配達員に対し，Aを名乗り，支払督促正本を受け取った。甲につき支払督促正本の受領について詐欺罪が成立するか。

は　し　が　き

　本書は，平成13年に刊行された新実例刑法総論の姉妹編である。
　新実例刑法総論のはしがきで述べられているように，本書は，新「実例刑法」という名のとおり，具体的な事例を想定して設問を組み立て，設問に関係する実定法，基礎理論を解明し，これを具体的な事実に当てはめて結論を導くという構成をとっている。同じような構成をとる書物はほかにもいくつか出ているが，それは，具体的事例を念頭に置いた方が法律を理解し易く，思考の順序としても，当該事実関係の下で問題となる法理は何かを探索し，それを事実に当てはめるにはどのような論点をどのように解決しなければならないかを理解することが有益と考えられるためである。本書も，いわゆる体系書をより深く理解し，実践的思考能力を身につけるのに役立つように心がけている。
　刑法総論刊行後，平成16年に新しい法曹養成制度として法科大学院が設立され，単なる法的知識の伝達ではなく，法的思考力の涵養に重点を置いた教育が始まり，既に多くの卒業生が新司法試験に合格し，法曹の各分野で活躍している。本書は，基本書を習得している方を対象に，社会に生起する様々な犯罪現象を念頭に置いて，最高裁判所の判例を題材とした実例36問を選定し，従来の学説判例を踏まえた上で，具体的事例の解決方法を考えていくという構成をとっている。新しい問題も含め，刑法各論の主要な問題を取り上げているので，是非設問と格闘し，生きた刑法の考え方を体得されることを期待している。主要な読者層としては，司法修習生，法科大学院の上級生を考えているが，法学部のゼミの教材としての利用も想定している。
　執筆者としては，実務経験17年以上の裁判官の方々にお願いした。裁判員制度が導入され，以前にも増して多忙中，執筆を快諾され，豊富

な経験を背景に学説，判例のいずれにも偏ることなく掘り下げた論稿を作成していただき，厚く御礼を申し上げる。

最後に，企画の段階からお世話になった山口裕之，吉村典晃両氏に心から御礼を申し上げたい。

　　平成23年4月

　　　　　　　　　　　　　　　　　　　　　　　　　　編　　者

［重版（初版第2刷）にあたって］

　本書の刊行後，重版までの間に，刑法の一部改正が何度か行われた。これらの改正により，本書の設問の一部については立法的な解決が図られた（19問・26問補注参照）。また，「自動車の運転により人を死傷させる行為等の処罰に関する法律」（平成25年法律第86号）の成立に伴う刑法の一部改正により，根拠条文が異なることとなったものもある（30問・31問補注参照）。そこで，それらの改正に関連する設問については，補注を付して改正の概要を紹介することとしたが，本書で示された考え方は，後者の場合には現在もなお新法の解釈としてそのまま妥当するものであるし，前者の場合も参照価値を減ずるものではない。引き続き利用されることを期待している。

　　平成26年11月

　　　　　　　　　　　　　　　　　　　　　　　　　　編　　者

10 不良貸付け等と横領・背任罪の成否　　　　　　　　山口裕之　106

次の場合，甲，乙の罪責はどうか。

〔1〕　A信用保証協会は，支所長の決済限度額を3000万円とし，融資の保証に際しては，抵当権を設定させると定めていた。ところが，B支所長の甲は，企業者Cが多額の負債を抱えて倒産の危機が迫っている状況にあることを知りながら，A協会の協会長Dに対する稟議資料に内容虚偽の記載をし，抵当権を設定させないで5000万円の保証書を交付して，Cの借受金債務についてA協会に5000万円の保証債務を負担させた。Cの借受金債務はいまだ不履行の段階に至っていない。

〔2〕　社団法人E森林組合の組合長である乙は，法の規定により，政府から組合に対し，組合員に造林資金として転貸交付する目的で貸与され，この転貸資金以外の他のどのような用途にも流用支出することのできない金員を，F町の諸経費支払資金に充てるため，F町に貸し付けた。なお，上記金員は組合の所有に属し，上記貸付けは組合名義で処理されている。

11 背任罪における図利加害目的　　　　　　　　　　　芦澤政治　127

商社であるA株式会社の代表取締役社長甲は，その任務に違反し，債務超過の状態にあったB株式会社に無担保で多額の融資を実行した。甲は，この融資の返済がなされないかもしれないとの認識はあったものの，B社が企画している事業は成功の見込みがあり，A社も同事業に共同参画することから，同事業の成功によりA社に多額の利益がもたらされるものと考え，その実行に踏み切ったものであった。しかし，上記事業は失敗に終わり，B社は多額の負債を抱えて倒産し，上記融資の返済はなされなかった。甲の罪責はどうか。

12 背任罪におけるいわゆる外部共犯　　　　　　　　　伊藤寛樹　138

株式会社A銀行の融資担当者である甲は，破たん状態にあるB株式会社に多額の運転資金を無担保で融資するという背任行為に及んだ。甲とこの融資の交渉をしたB社の代表取締役の乙は，甲の会社法上の特別背任罪の共同正犯としての罪責を負うか。

13 権利行使と恐喝罪　　　　　　　　　　　　　　　　川田宏一　153

甲は，Aに対し1000万円の債権を有していた。Aは，返済期限までに，うち800万円を支払ったが，残金の支払をしない。甲は，Aと会い，Aに対し，残金のほかわび料として200万円の支払を要求し，これに応じないときはAの身体に危害を加えるような態度を示した。怖くなったAは，400万円を甲に交付した。甲の罪責はどうか。

14 不動産の二重譲渡，抵当権設定　　　　　　　　　　藤井敏明　165

次の場合，甲，乙の罪責はどうか。

〔1〕　甲は，その所有土地をAに売却した。甲は，その所有権移転登記手続が

目　次

未了で登記ファイル上所有名義が自己にあることを利用して，この土地をBに売却し，その旨の登記を了した。また，この土地をBに売却するのではなくCのため抵当権を設定し，その旨の登記を了した場合はどうか。さらにその後，同土地をCに売却し，その旨の登記を了した場合はどうか。

〔2〕　乙は，その所有土地にDのため抵当権を設定した。乙は，その抵当権設定登記手続が未了であることを利用して，この土地にEのため抵当権を設定し，第1順位でその旨の登記を了した。

15　横領罪と不法原因給付　　　　　　　　　　　　　　　　稗田雅洋　177

甲は，A店からパソコンを盗み，乙に対し，その売却を依頼した。乙は，甲がこのパソコンを他から盗んできた物であることを知りながら，これをBに売却した。その後，乙は，Bから受け取ったその代金を勝手に自分のために使ってしまった。乙の罪責はどうか。

16　盗品等に関する罪の諸類型　　　　　　　　　　　　　　近藤宏子　187

〔1〕　甲は，A社から約束手形を盗み，乙に対し，これをA社に売り付けるよう依頼した。乙は，この約束手形がA社から盗まれた物であることを知りながら，A社の担当者と交渉してこれをA社に売却した。乙の罪責はどうか。

〔2〕　丙は，Bの資材置場から鋼板を盗み出した。丙は，この鋼板を遠くの丁方までトラックで運ぶについて，その運転を戊に依頼した。戊は，丙がこの鋼板を他から盗んできた物であることを知りながら，トラックを運転してこれを丁方まで運んだ。丙は，丁にこの鋼板の保管を依頼し，丁は，自己の資材置場でこれを保管していた。丁は，後に丙がこの鋼板を他から盗んできた物であることを知ったが，その後も保管を続けた。丙，丁，戊の罪責はどうか。

17　玄関ドア等の損壊，外壁の落書きと建造物等損壊罪　　齋藤正人　200

次の場合，甲，乙の罪責はどうか。

〔1〕　甲は，Aの住居の木製雨戸，玄関ドアをバットでたたいて壊した。

〔2〕　乙は，公園内の公衆便所の外壁にラッカースプレーでペンキを吹き付け，自己の所属する暴走族の名前を書いた。この落書きを消すにはペンキの上塗りが有効で，その費用は1万円程度であった。

18　公務執行妨害罪における職務の適法性　　　　　　　　河原俊也　211

警察官Aは，制服を着用し，薬物の密売地域を警らしていたところ，辺りを見回しながら道路脇で電話をしていた甲が，Aの姿を見て，足早に立ち去ろうとした。Aは，売人ではないかと疑い，職務質問をするため，甲に声を掛けた。すると，甲が急に走り出したため，Aは甲を追跡し，甲の肩に右手を掛けて停止させようとしたところ，甲は，護身用に持っていたスタンガンをAの手に押し付けて高電圧をかけた。甲は，薬物の密売とは全く関係がなく，繁華街で知人と待ち合わせをしていたが，先月仮釈放になったばかりであったため，警察

官の姿を見て，思わずその場を離れようとしたに過ぎなかった。なお，警察の服装訓令によれば，制服で職務を行う際には，制帽を着用しなければならないとされていたが，Aは，制帽を着用していなかった。甲に公務執行妨害罪は成立するか。

19 虚偽の申立て等と競売入札妨害罪　　　　島田　一　222

A会社は，Bから本件土地建物を無償で借り受け，事業をしていたものの，Bに対して債権を有するCが本件土地建物を仮差押えしていたところ，その後，Cの申立てにより，競売開始決定がなされた。A会社代表取締役である甲は，Bの承諾を得て，Cによる仮差押えの前からA会社が本件土地建物を賃借していたことにすることとし，現況調査に訪れた執行官に対し，その旨申し出て，内容虚偽の賃貸借契約書を提出した。執行官は，その申し出の内容等を検討し，現況調査報告書に，「A会社は賃貸借契約を主張するが，使用貸借であると考えられる」旨記載して，執行裁判所に提出した。執行裁判所は，A会社には賃借権がないものとして，本件土地建物を評価し，売却手続を実施した。甲は，最高価買受申出人となったDに対し，「本件競売手続は，E暴力団が仕切っている。直ちに手を引け」と書いた文書を匿名で送付した。甲の罪責はどうか。

20 証拠隠滅・犯人蔵匿教唆　　　　伊藤　寿　234

暴力団員甲は，舎弟であるAの自動車を借用して運転していた際，不注意で人をはねてけがを負わせたが，そのまま逃走した。甲は，Aに事実を打ち明けて相談したところ，Aが「前日に車が盗まれたものとして盗難届を出し，車も処分しておきましょうか。」と提案したため，Aに任せた。Aは，ただちに事故車両をスクラップにするとともに，警察に対し，事故前日に車が盗まれた旨の盗難届を提出した。ところが，事故の目撃者の供述等から，甲が事故車両を運転していたという疑いが深まり，逮捕されてしまった。甲は，別の舎弟Bであれば，18歳の少年であるため，刑事罰を受けないのではないかと考え，留置場からBに手紙を書き，仲間うちの隠語で，身代わり犯人となってほしいと依頼した。Bは，依頼に応じて，警察署に出頭し，自分が事故車両を運転していたと申告した。甲の罪責はどうか（自動車運転過失傷害，道路交通法違反を除く）。

21 贈収賄罪における職務関連性　　　　岩倉広修　246

次の場合に，金品を受け取ったA県中央警察署地域課に勤務する警察官甲の罪責はどうか。
〔1〕　A県北警察署長に公正証書原本不実記載等の事件の告発状を提出していたBから，被疑者の氏名等の特定に関する情報と捜査の進捗状況等を知らせてもらいたいと依頼を受けて「お歳暮」というのし付きのビール券20万円分を受け取った。
〔2〕　A県南警察署管内の会社で発生した現金200万円の業務上横領事件について，その代表取締役Cから，南警察署の捜査担当の刑事に積極的に捜査を進めるように働き掛けてもらいたいと頼まれて10万円を受け取り，その後さ

目　次

らに，Cから，A検察庁で当該事件を担当している検事に必ず公判請求をするように働き掛けてもらいたいと懇願されて現金10万円を受け取った。
〔3〕　D県西警察署管内で発生した傷害事件の被害者Eから，告訴状の記載方法や起訴後に刑事手続への被害者参加をする方法等を教示，助言してもらいたいと頼まれて現金20万円を受け取った。

22　過去の職務行為と贈収賄罪，没収・追徴額　　和田　眞　260

次の場合，甲，乙の罪責はどうか。
〔1〕　金融庁検査官であった甲は，A銀行B支店の査察を行った際，その支店長Cが友人であったことから，B支店における貸付処理の方法が違法であったにもかかわらず，Cに対し，次回査察までに改善しておいた方がいいよと伝えたのみで，金融庁の上司にはその旨の報告等をしなかった。Cは，その6か月後，B支店における違法な貸付処理を見逃してくれたことに対する謝礼として，財務事務官に異動していた甲に現金300万円を渡したが，甲もその趣旨をわかっていた。
〔2〕　乙は，弁護士資格を有する任期付公務員として金融庁検査官をしていたが，D信用金庫本店の査察を行った際，妻の父である同信用金庫の理事長Eから不正貸付を見逃してほしいと頼まれ，不正貸付に気付いたものの，その旨の指摘をせず，上司にもその旨の報告をしなかった。乙は，その後，任期が終了して弁護士に戻ったため，理事長のEは，従来の顧問弁護士に対する顧問料が月額10万円であったのに，前記のとおり不正貸付を見逃してくれたことの謝礼として，乙を顧問弁護士として受け入れた上，2年間にわたり，月額30万円ずつの顧問料を支払ったが，乙もその趣旨に気付いていた。

23　放火罪における現住性と公共の危険　　堀田眞哉　273

A宅は，敷地の中に，木造2階建ての母屋と木造平屋建ての離れが建てられており，母屋と離れは，木製の床，柱及び屋根で成り立っている約10メートルの渡り廊下で繋がっていた。Aは，日頃は都心のマンションに住んでいて，土日のみ，A宅を訪れ，母屋で食事や寝泊まりをし，離れを趣味の絵画のアトリエとして使用していた。そして，平日のうち3，4日は，防犯のため，部下のBら数人を交替でA宅に宿泊させていた。甲は，Aに恨みを抱き，Aが住んでいると考えていたA宅に放火しようと決意し，離れにガソリンをまき，ライターで点火したが，近所の人が早期に火事に気付いたため，離れの一部を焼損したにとどまった。当日は，AもBらも不在であった。
さらに，甲は，連続放火に見せかけようと考え，A宅から約200メートル離れた市街地の駐車場にとめられていた自動車にもガソリンをまき，ライターで点火したが，通り掛かった人がすぐに気付いたため，その自動車全体を焼損しただけであった。甲の罪責はどうか。

24　文書のコピー，入試答案と文書偽造　　吉村典晃　283

次の場合，甲，乙の罪責はどうか（詐欺又は詐欺未遂を除く）。
〔1〕　甲は，消費者金融から，架空人名義で借入れをするため，不正に入手し

た他人名義の自動車運転免許証の写真部分に自己の写真を重ねるとともに，氏名欄に架空人名を印刷した紙片をはり付けた上で，電子複写機によって複写した自動車運転免許証のコピーを作った。そして，消費者金融の無人店舗に赴き，架空人の名義で借入申込書に記入した上，その借入申込書及び前記自動車運転免許証のコピーを，無人借入機のスキャナーに読み取らせた。回線で接続された本部借入審査部門の職員は，その画像を見て貸出し手続を行った。

〔2〕 乙は，A大学の入学試験をBの替え玉として受験するため，答案用紙の氏名欄に受験生であるBの氏名を記入し，その解答欄に記号を記入するなどして答案を作成し，試験係員に提出した。

25 有形偽造の意義　　　　　　　　　　　　　　　朝山芳史　298

外国人である甲は，退去強制歴があり，自分の名前で日本に入国したり就労ビザを取得したりすることができなかったため，知人である同国人Aの承諾を得て，Aの名前でパスポート等を取得し，日本に入国したが，日本国内の通訳会社に対し，自分の写真を貼り，Aの氏名，生年月日等を記載してサインをした履歴書を作成して提出し，面接を受けた結果，通訳人としての職を得た。以後，甲はAの名前で働き，生活をしていたため，甲を知っている人は，皆，甲がAという名前であると思っていた。その後，甲は，自動車を運転していて交通違反で摘発された際，警察官に対し，ブローカーから入手したA名義の国際運転免許証様のものを提示するとともに，Aの名前で，交通反則違反切符中の供述書を作成して警察官に渡した。なお，甲は，予めAから，日本で警察に捕まったりしたときには，Aの名前を使ってよいと言われていた。甲の罪責はどうか（特別法違反を除く）。

26 電磁的媒体とわいせつ物頒布等　　　　　　　　長井秀典　309

次の場合，甲，乙の罪責はどうか。

〔1〕 甲は，自ら撮影した成人男女の露骨な性交場面の映像データを一時的にパソコンのハードディスクに保存し，さらに，バックアップ用に，その映像データをフラッシュメモリーにコピーした。甲は，パソコンのハードディスクに保存された映像データの人物の顔にぼかしを入れて加工し，DVDにコピーしてこれを不特定多数の者に販売する目的で，①購入を申し込んだ特定の客に送付するために，加工された映像データが記録されたDVD3枚，②加工された映像データが保存されているハードディスク1個，③加工前の映像データが保存されているフラッシュメモリー1個をそれぞれ所持していた。

〔2〕 乙は，自らが管理するインターネットのサーバーコンピュータのハードディスク上に，男女の露骨な性交場面の画像データを保存するとともに，会員において，そこにアクセスして会員番号を入力すれば，会員自身のパソコンにその画像データをダウンロードして，画像表示ソフトを用いて画像を再生閲覧できるという仕組みを作った上で，インターネットを通じて会員を募集したものの，未だ会員が10名しか集まっておらず，その誰もが当該画像データをダウンロードするまでに至らないうちに，警察に摘発された。

目　　次

27 　被害者の行為と殺人罪　　　　　　　　　　　　　　大野勝則　334

　　男性である甲が，次の女性らに対し，自殺の名所である高さ50メートルの断崖絶壁から海に飛び込むように述べたため，女性がその断崖絶壁から飛び降りた。甲の罪責はどうか。
〔1〕　甲は，一緒に住んでいたAが疎ましくなり，心中をする意思が全くなかったのに，Aに対して「一緒に断崖から飛び込んで心中をしよう」などと言ったため，Aにおいて，甲が後から飛び込んで追死してくれるものと思い込み，甲と心中するつもりで断崖絶壁から飛び降り，死亡した。
〔2〕　甲は，Bを自殺させて保険金を取得しようと思い，甲のことを極度に畏れて服従していたBに対し，殴ったり脅したりして，断崖絶壁から飛び込むように執拗に要求したため，Bにおいて，それ以外の行為を選択することができない精神状態となり，死んでも仕方がないと考えて飛び込み，死亡した。
〔3〕　甲は，Cを自殺させて保険金を取得しようと思い，Cに殴ったり脅したりして，断崖絶壁から飛び込むように要求したところ，Cにおいて，この程度の高さであれば水深が深いので死なないと考えて飛び込んだ結果，頭部を海底にぶつけて3か月の重傷を負ったものの死亡しなかった。

28 　早すぎた結果の発生と殺人罪　　　　　　　　　　　松田俊哉　348

　　甲は，Aとの結婚話が持ち上がったことから，同棲中のBの存在がじゃまになった。そこで，甲は，「桟橋で2人きりの時間を過ごそう」とBを誘った上で，桟橋でBの飲物に密かに睡眠薬を入れて眠らせ，そのまま海中に突き落として溺死させようと計画した。甲は，Bを首尾よく人気のない桟橋に誘い出し，隙をみて，Bの飲んでいたワインのグラスに睡眠薬を入れたところ，それを飲んだBがまもなくぐったりしたため，Bを桟橋から海中に突き落とした。その後，Bの死体が発見され，その死因の鑑定結果によれば，甲がBに飲ませた睡眠薬がベンゾジアゼピン系であり，酒と一緒に多めに服用されたためにその作用が強化されてBの呼吸停止を招き，海中に突き落とされる前に死亡していた可能性があることが判明した。甲は，酒と睡眠薬とを一緒に飲むと呼吸停止を招くことがあることを全く知らなかった。甲の罪責はどうか。

29 　音の暴力と暴行・傷害罪　　　　　　　　　　　　　大熊一之　360

　　次の場合，甲，乙の罪責はどうか。
〔1〕　甲は，Aほか10名とともに，約18平方メートルの締め切った部屋の中で，Bの周囲を取り囲み，それぞれ大太鼓，シンバル等を連打して，Bを，意識もうろうとさせて，息詰まった気分にさせた。
〔2〕　乙は，自宅の窓を開けて，窓際にラジオを置き，約1年にわたり，隣家に住むC及びDに向けて，連日，早朝から深夜まで，ラジオの音を大音量で鳴らし続けたところ，Cは精神的ストレスによって，慢性頭痛症及び耳鳴り症になった。

目 次

30 危険運転致死傷罪における赤色信号の殊更無視　　畑山 靖 *373*

　甲は，都内で普通乗用自動車を運転中に，パトカーで警ら中の警察官に交通違反を現認され，追跡されマイクで再三停止を求められたが，そのまま逃走するうち，信号機により交通整理の行われている交差点に差し掛かった（いずれの道路も片側一車線）。甲は，交差点手前で先行自動車が停止しているのを見て，赤色信号であろうと思ったものの，時速約50キロメートルのまま，対向車線に進出して交差点に進入しようとした。折から右方道路から青色信号に従い同交差点を左折して対向進行してきたA運転の普通貨物自動車を前方約20メートルの地点に認め，急制動の措置を講じたが間に合わず，同交差点入口手前で同車右前部に自車右前部を衝突させ，Aに加療約2か月間を要する傷害を負わせた。甲の罪責はどうか（道路交通法違反を除く）。

31 自動車運転過失致死傷罪と信頼の原則，胎児性傷害　　村越一浩 *383*

　甲は，自動車を運転して，時速約40キロメートルで走行し，交差点で右折しようとした際，対向車線の遠方にかなり速い速度で近付いてくるA運転の普通乗用自動車の存在に気付いた。その停止線手前約27メートルで対面信号が青から黄に変わったものの，そのまま右折しようと考え，減速をした上で停止線を超えたところ，対面信号が赤に変わり，なおもA運転車両が前方約60mの地点にいて更に近付いてくるのがわかったものの，信号機には時差式の標識等がないから，対向車両の対面信号も赤に変わっているはずであり，A運転車両は信号に従って停止するものと考えて，そのまま進行した。ところが，同交差点の信号機は時差式で，Aの対面信号は青のままであったので，Aはそのまま直進し続け，前記のとおり右折してきた甲運転車両と衝突した。その結果，妊娠7か月の妊婦であったAは，全身打撲等の傷害を負い，また，これを原因として，1か月後に生まれたAの子Bにも，出生時，呼吸窮迫症候群等の傷害が生じていた。甲の罪責はどうか（道路交通法違反を除く）。

32 保護責任者遺棄致死罪における保護義務　　松藤和博 *400*

　甲（男性）は，ホテルの一室に成人女性Aを連れ込んで性的関係を持つに当たり，自ら持参したMDMAと覚せい剤の混合錠剤をAと一緒に飲んだ。Aは「熱い，苦しい」などと訴え始め，やがて錯乱状態となった。甲は，Aをそのままにしてホテルを立ち去ったところ，その約1時間後に，Aは，薬物使用による急性心不全で死亡した。鑑定結果によれば，Aが錯乱状態になった段階で甲が直ちに救急医療を要請していれば，Aは確実に助かったことが判明した。甲の罪責はどうか（特別法違反を除く）。Aが，自ら所持していたMDMAと覚せい剤の混合錠剤を，甲が知らないうちに一人で飲んだため，甲において，Aが錯乱している理由がわからなかった場合はどうか。

33 不法目的の立入りと住居侵入罪　　吉井隆平 *408*

　甲は，銀行の現金自動預払機を利用する客のカードの暗証番号，名義人氏名，口座番号等を盗撮するため，現金自動預払機が設置されていて，行員の常駐し

目　次

ていない銀行支店出張所に，その営業中，自動ドアのある出入口から，立ち入った。甲の罪責はどうか。

34　親権者による子の連れ去りと未成年者略取誘拐罪　　若園敦雄　*421*

　Ａ（男）は，妻甲と２年前から別居し，現在，離婚調停中であったが，同人らの子であるＢ（女・14歳）及びＣ（女・５歳）は，Ａがその実家で両親の援助を受けて，特段の問題なく監護養育していた。甲は，女の子は母親と一緒にいた方が幸せであるし，離婚にあたってはＢ，Ｃの親権者になりたいと思い，Ｂ，Ｃを自分の下に連れてこようと考えた。そこで，甲は，まず，Ｂが通う中学校前に行き，下校してきたＢに対し「迎えに来たよ」と言うと，Ｂは，喜んで甲の運転していた自動車に乗り込んだ。甲は，続いて，Ｃが通う幼稚園に行ったところ，Ａの母ＤがＣの手をつないで幼稚園から出てきたため，Ｄを突き飛ばして転倒させた上，Ｃに対し「お母さんと一緒に来るでしょ」と話し掛けると，Ｃがうなずいたことから，Ｃを抱き抱えて自動車に乗せ，Ｄがなおもドアノブに手を掛けるなどして制止するのも無視して自動車を発進させた。Ａは，警察に相談するなどして，Ｂ，Ｃの行方を捜していたが，Ｂ，Ｃは，甲と一緒にいることを喜んでおり，Ａの実家に帰りたい様子は示さなかったが，３日後にホテルに甲と一緒にいるところを保護された。甲の罪責はどうか。

35　名誉毀損罪と事実の公共性，真実性の錯誤　　菊池則明　*431*

　編集長である甲は，日本の有力食品企業Ａの企業活動のあり方を批判する目的で，その例証として，これまで政府の審議会委員等を務めた経験を持つとともに折に触れて政治的見解を表明してきたＡの代表取締役Ｂについて，その女性関係が乱脈を極めており，Ｂと関係のあった女性（匿名）がＢの指示でＣ党の国会議員秘書として働いているといった内容を含む記事を執筆掲載し，販売した。甲の罪責はどうか。

36　公務と業務妨害罪　　小倉哲浩　*444*

　政治団体の代表者である甲は，Ａ県議会において，同政治団体の信念に反する決議案が提出され，採決されようとしているのを知り，その議決を妨害しようと考え，他の構成員乙ほか多数とともに，当日，傍聴人として議場に入った。議長Ｂが議長席に着いて開会を宣言しようとした際，発煙筒をたいて議員席に投げ入れるとともに，火災報知器のブザーを押して鳴らしたため，県議会の開会が約30分遅れた。開会後も甲らは，決議案の提案者である議員Ｃがその提案理由を説明しようとすると，傍聴席から執拗にヤジをとばし，その説明を遮った。そのため，議長Ｂは，これ以上審議するのは不可能であると考え，「本件決議案は明日審議する」旨告げて，休憩を宣言し，議場から退出しようとしたところ，甲らは，議長席に詰め寄り，Ｂの顔面，頭部等を複数回殴打した。甲の罪責はどうか（特別法違反を除く）。

判例索引 ……………… *463*　　　事項索引 ……………… *471*

凡　例

1　判例，法条，文献等の表記
(1)　判　　例
- 判例の引用は次の例のように表記した。
  〈例〉最判平21・11・30刑集63巻9号1765頁←最高裁判所平成21年11月30日判決最高裁判所刑事判例集63巻9号1765頁
- 最高裁判所大法廷判決は「最大判」と表記した。
- 判例出典の表記は，後掲の「判例集等略称例」のとおり略称を用いた。

(2)　法　　条
- 法条の引用は，本文中に（刑○○条○項，刑訴△△条△号）のように表記した。
- 法令名は，一部略称を用いた。　　〈例〉刑←刑法　民執←民事執行法

(3)　文　　献
- 文献の引用は次のとおり表記した。
  〈例〉単行本…著者（編者）名と書名を「・」でつないだ。
  　　　論　文…執筆者名「論文名」掲載誌名　巻　号　頁のように表記した。
  　　　注釈書，その他の編集物については，編者名・書名のほかに執筆者名を〔　〕内に示した。
- 主な文献は，後掲の「文献等略称例」のとおり略称を用いた。

2　略　称　例
(1)　判例集等略称例

刑録	大審院刑事判決録
刑集	大審院刑事判例集，最高裁判所刑事判例集
民集	最高裁判所民事判例集
裁判集〔刑事〕	最高裁判所裁判集刑事
高刑集	高等裁判所刑事判例集
裁特	高等裁判所刑事裁判特報
判特	高等裁判所刑事判決特報
高検速報	高等裁判所刑事裁判速報集
東高時報	東京高等裁判所刑事判決時報
下刑集	下級裁判所刑事裁判例集
刑月	刑事裁判月報
家月	家庭裁判月報
新聞	法律新聞
判時	判例時報

凡　例

判タ	判例タイムズ
LEX/DB	TKC 法律情報データベース
LLI/DB	判例秘書データベース
D1/DB	第一法規法情報総合データベース

(2)　文献等略称例

青柳・各論	青柳文雄・刑法通論II各論（泉文堂，1963年）
井田・講義総論	井田良・講義刑法学総論（有斐閣，2008年）
伊東・各論（第2版）	伊東研祐・現代社会と刑法各論（第2版）（成文堂，2002年）
伊藤ほか・アクチュアル各論	伊藤渉＝小林憲太郎＝齊藤彰子＝鎮目征樹＝島田聡一郎＝成瀬幸典＝安田拓人・アクチュアル刑法各論（弘文堂，2007年）
今井ほか・各論	今井猛嘉＝小林憲太郎＝島田聡一郎＝橋爪隆・刑法各論（有斐閣，2007年）
植松・各論（再訂版）	植松正・刑法概論II（各論）（再訂版）（勁草書房，1975）
内田・各論（第3版）	内田文昭・刑法各論（第3版）（青林書院，1996年）
大塚・各論（第3版増補版）	大塚仁・刑法概説（各論）（第3版増補版）（有斐閣，2005年）
大塚・全集各論（上）	大塚仁・刑法各論（現代法律学全集）（上）（改訂版）（青林書院，1984年）
大谷・各論（新版第3版）	大谷實・新版刑法講義各論（第3版）（成文堂，2009年）
小野・各論	小野清一郎・新訂刑法講義各論（有斐閣，1949年）
香川・各論（新版）	香川達夫・刑法講義（各論）（新版）（有信堂，1979年）
香川・各論（第3版）	香川達夫・刑法講義（各論）（第3版）（成文堂，1996年）
柏木・各論	柏木千秋・刑法各論（有斐閣，1960年）
川端・各論講義（第2版）	川端博・刑法各論講義（第2版）（成文堂，2010年）
吉川・各論	吉川経夫・刑法各論（法律文化社，1982年）
木村・各論	木村亀二・刑法各論（法文社，復刊，1957年）
熊倉・各論（上）	熊倉武・日本刑法各論（上）（敬文堂出版部，1970年）
刑事裁判実務大系	荒木友雄編・刑事裁判実務大系（5）（1990年），佐藤道夫編・同（8）（1991年）（青林書院）
刑法基本講座	阿部純二＝板倉宏＝内田文昭＝香川達夫＝川端博＝曽根威彦編・刑法基本講座（1）〜（6）（法学書院，1992〜1994年）
刑法講座（5）	日本刑法学会編・刑法講座（5）（有斐閣，1964年）
刑法の基本判例	別冊法学教室・刑法の基本判例（有斐閣，1988年）
刑法の争点	西田典之＝山口厚＝佐伯仁志・刑法の争点（有斐閣，2007年）
現代的展開各論	芝原邦爾＝堀内捷三＝町野朔＝西田典之編・刑法理論の現代的展開各論（日本評論社，1996年）

凡　例

江家・各論	江家義男・刑法各論（増補版）（青林書院新社，1963年）
斉藤（金）・各論	斉藤金作・刑法各論（全訂版）（有斐閣，1969年）
斎藤（信）・各論（第3版）	斎藤信治・刑法各論（第3版）（有斐閣，2009年）
裁判例コメ刑法	川端博＝西田典之＝原田國男＝三浦守編・裁判例コンメンタール刑法第1巻～第3巻（立花書房，2006年）
佐久間・各論	佐久間修・刑法各論（成文堂，2006年）
重判解	ジュリスト臨時増刊・重要判例解説（有斐閣，1968年～）
条解刑法（第2版）	前田雅英編集代表・条解刑法（第2版）（弘文堂，2007年）
新実例総論	大塚仁＝佐藤文哉編・新実例刑法（総論）（青林書院，2001年）
曽根・各論（第4版）	曽根威彦・刑法各論（第4版）（弘文堂，2008年）
曽根・重要問題（各論）（第2版）	曽根威彦・刑法の重要問題（各論）（第2版）（成文堂，2006年）
大コメ刑法（第2版）	大塚仁＝河上和雄＝佐藤文哉＝古田佑紀編・大コンメンタール刑法第1巻～第13巻（第2版）（青林書院，1999～2006年）
滝川・各論	滝川幸辰・刑法各論（世界思想社，1951年）
団藤・各論（第3版）	団藤重光・刑法綱要（各論）（第3版）（創文社，1990年）
注釈刑法	団藤重光編・注釈刑法第1巻～第6巻（有斐閣，1964～1969年）
中森・各論（第2版）	中森喜彦・刑法各論（第2版）（有斐閣，1996年）
中山・各論	中山研一・刑法各論（成文堂，1984年）
中山・口述各論（新版補訂2版）	中山研一・口述刑法各論（新版補訂2版）（成文堂，2006年）
西田・各論（第5版）	西田典之・刑法各論（第5版）（弘文堂，2005年）
林・各論（第2版）	林幹人・刑法各論（第2版）（東京大学出版会，2007年）
判解刑	最高裁判所調査官室・最高裁判所判例解説刑事篇（法曹会，1955年～）
判例百選	刑法判例百選（新版）（1970年），続刑法判例百選（1971年），刑法判例百選II各論（第2版）（1984年），同（第3版）（1992年），同（第4版）（1997年），同（第5版）（2003年），同（第6版）（2008年）（有斐閣）
平川・各論	平川宗信・刑法各論（有斐閣，1995年）
平野・概説	平野龍一・刑法概説（東京大学出版会，1977年）
平野・犯罪論（下）	平野龍一・犯罪論の諸問題（下）（有斐閣，1982年）
福田・各論（全訂第3版増補）	福田平・刑法各論（全訂第3版増補）（有斐閣，2002年）
藤木・各論	藤木英雄・刑法講義各論（弘文堂，1976年）
藤木・大学双書各論	藤木英雄・刑法各論（有斐閣大学双書）（有斐閣，1972年）
前田・総論（第5版），各論（第4版）	前田雅英・刑法総論講義（第5版）（2011年），同

凡　例

	各論（第 4 版）（2007 年）（東京大学出版会）
牧野・各論（下）	牧野英一・刑法各論（下）（有斐閣，1951 年）
町野・各論	町野朔・犯罪各論の現在（有斐閣，1996 年）
松宮・各論（第 2 版）	松宮孝明・刑法各論講義（第 2 版）（成文堂，2008 年）
山口・各論（第 2 版）	山口厚・刑法各論（第 2 版）（有斐閣，2010 年）
山口・新判例刑法（第 2 版）	山口厚・新判例から見た刑法（第 2 版）（有斐閣，2008 年）
山口・問題探究総論，各論	山口厚・問題探究刑法総論（1998 年），同各論（1999 年）（有斐閣）
山中・概説 II（各論）	山中敬一・刑法概説 II（各論）（成文堂，2008 年）
山中・各論（第 2 版）	山中敬一・刑法各論（第 2 版）（成文堂，2009 年）

〈法律雑誌等〉

金法	旬刊金融法務事情（金融財政事情研究会）
刑事法ジャーナル	刑事法ジャーナル（イウス出版）
警論	警察学論集（警察大学校；立花書房）
現代刑事法	現代刑事法（立花書房）
ジュリ	ジュリスト
曹時	法曹時報（法曹会）
ひろば	法律のひろば（ぎょうせい）
法協	法学協会雑誌（法学協会事務所）
法教	法学教室（有斐閣）
法時	法律時報（日本評論社）
法セ	法学セミナー（日本評論社）

1 メダルの不正取得と窃盗罪

　甲と乙は，パチスロ機に針金を差し込んでこれを誤作動させるなどの方法（ゴト行為）で不正にメダルを取得しようと話し合い，乙において，Aパチンコ店設置のパチスロ機につきゴト行為を行って100枚のメダルを取得し，甲においては，専ら店内の防犯カメラや店員による監視から乙のゴト行為を隠ぺいする目的で，乙がゴト行為を行っているパチスロ機の隣のパチスロ機で通常の方法で遊戯して50枚のメダルを取得した。甲の罪責はどうか。

1　問題の所在

　設問では，甲の罪責が問われているが，その前提として，まず，乙の罪責，すなわち，ゴト行為によるパチスロ機からのメダルの不正取得と窃盗罪の成否を検討する必要があり，これと併せて，甲の行為が窃盗罪の実行行為である窃取に該当するのか否か，また，窃盗罪が成立する範囲はどこまでかが問題となる。さらに，甲は窃盗罪の共同正犯か幇助かについても問題となる。以下，パチンコ機やパチスロ機でパチンコ玉やメダルを不正に取得した事案（以下「メダル等の不正取得事案」という）と窃盗罪の成否に関する判例（下級審裁判例を含む）等をみながら，順次検討していく。

2　メダル等の不正取得事案と窃盗罪の成否
(1)　窃取の意義

　窃取の意義について，判例は，「窃取トハ物ニ対スル他人ノ所持ヲ侵シ其意ニ反シテ窃ニ之ヲ自己ノ所持ニ移スコトヲ云（フ）」（大判大4・3・18刑録21輯309頁）とし，「窃盗罪ノ成立ニハ他人ノ所有物ニ関シ不正領得ノ意思ヲ以テ其所持ヲ侵害シ事実上之ヲ自己ノ支配内ニ移スノ事実アルコトヲ要ス」（大判大8・2・13刑録25輯132頁）としており，学説も，「窃取とは，目的物の占有者の意思に反して，その占有を侵害し，その物を自己または第三者の占有に移すことである。」と定義している（大コメ刑法第12巻（第2版）262頁〔川合昌幸〕）。

窃取は，強盗罪や恐喝罪との関係から，暴行・脅迫を財物取得の手段とする場合を含まないが，それ以外には手段・方法を問わない（条解刑法（第2版）681頁）。

(2) メダル等の不正取得事案と窃盗罪の成否に関する判例

メダル等の不正取得事案につき窃盗罪が成立すると判示した主要な判例としては，後に検討する最決平19・4・13刑集61巻3号340頁（以下「平成19年決定」という），最決平21・6・29刑集63巻5号461頁（以下「平成21年決定」という）のほか，次のようなものがある。

(a) パチンコ機械裏側部品に密かに紡績糸を結びつけ，これを引けば玉が出るように仕掛けをした上で，その紐の下端を前面玉出口に垂らしておき，客席においてその紐を引いて玉を不正に取得したという事案（最判昭29・10・12刑集8巻10号1591頁）。

(b) パチンコ遊技の際に，所携の磁石を用いて，外れ穴に入るはずの玉を当たり穴に誘導して玉を不正に取得したという事案（最決昭31・8・22刑集10巻8号1260頁）。

(c) パチスロ機のメダル投入口にセルロイド様器具を挿入し，内蔵された投入メダルを読み取る感知装置などを異常反応させる方法により，メダルを同機から排出させて不正に取得したという事案（東京地判平3・9・17判時1417号141頁）。

(d) パチスロ機内蔵の電子回路と同一の周期を持つ電子回路を内蔵する電子機器（体感器）のうち，パチスロ機のスタートレバーを周期に合わせて叩く機械（ソレノイド）を付属させた機種を用いて，ソレノイドの作用でパチスロ機のスタートレバーを直接叩かせて当選確率を上昇させ，メダルを不正に取得した事案（東京高判平15・7・8判時1843号157頁）。

(e) 体感器から人体に微電流を流して筋肉を収縮させ，その結果手指を動かせてパチスロ機のスタートレバーを機械的に押し下げさせるという方法で当選確率を上昇させ，メダルを不正に取得した事案（宮崎地都城支判平16・2・5判時1871号147頁）。

(3) 平成19年決定について

(a) 平成19年決定の内容

1 メダルの不正取得と窃盗罪

　平成19年決定は，①被害店舗に設置されているパチスロ機「甲」は，その内蔵する電子回路の有する乱数周期を使用して大当たりを連続して発生する場合を抽選するものである，②被告人が身体に隠匿装着していた，電子回路を内蔵するいわゆる体感器と称する電子機器（本件機器）は，その乱数周期を上記パチスロ機の乱数周期と同期させることによって，上記パチスロ機の大当たりを連続して発生させる絵柄をそろえるための回胴停止ボタンの押し順を判定することができる機能を有するもので，専らパチスロ遊戯において不正にメダルを取得する目的に使用されるものである，③被害店舗では不正なパチスロ遊戯を行うために使用されるいわゆる体感器のような特殊機器の店内への持込みを許しておらず，もとより体感器を用いた遊戯も禁止して，その旨を店内に掲示するなどして客に告知しており，被告人もこのことを認識していた，④被告人は，当初から本件機器を使用してメダルを不正に取得する意図のもと被害店舗に入店して本件パチスロ機「甲」55番台でパチスロ遊戯を行い，本件機器を用いて大当たりを連続して発生させる絵柄をそろえることに成功するなどし，合計約1524枚のメダルを取得した，という事実関係を前提にして，「以上の事実関係の下において，本件機器がパチスロ機に直接には不正の工作ないし影響を与えないものであるとしても，専らメダルの不正取得を目的として上記のような機能を有する本件機器を使用する意図のもと，これを身体に装着し不正取得の機会をうかがいながらパチスロ機で遊戯すること自体，通常の遊戯方法の範囲を逸脱するものであり，パチスロ機を設置している店舗がおよそそのような態様による遊戯を許容していないことは明らかである。そうすると，被告人が本件パチスロ機『甲』55番台で取得したメダルについては，それが本件機器の操作の結果取得されたものであるか否かを問わず，被害店舗のメダル管理者の意思に反してその占有を侵害し自己の占有に移したものというべきである。したがって，被告人の取得したメダル約1524枚につき窃盗罪の成立を認めた原判断は，正当である。」と判示した。

　(b)　平成19年決定の意義

　平成19年決定は，前述した窃取の意義を前提に，パチスロ遊技機に直接には不正の工作ないし影響を与えない体感器を使用して遊戯しメダルを取得することが窃盗罪における「窃取」に当たるか否かを判断するには，「パチスロ遊技

1 メダルの不正取得と窃盗罪

機の通常の遊戯方法，すなわち，基本的にはパチンコ店が予定し客に告知しているパチスロ遊技機の遊戯方法に照らし，その範囲を逸脱した遊戯方法としてパチンコ店の意思に反するものといえるか否かにより判断されることとなろう。」という見解に立った上，パチンコ店では体感器などの機器の持込みやこれを使用した遊戯を禁止する旨を明確にしていること，本件体感器を用いて遊戯を行うと，通常の遊戯方法ではあり得ない大当たりが続発することになるが，そのような遊戯方法は個々人の経験や能力ではなく，機械の力を借りるものであり，パチスロ遊戯として通常予定されたものとはいえず，パチンコ店の意思に反することは明らかと思われることから，「本件体感器を使用した遊戯によるメダルの取得は占有者の意思に反して占有を侵奪するものであると認められ，窃取に当たるといえよう。」という考えを示したものである（入江猛「最高裁判所判例解説」曹時62巻7号316頁以下）。

そして，平成19年決定は，従来の判例には，体感器の機能や体感器の使用によってパチスロ機の当選確率が高まるか否かなどを詳細に認定し，その使用とメダル取得との間の因果関係の存否を判断するなどして窃盗罪の成立を肯定したものが少なくなかったのに対し，①行為者が装着していた機器が，これを使用してパチスロ機で遊戯することが通常の遊戯方法の範囲を逸脱し，パチスロ機を設置している店舗が許容しないようなものであること，②行為者が同機器を使用する意図のもと，同機器を身体に装着して，不正取得の機会をうかがいながらパチスロ機で遊戯したこと，③同遊戯行為によりメダルを取得したことという事実の存在をもって，窃盗罪の客観的な成立要件を満たすことを認めたものであって，実務的にも大きな意義を有するものと評されている（江口和伸「専らメダルを不正取得する目的で体感器と称する電子機器を身体に装着し，パチスロ機で遊戯をして取得したメダルについては，同電子機器がパチスロ機に直接には不正の工作ないし影響を与えず，また，当該メダルが同電子機器の操作の結果取得されたものでなくとも，メダル管理者の意思に反してその占有を自己の占有に移したものとして窃盗罪が成立するとされた事例」研修709号29頁以下）。

(4) メダル等の不正取得事案と窃盗罪の成否に関する学説

(a) 従来の判例の事案と窃盗罪の成否

学説は，上記(2)(a)(b)(c)のようにパチンコ機やパチスロ機に直接何らかの不正

な工作や影響を及ぼして玉やメダルを取得する行為が窃盗罪に当たることについては，異論なく肯定している（岡本昌子「パチスロ機で遊戯するに際し体感器を装着していた場合における窃盗罪の成否」判例セレクト2007（法教330号別冊）32頁，森住信人「パチスロ機からの不正な手段によるメダルの取得と窃盗罪の成否」専修法学論集103号81頁，佐久間修「最近の判例における窃盗罪と詐欺罪の限界―電子マネーの不正取得と自動機械からの窃取を素材として―」曹時60巻10号17頁以下）。さらに，上記(2)(d)(e)のように体感器自体の動作や体感器と一体となった人体の機械的動作が介入する事案についても，一部批判する学説（本田稔「パチスロ機の不正操作によるメダルの取得と窃盗罪の成否について」立命館法学316号296頁以下）はあるものの，多くの学説は窃盗罪の成立を肯定している（丸山雅夫「被害者の意思と犯罪の成否―パチスロ遊技の『体感器』事案を素材として―」南山法学32巻3・4号89頁以下，内田幸隆「専らメダルを不正取得する目的でいわゆる体感器を身体に装着し，パチスロ機で遊戯して取得したメダルにつき，窃盗罪の成立が認められた事例」刑事法ジャーナル10号123頁以下）。

　(b)　平成19年決定に対する評価

　他方，平成19年決定が，パチスロ機に直接には不正の工作ないし影響を与えない体感器を使用してメダルを取得することが窃盗罪における「窃取」に当たるかの判断において，通常の遊戯方法の範囲を逸脱し，被害店舗のメダル管理者の意思に反するか否かという基準を示した上，体感器によって回胴停止ボタンの押し順を判定し，自ら手指を動かして同ボタンを押したにとどまる事案でも窃盗罪の成立を肯定したことについては，学説上，これを支持する立場（関根徹「専らメダルを不正取得する目的で体感器と称する電子機器を身体に装着し，パチスロ機で遊戯をして取得したメダルと窃盗罪の成立」法セ増刊『速報判例解説第2号』191頁以下，林幹人「体感器によるメダルの不正取得について窃盗罪の成立が認められた事例」ジュリ1402号147頁以下など）と批判する立場（本田・前掲303頁以下，丸山・前掲92頁以下など）とに分かれている。

　批判説は一律ではないが，①窃盗罪の行為客体である財物の性質上，ある行為が「窃取」に当たるためには，財物の占有移転が，その管理状態や位置関係に変化を引き起こす外部的で物理的な干渉作用に起因するものでなければならないという限定が必要であるとする見解（本田・前掲303頁）や，②財物占有者

1 メダルの不正取得と窃盗罪

の意思内容だけに基づいて窃盗罪の成立を認めることはできず，平成19年決定の事案では，体感器がストップボタンの押し順を判定するためだけに利用されていて，メダルの取得行為そのものは，客観的には，通常の遊技方法によってパチスロ機の通常の機能に従ったものであり，イヤホンを介してメトロノームでストップボタンを押すタイミングを計った事案と異ならないから，「占有者の占有を排除して，自己の占有下に財物を移転した」という関係が認められないとする見解（丸山・前掲93頁）などである。

また，平成19年決定の事案で本件機器の使用によるパチスロ遊戯につき窃取行為を認めたことは正当であるとしつつも，平成19年決定の上記基準から直ちに当該行為の「窃取」性を認めることはできず，本件機器の使用が，次回の「大当たり」の確定の確率を大幅に高め，被害店舗の予期しない，「財産的損害」が発生するおそれを生じさせた点に基づき，当該行為の「窃取」性が認められると解する見解（内田・前掲125頁。飯島暢「パチスロ機から不正な方法によりメダルを窃取した者の共同正犯である被告人が自ら取得したメダルについては，被害店舗が容認している通常の遊戯方法により取得されたものであることを理由に窃盗罪が成立するとは言えないとされた事例」刑事法ジャーナル20号84頁も，平成19年決定の上記基準は曖昧であるとして，ある行為が窃盗罪の実行行為性を備えるか否かの判断においては，当該行為が財産的損害を惹起する危険性を有するかどうかという実質的な観点に着目すべきであると指摘する）もある。

平成19年決定が示した，通常の遊戯方法の範囲を逸脱し，被害店舗のメダル管理者の意思に反するか否かという基準によって，ある行為が窃取に該当するか否かを判断する場合，通常の遊戯方法の範囲を逸脱する遊戯方法とは具体的にどのようなものまでを含むのかが問題となる。この点については，一般人の立場に立って，行為者が行った遊戯方法が通常の遊戯方法の範囲内であるとして社会一般が是認するか否かによって判断していくべきであるという見解（江口・前掲30頁）と，他者から財物を守るための管理・支配を攻撃し，解除する行為といえるかという視点から判断していくべきであるという見解（林陽一「パチスロ不正遊戯行為に窃盗罪が成立する客体の範囲」ジュリ1398号184頁）とが示されている。例えば，「パチプロお断り」と表示しているパチンコ店でいわゆるパチプロがパチンコやパチスロをした場合や，体感器を用いて指の動きを予め

訓練した上でパチスロ店に来店して体感器を用いずに遊戯をした場合などは，パチスロ店のメダル管理者等の意思には反するものの，いずれの見解によっても，窃取とはいえないであろう（林陽一・前掲184頁。江口・前掲33頁（注2）参照）。

③ 乙の罪責，甲の行為は窃取に該当するか，窃盗罪が成立する範囲に関する設問の検討

(1) 乙の罪責の検討

設問によると，乙は，パチスロ機に針金を差し込んでこれを誤作動させるなどの方法（ゴト行為）で100枚のメダルを取得したというのである。これは，上記②(2)(c)に類似する事案であり，窃盗罪が成立することには異論がないであろう。平成21年決定も，これを前提とする判断をしている。

(2) 甲の行為は窃取に該当するか——平成21年決定について

(a) 平成21年決定の内容

甲の行為が窃取に該当するか否かを検討するに当たり，設問とほぼ同一の事案に関する平成21年決定をみておく。

原判決は，①被告人（設問の甲に当たる），乙及び氏名不詳者は，共謀の上，針金を使用してパチスロ機からメダルを窃取する目的で，いわゆるパチスロ店に侵入し，乙が，同店に設置されたパチスロ機1080番台において，所携の針金を差し込んで誤動作させるなどの方法（ゴト行為）によりメダルを取得した，②被告人は，専ら店内の防犯カメラや店員による監視から乙のゴト行為を隠ぺいする目的をもって，1080番台の左隣の1078番台において，通常の方法により遊戯していたものであり，被告人は，この通常の遊戯方法により，メダルを取得した，被告人は，自らが取得したメダルと乙がゴト行為により取得したメダルとを併せて換金し，乙及び換金役を担当する氏名不詳者と共に，3等分して分配する予定であった，③被告人らの犯行が発覚した時点において，乙の座っていた1080番台の下皿には72枚のメダルが入っており，これは，すべて乙がゴト行為により取得したものであった，他方，1078番台に座っていた被告人の太ももの上のドル箱には，414枚のメダルが入っており，これは，被告人が通常の遊戯方法により取得したメダルと，乙がゴト行為により取得したメダルとが

1 メダルの不正取得と窃盗罪

混在したものであった、という事実関係を前提に、被告人の遊戯行為も本件犯行の一部となっているものと評することができ、被害店舗においてそのメダル取得を容認していないことが明らかであるとして、被告人の取得したメダルも本件窃盗の被害品ということができ、前記下皿内及びドル箱内のメダルを合計した486枚のメダル全部について窃盗罪が成立する旨判示した。

　平成21年決定は、「以上の事実関係の下においては、乙がゴト行為により取得したメダルについて窃盗罪が成立し、被告人もその共同正犯であったということはできるものの、被告人が自ら取得したメダルについては、被害店舗が容認している通常の遊戯方法により取得したものであるから、窃盗罪が成立するとはいえ」ず、この点についての原判断は誤りであり、「本件において窃盗罪が成立する範囲は、前記下皿内のメダル72枚のほか、前記ドル箱内のメダル414枚の一部にとどまるというべきである。」と判示した上で、原判断の誤りについて、いまだ刑訴法411条を適用すべきものとは認められないとして、結論的には、上告棄却とした。

　(b)　平成21年決定の意義

　原判決は、被告人が、専ら店内の防犯カメラや店員による監視から乙のゴト行為を隠ぺいする目的で、いわゆる壁役を果たしながら、客観的には通常の方法により遊戯をしてメダルを取得した行為について、乙のゴト行為と一体をなす犯行全体の一部であって、通常の遊戯方法の範囲を逸脱し、被害店舗のメダル管理者の意思に反するものであるから、それにより取得したメダルも窃取したものと評価しているといえよう（林幹人・前掲149頁）。すなわち、原判決は、被告人自身も窃盗罪の実行行為を乙と共に分担したものであり、被告人は実行共同正犯として窃盗罪の罪責を負うものと判断したのであろう（飯島・前掲83頁）。

　これに対し、平成21年決定によれば、窃取に該当するのは乙のゴト行為のみであり、被告人の行為は、乙のゴト行為という窃盗罪の実行行為に密接した援助行為として評価されているといえる（飯島・前掲83頁）。その背景にあるのは、平成19年決定が示した、通常の遊戯方法の範囲を逸脱し、被害店舗のメダル管理者の意思に反するか否かという基準を適用するに当たっては、原判決のように犯行計画全般という大きなレベルではなく、メダルの占有移転に向けられた

具体的行為を対象として捉え，遊戯自体の客観的な態様を重視して検討すべきであるという考え方であると思われる（林陽一・前掲183頁以下，林幹人・前掲149頁，豊田兼彦「共同正犯の形態で遂行された窃盗罪の成立範囲」判例セレクト2009（法教353号別冊）30頁各参照）。そして，ゴト行為が行われたのとは別の台で通常の遊戯方法によっている場合については，パチスロ店の営業の前提であるパチスロ機が一定の出玉率で作動することなどに直接関わらないことからしても，メダル管理者の合理的意思の解釈として，これに反するということは困難であると判断したものと解される（平成21年決定に関する判タ1318号113頁の解説）。共同正犯の場合に窃取が分担して行われることはあっても，窃取という概念の具体的な当てはめ自体は，単独犯と共犯とで統一して行うべきものと解される上，平成19年決定の上記基準については，前述のとおり，より限定すべきであるとか，曖昧であるなどの批判があることをも踏まえると，単独犯の場合に窃取とはなり得ない通常の遊戯方法によるメダル取得を窃取から除外するという意味で，窃取の範囲を統一的に捉えるとともに，その範囲をより客観的に画することになると思われる平成21年決定の考え方は支持できよう（木村光江「財産犯と損害額」研修746号9頁も，被告人の行為を窃取行為とするのは困難であろうとしている）。

　ところで，後述するとおり，平成19年決定の論理によれば，専らメダルの不正取得を目的として体感器を使用する意図で，体感器を身体に装着してパチスロ機で遊戯をする行為自体が，窃盗罪の実行行為となるから，体感器の機能を活かして不正に大当たりを出す以前に自力で最初の大当たりを出すまでのメダルの占有移転についても，窃取に含まれることになるが，その部分自体を客観的にみれば，平成21年決定の事案における被告人の行為と同様，通常の遊戯と変わらないということも可能であろう（林幹人・前掲149頁は，この点から窃盗既遂を認めたことを批判する）。そこで，平成19年決定と平成21年決定との整合性が問題となるが，平成19年決定の被告人の行為は，同一人が体感器を用いて不正にメダルを取得する目的で行う一連のものであるから，体感器を装着した遊戯行為という意味で質的にも，また，体感器の機能発現の前後に生じるにすぎないという意味で時間的にも，全体が不可分の行為とみられる。他方，平成21年決定の被告人の行為は，遊戯方法が，ゴト行為の隠ぺい目的という主観を除

けば終始通常の遊戯と同一であり，メダル取得に直接向けられた乙のゴト行為とは明確に区別された行為である。これらを前提に，それぞれについて，通常の遊戯方法の範囲を逸脱し，店舗の意思に反するか否かを検討すれば，平成19年決定と平成21年決定とは整合するといえよう（もっとも，飯島・前掲84頁は，平成21年決定に対して，乙がゴト行為を開始した以降であっても，なぜ被告人の遊戯行為は被害店舗が容認する通常の遊戯方法の範囲内にあるといえるのか，その論拠が明らかでないと批判し，正規に交換したメダルを用いた被告人の遊戯行為それ自体は，店舗側に財産的損害をもたらす危険性を有するものではないから，当該行為について窃盗罪の実行行為性を認める必要もない，と考えることにより，平成21年決定の内容も明確な説明が可能になるとしている）。

以上によれば，設問の甲の行為は窃取に該当しないこととなる。

(3) **窃盗罪が成立する範囲**

(a) 平成19年決定の考え方

平成19年決定は，被告人のどのような行為が窃取行為に当たり，どの範囲のメダルが窃取メダルとなるのかについては，①体感器を実際に使用して遊戯しメダルを獲得する行為が窃取行為に当たり，体感器使用により直接獲得されたと認められるメダルだけが，パチンコ店の意思に反し占有を侵害して取得された窃取メダルに当たるという考え方（前掲宮崎地都城支判平16・2・5，広島高判平17・6・14高検速報平17年317頁等），②体感器の電源を入れるなど機器の操作を開始した後の遊戯行為は窃取行為に当たり，これ以後に取得したメダルは，直接には体感器の使用によるものであるか否かを問わず，すべてパチンコ店の意思に反し占有を侵害して取得された窃取メダルに当たるという考え方（前掲東京地判平3・9・17は同様の考え方によっている），③体感器を用いて不正にメダルを取得する意図のもと体感器をひそかに身体に装着して遊技台の席に座り，体感器を作動させる機会をうかがいながらゲームを行うこと自体，通常予定された遊戯方法の範囲を逸脱するものでパチンコ店は許容しておらず窃取行為に当たり，遊技台の席に着いてゲームを開始すれば，体感器の操作いかんを問わず，以後の取得メダルすべてが窃取メダルに当たるという考え方のうち，窃取における占有者の意思を適切に捉える③の考え方を採ったものであり，また，パチスロ機の席に座り，遊戯を開始したときが実行の着手の時期であると解してい

る，といえる（入江・前掲328頁以下）。

　平成19年決定が，体感器の操作の結果取得されたメダルであるか否かを問わずに窃盗罪の既遂を認めたことについては，「実体法上，一般に，不正操作と因果関係がなくとも，窃取にあたるというのは解釈上認めがたい。」との批判がある（山中・各論（第2版）261頁以下。森住・前掲84頁，内田・前掲126頁，丸山・前掲97頁もほぼ同旨）。しかし，これに対しては，「事は『占有者の意思』に反した占有の移転といえるか否かの問題であり，体感器の操作は占有者の意思に反した一連のメダル獲得という遊戯行為の中での一事象にすぎないから，この点に重きを置くのは適切でないように思われる。」（入江・前掲332頁）との反論がされており，平成19年決定のような事案については，遊戯の開始自体で実行の着手を認めることはもとより，体感器の操作をしていないのに取得したメダルが窃取メダルとされても，不当とはいえないであろう。

　(b)　平成21年決定の考え方

　平成21年決定は，乙のゴト行為のみが窃取に該当するとみた結果，乙がゴト行為により取得したメダルについてのみ窃盗罪が成立すると判断したものである（仮に，乙が，ゴト行為を始める前に周囲の様子をうかがうため通常の遊戯方法により遊戯をしていた場合，それにより取得したメダルをも含むか否かについては，針金が，平成19年決定にいう「専らパチスロ遊戯において不正にメダルを取得する目的に使用されるもの」といえるか否かによることとなろう。入江・前掲334頁（注5）参照）。

　また，従来，東京高判昭43・4・26東高時報19巻4号93頁，東京高判昭48・9・26東高時報24巻9号146頁等のように，窃取したパチンコ玉と正当に入手したパチンコ玉とが混在し区別できない場合に，全体について窃盗罪の成立を認める判例がみられたが，平成21年決定は，その理論的根拠が乏しいことから，このような考え方を採らず（平成21年決定に関する判タ1318号113頁の解説），窃取メダルといえるのは，窃取行為により取得されたメダルに限られるとし，正当に取得したメダルが混じってその枚数が分からなければ，何枚以上何枚以下という概数により窃取メダルを認定するという考え方（入江・前掲328頁）を採ったものと考えられる。

　以上によれば，設問で窃盗罪が成立するのは，乙がゴト行為により取得した

メダル100枚ということになる。

④ 甲の罪責に関する設問の検討——共同正犯か幇助か
(1) 共同正犯と幇助との区別

設問については，既に検討したとおり，甲の行為自体を窃盗罪の実行行為とみることはできないから，甲に窃盗罪の実行共同正犯の罪責を負わせることはできず，共謀共同正犯と幇助とのいずれであるかが問題となる。

共同正犯と幇助との区別の基準について，判例の主流は，自己の犯罪を行うか，他人の犯罪を行うかによって区別する主観説であると分析されている（小林充「共同正犯と狭義の共犯の区別—実務的観点から—」曹時51巻8号14頁）。しかし，被告人の認識ないし表象内容から直ちにそのいずれかが決まるというものではなく，主観的及び客観的な諸般の事情が考慮される（小林・前掲17頁以下参照）。学説も，実質的には同様に，「実行者と変わらぬ犯罪実現の意欲（主観面），犯罪実現にあたっての大きな役割（客観面）とをあわせ考えて，これは他人の犯罪ではなく自己の犯罪であるといえるときに，共同正犯とされることになる。」（井田・講義総論470頁）などとする見解が有力である。

窃盗罪における見張り行為は，判例上，共同正犯とされる場合が多い（最判昭23・3・16刑集2巻3号220頁，最判昭23・7・20刑集2巻8号979頁等）。

(2) 甲の罪責の検討

甲は，乙との間で，パチスロ機からメダルを不正に取得しようと事前に相談して，その意思を相通じた上，役割分担に従い，壁役という重要な役割を果たしたものであるから，原則として共同正犯の罪責を負うというべきであろう。平成21年決定の事案では，更に，取得したメダルを換金後，これを分配しようと計画していたという事情が加わっており，共同正犯が成立するものと認定されている。

⑤ まとめ

以上に検討したとおり，甲は，乙がゴト行為によって取得したメダル100枚について，乙との共謀による窃盗罪の罪責を負う。なお，甲は，当初から窃盗をする目的でAパチンコ店に入ったものであるから，同店の管理権者の意思に

反して同店に侵入したことになり，建造物侵入罪も成立し，同罪は窃盗罪と牽連犯の関係に立つことになる。

【西田　眞基】

2　窃盗罪における占有

　Aは、B公園のベンチに座り、セカンドバッグを傍らに置いて、恋人のCと話し込んでいた。Aは、このセカンドバッグをベンチに置き忘れたまま、Cを駅に送るため、Cとともにその場を離れた。Aは、Cを見送り、駅構内の喫茶店でコーヒーを飲むなどしていたところ、セカンドバッグを忘れたことに気付き、急いで上記ベンチの所まで戻ったが、セカンドバッグはなかった。セカンドバッグは、近くでAらの様子をうかがっていた甲が取ったものであるが、上記ベンチから駅までの距離は約1キロメートル、Aが気付いたのは約30分後であり、戻ったのは約40分後であった。甲の罪責はどうか。

1　問題の所在

　本設例では、甲がAのセカンドバッグを取った際に、Aが当該セカンドバッグを占有していたといえるかどうかが問題となる。窃盗罪（刑235条）は、他人の財物を窃取することによって成立する。本設例においては、当該セカンドバッグは、AがB公園のベンチに置き忘れた物ではあるものの、Aがその所有権を放棄した無主物でなかったことが明らかであるから、これが「他人の財物」であったことには問題がないものの、甲がこれを「窃取」したというためには、当該セカンドバッグが甲の領得時にAの占有下にあったものでなければならないからである。判例も、つとに、大判大4・3・18刑録21輯309頁が、「刑法第二百三十五條ニ所謂竊取トハ物ニ對スル他人ノ所持ヲ侵シ其意ニ反シテ竊ニ之ヲ自己ノ所持ニ移スコトヲ云ヒ……」と判示していたところである。したがって、他人の物を領得した者が、法定刑として10年以下の懲役又は50万円以下の罰金が規定されている窃盗罪に問擬されるか、単に、法定刑として1年以下の懲役又は10万円以下の罰金若しくは科料が規定されている占有離脱物横領罪（刑254条）に問擬されるに過ぎないかは、その領得時に当該物が他人の占有下にあったか、何人の占有にも属していなかったかによって決まることになる。

2 窃盗罪における占有

2 検　討

(1) 被害者の被害品に対する占有の有無について検討すべき時点

本設例では，甲がAのセカンドバッグを領得した時点がいつかは問題文からは明らかでないが，Aが当該セカンドバッグを占有していたかどうかを検討すべき時点は，甲が当該セカンドバッグを領得したときであることに特に異論はないと思われる。甲が当該セカンドバッグを領得したときに，当該セカンドバッグがAの占有下にあって窃盗罪が成立するのであれば，その後，Aが更に遠くに移動するなどして，当該セカンドバッグの占有を失う状態になったとしても，いったん成立した窃盗罪が事後的に不成立となることは考えられず，逆に，甲が当該セカンドバッグを領得したときに，当該セカンドバッグが既にAの占有を離れており窃盗罪が成立しないのであれば，その後，Aが引き返して来てたまたま甲と出くわし当該セカンドバッグを取り戻すなどして，その占有を回復するに至ったとしても，いったん不成立となった窃盗罪が事後的に成立することも考えられないからである。しかしながら，これまでの下級審の裁判例の中には必ずしもこの点についての認識が十分でなく，犯人が被害品を領得した時点が証拠上確定できる事案であっても，その時点での被害者の被害品に対する占有の有無を意識的に検討することなく，被害者が被害品が置かれている場を離れて以降の諸事情を認定した上，これらの事情を総合考察して被害者の被害品に対する占有の有無を論じる判断枠組みをとるものが散見されるのである。例えば，名古屋高判昭52・5・10判時852号124頁は，名古屋駅構内にあるハイウェイバスの待合室に午後8時ころ着いた被害者が，暫時休憩した後，夕食をすませるため駅の構内にある食堂に赴く際，小銭を取り出したまま待合室に置いて行った旅行かばんを被告人が領得した事案について，被害者が待合室と約203メートル離れた食堂に食事に行って，午後8時50分ころに待合室に戻ってきたという事実を認定し，このような事実関係のもとでも被害者の当該旅行かばんに対する占有が認められると判断しているが，この事案では，被告人は，被害者が待合室から出て行くや，代わりに待合室に入ってきて辺りの様子をうかがった上すばやく当該旅行かばんを持ち去ったことが認められるというのであって，その事実関係からすると，端的に，被告人が当該旅行かばんを領得した時点での被害者と当該旅行かばんとの距離や，被害者が当該旅行かばんを放

置した時間の長さなどを証拠上確定して，その時点では被害者の当該旅行かばんに対する占有があったとの判断を行うべきであったと考えられるし，また，東京高判昭54・4・12刑月11巻4号277頁は，東京駅八重洲の新幹線中央乗り換え出札所の4番カウンターで特急券を購入した被害者が，その後13番カウンターに行って乗車券を購入した際，4番カウンターに置き忘れていた財布を被告人が領得した事案について，被害者が13番カウンターで乗車券を購入した後，釣り銭を入れようとして当該財布を4番カウンターに置き忘れたことに気付いて直ちに戻ったという事実を認定し，このような事実関係のもとでは被害者の当該財布に対する占有が認められると判断しているが，この事案でも，被告人は，被害者が4番カウンターに当該財布を置き忘れた状況を5，6メートル離れた地点から一部始終見ていて，被害者が4番カウンターを離れるや，直ちに近付いてこれを持ち去ったことが認められるというのであるから，このような認定，判断を行うことにも疑問の余地があることになる。このような流れの中で，最決平16・8・25刑集58巻6号515頁は，公園のベンチで傍らにポシェットを置いて友人と話し込んでいた被害者が，友人を見送るためにその場を離れた際，当該ポシェットをベンチに置き忘れ，その場から約200メートル離れた駅の改札口付近まで2分ほど歩いたところで，置き忘れたことに気が付き戻ったが，その間に被告人が当該ポシェットを持ち去っていたという事案について，原判決が，被害者が被害品を置き忘れてから被告人からこれを取り戻すまでの諸事情を認定した上これらを総合的に考察し，「被害者は，本件ポシェットを，公園のベンチ上に置き忘れたものではあるが，被害者が本件ポシェットの現実的握持から離れた距離及び時間は，極めて短かった上，この間，公園内はそれほど人通りがなく，被害者において，置き忘れた場所を明確に認識していたばかりでなく，持ち去った者についての心当たりを有していたものである上，実際にも，すぐさま携帯電話を使ってその所在を探り出す工夫をするなどして，まもなく本件ポシェットを被告人から取り戻すことができているのであって，これらの事実関係に徴すると，被告人が本件ポシェットを不法に領得した際，被害者の本件ポシェットに対する実力支配は失われておらず，その占有を保持し続けていたと認めることができる」と説示したのに対して，「被告人が本件ポシェットを領得したのは，被害者がこれを置き忘れてベンチから約27メート

ルしか離れていない場所まで歩いて行った時点であった」という原審が認定していない事実を上告審が自ら認定説示した上,「本件の事実関係の下では,その時点において,被害者が本件ポシェットのことを一時的に失念したまま現場から立ち去りつつあったことを考慮しても,被害者の本件ポシェットに対する占有はなお失われておらず,被告人の本件領得行為は窃盗罪に当たるというべきである」と判示しているのが注目される。すなわち,最高裁は,被害者の本件ポシェットに対する占有を認めた原判決を「結論において正当である」として是認はしているものの,被害者が被害品を置き忘れてから被告人からこれを取り戻すまでの諸事情を認定して総合考察した原判決の判断枠組みは首肯できず,被告人が被害品を領得した時点が証拠上確定できるのであれば,その時点において,被害者に当該被害品に対する占有があったかどうかを第一次的に検討すべきであるとの趣旨を明らかにしたものと考えられる（上田哲「公園のベンチ上に置き忘れられたポシェットを領得した行為が窃盗罪に当たるとされた事例」判解刑平16年度377頁参照）。

　しかしながら,事案によっては,①被告人が被害品を領得した時点がそもそも証拠上確定できない場合,②これが確定できても,その時点で被害者の方が被害品からどの程度隔たった場所にいたのかが証拠上確定できない場合,があることも明らかである。上記①の場合としては,例えば,被告人が被害品を持ち去った犯人であること自体を争っているが,被告人が被害品を近接所持していた事実などが認められるところから,被告人が犯人であることが推認できるものの,全証拠を総合しても,被告人がいつの時点で犯行に及んだかが判然としない事例,あるいは,被告人が被害品を持ち去った犯人であることは自認しているものの,その時点がいつかは被告人の供述によっても明らかとはいえない事例が考えられる。上記②の場合としては,例えば,被告人が被害品を領得した時点については,第三者にその姿を目撃されていたり,防犯カメラにその姿が写されたりしていて,明らかではあるものの,その時点において,被害者の方がどこにいたのかが証拠上判然としない事例が考えられる。そして,これらの場合には,「疑わしきは被告人の利益に」との立場から,被害者の供述から認定できる被害者と被害品との間の最大限の時間的,場所的離隔を前提にして,被害者が被害品を置き忘れた時点以降の諸事情をも認定し,これらを総合

2 窃盗罪における占有

考察して被害者の被害品に対する占有の有無を論じることになるものと考えられる（山口・新判例刑法（第2版）138頁参照）。

(2) 被害者の被害品に対する占有の有無についての判断枠組み

それでは、どのような事情が認められれば、被害者に被害品に対する占有があったと判断することができるであろうか。そもそも、占有は、人の物に対する事実的支配という客観的事実と、人の物に対する支配意思という主観的事実の両方が認められることによって肯定される。逆にいえば、人の物に対する事実的支配が欠けていれば人に支配意思があっても占有は認められず、また、人の物に対する支配意思が欠けていれば人に事実的支配があっても占有は認められない。そして、もし、人が現実に握持又は監視していない物についても占有を認めるべき場合があるとすれば、ここにいう「事実的支配」という観念は、単に事実的な要素につきるものではなく、社会通念からみた判断的な要素をも含むものとみざるを得ない。また、もし、人が一時的に置き忘れた物についても占有を認めるべき場合があるとすれば、ここにいう「支配意思」という観念は、具体的、意識的な所持意思に限らず、抽象的、潜在的な所持意思をも含むものとみざるを得ない。ところで、被害者の被害品に対する占有が極めて狭い範囲でしか認められないということになると、占有離脱物横領罪の法定刑が窃盗罪のそれに比べて非常に軽いことから、被害者の保護に欠けるうらみが残ることになる。したがって、被害者の被害品に対する占有が認められるかどうかの判断は、社会通念に沿った適切なものでなければならないと考えられる（この点に関連して、秋山哲治「人道専用橋上に無施錠のまま14時間放置していた自転車に対する被害者の占有は肯定されるか」判評300号57頁が、放置自転車に対する占有を肯認した後掲福岡高判昭58・2・28の判断と、これを否定した原審判断とを対比しつつ、この問題において社会通念が占める重要性を指摘しているのが注目される。また、船山泰範「他人占有物の領得に関する事例」日本法学71巻2号175頁が、前掲最決平16・8・25の判例評釈の中で、人は自己が占有する物について占有しているという明確な意思を常に持ち続けているわけではなく、ふっと自分の観念から抜け落ちるときがあるが、占有していた物をいったん失念して置き忘れたとしても、思い返せば直ちに取り返しに向かう傾向があって、このような人間的な意味での占有こそ刑法上保護されるべきである。そして、取り返しに向かった人がその場で犯人と

鉢合わせをすることも大いにあり得るのであるから，犯人がその際に暴行，脅迫を加えれば事後強盗罪が成立する可能性を留保して被害者の保護に欠けることがないようにしなければならない旨指摘しているのも参考になる。なお，刑法上の占有の概念，要件を検討するに当たっては，占有の目的，機能からみた考察が本来必要なはずである。その意味で，民法学者の山中康雄「占有離脱物と認められない一事例」民商法雑誌40巻1号163頁が，民法上の占有概念と対比しながら，後掲最判昭32・11・8を判例評釈しているのは先駆的な試みとして興味深く，また，最近では，佐伯仁志＝道垣内弘人・刑法と民法の対話159頁（有斐閣，2001）が，刑法的観点と民法的観点を交錯させながら占有を多角的に論じているのが参考となる。なお，いわゆる誤振込に関する民刑2つの最高裁判例を題材に，民法と刑法で（準）占有が果たすべき目的，機能に違いがあることから，両判決の間には何ら矛盾，抵触がないとのささやかな試論を展開したものとして，波床昌則「誤振込をめぐる二，三の問題」武藤春光先生喜寿記念論文集『法曹養成と裁判実務』645頁（2008）参照）。

　実務上，被害者の被害品に対する占有の有無を考えるに当たって，リーディング・ケースとなるのは，最判昭32・11・8刑集11巻12号3061頁である。本判決は，まず，「刑法上の占有は人が物を実力的に支配する関係であって，その支配の態様は物の形状その他の具体的事情によって一様ではないが，必ずしも物の現実の所持又は監視を必要とするものではなく，物が占有者の支配力の及ぶ場所に存在するを以て足りると解すべきである。しかして，その物がなお占有者の支配内にあるというを得るか否かは通常人ならば何人も首肯するであろうところの社会通念によって決するの外はない」という一般論を展開した上，バス会社のバス待合室通路で昇仙峡行きのバスに乗るために行列していた被害者が，身辺の左約30センチメートルのコンクリート台の上に置いた写真機1台を一時置き忘れ，行列の移動につれて改札口の方に進んだ後，改札口手前で気が付いたことから引き返したものの，その間に，被告人が当該写真機を持ち去っていたという事案について，行列が動き始めてから被害者がその場所に引き返すまでの時間は約5分に過ぎないもので，かつ当該写真機が置かれていた場所と被害者が引き返した地点との距離は約19.58メートルに過ぎないとの原審の認定事実を客観的に考察すれば，当該写真機がなお被害者の実力的支配のうちにあったもので，未だ被害者の占有を離脱したものとは認められないとした

2　窃盗罪における占有

原判決の判断は正当であるとして，これを是認している（なお，この事案では，一審判決によれば，被告人は，本件犯行に及んでから1週間後に，甲府駅のホームで別件のすりを敢行し，窃盗未遂の現行犯として逮捕されたことが明らかで，上告趣意にも照らすと，被告人は，本件犯行については，当該写真機を所持していたからか，被害品を領得したこと自体は争っていないものの，被害品を遺失物と思って拾ったとして争っていたことがうかがえる。そうであるとすると，被害者が当該写真機を置き忘れて現場を離れてから，気が付いて取りに戻るまでのいつの時点において，被告人が当該写真機を領得したのかは判然としない証拠関係にあったことになる。したがって，この事案では，被告人による被害品の領得時に被害者に被害品に対する占有が認められるかどうかを決するためには，被害者が被害品を置き忘れて以降，気が付いて取りに戻るまでの諸事情を認定して総合的に考察するという判断枠組みをとることが求められることになる）。この判決は，原判決が認定説示する事実関係のもとでは，被害品は被害者の支配力の及ぶ場所に存在するとの判断を下したものである。学説も，この判決に対しては，一般論を含め，その結論に賛成するものがほとんどである（団藤・各論（第3版）568頁，藤木・各論274頁，前田・各論（第4版）206頁，山口・各論（第2版）179頁などの基本書のほか，山中・前掲判例評釈，田中利幸「刑法における『占有』の概念」現代的展開各論192頁など。反対ないし疑問を呈するものとして，小暮得雄「窃盗か占有離脱物横領か」判例百選（新版）217頁，荒川雅行「窃盗か占有離脱物横領か」判例百選II各論（第3版）57頁参照）。その後も，最高裁は，被害者が電車道寄りの歩道端にあった塵箱の上に革製ショルダーバッグとカメラの三脚とを置いて，その場から約7メートル離れた店舗内に入って表戸を開けたまま約5分間店内にとどまっていた間に，被告人が当該ショルダーバッグを領得したという事案について，被告人の所為が窃盗罪を構成し，占有離脱物横領罪とみるべきものではないとした原判決を相当であるとして是認している（最判昭37・3・16裁判集〔刑事〕141号511頁）。

　ところで，被害者が不特定の通行人ないしは客など公衆が存在し得る現場に放置した被害品がその後持ち去られた事例に関する裁判例についてみると，この種の事例は，被害者が被害品を置き忘れてそのままになってしまったという類型のもの（以下，「置き忘れ放置型」という）と，被害者が被害品を意識して

その場に残してきたという類型のもの（以下,「意識的放置型」という）の2つに大別できる。そこで,前掲最判昭32・11・8の後に下された下級審の裁判例のうち,まず,置き忘れ放置型についてみてみると,東京高判昭35・7・15下刑集2巻7＝8号989頁は,被害者が渋谷駅の東横デパート2階の山手線出札口で午前8時ころ切符を買ったときに台の上にカメラを置き忘れ,友人と話しながら約10メートル歩いたときに気が付いて引き返したが,その間5分と経たないうちに,被告人が当該カメラを持ち去っていたという事案について,被害者の当該カメラに対する占有を肯認している（ただし,被告人には占有離脱物横領の故意しか認められないとして,窃盗罪の故意を認めて同罪に問擬した原判決を破棄して差し戻している）。これに対して,東京高判平3・4・1判時1400号128頁は,被害者が大型スーパーの6階のベンチに札入れを置き忘れ,地下1階の食料品売り場に行き,10分余り経過した後に気が付いて引き返してきたが,その間に被告人が当該財布を持ち去っていたという事案について,社会通念上,被害者の支配力が及んでいたとはたやすく断じ得ないとして,被害者の当該財布に対する占有を否定する判断を下している。このようにみてくると,前掲最判昭32・11・8を含め,置き忘れ放置型の事案については,実務的には,被害者が被害品に対する占有を未だ失っていないというためには,時間的又は場所的離隔がそれほどない状況にあることが必要であり,そのような場合においては,社会通念上,被害品が被害者の支配力の及ぶ場所に存在しているとみて,その占有を肯定しているものと考えられる。

　次に,意識的放置型についてみると,まず,既にみたとおり,前掲名古屋高判昭52・5・10は,被害者がバス待合室に置いて行った旅行かばんを被告人が領得した事案について,被害者が待合室と約203メートル離れた食堂に食事に行って,数十分後に戻ったという事実関係のもとでも被害者の占有を肯認し,福岡高判昭58・2・28判時1083号156頁は,北九州市小倉北区の旦過市場に隣接しており,市場等に来る客の自転車置き場にもなっており,終夜自転車が置いたままにされていることが度々見受けられる人道専用橋上に,被害者が翌朝取りに来るつもりで午後2時ころ無施錠のまま放置した自転車を,被害者が翌日午前5時ころ取りに行ったところ,被告人が午前3時半ころ当該自転車を持ち去っていたという事案について,被害者の占有をやはり肯認している。これに

対して，東京高判昭36・8・8高刑集14巻5号316頁は，被害者が友人とともに飲酒後，帰宅途中の午前1時ころ，同人と口論になって路上に自転車を放置したままその場を離れ，その後自転車の放置場所を思い出せなくなっていたところ，被告人が午前5時ころ当該自転車を持ち去ったという事案について，被害者の占有を否定する判断を下している。そうすると，このような「意識的放置型」の事案については，実務的には，時間的にも場所的にもかなりの程度の離隔があっても，被害者がその所在すらおよそ思い出せなくなってしまっているような事情がなければ，社会通念上，被害品が被害者の支配力の及ぶ場所に存在しているとみられる，としてその占有が肯定される傾向にあるといえるように思われる（特に，被害者が放置した地点が被害品の保管場所として社会的に是認されているような場所であれば，なおさらである）。

ところで，最近の学説では，置き忘れ放置型ないしは意識的放置型を問わず，被害品に「他人の事実的支配を推認せしめる状況」がなければ，被害者の占有を認めることはできないという考え方が有力化しつつある（西田・各論（第5版）141頁など）。しかしながら，占有は，客観的要件としての，被害者の物に対する事実的支配の事実と，主観的要件としての，被害者の物に対する支配意思の両方が備わっていれば肯定されるものであって，被害品に他人の事実的支配を推認せしめる状況がなくとも，これらの要件が充足されることはあり得るところである。逆に，被害品に他人の事実的支配を推認せしめる状況があれば，被害品に対する被害者の支配意思を推認することが一応可能であろうが，そのような状況があっても被害者がおよそ被害品に対する支配意思を失っているという場合もあり得ないではないのであって，そのような場合であれば，被害者に被害品に対する占有を認めることはやはりできないと思われる。ただし，被害品に他人の事実的支配を推認せしめる状況が備わっていれば，被害品を領得した者には被害品が占有離脱物であるとの認識を生じることは通常なく，窃盗の故意が推認できるということにはなると考えられる（鈴木左斗志「刑法における『占有』概念の再構成」学習院法学会雑誌34巻2号150頁参照）。

③ 解　答

本設例は，置き忘れ放置型の事例についての問題である。そこで，これまで

論じてきたところを前提に検討してみると，まず，Aがベンチにセカンドバッグを置き忘れてベンチを離れた直後に甲がその機をとらえて当該セカンドバッグを取ったということであれば，窃盗罪が成立することは明らかである。さらに，Aが当該セカンドバッグが置かれたベンチから離れて時間的にみてそれほど経ってないか，場所的にみてそれほど離れていないところにいるときに，甲が当該セカンドバッグを取ったというのであれば，甲はそれまでB公園でのAらの様子をうかがっていたというのであるから，当該セカンドバッグが占有離脱物であるとの誤信が生じる余地は通常考え難いので，窃盗罪がやはり成立する。いずれの場合にも，甲が当該セカンドバッグを領得したときに，社会通念上，Aに当該セカンドバッグに対する事実的支配が及んでいたものとみられるし，かつ，たとえAが一時的に当該セカンドバッグのことを失念していたとしても，Aの当該セカンドバッグに対する支配意思が失われているとは未だみられないからである。

　しかしながら，甲がAのセカンドバッグを取った時点が，Aがベンチに当該セカンドバッグを置き忘れてから相当の時間が経っており，かつ，相当の距離がある地点までAが離れてしまっているときであったとすれば，窃盗罪は成立せず，占有離脱物横領罪が成立するに過ぎず，そのことは仮に，甲が当該セカンドバッグを取ったのがAが途中で当該セカンドバッグを置き忘れたことを思い出した後であったとしても変わりがないと考えられる。そのような場合には，甲が当該セカンドバッグを領得したときに，社会通念上，Aに当該セカンドバッグに対する事実的支配があったということはできず，したがって，仮にAに当該セカンドバッグに対する支配意思があらためて生じたとしても，甲がAの当該セカンドバッグに対する占有を侵害してこれを窃取したとはいえないからである。また，甲がAのセカンドバッグを取った時点が証拠上確定できないときには，本設例の問題文によれば，Aが当該セカンドバッグから離れていた距離は最大約1キロメートルで，気付いてB公園のベンチに戻ったのが約40分後というのであるから，「疑わしきは被告人の利益に」の原則からして，甲がAの当該セカンドバッグに対する占有が認められる時点でこれを窃取したとの事実を認定することはできず，占有離脱物横領罪が成立するものと考えられる。

【波床　昌則】

3 親族相盗例

　次の場合，甲，乙の罪責はどうか。
〔1〕　甲は，近所に暮らしている祖父のＡ方から封筒入りの現金を盗んだ。この現金は，Ａが預かっている町内会費であった。
〔2〕　家庭裁判所からＢの未成年後見人として選任されていた祖父乙は，後見の事務として預かり保管中のＢの預金を引き出し，勝手に自分のために使ってしまった。

1 問題の所在

　設問〔1〕における甲の行為が窃盗罪（刑235条）に当たり，設問〔2〕の乙の行為が業務上横領罪（刑253条）に当たることについてはさほど説明を要しないであろう（なお，甲，乙の罪責に関連して，現金や預金の所有・占有関係についての議論はここでは取り上げないこととする）。
　ところで，設問〔1〕において現金を盗まれたＡは，窃盗犯人甲の祖父だというのであるから犯人甲の「直系血族」であり，また，設問〔2〕におけるＢは，横領犯人乙の孫だというのであるからやはり犯人乙の「直系血族」である。そうすると，甲，乙は，いずれも，「直系血族との間で」窃盗，業務上横領の各犯罪を犯した者であるから，刑法244条により（乙は刑法255条による準用），刑が「免除」されるのではないか，が問題となる。

2 親族相盗例の法的性質（趣旨・根拠）

　刑法244条は，「配偶者，直系血族又は同居の親族」との間で窃盗罪（刑235条），不動産侵奪罪（刑235条の2）及びこれらの罪の未遂罪を犯した者の「刑を免除する」と規定し（1項），「その他の親族」との間で犯した場合を親告罪とする旨規定している（2項）。そして，これらの規定は，親族でない共犯については適用されない（3項）。この規定は，親族間の犯罪に関する特例であり，「親族相盗例」といわれ，詐欺罪及び恐喝罪，横領の罪にそれぞれ準用されている（刑251条・255条）。

各設問を検討する前提として，刑法244条1項の法的性質，すなわちこの規定の趣旨及び根拠などについてまず確認しておきたい。

(1) 学説の状況

(a) 政 策 説（一身的刑罰阻却事由説）

通説（団藤・各論（第3版）581頁，大塚・各論（第3版増補版）209頁，大谷・各論（新版第3版）215頁，前田・各論（第4版）224頁，山口・各論（第2版）209頁ほか）は，親族間の犯罪であっても犯罪自体は成立しているが，「法は家庭に入らず」との思想のもとに，国家の刑罰による干渉を差し控え，親族間の規律にゆだねるのが望ましいとの政策的配慮から，刑の免除を認める趣旨の規定と解している。

(b) 法 律 説

通説に対しては，単に政策的配慮というだけではこの特例が財産犯に限定されていることの合理的説明は困難であるなどの批判があり，犯罪成立要件である違法性・責任のいずれかに着目して当該規定の趣旨を説明する見解が主張されている。これらは通説である政策説に対して「法律説」と呼ばれる。まず，①違法性減少・阻却説は，親族間においては一種の「消費共同体」が成立している，あるいは財産の合有・共有的利用関係があり区別が明確ではないから，そのような関係での相互の侵害行為は違法性が減少する（平野・概説207頁，中森・各論（第2版）125頁ほか），あるいは（可罰的）違法性を阻却する（中山・口述各論（新版補訂2版）130頁）などとする見解であり，また，②責任減少・阻却説は，親族間では特有の誘惑的要因により財産に関して反対動機の形成を期待することが困難であるから責任が減少する（曽根・各論（第4版）123頁，西田・各論（第5版）162頁，林・各論（第2版）203頁，山中・各論（第2版）274頁ほか），あるいは（可罰的）責任を阻却する（松原芳博「親族相盗例」刑法の争点172頁ほか）などとする見解である。

これらの見解のうち，まず，違法性又は責任が「阻却される」とする説は，本条による「刑の免除」を，犯罪の成立自体を否定し実質的には「無罪」であると解する見解であり，通説をはじめとする犯罪の成立自体は肯定する見解に対して，2項の規定する遠い存在の親族との間の犯罪が親告罪とされて告訴がなければ不問に付されるのに対し，1項の規定するより近い親族との間では常

に犯罪が成立するというのは不均衡であると批判する。しかし,「刑の免除」は, 現行法上有罪判決の一種であるから（刑訴334条），これを犯罪の不成立, すなわち「無罪」（刑訴336条参照）と解釈すること, 又は刑訴法339条1項2号に準じると解釈することには相当な無理がある。また, 実務上, 検察官が「刑の免除」の判決を求めて公訴を提起することは考えにくく, 告訴のある場合であっても,「刑の免除」という不起訴処分がなされることになる（大コメ刑法第12巻（第2版）445頁〔濵邦久〕）というのであるから, 実際には先の批判にあるような不均衡が生じないよう運用がなされているといってよい。

次に, 違法性減少説, 責任減少説についても, 以下のような批判がある。すなわち, 違法性減少説については, 配偶者, 直系血族, 同居の親族との間で財産の所有・占有関係が明確な場合にもなお本条が適用されること, 同居していない「直系血族」との間では,「消費共同体」や, 財産の合有・共有的利用関係の存在自体も肯定できないこと, 違法性が減少することと本条3項が親族でない共犯については特例を排除していることとの整合性などから疑問が投げかけられており, 責任減少説についても, 親族間特有の誘惑的要因の根拠をさらに考えると, 親族間の財産の所有・占有関係を基礎にせざるを得ないのであるから違法性減少説に対するのと同様の批判が当たるとされる。

違法減少説及び責任減少説は, 本条の趣旨について, 違法性・責任といった犯罪の実質と無関係に, 単に政策的配慮を指摘するだけでは足りず, そのような配慮を正当化する実質的な根拠を示す必要があるとし, それを犯罪成立要件である違法性・責任と関連づけることで説明しようとする。しかし, 刑法制定当時に比べると, 現在は財産所有制度が個人所有制度に移行し, 夫婦間においても別産制がとられていることや, 親族関係についてもいろいろな形態があり得ることなどからすると, 一定の財産犯の被害者が配偶者, 直系血族, 同居の親族であることから一律に刑の必要的免除を認める現行規定を支える事実的基盤が現在においても存在しているといえるかどうかは大いに疑問であるとの指摘は当を得ている。したがって, 本条の意味する政策的配慮の根拠を違法性・責任に求めることにも限界があり, 統一的に説明しようとすることには無理があるといわざるを得ないと思われる（林美月子「親族間の財産犯罪」内田文昭先生古稀祝賀論文集331頁以下（青林書院, 2002), 山口厚「親族関係と財産犯」山口・

新判例刑法（第2版）248頁以下）。
(2) 判例の考え方
　最高裁は，以前から，親族間での窃盗の被害品が盗品（贓物）に当たるか否かが問題となった事案においてこれを肯定する判断を示していた。すなわち，最判昭25・12・12刑集4巻12号2543頁は，「刑法244条は，同条所定の者の間において行われた窃盗罪及びその未遂罪に関しその犯人の処罰につき特例を設けたに過ぎないのであって，その犯罪の成立を否定したものではないから，右窃盗罪によって奪取された物は，贓物たる性質を失わない。」旨判示している。この判例は，親族相盗例の趣旨を直接判示しているわけではないが，当該規定を一身的刑罰阻却事由を定めたものと解していることは明らかであり，政策説に親和的な判例と考えられてきた。
　そして，最高裁は，最決平20・2・18刑集62巻2号37頁において，親族相盗例の趣旨について明確に言及するに至った。すなわち，未成年後見人が未成年被後見人所有の財物を横領した事案において，先の昭和25年判決も引用しつつ，「刑法255条が準用する同法244条1項は，親族間の一定の財産犯罪については，国家が刑罰権の行使を差し控え，親族間の自律にゆだねる方が望ましいという政策的な考慮に基づき，その犯人の処罰につき特例を設けたにすぎず，その犯罪の成立を否定したものではない。」旨判示している。判例は，政策説・一身的刑罰阻却事由説を採っているといってよい。

③ 犯人と誰との間に親族関係が必要か
(1) 問題の所在
　では，刑法244条が適用されるためには，犯人とどのような者との間に所定の親族関係が必要となるであろうか。「○○との間で（特定の財産犯罪）を犯した者」との文言からすれば，犯人と親族関係を必要とするのは当該犯罪の相手方，すなわち「当該犯罪の被害者」と解するのが自然であり，一般的にもそのように解されている。しかし，この特例は窃盗罪のほか一定の財産犯に準用されており，「被害者」といっても，各犯罪において想定される利害関係を有する者のうち，どの立場の者を「被害者」ということができるかは一義的に決まるものではなかろう。犯罪類型ごとに個別具体的な検討を要する問題である。

3 親族相盗例

そこで，以下では各設問において問題となる窃盗罪（刑235条），業務上横領罪（刑253条）を個別に取り上げて検討する。なお，業務上横領罪は委託関係に基づいて占有する他人の財物を領得するという点で単純横領罪（刑252条）と共通しており，いずれも刑法244条が準用されるから（刑255条），以下では「委託物横領罪」を検討対象としたい。

(2) 窃 盗 罪

　(a)　学説の状況～双方説

窃盗罪の「被害者」としては，盗まれた財物の「所有者」と「占有者」が考えられる。かつての学説は，窃盗犯人とその対象となった財物の，①所有者との間に親族関係を必要とする「所有者説」，②占有者との関係で親族関係を必要とする「占有者説」，③所有者及び占有者の双方と親族関係を必要とする「双方説」に見解が分かれ，双方説が通説とされてきた。現状においてはほとんどの学説が双方説を採っており，格別見解の対立は見られない。問題は双方説の根拠をどこに求めるかにあり，以下の2つの方向に分かれている。

一つは，窃盗罪の保護法益論との関係から説明する見解である。この見解は，犯人と親族関係を要する者の範囲を，窃盗罪の保護法益は何か，という観点から画そうとする。なお，窃盗罪の保護法益に関しては，学説上，財物に対する他人の所有権その他の本権であるとする「本権説」と財物に対する事実上の占有であるとする「所持説（占有説）」とが大きく対立しているといわれている。しかし，本権説によっても保護法益が本権に限定されるのではなく，少なくとも「権原による占有」は含まれることになろうし（刑242条参照），他方，所持説（占有説）といえども，本権である所有権が保護法益であることを否定する趣旨ではなく，財物の所持（占有）それ自体が本権とは独立して保護法益たり得ることを肯定しているにすぎない。そうすると，窃盗罪の保護法益論との関係では，本権説，所持説のいずれの見解からも，親族相盗例が適用されるためには財物の所有者及び占有者の双方と窃盗犯人との間に親族関係が必要であるとの説明が可能であり，窃盗罪の保護法益についていずれの見解を採るかということと，ここでの問題でいかなる見解を採るかとは必ずしも論理的な関係はないように思われる。

もう一つは，親族相盗例の趣旨から説明する見解である。この見解は，財物

の所有者又は占有者のいずれかが犯人と親族関係にない者であれば，もはや犯罪が親族間にとどまっておらず，その処理を親族間の自律に委ねることはできないから，国家が刑罰権を行使して処理をすべきであるとする。

(b) 双方説における問題点

窃盗罪における「被害者」の範囲を画する上で，刑法が当該規定により保護しようとしている利益（保護法益）を侵害された者を基準として決しようとすることは極めて合理的であり，これによれば親族関係を要する者の範囲を明確に示すことが可能になると考えられる。しかしながら，本条のような政策的規定については，保護法益論から演繹的に解釈しきれるものではないとの指摘（前田・各論（第4版）225頁）のほか，「占有も本権も保護法益だとする場合には，二つの考え方がありうる。一つは占有者も本権者もともに親族であるとき，はじめて，本条の適用があるという考え方であり，いま一つは，占有者か本権者かどちらかが親族である場合には，本条の適用があるという考え方である。」との指摘もなされている（平野・概説208頁）。すなわち，窃盗罪の保護法益が所有権及び占有であると解することから，直ちに双方説が導かれるわけではなく，所有者，占有者双方の利益が保護法益であるとの前提に立っても，その「双方との間で」親族関係を要するとの結論に至るには，親族相盗の規定に固有の法的要請を考慮していることになるのでなかろうか。そうすると，保護法益論の観点は，双方説を採る上でのいわば必要条件に関する論証がされたにすぎず，このような保護法益論からの説明に加え，いわば十分条件の論証に当たるものとして規定の趣旨からの説明も欠くことができないとする指摘（今崎幸彦「窃盗犯人が所有者以外の者の占有する財物を窃取した場合における刑法244条1項の適用と同項の親族関係」判解刑平6年度71頁）が当を得ているように思われる。

その一方で，親族相盗の趣旨からのみ親族関係の要否を説明しようとすれば，窃盗犯人と親族関係が必要となる者の範囲が不明確になるとの批判（山口・前掲「親族関係と財産犯」258頁）は重要である。例えば，双方説について見ても，当該規定の趣旨は，犯人と親族関係を要する者の範囲を広げる方向の説明として用いられていることが明らかであり，このことは同時に，当該規定の適用事案（刑の必要的免除を肯定する事案）を限定することを意味しているからである。このように，当該規定の趣旨を重視することは，犯人との間で親族関係を要す

る者の範囲を拡張し,「被害者」以外の者との間においても親族関係を要するとの解釈を許容するため（山口・前掲「親族関係と財産犯」258頁はその例として「所有者の債権者」を挙げる），その限界をあいまいにするおそれがあることに留意する必要がある。この点は後述の委託物横領罪においても同様に問題となる。

(c) 判例の考え方

最決平6・7・19刑集48巻5号190頁は，窃盗犯人と6親等の血族の関係にある者が勤務先会社から預かり保管中の現金を盗まれたという事案において，「窃盗犯人が所有者以外の者の占有する財物を窃取した場合において，刑法244条1項が適用されるためには，同条1項所定の親族関係は，窃盗犯人と財物の占有者との間のみならず，所有者との間にも存することを要するものと解するのが相当である」と判示しており，これによれば，最高裁が双方説を採用していることは明らかであろう（以下「平成6年決定」という）。

ところが，最高裁は，これに先立って，某食肉組合が所有し，その代表者が管理する物品が盗まれた事案において，「所論刑法第244条親族相盗に関する規定は，窃盗罪の直接被害者たる占有者と犯人との関係についていうものであって，所論のごとくその物件の所有権者と犯人との関係について規定したものではない」と判示しており（最判昭24・5・21刑集3巻6号858頁，以下「昭和24年判決」という），当該説示部分は占有者説の立場を示しているとも考えられる。

そこで，この昭和24年判決と平成6年決定との関係が問題となるが，昭和24年判決の事案では，犯人と財物の占有者との間に親族関係が認められないため，占有者説，双方説のいずれによっても，そもそも親族相盗例を適用する余地はなく，当該事案における結論が両説において異ならない。したがって，昭和24年判決の説示部分が仮に占有者説をいうものであったとしても，それは当該事案の解決に無関係の論点に対する判断であって，いわゆる「傍論」として，刑訴法405条2号の「最高裁判所の判断」に当たるということはできず，仮にこれと異なった判断をしても，裁判所法10条3号の「前に最高裁判所のした裁判に反する」裁判をしたことにはならないということができる（今崎・前掲75頁）。この点は，「判例」の読み方について，一定の理解を要するところである（なお，平成6年決定は，昭和24年判決は事案を異にし，本件に適切ではないとして判例違反の主張を斥けている）。

そもそも昭和24年判決の説示内容が占有者説をいうものであるか否かについても見解が分かれるところではあるが（今崎・前掲73頁以下），先に見たように昭和24年判決は最高裁が占有者説を採ることを示したように理解できることも否定できず，他方，窃盗罪の保護法益をめぐる判例の変遷，学説の対立などもあって，その後の下級審裁判例は，犯人と財物の占有者との間では親族関係が認められるが所有者との間では認められない事案において，占有者説を採って親族相盗例の適用を肯定する裁判例（東京高判昭38・1・24高刑集16巻1号16頁ほか）と，双方説を採って適用を否定する裁判例（札幌高判昭36・12・25高刑集14巻10号681頁ほか）などに分かれ，一種の混乱が生じるに至ったとの指摘がされている（山口・前掲「親族関係と財産犯」258頁，前田・各論（第4版）225頁ほか）。そのような中，平成6年決定は，最高裁が双方説を採用することを明確に示すことによって，この問題についての判例上の決着をつけたということができる。

(3) 委託物横領罪
(a) 学説の状況

委託物横領罪は，委託信任関係に基づいて占有する他人の財物を不法に領得する犯罪であり，当該犯罪の「被害者」としては，領得された財物の「所有者」と当該財物の「委託者」が考えられる。

学説は，横領犯人と領得された財物の所有者との間に親族関係が必要であるとする点では一致しているが，財物の「所有者」と「委託者」が異なる場合に，①委託者との間にも親族関係を必要とする「必要説」（団藤・各論（第3版）647頁，大谷・各論（新版第3版）287頁，西田・各論（第5版）223頁，山口・各論（第2版）290頁ほか）と，②これを必要としない「不要説」（内田・各論（第3版）374頁，堀内捷三「判例クローズアップ 後見人の横領行為と親族相盗例の適用の可否」法教325号12頁）とに見解が分かれている。

不要説は，委託物横領罪における委託者は委託後は財物についてもはや使用，収益，処分する地位を失うのであるから，刑法上保護すべき利益は存在しないとし，親族関係は横領犯人と財物の所有者との間にあれば足りるとする（堀内・前掲15頁）。この見解は，「委託関係」は委託物横領罪の保護法益には含まれないとの考え方を前提としていると思われる。

他方，必要説は，多数説ではあるが，その根拠をめぐって，先にみた窃盗罪

3 親族相盗例

におけるのと同様に，2つの方向に見解が分かれている。

一つは，保護法益との関係から説明する見解であり，委託物横領罪の保護法益を財物の「所有権」と「委託関係」とする。すなわち，「委託関係」は，委託者の委託に対する財産上の利益を意味し，委託物横領罪においては，このような委託関係の侵害が窃盗罪における占有侵害に対応する副次的法益侵害として要件とされているという（山口・各論（第2版）289頁，曽根・各論（第4版）182頁，中森・各論（第2版）158頁）。したがって，「委託者」も横領行為によって「法益の侵害を受ける者＝被害者」なのであるから，親族相盗例が適用されるためには横領犯人との間で親族関係を要すると解することになる。

もう一つは，委託物横領罪における委託関係の保護法益性を否定しつつも，委託者との間の親族関係の要否については必要説を採る見解である。この見解は委託物横領罪の本質的要素が委託信任関係の違背にあることから，財物の「委託者」についても横領犯人との間に親族関係が必要であるとする（団藤・各論（第3版）627頁，647頁，大谷・各論（新版第3版）287頁，山中・各論（第2版）368頁ほか）。すなわち，財物の委託者が親族ではない場合は，親族ではない者との委託信任関係が破られていることになるのであるから，もはや親族間の自律に委ねられる状況にはないというのである。この見解によると，「委託者」は，「保護法益を侵害された者＝被害者」ではないのに犯人との間で親族関係を要することになり，委託物横領罪の性質や親族相盗例の趣旨を根拠として横領犯人との間で親族関係を必要とする者の範囲を「被害者」以外の者にも拡張することを許容することになる。このような見解に対しては，先に窃盗罪の項で取り上げたとおり，親族関係を必要とする者の範囲を不明確し，その限界をあいまいにするとの批判が想定されるところである。

(b) 判　例

この問題について正面から判断を示した最高裁判例は見当たらない。大判昭6・11・17刑集10巻604頁は，横領犯人と財物の委託者との間には親族関係が認められるが所有者との間では認められない事案において，親族の委託に基づき占有する物を横領した場合といえども，犯人と所有者との間に親族関係がなければ親族相盗例は準用されない旨判示している。しかし，この判決については，親族関係が所有者との間に存在すれば足りるとの判断を示したわけではなく，

委託者との間に親族関係が必要か否かについての判断は示されていないとの指摘がされている（山口厚「刑事裁判例批評（84）」刑事法ジャーナル13号91頁ほか）。また，先にも取り上げた最決平20・2・18（以下「平成20年決定」という）は，家庭裁判所によって「未成年後見人」に選任され孫の財産を管理していた祖母が，孫とは非同居の叔父夫婦と共謀の上，孫の貯金を引き出して費消したという業務上横領の事案において，刑法244条1項の準用を否定したが，その理由付けの中でこの問題について触れておらず，最高裁は，犯人と財物の委託者との間の親族関係の要否については何らの判断も示していないといわざるを得ない（なお，最高裁判例は，必要説に親和的であると指摘する見解として家令和典「家庭裁判所から選任された未成年後見人が未成年被後見人所有の財物を横領した場合と刑法244条1項の準用の有無」曹時62巻10号206頁以下）。

　下級審の近時の裁判例には，家庭裁判所から「成年後見人」に選任され非同居の叔母の財産を管理していた被告人が保管中の財産を横領した事案において，「親族以外の者が当該財産犯罪に係る法律関係に重要なかかわりを有する場合には，その者が直接・間接に法益侵害を受けるという意味で『被害者』には当たらないとしても，その法律関係は，既に純粋に『家庭内の人間関係』に限局されたものという性格を失っているとみざるを得ず，その意味で親族相盗例の適用ないし準用は排除されるべきである。」と判示する仙台高秋田支判平19・2・8判タ1236号104頁がある。この判決は，親族相盗例の趣旨から，犯人との間で親族関係を要する者の範囲を「被害者」以外の者まで拡張することを許容する一方，「当該財産犯罪に係る法律関係に重要なかかわりを有する者」にその範囲を画定しようとしているとも理解できるが，このような解釈によって親族関係を要する者の範囲が明確になるといえるかについては疑問がある（この裁判例については小池信太郎「刑事裁判例批評（58）」刑事法ジャーナル10号108頁以下を参照）。

④　親族等の意義

　親族相盗例の規定する「親族」に当たるか否かは民法の定めるところ（民725条）による。「配偶者」というためには民法上の婚姻が成立していなければならず，内縁の配偶者に対しては適用又は類推適用はない（最決平18・8・30刑

集60巻6号479頁)。所定の親族関係は，犯行時に存在すれば足り，その後消滅しても本条の適用に影響はない（大判大13・12・24刑集3巻904頁)。

ところで，最高裁は，平成20年決定において，家庭裁判所から選任された未成年後見人による業務上横領の事案において刑法244条1項の準用を否定する理由付けとして，「民法上，未成年後見人は，未成年被後見人と親族関係にあるか否かの区別なく，等しく未成年被後見人のためにその財産を誠実に管理すべき法律上の義務を負っている……」とし，このような後見の事務は「公的性格」を有するものであり，後見人と被後見人との間に刑法244条1項所定の親族関係があっても同項は準用されないとした。

この決定は，親族相盗例の適用を排除する根拠を，端的に，家庭裁判所から選任された未成年後見人の事務の公的性格に求めるもので，「任意後見契約に関する法律」に基づく任意後見人には直ちに及ぶものではないと評されているが（家令・前掲221頁)，最高裁は，この決定によって，たとえ犯人と「被害者」との間に親族関係が認められる場合であっても，親族関係以外の法律関係によって立つ犯人の「立場」（具体的には，法律上の地位や義務などが考えられようか）によっては，親族相盗例の適用・準用が排除される余地のあることを示したといえる。これが，親族相盗例について，あくまでも「親族が親族としての立場で犯した罪についての特例」と理解した上での判断であるとすれば（山口・前掲「親族関係と財産犯」260頁)，犯人がどのような「立場」にある場合に親族相盗例の適用・準用が排除されるのか，その射程範囲について慎重な検討を要する判例と思われる（なお，このような解釈による同種事案への対応につき限界を指摘する見解として西田・各論（第5版）225頁)。

5 各設問の検討

(1) 甲の罪責～設問〔1〕

甲が盗んだ封筒入りの現金は祖父Aが保管していたというのであるから，当該現金の「占有者」は犯人甲の直系血族ではあった。しかし，それが封筒に入った町内会費であった点などに着目すると，その現金の「所有者」と犯人甲との間に親族関係が認められるか否かも問題になり得る。当該現金の所有関係の帰属を確定するに当たっては，設問にある「町内会」の法的性質も問題になり

得るところであるが，結論としては，現金の「所有者」（あるいは所有者全員）と甲との間に親族関係が認められることはまず考えられないであろう。

以上の前提の下に，判例・通説である双方説によれば，本問では，窃盗犯人甲と財物の所有者との間に親族関係を認めることができず，甲の窃盗行為は親族間の犯罪とはいえないから，親族相盗の特例（刑244条1項）の適用はなく，犯人甲は刑の必要的免除を受けることはできないということになろう。

なお，犯人甲が当該封筒入りの現金を祖父Aが「所有する」現金であると誤信していた場合も問題になり得る（親族関係の錯誤）。この点は，基本的には，当該規定の法的性質をどのように解するかによってその処理が異なることになろう。すなわち，判例・通説である一身的刑罰阻却事由説によれば，甲の錯誤はその犯罪の成否とは無関係な錯誤であるから罪責には何ら影響しないということになるが（なお，前田・各論（第4版）224頁参照），違法性減少説，責任減少説によれば，事実の錯誤として親族相盗例の適用を肯定することになる（中森・各論（第2版）125頁，西田・各論（第5版）164頁ほか）。

(2) 乙の罪責〜設問〔2〕

乙が預金から引き出して費消した現金は，乙が未成年後見人として預かり保管していた孫Bの預金だというのであるから，預金されていた金銭の「所有者（正当な権利者）」は犯人乙の「直系血族」ということになる。乙には業務上横領罪（刑253条）が成立するが，財物の所有者Bとの間に刑法244条1項所定の親族関係が認められるため，その刑は免除されることになるのであろうか（刑255条）。

本問は，平成20年決定と同種の事案であり，判例によれば，乙は家庭裁判所から選任された未成年後見人としてその業務上占有する未成年被後見人Bの財物を横領したことになるから，乙は親族としての立場で当該犯罪を犯したとはいえず，両者に刑法244条1項所定の親族関係があっても同項は準用されない，すなわち犯人乙は刑の必要的免除は受けられないということになろう（前述④）。このように考えるならば，本問で，①刑法244条1項所定の親族関係は横領犯人と財物の「委託者」との間においても必要か，②必要であるとすれば「家庭裁判所」はその「委託者」に当たるかといった点を検討する必要はなかろう。

【佐々木　一夫】

4 仮設店舗の改造と不動産侵奪罪

甲は，Aから，直ちに撤去可能な屋台だけとの条件で，その所有土地を無償で使用させてもらい，仮設店舗を建てて，飲食業を営んでいた。その後，同所で風俗営業を営むこととし，Aに無断で，上記仮設店舗を改造した。甲の罪責はどうか。

1　問題の所在

不動産侵奪罪は，境界毀損罪とともに昭和35年法律83号刑法の一部を改正する法律により新設され，同年6月5日から施行された。第二次大戦終了直後の社会的混乱期に，不動産の不法占拠が罹災都市を中心に多発し，その後の経済復興に伴い次第に悪質化して暴力団と結びつき，また，自力救済的な措置がとられる傾向も発生していたという社会的背景と，不動産に対する窃盗罪の成立を認めるか否かについて学説上争いがある一方で，実務上は不動産窃盗罪の訴追実例がなかったため，立法的対処が図られることになった。そして，不動産の不法占拠や不法侵害のうちいかなる行為を対象とするか，その体系的地位，構成要件をどのように定めるかについて種々の議論がされた結果，新法施行後に行われる新たな不法侵害行為のみを対象とし，これを財産犯として，窃盗罪とその性質を同じくする類型として不動産侵奪罪が設けられた。したがって，不動産侵奪罪は，客体が不動産であるという点以外は，その性質，保護法益，犯罪構成要件等は，窃盗罪のそれと同じと立法解説されている（高橋勝好「不動産侵奪罪と境界毀損罪」曹時12巻6号677頁）。

不動産侵奪罪は「他人の不動産を侵奪する」犯罪であり，「侵奪」とは，窃盗罪における「窃取」に対応する概念である。侵奪とは，一般に，不法領得の意思をもって，不動産に対する他人の占有を排除し，これを自己又は第三者の占有に移すことをいう（最判平12・12・15刑集54巻9号923頁）。

不動産侵奪罪の成立には，客観的要件として，他人の占有の排除と自己又は第三者の占有の設定が，主観的要件として，不法領得の意思が必要となる。

設問においては，甲がAに無断で仮設店舗を改造した行為が侵奪といえるか

が問題となるが，甲は仮設店舗を建てて当該土地を直接占有使用しているから，所有者Aの占有をどうとらえるのかについても検討しておく必要があろう。

② 不動産侵奪罪における「占有」の概念

不動産侵奪罪は，客体が不動産であるという点以外は，窃盗罪と同様に解釈されるとされている。

窃盗罪における占有は，財物に対する事実上の支配をいい，法律上の支配を含まない。これに対し，横領罪における占有は事実上の支配だけではなく，登記名義を有する法律上の支配を含むと解されている。

不動産侵奪罪における占有も，一般には，窃盗罪と同様に，不動産に対する事実上の支配をいうと解されている。しかし，横領罪における占有と異なり，法律上の支配を含まないという以外に，窃盗罪におけるそれとどこまで同様に解すべきかは問題である。この点について学説上，不動産侵奪罪における占有について，窃盗罪と同様に事実上の支配を重視し，当該不動産が他人に事実上の支配がされていれば，所有者ではなく事実上の支配をしている者に占有があり，横領罪を問擬すべきとする見解もあるが（鈴木左斗志・ジュリ1196号137頁，斉藤豊治「不動産侵奪罪における不動産の『占有』と『侵奪』の意義」重判解平11年度159頁），多数説は，「事実上の支配」の具体的内容を，不動産の特質に応じて，動産についてのそれとは異なったものとして理解する。すなわち，不動産は場所的に移動せず，動産のように所在不明になることがない，山奥の山林や，空き家，空き地など現実に管理，看守されていない場合がある，その権利関係は基本的に登記によって公示されている，といった特色があることから，権利者に占有意思が存する限りは，事実上の支配があるという（大コメ刑法第12巻（第2版）313頁〔河上和雄＝髙部道彦〕，注釈刑法(6)79頁〔田宮裕〕，臼井滋夫「不動産侵奪罪」西村宏一ほか編・不動産法大系VI490頁（青林書院新社，1975），山口厚「不動産の占有とその侵奪」法教286号82頁など。なお学説状況については島田聡一郎・判例百選II各論（第6版）70頁）。

判例は，多数説と同様の立場である。すなわち，地上建物の賃借権とこれに付随する敷地利用権を譲り受け，土地について一定の利用権限を有していた者が，土地上に大量の廃棄物を堆積させ，容易に原状回復をすることができない

4 仮設店舗の改造と不動産侵奪罪

ようにした事案において，土地の所有会社は，代表者が行方をくらまして事実上廃業状態となり，土地を現実に支配管理することが困難な状態になったけれども，土地に対する占有を喪失していたとはいえないと判示して，所有者の占有を肯定した（最決平11・12・9刑集53巻9号1117頁）。なお，この判例は不動産侵奪罪における「占有」の意義について一般的に判示したものではなく，事例判例であるが，後に触れる平成12年の2件の最高裁判例とともに，不動産侵奪罪についての重要判例である。

このように，事実上の支配を観念的にとらえると，不動産侵奪罪における「占有」が不動産に対する事実上の支配であるという意味は，法律上の占有を除くという程度の意味しか有しないことになり，一般的に，不動産の所有者が占有意思を有している限り，「占有」を喪失することは考えられないことになる（朝山芳史・判解刑平11年度〔10〕事件190頁）。

また，事実上の支配を観念的にとらえると，不動産の所有者と，現実に不動産を直接占有する者との両者に重畳的に占有が観念できることになる（朝山・前掲190頁，山口・前掲82頁）。

ところで，先の判例の事案は，建物利用権に伴う敷地利用の事例であり，土地自体に利用権が設定されていた事案ではなかったところ，不動産について賃借権を有する場合には，契約の範囲内で当該不動産を排他的に利用できるから，賃貸人は当該不動産の事実上の支配を賃借人に全面に委ねており，もはや占有を有しないとの見解（橋爪隆・判例百選II各論（第5版）66頁。なお，そのような考え方もあり得るとの指摘につき朝山・前掲189頁）もある。しかし，例えば更地の資材置場として賃貸した土地に，無断で堅固な建物を建築された場合などを想定すると，侵奪態様の如何にかかわらず不動産侵奪の余地はないということはできず，賃貸人にも重畳的に占有を肯定する余地があろう（山口・前掲84頁）。

不動産侵奪罪における占有を，以上のようにとらえると，保護法益に関するいわゆる本権説と占有説とで，窃盗罪の場合に比較して，結論に違いを生じることはなくなるであろう（朝山・前掲191頁）。

本問でも，土地所有者Aは甲に土地を無償使用させているが，Aが土地の占有意思を有している以上，それを間接占有というかどうかは別にして，甲の直接支配による占有と重畳的にAの占有が肯定されよう。

③ 不動産侵奪罪における「侵奪」

(1) 「侵奪」の概念

先に述べたとおり，不動産侵奪罪にいう「侵奪」は，窃盗罪における「窃取」に対応する概念であり，侵奪とは，一般に，不法領得の意思をもって，不動産に対する他人の占有を排除し，これを自己又は第三者の占有に移すことをいう（前掲最判平12・12・15）。

他人の占有を排除することを要するから，積極的な現実の行為が必要である。したがって，賃借期間の満了又は賃貸借契約の解除等によって賃借権を失った賃借人が，所有者の立退要求に応じずに不動産の占拠を継続する場合のように，従前からの占有をそのまま継続し，適法な占有が不法占拠へと法的性質が変化したのみで，新たな積極的な占有排除の行為がない以上は，侵奪行為があったとはいえない。借主の無断転貸などによる占有も，借主の占有が転借人に引き継がれたにすぎないので，侵奪に該当しない。

しかし，一見従前の占有状態が継続しているにすぎないようにみえても，例えば，一時使用を許された土地に無断で恒久的な住宅を建てる場合などのように，占有の態様・意味が質的に変化し，新たに権利者の占有を排除したと認められるときは，一般に，不動産侵奪罪の成立が認められる（大コメ刑法第12巻（第2版）317頁〔河上＝髙部〕，注釈刑法(6)79頁〔田宮〕，臼井・前掲494頁など多数説）。

そして，当該行為が侵奪行為に当たるかどうかは，具体的事案に応じて，不動産の種類，占有侵害の方法，態様，占有期間の長短，原状回復の難易，占有排除及び占有設定の意思の強弱，相手方に与えた損害の有無などを総合的に判断し，社会通念に従って決定すべきものとされている（前掲最判平12・12・15）。

(2) 占有先行型における占有態様の変更と侵奪

裁判例を分析すると，侵奪に先だって行為者が当該不動産を占有している類型（占有先行型）と，いきなり占有を侵奪した類型（占有非先行型，いきなり型）とに分類できるといわれている（斉藤・前掲160頁）。被害者側の「占有」ではなく，行為者側の不動産に対する直接占有の有無による分類である。

いきなり型の類型は，それまで占有していなかった他人の不動産の占有を排除して新たに占有を設定する典型的な場合であり，具体的な行為が侵奪に該当

4 仮設店舗の改造と不動産侵奪罪

するか否かは，不可罰的な使用侵奪との区別が問題となる。

　占有先行型の類型においては，行為者が，占有態様に事実的変更を生じさせた場合に，不動産侵奪の成立を肯定する多数説と，これを否定し横領罪が成立するにとどまるとする説（町野朔・判例百選II各論（第2版）71頁。なお学説状況については橋田久・判例百選II各論（第6版）72頁）とがある。行為者の直接占有が先行していても，不動産の所有者には重畳的に占有が認められ得るのであり，こうした所有者の重畳的占有を直接占有者が排除すれば，すでに行為者が占有する不動産についても，不動産侵奪罪の成立を肯定すべきである（山口・前掲82頁）。判例は，基本的に肯定説に立っている。

　問題は，どのような場合に，占有の態様が質的な変化を遂げて，新たに権利者の占有が排除されたとみられるかどうかである。

(3) 裁　判　例

　最高裁判例として，次のものが指摘できる。

　　(a)　最決平12・12・15刑集54巻9号1049頁

　使用貸借の目的とされた土地の無断転借人が土地上の簡易施設を改造して本格的店舗を構築した行為が不動産の侵奪に当たるとされた事例である。土地を所有者から，転貸禁止，直ちに撤去可能な屋台営業だけを認めるとの約定で，無償で借り受けた者が，鉄パイプの骨組みに，トタンの波板等をくぎ付けして屋根にし，側面をビニールシートで覆った，仮設の店舗を構築し，その後，さらに，約4本の鉄パイプを埋設してセメントで固定し，これと既存の骨組みを鉄パイプでつないで溶接するなどして増築した。この施設を賃借して土地及び施設の引き渡しを受けた被告人が，施設の側面に化粧ベニヤを張り付けて内壁を作り，土地上にブロックを置き，その上に角材を敷くなどした上，さらに，その上にコンクリートパネルを張って床面を作り，上部に天井ボードを張り付けて天井を作り，両面に化粧ベニヤを張った壁面で内部を区切って8個の個室を作り，各室にシャワーや便器を設置して，風俗営業のための店舗を作った。その店舗は，前記施設の骨組みを利用して作られたものであるが，同施設に比べて，撤去の困難さは格段に増加していた。最高裁は，「被告人が構築した本件建物は，本件施設の骨組みを利用したものではあるが，内壁，床面，天井を有し，シャワーや便器を設置した8個の個室からなる本格的店舗であり，本件

施設とは大いに構造が異なる上，同施設に比べて解体・撤去の困難さも格段に増加していたというのであるから，被告人は，本件建物の構築により，所有者の本件土地に対する占有を新たに排除したものというべきである。したがって，被告人の行為について不動産侵奪罪が成立するとした原判断は，正当である。」と判示し，侵奪に当たるとした。

(b) 最判平12・12・15刑集54巻9号923頁

公園予定地の一部に無権原で簡易建物を構築するなどした行為が不動産の侵奪に当たるとされた事例である。何ら権原がないのに，土地上に中古電器製品等を置いてリサイクルショップを営んでいた被告人が，廃材を使って簡易建物を構築したが，その簡易建物は，土台として地面に置いた角材に，柱や屋根のけた及びもやの角材を，平板等を当ててくぎ付けするなどしてつなぎ，屋根にはビニールシートを掛けて固定し，周囲はビニールシート，廃材の戸板，アコーディオンカーテン等で囲ったもので，解体業者の6名の人員で約1時間で解体撤去された。原審が不動産侵奪罪の成立を否定したのに対し，最高裁は，「本件簡易建物は，……前記構造等からすると，容易に倒壊しない骨組みを有するものとなっており，そのため，本件簡易建物により本件土地の有効利用は阻害され，その回復も決して容易なものではなかったということができる。加えて，被告人らは，本件土地の所有者である東京都の職員の警告を無視して，本件簡易建物を構築し，相当期間退去要求にも応じなかったというのであるから，占有侵害の態様は高度で，占有排除及び占有設定の意思も強固であり，相手方に与えた損害も小さくなかったと認められる。そして，被告人らは，本件土地につき何ら権原がないのに，右行為を行ったのであるから，本件土地は，……被告人らによって侵奪されていたものというべきである。」と判示して，侵奪に当たるとした。

(c) 最決平11・12・9刑集5巻9号1117頁

先に占有の検討で触れた，所有者による現実の支配管理が困難になった土地上に大量の廃棄物を堆積させた行為につき不動産侵奪罪が成立するとされた事例である。最高裁は，地上建物の賃借権及びこれに付随する土地の利用権を有するとはいえ，その利用権限を超えて地上に大量の廃棄物を堆積させ，容易に原状回復をすることができないようにしたことは，所有者の占有を排除して自

4 仮設店舗の改造と不動産侵奪罪

己の支配下に移したものということができるから，不動産侵奪罪の成立を認めた原判決の判断は相当であるとした。

(d) 最決昭42・11・2刑集21巻9号1179頁

板塀で囲い天井をトタン板で蔽って小屋のようになつている土地を，所有者の黙認のもとに，建築資材などを置いて使用していたが，台風による囲いの倒壊後，所有者が工事中止方を強硬に申入れたにもかかわらず，土地の周囲にコンクリートで基礎を造り，高さ2.75メートルのコンクリートブロック塀を築造し，天井をトタン板で蔽って，建築資材などを置く倉庫として使用した。最高裁は，原審の大阪高裁が，コンクリート塀の築造を境として従前の一時使用の態様から侵奪へと質的に変化を遂げたものということができるとして不動産侵奪罪の成立を肯定したのを，「本件被告人の行為を不動産侵奪罪に当るものとした原審の判断は相当である。」と判示して，支持した。

占有先行型に分類され，占有態様の変更が新たな権利者の占有の排除に当るか否かについての下級審裁判例として，次のものがある。

(e) 東京高判昭53・3・29高刑集31巻1号48頁

土木建築資材等の販売事業用として賃貸借契約した土地に，プレハブの事務所を建築するなどして，土地を占有していた者が，プレハブの居宅，同倉庫を建築し，下水道施設を施工し，門扉を構築した事案について，賃貸借の目的に反するものであったとしても，直ちに不動産侵奪罪の侵奪若しくは新たな占有の取得とみられる占有の質的，態様の変化があったものとは解されないとして，不動産侵奪罪の成立を否定した。

(f) 東京高判昭44・2・20高検速報昭44年1702号

権利者から土地の一時利用を是認されていたにすぎない者が，権利者の占有を排除して，無断で新たな自己の占有を設定すべく，恒久的なビル新築工事に着手し，板塀を構築させた事例について，不動産侵奪罪の成立を認めた。

(g) 広島高判昭41・11・7高検速報昭41年97号

不動産侵奪罪の施行前から，他人所有の土地に仮設小屋を建て，これを正当に賃借した工場・事務所に付属する鍛造場等として使用占有するとともに，その余の空地部分を屑鉄，鉄材，燃料コークスなどの置場として使用し，土地所有者の明渡要求を拒絶し続けてきた鉄工所の経営者が，不動産侵奪罪の施行後

4 仮設店舗の改造と不動産侵奪罪

に，土地上にビニール波板葺き平屋を築造した事例について，土地全体として観察すれば，本罪の施行前から所有者の占有を排除し，これを自己の支配に移したものと解すべきとして，不動産侵奪罪の成立を否定した。

(h) 大阪高判昭41・8・9高刑集19巻5号535頁

家屋の使用貸借終了後においても，その家屋及び敷地について，事実上の占有を継続している者が，敷地管理者の承諾を得ることなく，既存家屋（建坪約31.35平方メートル）に接続して小規模の増築（建坪約10.9平方メートル）をした場合は，占有の状態を変更したにすぎぬものであり，他人の占有を新たに奪取したものとはいえないとして，不動産侵奪罪の成立を否定した。

(i) 福岡高判昭37・7・23高刑集15巻5号3頁

国有地上に無断で豚小屋を建てて使用していた者が，不動産侵奪罪の施行後に，豚小屋を取り除き，居住目的で平家建木造バラック1棟を建築した事例について，豚小屋は床，屋根，柱，板囲により造作されていた相当恒久的な建物であり，しかも昭和28年ころから引き続きその敷地部分の占有をしてきたものであるから，その占有は占有の侵奪と認めるのが相当であり，右敷地部分に家屋を新築することは新たな占有の侵奪にならないとして，不動産侵奪罪の成立を認めた一審判決を破棄した。

占有先行型の類型では，占有態様の事実的変更によって，占有の態様が質的に変化し，新たに占有の排除と占有の設定があったと同視し得る場合に侵奪が認められる。

占有先行型かいきなり型かの分類は，占有についての事実支配性に関する考え方によっても，事例理解が異なるように思われる（(c)の判例について，斉藤・前掲161頁はいきなり型としているが，朝山・前掲192頁，福崎伸一郎・判解刑平12年度〔17〕事件285頁は占有先行型ととらえている）。不動産侵奪は，それまで何ら利用も占有もしていなかった土地に，一夜にして建物を建てて当該土地を不法占拠してしまういわゆる土曜建築といわれるような事例を別にすれば，一時的な利用から，いわゆる「使用侵奪」として罪にならない程度の利用などが先行し，それら占有形態が徐々に変化し，侵奪性が明瞭化していくことが少なくないから，占有先行型かいきなり型かに明解に分類しにくい事情がある。

重要なのは，占有先行型かいきなり型かの分類そのものではなく，占有の態

4 仮設店舗の改造と不動産侵奪罪

様に質的変化があったか否かの基礎となる先行占有の状態であろう。いきなり型やそれに近い類型，例えば占有先行型の中でも，いわゆる使用侵奪として罪にならない程度であったものが，後に侵奪性が明瞭化したような事例（裁判例(b)(d)）であれば，質的変化にさほど大きなものを要求すべきではない（福崎・判解刑平12年度〔16〕事件275頁）が，占有先行型の中でも，一定の利用権に基づく占有が先行する事例（裁判例(a)(c)）では，その利用権の範囲内であれば侵奪に当たらないのは当然であるから，質的変化と評価するためには，新たな占有排除と評価し得るだけのそれなりの事情が必要となる。具体的事案ごとに，「侵奪」に該当するか，社会常識に従って，総合的に判断することが重要である。

④ 本件設問について

甲は，直ちに撤去可能な屋台だけとの条件で，所有者Aから土地を使用貸借し，仮設店舗を建てて，飲食業を営み，土地を直接占有していた。所有者Aも占有意思を有し重畳的に土地を占有していたとみることができる。設問では，甲が，風俗営業を営むために，Aに無断で，仮設店舗を改造したことが，土地の占有態様を質的に変化させ，Aの占有を排除したと評価できるほどのものであったか否か，とくに建物の構造の変化いかんが問題となろう。仮設店舗の改造が，直ちに撤去可能な仮設店舗から建物の構造を大きく変えるもので，仮設店舗に比べて解体撤去の困難さも格段に増加したような場合であれば，甲は不動産侵奪罪の罪責を負うことになろう。しかし，契約条件に反するものであっても，改造の内容が小規模なもので，建物の基本構造に変化がないような場合には，不動産侵奪罪には該当しないことになろう。

【田口　直樹】

5　事後強盗罪における窃盗の機会

　甲は，車を道路端にとめ，車をそこに置いたまま歩いて盗みに入れそうな家を物色し，車から約200メートル離れたＡ方に侵入し，財布を盗み，だれにも見付かることなく，車に戻った。車に乗り込んで財布の中身を数えたところ，額が少なかったことから，再びＡ方に盗みに入ることにし，車を降りて歩いて引き返した。盗みから数分後，Ａ方敷地内に入ったところ，そこに居た家人のＢに見付かり，あわてて逃げだが，追いかけられ，Ａ方から約100メートル離れた路上で捕まりそうになって，持っていたナイフをＢに向けて振り回した。Ｂは，これを避けようとして転び，手のひらに全治約１週間を要するかすり傷を負った。甲の罪責はどうか。

1　問題の所在

　甲の罪責を検討するには，最初にＡ方に侵入して財布を盗み出した行為と，Ａ方から100メートル離れた路上でナイフを振り回しＢに傷害を負わせた行為との結び付きをどのように考えるかという点に着目する必要がある。
　そもそも刑法238条は「窃盗が，財物を得てこれを取り返されることを防ぎ，逮捕を免れ，又は罪跡を隠滅するために，暴行又は脅迫をしたときは，強盗として論ずる」と事後強盗罪を規定している。この条文上の規定に加え，通説・判例は，事後強盗罪が成立するためには，暴行・脅迫が「窃盗の現場又は窃盗の機会の継続中」に行われることを要件と解している。事後強盗罪が成立するか，窃盗罪及び傷害（暴行）罪の併合罪にとどまるかという点は，量刑上にも大きな差異をもたらす可能性が高く，実務上，大きな関心を持って論じられる。
　本設問の第１の問題点は，甲に事後強盗罪の成立が認められるかである。特に，窃盗の機会継続性の要件を満たすかどうかの検討が重要である。また，第２の問題点は，Ｂに負わせた傷害を，事後強盗致傷罪の致傷と評価できるかである。
　以下，事後強盗罪が規定された趣旨，成立要件を概観した上で，検討する。

5 事後強盗罪における窃盗の機会

② 強盗罪以外に事後強盗罪が規定された趣旨

　刑法が236条（強盗罪）以外に238条（事後強盗罪）を規定した趣旨は，主に次のように説明されている。すなわち，窃盗の実行に着手した者が，いまだ財物を奪取しないうちに発見され，逮捕を免れるため，あるいは罪跡を隠滅しようとして相手方の反抗を抑圧するに足りる程度の暴行・脅迫を加えたり，窃盗犯人が財物を奪取したものの，その直後に発見されて，財物を取り返されないため，又は逮捕を免れようとして相手方の反抗を抑圧する程度の暴行・脅迫を加えたりする事例がしばしば発生する。このような事例は，財物奪取のために暴行・脅迫を用いていないため，刑法236条1項に定める典型的な強盗罪には該当しないことになる。しかしながら，その危険性や実質的違法性は，居直り強盗などと何ら差異がなく，仮に，刑法238条のような規定を設けない場合には，窃盗（未遂）罪と脅迫又は暴行（傷害，傷害致死，殺人）罪との併合罪ということになり，居直り強盗に対する法定刑との較差が大きすぎるため，均衡のとれた刑罰を加えることを目的として，刑法238条が，このような類型の犯罪について，強盗として論じることを定めたものである（注釈刑法(6)111頁〔藤木英雄〕，大コメ刑法第12巻（第2版）379頁〔米澤慶二＝髙部道彦〕）などとされている。

③ 事後強盗罪の成立要件

(1) 窃盗犯人であること

　行為主体が，窃盗犯人であること。実行に着手していれば，既遂に達している必要はないが，予備の段階にとどまる者は含まれない。したがって，窃盗目的で他人の住居に侵入しようとした際に，家人に発見されて，逮捕を免れる目的で暴行を加えても，窃盗の着手に至っておらず，事後強盗罪とはならない。

　なお，前記②のように刑法238条の立法趣旨を解すると，行為主体は窃盗犯人に限られ，本罪は身分犯であると解することにつながりやすい（大コメ刑法第12巻（第2版）379頁〔米澤＝髙部〕）。これに対して，窃盗（未遂）罪と暴行・脅迫罪の一種の結合犯であると解する見解もある（山口・各論（第2版）227頁）。この点の考え方の差が，窃盗には関与せず，その後の暴行・脅迫にのみ加担した者につき，どの範囲で共犯を認めるかという問題に影響を与える。この点は，本設問には直接影響しないので，問題点を指摘するにとどめる（なお，山口厚

「事後強盗罪再考」研修660号3頁以下を参照されたい)。

(2) **以下の目的を有していること**

本罪は，目的犯の一種である。行為主体が，財物の取還を防ぐ目的，逮捕を免れる目的，又は罪跡を隠滅する目的のうち，少なくともいずれか一つの目的をもって暴行・脅迫を加えることが必要である。この目的は，窃盗犯人が持っていなければならない主観的要件であるから，行為主体が有していれば足り，その相手方が，現に財物を取り返す意図や，逮捕目的を有していたかどうかは問わない。

(3) **暴行・脅迫の程度**

典型的な強盗罪との均衡上，ここで要求される暴行・脅迫の程度は，刑法236条と同程度であることが必要である。すなわち，相手方の反抗を抑圧するに足りる程度のものでなければならない。一般社会通念にしたがって，逮捕者の逮捕遂行の意思，被害者の財物取還を遂行する意思を制圧するに足りる程度のものであることを必要とする（注釈刑法(6)112頁〔藤木〕）。もっとも，既に他人の財物を奪取している行為者が，それを確保するために行う暴行・脅迫は，他人の財物を奪取しようとして行われる暴行・脅迫に比べ，若干軽い程度で足りるというニュアンスの差異があるとも指摘されている（大塚・各論（第3版増補版）222頁）。

(4) **財物奪取と暴行・脅迫の関連性について**

さらに，暴行・脅迫は，窃盗の機会の継続中（窃盗の現場を含む）に加えられる必要があると解されている。

これは，事後強盗罪が強盗罪と同じように刑法上扱われているのは，前記②で述べたように，暴行・脅迫と財物奪取とが密接に関連性を有する形態で行われるかぎり，危険性の大きさは，暴行・脅迫の行われた時点が財物奪取の前後のいずれであっても異ならないと考えられているからである。そうすると，暴行・脅迫と財物奪取との関連性について，両罪の間に差異はないと解され，強盗罪において，暴行・脅迫による反抗抑圧と，財物奪取との間に関連性のあることが要求されているのと同様に，事後強盗罪においても，「窃盗の機会の継続中」に暴行・脅迫が加えられることが要求される。以下，項を改めてこの点について詳しく検討する。

4 窃盗の機会継続性について

(1) 概　　要

上記のように，窃盗の機会継続性が事後強盗罪の成立要件と解されるところ，問題は，どのような要素からこれを判断するかという点にある。実務上，争われる事例も少なくない。以下，判例，学説を概観した上で検討することとする。

(2) 判例等の概要

窃盗の機会継続性をめぐる判例・裁判例については，窃盗行為と暴行・脅迫行為との場所的な同一性ないし近接性の観点から3類型に分けて検討されることも多く，以下，これに従って概観することとする（詳細は，朝山芳史「窃盗犯人による暴行が窃盗の機会の継続中に行われたものとされた事例」判解刑平14年度60頁以下，大野勝則「窃盗の犯人による事後の脅迫が窃盗の機会の継続中に行われたとはいえないとされた事例」判解刑平16年度590頁以下，長井圓「窃盗現場の天井裏潜伏時における事後強盗罪の成立」現代刑事法26号80頁以下などを参照されたい）。

(a) 逃走追跡型

(ア)　最決昭33・10・31刑集12巻14号3421頁〔判例①〕

米を窃取した犯人が，被害者らから追跡され，数十メートル隔てた道路で現行犯人として被害者に逮捕されたが，警察官に引き渡されるまでの間に，逃走しようとナイフを振り回して被害者を負傷させた事案で，この逮捕状態を脱するために暴行をすることも，刑法238条の「逮捕を免れ」るための暴行に当たる。

(イ)　最決昭34・3・23刑集13巻3号391頁〔判例②〕

電車内で乗客の財布をすり取った犯人が進行中の電車内で現行犯として車掌に逮捕され，約5分経過後到着駅ホームを警察官に引渡しのため連行されている際に，逃走を企て，車掌に暴行したときは，刑法238条の「逮捕を免れ」るための暴行に当たる。

(ウ)　最決昭34・6・12刑集13巻6号960頁〔判例③〕

工場で窃盗をした者が，現場から10メートル位隔たった同工場塀外の路上で巡査に現行犯人として追跡を受け，約60メートル進んだ地点で捕まり右工場守衛詰所へ連行される途中，2，30メートル進んだ地点で隙をうかがい逃げ出し，さらに逮捕を免れるため同巡査に暴行を加えたときは，刑法238条にいう「逮捕を免れ」るための暴行に当たる。

(エ)　東京高判昭27・6・26高裁刑事判決特報34号86頁〔判例④〕

窃盗犯人が，被害者方から約200メートル離れた路上で，犯行とは無関係に警ら中の警察官から呼び止められ職務質問を受けそうになって暴行を加えた事案につき，事後強盗罪の成立を否定した。

　(b)　現場回帰型

(ア)　最判平16・12・10刑集58巻9号1047頁〔判例⑤〕

被害者方で財物を窃取した犯人が，だれからも発見，追跡されることなく，いったん同所から約1キロメートル離れた場所まで移動し，窃取の約30分後に再度窃盗をする目的で被害者方に戻った際に逮捕を免れるため家人を脅迫した事案において，その脅迫は，窃盗の機会の継続中に行われたものとはいえないとされた。その判文中で，「被告人は，財布等を窃取した後，だれからも発見，追跡されることなく，いったん犯行現場を離れ，ある程度の時間を過ごしており，この間に，被告人が被害者等から容易に発見されて，財物を取り返され，あるいは逮捕され得る状況はなくなったものというべきである。そうすると，被告人が，その後に，再度窃盗をする目的で犯行現場に戻ったとしても，その際に行われた上記脅迫が，窃盗の機会の継続中に行われたものということはできない。」との理由が示された。

(イ)　東京高裁平15・11・27刑集58巻9号1057頁〔判例⑥〕

これは，判例⑤の原判決であるが，判例⑤と異なり，窃盗の機会継続性を肯定した。その理由中で「被告人は，住家に侵入して窃盗に及んだが，これにより得た現金が少ないとして，盗品をポケットに入れたまま，さらに金品を窃取するため約30分後に同じ家に引き返したものであって，被告人が引き返したのは，当初の窃盗の目的を達成するためであったとみることができる。一方，家人は，被告人が引き返して玄関の扉を開けすぐにこれを閉めた時点で，泥棒に入られたことに気付き，泥棒が逃げていったとして追ったものである。そうすると，逮捕を免れるための被告人の家人に対する上記脅迫は，窃盗の機会継続中のものというべきである。」などと指摘した。

(ウ)　東京高判昭45・12・25高刑集23巻4号903頁〔判例⑦〕

被告人ら2名が，夜間被害者方に侵入して，現金等を盗み，だれにも気付かれることなく，自動車で約1キロメートル離れた場所に行き，盗品を分け，残

5　事後強盗罪における窃盗の機会

った盗品を川に投げ捨てて処分したが，大した金額でないので，もう一度被害者方に盗みに行き，約30分後に再び侵入したところで，寝ていた家人につまずいて倒れ，気付かれたため，脅迫を加えたという事案で，「脅迫と最初の窃盗との間には，犯行現場から誰にも発見されることなく立ち去り贓品を処分したことなど重要な事実が介在し，到底最初の窃盗の機会継続中になされた脅迫と認めるに由ない」として，事後強盗の成立を否定した。

(エ)　福岡高判昭42・6・22下刑集9巻6号784頁〔判例⑧〕

被告人が，自動車専門学校に侵入して現金を盗み，犯行後に自動車で逃走し，窃盗直後にこれに気付いた教官らが自動車で追跡を開始し，発見できずに学校に戻ったが，道に迷った被告人が，約2450メートルを走行して約20分後に学校前の道路に戻って発見され，再び教官等に自動車で追跡されて，約4キロメートル走行して追いつかれたため，包丁で脅し，1名を刺して死亡させた事案で，暴行・脅迫は，時間的場所的にも窃盗行為と極めて接着し，被害者側の追跡態勢下において行われたものと認められるとして，事後強盗の成立を肯定した。

(c)　現場滞留型

(ア)　千葉地木更津支判昭53・3・16判時903号109頁〔判例⑨〕

犯人が被害者と犯人宅で酒を飲み，被害者が寝入った後，その背広から財布を盗み，間もなく罪跡を隠滅するため被害者を殺害しようと決意し，別の部屋に移して包丁を取りに行こうとしたが，友人が来たため実行できず，11時間を経過し友人が帰った後に寝入ったままの被害者を刺殺した事案で，機会継続性を肯定した。

(イ)　最決平14・2・14刑集56巻2号86頁〔判例⑩〕

窃盗犯人が，被害者方で指輪を窃取後，犯行現場の真上の天井裏に潜んでいたところ，約1時間後に帰宅した被害者から，窃盗の被害に遭ったこと及びその犯人が天井裏に潜んでいることを察知され，犯行の約3時間後に通報により駆け付けた警察官に発見され，逮捕を免れるためにナイフで切り付け傷害を負わせた事案について，「被告人は，上記窃盗の犯行後も，犯行現場の直近の場所にとどまり，被害者等から容易に発見されて，財物を取り返され，あるいは逮捕され得る状況が継続していたのであるから，上記暴行は，窃盗の機会継続中に行われたものというべきである。」と判示し，強盗致傷罪の成立を認めた。

(3) 学説の状況

学説では，おおむね，窃盗の機会継続性を次のように説明している。

(a) 現場とは，当該窃盗行為と時間的・空間的に近接した一定の範囲を意味する。それは，一種の価値概念であるから，数学的にその限界を明らかに示すことはできない。実体法的に，窃盗の現行又はその機会延長の状態をいうと説明することもできるし，訴訟法的に犯罪発覚の状態の面から，現行犯及び準現行犯と認められる状態をいうとも説明できるとする見解（寺尾正二「刑法第238条の『逮捕ヲ免レ』るための暴行にあたる事例」判解刑昭33年度711頁）。

(b) 時間的，場所的接着性と追跡態勢の有無を重要な要素とする見解（注釈刑法(6)115頁〔藤木〕）。

(c) 暴行・脅迫が場所的，時間的，人的関係を総合的に判断して，財物奪取と密接な関連性を有すると認められる状況のもとに行われることを要するとする見解（大コメ刑法第12巻（第2版）385頁〔米澤＝髙部〕）。

(d) 窃盗行為と暴行・脅迫行為の実質的連関（違法・責任連関）を基準とし，両行為の連関を結合させる事情や切断する事情を検討する見解。具体的には，追及可能性状況の連続性や被害者側の実質的同一性などを検討する（長井圓「窃盗現場の天井裏潜伏時における事後強盗罪の成立」現代刑事法26号85頁）。

(e) 暴行・脅迫の目的によって分け，財物を取り返されることを防ぐ目的の場合は，本来の強盗により近い罪質の形態であり，窃盗の直後か，追跡・追及後についてはそれが中断なく継続し，窃盗の瞬間から取戻しまでがひとまとまりのプロセスを形成しているとみることができるときに事後強盗が成立し，逮捕を免れ又は罪証を隠滅する目的の場合については，訴訟法的にとらえて，逮捕行為が窃盗の現行犯又はそれに準じる場合に限られるとする見解（安田拓人「事後強盗罪における窃盗の機会」ジュリ1246号151頁）。

(f) 本規定が設けられた趣旨を，事後強盗罪は，窃盗犯人が窃盗現場において行う暴行・脅迫に特別な危険性を認め，被害者等の生命身体を保護するための規定であると刑事政策的に理解する。そして，窃盗犯人には窃盗現場から離脱する強い動機付けがあり，被害者等にはそれを追及する動機付け（もちろん現実に追及するかは別問題）があり，この両者が窃盗現場で最も強く衝突する。このような，窃盗現場での，窃盗犯人の暴行・脅迫を（通常の併合罪処理より

5　事後強盗罪における窃盗の機会

も）より強く抑止しなければならない。この衝突状況による危険性に着目し，これが，時間的，場所的に推移しても，同様の状況が維持しつつ継続しているといえる場合には，なお機会継続中であると考えるべきであるとする見解（嶋矢貴之「事後強盗罪における窃盗の機会継続性」ジュリ1247号166頁）。

(4)　検　　討

　(a)　これまでみてきたところから，次のような点が指摘できる。

　逃走追跡型の事案では，被害者による追跡が継続しているかどうかが，最も重要な要素と解される。これが肯定される場合には，場所的，時間的な隔たりが一定程度あっても，継続性を肯定することの大きな障害とはならない。逆に，追跡を振り切り，又は追跡が中断したとみられる場合には，継続性が否定される傾向にある。

　この場合の被害者とは，被害者本人に限らず，目撃者や連絡を受けて追跡している者など，事後強盗罪所定の各目的を果たす上で障害となる者に対するものであれば，関係性が密であると判断される。逆に，判例④のように，窃盗現場から比較的近接した場所と時間であっても，窃盗の犯行とは無関係な事情で警察官に呼び止められたような場合には，被害者による追跡が継続しているとは認められないから，窃盗の機会継続性は否定される。さらに，暴行・脅迫を受けた者が，窃盗被害に全く気付いていなければ，本罪による保護の対象にはならないが，詳細な被害を承知している必要はなく「何かを盗まれたようだ」程度で足りる。事後強盗罪の制定趣旨に照らして当然の解釈といえよう。

　なお，いったん追跡を振り切った後，現場からさほど離れず，かつ時間的にもさほど経過していないうちに発見されて，これに対して暴行・脅迫を加えた場合には，実際に現場から引き続き追跡されていなかったとしても，それと同様，窃盗の機会継続性を肯定することができる場合もある。

　判例①ないし③は，被害者や警察官らが追跡し，犯人を現行犯逮捕したものの，完全に制圧するに至らない間に，犯人が被逮捕状態を脱するために暴行を加えた事例で，逃走追跡型の一種の逮捕逃走型とでもいえる類型である。

　現場回帰型の事案では，窃盗行為と暴行・脅迫行為の時間的な隔たり，犯人の犯行現場からの移動距離などが総合考慮されている。

　現場滞留型の事案は，基本的に場所的移動がないから，窃盗の機会継続性を

肯定しやすい例が多い。ただし，時間の隔たりが余りに長ければ，別の判断もあり得る。判例⑩は約3時間後の暴行の事案であるが，被害者は，それ以前から犯人が天井裏に潜んでいることを察知していたのであるから，被害者の追跡態勢が比較的早い時期から継続していた事案と評価できる。

結局，判例⑩で示されているように，犯人が，「被害者等から容易に発見されて，財物を取り返され，あるいは逮捕され得る状況」にあったかどうかを検討することとなる。

(b) 判例⑤や⑩では，客観的な事情から上記要素を判断している。これに対し，判例⑤の原判決である判例⑥は，以下の事情も考慮して，異なる結論に至っているので，そこで検討された要素についても触れておく。

(ア) 犯人の主観的要素

判例⑥では，窃盗の約30分後に，「当初の窃盗目的達成のために引き返し」たとの犯人の主観的要素を，継続性を肯定する理由の一つとしている。被告人が当初から家賃（8万円）に相当する現金を入手したいとの窃盗目的を有していた点に着目し，前後の行為を一体視したものとみられる。

単一の犯意で，近接した日時，同一場所，同一人の管理のもとにある財物を窃取する行為は一罪となるから，いったん犯行を中断しても，犯意を持ち続けていれば，窃盗の犯行は終了していない，などとして，これを考慮する見解もある（神垣英郎「刑事判例コンメンタール　事後強盗罪の成否」警察時報56巻2号56頁）。

しかしながら，判例⑩では，窃盗行為が既遂に達した後もさらに窃盗の犯意を持ち続けていたとの原判決の認定事実を前提としながら，この点に触れられていないのが，参考になる。犯人がさらに窃盗の犯意を有していたという主観的要素は，暴行・脅迫が，本来の強盗の手段として行われたかどうかという評価に関わる問題になるものの，既に実行された窃盗の機会継続性とは関係ないはずであると指摘されている（朝山・前掲69頁）。

なお，再度の窃盗を行う決意で立ち戻ったかという点は，立ち戻り行為が当初の窃盗行為と一連のものと評価できるかという，いわば第2の行為の意義，位置付けの問題と関わるものであるという指摘もある（高橋則夫「事後強盗罪の成立が否定された事例」ジュリ1291号166頁）。

5 事後強盗罪における窃盗の機会

（イ）盗品の携帯又は処分等

判例⑥では，盗品の携帯を，機会継続性を肯定する理由の一つとしている。この点は，盗品の大きさや監視状況等にもよるが，盗品を携帯したまま現場に戻ると，被害者等に発覚され，同人らによる盗品の取戻し行為が行われやすくなるという程度の結び付きはあろうが，それ以上の意味はなく（大野・前掲597頁），窃盗の機会継続性との直接の結びつきは認められないと思われる。

（c）事後強盗罪が成立するためには，窃盗の「現場」又は「機会継続中」に暴行・脅迫が加えられることが必要であるが，「窃盗の現場」の意義は，窃盗の行われた時間的，場所的観点から一定程度特定されることになろう。この場合の窃盗行為は，実行行為概念よりやや広く解することができるであろう。なお，窃盗の「現場」か「機会継続中」かを区別する実益はなく，窃盗の「機会継続中」の外縁，つまり，どこまで関連性が低くても，これが肯定できるかが主要な検討課題となる。

結局，窃盗の機会継続性は，前記のように，人的，時間的，場所的関係を中心的要素として，その関連性につき，犯人と被害者との間に認められる衝突による危険ないし対立状況が，窃盗現場に準じるような高いものとして維持，継続されているかどうかにより判断すべきと思われる。

より具体的には，人的関係は，窃盗の被害者と暴行・脅迫を受けた者との関係性に着目し，法所定の目的の障害となる人物であるかどうかという観点から関連性の濃淡が判断されるであろう。さらに，場所的，時間的な関係は，窃盗被害と暴行・脅迫との場所及び時間の近接性で判断される。一定の数字で限界を画することはできないが，時間及び場所の双方共が離れていく場合には，急激に機会継続性は否定される方向になると思われる。

結局は，これらの諸要素を総合して，判例⑩が述べるように「被害者等から容易に発見され，財物を取り返され，あるいは逮捕され得る状況」の有無あるいは，「犯人がいったん安全な場所に離脱したと評価できるか」などを検討し，判断していくものと思われる。

⑤ 傷害の程度

強盗致死傷罪（刑240条）は，事後強盗の犯人についても適用される。した

がって，窃盗犯人が逮捕を免れる目的等で追跡者に暴行を加え，死傷の結果を生じさせれば，刑法238条に基づいて，刑法240条が適用される。

この場合の傷害の程度について，傷害罪の傷害（刑204条）と同一に理解すべきであるとの説と，傷害罪より重いものでなければならないとする説とがある。

判例は，「軽微な傷でも，人の健康状態に不良の変更を加えたものである以上，刑法にいわゆる傷害と認めるべきことは，既に最高裁判所の判例が存在するところである」として，軽度の傷害も刑法204条の傷害に該当し，強盗致傷罪における傷害も同様のものであるとしてきた（最決平6・3・4裁判集刑事263号101頁）。全治5日間を要する顔面口唇部打撲傷，腹部打撲傷の傷害の事案（最決昭41・9・14裁判集刑事160号733頁）や，全治3日間を要する口唇挫傷の傷害の事案（東京高判昭59・10・4判タ550号292頁）などでも，強盗致傷罪の成立を認めた。

これに対して，傷害罪の傷害より一段と重いものでなければならないという説の主な理由は，軽微な傷害は強盗の手段としての暴行に評価し尽くされていると解することができるという点と，実質的な理由として，同罪の法定刑の下限が懲役7年であったため，酌量減軽をしても執行猶予を付することができないという点にあり，全治7日間を要する挫創の事案で，強盗致傷罪にいう「傷害」に当たらないとした裁判例（大阪地平16・11・17判タ1166号114頁）などもあった。

しかしながら，平成16年の刑法改正（平成16年法律156号）により，強盗致傷罪の法定刑の下限が懲役7年から6年に引き下げられたため，酌量減軽することで執行猶予を付することができるようになった。そのため，本論点に関する議論の重要性は減少したといわれている（西田・各論（第5版）42頁）。

現時点では，前記2点目の実質的理由は考慮する必要がなくなったから，理論的に検討し，傷害罪と強盗致傷罪の各傷害の意義に特段の差異を設ける必要はなく，同一に理解するのが相当である。

6 設問に対する解答

これまでの検討に基づき，以下，本設問を検討する。

5 事後強盗罪における窃盗の機会

(1) 事後強盗の主体としての窃盗犯人

　本設問の2回目の侵入にのみ着目すると，甲は，A方に盗みに入ることを決意し，A方の敷地内に侵入したにとどまるから，いまだ，窃盗の実行の着手に至っていない。したがって2回目の侵入をとらえて，窃盗犯人ということはできない。しかし，甲は，1回目に住居侵入窃盗を実行しているから，Bに対する暴行行為の時点で，1回目の窃盗犯人性を失っていなければ，事後強盗の主体に該当する。

　甲は，A方から財布を盗み，その数分後に，犯行現場から約100メートル離れた路上にいたのであるから，窃盗犯人と評価することは容易であろう。

　なお，1回目の窃盗行為と2回目の侵入行為について，罪数的評価を超え，実質的・社会的に解して，一個の一連の窃盗行為と認められるような場合には，1罪と評価し，その段階における暴行・脅迫により，本来的な強盗罪の成立が認められることもあろう。

(2) 窃盗の機会継続性についての具体的検討

　本設問における具体的な事情をみてみる。場所的関係は，A方から財布を盗み出した甲が，いったん，犯行現場から約200メートル先の道路上に駐車中の車両内まで移動している。現場の具体的な状況は明らかではないが，約200メートル先の道路上であり，家人が盗難被害に気付いて，外に出て周囲の様子を観察した場合には，その車両の存在に気付き，不審な存在としてこれを追及することも可能と思われる距離内に移動したにすぎない。また，時間的には，1回目の窃盗の数分後にA方敷地内に戻って，家人のBに見付かったというのであるから，経過した時間も短い。

　また，設問上では，家人のBが本件窃盗被害に気付いているか否かにつき明確ではないが，Bが甲を追いかけたというのであるから，Bは，財布が盗まれたことまで認識していなくとも，何らかの不審に気付き，少なくともA方に窃盗犯人が入ったことを認識し，その犯人と目の前にいる甲を結び付けて理解し，これを追跡したものと解される。

　そこで，このような状況を前提に検討すると，甲が窃盗現場から移動した距離は短く，かつ短時間の内に犯行現場に戻っているのであるから，「被害者等から容易に発見され，財物を取り返され，あるいは逮捕され得る状況」から，

いまだ離脱しているとは解されず，窃盗の機会継続中と評価するのが相当である。犯人の動きは前記判例⑤と類似するものであるが，具体的な事情は，本設問の方が，時間及び場所が大幅に窃盗現場に近いため，その結論に差異が生じると考えられる。

　以上によれば，甲がＢに対して暴行を加えた時点は，窃盗の機会継続中であったと解される。

(3)　甲の暴行行為の目的

　前記のとおり，事後強盗罪が成立するためには，窃盗犯人が主観的目的として，①財物の取戻しを防ぐため，②逮捕を免れるため，③罪跡を隠滅するための内の１つ以上の目的を有していることが必要である。甲は，Ａ方敷地に入ったところで家人のＢに見つかって逃げ出し，同人に追いかけられていることを認識していたのであるから，②の逮捕を免れる目的があったと認められる。

(4)　暴行・脅迫の程度

　甲は，Ｂに向けてナイフを振り回している。凶器であるナイフを相手方に向けて振り回す行為は，通常，相手方の反抗を抑圧するに足りる行為であって，強盗罪の暴行・脅迫の程度を充足するものである。実際，Ｂは，これを避けようとして転び，甲に対する追及が緩んでいる。

(5)　傷害との因果関係及びその程度

　本設問では，甲がＢに向けてナイフを振り回したため，Ｂはこれを避けようとして転び，全治約１週間を要するかすり傷を負っている。甲はナイフで直接Ｂに切り付けてはいないが，甲がナイフを振り回したのを避けようとしてＢが転んで負傷したのであるから，甲の暴行行為とＢの傷害との間には相当因果関係が肯定される。そして，Ｂの負った傷害の程度は，全治約１週間であり，傷害罪における傷害の程度に達していると解される。強盗致傷罪にいう傷害は，前記で検討したとおり，傷害罪における傷害の程度と同様と解されるから，本件においても，傷害が生じたといえる。

(6)　結　　論

　したがって，本設問の甲は，事後強盗致傷罪の罪責を負うと解される。

【後藤　眞理子】

6 譲渡目的を秘した預金口座の開設，誤振込みと詐欺罪

次の場合，甲，乙について詐欺罪は成立するか。

〔1〕 甲は，銀行で，自己名義の預金口座開設に伴って交付される通帳，キャッシュカードを第三者に譲渡するつもりであるのに，その意図を隠し，自己名義の普通預金口座の開設を申し込んで自己名義の通帳，キャッシュカードの交付を受けた。

〔2〕 乙名義の普通預金口座に誤った振込みがなされた。乙は，銀行で，その事情を知りながら，誤振込みであることを隠して預金の払戻しを受けた。

1 はじめに

本問は，対金融機関に対する各行為と詐欺罪の成否を取り扱うものである。

小問〔1〕は，名義を偽って預金通帳，キャッシュカードを不正に取得する行為が詐欺罪を構成するかという問題である。ここで問題となる不正取得としては，他人名義の本人使用の場合と本人名義の他人使用の場合があるが，本小問は後者の場合である。

小問〔2〕は，誤振込みがあったことを認識した上で預金を払戻請求する行為が詐欺罪を構成するかという問題である。

2 預金通帳，キャッシュカードの不正取得と詐欺罪の成否（小問〔1〕）

(1) 問題の所在

かねてから預金口座が脱税や犯罪行為資金保管などの不正な目的で利用されることは少なくなかったが，ここ近年，銀行決済のオンライン化の発達に伴い，いわゆる振り込め詐欺などの詐取金の受入口座とするなど不正目的に使用するために，他人に成り済まして預金口座を開設したり，他人に預金通帳等を譲渡するために預金口座を開設したりすることが増えている。

一方，預金口座の不正利用に対しては，かねてから立法的対応がとられており，平成15年1月16日に施行された「金融機関等による顧客等の本人確認等に

6 譲渡目的を秘した預金口座の開設,誤振込みと詐欺罪

関する法律」(本人確認法)により,マネーロンダリング防止の観点から取引に当たって金融機関の顧客等の本人確認が義務付けられ(3条1項),顧客等も本人特定事項を偽ってはならないとされ(同条4項),本人特定事項を隠ぺいする目的でこれに違反した者に対して50万円の罰金に処する(後記改正前の17条)ものとされ,さらに,平成16年法律第164号により本人確認法が改正され(平成16年12月30日に施行),名称を「金融機関等による顧客等の本人確認等及び預金口座等の不正な利用の防止に関する法律」に改めるとともに,本人確認行為を偽る行為(改正法16条)だけでなく,正当な理由のない預金通帳等の譲渡等をも広く処罰されることとなった(改正法16条の2)。

そこで,以上のような立法動向をも踏まえ,預金口座を不正目的に使用するために,他人に成り済まして預金口座を開設したり,他人に預金通帳等を譲渡するために預金口座を開設したりして,不正に預金通帳やキャッシュカードの交付を受ける行為が詐欺罪を構成するのかが問題となる。

(2) 預金通帳やキャッシュカードの財物性

判例は,財物たる要件として,財産権,殊に所有権の目的となり得ることを要求しているところ(大判昭9・10・10評論23巻12号362頁,最判昭24・5・7刑集3巻6号706頁,最判昭24・11・17刑集3巻11号706頁,最判昭25・6・1刑集4巻6号909頁等参照),預金通帳やキャッシュカードが所有権の客体となることは明らかである。しかも,預金通帳やキャッシュカードそれ自体も少額ながら物的価値を有する上,これらを利用して預金の受払いなどのサービスを受けられることにも照らすと,預金通帳及びキャッシュカードに財産的な価値があるから,財物たる要件として,財産的価値をも不可欠であるとの立場(山口・各論(第2版)175頁等)に立ったとしても,預金通帳等が1項詐欺の客体となることは疑いないだろう(佐伯仁志「詐欺罪の理論構造」山口厚ほか・理論刑法学の最前線II112頁(岩波書店,2006)等)。

そして,預金通帳について,判例は,「それ自体として所有権の対象となり得るものにとどまらず,これを利用して預金の預入れ,払戻しを受けられるなどの財産的な価値を有するものと認められるから,他人名義で預金口座を開設し,それに伴って銀行から交付される場合であっても,刑法246条1項の財物に当たると解するのが相当である。」と判示して,刑法246条1項の財物

6 譲渡目的を秘した預金口座の開設，誤振込みと詐欺罪

性を認めた（最決平14・10・21刑集56巻8号670頁）。キャッシュカードについても，この判例の趣旨を推し進めれば，刑法246条1項の財物に当たることも明らかであろう。

(3) **財産的処分行為に向けられた欺罔行為と錯誤（主な学説）**

次に，被告人が他人に成り済ましたり第三者に譲渡する意図を隠したりして名義を偽って口座開設を申し込む行為が刑法246条にいう「人を欺く」ものといえるかが問題となる。

刑法246条1項にいう「人を欺く」とは，人を錯誤に陥れることであり，通説的な見解によれば，相手方に錯誤がなければ財産的処分行為をしなかったであろうような重要な事実を偽ることであり，その場合の錯誤は，財産的処分行為をするように動機付けるものであれば足り，法律行為の要素に関する錯誤であると縁由（動機）の錯誤であるとを問わないとするのが多数説（大判大12・11・2刑集2巻744頁，注釈刑法(6)198頁〔福田平〕等）である。

これに対し，詐欺罪における錯誤とは，交付した財産自体の内容・価値に関する錯誤か，被害者が自己の財産と引き替えに達成しようとした社会的・経済的目的に関する錯誤に限定されるという法益関係的錯誤論が有力に主張されている（山口・新判例刑法（第2版）226頁，佐伯・前掲113頁等）。

(4) **預金者の同一性を欺く行為の意義と詐欺罪の成否**

(a) 銀行実務における預金名義人の意義

かつては，金融機関にとって，口座の開設等，預金を受け入れる段階では，預金者の個性が問題とならず，預金の権利者がだれかについて固有の利益はないとの指摘があった上（澁谷光子「預金の意義・機能・種類・特色・規制」鈴木禄弥ほか編・金融取引法大系第2巻預金取引22頁（有斐閣，1983），平出慶道「預金者の認定と預金の払戻し」同書72頁等），預金口座開設に本人確認が求められず，金融機関において預金受入れのメリットがあることから，仮名口座や借名口座が事実上横行していた。このような時代では，金融機関は，預金者が他人名義あるいは架空人名義で預金口座の開設を申し込んだとしても，それが現金の預入れと同時になされている限り，預金名義人がだれであろうと申込みのとおりに預金口座を開設し，預金通帳等を交付することが多かったであろう。

しかし，現在の銀行実務をみると，前記のとおり，公的規制のためもあって，

6 譲渡目的を秘した預金口座の開設, 誤振込みと詐欺罪

厳格な本人確認が要求され, 従前のように, 相手がだれであろうと預金口座の開設に応じるという状況になく, 預金口座を開設するに際し, 預金口座を開設しようとする者が名義人であるかどうかは, 金融機関にとっても重要な事柄になってきている。

しかも, 銀行預金に譲渡禁止条項が付されるのはもはや社会常識であることも忘れてはなるまい。すなわち, 総合口座取引規定ないし普通預金規定, キャッシュカード規定等により, 預金契約に関する一切の権利, 通帳, キャッシュカードを名義人以外の第三者に譲渡, 質入れ又は利用させることが禁止されている。その趣旨は, 大量の取引を行う金融機関にとって, 自由に預金債権譲渡がされると, 新預金者を確認する事務処理が負担であること等が考えられる。これは, 金融機関にとって経済的価値があることは否定できないところであり, 法的に保護に値する利益といえるであろう。また, 本人確認が厳格化されている昨今の状況にも照らせば, 金融機関にとって, 口座開設を申し込んだ本人自身において金融機関の提供する様々なサービスを利用することが飽くまでも大前提のことであり, 申込者が預金通帳等を第三者に譲渡する意思があることを金融機関側が認識すれば, 通常, 契約を拒否する性質のものであると考えられよう。

(b) 預金者の同一性を欺く行為と詐欺罪の成否

(ア) 他人名義で預金口座開設を申し込んだ場合　かつての銀行実務を前提とすれば, 預金者の同一性を欺く行為は, 口座開設あるいは預金通帳等の交付と因果関係がある行為とはいえず, 人を欺く行為には該当しないと考えることもできよう。

しかしながら, 厳格な本人確認などが求められるなどの昨今の銀行実務を前提とすると, そのような解釈は困難であり, かえって, 本人確認がなされた者に預金通帳等を交付することは, 金融機関にとって預金契約の重要な要素となっているといえるだろうし, また, これが金融機関における社会的・経済的目的にもなっていると考えてよかろう。したがって, 多数説に立っても法益関係的錯誤に立っても, 近時の銀行実務を前提とすれば, 他人に成り済まして他人名義で預金口座開設を申し込む行為は,「人を欺く」ものに当たるといってよい。そして, 判例も, 他人に成り済まして預金口座を開設し, 銀行窓口係員か

6 譲渡目的を秘した預金口座の開設，誤振込みと詐欺罪

ら預金通帳の交付を受ける行為は，刑法246条 1 項の詐欺罪に当たると判示している（前掲最決平14・10・21）。

(イ) **第三者に譲渡する意思を秘して預金口座開設を申し込んだ場合**　小問〔1〕のように，第三者に預金通帳等を譲渡する意思を秘して預金口座開設を申し込む場合は，一応，預金名義人の本人確認の点こそクリアーしているといえるものの，金融機関は，預金契約を申し込んだ本人が自分自身で利用することを前提にこれに応じ，預金通帳等を交付するものと解するのが合理的であるから，第三者への譲渡意思があることを秘することも他人名義で預金口座開設を申し込む場合と同様，この点が欺罔行為を基礎付ける錯誤，あるいは法益関係的錯誤を認めることができると思われる。

この点，判例も，被告人が，第三者に譲渡する預金通帳及びキャッシュカードを入手するため，友人と共謀の上，前後 6 回にわたり，当該友人において，銀行支店の銀行員らに対し，真実は，自己名義の預金口座開設後，同口座に係る自己名義の預金通帳及びキャッシュカードを第三者に譲渡する意図であるのにこれを秘し，自己名義の普通預金口座の開設並びに同口座開設に伴う自己名義の預金通帳及びキャッシュカードの交付方を申し込み，上記行員らをして，上記預金通帳等を第三者に譲渡することなく利用するものと誤信させ，それぞれ，自己名義の預金口座開設に伴う普通預金通帳 1 通及びキャッシュカード 1 枚の交付を受けたという事案について，「以上のような事実関係の下においては，銀行支店の行員に対し預金口座の開設等を申し込むこと自体，申し込んだ本人がこれを自分自身で利用する意思であることを表しているというべきであるから，預金通帳及びキャッシュカードを第三者に譲渡する意図であるのにこれを秘して上記申込みを行う行為は，詐欺罪にいう人を欺く行為にほかならず，これにより預金通帳及びキャッシュカードの交付を受けた行為が刑法246条 1 項の詐欺罪を構成することは明らかである。」と判示して，詐欺罪の成立を認めている（最決平19・7・17刑集61巻 5 号521頁）。なお，第三者を搭乗させる意図を秘して国際航空運送に係る航空会社関係係員から自己に対する搭乗券の交付を受けた事例につき，上記行為が詐欺罪に当たるとした最高裁判例が出された（最決平22・7・29刑集64巻 5 号829頁）。当該乗客以外の者を航空機に搭乗させないことが本件航空会社の航空運送事業の経営上重要性を有していたからであり，

6 譲渡目的を秘した預金口座の開設，誤振込みと詐欺罪

航空会社係員らは，搭乗者の本人確認ができない場合には搭乗券を交付することはなかったという事情を考慮したものと思われ，最決平19・7・17の延長線上にある判例と解してよいであろう。

なお，第三者に譲渡する意思を秘して預金口座開設を申し込んだ行為は何をもって欺罔行為と捉えるべきか問題となるが，前掲最決平19・7・17が判示するように，無銭飲食における飲食物の注文や支払意思なくクレジットカード等を提示して商品を購入する場合などと同様，「挙動による欺罔行為」と解してよいと思われる（前田巌「時の判例」ジュリ1347号64頁）。

(5) **本人確認法との関係**

他人名義で口座開設を申し込んだ場合は，本人確認法との「住み分け」の見地から，同法の対象にすべきであり，詐欺罪の成立に疑問を呈する見解がある（山口・新判例刑法（第2版）226頁，佐伯・前掲理論刑法学の最前線Ⅱ113頁等）。

しかし，改正前からある本人確認事項隠ぺい罪であれ，改正法16条の2の預金通帳等の不正取引の罪であれ，その法益は，マネーロンダリングの防止や預金口座，通帳等の犯罪への悪用を防止するという社会的法益であり，詐欺罪の保護法益が財産権という個人的法益であって，法益を異にする以上，両罪の構成要件が重なり合うとしても，別罪を構成すると解するのが相当であろう（前田・前掲63頁，林幹人「詐欺罪の現状」判タ1272号66頁）。

(6) **小問〔1〕のまとめ**

以上検討したところによると，設問の事案の場合，甲には詐欺罪が成立する。その上，その預金通帳等を他人に譲渡していれば，本人確認法16条の2違反の罪（正当な理由のない預金通帳等の譲渡等）も成立する。そして，両罪は，実行行為の時期を異にし，主要な行為の重なり合いもないから，併合罪の関係になろう。

③ 誤振込金の払戻請求と詐欺罪の成否（小問〔2〕）

(1) **問題の所在**

銀行における振込みとは，振込依頼人の依頼に基づき，銀行（仕向銀行）が振込依頼人から資金を受け取り，受取人の取引銀行（被仕向銀行）の預金口座に資金を入金することを依頼し，被仕向銀行がこれを受けて受取人の口座に入

6 譲渡目的を秘した預金口座の開設, 誤振込みと詐欺罪

金することをいう。この過程で過誤が生じ, 本来の受取人の口座に入金されず, 第三者の口座に入金されることを「誤振込み」と称されており, 誤振込みが生じるのは, 振込依頼人の過誤による場合（口座相違）, 仕向銀行の過誤による場合（誤った振込通知）, 被仕向銀行の過誤による場合（誤記帳）があるとされている。そして, この場合, 受取人が誤振込であることを認識しながら, その事実を秘して被仕向銀行に払戻請求をして金銭を取得する行為は詐欺罪を構成するかどうかが問題となる。

(2) **誤振込みをめぐる民事上の法律関係**

この点について, 従来は, 誤振込みの場合には受取人の被仕向銀行に対する預金債権は成立しないというのが民事法上の多数説で, かつ, 下級審裁判例の流れであったが, 最高裁は, これと異なり, 誤振込みの場合に受取人の被仕向銀行に対する預金債権が発生する旨判示するに至った（最判平8・4・26民集50巻5号1267頁, 以下「平成8年判決」という）。

すなわち, 平成8年判決は, 振込依頼人の過誤により, 誤った振込先口座に入金記帳がなされた後, 受取人の債権者が預金債権を差し押さえたのに対し, 振込依頼人が第三者異議の訴えを提起した事案について, 「振込依頼人から受取人の銀行の普通預金口座に振込みがあったときは, 振込依頼人と受取人との間に振込みの原因となる法律関係が存在するか否かにかかわらず, 受取人と銀行との間に振込金額相当の普通預金債権を取得するものと解するのが相当である。」と判示した。

しかし一方で, 最高裁は, 「受取人の普通預金口座への振込みを依頼した振込依頼人と受取人との間に振込みの原因となる法律関係が存在しない場合において, 受取人に当該振込みに係る預金の払戻しを請求することについては, 払戻しを受けることが当該振込みに係る金員を不正に取得するための行為であって, 詐欺罪等の犯行の一環を成す場合であるなど, これを認めることが著しく正義に反するような特段の事情があるときは, 権利の濫用に当たるとしても, 受取人が振込依頼人に対し不当利得返還義務を負担しているというだけでは, 権利の濫用に当たるということはできないものというべきである。」と判示して（最判平20・10・10民集62巻9号2361頁, 以下「平成20年判決」という）, 一定の場合に預金債権の行使が許されないと解するに至っている（ちなみに, 平成20

年判決は，Xは，Y銀行に普通預金口座を，Xの夫Wは，Z銀行に預金元本額1100万円とする定期預金口座をそれぞれ開設していたが，X及びWの自宅に泥棒が入り，Xの普通預金とWの定期預金の預金通帳等が盗まれ，その後その窃盗犯人から依頼を受けたTほか2名がZ銀行でWの定期預金を解約するとともに，その解約金をY銀行のX名義の普通預金口座に振り込むように依頼し，これに基づきXの普通預金口座に11,007,404円が入金されたものであるところ，TらがY銀行で上記預金通帳等を提示して1100万円の払戻しを受けた後，XがY銀行に普通預金の払戻しを請求した事案について，Xの預金債権の行使が権利濫用に当たらないとしたものである）。

　もっとも，平成8年判決及び平成20年判決とも誤振込みの発生が振込依頼人の過誤による場合であり，その余の仕向銀行の過誤による場合と被仕向銀行の過誤による場合には別の考察が必要である。すなわち，被仕向銀行の過誤による場合には，受取人と被仕向銀行との間に預金債権は成立しておらず（普通預金規定（ひな型）3条1項参照），平成8年判決の射程は及ばないし，また，仕向銀行の過誤による場合にも，少なくとも仕向銀行からの取消通知（同規定3条2項）があった場合，被仕向銀行は，受取人の承諾の有無にかかわらず，入金を取り消し，資金を仕向銀行に返還することになり，現に銀行実務として入金記帳を取り消せるということを前提とした運用がされていることから（川田悦男「振込の取消制度の統一実施」金法1434号4頁），この場合も平成8年判決の射程外と考えられている（なお，取消通知を発することができない場合に，平成8年判決の射程が及ぶかどうかは一概に確定できないであろう）。したがって，この二つの場合は，受取人の被仕向銀行に対する預金債権が生じていないことを前提に詐欺罪の成否を検討することとなり，振込み依頼人の過誤による誤振込みの場合のような解釈の疑義は生じない（預金債権がないのにあるように装って払戻請求をするのであるから，詐欺罪が成立するのは疑いない）。以下は，誤振込みが振込依頼人による過誤による場合を前提とした検討である。

(3) **誤振込みがあると知った受取人がその情を秘して預金の払戻しを受けた場合と詐欺罪の成否**

　(a) 学　　説

　平成8年判決以前は，誤振込み事案における詐欺罪の成否ついて，民事法上の多数説，下級審裁判例を前提として詐欺罪の成立を肯定する見解が多数を占

6 譲渡目的を秘した預金口座の開設,誤振込みと詐欺罪

めたが,平成8年判決により詐欺罪の成否の根拠の見直しが行われ,詐欺罪の成否について見解が分かれている。主な見解に次のようなものがある。

㋐ **詐欺罪の成立を認める見解** ①民事と刑事の分離の観点から,刑法上,受取人には正当な預金払戻権限が認められないから,誤振込みの事実を隠して預金の払戻しを受ける行為は詐欺罪に該当するという見解(西田・各論(第5版)229頁,前田・各論(第4版)189頁,大コメ刑法第13巻(第2版)340頁〔吉本徹也〕等),②受取人と被仕向銀行との間の預金債権の成立は認めるものの,原因関係が存在しない以上,そのような受取人には預金債権を行使すべき実質的な理由が認められないから,誤振込みであることを認識した受取人からの預金払戻請求は権利の濫用に当たり,受取人には正当な預金払戻権限が認められないとして詐欺罪の成立を認める見解(佐藤文哉「誤って振り込まれた預金の引出しと財産犯」佐々木史朗先生喜寿祝賀『刑事法の理論と実践』338頁(第一法規出版,2002)),③預金の払戻請求を受けた銀行側が,誤振込みであることを知っていれば,その払戻請求にどのように対応したか,直ちにその払戻しに応じたかという観点を重視し,誤振込みであることが判明した場合,現在の銀行実務は,振込依頼人等への照会や組戻し等の手続を採っており,直ちに預金の払戻しに応じることはないから,誤振込みであることを秘匿して直ちに預金の払戻しを受けた場合には,詐欺罪が成立するという見解(大コメ刑法第13巻(第2版)97頁〔高橋省吾〕等)がある。

㋑ **詐欺罪の成立を否定する見解** ④受取人と被仕向銀行との間に預金債権が成立する以上,預金払戻請求について詐欺罪の成立は否定するが,誤振込みによって成立した預金債権に対しても受取人の法律上の占有を認めた上で,誤振込みによる入金は法律上の根拠を有さないから占有離脱物に当たり,その預金を引き下ろしたときには,振込依頼人を被害者とする占有離脱物横領罪が成立するとする見解(林・各論(第2版)281頁,曽根・各論(第4版)166頁等),⑤誤振込みの受取人は被仕向銀行に対して預金債権を取得し,正当な預金払戻権限を有しているから,受取人の預金払戻請求は,正当な権限の行使として何ら犯罪をも構成しないとする見解(松宮・各論(第2版)176頁)がある。

(b) **判　例**

平成8年判決が出される前,下級審は,誤振込みの場合,受取人は預金債権

6 譲渡目的を秘した預金口座の開設，誤振込みと詐欺罪

を取得しておらず，正当な払戻権限はないと考えて，詐欺罪の成立を肯定するのが主流であった（札幌高判昭51・11・11刑月 8 巻11・12号453頁，東京高判平 6・9・12判時1545号113頁等）。

そして，最高裁は，次のように判示して，誤った振込みがあることを知った受取人が，その情を秘して預金の払戻しを請求し，その払戻しを受けた場合には，詐欺罪が成立すると判断した（最決平15・3・12刑集57巻 3 号322頁，以下「平成15年決定」という）。すなわち，平成15年決定は，「本件において，振込依頼人と受取人である被告人との間に振込みの原因となる法律関係は存在しないが，このような振込みであっても，受取人である被告人と振込先の銀行との間に振込金額相当の普通預金契約が成立し，被告人は，銀行に対し，上記金額相当の普通預金債権を取得する（最高裁平成 4 年（オ）第413号同 8 年 4 月26日第二小法廷判決・民集50巻 5 号1267頁参照）。〔原文改行〕しかし他方，記録によれば，銀行実務では，振込先の口座を誤って振込依頼をした振込依頼人からの申出があれば，受取人の預金口座への入金処理が完了している場合であっても，受取人の承諾を得て振込依頼前の状態に戻す，組戻しという手続が執られている。また，受取人から誤った振込みがある旨の指摘があった場合にも，自行の入金処理に誤りがなかったかどうかを確認する一方，振込依頼先の銀行及び同銀行を通じて振込依頼人に対し，当該振込みの過誤の有無に関する照会を行うなどの措置が講じられている。〔原文改行〕これらの措置は，普通預金規定，振込規定等の趣旨に沿った取扱いであり，安全な振込送金制度を維持するために有益なものである上，銀行が振込依頼人と受取人との紛争に巻き込まれないためにも必要なものということができる。また，振込依頼人，受取人等関係者間での無用な紛争の発生を防止するという観点から，社会的にも有意義なものである。したがって，銀行にとって，払戻請求を受けた預金が誤った振込みによるものか否かは，直ちにその支払に応ずるか否かを決する上で重要な事柄であるといわなければならない。これを受取人の立場から見れば，受取人においても，銀行との間で普通預金取引契約に基づき継続的な預金取引を行っている者として，自己の口座に誤った振込みがあることを知った場合には，銀行に上記の措置を講じさせるため，誤った振込みがあった旨を銀行に告知すべき信義則上の義務があると解される。社会生活上の条理からしても，誤った振込みに

6 譲渡目的を秘した預金口座の開設，誤振込みと詐欺罪

については，受取人において，これを振込依頼人等に返還しなければならず，誤った振込金額相当分を最終的に自己のものとすべき実質的な権利はないのであるから，上記の告知義務があることは当然というべきである。そうすると，誤った振込みがあることを知った受取人が，その情を秘して預金の払戻しを請求することは，詐欺罪の欺罔行為に当たり，また，誤った振込みの有無に関する錯誤は同罪の錯誤に当たるというべきであるから，錯誤に陥った銀行窓口係員から受取人が預金の払戻しを受けた場合には，詐欺罪が成立する。」と判示した。

　なお，平成15年決定は，前記③説とほぼ同様の考え方に立ち，誤振込みにかかる事案については，当初から預金債権の成否が関係者間で明らかになっているわけではなく，被仕向銀行の調査，照会等の結果により，預金債権が成立しない可能性（誤った振込通知ないし誤記帳の場合）がある以上，調査，照会等の手続を経た上での預金の払戻しと，それを経ない預金の払戻しとでは，質的に全く異なるものであって，誤振込みにかかる預金の払戻しであることを秘して行われた預金払戻請求に基づく払戻しと，これを告知した上で行われた預金の払戻しとは，社会通念上別個の払戻しであるといえるから（最決平13・7・19刑集55巻5号371頁参照），誤振込みにかかる預金の払戻しであることを秘して行われた預金払戻請求が詐欺罪を構成すると解したものと考えられている（宮崎英一・判解刑平15年度133頁）。

　(c)　検　　討

　被仕向銀行に対し上記調査，照会あるいは組戻しを行って将来紛争に巻き込まれないような措置を講じるという金融機関の利益も保護すべきであり，そのような機会を与えずに犯罪の成立を認めない前記⑤説の考え方は支持し得ない。また，横領罪における占有については，委託信任関係があることを前提とする犯罪であるから，事実上の占有だけでなく，法律上の占有を含めるのが判例・通説であるとはいえ，誤振込みによる預金については，他人との委託信任関係の存在を前提としない占有離脱物横領罪にまで法律上の占有を認めるのに疑問があること，誤振込金に関しては銀行実務上直ちに引き出して自由に処分できる性質のものではないから，そもそも法律上の占有があるといえるか疑問があること，誤振込金については民事上受取人に預金債権が認められるから，「他

人の物」といえるか疑問であることからすると，占有離脱物横領罪の成立を認める前記④説にも与することはできない。

そこで，私見としては，詐欺罪の成立を認めるのが正当であるが，その根拠については，平成15年決定だけでなく，平成20年判決の判示するところも忖度して検討してみたい。

平成20年判決は，「詐欺罪等の犯行の一環を成す場合であるなど，これを認めることが著しく正義に反するような特段の事情があるときは，権利の濫用に当たる」と判示している。権利の濫用に当たる事案では，金融機関は受取人の払戻請求を拒むことができるから，情を秘して誤振込金の払戻請求をすることは金融機関の財産権の侵害にもなり，詐欺罪の構成要件に当たることは明らかであろう。しかし，平成20年判決は，原因関係が存在しないため，受取人が振込依頼人に対して不当利得返還義務を負担しているということだけでは，受取人による預金債権の行使が権利の濫用になるとはいえないと判示しただけであり，いかなる場合に権利の濫用となるか判断を示していない。思うに，平成20年判決は，近時，振込みにおける決済取引を悪用した犯罪が増加しているところ，犯罪行為の手段として振込入金されたものであることを知りながら，これを不正に取得するために行われる預金の払戻請求を容認することは社会正義に反する。すなわち，払戻しを受けることが当該振込みに係る金員を不正に取得するための行為であって詐欺罪等の犯行の一環をなすような場合には，その払戻請求が公序良俗に反するといえるから，受取人と振込依頼人との間の原因関係の存否とは別個の理由から権利の濫用と評価できるから，このような場合には権利の濫用として銀行が振込請求を拒めるといえよう。そして，こういった事案では，銀行側で払戻請求に応じる義務はないから，その目的を秘して払戻請求をすること自体が詐欺罪を構成することは論じるまでもなかろう。

ところで，平成15年決定の趣旨によれば，平成20年判決の事例でも詐欺罪が成立する可能性がある。というのも，平成20年判決の事例であっても，誤振込みがあったことを金融機関に告知すべき義務があるのに変わりはなく，これに違反があったときには，詐欺罪の成立は免れないのではないかと思われる（とはいえ，平成20年判決の事案は，振り込まれた金員は実質的には自らのものであり，その払戻しを求めることは，違法性が乏しい自力救済的な面もあって，刑罰を科す

6 譲渡目的を秘した預金口座の開設，誤振込みと詐欺罪

るのは少々酷なところもあることも否定できない。違法性，責任レベルで救済的な解釈を採る余地も模索してよいであろう）。

　平成15年決定や平成20年判決によれば，特に振込み依頼人の過誤による誤振込みの場合，受取人に原因関係に関係なく預金債権が発生するが，信義則に照らし，一定の場合にその権利を行使することが制限されることになる。つまり，権利の濫用事例であればもとより権利行使ができないが，そうでなくても，誤った振込通知，あるいは誤記帳に当たるかといった振込手続に間違いがなかったか，振込依頼人の過誤による場合には組戻しに向けた努力が要請されており，これらの調査や組戻しに向けた調整にそれなりの時日を要し，これを行う金融機関の利益も無視できず，その間の権利行使の制約も受取人において甘受すべきである。そうすると，誤振込金の払戻請求があった場合には，金融機関において，上記のような調査だけでなく，振込みの対象に問題はないかについてまでも，例えば，犯罪行為の一環として口座が使われたかについても，金融機関に手続及び実体両面の調査を尽くす利益，ひいては義務（振込金の払戻請求が権利の濫用に当たるのにそれを看過して払戻しに応じた場合には，銀行も社会的責任にとどまらず，何らかの法的責任も免れない場合もあろう）もあると考えることができよう。したがって，誤振込みがあったことを秘してその払戻請求をするのは金融機関の利益を侵害することになり，告知義務に違反するとして詐欺罪が成立するというべきである。

　なお，誤振込みであることを秘して払戻請求をすることが不作為なのか作為による欺罔行為とみるべきなのか問題となるが，預金の払戻請求に誤振込みによる入金記帳はないとの意思表示まで含まれているとみるには無理があり，釣り銭詐欺と同様，不作為による実行行為と解するのが素直ではなかろうか（山口厚「誤振込みと財産犯」法教283号82頁）。

(4)　**小問〔2〕の検討**

　以上検討したところによれば，誤振込みであることを知りながら，それを隠して預金の払戻しを受ける行為は詐欺罪を構成し，乙についても詐欺罪が成立する。

【山田　耕司】

7 クレジットカード等の不正使用

次の場合，甲，乙の罪責はどうか。

〔1〕 甲は，A方に侵入して，A名義のクレジットカードとキャッシュカード等を盗んだ。甲は，加盟店で，このクレジットカードを示し，Aのごとく振る舞って，店員から商品を購入した。また，甲は，銀行のATMに，このキャッシュカードを入れて，現金を引き出した。

〔2〕 Bは，乙に対し，賭博の借金を支払うため，50万円までなら買い物をしていいと言って，自己名義のクレジットカードを渡した。乙は，加盟店で，このカードを示し，Bと名乗って，店員から商品（販売価格60万円）を買った。

1 設問〔1〕について

(a) A方に侵入してクレジットカードとキャッシュカード等を盗んだ行為が，住居侵入（刑130条前段），窃盗罪（刑235条）に該当するのは当然である。

(b) 次に，加盟店で，このクレジットカードを示し，Aのごとく振る舞って，店員から商品を購入した行為はどうか。この行為は，上記窃盗罪では評価されない新たな法益侵害を伴うものといえるから，別個の犯罪の成立が問題になる。

クレジットカードシステムは，クレジットカード会社が，カードを使用して商品を購入するなどした会員に代わって，無担保で，その商品代金等相当額（正確には，そこから手数料を差し引いた金額）を加盟店に立替払いし，後に，会員から商品代金等相当額の支払を受けるという制度である。したがって，会員の個人的な信用が重要であるから，クレジットカード会社は，会員資格を与えるに当たっては，会員となることを申し込んできた者の支払能力や資力について審査を行い，会員に対しては，クレジットカードの所有権を与えるのではなく，これを貸与するにとどめ，会員から第三者への貸与や譲渡を禁止し，会員のみがこれを使用できることとしている。また，加盟店に対しては，加盟店契約により，盗難等による事故カードであるかどうか，クレジットカード裏面の署名と売上票に記載される署名とが同一であるかどうかを確認する義務を負わ

7 クレジットカード等の不正使用

せている。加盟店は，事故カードであること，あるいは，名義人でない者による使用であることを認識した場合には，その取引を拒絶できるし，これを拒絶しなければならない義務を負うのである。このような仕組みのもとにおいて，名義を偽ってクレジットカードを呈示し，商品の購入を申し込むことが，詐欺罪における欺く行為に当たるのは明らかといえる。そこで，刑法246条1項の詐欺罪が成立するというのが，裁判実務の扱いである（東京高判昭56・2・5判時1011号138頁，東京高判昭60・5・9刑月17巻5＝6号519頁，東京高判平3・12・26判タ787号272頁等）。そして，このような場合，被告人には，自ら，その代金をクレジット会社に対して支払う意思も能力もないのが通常であるから，名義を偽ったことだけでなく，支払の意思や能力を偽ったことも，欺く行為の内容に含めることができる。実務的には，「誰々（クレジットカードの名義人）に成り済まし，同カードの正当な利用権限がなく，かつ，同カード会員規約に従いカードの利用代金を支払う意思も能力もないのにこれあるように装い」などと公訴事実を構成するのが普通である（なお，詐欺罪が成立することについては争いはないものの，刑法246条「1項」の詐欺罪を認めることについては，財物の交付について実質的な法益侵害性が必要であることを強調する立場から，異論が考えられるとされている（山口厚・法教297号（2005年6月）90頁）。すなわち，加盟店としては，加盟店規約上の義務を履行する限り，カード会社から代金相当額の立替払いを受けることができるのであるから，その限りで加盟店としての商品交付の目的を達していると解すれば，加盟店を被害者と構成して，刑法246条1項の適用を認めることは困難であるというのである。この立場からは，(ア)加盟店にクレジットカード会社の財産を処分し得る権能又は地位を認め，カード会社が加盟店に対して代金相当額を支払うべき地位に立たされたことについて法益侵害性を認め，クレジットカード会社を被害者とする2項詐欺罪と構成するか，(イ)実質的な被害者がカード会員であることを考慮し，カード会員を被害者とする2項詐欺罪と構成することが考えられる。もっとも，山口自身は，財物の交付について実質的な法益侵害性が必要であるとの前提をとったとしても，刑法246条1項の適用を肯定する余地がある旨指摘している（同頁））。

(c) クレジットカードを使用する際，被告人は，売上票に，カード名義人の名義で署名し，これを提出していることが想定される。売上票は，クレジット

契約に係る権利義務に関する文書に該当するから，被告人には，私文書偽造，同行使罪（刑159条1項・161条1項）が成立する。私文書偽造と同行使と詐欺とは，牽連犯の関係に立つ（刑54条1項後段）。

 (d) 以上に対し，盗んだキャッシュカードを銀行の ATM に入れて現金を引き出す行為は，詐欺罪には該当しない。詐欺罪は，欺く行為によって人を錯誤に陥れ，欺かれた者をして瑕疵ある意思に基づく処分行為を行わしめることを予定する犯罪である。キャッシュカードを銀行の ATM に入れて現金を引き出す場合には，キャッシュカードの挿入とこれに合致する暗証番号の入力だけで機械的に現金が引き出されるのであるから，人が欺かれ，錯誤に陥って処分行為を行うことが想定されないのである。キャッシュカードを利用することにより，ATM 内の現金を管理占有する者の意思に反してその占有を奪ったという意味で，被告人には，窃盗罪が成立する（東京高判昭55・3・3判時975号132頁は，「被告人は，原判示第一，第三のように各預金払戻用キャッシュカード（以下「カード」という）を窃取した後，その被害者らが友人でカードの暗証番号を知っていたことから，ひそかに，原判示第二，第四の管理者の意に反して，原判示のとおり三和銀行戸塚支店設置の自動支払機のカード入口に右窃取したカードをそれぞれ差し込み，同支払機の各暗証番号を押して現金を出させ，これを自己の支配下においたものであることが認められるから，被告人の欺罔により被害者の誤信による現金の交付があったものではなく，被告人が，カードを利用して，同支払機の管理者の意思に反し，同人不知の間に，その支配を排除して，同支払機の現金を自己の支配下に移したものであって，このような窃取犯人が贓物たるカードを用いて第三者たる右管理者の管理する現金を窃取した場合には，贓物についての事実上の処分行為をしたにとどまる場合と異なり，第三者たる右管理者に対する関係において，新たな法益侵害を伴うものであるから，カードの窃盗罪のほかに，カード利用による現金の窃盗罪が別個に成立する」と判示している。また，最決平14・2・8刑集56巻2号71頁は，消費者金融会社の係員を欺いてローンカードを交付させた上，これを利用して同社の現金自動入出機から現金を引き出した場合には，詐欺罪とは別に，同カードを利用して現金自動入出機から現金を引き出した点につき窃盗罪が成立する旨判示した判例であるが，不正に入手したキャッシュカードを利用して ATM から現金を引き出す行為が，詐欺罪ではなく窃盗罪に該当することを前提にしている）。

7 クレジットカード等の不正使用

② 設問〔2〕について

　設問〔2〕は，他人名義のクレジットカードを使用したという点は設問〔1〕と共通だが，クレジットカードの使用者が，クレジットカードの名義人から一定限度の使用について許諾を得ていたという点が異なる。設問は，クレジットカードの一定限度の使用を許された乙が，その許諾の範囲を超えてこれを使用したというものであるが，その前提として，使用額全額について許諾を得ていた場合を検討する。

　一般に，クレジットカードの使用を名義人から許されていた場合には，後日，名義人が代金相当額をクレジットカード会社に弁済し，決済される可能性もある。前記のとおり，クレジットカードシステムが，会員（名義人）の個人的信用に基礎を置く制度であるとしても，その信用を与えられた名義人が，その与えられた信用の範囲（使用限度額の範囲）で，自分で決済する意図のもとに第三者にクレジットカードを貸し与えてその使用を許諾したのであれば，クレジットカードシステムの基礎が阻害されたとはいえないと考える余地もありそうである。また，会員規約では禁止されているものの，名義人の家族等がクレジットカードを借り受けて名義人に代わってこれを使用し，加盟店もそれを知りながら許容するという扱いも，ある程度行われているようである（ただし，あくまで，家族等の近親者などの場合に，問題なく決済されることを見越して，加盟店が独自の判断に基づいて事実上行っているものである。これに対し，近親者等ではない第三者の使用については，一般に厳格な運用が行われているようである。また，近親者等による使用についても，現在，そのような扱いが，本当に広く行われているのかは，必ずしも明らかではない。木村光江「他人名義のクレジットカードの使用と名義人の承諾」判時1940号221頁は，信販会社と加盟店との間の契約おいては，一般に，「カード会員本人以外のカード利用はたとえ近親者であっても認めない」こととされており，また，信販会社とカード会員との契約上も，「カード会員以外はたとえ近親者といえども利用できない」とされている上，特に平成10年6月からは，「『本人確認の徹底』及び『第三者利用の禁止』に関するルールの徹底」について，クレジットカード業界を挙げてのキャンペーンが行われ，平成17年当時もこれが継続中であって，国民にもその認識が浸透していると指摘している。状況は推移しているといえよう）。これらの点を考慮すると，形式的に詐欺罪に該当する

という結論を採ることがよいのかどうかも，問題となりそうである。そこで，欺く行為による財物の交付について実質的な法益侵害性を強調する前記学説の立場等も絡んで，説が分かれている。

(1) 学説等の状況

一般に，他人名義のクレジットカードを，名義人の許諾を得て使用した場合，つまり，名義人が使用を許諾し，かつ，利用代金の支払を引き受けている場合の詐欺罪の成否については，次のとおり説が分かれている。

(a) 積極説（和田正隆「クレジットカードシステムと犯罪(4)」月刊消費者信用1983年12月号86頁，片岡聡「クレジットカードと犯罪」捜査研究34巻9号11頁等）

クレジットカードシステムが，名義人に対する個別的な信用を基礎に成り立っている制度であることを強調し，加盟店は，そのような事情を知れば，信義則上カードの使用を拒絶すべきであることなどを理由にして，詐欺罪（刑246条1項）の成立を認める説である。例えば，上記和田は，「カードを担保の実行として使用させたりすることは，会員に対する個別的な信用を基礎に一定限度内の信用を供与することが根幹になっているクレジットカードシステムの存立を危うくするものであるばかりか，そのような会員はカード会社に対する支払い能力の点で問題がある場合が多いと考えられるので，加盟店として右のような事情を知ればカードシステムの維持存続のため信義則上カードの使用を拒絶するべきであるし，もちろん拒絶することもできると考えられる。してみると，カード名義人の承諾の有無にかかわらず，やはりカード名義人以外の者が会員資格を偽った点に偽罔行為をとらえることになろう。」としている。

(b) 限定的積極説（平井義丸「消費者信用をめぐる犯罪の実態と法律上の問題点について」法務研究報告書74集1号56頁）

積極説を前提にしつつ，前述したところの我が国におけるカード使用の実情（必ずしも本人でなくても使用が許される場合がある実情）に配慮し，使用者が名義人の配偶者等の近親者であって，名義人本人と同視できる場合は，詐欺罪の成立を否定するという立場である。後述する最高裁決定（最決平16・2・9刑集58巻2号89頁）の原審（大阪高判平14・8・22刑集58巻2号116頁）及び第一審（京都地判平13・9・21刑集58巻2号93頁）は，そのような立場に立つといえよう。上記大阪高判は，「他人名義のクレジットカードを加盟店に呈示し商品の購入や

7 クレジットカード等の不正使用

サービスの提供を申し込む行為は，たとえそのクレジットカードが不正に取得されたものでないとしても，クレジットカードの使用者とその名義人との人的関係，クレジットカードの使用についての承諾の具体的内容，クレジットカードの使用状況等の諸般の事情に照らし，当該クレジットカードの名義人による使用と同視しうる特段の事情がある場合を除き，クレジットカードの正当な使用権限を偽るものとして詐欺の欺罔行為にあたり」詐欺罪が成立すると判示し，「（なお，原判決が他人名義のクレジットカードを使用して加盟店から商品の交付を受ける行為について，原則として詐欺罪に該当するが，クレジットカードの名義人が当該呈示者によるクレジットカードの使用を承諾した上，この取引から生じる代金債務を負担することも了解しており，かつ，名義人と当該呈示者との間に，このような承諾・了解が客観的にも強く推認される関係がある場合には詐欺罪が成立しないとしているのも上記と同旨の判断に出たものと考えられ，その説示に誤りがあるとは認められない。）」と述べている。

　　(c)　消極説（石井芳光「クレジットカードの不正利用と法律問題（その2）」手形研究160号54頁，山中敬一「他人名義のクレジットカードの不正使用と詐欺罪の成否」法セ455号127頁，上嶌一高「クレジットカードの使用と詐欺罪」神山敏雄先生古稀祝賀論文集第2巻『経済刑法』269頁（成文堂，2006）など。また，林幹人「詐欺罪の新動向」曹時57巻3号15頁）

　当該クレジットカードの使用につき，クレジットカード会社から代金等の立替払いを受けることができるのである限り，加盟店にとっては，利用者がカード名義人本人であるかどうかは関心事になりにくいことなどを考慮し，詐欺罪の成立を否定する立場である。近時，詐欺罪の成立には，実質的法益侵害性が必要であることを強調して，欺く行為，錯誤の内容を厳格に解し，他人に成り済ましていることを知っていたら交付しなかったというだけではその要件を満たしているとはいえないとする立場から，学説上は，有力になっているようである。例えば，前掲上嶌一高は「詐欺罪が個別財産に対する罪であり，個別財産の喪失が財産上の損害であることは前提としつつ，その成立には，欺く行為と財物の交付の間の因果関係だけでなく，実質的法益侵害が，欺く行為，錯誤の内容としてであるにせよ，それとは独立の財産上の損害としてであるにせよ，必要であると理解するときには，承諾を得た他人名義カードの使用の場合に，

加盟店を被害者とする詐欺罪の成立を肯定することができるか問題となる。」「名義人とカード利用者との間に同一性が存在しない場合には，加盟店はカード会社から立替払を拒否される危険性を負い，そのような危険性を伴う財産の交付は実質的法益侵害と評価できるとして詐欺罪の成立が肯定されるが，立替払を拒否されることが絶対にあり得ないのでなければ，そのような法益侵害が発生したことになるとまではいえず，法益侵害と評価されるのは，一定程度以上の危険性が存在する場合に限られるものと思われる。」「(署名の同一性の確認) 以上の作業をしなかったことを理由として，加盟店が立替払を拒否されることは実際にはないものと言えよう。そうだとすれば，立替払を拒否される危険性を伴う財物の交付を詐欺罪における実質的法益侵害とみることは，現時点では困難であるものと思われる。」としている。

(2) **判　　例**

このように，名義人から使用の許諾を得た者がクレジットカードを使用した場合について，詐欺罪の成否を判断したのが，最決平16・2・9刑集58巻2号89頁である（なお，本決定が前提とする事実は，後述するように，被告人が，名義人からクレジットカードの使用を許されているものと誤信していた場合であって，名義人の許諾が実際に存在した場合ではない。しかし，名義人の許諾が存在すれば詐欺罪が成立しないと解すると，上記のとおり誤信していた被告人については，故意が阻却され，詐欺罪が成立しないことになる。したがって，判断の前提として，名義人の許諾が存在すれば詐欺罪は成立しないのか否かが問題となったのである）。

(a) 事案の概要

事案の概要を，本論点に関係する部分に限って摘示すると，以下のとおりである。

Kは，友人のTから，同人名義のクレジットカード（以下「本件クレジットカード」という）を預かって使用を許され，その利用代金については，Tに交付したり，所定の預金口座に振り込んだりしていた。その後，本件クレジットカードを被告人が入手した。その入手の経緯はつまびらかではないが，当時，Kは，バカラ賭博の店に客として出入りしており，暴力団関係者である被告人も，同店を拠点に賭金の貸付けなどをしていたものであって，両者が接点を有していたことなどの状況から，本件クレジットカードは，Kが自発的に被告人

を含む第三者に対し交付したものである可能性も排除できない状況にあった。なお，被告人とＴとの間には面識はなく，ＴはＫ以外の第三者が本件クレジットカードを使用することを許諾したことはなかった。被告人は，本件クレジットカードを入手した直後，加盟店であるガソリンスタンドにおいて，本件クレジットカードを示し，名義人のＴに成りすまして自動車への給油を受けた。上記ガソリンスタンドでは，名義人以外の者によるクレジットカードの利用行為には応じないこととなっていた。本件クレジットカードの会員規約上，クレジットカードは，会員である名義人のみが利用でき，他人に同カードを譲渡，貸与，質入れ等することが禁じられている。また，加盟店規約上，加盟店は，クレジットカードの利用者が会員本人であることを善良な管理者の注意義務をもって確認することなどが定められている。

　このように，本件クレジットカードが被告人の手に渡った経緯等については，不明確である（被告人は，ガソリンスタンドで本件クレジットカードを使用した覚えはないが，仮に使用したとすれば，連れの者から「このカードでガソリンを入れたら。」と言われて渡され，使用したのではないかなどと述べている）。名義人であるＴから本件クレジットカードを預かり，その使用を許されていたＫが，これを被告人を含む第三者に交付し，そのような経緯のもとに被告人が本件クレジットカードを入手した可能性も否定できないのである。そこで，本決定は，「被告人は，名義人Ｔから，本件クレジットカードの使用を許されており，かつ，自分の使用代金を名義人Ｔが会員規則に従って決済するものと誤認していた可能性を否定できない」として，被告人に最も有利なそのような事実関係を前提に，名義人に成り済ましてクレジットカードを利用して商品を購入する行為について，加盟店に対する詐欺罪（刑246条1項）が成立するかを判断した（本決定の上記表現は，被告人が，客観的に，名義人Ｔから，本件クレジットカードの使用を許されていたことを前提にする趣旨か，それとも，そのように誤認していたことを前提にする趣旨なのか，必ずしも一義的でないが，「ＴはＫ以外の第三者が本件クレジットカードを使用することを許諾したことはなかった。」という事実を前提にしていることなどからすると，後者の趣旨と解すべきであろう）。

　(b)　判 示 事 項

　本決定は，次のとおり判示している。

以上の事実関係の下では，被告人は，本件クレジットカードの名義人本人に成り済まし，同カードの正当な利用権限がないのにこれがあるように装い，その旨従業員を誤信させてガソリンの交付を受けたことが認められるから，被告人の行為は詐欺罪を構成する。仮に，被告人が，本件クレジットカードの名義人から同カードの使用を許されており，かつ，自らの使用に係る同カードの利用代金が会員規約に従い名義人において決済されるものと誤信していたという事情があったとしても，本件詐欺罪の成立は左右されない。したがって，被告人に対し本件詐欺罪の成立を認めた原判断は，正当である。

(3) **評　価**

(a) 本決定は，名義人に成り済ます点を欺く行為と認め，刑法246条1項の詐欺罪の成立を肯定した。本決定が，前記の積極説に親近的であることは，その判示内容から明らかといえる。もっとも，本事案においてクレジットカードを使用した者は，前記限定的積極説が問題にするところの近親者（名義人の配偶者等）ではないから，厳密にいえば，本決定が，前記限定的積極説を否定したことにはならないが，少なくとも，消極説の立場を採らないことは示されているといえよう。

なお，本決定は，一応，事例判断として挙示されている（刑集では，「クレジットカードの名義人に成り済まして同カードを利用して商品を購入する行為が詐欺罪に当たる事例」とされている）が，事案やこれに対する判断の構造をみれば，一般法理を含むものと理解するのが相当であろう。判例解説を担当した多和田調査官は，この点につき，「実質的には，『名義人本人に成り済ましてクレジットカードを利用した場合には，名義人本人の承諾等如何にかかわらず，詐欺罪が成立する』という一般法理を含むものといえるが，個別具体的な事案の下で，違法阻却等の余地もないわけではないことから，本決定は，事例判断として判示したものと推察される。」と述べている（判例解説83頁）。本決定により，名義人の承諾を得て他人がクレジットカードを使用した場合にも，原則として1項詐欺罪が成立するという実務的方向性は明らかになったといえよう。

(b) 従前から，判例は，加盟店による商品の交付自体を刑法246条1項「財物の交付」として認めてきていた（ただし，判例，裁判例が，商品の交付に結びつく欺罔の実質的内容を全く問題にしていなかったわけではない）。この立場から

7 クレジットカード等の不正使用

すれば，1項詐欺を認める解釈は当然であり，法律構成としても簡明である（また，交付された財物の処分に第三者が関与した場合に，盗品罪の成立を認めることができる点においても，実務的な要請に合致しているといえる）。

　そして，実質的にみても，このような解釈は，クレジットカードシステムをめぐる状況に合致したものといえる。すなわち，名義人が承諾して第三者にクレジットカードを交付し，第三者がこれを使用している場合の相当部分は，名義人及び使用者双方の信用に問題がある場合である。そして名義人及び使用者は，クレジットカード会社が名義人に与える信用を，本来，このシステムが予定しない形で利用しているのである。その結果，立替金の回収が困難となる場合が多く，弊害は大きい。クレジットカード会社は，そのような点も考慮して，クレジットカードの貸与や，名義人以外の使用等を禁止しているのであり，これらの規定は，クレジット契約において，実質的な重要性を有するものである。近時，取引において，クレジットカードを利用した決済の割合が増え，その重要性が高まっていることも考慮すると，この点に関して，民事的にだけではなく，刑事的にも対応する必要性は強いといえる。もっとも，そのような事態に対しては，被告人が名義人に成り済ました点に着目しなくても，支払の意思，能力がないのにこれを偽ったという点に着目して詐欺罪を認めることは，事案によっては理論上可能であろう。しかし，その場合，支払の意思がなかったことや支払の能力を欠くこと，あるいは，これらの点についての故意を立証しなければならないが，本決定の事案がまさにそうであるように，被告人と名義人との関係や，被告人がクレジットカードを入手し，これを使用するに至った経緯等これらに関係する事実は，当事者以外には不明確であり，立証に困難を伴うことも多いと思われる。その意味で，名義を偽った点について，詐欺罪の成立を認めることの実務的意味は，小さくないであろう。

　(c)　なお，前記限定的積極説が指摘するところの名義人の近親者等（配偶者等）による使用に関しては，使用時における名義人と使用者との関係や，使用許諾ないし使用に至った具体的状況等を実質的に考慮せざるを得ないのであり，実質的な違法性の問題として詐欺罪の成否を論じるのが相当と思われる（この点に関して付言すれば，名義人の近親者等が，その旨を加盟店に断ってクレジットカードを使用する場合には，そもそも欺く行為が存在しないから，加盟店を欺か

た者とする詐欺罪は成立しない。したがって，仮に，前述したような状況（名義人の家族等がクレジットカードを借り受けて名義人に代わってこれを使用し，加盟店もそれを知りながら許容するという扱いがある程度行われているという状況）が現在も続いているとしても，そのほとんどは，詐欺罪に問われないといえよう）。

(4) 設問〔2〕の解答

(a) 本決定の立場からすれば，乙には，名義人に成り済ました点において，詐欺罪（刑246条1項）が成立する（前記限定的積極説によった場合も同様である。なお，支払の意思及び能力も偽ったと評価される場合も多いであろう）。

(b) 一方，前記消極説によった場合でも，本事案は，名義人の許諾がない使用と評価すべきであるから，理論上は，設問〔1〕で述べた立場に応じて，詐欺罪が成立するとの結論になろう（①(b)参照）。

【登石　郁朗】

▶8◀ 2項詐欺における処分行為（無銭宿泊）

　甲は，旅館に一泊し，翌朝，従業員に「ちょっと近くを散歩してくる。」と声を掛け，従業員からは「行ってらっしゃいませ。」と言われ，旅館を出たまま，戻らなかった。甲は宿泊代金を払っていない。甲の罪責はどうか。

1　問題の所在
(1)　処分行為の意義
　詐欺罪（刑246条）が成立するためには，人を欺く行為（欺罔行為）により相手方（被欺罔者）を錯誤に陥らせ，その錯誤に基づいて相手方をして財産上の処分行為（「交付行為」ともいわれるが，以下「処分行為」と表記する）をさせ，それによって財物（同条1項）又は財産上の利益（同条2項）を行為者又は一定の第三者に交付・移転させるといった関係が必要とされている。この処分行為については，1項詐欺（財物詐欺）及び2項詐欺（利益詐欺）いずれにおいても必須の要件とするのが通説・判例である（異説として内田・各論（第3版）309頁）。すなわち，処分行為の有無により，相手方の意思に反して財物の占有を奪取する窃盗罪と相手方の瑕疵ある意思に基づいて財物の占有を取得する1項詐欺罪が区別されることになる。また，客体が財産上の利益である場合，利益窃盗が処罰されていない現行法の下においては，処分行為の有無によって処罰（2項詐欺罪）と不処罰とが分かれることになる。

(2)　2項詐欺罪における処分行為
　2項詐欺罪については，利得の態様が多様であるのに応じて処分行為も種々の形態をとるため，処分行為の存否が問題となる場合が少なくない（大コメ刑法第13巻（第2版）127頁〔高橋省吾〕）。また，財物の場合は，基本的に財物の占有者が作為により意識的に行わないと財物の占有は移転しないのに対して，財産上の利益の場合は，支払わないことによって債務者は財産上の利益を得るところ，支払わないで済むという状態は，債権者の積極的な債務免除の意思表示を待つまでもなく，支払を請求しないという債権者の不作為，場合によって

は債務者に財産上の利益を与えることについて意識していない不作為によっても作り出されるのである（平野・犯罪論(下)338頁）。

このように，無意識的な不作為をもって2項詐欺罪における処分行為といえるのか否かが理論上も実務上も問題となっているのである。

(3) 不作為による処分行為

(2)で挙げた問題点のうち，不作為の点については，債権者（被欺罔者）が錯誤に陥らなかったならば，支払を請求するなど必要な作為を当然行っていたと考えられる状況にありながら，錯誤に陥ったために債務者（行為者）に支払を請求しなかったような場合には不作為による処分行為を認めるのが判例（後に検討する最判昭30・4・8刑集9巻4号827頁のほか，東京高判昭50・1・22東高時報26巻1号6頁等）であり，学説上もこの点について特に争いはないと思われる（曽根・各論（第4版）144頁等参照）。

(4) 処分行為の主観面

(1)で述べたとおり，詐欺罪成立には瑕疵ある意思に基づく処分行為が必要とされているから，財物の占有者又は債権者に虚偽の事実を申し向けてその注意をそらしている間に財物又は財産上の利益を交付・移転（まとめて「財産の移転」と表記する）させた場合，財産の移転に関して債権者らの意思に基づく行為が存在していないので，処分行為は認められないことになる（ただし，後述するとおり「無意識の甘受」という問題がある）。

また，財産の移転ということの意味内容を理解し得ない幼児や高度の精神病者によって財産の移転がなされても，処分行為があったとはいえない。

このように，処分行為が認められるためには，被欺罔者の意思（処分意思）に基づいて財産の移転がなされる必要があるが，特に2項詐欺罪では，財産上の利益の移転が明確性を欠くため，処分意思によって処分行為の有無を決する場面が多くなる。従前は処分意思の要否が問題とされていたが，正しくは処分意思の内容をどのようにとらえるかが問題であって，後述するように，この点については学説上争いがある。

そこで，本稿では，上記の問題状況を踏まえて，判例及び学説の状況を概観した上で，本事例の検討を行うこととする。

8 2項詐欺における処分行為（無銭宿泊）

2 判例の状況
(1) 最高裁判例
　2項詐欺罪における処分行為に関する指導的な判例として，最判昭30・4・8刑集9巻4号827頁と最決昭30・7・7刑集9巻9号1856頁が存在する。

　(a) 最判昭30・4・8刑集9巻4号827頁
　この事案は，りんごの仲買業者である被告人が，取引の相手方に対しりんごを売り渡す契約をして代金も受け取っていながら，期限を過ぎても履行しなかったため，相手方より督促を受けるや，履行の意思がないのに相手方を駅に案内してりんごの発送の手続を完了したように見せかけたところ，相手方がその旨誤信し，安心して帰宅したというものである。最高裁は，相手方である被害者（被欺罔者）が安心して帰宅したのみでは，同人がいかなる処分行為を行ったかは不明確であるのみならず，被告人（行為者）がどのような財産上の利益を得たかも不明確であるとした上で，被害者が履行の督促をしなかったという不作為を処分行為ととらえるにしても，既に履行遅滞の状態にある債務者（行為者）が欺罔手段によって債権者（被欺罔者）の督促を免れることについて2項詐欺罪が成立するには，債権者がもし欺罔されなかったとすれば，その督促・要求により債務の全部又は一部の履行あるいはこれに代わる何らかの具体的措置が行われざるを得なかったであろうといえるような特段の状況が必要であるとした。

　(b) 最決昭30・7・7刑集9巻9号1856頁
　被告人が，当初から代金支払の意思もなく所持金もないのに，旅館に宿泊飲食した後，自動車で帰宅する知人を見送ると欺いて代金の支払をせずそのまま逃走したという事案について，「刑法246条2項にいわゆる『財産上不法の利益を得』とは，同法236条2項のそれとはその趣を異にし，すべて相手方の意思によって財産上不法の利益を得る場合をいうものである。従って，詐欺罪で得た財産上不法の利益が，債務の支払を免れたことであるとするには，相手方たる債権者を欺罔して債務免除の意思表示をなさしめることを要するものであって，単に逃走して事実上支払をしなかっただけで足りるものではないと解すべきである。」として，上記の事案について2項詐欺罪の成立を認めた原審の判断は失当であるとした。

8 2項詐欺における処分行為（無銭宿泊）

(c) 最高裁判例の射程

前掲最決昭30・7・7は，債権者の「債務免除の意思表示」を求めていることから，債権者（被欺罔者）は債権の存在を認識した上で，それを処分する明確な意思がなくてはならないことになる。また，前掲最判昭30・4・8についても，債権者が「安心して帰宅した」というだけでは処分行為とはいえないとして2項詐欺罪の成立を否定したところからすると，少なくとも無意識的な処分行為は認めないとの立場に立っていると考えられる。このように，最高裁は，処分行為の認定に当たって，処分の対象となる財産上の利益の存在の認識と処分行為についての明確な意識を要求する厳格な態度をとっている。

しかしながら，前掲最決昭30・7・7は，当該事案では被告人が当初から所持金がなく支払意思のないことを秘して宿泊飲食した時点で詐欺罪が既遂となるとしていることから，上記の判示部分はあくまでも傍論にすぎない。それにもかかわらず，このような判示をしたのは，それまでの下級審裁判例が処分行為を摘示することなしに2項詐欺罪の成立を広く認める傾向にあったことから，処分行為の摘示の必要性を再確認するために，あえて処分行為の認定について厳格な態度を示したとも考えられるのである。そのためか，本決定は詐欺罪の成立には被欺罔者の処分行為が必要であることを確認する趣旨の判示と読むことも可能であり，処分行為の意思要件について特に厳格な判断をしたものかは不明であるとの見解（判例百選II各論（第5版）96頁〔辰井聡子〕）もある。確かに，本決定が2項詐欺罪成立に必要な処分行為は常に意識的になされなければならず，しかも債務を免れることにより財産上の利益を得たといえるには債務免除の意思表示という法律行為が必要であるとしたものであるとするならば，余りにも2項詐欺罪の成立範囲を狭める解釈といわざるを得ない。少なくとも，本決定は，2項詐欺罪一般について被欺罔者の処分行為を法律行為に限定し，事実的処分行為を除外することを表明したものではないと解すべきであろう（寺尾正二・判解刑昭30年度203頁）。

また，前掲最判昭30・4・8にしても，当該事案において被告人（行為者）が財産上の利益を得たといえるのかどうかという点が直接的な破棄事由となっていると解されることからすると，処分行為についての判示はさほど重視できないとも考えられる。

85

8 2項詐欺における処分行為（無銭宿泊）

以上の検討に加え，上記二つの最高裁判例から既に50年が経過し，利得の態様がますます多様化していることをも考慮すると，その厳格な立場が現在においても維持されるべきか否かについて再検討する必要があるように思われる。

(2) **下級審裁判例**

上記の各最高裁判例後の下級審裁判例の中には，最高裁の厳格な立場を踏まえたものが散見される。例えば，東京高判昭31・12・5東高時報7巻12号460頁は，旅館の宿泊代金を踏み倒して逃走しようと考えた被告人が，旅館の女中に対して「映画を見に行ってくる」と言ってそのまま逃走して宿泊代金の支払を免れたという事案について，「不法利得罪を構成するに必要な被欺罔者の財産的処分行為は，被欺罔者が錯誤に基づいてただ単に代金の請求をしなかったというだけでは足りず，被欺罔者が錯誤に基づき債務を免除するとか，支払いの猶予を与えるとか，その他何らかの財産上の利益供与に関する積極的な処分行為を必要とする」として，2項詐欺罪の成立を否定している。また，東京高判昭35・2・22東高時報11巻2号43頁は，いわゆるキセル乗車の事案について，下車駅の係員による意識的な処分行為（免除の意思表示）が存在していないことなどを理由に2項詐欺罪の成立を否定している。

なお，無銭宿泊をした被告人が今晩必ず帰ってくるからと旅館主を欺いて逃走した事例について，旅館主に支払を一時猶予する旨の意思を暗黙に表示させたものであり，詐欺罪が成立するとした裁判例（東京高判昭33・7・7裁特5巻8号313頁）が存在する。この裁判例が宿泊代金の支払を免れたことではなく支払の一時猶予をもって財産上の利益ととらえたのは，前掲最決昭30・7・7が意識的な処分行為を必要としていることを踏まえたものと思われる。しかしながら，支払の一時猶予が財産上の利益といえるためには，特別の事情がない限り，相当期間猶予されることが必要であり，数時間の猶予を得ただけで財産上の利益を得たと認めることは困難である（平野・前掲339頁，佐伯仁志「詐欺罪の理論的構造」山口厚ほか・理論刑法学の最前線Ⅱ117頁（岩波書店，2006）等）又はそのような場合には可罰的違法性がない（林・各論（第2版）243頁）などとして，この裁判例に対しては疑問とする声が多い。

他方で，前掲東京高判昭50・1・22は，処分行為は必ずしも法律行為に限られるものではなく，事実上の財産的損失を生ぜしめるような事実行為でも足り，

8 2項詐欺における処分行為（無銭宿泊）

また作為に限らず不作為によっても成立するものと解すべきであるとした上で，ホテルの宿泊代金の請求を一時断念する行為は事実上財産的損失が生ずるような不作為による処分行為であると認めるのが相当であるとした。前掲の最高裁判例の立場と比較すると，処分行為の範囲を相当広くとらえているといえよう。

また，1項詐欺の事案ではあるが，東京高判平12・8・29判時1741号160頁は，テレホンカードをだまし取ろうとした被告人が，店舗内で店員から枚数の確認を求められてテレホンカードを受け取った際に，「今若い衆が外で待っているから，これを渡してくる。お金を今払うから，先に渡してくる」と申し欺いて，そのように誤信した店員にテレホンカードの持ち出しを了解・容認させ，そのまま商品を持って店外に出て逃走したという事案について，窃盗罪の成立を認めた原判決を破棄して1項詐欺罪の成立を認めている。この事案では，店員にテレホンカードの店外持出しについての認識はあるものの，占有移転についての明確な認識があったとはいい難いように思われる。

このように，近時の下級審裁判例は，処分意思の内容についてその厳格さを緩和する傾向にあるといえるのではなかろうか。

③ 学説の状況

(1) 総　　説

処分意思については，処分結果，すなわち財産の移転とその結果の認識が必要であるとの見解（曽根・各論（第4版）143頁，林・各論（第2版）236頁，前田・各論（第4版）275頁等。以下「意識的処分行為説」という）と，財産の移転について具体的な認識は必要ないとする見解（平野・犯罪論(下)341頁，大谷・各論（新版第3版）266頁，中森・各論（第2版）146頁，西田・各論（第5版）191頁等。以下「無意識的処分行為説」という）が存在する。

ところで，処分意思の内容に関する問題点は，更に二つの問題に分けられるように思われる。一つは，自己の行為が処分行為，すなわち財産の移転に当たること（処分行為性）を認識（意識）する必要があるかどうかという問題である。もう一つは，かかる処分行為によって実際に移転した財産の内容（存在・価値）についてどの程度具体的に認識（意識）する必要があるのかという問題である。山口・各論（第2版）257頁も，①交付の対象となる物自体には錯誤が

8　2項詐欺における処分行為（無銭宿泊）

ない場合と②交付の対象となる物自体に錯誤がある場合とに分けて検討しているが，同様の問題意識によるものと思われる。もっとも，財産の存在について認識を全く欠いているために，自己の行為が処分行為に当たることの認識も欠いているという場合もあり得るので，処分行為性の認識の問題と財産の内容の認識の問題とを截然と分けられるわけではないが，議論を整理するために上記の区分に従って考察していくこととする。

(2)　処分行為性の認識の問題

意識的処分行為説に対しては，債権者（被欺罔者）に対して「もう既に弁済している」，「債務者は自分ではなく別人である」などの虚偽を申し向けて，債権者をして自らの債権の存在さえ意識させずに履行の請求をさせないときには2項詐欺罪は成立しない（利益窃盗として不処罰である）ことになる（曽根・各論（第4版）145頁）が，この場合は，欺罔の範囲はより広く，それ故に財産的被害もより大きいのであるから，むしろ詐欺罪として処罰すべき中核の領域に属するというべきであって，これらを不処罰とするのは不当であるとの批判（井田良「処分行為（交付行為）の意義」刑法の争点183頁）がある。そのため，意識的処分行為説でも処分意思の内容を一定程度緩和する傾向にある。

他方，無意識的処分行為説に対しては，欺罔により注意をそらせているすきに財産を移転させるような場合（以下「不注意誘発事例」という）にも，行為者が財産を移転させる段階で常に「無意識の甘受」という処分行為を想定することができるので，詐欺罪が成立することになり，立法者が明確に不可罰としている利益窃盗を事実上広く処罰することになってしまうとの批判（前田・各論（第4版）275頁）や，詐欺罪と窃盗罪との競合を否定すべきとの立場から，無意識的処分行為説のように欺罔による利益の移転を広く処罰の対象とすると窃盗罪と詐欺罪との限界を適切に画定し得るか疑問があるとの批判（山口・問題探究各論149頁）がある。そのような批判を受けて，無意識的処分行為説でも，財産の移転について全くの無意識でよいというわけではなく，被欺罔者に財産の移転について外形的事実の認識を要求することによって，不注意誘発事例では詐欺罪は成立しないとする見解が有力である（西田・各論（第5版）193頁参照）。

以上の検討を踏まえると，無意識的処分行為説といっても，財産の移転について外形的事実の認識は必要としている一方，意識的処分行為説でも，財産の

移転について外形的事実の認識さえあれば処分意思を認めるとする説に立てば，両説の内容にはほとんど差がないといえるであろう。そして，事実上支払を求め得る状態にあった債権者（被欺罔者）が自らの債権の存在さえ意識せずに履行の請求をしないときでも，行為者がその場から離れるなど事実上の「拘束」から解放されることについて認識していれば，財産の移転について外形的事実の認識があったといえ，処分意思が肯定できると考えられる（判例百選Ⅱ各論（第5版）104頁〔髙山佳奈子〕）。

(3) **財産の内容の認識の問題**

財産の移転の認識（外形的事実の認識も含む）があったとしても，移転する財産の内容についてどの程度認識する必要があるのかが次に問題となる。

これについては，移転する財産の価値について正確な認識が被欺罔者になければならないとする厳格な説も考えられる。この説によれば，欺いて物の交換を行う場合，行為者が自ら渡す物Aについての価値を偽れば詐欺罪が成立するのに，被欺罔者から渡してもらう物Bについての価値を偽っても詐欺罪は成立しないということになるが，そもそも物々交換はAとBとの相対的な価値の比較により決まる以上，上記の結論は妥当とはいえまい（山口・各論（第2版）257頁）。一般に，移転する財産の価値について被欺罔者に錯誤があっても詐欺罪の成立を肯定し得ることに異論はないと思われる。また，本来の価値より少ない価値を認識していたか価値がゼロであると認識していたかで区別を認めることは実際には困難であるから，たとえ価値がゼロであると誤認した場合であっても処分意思を肯定すべきであろう（山口・問題探究各論152頁）。

他方，移転する財産の存在自体に錯誤がある場合については異論がある。教室事例としてよく採り上げられる「魚箱事例」，すなわち被欺罔者である魚屋が錯誤により鰯10匹入りの魚箱を売却したつもりで認識していない財物（鯛や財布等）が入っている魚箱を引き渡したとの事例において，魚屋は箱に入った10匹の鰯の占有を移転することしか意識していないのであるから，処分意思を厳格に解すれば，財布等について処分行為を認めることはできないことになる。しかし，意識的処分行為説であっても，個々の財産についてその存在の正確な認識までは必要ないとすれば，目の前にある鰯の入った箱を引き渡す意識はあるのであるから，財布等についても処分行為を認めることが可能である（前

田・各論（第4版）175頁，林・各論（第2版）238頁）。また，無意識的処分行為説の立場で財産の移転について外形的事実の認識を要求する説であっても同様であり，この点についても学説間の懸隔はさほど大きいものではないといえよう。

④ 本事例の処理

本事例において，甲が旅館に宿泊し始めた段階で金銭等の支払の手段を有していたのかは不明であるが，仮に支払能力があったとしても，甲が旅館の関係者を欺いて宿泊代金を免れようとの意思（詐欺の犯意）を有していれば，詐欺罪が成立し得る。もっとも，甲がどの時点で詐欺の犯意を有していたのかは不明であるので，時期を分けて考察する必要がある。

(1) 宿泊を申し込んだ当初より詐欺の犯意を有していた場合（犯意先行型）

この場合，甲は代金支払の意思を持たずに宿泊の申込みをしていることになる。かつては不作為（自らが無一文であることの告知義務違反）によって人を欺く行為に当たるとする見解も存在したが，宿泊の申込みには「退去時に宿泊代金を支払う意思がある」との表示も通常含まれているといえ，申込みを受けた旅館側でも代金を支払ってもらえると考えるのが通常であるから，現在では挙動により人を欺く行為と解するのが通説・判例（大判大9・5・8刑録26輯348頁，前掲最決昭30・7・7等）である。

また，通説・判例（前掲最決昭30・7・7）によれば，宿泊のサービスの提供を受けた時点で既遂に達することになる。

なお，宿泊のサービスの中に飲食物の提供を含む場合には，1項詐欺罪も成立することになるが，実務では，両者を包括して刑法246条の詐欺罪1罪が成立すると解している（東京高判昭29・6・7東高時報5巻6号210頁等）。

上記のとおり，無銭宿泊について詐欺罪が成立するとして，本事例のように，翌朝に虚偽の事実を申し向けて宿泊代金の支払を免れる行為はどのように評価すべきであろうか。後記(2)において2項詐欺罪が成立するという見解に立った場合，それぞれの行為が異なることから2罪成立することも考えられなくはない。しかし，提供された飲食物・サービスとその代金支払債務は実質的に同一であるから，全体を包括して246条の1個の詐欺罪が成立すると考えるべきであろう（大コメ刑法第13巻（第2版）141頁〔高橋〕）。なお，最決昭61・11・18刑集40

巻 7 号 523 頁参照)。もっとも,飲食物等の提供についての詐欺罪のみが成立するとする説(曽根・各論(第 4 版)145 頁,前田・各論(第 4 版)268 頁)もある。

(2) 宿泊後,散歩に出る前に詐欺の犯意を生じた場合(宿泊先行型)

(ア) 本事例では,「ちょっと近くを散歩してくる。」と言って外出して逃走し宿泊代金の支払を免れている(偽計逃走型)。

ちなみに,甲が旅館の従業員のすきを見て逃走した場合(単純逃走型),宿泊の申込み時点では支払の意思を有しているので欺く行為がなく,支払段階でも欺く行為そのものがないので,処分行為の存否を検討するまでもなく詐欺罪は成立しない。この場合は単なる利益窃盗であって不処罰となる。

(イ) 上記の偽計逃走型の処理を考える上で,まず,どのような財産上の利益が問題とされるべきであろうか。

本事例において,従業員は「行ってらっしゃいませ。」と言って甲が旅館を出て散歩に出かけることを許諾しており,散歩をする程度の時間(せいぜい 1 時間程度か)の支払猶予は意識的に行っているといえる。したがって,その支払猶予をもって財産上の利益といえるのであれば,処分意思に関するどの説に立っても処分行為を認めることができよう(曽根・各論(第 4 版)146 頁参照)。しかし,そのような短時間の猶予をもって財産上の利益といえるのか疑問があることは前述したとおりである。甲としては宿泊代金の支払を免れようとしていたのであり,甲の虚言により従業員が甲の外出を許諾した結果,甲が逃走して代金の回収が事実上困難な事態に至っていることからすると,支払の一時猶予をもって財産上の利益ととらえる考えは実態にそぐわないように思われる。

(ウ) そうすると,宿泊代金の支払を免れたことを財産上の利益としてとらえることになるが,本事例において,従業員は,甲が旅館から出て行く際に宿泊代金の支払を請求しないという自らの不作為によって甲が債務の弁済を免れる(財産上の利益を得る)ことを意識しているとはいえないであろう。このような場合にも処分行為を認めることができるのであろうか。前述した処分行為性の認識が問題となる。

この場合について,厳格な意識的処分行為説によれば,支払段階において 2 項詐欺罪が成立するためには,債権者(被欺罔者)において債務を免除する意思が必要になり,「ちょっと近くを散歩してくる。」などと偽って外出する際の

8　2項詐欺における処分行為（無銭宿泊）

外出許諾は債務免除の意思ではないから、処分行為とはいえないし、そもそも、甲の発言は外出許諾に向けられたものであって債務免除に向けられたものではないから欺く行為に当たらないとする。他方、緩和された意識的処分行為説（外形的事実の認識で足りるとする考え）や無意識的処分行為説の有力な見解によれば、本事例のように旅館からの外出を許諾する場合には、処分行為を肯定するのが一般であるが、前掲最決昭30・7・7の事例のように、店先に出ることを許諾した事例については、利益の移転について外形的事実の認識がないなどの理由で処分行為を否定する考えが多い（山口・問題探究各論153頁、西田・各論（第5版）193頁等）。

　しかしながら、たとえ店先であっても未払の客に外出を許可することは、そのまま逃走されて代金を回収できなくなるリスクを負うことであると評価できる（曲田統「無銭飲食と詐欺罪の成否」立石二六編著・刑法各論30講168頁（成文堂、2006））。このリスクは、反面、行為者の行動いかんによって容易に代金債務を免れる利益と転化されるのであるから、外出を許諾することは実質的に財産上の利益を与えることと同視できるのではなかろうか。そうであれば、店先まで出ることの許諾と散歩に出ることの許諾との間に実質的な差異はなく、そのような許諾を得るべくなされた欺く行為の可罰的評価にも差異はないというべきであろう（佐伯・前掲127頁参照）。

　本事例の従業員においても、このようなリスクと利益の密接な関連について一般的な認識はあったといえるから、意識的に外出を許諾している以上、外出の範囲がどこまでかを問わず処分意思及び処分行為が認められ、2項詐欺罪の成立を肯定することができると解される。

(3)　散歩に出た後で詐欺の犯意を生じた場合

　この場合は、詐欺の犯意に基づく欺く行為そのものが存在しないので、詐欺罪は成立しないことになる。

【下津　健司】

▶9◀ 詐欺罪における不法領得の意思

　　甲は，支払督促制度を悪用してＡの財産を不正に差し押さえて多額の金員を得ようと考え，簡易裁判所に対し，Ａを債務者として，甲がＡに対して１億円の債権を有する旨の内容虚偽の支払督促を申し立てた。裁判所からＡあてに発送される支払督促正本については，共犯者乙がＡを装って郵便配達員から受け取ることで，適式な送達がなされた外形を整え，支払督促の効力を確定させようとした。乙は，甲から連絡を受けて，Ａ方付近で待ち受け，支払督促正本の送達に来た郵便配達員に対し，Ａを名乗り，支払督促正本を受け取った。甲につき支払督促正本の受領について詐欺罪が成立するか。

1　問題の所在

　乙は，郵便配達員に対し，Ａを名乗って，支払督促正本を受け取った。乙がＡ本人でなく，その他送達を受ける権限を有する者でもないことがわかっていたならば，郵便配達員が，乙に支払督促正本を渡すことはなかったと考えられる。乙は，Ａを名乗ることにより，郵便配達員を欺いて支払督促正本を交付させたのであるから，一見すると，甲，乙につき詐欺罪が成立することに疑問を挟む余地はないようにも思われる。

　しかしながら，窃盗罪，詐欺罪などの領得罪が成立するためには，条文に書かれた要件に加えて，「不法領得の意思」が認められなければならないとするのが判例・通説である。領得罪の成立要件として，不法領得の意思が要求されるのはなぜなのか，そして，設問のような場合に不法領得の意思が認められるのかどうかが，本問のテーマである。

2　不法領得の意思に関する判例
(1)　判例の基本的立場

　リーディングケースとされるのは，①大判大４・５・21刑録21輯663頁である。事案は，小学校の教員が，校長を失脚させる目的で，同校の教育勅語奉置

9　詐欺罪における不法領得の意思

所から教育勅語謄本等を取り出して自己の受け持ち教室の天井裏に隠匿したというものであった。この事案について，大審院は，「窃盗罪ハ不法ニ領得スル意思ヲ以テ他人ノ事実上ノ支配ヲ侵シ他人ノ所有物ヲ自己ノ支配内ニ移ス行為ナレハ本罪ノ成立ニ必要ナル故意アルトスルニハ法定ノ犯罪構成要件タル事実ニ付キ認識アルヲ以テ足レリトセス不法ニ物ヲ自己ニ領得スルノ意思アルコトヲ要ス」と述べた上，被告人の目的は，校長の管掌する教育勅語謄本等を紛失させることにより校長を失脚させることにあり，その物を自己に領得する意思があったわけではないとして，窃盗罪の成立を否定した。

②大判大11・12・15刑集1巻763頁は，「刑法第246条第1項ニ所謂財物ノ騙取トハ不法領得ノ目的ヲ以テ人ヲ欺罔シ有体物ノ所持即チ其ノ占有ヲ移付セシムルノ意ニシテ」と判示したもの，③最判昭24・3・8刑集3巻3号276頁は，「横領罪の成立に必要な不法領得の意思とは，他人の物の占有者が委託の任務に背いてその物につき権限がないのに所有者でなければできないような処分をする意思をいう」としたものであり，判例は，窃盗罪のみならず，詐欺罪，横領罪等の領得犯全般について，不法領得の意思必要説に立っていると言われている。

また，不法領得の意思の内容について，④最判昭26・7・13刑集5巻8号1437頁は，「不正領得の意思とは，権利者を排除し，他人の物を自己の所有物と同様にその経済的用法に従いこれを利用し又は処分する意思」であるとする。リーディングケースとして紹介した①でもすでに同趣旨のフレーズが用いられているが，要するに，「他人の物を自己の所有物として扱う意思」のみならず，「経済的用法に従い利用又は処分する意思」が必要であり，いずれかが欠ける場合には，不法領得の意思が認められず，領得罪は成立しないというのが判例の基本的立場であると言われている。

(2) **不法領得の意思が否定された事例**

不法領得の意思が否定された事例としては，判例①のほかに次のようなものがある。

⑤大判昭9・12・22刑集13巻1789頁は，知人のために競売を延期させる目的で，競売記録を羽織の下に隠匿して持ち去り，競売の実施を不能にしたとの事案について，不法領得の意思を認めることができないとして，2項詐欺の成立を認めた原判決を破棄し（窃盗罪が成立するとの検察官の主張も排斥して），公用

文書毀棄罪の成立を認めたものである。

⑥最判昭28・4・7裁判集〔刑事〕78号163頁は，政府所有米の保管業務に従事していた農協職員らが，倉庫内の各俵から米を抜き取って新俵を作り，在庫俵数のつじつまを合わせていた事案について，財物に対する事実上の支配の奪取を否定するとともに，「被告人等には，抜き取った米を実質的に自分のもののようにして，利用処分する意思は少しもなかったものといわなければならない。従って被告人等に抜き取った米を領得する意思があったということはできないから，本件では，窃盗罪の成立に必要な不法領得の意思をも欠く」と判示したものである。

⑦最判平16・11・30刑集58巻8号1005頁は，他人あての送達書類を廃棄するだけの意図で他人を装って受領する行為について詐欺罪における不法領得の意思が認められないとされた事例であり，本設問の基本になった判例である（この判例の評釈として，井上弘通・判解刑平16年度560頁のほか，山口厚「不法領得の意思」法教294号131頁，松宮孝明「詐欺罪における不法領得の意思が認められないとされた事例」法セ603号121頁，林美月子「財産的利益を得る目的で財物を廃棄する意図と不法領得の意思」ジュリ1291号161頁，前田雅英・法教298号134頁，木村光江「詐欺罪における不法領得の意思」刑事法ジャーナル2号76頁，林幹人「詐欺罪における不法領得の意思」判時1908号20頁，島岡まな「他人宛の送達書類を廃棄するだけの意図で他人を装って受領する行為について詐欺罪における不法領得の意思が認められないとされた事例」判例セレクト2005（法教306号別冊）36頁等がある）。

なお，高裁レベルでは，⑧東京高判昭30・4・19高刑集8巻3号337頁（自動車の名義変更を一時妨害して買主らを困惑させる目的で，陸運事務所から自動車登録原簿を持ち去り，約1週間後に返還した事案について，不法領得の意思を欠くから窃盗罪は成立しないとしたもの），⑨仙台高判昭46・6・21高刑集24巻2号418頁（仕返しのため海中に投棄する目的で被害者方からチェーンソーを持ち出し，実際に海中に投棄した事案について，不法領得の意思を欠くから窃盗罪は成立しないとしたもの）がある。

(3) 不法領得の意思が肯定された事例

一方，上告審で不法領得の意思の有無が争われ，これが肯定された事例としては，次のようなものがある。

9 詐欺罪における不法領得の意思

⑩最判昭33・4・17刑集12巻6号1079頁は，市議会議員選挙に際し，特定の候補に当選を得させるため，投票所管理者の保管する投票用紙をひそかに持ち出したという事案について，「権利者を排除して○○市選挙管理委員会所有の投票用紙を恰も自己の所有物のごとくこれを同用紙として利用する意思であったこと明らかであるから，不法領得の意思なしというを得ない」としたものである。

⑪最判昭37・6・26裁判集〔刑事〕143号201頁は，性欲を満たすためパンティ等を窃取した事案において，被告人は権利者を排除して本件物品に対する完全な支配を取得し所有者と同様の実を挙げる意思すなわち不正領得の意思を有していたと認めたものである。

⑫最判昭55・10・30刑集34巻5号357頁は，他人所有の普通乗用自動車を，数時間にわたって完全に自己の支配下に置く意図のもとに，駐車場から所有者に無断で乗り出し，その後約4時間余り乗り回していたなどの事情があるときは，たとえ，使用後に元の場所に戻しておくつもりであったとしても，右自動車に対する不正領得の意思があったということができるとされたものである。

判例⑩及び判例⑪については，「不正領得の意思とは，権利者を排除し，他人の物を自己の所有物と同様にその経済的用法に従いこれを利用し又は処分する意思」であるとする判例④との整合性が問題になり得るが，判例⑩の調査官解説を担当された栗田正最高裁調査官は，「不法領得の意思の重点は，その財物につき権利者を排除し自ら所有者として振舞う又は所有者としての実を挙げるという点にあり，『経済的用法に従つて利用又は処分する意思』とは単純な毀棄又は隠匿の意思をもってする場合を排除するという消極的な意義を有するに過ぎない……判例にいう『経済的用法に従つて利用又は処分する意思』とは，『物の所有者であれば一般にするような又は物の所有者として初めてなしうるような，その物の本来の用途にかなつた方法に従い利用若しくは処分する意思』という意味に解するのが相当」とされている（判解刑昭33年度241頁）。

また，判例⑦の調査官解説を担当された井上弘通最高裁調査官は，「もともと『経済的用法に従って利用又は処分する意思』が必要とされる趣旨は，専ら単純な毀棄，隠匿罪との区別のために設けられたものと考えられることからすれば，何らかの意味で『その物の本来的用法』に従って利用又は処分する意思

があれば足りる，さらには，『財物から生ずる何らかの効用を享受する意思』を意味すると実質的に理解されてきたとしても，そのこと自体は合理的であるし，より端的に，『毀棄，隠匿の意思を除外した所有者的に支配（その物を何らかの用途に利用・処分）する意思』とみることも可能と思われる。そして，先例は，最高裁判例を初めとして，おおむね，この『毀棄，隠匿の意思を除外した所有者的に支配する意思』があるかどうかによって，不法領得の意思の存否を決しているようにみられる」とされている（判解刑平16年度576頁）。

③ 不法領得の意思に関する学説

学説は，判例と同様，窃盗罪を始めとする領得罪の成立要件として，不法領得の意思という主観的要素を要求すべきであるとする立場（不法領得の意思必要説）と，主観的要素として必要なのはあくまでも当該犯罪の故意であって，不法領得の意思という条文にない主観的要素を要求する理由はないとする立場（不法領得の意思不要説）が対立している。前者が通説と言われているが，後者も有力に主張されている。まず，必要説からみてみよう。

(1) 不法領得の意思必要説

通説と言われている必要説であるが，必ずしも一枚岩でなく，要求する意思の内容及び根拠により，以下の3説に分類される。

第1説は，判例と同様，「権利者を排除し，他人の物を自己の所有物と同様に利用する意思」（排除意思）と，「経済的用法に従いこれを利用し又は処分する意思」（利用意思）の双方を要求する見解である（中森・各論（第2版）119頁，大谷・各論（新版第3版）126頁，西田・各論（第5版）154頁，山口・各論（第2版）197頁等）。この説は，そのように考えないと，ごく軽微な一時使用であっても窃盗罪を構成してしまい，不都合であること，また，他人の物を壊せば器物損壊罪（法定刑は3年以下の懲役又は30万円以下の罰金若しくは科料）に問われるだけなのに，その物を持ち出した上で（つまり占有を侵害した上で）壊せば窃盗罪（法定刑は10年以下の懲役又は50万円以下の罰金）に問われることになって，バランスを失することを理由とする。言い換えれば，可罰性のない一時使用を窃盗罪の成立範囲から除外するため，また，毀棄・隠匿罪と領得罪の処罰範囲を区分するためには，不法領得の意思を要求する必要があるというのである。

9 詐欺罪における不法領得の意思

　第2説は，不法領得の意思の内容としては，排除意思があれば足り，利用意思は必要ないとする見解である。例えば，団藤・各論（第3版）563頁は，所有者ならば，物の経済的用法に従ってこれを利用・処分するのはもちろんのこと，廃棄することもできる，このような意思があればやはり領得の意思があるというべきであるとして，毀棄・隠匿の意思で盗み出す場合であっても，窃盗罪の成立を肯定する。

　第3説は，排除意思は必要ないが，利用意思は必要とする見解である。例えば，前田・各論（第4版）193頁は，不可罰の一時使用との限界を画するために排除意思を要求する意味はない（構成要件に該当する占有侵害に当たるかどうかを問題にすれば足りる）が，毀棄罪と領得罪の区別は，客観面だけでは不可能であるから，両者を区別するためのメルクマールとして，利用意思（その物の本性にあった利用の意思）を要求する必要があるとする。

(2)　不法領得の意思不要説

　不要説は，不法領得の意思の有無によって，可罰性のない一時使用との区別，あるいは，毀棄・隠匿罪との区別を的確に行えるわけではないと批判する。すなわち，可罰性のない一時使用との区別は，占有の侵害や価値の消費の程度，社会的承諾の有無等の客観的事実によって，また，毀棄・隠匿罪との区別は，他人の占有する財物を自己又は第三者の占有に移転させたかどうかによって，決せられるべきであって，客観的事実に裏づけられていない内心の動機・意図のみによって犯罪の成否が決まったり，法定刑の差を導き出したりするのは妥当でないというのである（内田・各論（第3版）253頁，曽根・各論（第4版）117頁，川端・各論（第2版）281頁等）。

(3)　私　見

　必要説か不要説かというレベルでの対立は，少なくとも実務的にはあまり意味がないように思われる。問題の核心は，第1に，可罰性のない一時使用と窃盗罪を区別するために，条文にない主観的要素を要求する必要があるかどうかという点であり，第2に，毀棄・隠匿罪と領得罪の処罰範囲を区分するために，条文にない主観的要素を要求する必要があるかどうか，その前提として，毀棄・隠匿の目的で他人の物を奪取する行為が領得罪を構成すると考えるべきかどうかという点である。

9 詐欺罪における不法領得の意思

　第1の点に関する不法領得の意思の機能，すなわち，可罰性のない一時使用を窃盗罪から区別するという機能については，必要説の論者も，それほど大きくないことを認めている（中森・各論（第2版）120頁）。前出判例⑫は，他人所有の普通乗用自動車を，数時間にわたって完全に自己の支配下に置く意図のもとに，駐車場から所有者に無断で乗り出し，その後約4時間余り乗り回していたなどの事情があるときは，たとえ，使用後に元の場所に戻しておくつもりであったとしても，不法領得の意思があったということができるとしたものであるが，そのような場合以外にも，例えば，駐輪場に停めてあった自転車を，一時使用後乗り捨てるつもりで無断で持ち出した場合や，陳列棚に並べられた商品である櫛を，使用してから元の棚に戻しておくつもりで化粧室に持ち込んだ場合，また，会社の機密資料をコピーしてから返却する意図で持ち出した場合（東京地判昭55・2・14刑月12巻1＝2号47頁）など，いかに一時使用目的であれ窃盗罪の成立を肯定すべき場合は少なくない。いや，むしろ，一時使用の意思であれば他人の物を無断で自己の占有に移しても窃盗罪に当たらないということ自体，現在の社会常識と沿わない場合が多くなっているのではなかろうか。その意味では，窃盗罪に当たらない一時使用とは，占有や価値の侵害の程度が軽微で可罰的違法性に欠ける場合などに限られるとする不要説の方がしっくりくる。判例や必要説の立場からは，上記のような場合には，一時使用目的であっても，「権利者を排除し，他人の物を自己の所有物と同様に利用する意思」（排除意思）が認められると説明することになるが，可罰性が認められる場合に排除意思が認められると言っているようにも見え，排除意思という概念が，可罰性のない一時使用と窃盗を区別するメルクマールとして実際上どれだけ有効に機能しているかは疑問の余地がある。にもかかわらず，必要説が排除意思にこだわるのは，窃盗罪は占有の取得により既遂となるから，既遂後の利用妨害の程度を窃盗罪の成否において考慮することは不可能であるが，だからといって，可罰的な実害が生じるまで窃盗罪の既遂を認めないとすれば，既遂時期が不明確になる，可罰的違法性の観点から不可罰な一時使用と窃盗罪を区別しようとすれば，行為時において，可罰的な程度に利用を妨害する意思があったかどうかという形で犯罪成立要件とするほかないという，理論上の問題があるからである（山口・各論（第2版）199頁）。といっても，人の内心を直接把握する

99

9 詐欺罪における不法領得の意思

ことは不可能であり，可罰的な程度に利用を妨害する意思があったかどうかについても，現実に発生した利用妨害の程度から推認する過程をとらざるを得ない。説明がトートロジー的な色彩を帯びるのはそのためであろう。

　一方，第2の点，すなわち，毀棄・隠匿罪と領得罪を区別するために不法領得の意思を要求する必要があるかという点については，毀棄・隠匿の目的で他人の物を奪う行為を領得罪と評価すべきかどうかという前提問題に関する価値判断によって立場が分かれるといってよいであろう。この点に関する最高裁判例の立場は明確であり，毀棄・隠匿の目的で他人の物を奪う行為は領得罪を構成しないという考え方で一貫している（前出判例①，⑤，⑦）。領得罪と毀棄罪では，他人の財物に対する法益侵害性には差がないにもかかわらず，領得罪の方がはるかに重く処罰される。その理由について，利用意思必要説の論者から，領得罪は多くの人にとって誘惑的な犯罪であり，だからこそ毀棄隠匿目的の場合よりも重く処罰することによって禁圧する必要がある（前田・各論（第4版）199頁）とか，領得罪は，財物が持つ効用を享受する意思に基づく犯行であり，単なる占有奪取の意思を越えた，より強力な動機に基づいて行われる犯行であるから，責任が重い（山口・各論（第2版）203頁）とかいった説明がされているが，これらの説明は判例の立場を支持する理由として十分に説得的なもののように思われる。一方，毀棄・隠匿の目的であっても他人の物の占有を奪った以上は領得罪が成立するという立場をとると，例えば，他人の物を破壊する目的で，反抗を抑圧するに足りる脅迫を加えてその物を交付させると，その場で直ちに破壊した場合であっても，強盗罪（法定刑は5年以上の有期懲役）が成立することになってしまう。交付を受けずに破壊した場合には脅迫罪（法定刑は2年以下の懲役又は30万円以下の罰金）と器物損壊罪（法定刑は3年以下の懲役又は30万円以下の罰金若しくは科料）が成立するにとどまるが，交付させた上で直ちに破壊した場合と，交付を受けずに破壊した場合とで，適条にこれほどの差が生じる理由を合理的に説明するのは困難なように思われる。

　毀棄・隠匿の目的で他人の物の占有を奪う行為は領得罪に該当しないと考えるのであれば，毀棄・隠匿罪と領得罪を区別するメルクマールとして，不法領得の意思（利用意思）を要求せざるを得ないように思われる。客観面だけでは，毀棄・隠匿の目的で他人の物の占有を奪う行為と領得行為とを区別することは

不可能だからである（前田・各論（第4版）199頁）。もっとも，人の内心を直接把握することは困難であり，奪った物をその本来的用法に従って利用又は処分する意思があったかどうかについても，現実にその物をどう扱ったかという，事後の客観的事実から推認する過程をとらざるを得ない。この点は，第1の点，すなわち，不可罰な一時使用と窃盗罪の区別に関して述べたところと変わらないであろう。

(4) **詐欺罪についても同じように考えてよいか**

不法領得の意思の要否については，ほとんどの教科書が領得罪全般の問題と位置付けつつも，主として窃盗罪の成立要件のところで扱っている。詐欺罪についても窃盗罪の場合と同じように考えてよいかどうかを一応検討しておこう。

この点，「詐欺，恐喝のように行為者と財産の管理者間に，財物の交付行為を基本的に必要とする犯罪類型にあっては，犯罪の成立に関して不法領得の意思を論じる実益はきわめて少ないように思われる……詐欺罪，恐喝罪の成立について不法領得の意思を論じることは，実際的ではないし，むしろ，これらの罪について，暴行，脅迫，欺罔のほかに，さらに，要件として不法領得の意思は必要ではないのではないかとする考え方も導かれてくるものと思われる。」とする見解もある（佐藤道夫「不法領得の意思」刑事裁判実務大系(8)91頁）。

たしかに，詐欺罪の場合には，窃盗罪にはない要素，すなわち人を欺くという要素が入ってくるから，いかに一時使用目的であれ可罰的違法性がないとは言いにくい場合が多いことは事実のように思われる。しかし，欺罔手段を用いた以上，一律に可罰的違法性がないとまで言い切れるだろうか。そのような場合があり得るとすれば，詐欺罪が既遂となる財物交付の時点において，交付後の利用妨害の程度を考慮するために，不法領得の意思（排除意思）を問題とする必要があることは，窃盗罪の場合と何ら変わらないのではなかろうか。

さらに，毀棄・隠匿の目的で他人の物を交付させる行為を詐欺罪と評価すべきかどうかという点については，窃盗罪の場合と別異に解すべき理由は全くないように思われる。

判例・通説が，この問題を領得罪全般の問題としているのは正当なことのように思われる。

9 詐欺罪における不法領得の意思

４ 設問の検討
以上を前提に，設問について具体的に検討しよう。
(1) 甲の意図について
甲は，Aを債務者として，甲がAに対して債権を有する旨の内容虚偽の支払督促を申し立てた上，簡易裁判所からAあてに発送される支払督促正本を共犯者乙に受け取らせることで，支払督促の効力を確定させようとしたというのである。

支払督促は，金銭等の給付を目的とする請求につき，簡易迅速に債務名義を得させることを目的とする制度である。債権者からの申立てを受けた簡易裁判所の書記官は，債務者を審尋しないで支払督促を発する。債務者が，支払督促の正本の送達を受けた日から２週間以内に督促異議の申立てをしないときは，債権者の申立てにより仮執行の宣言が付され，その正本が債権者，債務者双方に送達される。債務者が，仮執行の宣言の付された支払督促の正本の送達を受けた日から２週間以内に督促異議の申立てをしないときは，その支払督促は確定判決と同一の効力を有することとなり，債権者は，仮執行の宣言の付された支払督促の正本に基づき，債務者の財産に対して強制執行をすることができることになる。一方，いずれかの段階で，債務者から適法な督促異議の申立てがあった場合には，支払督促の申立てがあったときに訴えの提起があったものとみなされることになる。

甲は，このような支払督促の制度を悪用して，Aの財産を不正に差し押さえて多額の金員を得ようと考えたというのである。そのためには，Aから督促異議の申立てが出るのを防ぐ必要がある。共犯者乙がAを装って郵便配達員から受け取ることで，適式な送達がなされた外形を整え，支払督促の効力を確定させようとしたというのはこの意味であろう。乙は，甲の指示どおり，A方付近で待ち受け，支払督促正本の送達に来た郵便配達員に対し，Aを名乗り，支払督促正本を受け取った。乙に支払督促正本を受け取らせた甲にとって，支払督促正本を入手すること自体に意味があったのではなく，あくまでも，Aにこれを受け取らせないことにこそ意味があったものと考えられる。本設問の基本になった判例⑦は，被告人（本問の甲）は，当初から叔父（本設問のA）宛ての支払督促正本等を何らかの用途に利用するつもりはなく速やかに廃棄する意図

9 詐欺罪における不法領得の意思

であり、現に共犯者（本設問の乙）から当日中に受け取った支払督促正本は直ちに廃棄しているとの事実関係を前提とするものである。以下の検討もそのような事実関係を前提とすることにしよう。問題は、このような甲の行為を詐欺罪に問えるかどうかである。

(2) 甲の罪責について

前記のとおり、判例は、毀棄・隠匿の目的で他人の物の占有を奪う行為は領得罪を構成しないという考え方で一貫している。この考え方を素直に当てはめれば、本設問の支払督促正本の受領についても、詐欺罪に問うことはできないという結論になるであろう。本設問の基本となった判例⑦も、「郵便配達員を欺いて交付を受けた支払督促正本等について、廃棄するだけで外に何らかの用途に利用、処分する意思がなかった場合には、支払督促正本等に対する不法領得の意思を認めることはできないというべきであり、このことは、郵便配達員からの受領行為を財産的利得を得るための手段の一つとして行ったときでも異ならないと解するのが相当である」と判示して、詐欺罪の成立を否定した。

これに対し、判例⑦の1審及び控訴審は、設問のような場合には、不法領得の意思を認めることができるとして、詐欺罪の成立を肯定していた（1審判決及び控訴審判決の評釈として、浦田啓一「支払督促正本に対する財物詐欺が認められた事例」研修676号15頁が、また、1審判決の評釈として、松宮孝明「詐欺罪における不法領得の意思について」立命館法学292号304頁がある）。

すなわち、1審は、「財物は、一般的には、その存在ないし利用に価値があるから、騙取した財物を廃棄するつもりであったときには、『その経済的ないし本来的用法に従いこれを利用もしくは処分する』意思がなく、不法領得の意思を欠くことになると考えられる。しかし、ある種の財物（例えば、約束手形や借用証書）は、その不存在ないし利用を妨げることが、そのまま特定の者（上記の例では、約束手形の振出人や消費貸借の借主）の経済的利益等につながることがあるから、その不存在ないし利用を妨げることがそのまま特定の者の利益になる財物については、その特定の者が廃棄するつもりでその財物を騙取したとしても、その特定の者については、その財物を廃棄することが『その経済的ないし本来的用法に従いこれを利用もしくは処分する』ことになると解するべきであり、やはり不法領得の意思を認めるのが相当である。……被告

9 詐欺罪における不法領得の意思

人らは、本件支払督促正本等を郵便配達員から騙し取り、正当な受領者である債務者のAに送達されないようにして、その利用を妨げることにより、被告人において、本件支払督促に係る仮執行宣言付支払督促正本に基づきAの財産を差し押さえることが可能な経済的利益を不正に得ようとしたものであるから、騙取した本件支払督促正本等については廃棄するつもりであったとしても、被告人らにとっては、それが『その経済的ないし本来的用法に従いこれを利用もしくは処分する』意思にほかならないということができる。」と説明している。

また、控訴審は、「不法領得の意思とは、その財物の経済的ないし本来的用法に従いこれを利用もしくは処分する意思であって、その財物を毀棄・隠匿をするかどうかと、不法領得の意思があるかどうかは直接に論理的な関係にあるわけではない。財物を最終的に毀棄・隠匿する場合であっても、財物を騙し取ることが財物を積極的に経済的ないし本来的用法に従って利用して処分する目的に基づくものであることは十分にありうる。被告人らは、この支払督促手続を不正に利用して債務者とされた叔父の財産を差し押さえるために、郵便配達員から支払督促正本等を債務者本人を装って騙し取って、支払督促の効力を生じさせるとともに、債務者から督促異議申立ての機会を奪いながら、仮執行宣言を付すための期間の計算を開始させ、仮執行宣言により強制執行力を得、仮執行宣言を付すための期間の計算を開始させるなど、権利義務に関する法律文書である支払督促正本等の本来の法的、経済的効用を発現させようとしていたのであるから、被告人が債務者本人を装って郵便配達員から支払督促正本等を騙し取ったのは、その財物の経済的ないし本来的用法に従いこれを利用もしくは処分するという積極的な利用・処分目的に基づくものといえる。」と説明している。

しかしながら、判例が「経済的ないし本来的用法に従いこれを利用もしくは処分する意思」を要求している、その実質的理由が、毀棄・隠匿罪と領得罪の成立範囲を区別することにあるとみられることは、既述のとおりである。そうだとすれば、財物を毀棄・隠匿するつもりで騙取した場合であっても、「経済的ないし本来的用法に従いこれを利用もしくは処分する意思」があり得るということは、その時点で、判例の考え方と相容れないことになろう。

また、甲が財産的利益を得るために必要なことは、支払督促の効力を生じさ

せ，債務名義を得ることであって，Aに送達された支払督促正本を入手して，これ自体を利用・処分することではない。甲としては，支払督促の効力を生じさせるとともに，債務者から督促異議申立ての機会を奪うために，乙をして支払督促正本を受領させたにとどまるのであり，支払督促正本という財物自体が持つ効用を享受しようとしたわけではないのである。このような場合であってもなお「経済的ないし本来的用法に従いこれを利用もしくは処分する意思」があったということは，刑法における「財物」の定義を不明確にすることにつながり，罪刑法定主義の見地から相当でないように思われる。

　結論として，乙にA宛て支払督促正本を受領させた甲の行為を詐欺罪に問うことはできないと考える。

【伊藤　雅人】

10 不良貸付け等と横領・背任罪の成否

次の場合，甲，乙の罪責はどうか。

〔1〕 A信用保証協会は，支所長の決裁限度額を3000万円とし，融資の保証に際しては，抵当権を設定させると定めていた。ところが，B支所長の甲は，企業者Cが多額の負債を抱えて倒産の危機が迫っている状況にあることを知りながら，A協会の協会長Dに対する稟議資料に内容虚偽の記載をし，抵当権を設定させないで5000万円の保証書を交付して，Cの借受金債務についてA協会に5000万円の保証債務を負担させた。Cの借受金債務はいまだ不履行の段階に至っていない。

〔2〕 社団法人E森林組合の組合長である乙は，法の規定により，政府から組合に対し，組合員に造林資金として転貸交付する目的で貸与され，この転貸資金以外の他のどのような用途にも流用支出することのできない金員を，F町の諸経費支払資金に充てるため，F町に貸し付けた。なお，上記金員は組合の所有に属し，上記貸付けは組合名義で処理されている。

1 はじめに——本問の狙い

本問の基になっている判例は，問〔1〕のそれが最決昭58・5・24刑集37巻4号437頁であり，問〔2〕のそれが最判昭34・2・13刑集13巻2号101頁である。本問は，いわゆる不良（不当）貸付け等をめぐるこれらの判例の読み方を通して，背任罪の要件，とりわけ背任と横領との区分けについての理解を深めようとするものである。

2 問〔1〕について

(1) 任務違背について

いわゆる不良（不当）貸付け，すなわち金融機関の長などによる資力の乏しい者に対する十分な担保を徴求しないでなされる（あるいは貸付けに係る法令，内規等に違反してなされる）貸付けは，背任の典型事例とされる。

10　不良貸付け等と横領・背任罪の成否

　刑法247条の背任罪は，「他人のためにその事務を処理する者が，」(「主体」の要件である)「自己若しくは第三者の利益を図り又は本人に損害を加える目的で，」(故意を含め，主観の要件である。本問ではこの点は取り上げない)「その任務に背く行為をし，」(「行為」の要件である)「本人に財産上の損害を加えたとき」(「結果」の要件である)に成立するものとされる(株式会社の取締役等による同様の行為については，いわゆる特別背任罪が規定されている。会社法960条等参照)。金融機関の長などは，他人＝本人＝金融機関等のためにその貸付け等の事務を処理する者に当たるところ，このような者は，「その債権の保全のため，元利金の回収不能という事態の生じないよう，被融資者の財務状況，経営手腕，人格，貸付金の使途等の諸事情を調査し，安全性等を確認して貸付を決定し，特別の場合を除き確実な担保を徴して貸付を実行すべき任務を有するのであり，これを怠って本人(金融機関)に財産上の損害を生ぜしめた場合には，背任罪の成立が問題となるのである。」(的場純男「貸付業務と背任罪」経営刑事法Ⅰ142頁(商事法務研究会，1986))というわけである(財産上の損害の発生については，後記②(2)で検討する。なお，後記②(2)の後掲最決昭38・3・28刑集17巻2号166頁の第1審判決は，罪となるべき事実として，「被告人KはS県労働金庫に専務理事として勤務し，同金庫の業務に関し理事長を補佐して同金庫一切の事務を処理し特に金員の貸付，管理の業務に従事していたもの，……〔筆者注：その余の被告人2名は，同金庫の常務理事と業務課長であった〕……であるが，第一，労働金庫法，S県労働金庫定款，同金庫の業務方法書及び貸出規程によれば同金庫の貸金の貸付は労働組合並びにその構成員等の会員に限る定めがある上，会員であっても必要な担保を徴し，正規の手続を経て貸付けなければならない定めがあり，被告人等はこれらの定めに従う義務があるのにかかわらず，一，被告人等3名は共謀の上，右任務に背き別紙犯罪表第一記載のとおり，昭和32年10月7日より同34年6月25日迄の間，同金庫において，同金庫の会員でないM及びY鉱業株式会社外2会社より金融の懇請を受け……右各会社等がいずれも資力に乏しく，これに貸付けるときは確実な担保を徴しない限りその回収が困難となり同金庫に財産上の損害を及ぼすかも知れないことを認識しながら，敢えて右懇請を容れ，右各会社等の利益を図る目的をもって，右各会社等に対し確実な担保を徴しないで，継続して同金庫所有の金合計4,250万2,118円を貸付け，その回収を極度に困難な状態に陥らせて同金庫に同額の損害を与

え，……」等の事実を認定している（刑集17巻2号173頁以下。控訴審判決は，この第1審判決を破棄したが，量刑不当を理由とするものであり―自判―，上記最高裁決定は，この控訴審判決に対する被告人らの上告を棄却した））。

ところで，任務違背とは，「本人からの信任委託の趣旨に反する行為である」「信任委託の趣旨に反するか否かは，個々の事務の内容，事務処理者の地位や権限，当該行為当時の状況等に照らし，当該事務の処理者として，期待されていた行為の範囲を逸脱しているか否かの観点から，具体的に判断される」（条解刑法（第2版）740頁）とされる（裁判例コメ刑法第3巻344頁〔山崎学〕，大コメ刑法第13巻（第2版）184頁以下〔日比幹夫〕，注釈刑法(6)286頁―287頁〔内藤謙〕同旨）。

そこで，問〔1〕を見ると，A信用保証協会のB支所長甲による企業者Cの借受金債務の保証が問題となっており，その保証は，内規に違反するなどし，資力の乏しい者に対する担保を徴しないでのものであったというのである（保証もまた，信用を供与するものというべく，主たる債務者（問〔1〕でいえば企業者C）が借受金債務を履行しないときは，本人（同じくA信用保証協会）はそれを履行しなければならないわけであり，本人に財産上の損害を加えることになるという点で，貸付けと同様の問題状況にあるということができる（貸付けの場合には，貸金が回収できないという形で，保証の場合には，保証債務を履行し，求償金が回収できないという形で，それぞれ本人に損害が生ずるわけである））。

信用保証協会とは，信用保証協会法に基づいて設立される法人で，「中小企業等が銀行その他の金融機関から資金の貸付又は手形の割引を受けること等により金融機関に対して負担する債務の保証」等の業務等を行うものであり（信用保証協会法20条参照），保証の一般的な仕組みは，「①金融機関から融資を受けたい中小企業者（債務者）が信用保証協会に対し信用保証の委託の申込みをする。②これに基き，信用保証協会は，当該中小企業者の信用調査をし，その経営実態，発展性等を把握した上，政策的考慮も加味して保証すべきか否かを決定する。（一定額までは，常勤役員（会長，副会長，専務理事，常務理事），職員（部長，支所長）が，それぞれの専決限度額の範囲内で専決し，それ以上のものについては理事会又は審査委員会の審議を経るのが一般である。）③信用保証協会は，保証をすることに決すると，信用保証書を発行する。信用保証書が金融機関に

交付されることにより，金融機関と信用保証協会との間に保証契約が成立したことになる。④そこで金融機関は当該中小企業者に貸付けを実施する。⑤当該中小企業者が履行期に債務を履行しない場合には，金融機関は一定期間後に信用保証協会に保証債務の履行すなわち代位弁済を請求し，信用保証協会は当該中小企業者に代って金融機関に代位弁済する。⑥信用保証協会は，右代位弁済に対し，中小企業信用保険公庫から一定割合（70〜80％）の保険金の支払いを受ける……。⑦代位弁済をした信用保証協会は，金融機関に代位して当該中小企業者に対し求償権を行使する。（ただし，その行使は，当該中小企業者を倒産させないよう，話し合いにより長期的に行われる）。⑧信用保証協会は，当該中小企業者から回収できた場合には，その一定額を中小企業信用保険公庫に納付する。」（森岡茂・判解刑昭58年度120頁（注一）—前記**1**の前掲最決昭58・5・24の判例解説である）とされる。

　そうすると，信用保証協会の保証事務担当の役職員としては，むやみに保証をしてはならないということになりそうである。もっとも，信用保証協会法1条が「この法律は，中小企業等が銀行その他の金融機関から貸付等を受けるについてその貸付金等の債務を保証することを主たる業務とする信用保証協会の制度を確立し，もって中小企業者等に対する金融の円滑化を図ることを目的とする。」と規定しているところからもうかがわれるとおり，信用保証協会の保証は，営利企業のそれと異なり，リスクのある案件が含まれることもやむを得ないのではないか，そうすると，資力の乏しい者について保証をしたからといって，必ずしも任務違背にならないのではないかという疑問も生じないではない。問〔1〕の基になっている前記**1**の前掲最決昭58・5・24の上告趣意は，その点を突いてきた（同決定は，その上告趣意をもって，「㈡　信用保証協会は，元来，経営に行きづまったり資産が不足している担保力の弱い中小企業に対する援助機関であって，当該企業が単に破産に陥る危険があるという理由でこれを放置することはできないから，同協会にそのような企業の債務を保証させたからといって，同協会の業務担当者が背任行為をしたとはいえない。」とまとめている）。

　前記**1**の前掲最決昭58・5・24は，この上告趣意に答えて，「㈡　また，信用保証協会の行う債務保証が，常態においても同協会に前記の意味の損害〔筆者注：後記**2**(2)で指摘する判示にいう損害を指す〕を生じさせる場合の少なくない

ことは，同協会の行う業務の性質上免れ難いところであるとしても，同協会の負担しうる実損には資金上限度があり，倒産の蓋然性の高い企業からの保証申込をすべて認容しなければならないものではなく，同協会の役職員は，保証業務を行うにあたり，同協会の実損を必要最小限度に止めるべく，保証申込者の信用調査，資金使途調査等の確実を期するとともに，内規により役職に応じて定められた保証決定をなしうる限度額を遵守すべき任務があるものというべきである。本件においては，信用保証協会の支所長であった被告人が，企業者の債務につき保証業務を行うにあたり，原判示の如く，同企業者の資金使途が倒産を一時糊塗するためのものにすぎないことを知りながら，しかも，支所長に委任された限度額を超えて右企業者に対する債務保証を専決し，あるいは協会長に対する稟議資料に不実の記載をし，保証条件として抵当権を設定させるべき旨の協会長の指示に反して抵当権を設定させないで保証書を交付するなどして，同協会をして保証債務を負担させたというのであるから，被告人はその任務に背いた行為をし同協会に財産上の損害を加えたものというべきである。」と判示した。

　確かに，信用保証協会の行う債務保証が協会に損害を生じさせる場合が少なくないことは，その業務の性質上免れ難いけれども，「協会の負担しうる実損には資金上限度があり，倒産の蓋然性の高い企業からの保証申込をすべて認容しなければならないものではな」いのであって，「協会の役職員は，保証業務を行うにあたり，同協会の実損を必要最小限度に止めるべく，保証申込者の信用調査，資金使途調査等の確実を期するとともに，内規により役職に応じて定められた保証決定をなしうる限度額を遵守すべき任務がある」というわけである。そして，具体的な事案について，資金使途は，相手方企業者の倒産を一時糊塗するためのものにすぎなかったというのであり（前記2(1)の森岡・前掲121頁（注二）によれば，相手方企業者は，「約1億5,000万円の負債を抱え，一部の卸元からは取引を停止されたり，現金取引を強制されたりし，手形決済資金の入手は，専ら，他人の名義を借りた協会保証による借入れに頼らざるを得ない状況にあった。連帯保証人も形式的に名義を貸しているだけで，当初から弁済の意思がなく，その資力も十分ではなかった。」という状態にあったという），支所長に認められた専決の限度額を超えており，しかも，協会長に対するりん議書に不実の記載をし，

抵当権設定という協会長の保証条件に係る指示に違反したものであることを指摘して，その任務違背性を認めたわけである。

　先に述べたとおり，任務違背になるかどうかは個別的，具体的に判断されるのであって，例えば，貸付けに係る内規に違反すれば直ちに任務違背となるというものでもない（前記❷(1)の大コメ刑法第13巻（第2版）185頁〔日比〕参照）。しかし，信用保証協会の保証にあっては，元々リスクのある場合があるのであるから，貸付けの手続が営利企業の場合に比してより重視されるという関係にあるとも考えられよう（前記❶の前掲最決昭58・5・24の団藤重光裁判官の補足意見㈡，同谷口正孝裁判官の補足意見㈡参照。なお，最決平21・11・9刑集63巻9号1117頁は，商法（平成9年法律第107号による改正前のもの）486条1項の特別背任罪について，「銀行の取締役は，融資業務の実施に当たっては，元利金の回収不能という事態が生じないよう，債権保全のため，融資先の経営状況，資産状態等を調査し，その安全性を確認して貸付を決定し，原則として確実な担保を徴求する等，相当の措置をとるべき義務を有する。例外的に，実質倒産状態にある企業に対する支援策として無担保又は不十分な担保で追加融資をして再建又は整理を目指すこと等があり得るにしても，これが適法とされるためには客観性を持った再建・整理計画とこれを確実に実行する銀行本体の強い経営体質を必要とするなど，その融資判断が合理性のあるものでなければならず，手続的には銀行内での明確な計画の策定とその正式な承認を欠かせない。」と判示した）。

　問〔1〕は，前記❶の前掲最決昭58・5・24の事案と同様の状況をいうものであり，任務違背性は積極と考えることになろう（故意や目的の点も（少なくとも第三者たる企業者Cの利益を図る目的があったことになろう），特に問題はなかろう）。

(2) 財産上の損害について

　次の問題は，「Cの借受金債務はいまだ不履行の段階に至っていない。」という点についてである。すなわち，前記❷(1)のとおり，保証の場合には，主たる債務者（問〔1〕でいえば企業者C）が借受金債務を履行しないときに，本人（同じくA信用保証協会）がそれを履行し，求償金が回収できないという形で，最終的には本人に損害が生ずるところ，いまだ借受金債務が不履行の段階に至っていない時点では，本人に損害が生じたとはいえず，少なくとも背任罪は既

111

遂に至っていないのではないかという疑問が生ずるというわけである。問〔1〕の基になっている前記①の前掲最決昭58・5・24の上告趣意も，その点を突いてきた（同決定の原判決は，信用保証協会に保証債務を負担させて財産上の損害を加えたとの事実を認定し，これを背任既遂に該当するとしたところ，同決定は，上記上告趣意をもって，「㈠　信用保証協会が金融機関に対し保証債務を負担することが，直ちに同協会に損害を生じさせるとはいえないから，被告人の行為により同協会が保証債務を負担したときに背任罪が既遂になるとした原判断は誤りである。」とまとめている）。

　前記①の前掲最決昭58・5・24は，この上告趣意に答えて，「㈠　刑法247条にいう『本人ニ財産上ノ損害ヲ加ヘタルトキ』とは，経済的見地において本人の財産状態を評価し，被告人の行為によって，本人の財産の価値が減少したとき又は増加すべかりし価値が増加しなかったときをいうと解すべきであるところ，被告人が本件事実関係のもとで同協会をしてKの債務を保証させたときは，同人の債務がいまだ不履行の段階に至らず，したがって同協会の財産に，代位弁済による現実の損失がいまだ生じていないとしても，経済的見地においては，同協会の財産的価値は減少したものと評価されるから，右は同条にいう『本人ニ財産上ノ損害ヲ加ヘタルトキ』にあたるというべきである。」と判示した。

　保証債務を負ったとしても，いまだ主たる債務者の債務が不履行の段階に至っていない以上（更にいえば，たとえ，主たる債務者が債務を履行せず，本人がそれを履行したとしても，その見返りに求償金債権を取得する以上），特に本人に損害が生ずるとはいえないようにも見えるけれども，「経済的見地において本人の財産状態を評価」するわけであるから，「本件事実関係のもとで」は，すなわち，本件融資に係る「同企業者の資金使途が倒産を一時糊塗するためのものにすぎ」ず，「抵当権を設定させない」という状況（前記②(1)の前記①の前掲最決昭58・5・24の判示㈡参照）の下では，保証債務を負担すれば，結局，債務を履行させられ，求償も奏効しないこととなる蓋然性が極めて高いという状況にあったというほかはないから，経済的見地において見れば，保証債務負担の時点で既に，本人の財産状態は悪化し，財産的価値は減少したこととなり，その時点で「本人に財産上の損害を加えた」といえる，すなわち既遂をもって問擬できるというわけである。問〔1〕の場合も同様ということになろう。

ところで,「本人に財産上の損害を加えた」の要件については, 前記❶の前掲最決昭58・5・24以前の判例では,「実害発生の危険を生じさせた場合をも包含する」といった判示がなされていたが（最判昭37・2・13刑集16巻2号68頁は,「背任罪における財産上の損害を加えたるときとは, 財産上の実害を発生させた場合だけではなく, 財産上の実害発生の危険を生じさせた場合をも包含するものである」と, 最決昭38・3・28刑集17巻2号166頁は,「刑法247条にいう『財産上ノ損害ヲ加ヘタルトキ』とは, 財産上の実害を発生させた場合のみでなく, 実害発生の危険を生じさせた場合をも包含するものと解するを相当とする。」とそれぞれ判示していた), 前記❶の前掲最決昭58・5・24については,「背任罪における『財産上の損害』の意義につき, 通説・判例の立場である経済説に立つことを明らかにし, 同時に, 従来の判例の表現上の問題点を修正したものである」（前記❷(1)の森岡・前掲119頁）などとされている（併せて, 前記❶の前掲最決昭58・5・24の団藤裁判官の補足意見㈠, 同谷口裁判官の補足意見㈠参照）。もっとも, 前記❶の前掲最決昭58・5・24のこの点に係る判示が従来の判例のそれを全面的に置き換えたものというべきかについては, 疑問の余地なしとしない（前記❷(2)の前掲最判昭37・2・13は, 上記判示に続けて,「本件第一審判決が, その判示第二事実において判示するがごとき協会所有の定期預金債権証書につき質権を設定し, これを債権者に交付するときは, その行為が協会の業務の範囲外であって, 法律上無効であるとしても, 協会をして定期預金債権の回収を不能ならしめる危険があるから, 財産上の損害がないものということはできない。」と判示しており, この事案にあっては（この関係で, 同じく背任罪の成立について積極に判断した原判決は,「本件関係質権者は既に本件消費貸借に基く債権と, 協会の該質権者たる金融機関に対する定期預金債権とを対当額において相殺をしており, 又質権者中にはその質権の目的たる定期預金債権の取り立てをなし, これを自己の債権に充当したもののあることが認められ, 協会は既に現実に損害を受けていることが明らかである。」と判示した）,「財産上の実害発生の危険を生じさせた場合をも包含する」との判示が適当であったとも思われ, また, 前記❷(2)の前掲最決昭38・3・28の上記判示は,「貸付を受ける者が単に資力に乏しいということだけから, 又担保を徴求しなかったということだけから, ……当該各債権の価値減少を一率に貸付金の全額について貸付と同時に認定してしまうことは必ずしも妥当とは謂えない。……何となれば, これ等の場合に, 当該債

権の価値減少は認められるとしても、その債権の価値がすべて零になっているとは到底考えられぬからである。」との上告趣意に答えたもので、「実害発生の危険を生じさせた場合をも包含する」との判示が適当であったと考えられる（川添万夫・判解刑昭38年度25頁―同決定の判例解説である―は、同決定の判示の意味について、「不良貸出にも自ら程度の差があり、これによって取得する消費貸借契約上の債権の回収が、ほとんど不可能な場合も、見込なきにあらざる場合もあるであろう。本件における如く、一小部分に止まるけれども、現実に回収のなされている場合もある。したがって、任務に違背し、弁済の見込不十分な者に、確実な担保を徴することなく貸付けた場合であっても、直ちに、貸付元本額相当の実害（経済的見地における実際の損害）を本人に与えたものとはいいがたい。取得した債権の経済的価値が果して零であるかどうかは、後日になってみなければ正確には判明せず、これを無視して実害を論ずることはできない。しかしながら、借主に相当の資産信用なき限り、貸付の際において、すでに、貸付元本の全額が回収されないかも知れないという危険が存在しているのであって、本決定は、右の如き実害発生の危険も、被告人の任務違背の責任を問う上においては、これを損害と同視することが適当であり、したがって刑法247条にいう『財産上の損害』に含まれる点を明らかにした趣旨に解される。」とする）。なお、「財産上の損害」について判示した近時の最高裁の判断として、最決平8・2・6刑集50巻2号129頁がある（「甲銀行から当座貸越契約に基づき融資を受けていた乙会社が、手形を振り出しても自ら決済する能力を欠く状態になっていたのに、乙会社の代表者である被告人が、甲銀行の支店長と共謀の上、乙会社振出しの約束手形に甲銀行をして手形保証をさせた場合において、右保証と引換えに、額面金額と同額の資金が乙会社名義の甲銀行預金口座に入金され、甲銀行に対する当座貸越債務の弁済に充てられているとしても、右入金が、被告人と右支店長との間の事前の合意に基づき、一時的に右貸越残高を減少させ、乙会社に債務の弁済能力があることを示す外観を作り出して、甲銀行をして更に乙会社への融資を行わせることなどを目的として行われたものであるなど判示の事実関係の下においては、甲銀行が手形保証債務を負担したことは、刑法……247条にいう『財産上ノ損害』に当たる。」〈決定要旨〉））。

なお、「財産上の損害」を判例のようにすると、未遂罪（刑250条）の成立する範囲が小さくなろうが、背任未遂罪の成立を認めた事例として、大判昭7・

10・31刑集11巻11号1541頁がある（この判例は，「甲ヵ電話加入権ノ名義人ヨリ贈与ヲ受ケタル乙ノ為ニ其ノ名義書替ヲ為スヘキ任務ヲ有スルニ拘ラス之ヲ更ニ元ノ名義人ヨリ丙ニ売却セシメ丙ノ為ニ名義変更請求書ヲ所轄郵便局ニ提出シタルモ未タ其ノ名義書替ヲ了スルニ至ラサルトキハ刑法第247条ノ既遂罪ヲ構成スルモノニ非ス」〈判決要旨〉としたものである）。

結局，問〔1〕については，甲につき背任罪が成立するということになろう。

③ 問〔2〕について
(1) 最判昭34・2・13刑集13巻2号101頁の判示

問〔2〕の基となっている前記①の前掲最判昭34・2・13の事案では，森林組合の組合長らが（組合長とともに常務理事も起訴されていた），共謀の上，問〔2〕と同様，保管に係る政府貸付金175万円のうち43万円を町に貸与したこと（公訴事実第一の(一)）のほか，この175万円のうち40万余円を被告人両名共同のカラ松球果採取事業資金として借り受けていた元利金返済に充てたこと（公訴事実第一の(二)）も業務上横領罪に問われていた（さらに，組合長が，組合員に交付すべき保管に係る春期造林補助金の一部を自己の用途に費消したこと（公訴事実第二）も業務上横領罪に問われていた）。控訴審判決は，全ての事実について業務上横領罪として有罪としたところ（公訴事実第一の(一)，(二)→控訴審判決認定事実第一の(一)，(二)，公訴事実第二→同第二。なお，第1審判決は，全ての事実について無罪としていた），上告趣意は，種々主張して，全ての事実について業務上横領罪の成立を認めることにつき法令解釈の誤り等を主張するなどした。このうち，上記43万円と40万余円に係る事実について業務上横領罪が成立するとすることを論難する上告趣意に対し，前記①の前掲最判昭34・2・13の多数意見は，次のとおり答えて，同罪の成立につき積極の判断を示した（おって，同判決は，控訴審判決認定事実第二につき控訴審の手続には刑訴法400条ただし書違反の違法があるとして，控訴審判決中組合長に関する部分を破棄した）。すなわち，

「農林漁業資金融通法（昭和26年法律105号，同年4月1日施行，同27年法律355号農林漁業金融公庫法附則8項1号により廃止）による政府貸付金は，これを貸付の目的以外の目的に使用してはならないが，貸付金の使途の規正に反する行為に対しては何ら罰則の定がなく，同法による政府貸付金は消費貸借に

よる貸付金として貸付を受けた自然人若しくは法人の所有に帰し、これを貸付の目的以外の目的に使用した場合そのこと自体は、貸主たる政府に対する関係において単なる貸付条件違反として一時償還を生ずるに止まり、直ちに横領罪が成立するものでないことは、正に所論のとおりであり、この理は借受人が自然人であると法人であるとにより何ら差異はない（同法3条4項2号、4条1項参照）。」「そして右政府貸付金は、自然人に対して貸し付けられる場合とその自然人が組織する法人に対して貸し付けられる場合とあり（同法2条参照）、いずれの場合にもその使途が規正されていること前叙の如くであって、後者の場合該貸付金は政府と法人との消費貸借の当然の結果として一旦は法人の所有に帰するが、必ず予定転借人である自然人に転貸することを要し、事業の進捗状態に応じ速やかに転貸交付するか、直ちに転貸しないときは転貸資金として受託機関（例えば、農林中央金庫、地方銀行）に預託し、法人の通常の収入、資金とは別途に保管すべきもので、一定の手続さえ履践すれば転貸資金以外の用途に流用支出することができるものと異なり、保管方法と使途が限定され、転貸資金以外他のいかなる用途にも絶対流用支出することができない性質の金員であること、本件の場合判示B町森林組合は旧森林法（明治40年法律43号）により設立された同町区域内の森林所有者の組織する営利を目的としない社団法人であって、被告人Fは当時組合長として組合の業務一切を掌理し、同Hは当時組合常務理事として組合長を補佐し組合の業務を執行していたこと、本件政府貸付金175万円は、政府が農林漁業資金融通法により右組合の組合員のうち造林事業を営む者に交付するため、右組合に対し貸付決定したもので同法4条1項により造林資金以外の用途に使用することのできない金員であること、被告人らは右組合の業務執行機関として組合のためその委託に基き業務上これを保管する責に任じていたことは、いずれも原判決挙示の証拠により十分に認められ、この点の原審認定に誤りはない。」「とすれば、たとえ右貸付金175万円が一旦は組合の所有に帰したとしても、組合の業務執行機関として組合のためその委託に基きこれが保管の責に任じていた被告人らが、これを使途の規正に反し貸付の目的以外の目的に使用したときは、借主たる組合自体と貸主たる政府との外部関係において貸付条件違反として一時償還の問題を生ずるのは勿論のこと、更にこれとは別個に、金員保管の委託を受けている被告人らと委託

者本人である組合との内部関係においては、金員流用の目的、方法等その処分行為の態様如何により業務上横領罪の成否を論ずる余地のあることは当然といわなければならない。」「ところで原審の確定した事実によれば、判示第一の㈠のＢ町に対する貸付は年末に際し諸経費の支払資金に窮していた同町からの要請に基き専ら同町の利益を図るためになされたものであって、組合の利益のためにする資金保管の一方法とは到底認め難く、又同㈡のカラ松球果採取事業は被告人らの経営する個人事業であって同事業のための借入金元利返済に充てられた本件40万円余りは専ら被告人ら個人の利益を図るために使用されたものと認めるの外なく、しかも右㈠、㈡の各支出は組合役員会の決議の趣旨にも反し、組合本来の目的を逸脱し、たとえ監事Ｍの承認を経ているとはいえ、この承認は監事の権限外行為に属し、これあるがため被告人らの右各支出行為が組合の業務執行機関としての正当権限に基く行為であると解すべきものでないことは原判示のとおりであり、結局原判示第一の㈠、㈡の各支出行為は、被告人らが委託の任務に背き、業務上保管する組合所有の金員につき、組合本来の目的に反し、役員会の決議を無視し、何ら正当権限に基かず、ほしいままに被告人ら個人の計算において、Ｂ町及び被告人ら個人の利益を図ってなしたものと認むべきである。」「されば、たとえ被告人らが組合の業務執行機関であり、本件第一の㈠のＢ町に対する貸付が組合名義をもって処理されているとしても、上来説示した金員流用の目的、方法等その処分行為の態様、特に本件貸付のための支出は、かの国若しくは公共団体における財政法規違反の支出行為、金融機関における貸付内規違反の貸付の如き手続違反的な形式的違法行為に止まるものではなくて、保管方法と使途の限定された他人所有の金員につき、その他人の所有権そのものを侵奪する行為に外ならないことにかんがみれば、横領罪の成立に必要な不法領得の意思ありと認めて妨げなく、所論指摘の事由は未だもって横領罪の成立を阻却する理由とはならず、背任罪の成否を論ずる余地も存しない。」「従って、原判決が本件につき業務上横領罪の成立を認めたのは正当であり、論旨引用の諸判例はすべて本件に適切でなく、所論判例違反の主張は採用することができない。」

　以上である（なお、前記❶の前掲最判昭34・2・13には、前記43万円と40万余円に係る事実について業務上横領罪が成立するとすることを論難する上告趣意に対する

河村大助裁判官の少数意見がある。すなわち、「本件森林組合の借入金は消費貸借に基いて政府から交付を受けたものであるから所有権が組合に属することは原判決も認むるところである。唯組合はこれを組合員に転貸すべき義務を負うものではあるが、その義務に違反して、町に一時貸与したとしても、その金員は組合から町に所有権が移転し、すなわち、組合はその金員を失う代りに消費貸借債権を取得するものであって、その間何等被告人等個人の領得乃至処分行為の介在する余地はないのである。……本件組合の財産たる金員を町に貸付けることは組合が組合財産を処分することであって、たとえそれが前記融通法に違反する行為であっても代表者等個人が個人のためにこれを処分するものでないから、その代表者等個人に不法領得の意思を認むる余地は存しないものというべきである。然るに組合から町への貸付であること明らかな本件において唯流用禁止違反の事由があるからといって、卒然として個人を業務上横領罪に問擬するのは、不正領得という財産犯罪の本質を逸脱するものであって、到底これを是認し得ないのである。すなわち、被告人等の行為が他の法定要件を具備する場合背任罪を構成するは格別、業務上横領罪を構成するものではない。従って原判決は横領罪に関する法律の解釈を誤りたるか審理不尽の違法あるものであって、此点の論旨は結局理由があり、被告人両名に対し原判決を破棄するを相当と思料する。」以上である)。

(2) 背任か横領か

前記②(1)のとおり、不良(不当)貸付けは背任の典型事例とされるが、業務上横領罪をもって問擬されることもある(前記①の前掲最判昭34・2・13はまさにそのような事案である)。そこで、このような場合について、背任か横領かをどのように区分けすべきかが古くから議論されてきた。

まず、背任罪と横領罪とがともに成立することがあるのかどうかについては、「判例通説は、横領罪が成立するときは、背任罪は成立しないと解している」(前記②(1)の前掲条解刑法(第2版)745頁)とされる(大判明43・12・16刑録16輯2214頁は、「第247条ノ規定ハ犯罪構成ノ要件トシテ一般的ニ本人ニ財産上ノ損害ヲ加ヘタル事実ヲ要求スルニ反シ第252条ハ自己ノ占有スル他人ノ物ヲ横領シタル特別ナル事実ヲ要求シ而カモ他人ノ物ヲ横領シタル犯人カ他人ノ為メニ其事務ヲ処理スル者タルト否トヲ区別セサルヲ以テ他人ノ物ヲ占有スル者カ其物ヲ横領シタル場合ニ付キテハ刑法第252条ヲ適用シ刑法第247条ハ他人ノ事務ヲ処理スル者カ自己ノ占

10 不良貸付け等と横領・背任罪の成否

有スル他人ノ物ヲ横領シタル場合ヲ除キ其他ノ方法ヲ以テ本人ニ財産上ノ損害ヲ加ヘタル総テノ場合ニ適用スヘキ規定ヲ包含スルモノト解釈セサルヘカラス」と，大判大12・2・13刑集2巻1号60頁は，「被告人ノ行為カ既ニ業務上横領罪ニ該当スル以上ハ受託者タル被告人カ委任者ノ為ニ其ノ事務ヲ処理スルニ付背任的行為アリトスルモ右ハ当然横領罪ノ観念中ニ包含セラレ別ニ背任罪ヲ構成スヘキニ非ス」と，大判大15・10・2刑集5巻10号435頁は，「……其ノ所為刑法第252条第1項ノ横領罪ヲ構成スルモノト謂ハサルヘカラス而シテ横領罪ニハ常ニ背任行為ヲ包容スルカ故ニ右横領行為ノ結果一面ニ於テ背任罪ニ触ルルトスルモ横領罪ノ外背任罪ニ問擬スヘキニ非サルナリ」とそれぞれ判示した。もっとも，大判明43・12・5刑録16輯2135頁は，「被告カ銀行ノ支配人トシテ保管スル繭等ニシテ若シ被告自身ノ所有ニ属セスシテ他人ノ所有ニ属スルモノナランニハ被告カ擅ニ之ヲ取出シテ売却シタル行為ハ刑法第253条ノ横領罪ヲ構成スヘク随テ被告ノ行為ハ一箇ノ行為ニシテ背任罪ト横領罪トノ二箇ノ罪名ニ触ルルモノトシテ同第54条第1項ニ依リ処断セサルヘカラサル場合ナルヘシ」と判示したが，傍論であり（上記判示に続けて，「……ト雖モ本件ノ事実タルヤ被告ハ支配人トシテ自ラ保管スル自己所有ノ繭等ニ関シテ前掲行為ヲ為シタルモノナルヲ以テ……横領罪ヲ構成セサルヤ多弁ヲ要セス」と判示している)，上記背任罪と横領罪との観念的競合をいう判示については，特に判例性はないというべきであろう。なお，大判昭7・12・15刑集11巻21号1858頁は，横領と背任とが競合した珍しい事案である（「甲乙両名カ丙ノ遺言ニ因リ其ノ相続人丁カ成年ニ達スル迄丁ノ相続スヘキ株式保全ノ為信託法ニヨリ譲渡セラレ丙死亡後乙カ甲ヨリ該株券全部ヲ受取リ右信託事務処理中擅ニ之ヲ自己ノ債務ノ担保トシテ債権者ニ差入レタル場合ニハ甲トノ関係ニ於テハ横領罪ト成リ丁トノ関係ニ於テハ背任罪ト成ルモノトス」〈判決要旨〉)。おって，最決昭40・5・27刑集19巻4号396頁は，「第一審判決は……において，農業協同組合の組合長である被告人が組合の当座預金より金員を擅に払出して横領した旨判示するが，右預金の払出は，被告人が先に任務に背いて組合名義をもって振出した所論各約束手形の支払のためであったことは第一審判示及び挙示の証拠によって明らかである。右のごとき事実関係のもとにおいては，先に被告人が約束手形を振出したこと自体が背任罪を構成するものであり，その手形を組合の当座預金から払出して支払った行為もまた右背任罪の一部であって，別に横領罪を構成するものではない。」と判示した)。

10 不良貸付け等と横領・背任罪の成否

そうすると，まず，横領罪の成立を検討すべきことになるが，（業務上）横領罪の構成要件は，「（業務上）自己の占有する他人の物を横領」することであるから，同罪が成立するには，まず，自らが他人の物を占有していると観念できる場合でなければならない。不良（不当）貸付けの場合にあっても，本人の組織形態や行為者の地位，更には，当該貸付けに係る金員がどのようなもので，その保管形態はどのようなものかといった事情いかんによっては，行為者において当該貸付けに係る本人の金員を自ら占有していると観念できる場合がある（前記**1**の前掲最判昭34・2・13がまさにそのような場合である）。また，横領するとは，その物について「不法領得の意思を実現する一切の行為」をいうと解されており（前記**2**(1)の前掲裁判例コメ刑法第3巻415頁〔岩瀬徹〕。最判昭27・10・17裁判集〔刑事〕68号361頁は，「横領罪は自己の占有する他人の物を自己に領得する意思を外部に発現する行為があったときに成立するものである。」と判示した），横領罪における不法領得の意思については，「横領罪の成立に必要な不法領得の意志とは，他人の物の占有者が委託の任務に背いて，その物につき権限がないのに所有者でなければできないような処分をする意志をいうのであって」（最判昭24・3・8刑集3巻3号276頁）と解されている。そして，背任と横領の区分けについては，「判例の立場は，必ずしも一貫しておらず，……種々の態度が見られるが，財物に対する処分行為が自己の計算又は名義で行われた場合は，業務上横領罪，本人の計算・名義で行われた場合は背任罪と解する一連の判例……があり，これが概ね主流である。」（前記**2**(1)の前掲裁判例コメ刑法第3巻352頁〔山崎〕）などとされるのが一般的である。

確かに，判例を見ていくと，本人の計算で行われたかどうかによるとするもの（大判大3・6・13刑録20輯1174頁は，「質商Kノ事務ヲ処理スルIカ被告ト共謀ノ上被告ノ利益ヲ図リ其占有セルK所有ノ金員中ヨリ被告ノ質物ニ対シ普通質取価格ヨリ多額ニ貸出シ又ハ無担保ニテ被告ニ貸出シタルハ本人Kノ計算ニ於テ其業務担当者トシテ為シタルモノニシテ自己ノ計算ニ於テ之ヲ為シタルモノニアラサルトキハ其間横領行為アルコトナク任務ニ背キ本人ニ財産上ノ損害ヲ加ヘタルモノニ外ナラサルヲ以テ背任罪ヲ構成スヘク若シ又之ニ反シテ名ヲ貸借リ其差額又ハ金額ヲ領得スル目的ヲ以テ若クハ単ニ自己ノ計算ニ於テ前示ノ貸出ヲ為シタルモノトスレハ自己ノ占有スル他人所有ノ金員ヲ横領シタルモノナルコト論ヲ竢タサルヲ以テ

横領罪ヲ以テ論セサル可ラス」と，大判昭9・7・19刑集13巻13号983頁は，「原判決ノ認定シタル判示第一事実ハ……被告人Tハ判示N村村長在職中予テ親交アル被告人Sノ懇請ニ因リ同人ノ社長トシテ経営セルA無尽株式会社ノ利益ヲ図リ自己ノ村長トシテ職務上保管セル同村基本財産ヲ同村ノ計算ニ於テ同会社ニ貸与センコトヲ決意シ同村会ノ決議ヲ経スシテ昭和3年10月3日同基本財産中金5,400円ヲ同年11月18日同金424円34銭ヲ被告人Sニ交付シテ其ノ任務ニ背キタル行為ヲ為シ仍テ右N村ニ財産上ノ損害ヲ加ヘ被告人Sハ右行為ニ加功シタル趣旨ニ解スルヲ相当トス従テ原判決第一事実ハ背任罪ノ事実関係ヲ判示シタルモノナリト謂フヲ得ヘシ」とそれぞれ判示した）、あるいは本人の名義で行われたかどうかによるとするもの（大判昭10・7・3刑集14巻11号745頁は，「収入役Tニ於テ村長ノ命令ナク且村ノ名ヲ以テセスシテ擅ニ被告人ノ為ニ其ノ保管ニ係ル村ノ公金ヲ融通シタルモノナルコト疑ナク記録ニ徴スルモ事実誤認ノ疑ナキカ故ニ該所為ハ業務上ノ横領罪ヲ構成シ随テ背任罪構成ノ余地ナキハ明白ナリ蓋町村ノ収入役カ自己若ハ第三者ノ利益ヲ図リ又ハ本人ニ損害ヲ加フル目的ヲ以テ町村長ノ命令ナクシテ町村ノ名ヲ以テ其ノ金員ヲ擅ニ支出シ町村ニ損害ヲ加ヘタルカ如キ場合ニ於テハ背任罪ヲ構成スヘキモ本件ノ如ク被告人カ第一審共同被告人タルK村収入役Tト共謀シ同村ノ名ヲ以テセスシテ被告人ノ利益ニ其ノ保管スル公金ヲ貸与シ該村ニ損害ヲ加ヘタルカ如キ場合ハ背任罪ヲ構成セスシテ横領罪ヲ構成スヘキモノナレハナリ」と判示した）があるけれども，一方，行為者においてそもそもなし得る行為かどうかによるものとしているとも見られる判例があり（大判大元・11・11刑録18輯1366頁は，「被告等村ノ吏員カ其職務上占有セル村有公金ヲ県会議員軍隊其他ノ歓迎費ニ供シタル事実ハ縦令其目的カ私利ヲ営ムニ在ラサリシトスルモ村有公金ヲ以テ支弁スヘカラサル費用ニ支出シタルモノナレハ村ノ為メニ村有公金ヲ費用シタルモノト謂フヘカラス横領罪ヲ構成スルハ当然ナリ」と，大判昭9・12・12刑集13巻22号1717頁は，「町村ノ収入役カ其ノ権限ヲ超越シテ而モ町村ノ為ニ其ノ保管セル公金ヲ費消シ町村ニ損害ヲ生セシメタルトキハ背任罪ヲ構成スヘキモ叙上原判決認定ノ如ク被告人カ収入役ト共謀シ町村ノ公金ヲ町村制上町行政ノ公共事務ニ属セサル町会議員慰労ノ饗応其ノ他ノ費用ニ費消シタル場合ハ自己ノ用途ニ費消シタルモノニ外ナラサルヲ以テ横領罪ヲ構成スルコト論ヲ竢タス」と，前記❸(2)の前掲最判昭24・3・8は，「被告人は居村の農業会長として，村内の各農家が食糧管理法及び同法に基づく命令の定めるところに

よって政府に売渡すべき米穀すなわち供出米を農業会に寄託し政府への売渡を委託したので，右供出米を保管中，米穀と魚粕とを交換するため，右保管米をK消費組合外2者に宛て送付して横領したというのである。農業会は各農家から寄託を受けた供出米については，政府への売渡手続を終った後，政府の指図によって出庫するまでの間は，これを保管する任務を有するのであるから，農業会長がほしいままに他にこれを処分するが如きことは，固より法の許さないところである。そして，……原審の確定した事実自体から被告人に横領罪の成立に必要な不法領得の意志のあったことを知ることができるのである」と，最判昭24・6・29刑集3巻7号1135頁は，「被告人は茨城県眞壁郡K村村農会会長在任中，業務上保管中の国所有の玄米144俵及び茨城県食料営団所有の玄米312俵を，正規の手続を経ないでほしままに之れを特配名義の下に売渡したというのであるから，横領罪を構成することは疑いない。……原判決は『被告人は本来為し得る行為について単に其履行を誤ったものではなくして正規の手続を経て権限を授与されることなくして為すべからざる行為をなしたものである，換言すれば被告人は単に玄米特配の履行手続を誤ったものではなくして玄米特配の外形を借りて実は玄米を個人的に売却したのである』と説示しているが，第二審判決の認定した事実に対する判断としては正当であって」とそれぞれ判示した。なお，伊達秋雄・判解刑昭30年度387頁—最判昭30・12・9刑集9巻13号2627頁（「横領罪における不法領得の意思は必ずしも占有者自己の利益取得を意図することを要しない。」〈判決要旨〉）の判例解説である—は，上記大判大元・11・11，大判昭9・12・12について，「これ等の費用支出は本来一定の手続を履践さえすれば支出し得るものとは異り，町村制上絶対に支出することを許されないものである。かような場合に敢て右費用を支出することの違法性は，単なる手続違反的形式的違法行為ではなく，町村公金の所有権そのものの侵奪行為として高度の違法性を帯有するものであって，それは正に領得罪において要求せられる定型的な違法性を充たすものとみられるのではなかろうか。かような意味で，被告人等がたとえ主観的には所有権者である町村のために支出したとしても又町村名義で支出しても横領罪の刑責を免れないといえるのではなかろうか。」とする），最判昭33・10・10刑集12巻14号3264頁は，「原判決の認容する第一審判決挙示の証拠によれば，判示第一㈠の事実は，被告人等が擅に組合から仮払伝票により支出せしめた金員を預金謝礼金として支払ったものであり，又第一㈡の事実は，融資を受けられる資格の

ある者に貸付けるものの如く手続を偽装し，貸出伝票により支出せしめた金員を被告人等が擅に第三者に高利貸付をしたものであること，即ち前者は仮払伝票により後者は貸出伝票により組合から支出を受けて，被告人等が自由に処分し得る状態に置き，これを被告人等が預金謝礼金として支払いまたは融資希望者に貸付けていたものであることが窺われるから……本件は，所論のように組合の計算においてなされた行為ではなく，被告人等の計算においてなされた行為であると認むるを相当とする。従って原判決が本件につき業務上横領罪の成立を認めたのは正当で」と判示した（上記に判示第一㈠の事実というのは，「信用組合の支店長等が，支店の預金成績の向上を装うため，勧誘に応じた一部預金者に対し，正規の利息のほかに多額の金員を自己の業務上保管する組合の金員中から預金謝礼金名下に勝手に支出交付し」〈判決要旨〉たというものであり，同じく判示第一㈡の事実というのは，「同謝礼金を補塡するため，正規に融資を受ける資格のない者に対し，前同様組合の金員を貸付名下に高利をもって勝手に支出交付した」〈判決要旨〉というものであるところ，原判決は，これらの行為について，「本件のような金員の交付は組合のかたく禁ずるところであり」と判示した。なお，龍岡資久・判解刑昭33年度657頁以下―同最高裁判決の判例解説である―は，「不思議なことには，本件預金謝礼金の交付および貸付が果して何人の名義でなされたのかの点については，何分，直接のはっきりした証拠が乏しく，その名義いかんによっては，……その効果が直接組合に帰属するということ，従ってまた組合の計算においてなされたものではないかという疑問を生じ」るとする）。そして，前記①の前掲最判昭34・2・13があるのであり，これらをも含めて判例の態度を考えなければならない（これら前記③⑵の「一方，行為者においてそもそもなし得る行為かどうかによるものとしているとも見られる判例があり」以下で指摘した一連の判例に批判的な見解として，西田・各論（第5版）260頁，山口・各論（第2版）336頁がある）。

　翻って前記①の前掲最判昭34・2・13を見ると，同判決の多数意見は，農林漁業資金融通法による政府貸付金の性質，保管形態（「該貸付金は政府と法人との消費貸借の当然の結果として一旦は法人の所有に帰するが，必ず予定転借人である自然人に転貸することを要し，事業の進捗状態に応じ速やかに転貸交付するか，直ちに転貸しないときは転貸資金として受託機関（例えば，農林中央金庫，地方銀行）に預託し，法人の通常の収入，資金とは別途に保管すべきもので，一定の手続

さえ履践すれば転貸資金以外の用途に流用支出することができるものと異なり，保管方法と使途が限定され，転貸資金以外他のいかなる用途にも絶対流用支出することができない性質の金員であること」「本件政府貸付金175万円は，政府が農林漁業資金融通法により右組合〔筆者注：『判示Ｂ町森林組合』を指す〕の組合員のうち造林事業を営む者に交付するため，右組合に対し貸付決定したもので同法４条１項により造林資金以外の用途に使用することのできない金員であること」），本人の組織（「判示Ｂ町森林組合は旧森林法……により設立された同町区域内の森林所有者の組織する営利を目的としない社団法人であって」。なお，森林組合は現在では森林組合法に基づいて設立される法人である），行為者の地位（「被告人Ｆは当時組合長として組合の業務一切を掌理し，同Ｈは当時組合常務理事として組合長を補佐し組合の業務を執行していたこと」「被告人らは右組合の業務執行機関として組合のためその委託に基き業務上これ〔筆者注：『本件政府貸付金175万円』を指す〕を保管する責に任じていたこと」）を指摘した上，とすると，同判決で問題となった保管に係る政府貸付金の町への貸与等に係る「各支出行為は，被告人らが委託の任務に背き，業務上保管する組合所有の金員につき，組合本来の目的に反し，役員会の決議を無視し，何ら正当権限に基かず，ほしいままに被告人ら個人の計算において，Ｂ町及び被告人ら個人の利益を図ってなしたものと認むべきである。」として（特に町への貸与については，「Ｂ町に対する貸付が組合名義をもって処理されているとしても」「本件貸付のための支出は，かの国若しくは公共団体における財政法規違反の支出行為，金融機関における貸付内規違反の貸付の如き手続違反的な形式的違法行為に止まるものではなくて，保管方法と使途の限定された他人所有の金員につき，その他人の所有権そのものを侵奪する行為に外ならない」とし，「横領罪の成立に必要な不法領得の意思ありと認め」られるとして），横領罪の成立について積極の判断をしたわけである。

　これを要するに，名義は重視せず，いずれの計算でなされたものかどうかを検討するが，その判断は（行為者においてそもそもそのような行為をすることができるのかどうかという観点から）実質的に行うというものと考えられるのではないか（横領行為をもって不法領得の意思の実現とし，ここに不法領得の意思とは，所有者でなければできないような処分をする意思とする以上，そもそも当該行為者の地位においておよそすることができない行為をした場合には，まさに自らの占有

124

する他人の物の所有権そのものを侵奪する行為をしたということになり，横領罪をもって問擬すべきということになるのであろう（前記❸(2)の伊達・前掲参照）。なお，前記❶の前掲最判昭34・2・13では，同判決で問題となった保管に係る政府貸付金を被告人両名共同のカラ松毬果採取事業資金として借り受けていた元利金返済に充てたことについても，同政府貸付金を町へ貸与したことと同様に論じられているが，このような充当が本人たる森林組合の計算でなされるはずもなく，この点について横領罪が成立することは特に論じるまでもなかったものと思われる（栗田正・判解刑昭34年度40頁—同判決の判例解説である—は，「判示第一事実(2)の処分行為は，被告人らの経営する個人事業のための個人借受金の元利返済に外ならず，専ら被告人ら個人の利益を図る目的をもって行われたという事実関係と認められているのであるから，これこそ定型的な業務上横領罪を構成し，処分にかかる金員—政府貸付金—の性質や組合監事の承認の有無，効力を議論する余地は全く存在しない。」とする））。そうすると，前記❶の前掲最判昭34・2・13は，前記❸(2)の「一方，行為者においてそもそもなし得る行為かどうかによるものとしているとも見られる判例があり」以下で指摘した一連の判例と軌を一にするものということができ，結局，判例の立場は上記「これを要するに」以下で述べたようなものと理解することができるのではないか（前記❶の前掲最判昭34・2・13の河村裁判官の少数意見をもって正当とする見解もあるけれども（前記❷(1)の前掲大コメ刑法第13巻（第2版）224頁〔日比〕），当然のことながら同少数意見は同判例の立場ではない。なお，前田・各論（第4版）339頁は，判例の基準について，「処分の名義が誰かという形式的基準を次第に実質化していく」「自己の計算か否かは，ほしいままに所有権者でしかできないような処分をしたか否かによって決定されるのである」として，本稿と同様の理解を示している。おって，最決平13・11・5刑集55巻6号546頁は，「なお，原判決の上記3の判断のうち，(3)の第1段において述べるところ〔筆者注：「さらに，本件交付が委託者である会社自体であれば行い得る性質のものであったか否かという観点からも検討する必要がある。すなわち，その行為の目的が違法であるなどの理由から，金員の委託者である会社自体でも行い得ない性質のものである場合には，金員の占有者である被告人がこれを行うことは，専ら委託者である会社のためにする行為ということはできない。」を指す。おって，最判昭28・12・25刑集7巻13号2721頁は，「農業協同組合の組合長が，組合の定款に違反し組合の総会および理事会の議

決を経ずに，独断で組合名義をもって貨物自動車営業を経営し，これに組合資金を支出した場合においても，右支出が専ら組合自身のためになされたものと認められるときは，不法領得の意思を欠くものとして業務上横領罪を構成しない。」〈判決要旨〉と判示している〕は，是認することができない。当該行為ないしその目的とするところが違法であるなどの理由から委託者たる会社として行い得ないものであることは，行為者の不法領得の意思を推認させる1つの事情とはなり得る。しかし，行為の客観的性質の問題と行為者の主観の問題は，本来，別異のものであって，たとえ商法その他の法令に違反する行為であっても，行為者の主観において，それを専ら会社のためにするとの意識の下に行うことは，あり得ないことではない。したがって，その行為が商法その他の法令に違反するという一事から，直ちに行為者の不法領得の意思を認めることはできないというべきである。しかし，本件において被告人の不法領得の意思の存在が肯認されるべきことは前記のとおりである」と判示した）。

　結局，問〔2〕については，乙につき業務上横領罪が成立するということになろう。

【山口　裕之】

11 背任罪における図利加害目的

　商社であるA株式会社の代表取締役社長甲は，その任務に違反し，債務超過の状態にあったB株式会社に無担保で多額の融資を実行した。甲は，この融資の返済がなされないかもしれないとの認識はあったものの，B社が企画している事業は成功の見込みがあり，A社も同事業に共同参画することから，同事業の成功によりA社に多額の利益がもたらされるものと考え，その実行に踏み切ったものであった。しかし，上記事業は失敗に終わり，B社は多額の負債を抱えて倒産し，上記融資の返済はなされなかった。甲の罪責はどうか。

1　はじめに

　本問は，会社法960条1項の特別背任罪（以下，単に「特別背任罪」という）の成否が問題になるが，同罪は，行為者の身分と被害者を限定しているほかは，背任罪（刑247条）と基本的に異なるところはない。また，本問で最も問題となるのは，両罪の共通の成立要件である図利加害目的の点であって，上記限定の点が問題になるものではない。そこで，本稿では，特に必要がない限り，背任罪を基本に説明することにする。

2　背任罪成立の主観的要件

　背任罪が成立するための主観的要件としては，まず，構成要件的故意として，行為者が本人との関係で一定の身分（背任罪の主体たる身分）を有すること，任務違背行為を行うこと，本人に財産上の損害を与えること（構成要件該当事実）の各認識（及び認容）が必要とされる。なお，この認識の程度については，未必的認識では足りないとする説もあるが（任務違背について確定的認識が必要とする説として木村・各論148頁，藤木・各論348頁など。財産上の損害を加えることについて確定的認識を必要とする説として滝川・各論147頁，藤木・各論348頁など），他の犯罪類型においても一般に未必的認識で足りると解されていることなどから，特にこれと異なる解釈をすべき理由はないと解される（多数説）。

11 背任罪における図利加害目的

そして、背任罪が成立するためには、行為者が、上記の構成要件的故意に加えて、自己若しくは第三者に対する図利目的又は本人に対する加害目的（両目的のいずれかが備わっていればよい）を有することが必要になるところ、この点については、次に述べるように解釈上大きな問題がある。

③ 図利加害目的をめぐる学説
(1) 学説の概観

図利加害目的の要件の解釈をめぐっては、学説が種々に分かれている。

まず、①〔認識説〕図利加害の点を認識すれば要件を満たすとする説（牧野・各論(下)751頁。なお、未必的認識で足りるか否かは明らかにされていない）と、②〔認識認容説〕図利加害の点を認識し（未必的で足りる）、少なくとも認容すれば要件を満たすとする説（小野・各論273頁）がある。両説の違いは、故意に関する認識説と意思説の違いに関連するといわれている（注釈刑法(6)321頁〔内藤謙〕）。いずれの説に対しても、そのように解すると、構成要件的故意が充足されれば図利加害目的も認められることになることから、法が図利加害目的を特に要件としている意味がなくなるという批判がある。

そこで、図利加害目的に、故意とは別の独自の意味を持たせるものとして、③〔確定的認識説〕図利加害の点について確定的認識が必要であるとする説（藤木英雄・経済取引と犯罪67頁（有斐閣、1965）、大塚・各論（第3版増補版）327頁、大谷・各論（新版第3版）321頁、日高義博「図利加害の意欲ないし積極的認容と特別背任罪における図利加害目的」判タ694号69頁等。なお、藤木・各論348頁は、未必的認識では足りないとする中で、図利ないし加害の事実についての「積極的な意図」を必要とするとも述べている）や④〔意欲説〕図利加害の点を意欲（ないし欲求）した場合に要件を満たすとする説（滝川・各論171頁、注釈刑法(6)322頁〔内藤〕、大コメ刑法第13巻（第2版）193頁〔日比幹夫〕、平川・各論394頁、中山・各論333頁、内田・各論（第3版）348頁等）がある。また、意欲説（④）の中では、意欲の前提となる図利加害の認識について、少なくとも蓋然的認識を要し、未必的認識では足りないとする説（注釈刑法(6)322頁〔内藤〕）と、未必的認識で足りるとする説（大コメ刑法第13巻（第2版）177頁〔日比〕等）に分かれる。

確定的認識説（③）、意欲説（④）は、いずれも図利加害目的を動機として

とらえたものといえるが（佐伯仁志「特別背任罪における第三者図利目的」ジュリ1232号195頁），より端的に動機そのものを要件とする説として，⑤〔積極的動機説〕図利加害の積極的動機がある場合に図利加害目的が認められるとする説（野村稔・現代刑事法6号106頁，佐伯・前掲196頁，芝原邦爾「特別背任罪」法時61巻12号83頁等，佐久間修・法教226号132頁。なお，林陽一・判評367号78頁も同説か）もある。

　そのほか，⑥〔二分説〕図利目的は主観的違法要素としての狭義の目的であるが，加害目的は故意の特殊の要件であり，結果に対する単なる表象，認容では足りず，本人に損害を加えることが動機とされることを要すると解する説（図利目的の点については，単なる表象，認容で足りるとする趣旨と解される。団藤・各論（第3版）655頁）がある。

　さらに，従前の判例の判断枠組みを是認する立場から，⑦〔消極的動機説〕図利加害目的は本人図利目的がないことを裏から示す要件である（本人図利目的による行為であれば罰しないことを示すためのもの）とし，本人図利の動機がない場合に図利加害目的を認める説（香城敏麿「背任罪」刑法の基本判例（別冊法教）159頁，同・刑法基本講座5巻265頁。永井敏雄・判解刑昭63年度462頁，中森・各論（第2版）173頁，平野龍一「横領と背任，再論（4・完）」判時1689号30頁，西田・各論（第5版）252頁―253頁，前田・各論（第4版）329頁，山口・各論（第2版）327頁，山口・問題探究各論203頁，木口信之「背任罪における図利加害目的の意義とその認定について」小林充先生＝佐藤文哉先生古稀祝賀刑事裁判論集上460頁（判例タイムズ社，2006）等）がある。なお，同説の中で，図利加害目的の意味を具体的に述べたものとしては，「図利加害目的は，図利加害の認識があり，かつ，本人図利の動機がないことを意味する」というもの（香城・前掲刑法基本講座265頁）や「図利加害目的をもってする任務違背行為とは，本人（会社）の利益を意図しないで行う任務違背行為であって，自己若しくは第三者の利益又は本人の損害につき，少なくとも未必的認識を伴うものと解し得る」というもの（永井・前掲462頁）がある。また，本人図利目的の実質的内容について述べたものとして，「本人図利目的は，目的に対応する客観面である図利の内容として，任務違背性について肯定される不利益を上回る（あるいは，可罰的な程度以下に引き下げる）実質的利益性を備えたものであることが必要」であるとするもの

11 背任罪における図利加害目的

(山口・問題探究各論205頁) がある。

なお，同説と共通の理解を基盤にしつつ，任務違背の内容に異なる考慮を加えた説として，⑧〔実質的不利益性説〕任務違背の内容を本人にとって実質的に不利益な行為を行うことと理解した上で，本人に対し実質的に不利益なことを行う認識がないとき，図利加害目的の要件が満たされないと解する説（上嶌一高・背任罪理解の再構成269頁（成文堂，1997））もある。

(2) 学説の検討

前記各説のうち，認識説（①），認識認容説（②）については，前記のとおり，法が明文で図利加害目的を定めている意義を実質上無意味ならしめるという批判が妥当すると思われる。

また，確定的認識説（③）に対しては，「損害の認識が未必的か確定的か」という故意と同一の座標を設定し，その大小・強弱で図利加害目的の独自性を説明しようとすることが不合理であるなどといった批判がある（前田・各論（第4版）329頁）。確かに，行為者が，会社に損害を与える動機は強いが，損害発生の確率は低いと考えている（損害発生の認識が確定的でない）場合もあり得るところ，同説では，このような場合に背任罪の成立を否定することになると思われ，その点に疑問が残る。

意欲説（④）や，積極的動機説（⑤）を採ると，故意に任務違背をし，加害の結果の認識もあったが，それを特に意欲していないとか，積極的動機がない（自己・第三者図利目的もない）というような場合，それだけで処罰の対象外になるが，このような結論の妥当性に対しては疑問があると思われる（中森・各論（第2版）172頁—173頁参照）。

二分説（⑥）は，図利目的については，認識説（①），認識認容説（②）に対する批判が，加害目的については，意欲説（④）や積極的動機説（⑤）に対する批判が妥当することになろう。

さらに，以上の各説によれば，不正融資事案で，融資先である第三者の利益についての認識（確定的認識）はあるが，他方で，行為者がその融資によって，最終的に本人たる会社に利益を与えることを真に企図していたような場合にも，背任罪（特別背任罪）が成立することになりかねないが，特に，経済・取引関係が複雑化している現代社会において，このような結論の妥当性には疑問が生じ

よう。この点，確定的認識説（③）の論者も，未必的認識で足りるとすると，ほとんどの財産処分行為について加害又は図利の未必的認識があることになってしまい，本人の利益を図る目的で多少の財産上の危険をあえて冒すことが必ずしも違法とはいえないことを考慮できなくなるという点を論拠として挙げているのであり（藤木・前掲経済取引と犯罪67頁），共通の問題意識を基盤にしているといえる。しかし，同説によると，第三者図利が確定的認識の場合（本人たる会社から第三者への融資事案ではほとんどがそうであろう）には，たとえ本人の利益を図ることが目的であっても，背任罪成立の主観的要件が満たされることになるという不都合があると思われる。

　実質的不利益性説（⑧）は，任務違背性に関する従来の一般的理解から離れるものであり，また，実質的不利益性についての判断基準が必ずしも明確にならないという問題があるように思われる。

　結局，処罰範囲の相当性や判断基準の明確性等からすると，消極的動機説（⑦）が優れていると解される。同説に対しては，条文の文言との整合性等について批判がある。しかし，同説に立っても，図利加害目的があるといえるためには，最低限，自己若しくは第三者図利又は本人加害の点について認識，認容が必要になると解されるのであり，文言上の図利加害目的が無意味になるものではない（加害目的の点は，損害の構成要件的故意があれば満たされることになるが，認識説（①），認識認容説（②）のように，それのみで直ちに背任罪の主観的要件が満たされることにはならない）。もっとも，図利加害目的の対象となるものが財産的利益に限られると解したり（限定説―小野・各論273頁，団藤・各論（第3版）655頁，福田・各論（第3版増補版）289頁等），背信行為が積極的に意欲されていない場合には財産的利益に限るべきであると解する（中間説―林陽一・判評367号79頁・判時1315号241頁）と，構成要件的故意のほかに前記のような意味での図利加害目的を要求する意味が希薄になるが，この点については，財産的利益に限らないと解する判例（大判大3・10・16刑録20輯1867頁）・学説（非限定説―牧野・各論（下）750頁，江家・各論336頁，植松・各論（再訂版）454頁，青柳・各論548頁―549頁，中森・各論（第2版）172頁等）が相当と解される。そもそも条文上，図利の点については，財産的利益に限定されていないのであり（結果としての損害は「財産上の損害」と明記されているのに，図利目的の部分にはそのような限

11 背任罪における図利加害目的

定がない。また，背任罪では二項強盗，同詐欺，同恐喝の規定にある「財産上……の利益」という表現が用いられていない），非限定と解しても，背任罪の財産犯たる性格は，その結果が財産上の損害であることによって十分確保できるからである。このように解すると，消極的動機説（⑦）において，構成要件的故意のほかに第一次的に図利加害の認識，認容を要するとする点も相応の意味があることになる。なお，条文上の「目的」を認識，認容の意味に解する点も，刑罰規定における「目的」という文言が，従来から，犯罪の種類によっては，その国語的意味に沿った意図，意欲ではなく，認識，認容の趣旨に解されていること（文書偽造罪（刑155条等）について最判昭28・12・25裁判集〔刑事〕90号487頁等，誣告罪（刑172条）につき大判昭8・2・14刑集12巻114頁，爆発物取締罰則1条・3条につき最決平3・2・1刑集45巻2号1頁）からすれば，特異な解釈というわけではない。このように見てくると，条文の文言との関係でも，消極的動機説（⑦）に，特に問題があるとは思われない。

そして，消極的動機説（⑦）を採り，これに後記平成10年最決の判断基準を取り込むと，行為者に，自己・第三者図利，加害の点についての認識，認容があったとしても，本人に利益を与える動機が決定的である場合には，図利加害目的が否定されることになる。これを図利加害目的の定義の形で示すと，図利加害目的とは「図利加害の点について認識，認容があり，かつ，本人に利益を与えることが決定的な動機になっていないという主観的状態」ということになろう。

④ 図利加害目的をめぐる判例
(1) 判例の概観

図利加害目的をめぐる主な判例として，以下のものを挙げることができる。

  (a) 大判大3・10・16刑録20輯1867頁

銀行の取締役が，自己の信用面目を保持する目的をもって任務に背き不当な利益配当をして銀行に財産上の損害を加えたとされ，1，2審で有罪とされた事案である。

本判決は，事務処理者が任務違背行為をして本人に損害を加えた場合においても，図利加害目的が必要であるから，その目的が本人の利益を図るにあると

すれば罰しないものといわざるを得ない旨判示した上，原判決は，被告人の信用面目を保持する目的で本件行為をしたとの事実を認定したのに，その摘示に係る証拠には，銀行の信用を維持し面目を保つ目的であった旨の記載があるにすぎないから，理由に重要な齟齬があるとして，原判決を破棄した（なお，本判決は，後出のとおり，図利加害目的は財産上のものに限らない旨の判断も示している）。

(b) 大判昭7・9・12刑集11巻1317頁

銀行の取締役が，その任務に背き株主に配当利益を与える目的で銀行の欠損に計上すべき回収不能の不良貸付金を欠損として計上せず，かえって未収入利息をも計上して元本に組み入れ確実な資産のように装うなどして，不当な利益配当をしたという事案である。判文中には，被告人が回収不能貸付金を欠損として計上しなかったのは，「主トシテ」株主に配当利益を与える目的で，「旁ラ」銀行の信用を維持するためであったと認められ，このように主従両様の目的の下に回収不能貸付金を欠損として計上しなかったとしても，被告人の行為は背任罪を構成し，従たる目的の有無は背任罪の成否に影響しない旨の説示がある。

(c) 最判昭29・11・5刑集8巻11号1675頁

貯蓄信用組合の専務理事らが，組合員らに対し，あらかじめ定められた貸付条件を無視し，貸付限度を超えて無担保で高利の融資をするなどしてこれを焦げ付かせ，組合に損害を加えたという事案である。原判決（控訴審判決）は，被告人らが第三者の利益を図る意図とともに一応組合の利益をも図る目的を有していたとしても，専ら若しくは主として組合の利益を図る目的をもって本件行為に及んだとは認め得ないなどと判示して背任罪の成立を認めた。これに対し，上告趣意は，原判決は前記(a)の大審院判例に違反する旨主張したが，本判決は，原判決の趣旨は被告人の行為は，主として第三者……の利益を図る目的を以て為されたものとするにあることは，原判文上明らかであって，何ら所論の判例に違反するところはない旨判示した（なお，本判例の判例要旨は，「主として，第三者に対し不法に金融して第三者の利益を図る目的がある以上，従として，右融資により本人（貯蓄信用組合）の貸付金回収を図る目的があっても，背任罪を構成する。」とされている）。

11 背任罪における図利加害目的

　(d)　最決昭63・11・21刑集42巻9号1251頁

　T相互銀行の支店長である被告人甲とY株式会社の経営者である被告人乙が，共謀の上，被告人乙とY株式会社を利しT相互銀行を害する目的で，被告人甲が被告人乙のため回収不能のおそれのある不当な過振りを行い，T相互銀行に損害を加えたという事案である。本決定は，「図利加害の点につき，必ずしも所論がいう意欲ないし積極的認容までは要しないものと解するのが相当」であるという判示をし，図利加害目的の意義に関する前記学説のうち少なくとも意欲説（④）は採らないことを明らかにした上，被告人甲が「任務違背行為に出たのは，」本人「の利益を図るためではなく，……自己の面目信用が失墜するのを防止するためであった」として第三者「を利し同銀行を害する図利加害目的の存在」を認めた。

　(e)　最決平10・11・25刑集52巻8号570頁

　H相互銀行と運命共同体の関係にあったT株式会社が，数か月後に予想される会員権預り保証金の償還請求に応ずる資金の捻出のため，所有土地の売却を計画したところ，購入の意向を示したK株式会社，S株式会社が，H相互銀行に対し，売買代金に加えて開発資金・貸付後1年分の利息支払資金の融資を求めてきたため，これに応じたことが特別背任罪に問われた事案である。本決定は，「被告人及びXらは，本件融資が，Tに対し，遊休資産化していた土地を売却してその代金を直ちに入手できるようにするなどの利益を与えるとともに，K及びSに対し，大幅な担保不足であるのに多額の融資を受けられるという利益を与えることになることを認識しつつ，あえて右融資を行うこととしたことが明らかである。そして，被告人及びXらには，本件融資に際し，Tが募集していたレジャークラブ会員権の預かり保証金の償還資金を同社に確保させることによりひいては，Tと密接な関係にあるH相銀の利益を図るという動機があったにしても，右資金の確保のためにH相銀にとって極めて問題が大きい本件融資を行わなければならないという必要性，緊急性は認められないこと等にも照らすと，前記……のとおり，それは融資の決定的な動機ではなく，本件融資は，主として右のようにT，K及びSの利益を図る目的をもって行われたということができる。そうすると，被告人及びXらには，本件融資につき特別背任罪におけるいわゆる図利目的があったというに妨げなく，被告人につきXらと

の共謀による同罪の成立が認められるというべきであるから，これと同旨の原判断は正当である。」（仮名・下線筆者）と判示した。

(f) 最決平17・10・7刑集59巻8号779頁

商社であるI株式会社の代表取締役である被告人が，自己の利益や，K株式会社の代表取締役であるXの利益を図り，I株式会社からK株式会社の子会社であるM株式会社に対して，230億円余を貸し付けさせたという事案である。主たる論点は，被告人に特別背任罪の図利加害目的，とりわけ加害目的を肯定することができるかという点にあったが，本決定は，「以上によれば，被告人が本件融資を実行した動機は，Iの利益よりも自己やXの利益を図ることにあったと認められ，また，Iに損害を加えることの認識認容も認められるのであるから，被告人には特別背任罪における図利目的はもとより加害目的をも認めることができる。したがって，被告人につき図利加害目的を認めた原判断は，結論において正当である。」（仮名・下線筆者）と判示した。

(2) 判例の検討

まず，昭和63年最決が，前記学説中の意欲説を否定したものであることは明らかである。また，昭和29年最判，平成10年，同17年最決における判断理由の説示の仕方は，本人の利益を図る目的ないし動機が主たるものではないなどという理由を挙げる一方，自己・第三者の図利や加害の動機ないし確定的認識を特に認める説示をせずに，図利加害目的を肯定していることなどからして，学説の中では，消極的動機説が最も無理なく説明できるものとなっている。

ところで，昭和29年最判は，「主として」第三者に利益を与える「目的」であれば（従として本人に利益を与えるというのであれば）図利（加害）目的が認められるとし，「目的」を比較しているような表現を用いているが，この「目的」は，動機の意味と理解するのが自然である（香城・前掲別冊法教159頁，同・前掲刑法基本講座265頁，佐伯・前掲194頁等）。これを図利加害目的の「目的」と同レベルのものであるとみなすと，従としてでも「目的」が認められる以上，図利加害目的は認めることになるはずであるともいえるからである。そして，平成10年，同17年最決は，いずれも動機を基準に判断をする説示をしているが（なお，昭和63年最決は，「目的」「動機」の用語を用いていない），上記のような点からして，趣旨としては，昭和29年最判と同一線上にあるといえると解される。

なお，平成10年最決は，本人の利益を図ることが決定的動機か否かを判断の基準にしているのに対し，同17年最決は，被告人の動機が，本人の利益よりも自己や第三者の利益を図ることにあったと認められるという点を判断の理由にしているが，後者も，結局は，本人の利益を図ることが決定的動機ではないということになると解されるのであり，この説示の違いは，単に，後者の判例が1，2審判決の事実認定に基づいた説示の仕方をしたことに由来するのではないかと考えられる（上田哲・判解刑平17年度387頁）。その意味では，平成10年最決で明示的に示されている「決定的動機」が，一応，判例の採る基準になっているとみることができよう。

5 本問について

本問については，甲の行為の任務違背性とこの点についての甲の認識・認容は所与の前提になっているとみなし，その余の点について検討することにする。

まず，甲の任務違反性以外の点の構成要件的故意の有無が問題になるが，甲には，融資の返済がなされないかもしれないとの認識があるのであるから，A社の損害発生についての未必的認識・認容が認められよう（他方，問題文から，確定的認識・認容まではないことが前提とされているとみることにする）。

また，第三者図利目的の点については，B社に対して融資をすることがB社の利益になることは明らかであるから，第三者図利の確定的認識・認容が認められ，本人加害目的の点については，前記構成要件的故意同様，未必的認識・認容が認められる（他方，問題文から，図利加害目的につき，甲に，意欲や積極的な動機まではないことが前提とされているとみることにする）。

問題は，「B社が企画している事業は成功の見込みがあり，A社も同事業に共同参画することから，同事業の成功によりA社に多額の利益がもたらされるものと考えた」という点である。

消極的動機説に立ち，平成10年最決の判断基準を用いるのであれば，甲においてA社の利益を図ることが決定的動機であった場合には，図利加害目的が否定され，特別背任罪は成立しないことになろう。

これに対し，その他の各説に立った場合には，ほぼ次のような結論になると思われる。

11 背任罪における図利加害目的

　認識説（①）では，第三者図利目的は認められるが，同説が確定的認識まで求めるとすれば本人加害目的は認められず，確定的認識まで求めないのであれば本人加害目的も認められ，認識認容説（②）では，第三者図利目的，本人加害目的共に認められ，確定的認識説（③），二分説（⑥）では，本人加害目的は否定されるが，第三者図利目的は認められよう。そして，上記各説で，図利目的又は加害目的が認められれば，通常は特別背任罪が成立するということになる。しかし，認識説（①），認識認容説（②），確定的認識説（③）を採る論者の中には，行為者が主として本人の利益を図る目的であった場合には，背任罪は成立しないとする見解がみられる（牧野・各論下750頁，小野・各論273頁，大塚・各論（第3版増補版）327頁，藤木・各論348頁等。論拠は明確でない）。このような考えに立てば，本問において，甲に主としてA社の利益を図る目的があったとすれば，特別背任罪は成立しないという結論になろう。

　意欲説（④），積極的動機説（⑤）では，図利目的，加害目的共に認められず，特別背任罪は成立しないことになろう。

　実質的不利益性説（⑧）では，甲において，本件融資がA社に対し実質的に不利益なことであるという認識がなかったとすれば，図利加害目的が否定され，特別背任罪は成立しないことになろう。

【芦澤　政治】

12 背任罪におけるいわゆる外部共犯

株式会社Ａ銀行の融資担当者である甲は，破たん状態にあるＢ株式会社に多額の運転資金を無担保で融資するという背任行為に及んだ。甲とこの融資の交渉をしたＢ社の代表取締役の乙は，甲の会社法上の特別背任罪の共同正犯としての罪責を負うか。

1 問題の所在

(a) 会社法960条1項（平成18年5月1日に同法が施行される前は，従前の商法486条1項がこれに対応する）所定のいわゆる特別背任罪は，刑法247条の背任罪の特別罪を規定した業務上背任罪ともいい得るもので，所定の会社役職員の会社に対する背任について加重処罰を規定した身分的加重構成要件である（刑法247条は5年以下の懲役又は50万円以下の罰金であるのに対し，特別背任罪の刑は10年以下の懲役若しくは1000万円以下の罰金又はそれらの併科である）。本罪の主体は会社法960条1項に掲げる者に限られ，すなわち本罪は身分犯であるところ，身分を有しない者が加功する場合，判例・通説の見解に従えば，身分を有しない者については刑法65条1項により共同正犯等の共犯の責任が問われることになり，この場合，身分を有しない者に対しては同条2項により同法247条の背任罪の刑で処断される。

Ａ銀行の融資担当者である甲は，「事業に関するある種類又は特定の事項の委任を受けた使用人」（会社法960条1項7号）であるから，本罪の身分を有する主体に該当する。甲は，破たん状態にあるＢ社に多額の運転資金を無担保で融資しており，これはいわゆる不良貸付であって，Ａ銀行との関係で任務に背く行為といえる。このような不良貸付を行うこと自体，Ａ銀行の財産を減少させ，財産上の損害を加えるもので，ほかに「自己若しくは第三者の利益を図り又は株式会社に損害を加える目的」の存在が認められれば，甲について本罪の成立が認められよう。その場合，甲と融資の交渉をした乙は，もとよりＡ銀行の使用人等の立場になく，本罪の身分を有しないが，この乙について，刑法65条1項により特別背任罪の共同正犯の成立を認めることができるか否かが検討

課題である。
　(b)　少し整理すると，本問の特別背任罪の犯罪実行行為たる任務違背行為は，甲による多額の無担保融資であり，実行行為者は甲である。取引の相手方たる乙は，犯罪実行行為を担当するものではない。したがって，犯罪実行行為の一部でもそれを担当して犯罪の実現に加功する，いわゆる実行共同正犯の場合ではない。それでも，実行行為者と意思を相通じ，すなわち共謀を遂げて犯罪を行ったといえるかどうかが問題となるのであり，乙については，いわゆる共謀共同正犯として，特別背任罪の共同正犯の成立を認めることができるか否か検討することになろう。
　(c)　ところで，本問の乙のような取引の相手方について共同正犯の成立を認めるには，何らかの限定が必要ではないかとの議論がなされていた。①取引の相手方は，身分者及びその本人とは利害が対立する関係にあるので，自己の利益を図る行為はすなわち本人の不利益を図ることになり，その結果，図利加害目的が容易に肯定されてしまうこと，②特別背任罪の犯罪実行行為は，通常，非身分者が関与しないところで行われるから，非身分者が「任務違背行為」や「損害」につき，身分者と同様の認識をもつことが困難であること，などが指摘されていた。そのような問題点が存するのに，安易に共同正犯の成立を認めるのでは，身分者について特別背任罪が成立する場合に常にその取引の相手方が共同正犯となりかねず，経済活動に対する過大な制約になるおそれがある，との問題意識であったと解される。

2　学説の状況

　取引の相手方に係る特別背任罪の共同正犯の成否をめぐり，その処罰範囲を限定する視点から，概要，以下の見解が提唱されている。
(1)　取引の相手方の主観面で処罰範囲を限定しようとする見解
　取引の相手方は，通常，身分者が具体的にどのようにして任務違背行為に及んだのかなどという経過についての詳細な認識を持ち得ておらず，何らかの便宜的措置あるいは不正な手段で利便が図られたらしいという程度の認識にとどまるが，この程度の認識では，任務違背行為について共同加功の意思があるとはいえない。具体的な任務違背行為について，その任務違背性の意味の認識も

含めて，身分者と意思を通じたときに限り，特別背任罪の共同正犯の成立を認めるとする見解である（藤木英雄・経済取引と犯罪242頁（有斐閣，1969）。ほかに三井誠「千葉銀行事件」続判例百選（別冊ジュリ33号）183頁，西田典之編・金融業務と刑事法145頁〔上嶌一高〕（有斐閣，1997）も同旨）。

(2) **取引の相手方の客観的事情に即して限定を加えるべきとする見解**

取引の相手方は独自の経済的主体であるから，その行為が自己の利益の追求の枠内にある限り原則として刑事責任に繋がることはなく，自己の利益を維持・増進するためにほかに相当程度働き掛けても同様で，利益が帰属したことも共同正犯の根拠とすべきではないが，実質的に取引の相手方も身分者及びその本人の財産的利益を保護すべき立場にある場合や，取引の相手方と身分者が経済的利害を共通にする関係である場合，取引の相手方が身分者の任務違背行為を作出したといわざるを得ない場合のほか，取引の相手方の身分者に対する働き掛けが著しく不相当で，自己の経済的利益の追求の枠を明らかに超える場合は，共同正犯の成立が認められる，とする見解である（中森喜彦「背任罪の共同正犯」研修609号5頁。ほかに，佐々木正輝「刑事判例研究」警論51巻6号203頁，林幹人「背任罪の共同正犯」判時1854号3頁，長井圓「不正融資を受けた非身分者に対する背任の共謀共同正犯の成立」佐々木史朗編・判例経済刑法大系3巻180頁（日本評論社，2000），島田聡一郎「銀行頭取が信用保証協会理事に代位弁済を働きかける行為と背任共同正犯の成否」判例セレクト2005（法教306号別冊）37頁も同旨か）。

(3) **取引の相手方の主観面・客観面の両面を考慮し限定を加える見解**

不良貸付につき，借受人が融資の任務違背性につきある程度以上の認識を有することが必要とした上で，借受人が融資担当者と協力し，返済能力若しくは担保価値について実際より高い虚偽の外観を作出し，又は返済能力や担保価値の水増し評価に関与する場合や，審査を受けて確定した返済能力と担保価値をはるかに超える融資額を要求し，融資担当者とこれを取り決める場合，返済能力がないのに，実質無担保若しくは不十分な担保で融資するよう働き掛け，融資担当者とこれを取り決める場合等々，任務違背行為に対する事実的な関与の程度が通常の融資取引から明らかに逸脱するか否かが判断基準である，とする見解がこれに属する（佐々木史朗＝内田幸隆「特別背任罪所定の身分の借受人であ

る被告人について，同罪の共同正犯が認められた事例」判タ1064号64頁）。

③ 判例の状況

本問に関連する近時の最高裁の裁判例を列挙する（下線部は筆者）。

(1) **最決平15・2・18刑集57巻2号161頁**（いわゆる「オクト事件」。以下，裁判例①と表示する）

破たんした住宅専門金融会社の代表取締役らが，取引先の不動産会社に不良貸付をしたという事案である。他の金融機関から融資を受けられない状態の同不動産会社に対し，住宅専門金融会社の代表取締役らが長期間にわたり毎月のように運転資金の融資を続け，その残高が200億円を超えていた。本件融資に応じないと先方がすぐにも倒産し，巨額の融資金が回収不能になると予想されたことから，放漫な貸付の責任を問われることを懸念し，責任を回避し自らの保身を図る目的で，無担保で運転資金を融資した。本決定は次のとおり判示して，不動産会社の代表取締役に特別背任罪の共同正犯の成立を認めた原判決の判断を是認した。「被告人は，融資担当者がその任務に違背するに当たり，支配的な影響力を行使することもなく，また，社会通念上許されないような方法を用いるなどして積極的に働き掛けることもなかったものの，融資担当者らの任務違背，住宅専門金融会社の財産上の損害について高度の認識を有していたことに加え，融資担当者らが自己及び不動産会社の利益を図る目的を有していることを認識し，本件融資に応じざるを得ない状況にあることを利用しつつ，同金融会社が迂回融資の手順を採ることに協力するなどして，本件融資の実現に加担しているのであって，融資担当者らの特別背任行為について共同加功をしたとの評価を免れないというべきである。」と判示している。

(2) **最判平16・9・10刑集58巻6号524頁**（いわゆる「北国銀行事件」。以下，裁判例②と表示する）

銀行の頭取であった被告人が，信用保証協会の役員と共謀して，同協会に対する背任罪を犯したとされる事案である。協会の銀行に対する8000万円の保証債務の主債務者が倒産し，その代位弁済が問題となっていたところ，協会は，銀行の融資の担保であった工場財団の登記漏れが保証条件違反に当たるとの理由で免責を主張していた。これにつき，頭取である被告人が協会役員に対し，

上記方針を見直して代位弁済に応ずるよう要請し，協会側がこれに応じて8000万円の弁済をしたという経緯であった。原判決は，協会側が，協会の基本財産増強計画に基づき，銀行において4300万円余りの負担金を拠出するよう求めていたのに対し，頭取である被告人が，代位弁済に応じない限り拠出金の負担をしない旨の態度を示して，代位弁済を強く求めたと認定していた。これに対し，本判決は，銀行が負担金の拠出を拒否する態度をとることが実際上可能であったのかという点に疑問があるから，ひいては上記のとおり代位弁済を強く求めることができたのかどうかという点についても疑問があり，被告人の背任罪の成立には少なからぬ合理的疑いが残っているといわざるを得ないとして，原判決を破棄し差し戻した。

(3) **最決平17・10・7刑集59巻8号1108頁**（いわゆる「イトマン事件」。以下，裁判例③と表示する）

株式会社の実質的経営者である被告人が，別の会社2社の取締役らと共謀の上，同2社をして，被告人経営の会社から高額な利益を上乗せした価格で多数の絵画を購入させ，同2社に損害を負わせたとされる特別背任の事案である。1審，2審とも特別背任罪の共同正犯の成立を認めたところ，本決定は，職権判示において，事実関係を詳細に認定の上，次のように判示した。

「被告人は，特別背任罪の行為主体としての身分を有していないが，前記認定事実のとおり，前記取締役らにとって各取引を成立させることがその任務に違背するものであることや，本件各取引により前記2社に損害が生ずることを十分に認識していたと認められる。また，本件各取引において同2社側の中心となった取締役と被告人は，共に支配する会社の経営がひっ迫した状況にある中，互いに無担保で数十億円単位の融資をし合い，両名の支配する会社がいずれもこれに依存するような関係にあったことから，同取締役にとっては，被告人に取引上の便宜を図ることが自らの利益にもつながるという状況にあった。被告人は，そのような関係を利用して，本件各取引を成立させたとみることができ，また，取引の途中からは偽造の鑑定評価書を差し入れるといった不正な行為を行うなどもしている。このようなことからすれば，本件において，被告人が，同取締役らの特別背任行為について共同加功したと評価し得ることは明らかであり，被告人に特別背任罪の共同正犯の成立を認めた原判断は正当であ

る。」としている。

　(4)　**最決平20・5・19刑集62巻6号1623頁**（いわゆる「石川銀行事件」。以下，裁判例④と表示する）

　企業グループの実権を握る被告人が，そのうちの1社に対し銀行が行った不良貸付につき，特別背任罪の共同正犯に問われた事案である。同銀行は財務状態が悪化し，金融監督庁の業務改善命令が発出されていた。同銀行は同グループに多額の融資をしていたが，各社は実質的に破たんし，同銀行は返済期限の延長等により不良債権の表面化を先送りにし，貸付金残高は200億円近くであった。被告人は，同グループの債務圧縮を計画し，各社に対する債権を別会社を通じて低額で買い取ることとし，その資金を同銀行の融資でまかなうことにした。ゴルフ場開発に関連する債権の関連でも，ゴルフ場を買い受ける新会社を設立し，その売買代金の名目で同銀行より本件融資を受けて同様の債権譲渡を進めることとし，頭取らと交渉して当該融資金を適宜ほかの債務に充当する旨決定し，本件融資が実行された。担保とされたゴルフ場の客観的な価値は乏しく，融資金回収は著しく困難であった。本判決は，本件融資が任務違背行為であると認定し，頭取らは焦げ付きが必至と認識していたが，融資を実行しなければ早晩先方が破たんし，長年の不正常な取引が発覚するし，債務圧縮が進まなければ金融庁からの是正措置の発出も必至で，経営責任を追及される状況にあり，自己保身の目的と，同グループの利益を図る目的を有していたと認定した。また，被告人は，「本件融資が頭取らの任務に違背するものであり，同銀行に財産上の損害を加えるものであることを十分に認識していた。」と認定し，「被告人は頭取らが自己の利益を図る目的も有していたことを認識していた。」と認定の上，「被告人は，特別背任罪の行為主体の身分を有していないが，上記認識の下，単に本件融資の申込みをしたにとどまらず，本件融資の前提となる再生スキームを頭取らに提案し，債権譲渡の交渉を進めさせ，不動産鑑定士にいわば指し値で本件ゴルフ場の担保価値を大幅に水増しする不動産鑑定評価書を作らせ，本件ゴルフ場の譲渡先となる新会社を新たに設立した上，頭取らと融資の条件について協議するなど，本件融資の実現に積極的に加担したものである。このような事実からすれば，被告人は頭取らの特別背任行為について共同加功したものと評価することができるのであって，被告人に特別背任罪

の共同正犯の成立を認めた原裁判は相当である。」と判示した。

④ 検　討
(a)　本問では，特別背任罪の共謀共同正犯の成否が検討の対象である。いわゆる練馬事件の最高裁判決（最判昭33・5・28刑集12巻8号1718頁）において，「共謀共同正犯が成立するには，2人以上の者が，特定の犯罪を行うため，共同意思の下に一体となって互いに他人の行為を利用し，各自の意思を実行に移すことを内容とする謀議をなし，よって犯罪を実行した事実が認められなければならない。そのような関係において共謀に参加した事実が認められる以上，直接実行行為に関与しない者でも，他人の行為をいわば自己の手段として犯罪を行ったという意味において，その間刑責の成立に差異を生ずると解すべき理由はない。」との判示がなされて共謀共同正犯の成立が認められ，これを契機に，共謀の認定をめぐる議論が重ねられている。現在の実務では，共謀共同正犯について，実行共同正犯にいう「共同実行の意思」に見合うものを検討し，また，「共同実行の事実」に準ずるような客観的事情の有無を検討し，これらを総合し，犯罪の共同遂行の合意たる「共謀」があったと認定できるかどうか判断していると思われる。具体的には，謀議行為に代表される意思連絡の有無とその内容のほか，共犯者間の人的関係や各々の立場，犯行に関与した動機，自身の具体的な役割ないし加担行為，そのほか犯行の経緯等の周辺にある徴表的行為等々であり，これら主観・客観両面の事情を総合検討しているといえよう。問題の関与者が犯行により利益を得ようとし，また，現に利益を得ておれば，共同遂行の合意を形成していたとみるべき積極的な間接事実に位置付けられよう。

(b)　不良貸付の事案では，融資行為が犯罪実行行為であるところ，その際，融資を受けようとする側は，窮状打開のため融資の実行を懇願するなどし，その延長で融資申込みをするものであろうが，これは犯罪実行行為を促す行動にほかならない。自己に利益をもたらそうとする行動であり，融資が得られれば，まさに犯行を通じて直接の利益を得た立場に至る。ほかの犯罪の類型で，以上に類する客観的事情があれば，共同正犯の成立を認める結論に傾くであろう。しかし，経営が傾いた企業に対する融資の場面では，上述の諸事情は，取引場

面で往々にして行われる通常の折衝にすぎない。それにもかかわらず該当事情を形式的にあてはめて結論を導くのでは，融資を受ける側にすべからく共同正犯の成立を認めることになりかねず，経済活動に対する過大な制約になる。このように，通常，有効な手掛かりになるはずの客観的事情を形式的にあてはめても，処罰範囲を適正に画することができない。ほかになんらかの基準を見いだそうとする議論の方向性は正当である。

　(c)　前掲の各裁判例も，通常の折衝をもってただちに共同正犯の成立を認めるのではなく，そのほかの事情を吟味しようとする姿勢にあるといえよう。

　(d)　各裁判例を通覧すると，これらにおいては，もっぱら取引の相手方の主観面を重視するのではなく，その関与の態様等をあわせ吟味しており，したがって主観面のみを基準として処罰範囲を限定するものではないと解される。裁判例①は，任務違背性及び加害の事情についての「高度の認識」の存在を指摘し，主観面を重視するものと捉えられなくもないが，前提の事実認定部分に，特に詳細な認識を取得した事情は取り上げられていなかった。同裁判例自体，ほかに客観的事情を指摘し，そちらに重きを置く説示をしているとも解される。その後示された裁判例③及び④は，「十分な認識」を有していたと指摘するにとどまる。そうすると，各裁判例は，特に主観面を重視し，そこに高度なものを求めようとする見解ではないと解すべきであろう。

　なお，取引の相手方において，任務違背であることを認識し，本人に損害を加えることを認識していた事情が取り上げられているところ，これらの認識の対象は，実行行為者の行為が特別背任罪の構成要件に該当することを示すものである。当該認識を指摘する趣旨は，共同正犯性を認めるに当たり，当然に必要な認識の存在を要求するものと解される。共犯者において，実行行為者の行為が犯罪に該当することの認識が必要である旨，確認した趣旨であろう。図利加害目的の認識についても同様であり，取引の相手方に自己の利益を図る目的が存するのみでは足りず，実行行為者の側に，自己の利益を図り，又は先方の利益を図る目的ないしは本人を害する目的が存する事情を，取引の相手方において認識していなければならない。各裁判例では，実行行為者が，取引の相手方の利益を図る目的のみならず，自己保身等の自己の利益を図る目的を有する場合，後者についても取引の相手方が認識していた事情を指摘している。自己

12 背任罪におけるいわゆる外部共犯

保身等の目的は，任務違背を促進する事情であり，これを取引の相手方が，実行行為者の心理を見透かすようにして認識していれば，必ずや任務違背が遂行されるものと予測するであろう。実行行為者を利用する関係を認めるに当たり，より強い前提になる認識といえ，その意味で取り上げられているものと解される。

　また，認識の程度の面では，とりわけ任務違背性が問題であり，外部者たる取引の相手方が必ずしも正確に捉えられない対象であって，その認識を厳格に要求すると，共同正犯の成立範囲を不当に狭める可能性もあるところ，この点は各裁判例も，例えば内部の事務処理等の詳細についてまで認識する事情を取り上げているわけではなかった。取引の相手方から見た場合に，実行行為者の，本人の利益を確保すべき事務処理者としての立場に照らし，およそあるまじき取引であるとの認識を生じていれば足りるというべきで，各裁判例でも同旨の理解がなされていると思われる。

　以上みたとおり，取引の相手方の主観面については，当然必要な認識の存在を取り上げてはいるが，そこに特に高度なものを求めて処罰範囲を限定する手法がとられているわけではないと理解できよう。処罰範囲を限定する判断要素としてみた場合，主観面は，安定的なものとは言い難い。また，高度な主観面の有無を判断するに当たっては，その存在をうかがわせる客観的事情の有無を検討することが多いであろうから，端的にそれら客観的事情をもって判断要素にできるのであれば，その方が明快であると考えられる。

　(e)　そこで，客観的事情を吟味するとして，具体的にどのような事情が取り上げられているか検討する。

　(f)　まず，各裁判例には，取引の相手方から，「通常の折衝を超える特別の働き掛け」がなされているか否かを検討する視点がみられる。裁判例②も，類型の異なる事案ではあるが，銀行の頭取である被告人が協会に対し，負担金の拠出を拒むなどして強く代位弁済を求めたかどうかが取り沙汰されており，上記働き掛けの有無を問題にしていた。このような「特別の働き掛け」の有無の観点から整理すると，裁判例①は，そこに判示されているとおり，支配的な影響力を行使するなどの該当事情が存しない事案であった。裁判例③は，偽造の鑑定評価書を差し入れるという該当事情が存するも，この事情の介在は途中の

時期からで，やや薄い位置付けであった。そして裁判例④は，不良貸付のお膳立てともいうべき種々の働き掛けがなされており，まさに該当事情が存する事案であった。

(g) それとは別に，「通常の立場と異なる特別の結びつき」の有無も検討されている。通常の立場とは，実行行為者にあっては本人の利益の確保に努める立場を，取引の相手方にあっては自己の利益を追求する立場をいうと理解されたい。この通常の立場を歪めるような結びつきの有無といった視点で整理すると，裁判例①，③及び④は，いずれも「特別の結びつき」があったといえる事案であった。不良貸付がなされた裁判例①では，それまでの巨額の不良債権の蓄積を背景に，融資担当者において「本件融資に応じざるを得ない状況」があったと指摘されていた。むしろ融資を受ける側と結託して，本人の利益をないがしろにする立場に至っていたというのであろう。裁判例④でも，長年の取引により融資額が多額にのぼり，不良債権化していたが，問題の表面化を先送りにしていたなどの事情が挙示されており，裁判例①と同様，求められるままに追加の融資を行わざるを得ない状況にあったといえる。裁判例③において，問題の取締役と被告人とは，支配下の会社の経営がひっ迫し，互いに無担保で多額の融資をしてこれに依存していたというのである。いずれも表面化できない不都合な事情を共有し，取締役にあっては，本来の立場を歪めて取引の相手方と結託し，本人に損害を及ぼす取引でも遂行する状況にあり，「特別の結びつき」があったといえる。

(h) しかしながら，共同正犯性の説示に当たり，「特別の結びつき」を取り上げているのは，「特別の働き掛け」が存しない裁判例①と，あるいはそれが希薄な裁判例③であった。裁判例④は，「特別の結びつき」があると思われるがこれを取り上げず，むしろ「特別の働き掛け」の事情を捉えて共同正犯性を認めている。そうすると，<u>各裁判例は，「特別の働き掛け」の有無を検討し，これが存在し，十分な評価をもたらす事案では該当の事情を取り上げて共同正犯性の根拠とし，他方で，「特別の働き掛け」が存しないか，あるいは希薄な事案においては，別に「特別の結びつき」の有無を検討し，該当の事情が認められる場合に共同正犯性を肯定している</u>と分析できよう。

(i) 融資の場合を念頭に検討すると，融資を行う側と受ける側とでは，利害

が対立するものであり，特に融資を行う側の損害を防止するため，あたかも砦のごとく，融資担当者の裁量判断が介在する。この構図が動かない限り，融資を受ける側が通常の折衝をしたことと，不良貸付との間につながりを認めるべきではない。のちに融資が焦げ付いても，それは融資担当者の裁量判断の結果というべきである。これに対し，融資担当者と融資を受ける側との間で，なんらかのいきさつにより，融資担当者が適正な裁量判断を行わない状況が生まれ，融資を受ける側の意のままに融資が実行されれば，融資を受ける側についても当罰性を認め得るであろう。もはや砦をなきものにし，任務違背行為に至らせたといえる。

　そのようにして砦をなきものにする場合の1つが，「通常の折衝を超える特別の働き掛け」がなされた場合といえる。融資を受ける側が融資担当者に対し，支配的な影響力を行使するなどした場合が典型といえよう。まさに融資を受ける側の積極的な加担行為により任務違背行為が引き出されたといえるもので，実行共同正犯にいう「共同実行の事実」に準ずるような客観的事情に位置付けられる事情であり，処罰範囲を画する上で明快な判断要素として機能すると考えられる。「特別の働き掛け」を通じて実行行為者を利用し，犯罪実行行為を行わせたと捉えることができるのであって，この事情を取り上げて共同正犯性を肯定する判断手法は，説得的であると考えられる。

　問題は，「特別の働き掛け」が存せず，あるいはそれが希薄な事案であり，特に裁判例①は限界事例に近かったといえるが，そこで示されたのが，「通常の立場と異なる特別の結びつき」の有無を探る手法であると解される。当該融資にまつわる個別，具体的な場面では，融資を受ける側から積極的な働き掛けがなされていなくとも，例えば従前の蜜月関係を背景に，表面化できない不都合な事情を共有し，利害が共通してしまう異常な結びつきが生じていれば，やはり砦をなきものにした場合に該当する。密な取引が長期に及ぶような事案で往々にしてあり得る現象であろう。その場合の不良貸付については，表面的には融資申込みしかなくとも，実質的には「特別の結びつき」を利用して任務違背行為に至らせたといえる。融資の申込みがなされるとき，それが犯罪に該当する融資でも，実行に向かわせることのできる関係がそこにあったといえる。このように，「特別の結びつき」を利用して任務違背行為を行わせていれば，

「共同実行の事実」に準ずるような客観的事情の存在を認めることができ，融資を受ける側についても共同正犯としての当罰性を肯定できるというべきである。

　各裁判例が取り上げる判断要素は，それぞれ，事案の実質に即した相当なものといえよう。

　（j）　以上を踏まえると，取引の相手方において任務違背性等に係る前記認識を備えていることを前提に，客観的事情，すなわち「通常の折衝を超える特別の働き掛け」又は「通常の立場と異なる特別の結びつき」の有無を判断要素に取り上げ，これらに着目することにより，処罰範囲を画することができると考える。前記学説のうち，客観的事情を加味して判断すべきとする見解が挙示する類型は，上記2つの判断要素のいずれかに分類できると考えられる。もとよりこの2つの判断要素は，共謀の認定に当たり，実務上考慮されている前述の各判断要素のうちに位置付けられるもので，その余の判断要素（利益の帰属や内部における立場等）とあわせた総合評価に用いられるから，「特別の働き掛け」ないし「特別の結びつき」の存在からただちに共謀ありとの結論につながるものではない。場合によっては双方が存在し，一方だけでは十分な評価を導くことができないところ，他方もあわせ考慮して共謀を認定することもあり得ると思われる。しかし，ともあれ，共犯性の，特に共同正犯性を見極める有力な判断要素であることは間違いないであろう。そして，判断に当たっては，上記2つの判断要素のうちの前者を検討し，それを補うものとして後者を検討する手法が相当であると思われる。取引の相手方につき前者に該当する事情があれば，後者の典型といえる蜜月関係のようなものが存しない単発の取引の事案でも，共同正犯性を認めるべきところ，このように，処罰範囲の明確化に資する前者を特に吟味するのが適当である。共謀の認定に当たり，通常，共犯者自身の積極的な加担行為の有無が重視されているところと符合するし，各裁判例も同様の発想に立つものと解される。

　「特別の働き掛け」ないし「特別の結びつき」の有無を吟味する手法は，共謀の判断で一般に用いられる手法の延長にあるといえるが，この種事犯の場合，実行行為者に働き掛ける行為が存しても，通常の折衝との分水嶺が問題であり，また，実行行為者との関係は，対等かつ対向の契約当事者の関係にあるのが通

例であって，例えば組織における上位者と下位者のような一体の関係を想定できない。働き掛けの程度を検討するにも，実行行為者との関係如何を検討するにも，一歩踏み込んだ吟味が必要であるところに特徴がある。

(k) ところで，各裁判例が，前記学説のうちの，特に主観面を重視する見解に沿うものではないと考えられること，むしろその余の学説に概ね符合して，客観的事情を加味するものと考えられること，以上は，裁判例①及び③に係る最高裁判例解説でも触れられていた。そして，裁判例①の判例解説では，当該事案を踏まえ，「融資の担当者と相手方との間に経済的利害が相対立する緊張関係が保たれている限り，両者の間に（特別）背任の共謀を認めるべきではないであろう。そして，何らかの理由によりこのような緊張関係が失われるに至った場合に，（特別）背任の共謀の成立を認めるのが相当であると考える。」（朝山芳史・判解刑平15年度76頁）と指摘しており，この「緊張関係が失われるに至った場合」が，本稿にいう砦をなきものにした場合であるといえよう。また，裁判例②の判例解説では，同裁判例が，原判決に対し，事実認定上の疑問を提起する指摘をしたことについて，「上記指摘の背景には，本件のような事案において，取引相手たる被告人に背任罪の成立を認めるには，ある程度以上の『強い働き掛け』が必要であるという考え方が存するといえるであろう。」（上田哲・判解刑平16年度421頁）と述べられており，これは，本稿にいう「通常の折衝を超える特別の働き掛け」の有無を検討する視点であると解される。裁判例③の判例解説では，主観面や客観面の総合的な判断をする場合に，「『関与の程度が通常の取引から明らかに逸脱しているか否か』という辺りに判断基準を求めるのが相当ではないかと思われる。」（芦澤政治・判解刑平17年度440頁）と指摘し，その上で，問題の取締役と被告人が無担保で多額の融資をし合うなどし，相手に取引上の便宜を図ることが自己の利益にもつながる状況にあったと判示されているところが，「要素の中で最も重要な部分であると思われる。」とし（同447頁），偽造の鑑定評価書を差し入れる行為を対象に，上記判断基準をあてはめて検討しようともしている（同448頁）。本稿にいう「通常の折衝を超える特別の働き掛け」の有無，及び「通常の立場と異なる特別の結びつき」の有無は，いずれも同判例解説が指摘する判断基準に含まれる関係にあると考えられる。私見は，着眼点を整理する観点から，「通常の折衝を超える特別の働き

掛け」と「通常の立場と異なる特別の結びつき」を分けるが，このような2つの要素を取り上げる発想は，すでに他の見解にもみられていた（島田・前掲。事務処理者によるチェック機能が働きにくい状況として，「(i)両者の利害関係が何らかの形で一体化していた場合，(ii)相手方が事務処理者のチェック機能を乗り越えるような強い働き掛けをした場合」を挙げ，相手方において，チェック機能が働きにくい状況であることを認識しながら利用した場合，当罰性があるとしている。ジュリ1408号123頁も同旨か）。裁判例④の説示も踏まえると，まずは当該取引にまつわる個別，具体的な場面について，「通常の折衝を超える特別の働き掛け」の有無を検討し，その事情の評価との相関関係により，「通常の立場と異なる特別の結びつき」の有無を検討するのが適当であり，より確かな判断を導くことができると考える。

なお，実際の事実認定の場面では，「特別の働き掛け」や「特別の結びつき」がある場合，それら客観的事情からの推認により，取引の相手方において，実行行為者の任務違背性や加害の事情を認識し，その図利加害目的の存在についても認識していたと認定する事案が多いのではないかと考えられる。そうすると，事案によっては，裁判例④のように，上記両方の客観的事情に該当する事実を認定し，これらから上記各認識の存在を認定しつつ，共同正犯性を肯定するのに必要十分な説示を導くことになるのではなかろうか。

5 本問についての解答

特別背任罪の犯罪実行行為に該当する本件融資に当たり，乙が，甲に対し融資の申込みをし，通常の折衝をしたにとどまる場合は，その間に共謀があったとは認められず，乙につき特別背任罪の共同正犯の成立を認めることはできない。これに対し，乙において，本件融資が甲の任務違背である事情及びこれによりA銀行に損害を加える事情を認識し，また，甲が図利加害目的を有する事情を認識の上，甲に対し，支配的な影響力を行使するなど，通常の折衝を超える特別の働き掛けをした場合は共謀があったと認められ，乙につき同罪の共同正犯の成立を認めることができる。あるいは，そのような働き掛けが存しないか，希薄な場合でも，上記同様の認識を前提に，例えば，乙のみならず甲がB社の破たんの発覚を恐れていて，その防止のために乙と結託して追加の不良貸

付を行わざるを得ない関係にあり，すなわち甲，乙の間に，通常の立場と異なる特別の結びつきがあり，乙がこれを利用して融資を得ていれば，乙につき同罪の共同正犯の成立を認めることができる。

【伊藤　寛樹】

13 権利行使と恐喝罪

甲は，Aに対し1000万円の債権を有していた。Aは，返済期限までに，うち800万円を支払ったが，残金の支払をしない。甲は，Aと会い，Aに対し，残金のほかわび料として200万円の支払を要求し，これに応じないときはAの身体に危害を加えるような態度を示した。怖くなったAは，400万円を甲に交付した。甲の罪責はどうか。

1 問題の所在

相手方にその反抗を抑圧しない程度の暴行・脅迫を加えて現金の支払を要求し，その交付を受けた場合，通常，「人を恐喝して財物を交付させた」（刑249条1項）として，恐喝罪が成立する。これに対し，相手方に対して債権を有し，それに基づいて前同様に現金の支払を要求し，その交付を受けた場合，恐喝罪が成立するか，成立するとしたときにその範囲はどこまでかが問題となる。

いわゆる「権利行使と恐喝罪」という問題には，①財物を所有する者が，その財物を不法に占有する他人から恐喝の手段（暴行・脅迫）を用いてそれを取り返した場合に，恐喝罪が成立するかという問題（「自己所有物の取戻し」の問題）と，②他人に対して正当な債権を有する者が，その権利の行使として，債務者から恐喝の手段を用いてその弁済を受けた場合に，恐喝罪が成立するかという問題（「狭義の権利行使と恐喝罪」の問題）が含まれる。本問は，対人的権利の行使に関わるものであり，後者の問題である。

なお，後に，判例の変遷と学説の状況の分析においても言及するが，この問題を検討するに当たっては，犯罪成立要件上の構成要件該当性レベルの問題と違法性レベルの問題との区別を明確に意識する必要がある。

2 判例の変遷

「狭義の権利行使と恐喝罪」の問題をめぐる判例は興味深く変遷しており，その判例法の形成過程は格好の研究対象であるが，本稿では，法律の解釈上の争点や適用上の問題点を，主に今日の実務的な見地から取り上げるという観点

153

13 権利行使と恐喝罪

に立って，必要な範囲でこれを紹介する。ここでは，まず，大審院時代の指導的判例の形成から，これに変更を加えて最高裁の指導的判例としてその後の実務に広く浸透した最判昭30・10・14刑集9巻11号2173頁までを概観する。

旧刑法下の大審院の判例は，当初，債権の有無は恐喝取財罪（旧刑390条）の成否に関係がないとし，権利行使であっても原則として恐喝取財罪は有罪であるとしていた（大判明35・6・12刑録8輯6巻93頁）。

しかし，その後，権利行使としてなされた欺罔行為・恐喝行為を不可罰とする判例が現れ（大判明39・4・10刑録12輯436頁等），大審院の判例を形成していく。その指導的判例となったのが，詐欺罪の成否に関する大判大2・12・23刑録19輯1502頁である。この判例は，銀行から当座預金差引残高300円の払戻を受けるに際して，銀行員を欺罔し，3000円を交付させたという事案において，3000円全額について詐欺罪の成立を認めた原判決を破棄し，2700円分についてのみ詐欺罪が成立するとした。ここでは，詐欺罪と恐喝罪に共通する権利行使に関する理論として，㈦法律上他人から財物の交付を受け又は財産上の利益を受けるべき正当な権利を有する者が，その権利を実行するに当たり，欺罔手段・恐喝手段を用いて，その権利の範囲内で財物・利益を取得した場合には，詐欺罪・恐喝罪は成立しない，㈡その権利の範囲を超えて財物・利益を取得した場合には，(i)財物・利益が法律上可分であれば，超過部分についてのみ詐欺罪・恐喝罪が成立し，(ii)財物・利益が法律上不可分であれば，全部について詐欺罪・恐喝罪が成立する，㈢正当な権利を有する場合でも，これを実行する意思ではなく，単にその権利の実行に藉口するだけであれば，㈦，㈡の法則は適用されない，という一般原則が示され，㈦と㈡の法則が本件の具体的事案の解決のために適用された。要するに，欺罔行為・恐喝行為を行っても，権利の超過分については各別，権利行使の範囲内であれば不可罰とする考え方（以下，無罪説という）が示されたのである。したがって，権利行使における詐欺罪・恐喝罪の成否の判断基準は，構成要件該当性レベルの権利性の有無にかかることになった。その後，㈢の法則を具体的な事案に適用して，取得した金員の全額について恐喝罪の成立を認めた判例として，大判大3・4・29刑録20輯673頁，大判昭9・5・28刑集13巻679頁等があり，また，㈢の法則に基づき，権利を実行する意思に出たものか，単に権利の実行に藉口するだけなのかが明らかでな

いことを理由に，恐喝罪の成立を認めた原判決を破棄した判例として，大決大13・3・5刑集3巻178頁がある。さらに，判例の中には，㈡㈎の法則により恐喝罪が成立しない場合でも，その手段について脅迫罪は成立し得るという法則を提示するもの（以下，脅迫罪説という）が現れる。具体的な事案においては正当な権利を有しないことを理由に恐喝罪の成立を認めたものの，傍論として㈡の法則を示した判例として，大判大11・11・7刑集1巻642頁があり，㈡の法則を具体的な事案に適用して，暴力行為等処罰に関する法律1条1項の共同脅迫罪の成立を認めた原判決を維持した判例（ただし，もともと恐喝罪ではなく共同脅迫罪で起訴された事案であった）として，大判昭5・5・26刑集9巻342頁がある。

　このように，大審院の指導的判例の下では，権利行使における恐喝罪の成否の判断基準は，権利性の有無によることになったが，判例は，当初から㈎，㈏の法則に対する修正原理として㈢の法則を掲げ，実際にこれが適用されていた。これは，㈎，㈏の法則を貫いて恐喝罪の成立を否定すると，不当な結果を招くことがあるという意識によるものと思われる（戸田・後掲274頁）。このため，権利性の有無の判断も，相当実質的な内容を持った判断に変容し，その後，権利行使の外観はあるとされながら，手段の不当性を理由に権利がないとされた判例が現れるようになる（大判昭9・6・25刑集13巻880頁等）。ただ，この時期の判例でも，手段の相当性はあくまでも権利性の有無の判断の一要素として扱われ，やはり権利性のみが恐喝罪の成否を判断する基準であった（例えば，大判昭9・8・2刑集13巻1011頁は，権利行使に関する理論として，㈣権利を実行する意思で恐喝手段を用いた場合でも，法律の認める範囲（社会観念上被害者において忍容すべきものと一般に認められる程度）を逸脱する方法で権利を実行したときは，それは権利の濫用であって権利の行使ではないから，恐喝罪が成立するという法則を示した。この法則は，権利の濫用は権利の行使ではないという理屈を媒介することによって権利行使であること自体を否定しており，それまでの権利行使であれば恐喝罪は成立しないとする㈎，㈏の法則との抵触を形式的には回避しているが，その適用いかんでは，実質的な判断を持ち込むことによって，実務上㈎，㈏の法則に対する重要な制約原理となり得るものであった）。

　戦後の最高裁の判例も，当初は，権利行使に関する㈎〜㈡の法則に配慮して

いた。例えば，(ア)～(ウ)の法則を適用し，被告人が被害者に対して弁償金を要求する権利を有していたのか，本件行為がその権利を行使する意思に出たものか，それが権利行使の範囲内に属するか，単に権利行使に藉口したものであるかを明らかにしないで恐喝罪の成立を認めた原判決を破棄した判例として，最判昭26・6・1刑集5巻7号1222頁があり，㈡の法則を適用し，脅迫罪の成立を認めた判例として，最判昭27・3・25裁判集〔刑事〕62号653頁がある。

　しかし，このような判例の発展に変更を加え，その後の最高裁の指導的判例としての地位を確立した最判昭30・10・14刑集9巻11号2173頁が登場する。この判例は，被告人らが，債務者から，脅迫等の手段により，債権残額3万円を含む6万円を取り立てた事案について，「他人に対して権利を有する者が，その権利を実行することは，その権利の範囲内であり且つその方法が社会通念上一般に忍容すべきものと認められる程度を超えない限り，何等違法の問題を生じないけれども，右の範囲程度を逸脱するときは違法となり，恐喝罪の成立することがあるものと解するを相当とする（昭和26年（れ）2482号同27年5月20日第三小法廷判決参照）。」という規範を示し，具体的な当てはめとして，「本件において，被告人等が所論債権取立のために執った手段は，原判決の確定するところによれば，若し債務者Aにおいて被告人等の要求に応じないときは，同人の身体に危害を加えるような態度を示し，且同人に対し被告人Y及び同Z等は，『俺達の顔を立てろ』等と申向けAをして若しその要求に応じない時は自己の身体に危害を加えられるかも知れないと畏怖せしめたというのであるから，もとより，権利行使の手段として社会通念上，一般に忍容すべきものと認められる程度を逸脱した手段であることは論なく，従って，原判決が右の手段によりAをして金6万円を交付せしめた被告人等の行為に対し，被告人XのAに対する債権額のいかんにかかわらず，右金6万円の全額について恐喝罪の成立をみとめたのは正当であ」るとした（なお，この中で言及されている最判昭27・5・20裁判集〔刑事〕64号575頁は，引用された規範を提示しているが，仮定的に㈡の法則にも言及し，恐喝罪又は脅迫罪が成立するとするなど，それまでの判例を変更したと評価するには不徹底なものであった）。ここでは，債権取立のためにとった手段が，権利行使の方法として社会通念上一般に忍容すべきものと認められる程度を逸脱した恐喝手段である場合には，債権額のいかんにかかわらず，その手

段により債務者から交付を受けた金員の全額について恐喝罪が成立することが示された（以下，恐喝罪説という）。権利行使における恐喝罪の成否の判断基準は，権利性の有無という構成要件該当性レベルの判断から，権利の存在と手段の相当性からなる違法性レベルの判断へと移行することになったのである。それまでの権利性の有無は，法益侵害の有無の問題として，本来定型的判断に馴染むものであり，構成要件該当性レベルの問題として処理し得るものであるが，手段の相当性は，権利行使の正当性の有無という問題の性質に照らしても，また，個別具体的な事情の比較衡量に基づく実質的判断を要することからも，違法性阻却の可否の問題として扱われるべきものである。現実問題として，債務者の側による債務履行に関する対応や債権者の側による権利実行に向けての対応等の事情も，可罰性判断において重要な要素であり，これらの比較衡量を構成要件該当性レベルの権利性の有無に関する定型的判断で処理することは困難である。

なお，最判昭30・10・14による「狭義の権利行使と恐喝罪」の問題への対応は，刑法各論における恐喝罪に関する一論点の解決を提示したのみならず，広く権利行使の場面一般についての刑法総論における違法性阻却事由の一類型である正当行為（刑35条）に関する判断としてもとらえられるものである。

③　学説の状況

「狭義の権利行使と恐喝罪」に関する判例の変遷は，以上のとおりであるが，学説の状況も，大きな流れとしては，戦前から大審院の指導的判例を受けて無罪説・脅迫罪説が多数であったものの，最判昭30・10・14を契機として次第に恐喝罪説が多数を占めるようになったといえる（この問題については，木村・後掲「財産論の研究」において，詳細に検討されている）。ただし，この問題に関する学説は，「権利行使と恐喝罪」の論点のとらえ方，財産罪の保護法益，恐喝罪の罪質，違法性の本質等をめぐる刑法理論上の各種の議論が複雑に絡んでいる。

まず，財産罪の保護法益をめぐる議論に基づいて，「狭義の権利行使と恐喝罪」の問題を「自己所有物の取戻し」の問題と統一的に解決しようとする考え方がある（西田・後掲）。財産罪の保護法益をめぐる議論は，周知のとおり，い

13 権利行使と恐喝罪

わゆる本権説と占有説に分かれている。本権説に立つ場合，財産罪の本質は私法上の正当な権利を保護する点にあるから，債権者による権利行使である以上，恐喝手段が用いられても債務者に対する財産罪の法益侵害はないので，恐喝罪の構成要件に該当せず，その手段が違法な点で脅迫罪が成立するにすぎないという無罪説・脅迫罪説につながりやすい。これに対し，占有説に立つ場合，私法上の権利関係を問わず，債務者の事実上の財産状態も保護に値することになるから，債権者による権利行使であっても，債務者に対する財産罪の法益侵害が認められるので，恐喝罪の構成要件には該当し，どのような場合に恐喝手段による権利行使の違法性が阻却されるかが検討の中心となるという恐喝罪説につながる。

ただし，本権説と無罪説・脅迫罪説，占有説と恐喝罪説という対応関係は，「狭義の権利行使と恐喝罪」の論点のとらえ方として，「自己所有物の取戻し」の問題と区別して解決しようとする考え方に立てば，必ずしも直接的ではないことになる。そもそも，債務者が債務を負担していることは，債務者の財産占有状態が不法であること，刑法的保護に値しないことを直ちに意味するわけではない。このことは，相手方が自己所有物を不法に占有している場合と異なり，債務を負っているからといって債務者が喝取された金銭を不法に占有していたとまではいえないことを想起すれば明らかであろう。そうすると，占有説のみならず，本権説に立ったとしても，恐喝手段を用いての権利行使においては，財産罪の法益侵害があり，恐喝罪の構成要件該当性が認められると考えることができる。やはり，「自己所有物の取戻し」の問題と「狭義の権利行使と恐喝罪」の問題は区別して考えるべきであろう（町野・後掲）。

ところで，恐喝罪説が有力化する一方で，恐喝罪の罪質をめぐる議論から，無罪説・脅迫罪説を説く見解が現れる（西田・後掲，林・各論（第2版）261頁）。すなわち，恐喝罪の成立要件としての財産上の損害の有無という観点から検討し，あるいは，恐喝罪を全体財産に対する罪と解した場合，債務者にとって，喝取された金銭と同額の債務がなくなれば，財産上の損害は発生せず，あるいは，全体財産に減少はみられないので，恐喝罪の構成要件該当性は認められないという無罪説・脅迫罪説につながり得る。これに対し，恐喝罪を個別財産に対する罪と解した場合，債務の有無にかかわらず，所持していた金銭を失うこ

とが財産上の損害となり，恐喝罪の構成要件該当性が当然認められるという恐喝罪説につながる。ただし，債務者が債務を負担していることは，債務者の財産占有状態が刑法的保護に値しないことを意味するわけではないことは，既に述べたとおりである。そもそも，恐喝罪の成立に財産上の損害の発生自体は必要であるものの，背任罪以外の財産罪は個別財産に対する罪と解されており，債務がなくなっても手元の現金が失われることは財産上の損害と評価せざるを得ないことからしても，恐喝罪を全体財産に対する罪と解する見解に立脚することは適当ではない（木村・後掲「権利行使と詐欺・恐喝罪」216頁）。

　さらに，違法性の本質論に関する，いわゆる行為無価値論からすれば，手段の相当性に着眼する恐喝罪説が馴染むのに対し，結果無価値論からすると，権利性の有無に着眼する無罪説・脅迫罪説が馴染むようにも思われる。しかし，違法性の本質論における立場の違いは，この問題を構成要件該当性レベルと違法性レベルのいずれでとらえるべきかという結論に必ずしも直結しないであろう。いずれの立場に立っても，違法性レベルにおいて，それぞれの判断の枠組みは異なるであろうが，利益の比較衡量を中心とした違法性阻却をめぐる判断をすることは可能である。

④　最判昭30・10・14以降の実務上の課題

　最判昭30・10・14は，その後の最高裁の判例においても，大審院時代の判例を変更したものとして評価されている（最判昭39・6・26裁判集〔刑事〕151号517頁，最判昭39・8・28裁判集〔刑事〕152号653頁，最判昭40・3・26裁判集〔刑事〕155号289頁等参照）。

　最判昭30・10・14が示した判断基準は，「狭義の権利行使と恐喝罪」の問題に関し，構成要件該当性レベルでの無罪説・脅迫罪説に立つというそれまでの指針を変更し，恐喝罪説に立った上で違法性レベルでの判断を行うという方向性を明らかにしたものではあるが，必ずしも，この後の判例のすべてが，恐喝罪により有罪とすることで，財産犯処罰を拡大するものであったわけではない。無罪説に立つ論者からは，判例上違法性阻却が認められる範囲が限定されているため，そもそも構成要件該当性を否定することにより無罪を認めるべきとする主張もあるかもしれないが，後に検討するように，違法性阻却の判断を通じ

13 権利行使と恐喝罪

て無罪の結論を導いた判例も多い。ここで留意すべきことは，最判昭30・10・14の提示した規範の内容は，あくまでも違法性が阻却される場合の抽象的概括的な基準にとどまるところにある。そして，どのような事実が認められたとき，権利の範囲内でありかつその方法が社会通念上一般に忍容すべきものと認められる程度であるかどうか，特に，手段の相当性についての判断は，なお裁判官に委ねられる。そこで，最判昭30・10・14以降の実務上の課題は，違法性レベルでの権利行使の社会的相当性の判断の在り方ということになる。ここでは，この点が問題となった判例を中心に検討し，個別具体的な事情の柔軟な比較衡量が可能である，「狭義の権利行使と恐喝罪」の事案における違法性レベルでの判断の明確化に資するよう，分析を試みることにする。

　違法性阻却事由の一類型である正当行為（刑35条）としての評価という観点から，権利行使に向けた行為の社会的相当性を検討する場合，一般には，実質的違法性論やいわゆる自救行為に関する議論なども参考にしつつ，目的の正当性，手段の相当性，法益権衡，必要性（緊急性）といったファクターを総合的に考慮して判断することになる。この場合，違法性の本質論に関する行為無価値論と結果無価値論の立場の違いにより，判断の枠組みは若干異なるであろう。行為無価値論からすれば，主観的正当化要素である権利行使の意思であったか等も考慮しつつ，とられた手段が社会通念上相当か否かを中心に判断される。結果無価値論からすれば，権利実現の必要性や緊急性を勘案しつつ，債権者の権利と債務者の侵害利益の比較衡量を中心に判断されることになろう。

　ただし，最判昭30・10・14以降は，多くの判例が出され，権利行使についての違法性阻却の判断が精密化し，発展したと言われている（例えば，比較衡量の要素を一般的に提示したものとして，福岡地小倉支判昭47・4・28判タ279号365頁は，「……社会的相当性の有無の判断に当たっては，当該行為の主観客観の両側面，すなわちその目的と手段の双方を総合的に判断すべきは勿論，場合によっては，当該権利義務の内容・性質・成立原因等，当事者双方の生活に対するかかわりの軽重，当該行為に至るまでの当事者間の交渉経緯，その努力の有無程度，双方の資産地位，権利義務に関する知識の深浅その他の力関係等にまで立入って子細に吟味する必要があり，権利義務関係の支配原理である信義則がこの場合にも有力な指標を提供するものと考えられる。」とし，東京地判平14・3・15判時1793号156頁は，「……権利行

使の方法として相当といえるためには，請求の根拠となる権利の確実性，相手方の態度の誠実性，請求する際の言動の相当性などの事情を総合的に考慮する必要があるものと解される。」とする。そのほか，比較衡量の要素を提示していないにしても，個別具体的な事情を丁寧に検討して結論を導いている判例が多い)。したがって，「狭義の権利行使と恐喝罪」の事案における違法性阻却の判断の際に，正当行為に関する一般的原理から演繹的に基準を導くのは必ずしも得策ではなく，これまでに集積されている具体的な判例から帰納的に分析する方が有益である。

　そこで，債権者による権利行使の事案を主として念頭に置いて，判例を検討する。最判昭30・10・14の判断基準からすれば，①権利の存在と②手段の相当性の2つの要件が基本となることは明らかである。

　当然のことながら，違法性が阻却されるためには①権利の存在が前提となるが（権利の不存在の場合で恐喝罪の成立が認められたものとして，最判昭33・5・6刑集12巻7号1336頁等)，さらに，要求額が権利の範囲内か否かが重要である。これまで違法性が阻却された判例は，基本的に権利の範囲内の権利行使の事案であり，権利の範囲を超過した事案では，違法性が阻却されていない（最判昭30・10・14をはじめ，東京高判昭31・6・13裁特3巻12号618頁，債務者に必要以上の多額の金員の支払を約束させたことを，金員要求に至る経緯として，権利行使を否定する認定の一要素としたものとして，大阪高判昭55・7・29刑月12巻7号525頁・判時992号131頁）。なお，いわゆるユーザーユニオン事件に関する東京高判昭57・6・28刑月14巻5＝6号324頁・判時1047号35頁・判タ470号73頁は，自動車会社に対する自動車の欠陥に基づく損害賠償請求において，相当の資料に基づいて請求権の存在を確信した者が，示談交渉に際して，権利実現のために多少脅迫的言動を用いた事案について，最判昭30・10・14の法理は，「権利が存在し，かつ，その存在が明確である場合だけでなく，他人に対して権利を有すると確信し，かつ，そう信ずるについて相当な理由（資料）を有する場合にも同様に妥当しなければならない。」とした。これは，消費者運動の進展など現代の新しい状況の下で，事実関係が確定するまでに相手方と一定の交渉をすること自体許されるような類型の権利行使に関し，目的の相当性の観点から柔軟に対応するものとして注目されている。また，行使する権利が自己の権利か他人の権利かという点については，他人のための権利行使であるからといって，それを

13 権利行使と恐喝罪

もって直ちに違法性が阻却されないということはないが（大阪高判昭34・12・18下刑集1巻12号2564頁，東京高判昭36・11・27東高時報12巻11号236頁，東京地判昭38・7・15判タ154号160頁，東京地判昭42・9・5判タ213号203頁等参照），例えば，暴力団を使っての取立てについては，手段の相当性の点で問題となる場合がある。

次に，②手段の相当性の点では，判断の枠組みとしては，権利実現のためにそのような手段が必要か（必要性），権利行使のために社会通念上どの程度の実力行使が許されるか（狭義の相当性）についての相関的判断が基本となるが，その際に，債務者側や債権者側の対応といった事情を検討する必要がある。

そのために，まず，行為態様，すなわち，債権者の債務者に対する言動の内容・程度の認定が重要となる。判断の明確化の観点から行う類型化の作業に馴染むのは，まさにこの点であり，このように具体的に認定した行為態様を出発点にして，後に検討する手段の必要性と狭義の相当性を相関的に検討し，法的に許されないレベルのものか評価していくことになる。ただし，相関的判断を前提としても，行為態様自体の違法性が非常に高い場合には，それだけで手段の相当性が認められず，違法性が阻却されないという結論になり得る。例えば，暴行を伴う行為が違法性を阻却する余地がないことは，明らかであろう（そもそも権利の存在が否定された事案に関して，被害者に暴行・脅迫を加えて現金を喝取した点についても，社会通念上認容すべき程度を逸脱する手段に訴えたとしたものとして，名古屋高金沢支判昭31・12・11裁特3巻24号1218頁）。脅迫を伴う行為のうち，債務者等の身体に危害を加えるような気勢を示した脅迫も，違法性が阻却されることはないであろう（最判昭30・10・14をはじめ，東京高判昭32・3・20東高時報8巻3号64頁等参照。なお，出刃包丁を用いての脅迫で，強盗罪を成立させたものとして，名古屋高判昭38・4・15下刑集5巻3＝4号201頁）。組織暴力を背景とした脅迫も，基本的に違法性は阻却されない（債権者から取立委任を受けた暴力団構成員が，その団体の威力を背景とし，債務者を脅迫して債権の取立てをした事案につき，名古屋高金沢支判昭45・7・30刑月2巻7号739頁。ただし，暴力団関係者に取立てを委任した事案について，後に検討する債権者側や債務者側の事情も考慮して，違法性阻却を認め，無罪としたものとして，前掲福岡地小倉支判昭47・4・28）。これに対し，以上のような内容・程度に至らない不穏当ないし脅迫的な言

動がなされた事案について，債権者側や債務者側の事情，ひいては手段の必要性を比較衡量し，総合的な判断として違法性阻却を認め，無罪とされたものがある（東京高判昭30・10・6 裁特 2 巻20号1032頁（ただし，最判昭30・10・14以前のもの），前掲大阪高判昭34・12・18, 前掲東京高判昭36・11・27, 前掲東京地判昭38・7・15, 前掲東京地判昭42・9・5, 福岡地小倉支判昭54・9・19判タ399号99頁，前掲東京地判平14・3・15, 大阪地判平17・5・25判タ1202号285頁等）。

　行為態様を踏まえた，そのような手段の必要性と狭義の相当性の相関的判断の実際について，判例をみると，債権者側の事情として，当該債権との関係を含め債権者の置かれた状況，交渉や請求の過程において誠実な対応や努力がされていたかといった事情が，債務者側の事情として，当該債務との関係を含め債務者の置かれた状況，交渉や返済の過程において誠実な対応や努力がされていたか，特に，債務者の対応に非難に値する点があったかといった事情が，具体的に検討され，行為態様も併せて総合的に判断されている（例えば，前掲東京高判昭36・11・27は，バーの女給である被告人Ｘが，取立屋である被告人Ｙに飲食代金等の債権の取立てを依頼し，被告人Ｙが債務者である被害者に支払を求めた事案において，被告人Ｘは，被害者が累次の請求に応じず，その所在さえ明らかにしないようになったので，被告人Ｙに取立てを依頼したこと，被告人Ｙは，被害者の所在を突き止めて喫茶店に呼び出し，被告人Ｘからの委任状を示して2, 3時間債権の支払を受けるべく談判をし，双方語気を強めて言い合ったことはあったが，被害者を畏怖，困惑させるに足るべき脅迫行為をしたとするに足る証拠はないこと，元来本件は，被害者が，被告人Ｘに対して飲食代金等の借金を負いながら，数か月にもわたってその支払を拒み，その所在も明らかにしなかったことに第一の原因があり，被害者の態度は非難を免れないこと，被告人Ｙとの談判も被害者が言を左右にして支払を免れようとしたので長引いた節もあることなどを考慮し，被告人Ｙの言動が権利の行使として社会観念上許された範囲を逸脱したものであったとは認め難いとした）。

5　本問の検討

　本問では，甲は，Ａに対し，200万円の残債権を有しているが，Ａに残債権とわび料の合計400万円の支払を要求する際に，これに応じないときはＡの身

13 権利行使と恐喝罪

体に危害を加えるような態度を示して脅迫しており，これに畏怖したAが400万円を甲に交付しているから，甲の行為は，400万円の全額につき，恐喝罪の構成要件に該当する。次に，甲の行為が，違法性が阻却されるかが問題となるが，残債権だけでなく，それと同額の200万円のわび料を要求し，甲の有する権利を明らかに超過していること，脅迫的文言の内容もAの身体に危害を加えるような態度を示すという悪質なものであることを考慮すると，違法性は阻却されない。したがって，甲の罪責としては，400万円の全額につき，恐喝罪が成立する。

〈参考文献〉
- 戸田弘「権利行使と恐喝罪」最高裁判所判例解説刑事篇昭和30年度268頁
- 中森喜彦「権利行使と詐欺・恐喝罪」判例刑法研究6巻249頁（有斐閣，1983）
- 大塚仁ほか編・大コンメンタール刑法13巻（第2版）288頁〔小倉正三〕（青林書院，2000）
- 木村光江・財産論の研究（日本評論社，1988）
- 木村光江「権利行使と詐欺・恐喝罪」刑法基本講座5巻―財産犯論212頁（法学書院，1993）
- 西田典之「権利の行使と恐喝」刑法の争点（新版）285頁
- 京藤哲久「権利行使と恐喝」刑法の争点（第3版）196頁
- 芝原邦爾「権利の実行と恐喝罪」刑法判例百選II各論（第2版）106頁
- 町野朔「権利の実行と恐喝罪」刑法判例百選II各論（第4版）102頁
- 野村稔「権利の実行と恐喝罪」刑法判例百選II各論（第5版）110頁
- 北川佳世子「権利の実行と恐喝罪」刑法判例百選II各論（第6版）118頁
- 油田弘佑「恐喝犯の認定（成否）」判タ744号51頁

【川田　宏一】

14 不動産の二重譲渡，抵当権設定

次の場合，甲，乙の罪責はどうか。
〔1〕 甲は，その所有土地をAに売却した。甲は，その所有権移転登記手続が未了で登記ファイル上所有名義が自己にあることを利用して，この土地をBに売却し，その旨の登記を了した。また，この土地をBに売却するのではなくCのため抵当権を設定し，その旨の登記を了した場合はどうか。さらにその後，同土地をCに売却し，その旨の登記を了した場合はどうか。
〔2〕 乙は，その所有土地にDのため抵当権を設定した。乙は，その抵当権設定登記手続が未了であることを利用して，この土地にEのため抵当権を設定し，第1順位でその旨の登記を了した。

① Aに売却した所有土地をBに売却した場合の甲の罪責（小問〔1〕の1）

(1) 所有土地の売却と所有権の帰属

民法は意思主義をとっており，物権の設定及び移転は当事者の意思表示のみによって，その効力を生ずる（民176条）とされ，不動産に関する登記は第三者に対する対抗要件にすぎない（民177条）から，特に移転登記の時点まで所有権を移転しないとするなどの特約がない限り，問題の土地の所有権は売却によってAに移転することとなる。

(2) 所有土地を売却した後の登記ファイル上の所有名義の保持と「占有」

横領罪における占有は，物に対する事実的支配に限定されず，法律的支配も含むと解されている（大判大4・4・9刑録21輯457頁）。登記済み不動産については，所有権の登記名義人に占有がある（最判昭30・12・26刑集9巻14号3053頁）。登記済み不動産の所有権を侵害し得るのは，当該不動産を事実上支配している者ではなく，登記ファイル上の名義人である。

したがって，土地の所有権が売却によってAに移転しても，登記ファイル上の所有名義が甲にある以上，甲はその土地を「占有」するものと認められる。

14　不動産の二重譲渡，抵当権設定

(3) 土地の売却と「横領」

　不法領得の意思を実現する一切の行為が横領である（領得行為説）。不法領得の意思とは，「他人の物の占有者が委託の任務に背いて，その物につき権限がないのに所有者でなければできないような処分をする意思」（最判昭24・3・8刑集3巻3号276頁）をいう。

　甲は，Aとの間の売買契約に基づき，売却した土地について所有権移転登記を了する債務を負っており，それまでの間における登記名義の保持は委託関係によると解することができ，その任務に背いて土地をBに売却し，その旨の登記を了した甲の行為は，その土地について権限がないのに所有者でなければできない処分行為に及んだものといえるから，自己の占有する他人の物を横領したものとして，横領罪（刑252条1項）に当たる（最決昭33・10・8刑集12巻14号3237頁）。この場合，甲による土地の横領行為はBに対する所有権移転登記を了した時点で既遂となるというのが有力説である。

(4) 特約により所有権が甲に留保されていた場合

　甲とAの間の契約において，土地の所有権は移転登記のときに移転するとの特約があった場合にはどうなるか。

　この場合には，その土地は依然として甲の所有であり，「他人」の物を占有していることにならないから，Bに対する売却によって横領罪が成立することはない。問題は，背任罪（刑247条）の成否である。小問〔2〕で抵当権の設定について検討するように，いわゆる二重抵当の設定が最初の抵当権設定契約の相手方との関係で背任罪に当たるとすれば，Aに対して土地の移転登記をして所有権を移す債務を負っている甲が，これに違反してBに土地を売却して移転登記も了した場合には，背任罪が成立すると考えられる。ただし，売買代金の支払の有無，各契約の経緯などによっては，Aには財産上の損害がないとされる場合，あるいは財産上の損害があっても，刑法上の保護に値するような利益がない，又は社会的に相当な行為として違法性が認められないなどとされる場合もあるであろう。

14 不動産の二重譲渡，抵当権設定

② Aに売却した所有土地にCのため抵当権を設定した場合の甲の罪責（小問〔1〕の2）

売却した土地について，登記ファイル上の所有名義を有する甲が，抵当権を設定する行為も，所有者でなければできないような処分といえるから，横領罪（刑252条1項）に当たる（最判昭34・3・13刑集13巻3号310頁。なお，後掲最大判平15・4・23刑集57巻4号467頁も，このことを前提にしている）。

抵当権の設定は，直ちに所有権を侵害する行為ではないが，将来実行されることにより所有権そのものが侵害される危険性を備えたものであり，所有者でなければできないような処分をするものとして不法領得の意思を実現する行為に当たるということがいえよう。なお，他人所有の建物を同人のために預かり保管していた者が，虚偽の抵当権設定契約書等を法務局に提出し，これに基づく抵当権設定仮登記を了したことにつき横領罪等の成立を認めた最近の判例として，最決平21・3・26刑集63巻3号291頁がある。

なお，これに対し，使用・収益権が所有者にとどまり，かつ事実上の最終的処分ともいえない抵当権の設定は，横領罪ではなく背任罪と構成する方が適切とする見解がある（浅田和茂「横領後の横領」ジュリ1269号168頁。後掲平成15年判例の原判決である東京高判平13・3・22高刑集54巻1号44頁参照）。

③ ②の行為の後，さらにその土地をCに売却した場合の甲の罪責（小問〔1〕の3）

(1) 従来の判例

このような場合について，従来の判例は，甲がCのために抵当権を設定した行為についてのみ横領罪が成立し，その後にその土地をCに売却した行為はさらに横領罪を構成するものではない，としていた。

すなわち，大判明43・10・25刑録16輯1745頁（以下「明治43年判例」という）は「刑法252条第1項の罪は自己の占有する他人の物を横領するによりて成立し而して右横領とは他人の物を不正に自己の所有物と同一なる支配状態に置くの謂なれば既に一度他人の物を不正に領得したる以上右犯罪は即時に成立し其領得以後該目的物に対する処分行為の如きは更に別罪を構成すべきものにあらず」（原文はカタカナ）との理由を述べ，内妻が仮装譲渡で登記された土地を他に抵

14 不動産の二重譲渡，抵当権設定

当に差し入れ，その後その土地を他に売却したとして，同一の物件について2個の横領罪を構成するものと認めた原判決を破棄し，上記土地を売却して横領したとの点は無罪とした。

また，最判昭31・6・26刑集10巻6号874頁（以下「昭和31年判例」という）は，原判決が売却済み不動産につき代物弁済による所有権移転登記をしたことによる横領罪の成立を認めたことに対し，それに先立つ抵当権設定行為により横領罪が成立していることを理由に原判決を破棄した。すなわち，原判決は，売却済み不動産について昭和24年2月5日に代物弁済を原因とする所有権移転登記を経たことをもって横領罪の成立を認めるに当たり，被告人が昭和23年9月6日に2番抵当権の設定登記をしたことは明らかとしつつ，その登記は昭和24年2月4日抹消されて被告人がまた占有を始めたことを横領罪の成立を認める理由とした。これに対し，最高裁は，「仮に判示のように横領罪の成立を認むべきものとすれば，被告人Xにおいて不動産所有権がZにあることを知りながら，被告人Yのために2番抵当権を設定することは，それだけで横領罪が成立するものと認めなければならない。判示によれば，昭和24年2月4日右2番抵当権は抹消されたというが，第1審判決の認定によれば，その翌日2月5日代物弁済により被告人Yに所有権移転登記したというのであって，記録によれば，右2番抵当権登記の抹消は所有権移転登記の準備たるに過ぎなかったことを認めるに十分である。されば原判決がことさらに被告人Xが右2月4日1日だけZのため本件不動産の占有を始めたという説明によって右所有権移転登記の時に横領罪が成立すると判断したことは，刑法の解釈を誤った違法があるに帰する。」とした。先行する2番抵当権の設定により横領罪が成立した以上は，その抵当権が抹消された上で後行の代物弁済が行われたとしても，これによる所有権移転で横領罪が成立することはない，とするものである。

以上の各判例は，いったん行為者によって抵当権が設定されて横領罪が成立した不動産については，更に処分行為が行われても横領罪は成立しないとする。講学上の「不可罰的事後行為」として後行行為についての横領罪の成立を否定するものである（法条競合説。団藤・総論（第3版）446頁，小林充「包括一罪について」判時1724号3頁）。

以上の各判例によれば，甲については，Cに対する抵当権設定行為による横

領罪が成立し，その後の売却行為については横領罪は成立しないことになる。甲が抵当権を設定しただけの場合（前記②）と成立する犯罪の内容は同じになるが，その後の売却行為が認められれば，量刑において犯行後の事情として考慮対象に含める余地はあることになろう。

なお，実務的な問題でいうと，明治43年判例等に従えば，後行の売却行為が横領罪に当たるとして公訴提起されたが，証拠上，先行する抵当権設定行為が認められる場合には，当初の訴因のままで横領罪の成立を認めることはできないことになるから，検察官に訴因変更を促すことになろう（東京高判昭63・3・31判時1292号159頁はそのような例である）。

(2) **現在の判例**

明治43年判例及び昭和31年判例の各事案は，同じ不動産について抵当権の設定と譲渡が順次行われ，抵当権の設定に関して横領罪が成立することが明白で，かつ，その罪につき被告人を有罪とすることにも特に障害がなかったものと思われる。このような場合には，先行する抵当権設定行為による横領罪の成立を認めれば，後行する譲渡行為が横領罪に当たらないとしても，実質的な不都合はないであろう。あたかも，窃取した物を損壊しても，窃盗罪が成立するだけで，器物損壊罪は成立しない（法益の侵害は窃盗によって完成しており，新たな侵害はない）とされるのと同様に考えるものである。

しかし，先行する抵当権の設定について，横領罪の成否が訴訟上明らかでない場合，横領罪は成立するが被告人に責任がない場合，横領罪の成立と帰責に障害はないがその行為についてみる限りは公訴時効の期間が経過していると認められることなどにより，後行する譲渡のみを訴因として公訴提起された場合，どのように対処すべきことになるか（なお，不動産の横領の場合には，登記があるから，横領行為の特定がしやすく，上記のように先行する横領行為と後行の横領行為との関係といった問題が明確になる。これに対して，現金や動産の横領になると，どの時点で不法領得の意思が外部的に明らかになったかということは登記のようには明らかでないから，そもそも上記のような問題は起きづらくなる。例えば，業務上保管中の現金に対する横領行為が多段階的に考えられることにつき，前記②末尾の高裁判例42頁を参照）。

以上のような問題に直面したのが，最大判平15・4・23刑集57巻4号467頁

14 不動産の二重譲渡，抵当権設定

（以下「平成15年判例」という）の事案であり，同判例により，昭和31年判例は変更された。

平成15年判例の事案は，宗教法人の責任役員である被告人が，共犯者と共謀の上，業務上占有する宗教法人の土地（複数）を売却して横領したとされたものである。上告理由は，被告人は売却以前に当該土地に抵当権を設定していたから，昭和31年判例に従えば売却行為については業務上横領罪は成立しないはずであり，その成立を認めた原判決は同判例に違反する，などというものであった。

これに対し，最高裁大法廷は「委託を受けて他人の不動産を占有する者が，これにほしいままに抵当権を設定してその旨の登記を了した後においても，その不動産は他人の物であり，受託者がこれを占有していることに変わりはなく，受託者が，その後，その不動産につき，ほしいままに売却等による所有権移転行為を行いその旨の登記を了したときは，委託の任務に背いて，その物につき権限がないのに所有者でなければできないような処分をしたものにほかならない。」として，まず，後行の処分行為が（業務上）横領罪の構成要件に当たることを認めた。その上で，「したがって，売却等による所有権移転行為について，横領罪の成立自体は，これを肯定することができるというべきであり，先行の抵当権設定行為が存在することは，後行の所有権移転行為について犯罪の成立自体を妨げる事情にはならないと解するのが相当である」として，所有権移転行為につき（業務上）横領罪の成立を認めた原判決の結論を正当とし，昭和31年判例を「当裁判所の上記見解に反する限度で変更」するとした。

平成15年判例は，さらに，「このように，所有権移転行為について横領罪が成立する以上，先行する抵当権設定行為について横領罪が成立する場合における同罪と後行の所有権移転による横領罪との罪数評価のいかんにかかわらず，検察官は，事案の軽重，立証の難易等諸般の事情を考慮し，先行の抵当権設定行為ではなく，後行の所有権移転行為をとらえて公訴を提起することができるものと解される。また，そのような公訴の提起を受けた裁判所は，所有権移転の点だけを審判の対象とすべきであり，犯罪の成否を決するに当たり，売却に先立って横領罪を構成する抵当権設定行為があったかどうかというような訴因外の事情に立ち入って審理判断すべきものではない。」とした。

その理由につき，平成15年判例は，「被告人に対し，訴因外の犯罪事実を主張立証することによって訴因とされている事実について犯罪の成否を争うことを許容することは，訴因外の犯罪事実をめぐって，被告人が犯罪成立の証明を，検察官が犯罪不成立の証明を志向するなど，当事者双方に不自然な訴訟活動を行わせることにもなりかねず，訴因制度を採る訴訟手続の本旨に沿わないものというべきである」と判示した（訴因と裁判所の審理に関して，これと同趣旨の判断を示したものとして，最決昭59・1・27刑集38巻1号136頁参照）。

平成15年判例の事案は，宗教法人の役員が同法人の不動産を横領したものであるが，売却した不動産について登記ファイル上の名義を有する者の場合にも同様に考えられるであろう。そうすると，Aに売却済みの土地上にCのために抵当権を設定した後であっても，登記ファイル上の所有名義を有する限り，甲は同土地をなお占有しているということができるから，これをCに売却した行為は横領罪の構成要件を満たすといえる。

(3) **抵当権設定行為と売却行為との関係**

前述のとおり，平成15年判例で問題となったのは，後行する売却行為のみについて公訴提起された場合の取扱いであった（なお，平成15年判例の上告理由においては，原判決が明治43年判例にも違反すると主張されたが，明治43年判例は「抵当権設定とその後の売却が共に横領罪に当たるとして起訴された場合に関するものであり，本件と事案を異にするから，この点は，適法な上告理由に当たらない。」とされた。平成15年判例の事案のように後行する売却行為のみについて公訴が提起された場合においても先行する抵当権設定行為の存在を理由に横領罪の成立を否定すべきかどうか，という点は明治43年判例では判断の対象となっておらず，判断事項の内容そのものが矛盾するとはいえないから，判例違反には当たらず，「事案を異にする」とされたものと思われる）。

それでは，甲が，Aに売却済みの土地にCのために抵当権を設定し，更に同土地をCに売却し，各事実を併せて公訴提起された場合，甲には抵当権設定による横領罪と売却による横領罪の2罪を認めて両者は併合罪とすべきか，それとも両者を併せて1個の横領罪が成立するとすべきだろうか（平成15年判例が示された以上，設例のような場合，実務上，検察官は，従前のように先行する抵当権の設定行為を訴因とするほか，事案の軽重，立証の難易等諸般の事情を考慮して

14 不動産の二重譲渡，抵当権設定

後行する売却行為を訴因として公訴提起することができることになる。後者の場合には，それに先立つ抵当権設定が存在したから無罪であるとの弁護人の主張は失当となるし，先行する抵当権設定行為の存在が証拠からうかがわれる場合であっても，裁判所が検察官に対して抵当権設定への訴因変更を促すべきでもないことになる。このような場合には，社会的な実態として，同一の不動産について，任務に反した抵当権設定と売却が順次行われていたとしても，訴訟上は罪数問題を生じないことになる。検察官が，甲につき，抵当権設定と売却を併せた訴因として公訴提起する必要は通常はないであろう。特別の事情として考えられるのは，例えば，抵当権設定とその後の売却にそれぞれ異なる共犯者X，Yの関与があり，各共犯者を不動産の管理者Zと共に起訴するような場合である。このような場合，Xについては抵当権設定による横領罪，Yについては売却による横領罪が成立することになろうが，Zについての処理が問題となる)。

　平成15年判例を前提に考えてみるとどうなるか。
　平成15年判例は，「横領罪の成立自体は，これを肯定することができる」とか，「先行する抵当権設定行為について横領罪が成立する場合における同罪と後行の所有権移転による横領罪との罪数評価のいかんにかかわらず」，検察官は，「事案の軽重，立証の難易等諸般の事情を考慮し，先行の抵当権設定行為ではなく，後行の所有権移転行為をとらえて公訴を提起することができる」としている。このような判示からすれば，平成15年判例は，2個の横領罪が成立して併合罪となるとは考えていないものと思われる。併合罪であれば後行の所有権移転行為につき横領罪が成立することは明らかであり，検察官が公訴提起できるのも当然だからである。

　併合罪とした場合には，同一主体による1個の法益に対する侵害を2重に認めて処罰することに大きな問題がある。明治43年判例や法条競合説が後行行為による横領罪を認めない実質的な理由はここにあろう。

　先行行為をいわゆる「部分横領」と考え，残存する法益が後行行為により侵害されるという説明による場合（平成15年判例の第1審はそのような考え方をとっており，これを支持する見解として，佐久間達哉・研修661号19頁参照。この見解も，その前提に立った上での罪数論まで展開しているわけではない)には，併合罪とする余地もあるのかもしれないが，それでも，先行行為によって既に侵害さ

172

れている法益（の一部）を後行行為によって2重に侵害した関係を認めることにならないかという疑問は残る。

　これに対し，包括一罪説あるいは処罰一回説は，後行行為は先行行為と包括的に評価されてそれと共に処罰されるため不可罰とされる，あるいは，後行行為は先行行為で処罰されることにより処罰されないことになる，というものである。近時の学説において有力であり，法条競合説によらず，併合罪とした場合の難点も回避することができ，平成15年判例の事例で直面した問題を合理的に解決することが可能で，その帰結を支える説明ともなり得る（不可罰的事後行為の法的性格などに関する学説の状況については，福崎伸一郎・判解刑平15年度285頁以下に整理されている。平成15年判例又はその原判決を契機として刑法上の問題を論じた主な論考として，西田典之「抵当権の設定による横領について」研修657号3頁，山口厚「『横領行為後の横領』に関する大法廷判決をめぐって」法教278号34頁，曽根威彦「不可罰的事後行為の法的性格」研修668号3頁，野村稔「一　他人の不動産を受託占有する者が抵当権設定後これを売却する行為と横領罪の成否　二　売却行為のみが横領罪として起訴されたときの審理方法」現代刑事法63号75頁，林幹人「横領物の横領」現代刑事法65号82頁，髙木俊夫「委託を受けて管理する他人の不動産にほしいままに抵当権を設定しその登記を了した後にこれを売却した行為の犯罪性とその審理方法」ジュリ1281号170頁参照）。

　ただ，包括一罪説や処罰一回説によっても，先行行為と後行行為が併せて起訴された場合の処理については，見解が一致しているわけではない。また，抵当権設定行為と売却行為が同時に訴因となった場合には，平成15年判例が指摘したような「訴因制度を採る訴訟手続の本旨に沿わない」事態を生ずることはない。裁判所が，明治43年判例のような処理をする余地は，平成15年判例によっても，なお残されているものと思われる。

　次のような各処理につき，種々の理論的な説明が可能であろう。

　①先行行為と後行行為のいずれも認定した上で，両者を包括して横領罪に当たるとする，②先行行為が有罪である限り，後行行為は犯罪とせず，量刑事情として考慮するにとどめる，③先行行為と後行行為の違法性の強さを比較し，違法性の強い方につき横領罪が成立するものとし，本設問のような場合には，所有権を全体的に侵害する売却行為につき横領罪の成立を認め，抵当権設定行

為は量刑事情として考慮する。

　検察官の掲げた2つの訴因について，裁判所としては，①説によればそのまま認定すればよいが，②又は③説では，横領罪として処罰しない売却行為又は抵当権設定行為に関する訴因をそのままにしてよいのかどうかが問題となる。量刑事情にすぎない以上，その訴因の撤回を促すべきであって，検察官が撤回しない場合には，その訴因につき，無罪とすべきものかと思われる。②説によれば，明治43年判例は変更する必要はない。①又は③説の処理をすることは同判例と抵触するから，その変更が必要である。

　私見では，①説によって，双方の訴因につき認定した上，包括して1個の横領罪の成立を認め，量刑は，犯情のより重い横領行為を基礎として行う，という処理が，実務的には妥当ではないかと思われる。

　すなわち，①説によって，被告人の2回の処分行為を包括して1個の横領罪として処罰することとした上，犯情の重い横領行為を基礎として量刑することに，実質的に難点があるとはいえないと思われる。

　②又は③説をとる場合，証拠調べが終わるまでは先行行為と後行行為の各訴因が認定できるかどうかは不明であるから，裁判所としては，それ以前の段階で検察官にいずれかの訴因の撤回を求めることはできず，検察官が双方の訴因につき立証することを止めることはできない。したがって，②又は③の説によることが訴訟経済に資するとはいえない。そして，立証がされた後においても，いずれかの訴因につき無罪としなければ適正な量刑ができないということはないのであるから，裁判所としては，いずれの訴因を無罪にすべきか，などといった理論的な事柄よりも，もっと実質的に意味のある事柄に意を用いるべきではないかと思われる。

　また，特に③説によった場合には，訴因のうちそのいずれを撤回させ，あるいは無罪とすべきかという点について，実務に無用の混乱が生ずる危険もある（例えば，撤回すべき訴因についての考え方が1審と控訴審で異なるということも考えられる）。

　しかも，訴因を設定する権限が検察官にあることに照らせば，②又は③説は，検察官の訴因の選択によって理論を貫徹できなくなることも否定できない。すなわち，当初から1つの訴因を掲げた場合はもちろん，2つの訴因を掲げて公

訴提起した場合でも，理論的には先行行為か後行行為だけにつき横領罪が成立するといってみても，検察官がいずれかの訴因を取り下げれば，裁判所は残りの訴因について審理判断するだけのことであり，平成15年判例の趣旨に照らせば，その際に，取り下げられた訴因につき横領罪が成立するかどうかを検討して残りの訴因の有罪，無罪の判断をすべきではない。

更にいうと，①説であれば，前に触れた抵当権設定とその後の売却にそれぞれ異なる共犯者X，Yの関与があるという前掲の設例では，Xにつき抵当権設定による横領罪（共同正犯），Yにつき売却による横領罪（共同正犯）が成立し，Zにつき抵当権設定と売却の各行為による横領罪（Xと抵当権設定につき共同正犯，Yと売却につき共同正犯）が成立するが包括して1個の横領罪として処罰することが可能と思われる。

これに対し，②又は③説による場合には，上記設例の処理はどうなるのだろうか。Zについては横領罪が成立しないいずれかの行為について，X又はYについて横領罪の共同正犯の成立を認めることになり，特に共同被告人として審判したような場合，常識にかなう結論といえるかどうか，理論的には何らかの説明をするとしても難解なものにならないかという疑問がある。

4 **所有土地にDのために抵当権を設定し，更にEのために抵当権を設定した場合の乙の罪責（小問〔2〕）**

乙は，当該土地の所有者であって，小問〔1〕の甲のように他人の物の占有者ではないから，横領罪が成立することはない。

乙は，Dのために所有土地に抵当権を設定したのであるから，その登記を完了するまでは，Dに登記の実現に協力する任務を負うものと解される（他人のために事務を処理する任務）。具体的には，Dのために1番抵当権の設定登記が経由されるように協力する任務を負う。ところが，乙は，さらにEのために抵当権を設定し，第1順位の登記を了し，Dが第1順位の抵当権設定登記を得ることはできなくなったのであるから，Dに対する任務に背き，自己若しくは第三者の利益を図り又は本人に損害を加える目的で，上記任務に背く行為をし，Dが1番抵当権であれば担保されたはずの当該土地に対する担保権を得られず，2番抵当権としての担保権しか得られない状態にして，その分の財産上の損害

をDに被らせたものといえる。

　したがって，乙の行為は背任罪に当たる（最判昭31・12・7刑集10巻12号1592頁）。

【藤井　敏明】

15 横領罪と不法原因給付

甲は，A店からパソコンを盗み，乙に対し，その売却を依頼した。乙は，甲がこのパソコンを他から盗んできた物であることを知りながら，これをBに売却した。その後，乙は，Bから受け取ったその代金を勝手に自分のために使ってしまった。乙の罪責はどうか。

1 問題の所在

不法原因給付と委託物横領罪（刑252条1項）の成否に関する問題である。

民法708条本文は，「不法な原因のために給付をした者は，その給付したものの返還を請求することができない」と定める。委託物横領罪は，「自己の占有する他人の物を横領」することにより成立するのであり，その保護法益は第一次的には所有権と解されていることから，不法原因給付として返還請求権が失われている財物を横領しても，法益侵害が認められないのではないかという点が争われてきた。また，委託物横領罪は，委託信任関係をも保護すると解されているところ，不法原因給付の場合には，保護されるべき委託信任関係が認められないのではないかという点も問題となる。

これに加え，本問のケースでは，委託をしたのが財物の所有者ではなく窃盗犯であることをどう考えるか，盗品等に関する罪に加えて委託物横領罪の成立を認めるべきかという点も問題となる。

2 不法原因給付と委託物横領罪の成否に関する考え方

(1) 判例の状況

従来，不法原因給付と委託物横領罪の成否に関しては，様々な事例で問題とされてきた。特に戦後の動乱期を中心に，各種経済統制法規違反行為に基づく給付物に関して，横領罪の成立を認める高裁判例がある（札幌高判昭24・10・8高刑集2巻2号167頁，福岡高判昭25・8・23高刑集3巻3号382頁，東京高判昭26・4・28判特21号89頁，東京高判昭29・6・29判特40号166頁等）。しかし，民法708条にいう不法原因とは，時代の倫理思想に根ざす公序良俗違反をいい，強行法規

15　横領罪と不法原因給付

に違反するだけでは足りないとするのが通説であり（谷口知平＝甲斐道太郎編・新版注釈民法(18)699頁〔谷口知平＝土田哲也〕（有斐閣，1991）。最判昭37・3・8民集24巻11号1560頁も「その行為の実質に即し，当時の社会生活及び社会感情に照らし，真に倫理，道徳に反する醜悪なものと認められるか否かによって決せられるべき」と判示している），これらの高裁判例については，そもそも民法708条の不法原因給付に当たるかについて疑問が提起されている（大コメ刑法第13巻（第2版）359頁〔吉本徹也〕）。なお，東京高判昭45・11・10刑月2巻11号1145頁は，預金等に係る不当契約の取締に関する法律に違反する導入預金について，民法708条の適用はないとしている。

　そこで，ここでは，かねてから典型的な事例として議論されてきた，Xが，Yに対し，公務員に贈賄することを依頼して現金を預けたが，Yがこれを費消してしまったという事案を念頭に，検討を進めたい。

　大審院判例は，贈賄資金の費消行為に関しては，一貫して，給付者は，民法により返還を請求できないとしても，そのために所有権を喪失するものではないとして，横領罪の成立を認めていた（大判明43・7・5刑録16輯1361頁，大判明43・9・22刑録16輯1531頁，大判大2・12・9刑録19輯1393頁）。最高裁も，最判昭23・6・5刑集2巻7号641頁が，「刑法252条1項の横領罪の目的物は，単に犯人の占有する他人の物であることを要件としているのであって，必ずしも物の給付者において民法上その返還を請求し得べきものであることを要件としていない」として，委託物横領罪の成立を認めている。このように，大審院判例から戦後初期の最高裁判例においては，民法708条の不法原因給付として給付者が返還を請求することができなくなった物についても，受給者に所有権が移転するわけではなく，「自己の占有する他人の財物」であることにかわりはないことが考慮されているように思われる。

　ところが，民事判例ではあるが，最〔大〕判昭45・10・21民集24巻11号1560頁は，Yが妾であるXに対して不倫関係を継続する目的で未登記の建物を贈与し，これを引き渡したが，その後両者の関係が悪化し，YがXに建物明渡し請求の訴えを提起するともに，自己名義で建物保存登記を行い，これに対して，XがYに対して反訴として所有権移転登記手続を求めたという事案において，この未登記建物の引渡しは民法708条の給付に当たるとした上で，建物の所有

者のした贈与に基づく履行行為が不法原因給付に当たる場合には，その建物の所有権は受贈者に帰属するとして，受贈者XはYに抹消登記請求できる（Xが改めて保存登記手続をすることに代え，所有権移転登記手続を求める反訴も認容）と判断した。この判決は，民法708条の不法原因給付として返還請求できない場合に，その反面として所有権が給付を受けた者に帰属するかという民法解釈上かねてから争いのあった分野について，大法廷がこれを肯定する判断を出したものであり，事案そのものは特殊であるが，学説上，その判旨は一般的に妥当するものと理解されているようである（道垣内弘人＝佐伯仁志・刑法と民法の対話43頁（有斐閣，2001））。

そこで，この大法廷判決が不法原因給付と横領罪の成否に関する刑事判例に及ぼす影響が注目されているが，現在のところ適切な事例がなく明らかでない（大コメ刑法第13巻（第2版）361頁〔吉本〕）。

(2) **学説の状況**

次に，学説の状況を概観していくが，詳細は，大コメ刑法第13巻（第2版）357頁〔吉本〕を参照されたい。

(a) 積 極 説

かつて積極説の多くは，①不法原因給付物は，給付者が民法708条により物の返還を請求できないが，給付者はその物の所有権を喪失し受給者がこれを取得するわけではないから，それは依然として他人の所有物であり，受給者がその物を不法に領得するときは横領罪を構成するとしてきた（草野・要論353頁，斉藤（金）・各論339頁等）。また，②委託関係が民法上保護されないことは必ずしも刑法において横領罪の成立を妨げるものではないという見解（小野・各論267頁），③不法な原因による委託物だから委託を受けた者が「とりドク」ということでは健全な国民の法感情に反し妥当でないから，民法上放任される不当利得だからといって，刑法上の秩序維持の見地から犯罪として罰することも理由のないことではないとして，横領罪の成立を認める見解もある（藤木英雄「不法な委託関係に基づき占有する物件と横領」刑法の争点247頁）。

前記大法廷判決を受けた肯定説からは，私人間の利益の調整を主眼とする民法解釈と，横領罪の処罰の可否のメルクマールとしての他人性解釈とは微妙に異なるとし（前田・各論（第4版）309頁），また，民法上完全に保護されなくて

も，社会生活上一定の財産的利益と呼べるものが存在し，委託信任関係を破ってそれを侵した場合，つまり，社会通念上自己のものとしてほしいままに処分することはできないと考えられるものを領得した場合には，委託物横領罪を認めるべきということが主張されている（大谷實＝前田雅英・エキサイティング刑法各論169頁以下（有斐閣，2000）における前田教授の発言）。

 (b) 消極説

消極説としては，①不法原因給付の給付者は，受給者にその物の返還を請求することができず，受給者も給付者に何らの義務を負わないから，給付者には保護されるべき所有権はなく，横領罪は成立する余地がないとする見解（瀧川・各論138頁，牧野・各論下778頁，植松・各論443頁），②給付者と受給者との間には横領罪の成立に必要な委託関係が存在しないので，可罰的違法性が排除され，横領罪は成立しないとする見解（宮内裕「不法原因給付と横領罪・詐欺罪」刑法講座(6)132頁（有斐閣，1964）），③民法的に返還義務のない受給者に刑罰の制裁をもって返還を強制することは，全体として法秩序の統一を破るものであるとする見解（団藤・各論（第3版）636頁，大塚・各論（第3版増補版）289頁）などがある。さらに，前記大法廷判決を受けて，現在の民事判例を前提とする以上，不法原因給付物は他人の物ではないことになるから，委託物横領罪の成立を肯定する見解は，現在においてはもはや維持できないとの指摘もある（山口・各論（第2版）302頁）。

 (c) 折衷説

折衷説は，不法原因給付の事例といわれるものには，所有権が給付者に残っている場合とそうでない場合があり，これを区別すべきとの問題意識に基づき，①所有権が給付者に残り，ただ単に財物や金銭の保管を受給者に委託したに過ぎない場合には，仮に不法原因給付であっても他人の物を占有する者であって，これを不法に領得すれば横領罪が成立するという見解（井上＝江藤・各則163頁），②所有権を与える意思なく単に占有だけを移転した場合には，民法708条の適用はないと解すべきであるから，同条の適用があることを前提にして横領罪の成立を否定するのは妥当でないが，不法の原因で物を委託した場合，その委託は法の保護を受ける価値を有しないから，委託物横領罪の成立に必要な要件を欠き，占有離脱物横領罪が成立するという見解（江家・各論324頁）などが

主張されてきた（この見解に対しては，委託者に所有権を認めながら，その委託者からの委託を保護しない理由はないという指摘がある。林・各論（第2版）152頁）。

そして，前記大法廷判決を受けて，民法708条の不法原因給付が認められる範囲を限定的に解することによって解決を図ろうとする不法原因給付・寄託区別説が有力となっている。すなわち，前記大法廷判決の事例は，贈与し所有権を移転した場合であったが，刑法上問題となる事例は，贈賄資金の委託の事例も含め，目的物は「委託」されているにすぎないのであって，収賄者に渡され終局的に移転される前の段階であるから，この段階では，不法原因「給付」ではない，あるいは少なくとも給付したのは「委託」であって所有権ではないと解する余地があり，終局的に所有権が移転されるまでは，所有権に基づき返還請求をなし得るのであるから，委託物横領罪の成立を否定する理由はないとする見解である（林・各論（第2版）149頁，大谷・各論（新版第3版）294頁，西田・各論（第5版）234頁），伊東・各論（第2版）261頁以下等。ただし，曽根・各論（第4版）167頁は，不法原因寄託として横領罪の成立が認められるのは極めて限られたものとなるとしている）。また，この見解は，不法原因寄託物について，委託の段階では委託者に返還請求権を認めることにより，贈賄などの違法行為を未然に防ぐことになるとも主張する。この区別説に対しては，民事法理論から疑問があるとの指摘もある（道垣内＝佐伯・前掲43頁以下。これに対しては，林幹人「不法原因給付における『給付』の意義」上智法学論集45巻2号41頁以下が詳細な反論をしている。また，山中・各論（第2版）379頁は，不法原因寄託の事案について，民法708条により返還請求権は認められないが，大法廷判決とは異なり，返還請求権のないことの反射的効果として所有権が受給者に移転するのではなく，所有権はなお給付者にあるが，給付者は返還請求をすることができないだけであると解釈することはなお可能であるとして，委託物横領罪の成立を肯定する）。

(3) 検　討

刑法上の財産犯の成否を考える上で，どの程度民事法との整合性を図るべきかという，本質的なテーマを含む問題である。

まず，刑法上の財産犯における法益侵害を考える上で，民法上の権利関係とは異なる視点が必要となること自体には異論はない（例えば，民法上，金銭の所有権は占有とともに移転するが，委託物横領罪の成否を考える上で，使途を限定し

て委託した金銭は，委託者に帰属すると解されている。最判昭26・5・25刑集5巻6号1186頁）。

また，民法解釈上，民法708条の不法原因給付として返還請求できない場合に，その所有権が給付者，受給者のいずれに帰属するかという点について見解の対立があったことが，委託物横領罪の成否に関する刑法解釈上の対立の背景にあったように思われるところ，この点については，前記大法廷判決によって一応の解決が図られたものの，そもそもどのような場合に不法原因給付に当たるかということ自体が，やはり民法解釈上困難な問題であり，実際には，種々の事情を総合的に考慮して判断されている（道垣内＝佐伯・前掲参照）。

しかし，民事紛争においては，事後的に種々の事情を総合的に考慮して具体的に妥当な解決を図ることで足りるが，刑法の適用について同じようなアプローチをとることは，行為者が事前に犯罪が成立するか否かを予測できなくなることから，許されない。この意味でも，不法原因給付物に関する委託物横領罪の成否を民事法上の所有権の帰属と完全に整合させることには無理があり，行為者の予測可能性を確保するために類型的なアプローチを図る必要がある。その際の立場の違いにより，前記の学説の対立が生じているといえよう。

積極説は，民法上完全に保護されなくても，社会生活上一定の財産的利益と呼べるものが存在し，委託信任関係を破ってそれを侵した場合には，たとえ民法上の所有権として保護されなくとも，社会通念上，行為としては許されない行為をしていることに違いはないとして，全面的に委託物横領罪の成立を認めるものと思われる（大谷＝前田・前掲の前田発言参照）。これに関し，藤木・各論340頁は，「刑法による財産の保護は，被害者の具体的所有権の保護に限られるものではなく，外形上所有者の侵害となるような行為の禁圧を通じて所有権の保護を図るものであり，被害者に実質上保護に値する利益はなくても，加害者の行為が外形上所有権の侵害であるときは，これを処罰することが所有権の刑罰による保護の観点から有効と認められるので，ここで民刑両法の保護がやや不整合を来すことがあっても，特に不合理とはいえない」としている。

消極説は，個人間の利益の調整を任務とする民事法と異なり，国家と個人との間の均衡を図ることを目的とする刑事法においては，一定程度以上に重要な利益でなければ取り上げないという謙抑的な立場をとるべきとして，不法原因

給付物のような民法上保護されるか否かが不確定な権利については，全面的に法益侵害性を否定し委託物横領罪の成立を否定するものと思われる（大塚・各論（第3版増補版）290頁参照）。

　これに対し，積極説や消極説のようにオール・オア・ナッシングの発想に立つのではなく，給付者に民法上の所有権が認められる可能性が高い類型的な事例を把握することができるのであれば，そのような類型的ケースで受給者が給付物を領得した場合に限り，刑法上の観点から法益侵害を肯定して，委託物横領罪の成立を認めるというアプローチもあり得る。そのようなケースでは，行為者は領得行為を控えるべきであり，たとえ事後的に民事法上の給付者の所有権が認められなかったとしても，その行為を違法ということができるからである。不法原因給付・寄託区別説は，このようなアプローチとして評価することができるように思われる（大谷・各論（新版第3版）296頁は，「一応民事法上適法な外観を有する所有物・占有物又は経済的利益を刑法上の財産」と考える法律・経済財産説の立場から，これを説明する）。

　この問題については，前述のとおり，民事事件における前記大法廷判決後，刑法の委託物横領罪の成否に関して判断した判例が見当たらないことから，今後の判例の動向が注目されるところである。

③ 盗品等の処分の委託と委託物横領罪の成否（本問の検討）
(1) 問題の所在

　本問では，②で検討した贈賄資金として預けられた財物を領得した事例と異なり，甲が盗んだパソコンの所有権はA店にあり，甲が乙にその売却を依頼して預けた行為が不法原因給付に当たるとしても，乙がその所有権を取得することはなく，乙にとっては「自己の占有する他人の物」であることは明らかである（最判昭28・4・16刑集7巻5号916頁は，委託販売においては，原則として委託品の所有権は委託者に存し，その売却代金も委託者に帰属するから，これを着服横領するときは委託物横領罪を構成するとしているところ，本問のケースでも，乙がその売却代金の所有権を取得するいわれはない）。しかし，①委託物横領罪は，委託信任関係も保護する罪と考えられているところ，所有者でない者からの委託も保護の対象となるのか，②その委託が違法な目的によるものであっても保護の

対象となるのか，さらに，③盗品等保管・処分あっせん罪に加えて委託物横領罪の成立を認めるべきかが問題となる。

(2) 判例の状況

窃盗犯人から盗品の売却の斡旋を依頼された者が，売却の斡旋をして保管していた代金を領得した事案について，大審院の判例は3つの立場に分かれていたといわれている。すなわち，①委託物横領罪の目的物は犯人の占有する他人の所有物であれば足り，必ずしも物の給付者が民法上その返還を請求し得ることを要しないことを理由に，同罪の成立を肯定するもの（大判大4・10・8刑録21輯1578頁），②委託者である窃盗犯人が盗品等の売却代金の所有権を獲得すべきいわれがないという理由から，委託物横領罪の成立を否定するもの（大判大8・11・19刑録25輯1133頁），③窃盗の被害者の所有権に対する関係で盗品等に関する罪が成立する以上，更に委託物横領罪の成立を認めるべきではないとするもの（大判大11・7・12刑集1巻393頁）である。また，盗品等であることを知らずに運搬の委託を受けて占有した者が，盗品等であることを知った後，自己のためにこれを売却した事案について，他人の所有物を占有する者にほかならず，盗品等であることを知った後にこれを不正に領得すれば，委託物横領罪が成立するとしたものがある（大判昭13・9・1刑集17巻648頁）。そして，最判昭36・10・10刑集15巻9号1580頁は，「刑法252条1項の横領罪の目的物は，単に犯人の占有する他人の物であることをもって足るのであって，その物の給付者において，民法上犯人に対しその返還を請求し得べきものであることを要件としない」として，①の立場に立つことを明らかにした（この判決は，大審院の②の判決を引用する論旨を，本件につき判例として採用し得ないとして斥けている）。

(3) 学説の状況

本問の事例に関しても，学説は対立している。

肯定説は，財物の所有権は民法上本来の所有者にあると解すべきであり，行為者は窃盗犯人からとはいえ委託を受けて自己以外の者のために占有しているのであるから，その財物は「自己の占有する他人の物」であることを理由として，盗品等関与罪に加え横領罪の成立を認め，両罪は観念的競合となるとする（大谷・各論（新版第3版）297頁，前田・各論（第4版）310頁）。

これに対し，否定説は，本来の所有者と受託者の間に委託信任関係がないこ

と、あるいは盗品等の処分に関する委託は違法行為の委託であることを理由として、委託物横領罪の成立を否定するとともに、本来の所有者との関係では、占有離脱物横領罪の成立は考えられるが、間接的所有権侵害として、盗品等保管・処分あっせん罪が成立する以上、より重い同罪に吸収されて（あるいは不加罰的事後行為として）包括されるとする（大塚・各論（第3版増補版）291頁、内田・各論（第3版）363頁、西田・各論（第5版）235頁、山口・各論（第2版）302頁、曽根・重要問題〔各論〕（第2版）227頁。林・各論（第2版）153頁は、窃盗の被害者がその金銭を一度も所有も占有もしたことがないことを理由として、占有離脱物横領罪の成立を認めることも妥当でないとする）。

なお、本問に関連して、乙が甲からパソコンの売却の委託を受けて受け取った時点では、盗品であることを知らなかったが、後に盗品であることに気づいて事情を知らない第三者にそれを売却し、代金を着服した場合についても、①横領罪とする説（斉藤（金）・各論318頁）、②盗品等関与罪とする説（大塚・各論（第3版増補版）292頁）、③占有離脱物横領罪とする説（江家・各論325頁）、④盗品等関与罪と横領罪が成立し観念的競合となるとする説（大谷・各論（新版第3版）298頁）がある。

(4) 検　討

前述のとおり、盗まれたパソコンの所有権は本来A店に帰属し、甲には帰属しないのであるから、乙にとってこれが「自己の占有する他人の物」であるということは動かし難い。また、乙は、盗品であることを知って、甲の売却依頼を受けてこれを預かり、売却したのであるから、盗品等保管・処分あっせん罪が成立する。否定説は、これにより、A店の所有権に対する間接的所有権侵害については処罰されていると評価する。

これに対し、肯定説は、委託物横領罪が占有離脱物横領罪よりも重く罰せられるのは、委託信任関係を侵害するためであることに着目し、本問のケースでも、乙は甲との委託に背いて売却代金を領得しているのであるから、A店との関係で盗品等関与罪の成立を認めるだけでは、この委託信任関係の侵害を評価できていないと考え、甲との関係で横領罪の成立を認めるべきとする（大谷・各論（新版第3版）297頁）。そして、否定説が、委託物横領罪の委託信任関係は、所有者その他の権限者との間のものであることが必要とし（西田・各論（第

5版）226頁），あるいは，盗品等の処分に関する委託は違法行為の委託であるから保護に値しないとしている（山口・各論（第2版）304頁）ことについて，肯定説は，窃盗犯人の所持する盗品を奪う行為も窃盗罪とする以上，乙からみて明らかに他人の物である対象物を，甲との委託信任関係を破って領得した乙には，委託物横領罪が成立するとしている。つまり，究極的には所有権が保護法益であるが，所持そのものも一応保護するのと同様に，所有権者以外の者との間の委託信任関係も保護すべきとの立場をとるのである（前田・各論（第4版）310頁。大谷・各論（新版第3版）298頁は，「ここにいう盗品等関与罪は，……所有者の当該盗品に対する追求権の侵害を対象とするにすぎず，窃盗犯人が平穏に占有している物に対しては，別に横領罪の成立を認めるべきである」としている）。

　この窃盗犯人の占有が一応保護されていることとの関係について，否定説からは，委託物横領罪は，委託信任関係自体を保護するものではない（西田・各論（第5版）236頁）とか，横領罪では委託者の所有権のみが保護法益となるのであるから，窃盗犯人の所持は問題となり得ない（曽根・重要問題〔各論〕（第2版）227頁）といった反論がある。また，山口・各論（第2版）292頁は，委託物横領罪の成立要件である委託関係には，無権限者による委託の場合を含むと解することは不可能ではないと思われ，窃盗犯人の盗品に対する占有も被害者への返還に備える必要があるという意味においては保護に値するから，委託関係は法的保護に値するとして委託物横領罪の成立を肯定することが考えられるとしながら，盗品の保管は犯罪行為を構成するため，そうした犯罪の委託は保護されないと解さざるを得ないとしている。

　本問については，昭和36年の前記最高裁判例が委託物横領罪の成立を肯定しており，昭和45年の前記大法廷判決も，これに直接影響を及ぼすものとは考えにくいが，その後も否定説が有力に主張されているところであり，今後の判例，学説の展開が注目される。

【稗田　雅洋】

16 盗品等に関する罪の諸類型

〔1〕 甲は，A社から約束手形を盗み，乙に対し，これをA社に売り付けるよう依頼した。乙は，この約束手形がA社から盗まれた物であることを知りながら，A社の担当者と交渉してこれをA社に売却した。乙の罪責はどうか。

〔2〕 丙は，Bの資材置場から鋼板を盗み出した。丙は，この鋼板を遠くの丁方までトラックで運ぶについて，その運転を戊に依頼した。戊は，丙がこの鋼板を他から盗んできた物であることを知りながら，トラックを運転してこれを丁方まで運んだ。丙は，丁にこの鋼板の保管を依頼し，丁は，自己の資材置場でこれを保管していた。丁は，後に丙がこの鋼板を他から盗んできた物であることを知ったが，その後も保管を続けた。丙，丁，戊の罪責はどうか。

1 はじめに

　刑法は，盗品その他財産に対する罪に当たる行為によって領得された物について，これを無償で譲り受ける行為（収受），運搬する行為（運搬），保管する行為（寄蔵），有償で譲り受ける行為（故買），有償で処分のあっせんをする行為（牙保）を処罰する旨定めている。

　これらの盗品等に関する罪は，平成7年法律91号による平易化のための刑法改正（以下「平成7年改正」という）以前は，「贓物罪」と呼ばれていた。

　盗品等に関する罪がいかなる性質の犯罪であるかについては争いがあり，この点をどのようにとらえるかによって，処罰の対象とされる行為類型の解釈等が異なり得る。

　本稿では，まず本罪の罪質について概観した上で，設問で問題とされている盗品等の有償処分あっせん罪，盗品等の保管罪及び盗品等の運搬罪について，罪質との関連で問題となる点等を検討し，最後に設問に対する解答に触れることとする。

16 盗品等に関する罪の諸類型

② 盗品等に関する罪の罪質
(1) 学　説
　盗品等に関する罪の罪質をめぐる学説については，多様な理解が示されている（曽根・各論（第4版）185頁では，追求権説，違法状態維持説，併合説，利益関与・事後従犯説に整理されている。山口・各論（第2版）337頁は，違法状態維持説及び追求権説に加え，「折衷説・併合説・新しい違法状態維持説」という項目立てをしてまとめて整理された上，さらに，最新の説として物的庇護説を紹介されている）が，次のような整理をすることができよう。

　(a)　追 求 権 説
　追求権説は，盗品等に関する罪の罪質について，前提となる財産犯の被害者が被害物に対して有する追求権すなわち私法上の回復請求権等の実現を困難にする犯罪であるととらえる（団藤・各論（第3版）660頁，山口・各論（第2版）337頁等）。

　(b)　違法状態維持説
　平成7年の刑法改正前は，刑法256条の犯罪の客体が「贓物」と表現されていたところ，違法状態維持説は，この「贓物」について，「財産犯によって領得された物」に限らず，財産の侵害を内容とする犯罪によって取得された物であると広く解した上，贓物罪の罪質を犯罪によって成立した違法な財産状態を維持存続させることを内容とする犯罪であるととらえる（木村亀二・刑法各論166頁（法文社，復刊，1957））。

　(c)　折 衷 説
　前記のとおり，罪質に関する学説の分類は様々であり，いかなる説をもって折衷説とするかについても，学説上必ずしも一致していない（大谷・各論（新版第3版）328頁では，折衷説を「本犯の被害者については追求権説が妥当であるが，盗品関与罪の犯人からみれば違法状態維持説および利益関与・事後従犯説が妥当であるとする説」としている。なお，さらに，同書では，そのほかの説として，利益関与・事後従犯説を紹介し，その内容に関し，「無償譲受け罪は，『犯罪による利益にあずかる行為』であるのに対し，それ以外の各罪は『盗品利用の幇助行為』を内容とする犯罪であるとする説」であると指摘される。また，曽根・各論（第4版）185頁では，折衷説という名称は用いられず，「併合説」とし，そのほかの説として，利益

関与・事後従犯説があげられている）が、ここでは、盗品等に関する罪の保護法益について、本犯の被害者の私法上の追求権を基本としつつ、これのみと狭く解するのは不十分であるとして、さらに、本犯助長的側面や利益関与的側面のあることを加味し、この観点から追求権説を修正する説を折衷説ということとする。

(d) 新しい違法状態維持説

折衷説は、盗品等に関する罪の保護法益が私法上の追求権であること自体は、これを前提とするものであるが、さらに、この点を修正し、保護法益を私法上の請求権とは離れた「財産犯により生じた違法状態を維持存続させる罪」ととらえる説が「新しい違法状態維持説」である（前田・各論（第4版）342頁）。

(e) 物的庇護説

物的庇護説は、盗品等に関する罪について、本犯たる財産領得罪とは保護法益を異にし、財産領得罪を禁止する刑法規範の実効性という観念的・抽象的な法益に対する罪であるととらえる（井田良「盗品等に関する罪」現代的展開各論254頁）。この説によれば、特定の被害者の具体的な財産に対する追求権の保護は、本罪の規制の反射的な効果にすぎないこととなる。

(2) 判　例

判例は、基本的に追求権説に立っている。例えば、最判昭23・11・9刑集2巻12号1504頁は、「贓物に関する罪の本質は、贓物を転々として被害者の返還請求権の行使を困難もしくは不能ならしめる点にある」旨判示し、最決昭34・2・9刑集13巻1号76頁は、「贓物に関する罪は、被害者の財産権の保護を目的とするものであり、被害者が民法の規定によりその物の回復を請求する権利を失わない以上、その物につき贓物罪の成立することあるは原判示のとおりである」としている。

ただし、判例は、追求権説を単に形式的に適用しているわけではない。例えば、盗品について売買の仲介周旋をした上で、盗品の所在場所へ相手を同道する途中で逮捕されたという事例で、最判昭26・1・30刑集5巻1号117頁は、「贓物に関する罪を一概に被害者の返還請求に対する罪とのみ狭く解するのは妥当でない（法が贓物牙保を罰するのはこれにより被害者の返還請求権の行使を困難ならしめるばかりでなく、一般に強窃盗の如き犯罪を助成し誘発せしめる危険がある

からである)。」と判示して贓物牙保罪の成立を肯定した。

また，贓物をその被害者に運搬した事例に関し，最決昭27・7・10刑集6巻7号876頁は，「本件贓物の運搬は被害者のためになしたものではなく，窃盗犯人の利益のためにその領得を継受して贓物の所在を移転したものであって，これによって被害者をして該贓物の正常なる回復を全く困難ならしめたものである」と認定判示し，贓物運搬罪の成立を肯定した原審判断を是認した。

(3) **若干の検討**

以上の各説のうち，(b)違法状態維持説は，「贓物」の範囲を財産犯の被害物のみに限らず，財産犯以外の違法な行為によって得られた物等（密猟・密漁によって得られた物や賄賂・賭博罪の目的物等）にも拡げる点に，その主要な意義があった。しかし，前記のとおり，平成7年改正によって，対象が「盗品その他財産に対する罪に当たる行為によって領得された物」と明記され，財産犯以外の違法な行為によって得られた物に対象を拡げることはできなくなり，同説を従来のままの形で採用する余地はなくなった。

そうすると，平成7年改正後は，(a)追求権説と(c)折衷説・(d)新しい違法状態維持説の対立が意味を持つこととなる。さらには，(e)説のように，追求権侵害の側面を切り捨てる説をどのように評価するかといった点も問題となろう。

そもそも，刑法において，盗品等に関する罪は，財産犯の一連の規定中，窃盗及び強盗の罪・詐欺及び恐喝の罪・横領の罪といった領得罪の後，毀棄及び隠匿の罪の前という位置に置かれている。そして，盗品の毀棄行為は，盗品等に関する罪に含まれていないのであり，これらからすれば，盗品等に関する罪については，財産犯的性格が基本となって，本犯の被害者の追求権が保護法益の基軸に据えられるべきであり，その意味で追求権説が基本的に妥当する。

この点，財産犯としての性格を根本的に否定する見解である(e)物的庇護説は，立法論としては，盗品等に関する罪の本質を考える上で，大変示唆に富むものではあるが，刑法の解釈論としては無理があるように思われる（山口・問題探究各論214頁）。

他方で，刑法の盗品等に関する罪の規定の有り様は，追求権の侵害という観点のみから説明し尽くすことはできない。

例えば，窃盗の被害品を無償で譲り受けたか，有償で譲り受けたかは，それ

によって，直ちに被害者の追求権の侵害の程度等が異なるものではない。しかし，無償で譲り受けた場合の法定刑は，刑法256条1項で3年以下の懲役刑と定められているのに比し，有償で譲り受けた場合の法定刑は，同条2項で10年以下の懲役刑及び50万円以下の罰金刑の併科と定められているのであり，無償で譲り受けた場合よりも格段に重く，かつ，本犯者の窃盗罪よりも重く定められている。この点は，追求権侵害という観点のみから説明し尽くせるものではなく，本犯助長的性格の有無によって説明するのが最も合理的であろう。つまり，本犯者から窃盗の被害品を無償で譲り受けた場合，当該譲受人は，窃盗被害について本犯の被害者の被害品に対する追求を困難にさせて侵害するものであり，かつ，その利益にあずかるものである。しかし，本犯者の窃盗行為との関係でみれば，本犯者はわざわざ窃取した被害品を他の者に無償で譲り渡してしまうといういわば窃盗の犯罪とは本来的に相矛盾する行為をなすものであるから，かかる行為に関し，窃盗の犯行を類型的に誘発せしめるといった本犯助長性はうかがわれない。

　これに対し，有償譲受け，運搬，保管，有償処分あっせんをする行為は，本犯の被害者の被害物に対する追求を困難にさせて侵害するのみならず，そのような形で事後的に窃盗に関与することによって，窃盗の本犯者が被害品を換金して金銭等を得たり，犯行を発覚しにくくさせたりするなどして，窃盗等の犯罪を誘発させ，援助するものとして，類型的に，高い本犯助長性が認められる。有償譲受け罪等は，この点を根拠として，無償譲受けの場合よりも重い法定刑が定められていると解される。さらに，刑法256条2項の犯罪の法定刑が窃盗よりも重いという観点からみれば，盗品等に関する罪は，それ自体が特定の具体的な財産に対する犯罪であるのみならず，広く窃盗罪等の本犯を類型的に助長する性格を併せ有している犯罪であり，それ故に窃盗罪よりも重く処罰されることが根拠付けられるものと解される（山口・問題探究各論215頁参照）。

　こうしてみると，盗品等に関する罪の保護法益については，本犯の被害者の私法上の追求権を基本としつつ，本犯助長的側面や利益関与的側面を考慮し，本犯を助長，誘発する行為を防止するという刑事政策的，一般予防的考慮をも加味すべきこととなり，(c)折衷説が最もふさわしいということができよう。

　判例は，前記のとおり，前掲最判昭26・1・30が，盗品等（贓物）に関する罪

について，一概に被害者の返還請求に対する罪とのみ狭く解するのは妥当でなく，一般に強窃盗の如き犯罪を助成し誘発せしめる危険を有している点も考慮すべきである旨を判示していることからしても，本犯の被害者の私法上の追求権を基本としつつ，本犯助長的側面を加味しており，ここでの分類に従えば，(c)折衷説に分類されると考えてよいであろう。

(d)新しい違法状態維持説は，さらに進めて，盗品等に関する罪の保護法益を私法上の請求権とは離れた「財産犯により生じた違法状態を維持存続させる罪」ととらえるものである。

確かに，例えば，不法原因給付として給付された物についても詐欺罪が成立すると解されているところ，この詐欺の被害品について盗品等に関する罪が成立するか否かという問題がある。これを肯定するのが判例，多数説であり，折衷説に立ちつつ，これを支持する立場もあるが，折衷説が，果たしてこの点を説明し得ているのかという指摘がある。

すなわち，不法原因給付の場合，給付者は所有権を失い，受給者が所有権を取得するのであるから，基本的に追求権説の立場に立つ以上，侵害されるべき追求権を観念できないのであるから，盗品等に関する罪が成立し得ないこととなりそうだからである。

このような場合，新しい違法状態維持説では，私法上の請求権とは離れた違法状態の維持を罪質ととらえるので，このような疑問を回避することができる。

しかし，他方で，私法上の請求権と離れた刑法独自の観点から認められる「違法状態」というものがいかなる内容のものであるか，という点は必ずしも明らかではない。つまり，「違法状態」とは「追求権侵害の結果」であって独立した意味を持たないのではないかといった点，言い替えれば，被害者が被害品について追求権を失っている場合を「違法状態」と言い得るのかといった点も疑問なしとはしない。この説によると，結局のところ，「違法状態」とは，盗品等に関する罪として処罰が相当である状態をもって「違法状態」といっているにすぎず，法益侵害の内実を示し得ていないのではないかといった疑問が妥当するように思われる。

16 盗品等に関する罪の諸類型

③ 盗品等の有償処分あっせん罪

　有償処分あっせんとは，平成7年改正以前は「牙保」とよばれていた行為であって，盗品等であることの情を知りながら，売買，交換，質入れ等の有償の法律上の処分を媒介，周旋をすることをいう。
　法律上の処分は有償であることが必要であるが，あっせん行為自体の有償・無償は問わない。

(1) あっせんの相手方（被害者への有償処分のあっせん）

　本犯の被害者に盗品等を売却するためのあっせんをした場合，この行為について，盗品等処分あっせん罪が成立するかどうかが問題となる。
　本犯の被害者の盗品等に対する追求権を保護法益の基本と考える場合，上記のような当該被害者に被害品が戻る事例においては，法益侵害が認められないのではないかという疑問が生じるからである。
　しかし，追求権を保護法益の基本ととらえつつも，本来，窃盗等の被害者は，当然に無償で返還を追求できたはずであるところ，対価の支払といういわれのない負担付きでの返還しか遂げられなくなってしまうという点において「正常な回復」を求めるという意味での追求権が侵害されたとする立場，あるいは，このような正常な回復を求める追求権の侵害という点に加え，盗品等に関する罪の本犯助長的側面や利益関与的側面を加味して考える立場等に立てば，盗品等の有償処分あっせん罪の成立を肯定することに問題はないこととなろう。
　判例（最決平14・7・1刑集56巻6号265頁）は，被告人が，被害者に対し，盗品である手形の売込みを打診し，被害者と同視し得る被害者の子会社との間で，盗品である手形の売買契約を成立させたという事案において，「盗品等の有償の処分のあっせんをする行為は，窃盗等の被害者を処分の相手方とする場合であっても，被害者による盗品等の正常な回復を困難にするばかりでなく，窃盗等の犯罪を助長し誘発するおそれのある行為であるから，刑法256条2項にいう盗品等の『有償の処分のあっせん』に当たると解するのが相当である。」旨判示して肯定説の立場に立つことを明らかにした。
　以上の各説と異なり，盗品等に関する罪の保護法益について，本犯の被害者の私法上の追求権そのものであるととらえ，かつ，被害者への売却のあっせんは，むしろ追求権に資するものであって害するものではないという点を強調す

193

る立場に立てば，盗品等の有償処分あっせん罪の成立を否定することとなろう。

この場合，たとえ対価の支払といういわれのない負担を求められたとしても，その場合の被害は，追求権の侵害ではなく，いわれのない負担そのものであるから，その点の民事的救済等がなされれば足り，あるいは，支出を余儀なくされた行為について，別途，詐欺や恐喝等が成立するのであれば，それを処罰すれば足りるということになろう（高山佳奈子・重判解平14年度156頁）。

しかし，前記平成14年最決の事例のような場合，被害者にしてみれば，盗難被害品である手形について，善意取得を阻止するために必要な手続をとるには時間と費用が必要とされ，手形が交換に回された場合に生じる様々な手間暇等を回避するためにも，迅速な解決が強く要請されるので，不当な申出と承知しつつも，買取りを余儀なくされることが十分に考えられるのである。他方で，窃盗の本犯者及び有償処分のあっせん者にしてみれば，「手形」等の特殊な被害品の場合には，第三者に対して売却をあっせんするよりも，被害者を相手方とする方がむしろ迅速に高値で買い取られる可能性が高いのであり，そのような優良処分先として被害者を位置付けているにすぎず，窃盗被害の回復のための行為とは到底位置付けられない場合が類型的に想定されるのである。したがってこのような事例において，被害者へ有償での処分あっせんを行うことは，被害者の追求権に基づく正常な回復を正に侵害するものであるということができよう。そうすると，このような場合に，犯罪が成立することなく，民事上の請求しかなし得ないというのでは，本罪が，そもそも，追求権の侵害のみならず，本犯助長性をもその罪質として正面から規定していることと相反する結果となってしまうと考えられる（朝山芳史・判解刑平14年度106頁）。

他方で，このように解すると，被害者からの依頼に基づき，あるいは，好意によって盗品等を被害者のもとへ有償で回収する行為等も，盗品等処分あっせん罪に当たることとなってしまう。仮に，このような類型を処罰の対象としないとすると，その行為が，「本犯者のためになされたものか」，「被害者のためになされたものか」という行為者の主観というあいまいな要素によって犯罪の成否が分かれることになり，不当であるという批判が考えられる。

しかし，被害者が真に承諾をし，あるいは，あっせん者が，真に被害者自身による回復を補助したにすぎないような場合には，対価の有無等にかかわらず，

被害者の承諾があるものとして、違法性が阻却され、有償あっせん罪の成立が否定されることになるので、問題はないということになろう（山口・新判例刑法（第2版）272頁）。

前記のように、本犯者の窃盗の犯罪行為の一環として、被害者に対し、被害品の買取りを迫るという形でのあっせん罪の犯罪類型が実態として存在する以上、単に、あっせんの相手方が被害者であるということの一事をもって犯罪の成立を否定すべきではなく、具体的事例に応じ、被害者の承諾の有無を検討した上で、犯罪の成否を検討することが、追求権侵害とともに本犯助長的性質をも重視する本罪の罪質にふさわしいと考えられる。

(2) 犯罪の成立時期

あっせん行為をすることで直ちに本罪が成立するのか（最判昭26・1・30刑集5巻1号117頁）、あっせん行為によって有償処分に関する契約が成立することまで必要とするのか（大谷・各論（新版第3版）336頁）、さらには、成立した契約に基づいて、盗品等が現実に移転されることまで必要とするのか（山口・問題探究各論221頁、曽根・各論（第4版）189頁、西田・各論（第5版）269頁）については見解の対立がある。

罪質について、追求権説を前提とすると、あっせんしただけで追求が現実的に困難になったとはいい難いことは否定できず、少なくとも契約の成立を要求して、初めて追求権の侵害が現実的なものとなるとも考えられる。

しかし、本罪が追求権侵害を基本としつつも、本犯助長的性格を有する以上、本犯を助長することが明白なあっせん行為が行われ、それによって追求権を侵害しようとする行為が行われたと認められる以上、その存在のみによって可罰性を認めるということも十分に考えられる。判例はこの立場であるといえよう。

④ 盗品等の保管罪

盗品等の保管罪における保管とは、平成7年改正以前は「寄蔵」とよばれていた行為であって、委託を受け、盗品等の占有を得て管理をすることをいう（最判昭34・7・3刑集13巻7号1099頁）。単に、保管をする旨の合意等では足りず、現実に物の引き渡しを受けて保管をすることが必要である。

有償で保管するか、無償で保管するかは犯罪の成否に影響はない。

16 盗品等に関する罪の諸類型

　問題は，盗品等であることの知情の時期である。すなわち，盗品であることを知らずに保管を始めた者が，後に盗品であることを知った場合，その時以降の保管について盗品等の保管罪が成立し得るかが問題となる。

　判例は，盗品であることを知った時以降，そのまま保管する行為について，盗品等の保管罪が成立するとして，肯定説の立場をとっている（最決昭50・6・12刑集29巻6号365頁）。

　判例と同様に肯定説をとる学説も多い（団藤・各論（第3版）667頁注（22）等）。その論拠としては，盗品等の保管罪が継続犯である点をあげるものが多い。すなわち，保管行為の続く限り犯罪が成立し得るのであって，途中で知情性を備えれば，それ以降，犯罪が成立することは，明らかであるなどと指摘されている（大コメ刑法第13巻（第2版）497頁〔河上和雄＝渡辺咲子〕）。

　そのほか，保管行為が持つ本犯助長的性格に肯定説の根拠を求める説もある。すなわち，委託による盗品等の移転のみならず，移転後の保管行為自体が，盗品等の発覚を防止し，本犯者による盗品等の処分を容易にするなど，被害品の追求権を困難にする側面があることを指摘し，このように保管行為自体が本犯を助長する性格を有することを考慮すると，肯定説が妥当であるなどとされる（西田・各論（第5版）268頁）。

　これに対し，否定説は，有償・無償の盗品譲受け罪が占有の取得時に盗品性の知情を必要としていることとの均衡等を指摘した上で，占有の取得時における知情性を要求する。盗品等の保管罪を状態犯ととらえる説からすれば，否定説が当然の帰結となるであろうし，あるいは，そもそも委託を受けて占有を移転することこそが追求を困難にするものであることを強調する場合，盗品性の認識は占有が移転する段階で存在しなければならないなどと指摘される（平野・概説235頁，曽根・各論（第4版）189頁等）。また，保管行為を単なる占有の保持とのみとらえず，占有の取得及び保持の2要素からなる犯罪であるととらえ，その意味で，保管罪は単なる保管行為のみを要素とする継続犯ではないことを理由に，占有の取得時及び保持時の双方に知情性を要するとして否定説をとる説（山口・問題探究各論221頁）もある。

　そもそも刑法が，譲受罪とは別にあえて「保管罪」を定め，無償の保管の場合であっても，無償譲受罪よりも重い処罰を科しているのは，保管によって盗

品等の追求権が侵害されるとともに，本犯助長性が顕著に認められる点にその根拠を求めることができる。そうすると，盗品等であることを知ったのに，その後も，本犯のために保管を継続した場合，盗品性についての認識のある保管行為が認められるのであり，この点について，保管罪の成立を否定することはできないように思われる。したがって，肯定説が妥当であろう。

例えば，本犯者への返還を欲しながらも，それが不可能であった場合など，肯定説の立場によったのでは，処罰範囲が広がりすぎるといった懸念も考えられるが，このような場合には，具体的・客観的な事情に応じ，「本犯者のための」保管行為であることが否定される結果，盗品等の保管罪の成立が否定されることが考えられる。それによって，適切な範囲での犯罪成立を限定付けることが十分に可能であろう。

5　盗品等の運搬罪

盗品等の運搬罪は，盗品等であることを知りながら，その所在を場所的に移動させる行為であり，事後従犯的色彩が強い犯罪と言うことができる。

単に，運搬をする旨の合意のみでは足りず，現実に物の引き渡しを受けて運搬をすることが必要とされる点，有償で運搬するか，無償で運搬するかは犯罪の成否に影響はない点などについては，盗品等の保管罪の場合と同様である。

運搬の距離については，その遠近を問わないが，本罪の保護法益について，追求権説を基本とする立場からすれば，追求権の行使におよそ影響がないようなわずかな移動については「運搬」に当たらないということとなろう。

問題は，盗品等を被害者のもとへ運搬する行為について，本罪が成立するか否かである。

この問題は，本犯の被害者に盗品等を売却するためのあっせんをした場合の問題と同様に考えることができる。

すなわち，追求権説をそのまま前提とすると，盗品等を被害者のもとへ運搬する行為は，運搬罪に当たらないということにもなりそうであるが，当該運搬によって，被害者の被害品に対する正常な回復を求める追求権が侵害された場合，あるいは，これに加え，本犯助長的性格や利益関与的側面を加味し，これらが認められると解される場合等には，盗品等の運搬罪が成立することとなろ

う。
　判例（最決昭27・7・10刑集6巻7号876頁）も，盗品を被害者のもとへ運搬した事例において，「本件贓物の運搬は被害者のためになしたのではなく，窃盗犯人の利益のためにその領得を継受して贓物の所在を移転したものであって，これによって被害者をして該贓物の正常なる回復を全く困難ならしめたものである」等と判示して運搬罪の成立を肯定した原審判断を是認している。

6 設問の検討

　以上の検討を前提にして，設問に対する解答を検討すると，次のようになろう。

(1) 乙の罪責について

　乙は，本犯者である甲が盗んだ約束手形を盗品と知りつつ，甲の依頼に沿って，A社に売却したのであるから，前記の折衷説や判例の立場等からは，乙には盗品等の有償処分あっせん罪が成立することとなる。
　他方，盗品等に関する罪の保護法益について，本犯の被害者の私法上の追求権そのものであるととらえ，被害者への売却のあっせんは，むしろ追求権に資するものでこそあれ，害するものではないといった立場からは，盗品等の有償処分あっせん罪の成立を否定することとなろう。

(2) 丙の罪責について

　丙はB社の鋼板を窃取しているので，窃盗罪が成立する。丙は，戊に盗品の運搬を依頼し，かつ，丁に鋼板の保管を依頼しているが，これらは窃盗罪の不可罰的事後行為にすぎず，本犯である鋼板の窃取の犯罪で評価し尽くされているので，丙について盗品等に関する罪が成立する余地はない。

(3) 丁の罪責について

　丁は，鋼板の占有取得時には盗品であることを知らず，その後，保管中に盗品であることを知ったがそのまま保管を続けている。
　前記の保管罪を継続犯ととらえる見解，判例の立場等からは，盗品であることを知った後の保管について，盗品等の保管罪が成立する。
　他方，盗品等の保管罪を状態犯ととらえる見解，保管の開始時点である占有取得時に盗品であることについての知情性も必要であるとする見解等からは，

占有取得時に盗品であることを知らなかった以上，後に，盗品であることを知ったとしても，それ以降の保管についても盗品等の保管罪が成立することはないこととなろう。

(4) 戊の罪責について

戊は，盗品であることを知りつつ，鋼板を運搬しており，その距離等を含め，設問上特に犯罪を妨げるべき事情はうかがわれず，盗品等運搬罪が成立することに異論はないものと思われる。

【近藤　宏子】

17 玄関ドア等の損壊，外壁の落書きと建造物等損壊罪

次の場合，甲，乙の罪責はどうか。
〔1〕 甲は，Aの住居の木製雨戸，玄関ドアをバットで叩いて壊した。
〔2〕 乙は，公園内の公衆便所の外壁にラッカースプレーでペンキを吹き付け，自己の所属する暴走族の名前を書いた。この落書きを消すにはペンキの上塗りが有効で，その費用は1万円程度であった。

1 はじめに

建造物損壊罪（刑260条前段）は，建造物の客体としての重要性や人を死傷させる危険性の高さにかんがみ定められた器物損壊罪（刑261条）の加重規定であり（山口・各論（第2版）356頁），両罪の法定刑にはかなりの差異があるほか，建造物損壊罪には人の死傷が現実化した場合の加重規定も置かれている（刑260条後段）。建造物損壊罪が非親告罪であるのに対し，器物損壊罪は親告罪である点でも違いがある（刑264条）。したがって，損壊されたものが建造物損壊罪の客体に当たるか否かは，行為者の擬律に大きくかかわる重要な問題であり，設問〔1〕は，そのような問題意識から，Aの住居の木製雨戸や玄関ドアが同罪の客体に当たるか否かについての検討を求めるものである。

また，建造物に対する落書きは，建造物の外観ないし美観を損うものではあるが，建造物を物理的に毀損するわけではなく，建造物の利用等が物理的，客観的に阻害されるわけでもないから（藤井敏明・判解刑平18年度22頁参照），落書き行為が建造物損壊罪にいう建造物の「損壊」に当たるか否かについては，考え方が分かれるところである。その上，家屋その他の工作物を汚した者を拘留又は科料に処することを定める軽犯罪法1条33号との関係にも留意する必要がある（藤井・前掲22頁）。設問〔2〕は，そのような問題意識から，公園内の公衆便所の外壁にラッカースプレーでペンキを吹き付けた落書き行為が，建造物損壊罪にいう建造物の「損壊」に当たるか否かについての検討を求めるものである。

17 玄関ドア等の損壊，外壁の落書きと建造物等損壊罪

2 建造物損壊罪の客体に当たるか否かについて
(1) 判例の動向

建造物損壊罪が成立するためには，建造物（判例上，家屋その他これに類似する建築物で，屋根を有し壁又は柱によって支えられたものであって，土地に定着し，人の出入りが可能なものとされている（大判大3・6・20刑録20輯1300頁））の全部を損壊する必要はなく，その一部を損壊することで足りると解されていることから，古くから屋根，壁及び柱以外の物で，建造物に取り付けられた物が，建造物損壊罪の客体に当たるか否かが問題とされてきた。判例によって建造物損壊罪の客体に当たるとされたものの代表例として，①雨戸（大判明35・3・17刑録8輯37頁。なお，判例⑦との関係については後に検討する），②天井板（大判大3・4・14新聞940号26頁），③敷居，鴨居（大判大6・3・3新聞1240号31頁），④屋根瓦（大判昭7・9・21刑集11巻1342頁），⑤家屋に付着している牆壁様の工作物（東京高判昭36・11・14東高時報12巻224頁）などがある一方で，⑥硝子障子（大判明43・12・16刑録16輯2188頁），⑦雨戸，板戸（大判大8・5・13刑録25輯632頁），⑧布団，畳（最判昭25・12・14刑集4巻12号2548頁）などは同罪の客体に当たらないとされてきた（松田俊哉「判解（最決平19・3・20刑集61巻2号66頁）」曹時61巻4号1420頁，井上宏「建造物損壊に当たるとされた一事例」研修555号34頁）。そして，判例⑥で示された，建造物に取り付けられた物を「毀損せずに取り外し可能か」という判断基準（判例⑥は，「単ニ硝子障子カ建造物ノ一部ニ建付ケアルノ一事ヲ以テ足レリトセス更ニ之ヲ毀損スルニアラサレハ取外ツシ得サル状態ニ在ルコトヲ必要トス」と判示している）がその後の判例③や判例⑦にも踏襲されたとみられることもあって，従来，判例は，建造物に取り付けられた物が建造物損壊罪の客体に当たるか否かについて，上記の基準に従って判断しているものと理解されてきた。

もっとも，上記判例の中には，その判断に際して「毀損せずに取り外し可能か」という基準が重視されていないと思われるものも存在する。すなわち，判例①は「家屋ノ表入口敷居ノ上ニ建テアル雨戸ハ取外シ得ルモノト否トヲ別タス家屋ノ一部ヲ成スモノトス」として，雨戸の毀損行為が家屋の毀損に当たる（ただし，旧刑法417条の家屋毀壊罪に関するもの）とし，判例②は「天井は家屋に附属する造作に非ずして家屋の構造部分なるを以て」，天井板の取り外し行

17 玄関ドア等の損壊,外壁の落書きと建造物等損壊罪

為は建造物の損壊にほかならないとし,さらに,判例④は「家屋ノ屋根ニ葺キアル瓦ハ家屋ニ附着シ之ト一体ヲ成シ別個ノ存在ヲ有セサルカ故ニ家屋ノ一部ヲ成スモノト観ルヲ至当トス」として,屋根瓦の剝離行為は建造物の一部を損壊することにほかならないとした。このような説示内容からすると,これらの判例は「毀損せずに取り外し可能か」との観点ではなく,建造物に取り付けられた物が当該建造物において有する機能的な側面を判断基準として重視したものとみることができる(井上・前掲35頁)。

そして,このような建造物損壊罪の客体に当たるか否かに関する二つの判断基準は,その後の裁判例においても,対立するものとしてではなく,それらを総合考慮するという形でなお維持されている。例えば,いわゆるビラ貼りが建造物損壊罪に当たるか否かが争いとなった次の裁判例をみてみると,⑨建造物の出入口のガラス扉,鉄製シャッター,窓ガラス戸(名古屋高判昭39・12・28下刑集6巻11・12号1240頁),⑩市議会議事堂の傍聴人入口のガラスドア(仙台地判昭45・3・3刑月2巻3号308頁),⑪鉄筋ビルのアルミサッシに「はめ殺し」にされた壁面ガラス(東京高判昭55・6・19刑月12巻6号433頁)が同罪の客体に当たると判断するに際し,いずれも,「毀損せずに取り外し可能か」という観点と,内外のしゃ断等の機能上の観点等とを総合考慮していることがうかがえる(井上・前掲36頁)。また,⑫鉄筋コンクリート3階建て店舗兼居宅の1階表の玄関ドアに弾丸3発を命中貫通させた事案において,「ある客体が,建造物侵害罪の対象となる建造物の一部であるかどうかは,器物損壊罪とは別に建造物損壊罪が設けられている趣旨を考慮し,第一次的に,その客体が構造上及び機能上,建造物と一体化し,器物としての独立性を失っていると認めるのが相当であるかどうかの観点から,これを決するのが相当である。」との一般論を示した上,同ドアの果たす役割や建物との固着の程度などに照らし,それが建造物損壊罪の客体に当たるとした裁判例(大阪高判平5・7・7高刑集46巻2号220頁)も,その延長線上にあるものとして理解することができる(大コメ刑法第13巻(第2版)553頁〔飯田英男〕)。

ただし,判例⑩(「毀損しないで取り外すことの難易度,取り外しに要する技術等を総合検討」)や判例⑪(「それを毀損しないで取り外すことができるか否かのほか,右の取り外しの難易,……等も総合して検討」)の説示内容のほか,判例⑫が,

適合する器具を使用するなどすれば，前記玄関ドアの取り外し自体は一応可能であるとしつつも，建物と一体化している同ドアの構造などに照らすと，毀損せずに取り外し可能かどうかとの観点は，同ドアの建造物性を左右する重要な基準とはなり得ない旨判示していることなどからすると，先の判断基準のうち「毀損せずに取り外し可能か」という基準は緩和されつつあることがみてとれる。確かに「毀損せずに取り外し可能か」という基準は簡明ではあるが，同じ対象物であっても，それが建造物に強固に固着されていたかどうかといった偶然の事情によって結論が左右されるのは相当とはいえないから，このような裁判例のように「毀損せずに取り外し可能か」という点を絶対視せず，建造物に取り付けられた物の建造物との接合の程度と機能上の重要性を総合考慮するという立場は妥当なものといえる（松田・前掲1430頁）。

(2) **学説の動向**

学説上は，建造物に取り付けられた物が建造物損壊罪の客体に当たるとするには，毀損しなければ取り外しができない状態にあることを要するとの見解もなお有力のようではあるが（大谷・各論（新版第3版）345頁など），前記の下級審裁判例と同様に，取り外しの容易性とともに，当該部分の建造物における意義・重要度をも考慮するべきであるとの見解も有力に主張されている（前田・各論（第4版）355頁，山口・各論（補訂版）350頁。なお山口・各論（第2版）357頁では，後記の19年決定が引用され，該当の記述部分は削除されている）。

(3) **最高裁の判断**

こうした中，最高裁は，被告人が市営住宅の1階にある元妻方の玄関ドア（5階建て市営住宅1階にある居室の出入口に設置された，厚さ約3.5cm，高さ約200cm，幅約87cmの金属製開き戸であり，同ドアは，上記建物に固着された外枠の内側に3個のちょうつがいで接合され，外枠と同ドアとは構造上家屋の外壁と接続しており，一体的な外観を呈している）を金属バットで叩いて凹損させるなどした事案において，「建造物に取り付けられた物が建造物損壊罪の客体に当たるか否かは，当該物と建造物との接合の程度のほか，当該物の建造物における機能上の重要性をも総合考慮して決すべきである」との一般論を示した上，「本件ドアは，住居の玄関ドアとして外壁と接続し，外界とのしゃ断，防犯，防風，防音等の重要な役割を果たしているから，建造物損壊罪の客体に当たるものと認

17 玄関ドア等の損壊，外壁の落書きと建造物等損壊罪

められ，適切な工具を使用すれば損壊せず取り外しが可能であるとしても，この結論は左右されない。」との判断を示した（最決平19・3・20刑集61巻2号66頁。以下「19年決定」という）。この19年決定は，その内容からも明らかなように，先に検討したような判例の動向を踏まえたものであり，建造物に取り付けられた物の建造物との接合の程度，果たす役割を総合考慮することにより，それが建造物損壊罪の客体に当たるかどうかをより適切に判断することが可能になったといえる。

(4) 設問〔1〕の解答

木製雨戸は，通常はAの住居の外回りに建て付けてあるにすぎないと考えられ，住居との接合の程度は弱いといえるから，建造物損壊罪の客体に当たらないとみてよく（なお，判例①と判例⑦とは，雨戸について相反する判断をしているようにも読めるが，判文によると，判例①の雨戸は「家屋ノ表入口敷居ノ上ニ建テアル」もの（傍点筆者），判例⑦の雨戸は「家屋ノ外囲ニ建付ケアル」もので「自由ニ取外シ得ヘキ装置」であるというのであって，性質がかなりちがうもののようにうかがえるから，矛盾抵触するとまではいえないように思われる），甲が木製雨戸を叩いて壊した行為自体は，器物損壊罪に当たるにとどまるであろう。

次に玄関ドアであるが，設問の玄関ドアが，例えば，Aの住居に強固に取り付けられた金属製の玄関ドアであるとするなら，接合の程度や，同ドアが果たすであろう外界とのしゃ断，防犯，防風，防音等の機能上の重要性からみて，同ドアが建造物損壊罪の客体に当たることは明らかといえる。評価が分かれそうなのは，設問の玄関ドアが，例えば，引き戸式の玄関ドアであった場合である。玄関ドアである以上，機能上の重要性は前記金属製の玄関ドアと同様に高いといえようが，そのような引き戸式の玄関ドアの中には，ドア部分を少し持ち上げる程度で簡単に取り外しが可能なものも存在する。住居との接合がこの程度のものであるとするなら，いかに玄関ドアとして機能上重要な役割を果たしていたとしても，総合考慮を求める19年決定の趣旨からすると，これを建造物損壊罪の客体に当たるとみるのは困難であると思われる。ただし，この点は，引き戸式の玄関ドアの取り外しの難易度が高まるにつれて，同罪の客体に当たるという判断に傾いていくものと考えられる。そうすると，玄関ドアを叩いて壊した行為は，玄関ドアと住居との接合の程度をどう見るかにより，建造物損

壊罪に当たる場合と器物損壊罪に当たるにすぎない場合とに分かれることとなる。

そこで，甲の罪責についてまとめると，甲の行為はAの住居という同一客体に対するものであるから，玄関ドアが建造物損壊罪の客体に当たるなら，木製雨戸を叩いて壊した点をも含めて，建造物損壊罪のみが成立し（裁判例コメ刑法第3巻509頁〔江口和伸〕），それ以外の場合には，器物損壊罪が成立することになる。

③ 建造物の「損壊」に当たるか否かについて
(1) 「損壊」の意義に関する基本的理解

建造物損壊罪等における「損壊」の意義については，判例は古くから「単ニ物質的ニ器物其ノ他ノ物ノ形体ヲ変更又ハ滅尽セシムル場合ノミナラス事実上若ハ感情上其ノ物ヲシテ再ヒ本来ノ目的ノ用ニ供スルコト能ハサル状態ニ至ラシメタル場合ヲモ包含セシムルモノト解釈スル」（大判明42・4・16刑録15輯452頁）とし，最高裁でも「物質的に物の全部，一部を害し又は物の本来の効用を失わせる行為をいう。」（最判昭25・4・21刑集4巻4号655頁）とされており，学説上も，物の全部又は一部の物質的な破壊・毀損を要求する見解（物質的毀損説）がないわけではないが，判例と同様，物を物質的に毀損することに限らず，物の効用を害する一切の行為をいうとする見解（効用侵害説）が通説になっている（大コメ刑法第13巻（第2版）554頁〔飯田英男〕）。

ところで，設問〔2〕で問題とされている公衆便所の外壁に対する落書き行為は，公衆便所の建物を物理的に毀損するわけでなく，落書きにより建物の公衆便所としての利用を物理的，客観的に阻害するわけでもないから（藤井・前掲22頁），そのような落書き行為が建造物の「損壊」に当たるか否かを判断するためには，便所としての利用という本来の用途以外に，建物自体が持つ外観ないし美観もその効用に含めることができるのか，また，どのような場合にその効用が害されたといえるのかを検討しなければならない。

(2) 判例の動向

これまでに，建造物に対する落書き行為が，それだけで「損壊」に当たることを示した大審院又は最高裁の判例はない（藤井・前掲23頁）。

17 玄関ドア等の損壊，外壁の落書きと建造物等損壊罪

　もっとも，最高裁の判例の中には，労働争議に伴って行われた建造物に対するビラ貼り行為が，建造物の効用を減損したものと認められるとして，建造物の「損壊」に当たるとしたものがあるが（最決昭41・6・10刑集20巻5号374頁，最決昭43・1・18刑集22巻1号32頁），その各説示自体からは，効用の減損がいかなる要素に基づいて判断された結果であるのかは明らかでない（松尾誠紀「公衆便所の外壁への落書きが建造物損壊にあたるとされた事例」ジュリ1385号128頁。これに対し，上記各判例が「損壊」の認定に当たり美観の点に十分考慮を払っているとする見解として，永井敏雄「ビラ貼り行為と建造物損壊罪の成否」ひろば30巻4号43頁，大コメ刑法第13巻（第2版）558頁〔飯田英男〕がある）。

　なお，最高裁は，原状回復の難易と「損壊」との関係につき，盗難及び火災予防のため土中に埋設したドラム缶入りガソリン貯蔵所を発掘して土壌を排除し，ドラム缶を露出させたという事案において，「所論原状回復の難易如何は本罪〔筆者注：器物損壊罪〕の成立に影響があるものではないのである。」と判示しているが（前掲最判昭25・4・21刑集4巻4号665頁），事実関係をみると，被告人らは東西2.5メートル，南北5.1メートル，深さ0.9メートルにわたって土を掘り返したというのであるから，原状回復のために特段の労力又は費用を要したことが明らかであって，その点の判例性には疑問を入れる余地がある（永井・前掲47頁，松尾・前掲131頁）。

(3)　**学説の動向**

　通説である効用侵害説にあっても，建造物の外観ないし美観をその重要な効用の一つであるとみるかどうかについては，考え方が分かれている（藤井・前掲28頁以下）。一つは，ビラ貼り行為などによって美観を害されたために，本来の用途に適しない程度に建造物の使用価値を減損した以上は「損壊」に当たるとする立場である（大谷・各論（新版第3版）346頁，永井・前掲43頁，48頁，大コメ刑法第13巻（第2版）558頁〔飯田英男〕など）。もう一つは，文化財のような文化的ないし美的価値を本質的に備えている建造物の場合には，美観などが効用となることを認めるが，それ以外の一般の建造物については，美観などを効用とすることは疑問とする立場である（西田・各論（第5版）278頁，山口・各論（第2版）358頁など）。思うに，一般住宅の建物の外壁にペンキなどで大きく落書きされた場合，その建物の居住者としては，落書きを残したまま居住し

続けることに強い心理的な抵抗を感じ，一刻も早くそれを消したいと考えるのが通常であろう。これは，建物固有の外観ないし美観が著しく損なわれたことにより心理的，感情的にその使用が不可能あるいは困難になったことを意味するから，そのような外観ないし美観も，建物が本来有する効用とは別に，当該建物の重要な効用の一つになっていることを示しているといえる（藤井・前掲32頁参照）。

なお，原状回復の難易と「損壊」との関係については，学説上，少なくともビラ貼り行為等が「損壊」に当たるかどうかという問題に関する限り，原状回復の難易を考慮要素に含めるのが一般的であるといえる（西田・各論（第5版）278頁，山口・各論（第2版）359頁，永井・前掲46頁）。

(4) 最高裁の判断

こうした中，最高裁は，被告人が公園内の公衆便所の白色外壁にラッカースプレーで赤色及び黒色のペンキを吹き付け，「反戦」，「戦争反対」及び「スペクタクル社会」と大書した行為が刑法260条前段にいう建造物の「損壊」に当たるかどうかが争われた事案において，次のような判断を示した（最決平18・1・17刑集60巻1号29頁。以下「18年決定」という）。

「1　原判決が是認する第1審判決の認定によれば，本件の事実関係は以下のとおりである。

(1) 本件建物は，区立公園内に設置された公衆便所であるが，公園の施設にふさわしいようにその外観，美観には相応の工夫が凝らされていた。被告人は，本件建物の白色外壁に，所携のラッカースプレー2本を用いて赤色及び黒色のペンキを吹き付け，その南東側及び北東側の白色外壁部分のうち，既に落書きがされていた一部の箇所を除いてほとんどを埋め尽くすような形で，『反戦』，『戦争反対』及び『スペクタクル社会』と大書した。

(2) その大書された文字の大きさ，形状，色彩等に照らせば，本件建物は，従前と比べて不体裁かつ異様な外観となり，美観が著しく損なわれ，その利用についても抵抗感ないし不快感を与えかねない状態となり，管理者としても，そのままの状態で一般の利用に供し続けるのは困難と判断せざるを得なかった。ところが，本件落書きは，水道水や液性洗剤では消去することが不可能であり，ラッカーシンナーによっても完全に消去することはできず，壁面の再塗装によ

り完全に消去するためには約7万円の費用を要するものであった。
　2　以上の事実関係の下では，本件落書き行為は，本件建物の外観ないし美観を著しく汚損し，原状回復に相当の困難を生じさせたものであって，その効用を減損させたものというべきであるから，刑法260条前段にいう『損壊』に当たると解するのが相当であり，これと同旨の原判断は正当である。」
　この18年決定は，その説示ぶり（特に2項）からすると，文化財等の特殊な建造物以外であっても，建造物の外観ないし美観を汚損すること自体が，建造物の効用の減損につながる場合があること，すなわち，そのような建造物であっても外観ないし美観をその効用として備えているとの判断を示したとみるのが素直な読み方であろう（なお，永井・前掲48頁参照。これに反対する見解として，鎮目征樹「落書きと建造物損壊罪の成否」法教311号125頁）。もっとも，事実関係に関する説示部分には，判示の公衆便所が「公園の施設にふさわしいようにその外観，美観には相応の工夫が凝らされていた」ものであったことが指摘されているところ，この指摘を根拠に18年決定の射程範囲をこのような特殊事情のない建造物一般に拡大すべきではないとする見解もみられる（橋田久「公園内の公衆便所の外壁にペンキで『反戦』等と大書した行為が建造物損壊に当たるとされた事例」ジュリ1332号173頁）。しかし，上記説示部分は，判示の建物が公衆便所であったということに加えて，落書き行為によりその外観ないし美観が「著しく汚損」されたことを示すために言及されたとみるべきであって，そのような事情のない建造物一般を除外する趣旨ではないと考えられる。そうすると，18年決定は，上記の点に関し，最高裁として初めての明示的判断を示した重要なものといえる（18年決定後に，一般の住宅の外壁等に対し緑色の合成塗料を吹き付けて落書きした行為が建造物損壊罪等に当たるとされた事案として，広島高判平19・9・11LEX/DB28135467，LLI/DB06220493がある）。
　また，この18年決定は，建造物の外壁に対する落書き行為が「損壊」に当たるのは，それが建造物の外観ないし美観を「著しく汚損し」，かつ，「原状回復に相当の困難を生じさせた」場合であるとの判断を示した点でも重要である。まず，汚損の程度の点についてみると，外観ないし美観を害する汚損の程度には様々なものを想定し得るが，物質的毀損の場合との均衡を図る上でも，また，美醜の判断が主観的なものとなる可能性があることを考えても，外観ないし美

観を損ねる程度が著しいものに限って「損壊」に当たり得るとしたことは，妥当な判断であるといえる（藤井・前掲34頁）。そのように解することによって，前記の軽犯罪法1条33号と適用場面が競合することも回避し得る。次に，原状回復の難易の点についてみると，外観ないし美観の減損の中には，物質的毀損の場合と異なり，原状回復が容易なものも少なくないと考えられるが，そのような一時的な減損までも「損壊」に当たり得るとすることには疑問があり，そうした不都合を避けるために「原状回復に相当の困難を生じさせた」場合に限って「損壊」に当たり得るとしたことも，妥当な判断であるといえる（永井・前掲46頁，藤井・前掲34頁）。

(5) **設問〔2〕の解答**

乙が，公園内の公衆便所の外壁にラッカースプレーでペンキを吹き付け，自己の所属する暴走族の名前を書いた行為は，公衆便所の外観ないし美観を汚損するものであることが明らかである。

そこで，まず問題となるのは，その汚損が「著しい」ものといえるか否かである。乙が自己の所属する暴走族の名前をわざわざ書いたのは，自分たちの存在を誇示するためであるとみることができるから，通常は大書あるいはそれに近い状態で書いたことが想定される（この落書きを消すにはペンキの上塗りが有効で，その費用は1万円程度であったということも，そのような状態で書かれたことをある程度裏付けているといえよう）。そして，暴走族が様々な迷惑行為に及ぶ集団として問題視されている現状にかんがみると，その範囲にもよろうが，前記のような落書きがなされたことにより，一般人に対し公衆便所の利用について抵抗感ないし不快感を与えかねない状態となったとみる余地も十分にある。これらを総合すると，その汚損は「著しい」ものと評価してよいであろう（仮に「著しい」とまで評価できない場合には，建造物を「汚した」として軽犯罪法1条33号の罪が成立するにとどまる）。

次に問題となるのは，乙のした落書きが「原状回復に相当の困難を生じさせた」といえるか否かである。設問によると，この落書きを消すにはペンキの上塗りが有効で，その費用は1万円程度であったというのであるが，ペンキの上塗りが有効であるということは，通常の手段では汚損を完全に除去できないことを意味するものといえるし，また，1万円程度とはいえ，有償での修復を必

17 玄関ドア等の損壊，外壁の落書きと建造物等損壊罪

要とするという点も原状回復の困難性を基礎付けているとみることができる（松尾・前掲131頁）。

このように考えると，乙には建造物損壊罪が成立することになる。

【齋藤　正人】

18 公務執行妨害罪における職務の適法性

　警察官Aは，制服を着用し，薬物の密売地域を警らしていたところ，辺りを見回しながら道路脇で電話をしていた甲が，Aの姿を見て，足早に立ち去ろうとした。Aは，売人ではないかと疑い，職務質問をするため，甲に声を掛けた。すると，甲が急に走り出したため，Aは甲を追跡し，甲の肩に右手を掛けて停止させようとしたところ，甲は，護身用に持っていたスタンガンをAの手に押し付けて高電圧をかけた。甲は，薬物の密売とは全く関係がなく，繁華街で知人と待ち合わせをしていたが，先月仮釈放になったばかりであったため，警察官の姿を見て，思わずその場を離れようとしたにすぎなかった。なお，警察の服装訓令によれば，制服で職務を行う際には，制帽を着用しなければならないとされていたが，Aは，制帽を着用していなかった。甲に公務執行妨害罪は成立するか。

1　職務の適法性

　公務執行妨害罪（刑95条1項）が成立するためには，公務員が職務を執行するに当たり，これに対して暴行又は脅迫を加えることが必要である。ここで，公務員が行う職務の執行は適法なものでなければならない。職務の適法性の要件は法文上明示されていないが，これを構成要件要素として要求するのが判例（大判昭7・3・24刑集11巻296頁等），通説（西田・各論（第5版）412頁，山口・各論（第2版）543頁，前田・各論（第4版）511頁，曽根・各論（第4版）278頁，伊東・各論（第2版）430頁，今井ほか・各論353頁〔今井猛嘉〕，伊藤ほか・アクチュアル各論453頁〔鎮目征樹〕等）である。職務の執行が違法である場合にまで，これを刑法によって保護する必要性はないし，違法な職務執行に対しては正当防衛すら可能であることを考えれば，それは「書かれざる構成要件要素」と解すべきであろう（西田・各論（第5版）412頁）。学説では，適法性の要件を違法要素と解する見解も有力だが，公務の適法性を要求するという点では通説と同じであるので，以下，判例，通説の立場に従って論述する。

そこで，本問の甲に公務執行妨害罪が成立するか否かを検討する前提として，まず，警察官Ａの職務が適法であるか否かを以下検討する。

② 適法性の要件

刑法95条１項にいう職務の適法性の要件として，多数説は，(1)当該職務が当該公務員の抽象的職務権限に属すること，(2)当該公務員が当該公務を行う具体的職務権限を有していること，(3)当該職務執行が有効要件として定められている重要な方式を履践していること，の３要件が必要であると解している（西田・各論（第５版）412頁，山口・各論（第２版）544頁，曽根・各論（第４版）279頁，伊東・各論（第２版）433頁，今井ほか・各論353頁，伊藤ほか・アクチュアル各論453頁等）。

この点について，刑法95条１項の適法性は，暴行・脅迫から厚く保護するに値する公務という実質的基準で判断せざるを得ず，公務の要保護性という問題に解消しようとする見解も有力である（前田・各論（第４版）512頁等）。適法性を強調する学説は，法秩序の統一性を重視し，他の法領域でも適法でなければ刑法上も違法だとして，公務執行妨害罪の成立範囲を限定しようとする傾向がみられるといわれているが（前田・各論（第４版）512頁），「傾向」程度の話であって設例の回答に当たっては有意的な差異を生じないから，以下，多数説の見解に従って論述する。

まず，設例におけるＡの行為が(1)の要件を満たすことには問題がない。

③ 具体的職務権限

次に，(2)の要件は，警察官らが具体的な行為をする際に，適法な行為の範囲を明確にするために重要である（今井ほか・各論354頁）。判例によれば，例えば，交通違反取締中の警察官が，信号無視の自動車を現認し停止させた際，下車した運転者が酒臭をさせており，酒気帯び運転の疑いが生じたため，酒気の検知をする旨告げたところ，同人が，警察官が提示を受けて持っていた運転免許証を奪い取り，自動車に乗り込んで発進させようとしたなどの事実関係の下では，警察官が自動車の窓から手を差し入れエンジンキーを回転してスイッチを切り運転を制止した行為は適法な職務行為であり（最決昭53・9・22刑集32巻

6号1774頁), 交通整理等の職務に当たっていた警察官につばを吐きかけた者に対し, 職務質問のため胸元をつかみ歩道上に押し上げる行為は, 当時の相互の距離関係等の具体的な状況を考えれば適法な職務行為であるとされている（最決平元・9・26判時1357号147頁）。判例は, 当該職務行為の具体的違法性の程度が刑法95条1項により処罰に値するか否か, 実質的に評価しているようである（前田・各論（第4版）512頁参照）。そうすると, 任意捜査として許容される実力行使の限界を超えた場合などは, (2)の要件に反するものとして適法性が否定されることになろう（西田・各論（第5版）413頁）。

さて, 警察官職務執行法2条1項は,「警察官は, 異常な挙動その他周囲の事情から合理的に判断して何らかの犯罪を犯し, 若しくは犯そうとしていると疑うに足りる相当な理由のある者又は既に行われた犯罪について, 若しくは犯罪が行われようとしていることについて知っていると認められる者を停止させて質問することができる。」と規定している。任意手段であっても, 一定の場合に有形力の行使が認められるのであるから, その意味では警察官職務執行法2条1項は確認的規定であり, 同項は主要類型について要件等を法定したものだと解するか（田辺泰弘「職務質問・所持品検査—検察の立場から」三井誠ほか編・新刑事手続Ⅰ165頁（悠々社, 2002）等), 警察官職務執行法2条1項を, ある程度の有形力の行使を伴う職務質問を一定の要件の下に許容した権限創設的規定であり, その権限の行使は, 警察比例の原則に従い, 具体的な状況の下で必要最小限の限度にとどまるものでなければならない（同法1条2項）と解するか（松本芳希「職務質問・所持品検査—裁判の立場から」前掲新刑事手続Ⅰ176頁等）について争いはあるが, 職務質問に関して, それを実施, 継続するために一定の限度で有形力の行使が許されることは, 判例上確立した原則である（田辺・前掲165頁）。

以上を前提として, 設例におけるAの職務質問が警察官職務執行法2条2項で認められている有形力の行使の限界を超えているのか否かを検討する。

4 **職務質問における有形力の行使の限界**（やや古い文献ではあるが, 田宮裕ほか編・大コンメンタール警察官職務執行法108頁〔渡辺咲子〕（青林書院, 1993）が, この論点に関する学説, 裁判例を詳細に検討している）

この点に関する判断基準は，刑訴法上の任意捜査の限界に関するそれと基本的には同一内容になるものと考えられる（松本・前掲177頁）。判例は，例えば，夜間道路上で，パトロール中の警察官から職務質問を受け，駐在所に任意同行され，所持品につき質問中，すきをみて逃げ出した者を，更に質問を続行すべく追跡して，その背後から腕に手を掛けて停止させた警察官の行為について，正当な職務執行の範囲を超えるものではないとしている（最決昭29・7・15刑集8巻7号1137頁）。最決昭29・12・27刑集8巻13号2435頁は，パトロール中の警察官が，通行人の服装，年齢，態度，携帯品等から推測して，当時頻発していた窃盗事件に関係があるのではないかとの疑いを抱き，呼び止めて職務質問をし，所持する風呂敷包みの内容の提示を求めたところ，相手が急に歩き始め更に逃げ出したので，停止を求め職務質問を続行するため追跡した行為について，適法であるとしている。最判昭30・7・19刑集9巻9号1908頁は，挙動不審者として職務質問を受け，派出所まで任意同行を求められた者が，突如逃走した場合に，警察官が更に職務質問しようとして追跡した行為だけでは，人の自由を拘束したものではなく，警察官の職務行為として適法であるとしている。

　一般論としていえば，いきなり有形力を行使することが許されるわけではなく，任意の協力が得られるよう説得することが前提として必要であり，その上で，相手方の態度，容疑犯罪の重大性，嫌疑の濃淡，職務質問の必要性・緊急性，相手方の人数及び警察官側の態勢，時間，場所，周囲の諸状況等を考慮した上，相当と認められる限度における必要最小限度の有形力の行使が許されるということになろう（田辺・前掲167頁）。

　設例で，甲は，薬物の密売地域で辺りを見回しながら道路脇で電話をしており，警察官の制服を着用しているAの姿を見て，足早に走り去ろうとしていたのであるから，場所柄や甲の挙動等を合理的に判断すれば，甲が覚せい剤等の違法な薬物を密売しようとしていると疑うに足りる相当な理由があるといえよう。そして，Aが職務質問をするため，甲に声を掛けたところ，甲が急に走り出したのであるから，密売の嫌疑は相当に高くなったといってよく，職務質問の必要性・緊急性も高くなるといえよう（田辺・前掲167頁）。この状況下では，逃走する甲を追跡しただけでは職務質問を行うことはできないはずだから，Aが甲に追いついた際に，一時的に停止させるための行動をとることには合理性

が認められるといえよう。特に，覚せい剤等の密売は重罪であり（例えば，覚せい剤の営利目的譲渡罪の法定刑は，1年以上の有期懲役又は500万円以下の罰金併科である），肩に手を掛ける程度の行為は，適法な停止行為として是認できよう（大谷直人「職務質問における『停止』の限界」新関雅夫ほか・増補令状基本問題(上)71頁（悠々社，2002）参照）。

5 有効要件として定められている重要な方式

さらに，警察の服装訓令によれば，制服で職務を行う際には，制帽を着用しなければならないとされているところ，Aは制帽を着用していなかったことから，(3)の要件を満たすか否かが問題となる。

学説の中には，任意規定や訓示規定の違反に限って適法性を認めるという見解もあるが（曽根・各論（第4版）279頁等），公務の保護と国民の人権保護の調和という観点からは，職務執行の相手方の権利や利益の保護のために必要かつ重要な手続要件違反がない限りは，少なくとも刑法上は公務執行妨害罪による保護に値する適法な職務と解すべきであろう（西田・各論（第5版）413頁，山口・各論（第2版）545頁，今井ほか・各論354頁，伊藤ほか・アクチュアル各論454頁。また，前田・各論（第4版）512頁も同旨）。

なお，軽微であっても手続違背等があれば公務執行妨害罪による保護は付与されるべきではなく，軽微な手続違背等だけの場合には当該公務員に対して暴行罪・脅迫罪による保護のみ与えられるとするものとして，伊東・各論432頁がある（賛意を表するものとして，中村勉「職務行為の適法性」判例百選II各論（第6版）237頁）。しかし，公務の保護と国民の人権保護の調和という観点から考えると，公務執行妨害罪の成立範囲を狭く解している点で支持できない。

この点，最大判昭42・5・24刑集21巻4号505頁は，地方議会の議長が議員から提出された質疑打切り，討議省略，全上程議案一括採決の動議に基づき全上程議案の一括採決を議場に諮ろうとした事案について，弁護人が，当該議長の職務執行は会議規則等に違反する違法なものであり，違法な職務執行に対しては公務執行妨害罪は成立しないなどとして上告したのに対して，「議長のとった本件措置が，本来，議長の抽象的権限の範囲内に属することは明らかであり，かりに当該措置が会議規則に違反するものである等法令上の適法要件を完全に

は満していなかったとしても，（略）当該措置は，刑法上には少なくとも，本件暴行等による妨害から保護されるに値いする職務行為にほかならず，刑法95条1項にいう公務員の職務の執行に当るとみるのが相当であって，これを妨害する本件所為については，公務執行妨害罪の成立を妨げない」と判示している。一方，下級審裁判例は，警察官が逮捕状を執行するに際し，これを被疑者に示さなかった等の場合（大阪高判昭32・7・22高刑集10巻6号521頁）や警察官による逮捕の緊急執行（刑訴201条2項）に際して，相手方から再三逮捕状を示すよう求められたにもかかわらず，単に脅迫容疑による逮捕状が発付されている事実を告げただけであって，被疑事実の要旨は，全然これを告げなかった場合（東京高判昭34・4・30高刑集12巻5号486頁）には，逮捕行為は違法である旨判示している。判例は，一般的な判断は示していないが，職務執行の相手方の権利や利益の保護のために必要かつ重要な手続要件違反がない限りは，公務執行妨害罪による保護に値する適法な職務と解していると思われる（西田・各論（第5版）413頁）。

設例でAは，制服を着用していたのだから，外観上警察官であること，ひいては，Aが甲に声を掛けた行為が警察官の職務行為として行われたことも明らかである。その一方で，Aが制帽を着用しなかったという服装訓令違反は，職務執行の相手方である甲の権利や利益の保護のために必要かつ重要な手続要件違反とはいえないであろう。したがって，Aの職務質問は，有効要件として定められている重要な方式を履践しているというべきである。

6 適法性の判断基準

ところで，甲は，薬物の密売とは全く関係がなく，繁華街で知人と待ち合わせをしていたが，先月仮釈放になったばかりであったため，警察官の姿を見て，思わずその場を離れようとしたにすぎなかったのであるから，純客観的にはAの職務質問は違法なものであって，公務執行妨害罪による保護を受けられないのではないかという疑問が生じる。

この点，職務の執行が適法性の要件を備えているか否かを誰が判断するかについては，公務員が真実その職務の執行と信じて行為したときは適法とする主観説，行為時における一般人の判断によるとする折衷説，裁判所により客観的

に判断されるべきとする客観説などがあるが，現在では客観説が通説である。公務執行妨害罪を，危険に立ち向かう公務員に特別な保護を与えるものであると理解するならば主観説にも理由はあるが，公務執行妨害罪は，公務員を特別に保護するのではなく，適正な公務の円滑な遂行を法益とする（最判昭28・10・2刑集7巻10号1883頁）ものであるから，公務の適法性についても客観的に評価すべきであろう（小田直樹「公務執行妨害罪における職務の適法性」刑法の争点（第3版）247頁）。

7 適法性の判断時点

　客観説の中には，適法性の判断時点を裁判時と解する純客観説（曽根・各論（第4版）280頁等）もある。この見解によれば，適法な逮捕要件を備えていても，裁判時に無罪であると判明すれば，逮捕行為は違法となり公務執行妨害罪は成立しないとされる。確かに，無実の者に反抗しないことを期待することが困難であることを考えれば，この見解にも一理あるが，職務執行時に適法であれば，十分な要保護性をもつというべきであるから，行為時客観説が妥当だと思われる（西田・各論（第5版）414頁，山口・各論（第2版）545頁，前田・各論（第4版）514頁，今井ほか・各論355頁，伊藤ほか・アクチュアル各論455頁等）。

　最決昭41・4・14判時449号64頁は，警察官が，Aの腹のあたりからけん銃が落ちてきたのを見たため，Aを銃刀法違反罪の現行犯人として逮捕しようとしたところ，Aが警察官らに暴行を加えたため公務執行妨害罪に問われたところ，Aの銃刀法違反の点は無罪が確定したという事案について，「職務行為の適否は事後的に純客観的な立場から判断されるべきでなく，行為当時の状況にもとづいて客観的，合理的に判断される」旨判示して公務執行妨害罪の成立を認めた原審に対して，弁護人が，違法な職務執行に対して公務執行妨害罪は成立しないと主張した上告を棄却したが，その際，「所論の点に関する原判決の判断は，相当である」と判示しており，行為時客観説の立場をとるものといえよう（西田・各論（第5版）414頁等）。

　すると，設例におけるAの職務質問は，行為当時の状況に基づいて客観的，合理的に判断すれば適法というべきであるから，行為時客観説の立場からは，甲に公務執行妨害罪が成立することになろう。

なお，純客観説と行為時客観説のいずれを採るかによって具体的な結論に差異を生ずるか否かという点について，近時，疑問を呈する学説もある。例えば，小田・前掲247頁を参照されたい。

また，殺人罪で起訴された者が無罪判決を受け，これが確定した後に，検察官の公訴提起，追行は違法であるとして国に対して損害賠償を求めた事案について，最判平元・6・29民集43巻6号664頁は，「刑事事件において無罪の判決が確定したというだけで直ちに公訴の提起が違法となるということはなく，公訴提起時の検察官の心証は，その性質上，判決時における裁判官の心証と異なり，右提起時における各種の証拠資料を総合勘案して合理的な判断過程により有罪と認められる嫌疑があれば足りるものと解するのが当裁判所の判例〔略〕であるところ，公訴の提起時において，検察官が現に収集した証拠資料及び通常要求される捜査を遂行すれば収集し得た証拠資料を総合勘案して合理的な判断過程により有罪と認められる嫌疑があれば，右公訴の提起は違法性を欠くものと解するのが相当である。」と判示している。このような考え方（職務行為基準説）によれば，警察官による逮捕についても，実定法上，「罪を犯したことを疑うに足りる相当な理由」（刑訴199条1項）等があれば逮捕し得ることとされている以上，無罪判決が確定したりしても，逮捕が当然に違法になる，すなわち，国家賠償の対象となるわけではない，とされる（宇賀克也・行政法概論II行政救済法（第2版）393頁（有斐閣，2009））。直接には国家賠償法1条1項に関する議論であるが，公務執行妨害罪における純客観説と行為時客観説を検討する際にも有益なものであろう。

8 適法性の錯誤

以上のとおり，設例におけるAの職務質問は，行為当時の状況に基づいて客観的に判断すれば適法な職務執行であるが，甲は，これを違法であると誤信している。このような甲に公務執行妨害罪の故意が認められるであろうか。

この点については，法律の錯誤として故意を阻却しないとする見解，事実の錯誤として故意を阻却するとする見解，違法性を基礎付ける事実と適法性の評価を区別し，前者の誤認のみを事実の錯誤とする二分説とに分かれており，二分説が多数説である。上述のとおり，適法性を公務執行妨害罪の構成要件要素

だと解する以上，適法性に関する錯誤は，本来，事実の錯誤であるはずである。しかし，適法性に関する錯誤をすべて事実の錯誤だと解して，軽率な誤信の場合にまで公務の執行を保護しないとするのは妥当ではない。そこで，例えば，逮捕状を示しているのに，その事実を認識しなかった場合のように適法性を基礎付ける事実を誤認している場合には事実の錯誤として故意を阻却するが，前提事実の認識に欠けるところがなく，単にその評価を誤認している場合には法律の錯誤として故意を阻却しないと解するのが相当である（西田・各論（第5版）414頁，山口・各論（第2版）546頁，曽根・各論（第4版）280頁，今井ほか・各論355頁，伊藤ほか・アクチュアル各論455頁等）。

　なお，近時，事実の錯誤説からは，上記批判に対して，「『公務員の職務執行に対して暴行を加えている』という事実の認識は存在している以上，原則として『保護に値する公務』だという認識は存在するといわなければならない。故意が否定されるには，同罪〔注：公務執行妨害罪〕の違法内容の認識を打ち消すだけの，積極的な『要保護性欠如』の認識が必要である。『要保護性を欠くかどうか微妙である』というような認識の場合，警察官の職務を妨害している認識を有する以上，公務執行妨害罪の故意は否定できない。」（前田・各論（第4版）517頁）等として，公務の適切な保護に欠けないなどと反論されている。違法性の錯誤に関する論点は，理論的には興味深い論点ではあるが（川口政明「違法性の錯誤」新実例総論188頁参照），「公務員の職務執行に対して暴行を加えている」という事実の認識が存在する一方で，積極的な「要保護性欠如」の認識も存在するような事例は，実際上は想定しがたく，新しい事実の錯誤説は，具体的な結論の局面においては二分説とほとんど異ならないと思われる。

　すると，設例において甲は，Aが職務質問している事実についての認識に欠けるところがなく，単にその評価を誤認しているにすぎないのであるから，二分説の立場からは，法律の錯誤として故意を阻却しないと解されよう。近時の事実の錯誤説の立場においても，Aの職務執行に対して暴行を加えているという認識があり，かつ，公務執行の違法内容の認識を打ち消すだけの，積極的「要保護性欠如」の認識は認められないから，やはり甲に公務執行妨害罪の故意が認められるということになろう。

18 公務執行妨害罪における職務の適法性

9 暴行の程度

　公務執行妨害罪の暴行は公務員による職務の執行を妨害するに足りる程度のものであればよく，これにより職務執行妨害の結果が現実に発生したことを必要とするものではない（最判昭33・9・30刑集12巻13号3151頁）。その意味で公務執行妨害罪は抽象的危険犯である。判例は，無許可のデモ行進を警察官が実力行使により解散させたとき，警察官に1回投石したが命中しなかったという事案に関し，投石行為は暴行ではあるが，公務執行の妨害となるべきものとは思われないとし，単純暴行罪を認定した原判決を破棄し，投石行為はそれが相手に命中しなかった場合においても，本件のような状況〔注：検挙者を生じ一般群衆が喚声をあげ殺気立っていると判示されている〕の下に行われたときは，相手の行動の自由を阻害すべき性質のものであることは経験則上疑いを容れないから，ただ1回の瞬間的なものでも公務執行妨害罪の暴行に当たるとしている（前掲最判昭33・9・30）。また，罵声を浴びせながら一方的に抗議する過程において，丸めた紙を相手方の顔面付近に突き付けてその先端をあごに触れさせ，相手方の座っているいすを揺さぶった行為及び相手方がいすから立ち上がるのを阻止するためその手首を握った行為は，いずれも公務執行妨害罪にいう「暴行」に当たるとしている（最判平元・3・9刑集43巻3号95頁）。

　甲は，護身用に持っていたスタンガンをAの手に押し付けて高電圧をかけたのであるから，この暴行がAによる職務の執行を妨害するに足りる程度の暴行であることは明らかであろう。

　なお，学説上，公務執行妨害罪の保護の対象である公務には，自力排除力を有する権力的公務から非権力的公務まで様々なものが含まれるのであるから，職務の執行を妨害するに足りる程度も相対的に判断されるべきであり，警察官の実力行動に対して公務執行妨害罪を認めるには軽微な暴行では足りないと解する余地もあるように思われるとする見解も有力である（西田・各論（第5版）416頁，山口・各論（第2版）547頁，今井ほか・各論356頁，伊藤ほか・アクチュアル各論456頁）。しかし，設例における甲の暴行は軽微な暴行とはいいがたいから，設例の回答に当たって上記学説に従ったとしても，結論を異にはしないであろう。

⑩ 結　論

　甲に公務執行妨害罪は成立する。

　なお，⑦で触れた職務行為基準説は，国家賠償法1条1項の「違法」を相対的に，すなわち，取消訴訟における違法と国家賠償における違法を別個のものととらえる見解である（宇賀・前掲392頁）。仮にこの考えを設例に当てはめることができるとして，Ａが甲を追跡するため，近くにいた第三者乙を突き飛ばしたので，乙がＡに対して暴行を加えたという事例を想定すると，乙との関係でＡの本件公務は公務執行妨害罪で保護される公務であろうか。仮に違法だとした場合，甲は乙との関係で正当防衛行為に及ぶことができるだろうか。後日の検討を待ちたい。

【河原　俊也】

19 虚偽の申立て等と競売入札妨害罪

A会社は，Bから本件土地建物を無償で借り受け，事業をしていたものの，Bに対して債権を有するCが本件土地建物を仮差押えしていたところ，その後，Cの申立てにより，競売開始決定がなされた。A会社代表取締役である甲は，Bの承諾を得て，Cによる仮差押えの前からA会社が本件土地建物を賃借していたことにすることとし，現況調査に訪れた執行官に対し，その旨申し出て，内容虚偽の賃貸借契約書を提出した。執行官は，その申し出の内容等を検討し，現況調査報告書に，「A会社は賃貸借契約を主張するが，使用貸借であると考えられる」旨記載して，執行裁判所に提出した。執行裁判所は，A会社には賃借権がないものとして，本件土地建物を評価し，売却手続を実施した。甲は，最高価買受申出人となったDに対し，「本件競売手続は，E暴力団が仕切っている。直ちに手を引け」と書いた文書を匿名で送付した。甲の罪責はどうか。

1 問題の所在[※]

(1) はじめに

刑法96条の3第1項は，競売入札妨害罪について定めている。この規定は，強制執行妨害罪（刑96条の2）及び談合罪（刑96条の3第2項）とともに昭和16年の刑法改正により新設されたものである。

本罪の「公の競売又は入札」とは，国又は公共団体が実施する競売又は入札をいう。そのうち，競売とは，競売施行者（売主）が，多数の者に対し口頭で買受けの申し出をすることを促し，最高価額の申出人に売却する売買のことである。また，入札とは，契約内容について，2人以上の者を競争させ，原則として最も有利な申し出をした者を相手方として契約を締結する競争契約であって，文書によって他の者には内容を知られずにその申し出をするものをいう。いずれも「競争」を本質としている点で共通している。しかし，入札は，競争者が相互に申し出の内容を知ることができない点，売買のほか請負などについても行われる点で競売と異なる。

「公の競売又は入札」に当たるものとして，民事執行法による強制執行や担保権の実行としての競売（同法45条・180条など），国税徴収法による公売（同法94条），会計法による競争（同法29条の3・29条の5）などがある。そして，民事執行法の下では，不動産売却の実施方法として，入札と競り売り（同法64条2項）及び特別売却（同規則51条）があり，入札には，期日入札と期間入札がある（同規則34条）。実務上は，期間入札の方法によるのが一般である（なお，特別売却が，「公の競売又は入札」に当たることについて，札幌高判平13・9・25判タ1086号313頁）。

(2) 検討すべき問題点

設問では，民事執行法による不動産に対する強制執行において，甲が，執行官に対して，虚構の賃借権の存在を申し出て，内容虚偽の賃貸借契約書を提出し，その後，最高価買受申出人となったDに対し，「本件競売手続は，E暴力団が仕切っている」などと記載した書面を送付しているため，甲に競売入札妨害罪が成立するかどうかが問題となっている。

本稿では，初めに，不動産に対する強制執行手続の概要を見た上で，次の4点について検討することとしたい。(a)まず，偽計又は威力を用いて「公正を害すべき行為」の意義について，保護法益との関係で検討する。(b)次に，競売入札妨害罪が既遂に至るためには，実際に競売手続が妨害されたことを要するのか否かについて検討し，(c)さらに，不動産に対する強制執行のどの手続段階における妨害行為が処罰の対象となるのか，対象の始期と終期について検討した上，(d)最後に，罪数について，検討することとする。

② 不動産に対する強制執行手続の概要

不動産に対する強制執行は，申立人の申立てにより始められ，執行裁判所は，申立てを適法と認める場合には競売開始決定を行い，債権者のために不動産を差し押さえ，その旨の登記がなされる（民執45条・48条）。続いて，執行裁判所は，執行官に不動産の現況調査（民執57条）を，評価人に不動産の評価（民執58条）をそれぞれ命じ，提出された現況調査報告書，評価書に基づいて最低売却価格を決定した上（民執60条），書記官が不動産の表示や不動産に係る権利関係を記載した物件明細書を作成する（民執62条）。これらの現況調査報告書，

評価書及び物件明細書は,「3点セット」と呼ばれている。そして,書記官は,執行官に不動産の売却を実施させることになるが（民執64条）, この「3点セット」を一般の閲覧に供するため, その写しを執行裁判所に備え置くことが必要である（民執62条2項, 民執規31条）。

前述したとおり, 不動産の売却は, 一般的には, 期間入札の方法により実施される。期間入札においては, 入札期間, 開札期日, 売却決定期日が定められ（民執64条3項・4項, 民執規46条）, 不動産の買受けを申し出ようとする者は, 入札期間内に最低売却価格の2割の保証を提供して入札する（民執66条, 民執規39条・47条）。

開札が終わると, 執行官は最高価買受申出人を定め（民執規49条・41条）, その後, 執行裁判所は, 売却不許可事由のない限り, 売却決定期日において, 売却許可決定を言い渡す（民執69条）。この売却許可決定の確定によって, 最高価買受申出人は, 買受人の地位を取得し, 定められた期限内にその代金を納付した時に不動産を取得することになる（民執78条・79条）。逆に, 買受人が代金を納付しないときは, 売却許可決定はその効力を失い, 提供した保証の返還を受けることができなくなり, 次順位買受けの申出があるときは, 執行裁判所は, その申出について売却の許可又は不許可を決定する（民執80条）。

③ 偽計又は威力を用いて「公正を害すべき行為」の意義について

本条が規定する「偽計又は威力を用いて」とは, 業務妨害罪（刑233条・234条）のそれと同義に解する。すなわち,「偽計」を用いるとは, 他人の正当な判断を誤らせる術策を用いることをいい,「威力」を用いるとは, 人の意思の自由を制圧するような勢力を用いることをいい, 暴行や脅迫に限らず, それに至らない程度の威迫も含まれる（大コメ刑法第6巻（第2版）205頁〔河上和雄＝久木元伸〕）。

次に,「公正を害すべき行為」とは, 公の競売又は入札が公正に行われていることに対し, 客観的に疑問を懐かせる行為ないしその公正に正当でない影響を与える行為をいう（前掲大コメ刑法207頁）。

例えば, 特定の入札予定者のみに敷札額を内報してそれに基づいて入札させる行為（最決昭37・2・9刑集16巻2号54頁）のように, 競売・入札における競争

原理を損なうだけでなく，競売・入札の仕組みそのものを成り立たなくするような手続的に不正な行為について，偽計による競売入札妨害罪が成立することは明らかである。

ところで，設問の前段では，競売・入札の仕組みを前提にした上で，虚構の賃借権を主張して，競売に参加しようとする者の判断を誤らせようとしているのである。このような訴訟詐欺的な行為についても，競売入札妨害罪が成立するのであろうか。

(1) **判例の状況**

下級審の判例によると，次のような事案において，競売入札妨害罪の成立が認められている。

① 暴力団組長と不動産業者が共謀し，競売不動産を有利に買い受けようとして，競売建物の玄関等に「告，本物件に，何人たりとも立ち入りを厳禁する。○○一家○○組」と書いた紙を貼付する威力を用いた事例（福岡地判平2・2・21判時1399号143頁）

② 暴力団組員が，執行官室に備え付けられた現況調査報告書写しの所有者欄に「○○四代目○○会○○組」と彫ったゴム印を押捺する威力を用いた事例（岡山地判平2・4・25判時1399号143頁）

③ 暴力団の肩書が入った名刺を物件明細書等に挟み込む威力を用いた事例（高松高判平4・4・30判タ789号272頁）

④ 暴力団組員と競売建物の所有者が，執行妨害目的で，執行官に対し，競売建物について賃借権を有している旨虚偽の事実及び競売物件に暴力団が関係しているとの事実を述べて，執行官をしてその旨現況調査報告書に記載させ，これを入札希望者等に閲覧できるように備え付けさせた偽計及び威力を用いた事例（鳥取地米子支判平4・7・3判タ792号232頁）

⑤ 虚偽の賃借権設定仮登記をした上，執行官に対し，競売建物について債権担保目的で賃借権を有している旨の虚偽の事実を述べて，執行官をしてその旨現況調査報告書に記載させる偽計を用いた事例（東京地判平5・12・20金法1379号38頁）

そして，最高裁は，不動産競売の開始決定がなされた不動産について，その売却の公正な実施を阻止するため所有者との間で右決定より前に短期賃貸借契

19 虚偽の申立て等と競売入札妨害罪

約が締結されていた旨の内容虚偽の賃貸借契約書を裁判所に提出したときは，偽計による競売入札妨害罪が成立する旨判示している（最決平10・7・14刑集52巻5号343頁）。

(2) **本罪の保護法益について**

(a) 学　説

本罪の保護法益は，公の競売又は入札の公正であると解されている。

ただし，ここでいう「公正」の内容の理解について，公務侵害説，競争侵害説及び施行者等利益侵害説の3つの見解があるといわれている（橋爪隆「競売入札妨害罪における『公正を害すべき行為』の意義」神戸法学雑誌49巻4号39頁）。

公務侵害説は，「公正」の意義を「公務の執行として手続が適正・円滑に遂行されていること」に求める見解である。この見解によれば，競売手続を殊更に遅延させることも，競売の適正で円滑な遂行を害するものとして，本罪成立の処罰根拠になり得るのである。なお，最高裁は，「本罪は，公務の執行を妨害する罪の一つであって，公の入札が公正に行われることを保護しようとするものである」と判示している（最判昭41・9・16刑集20巻7号790頁）。

競争侵害説は，本罪を，自由な価格形成を担保するための「競争制度」としての競売・入札を保護するものと解する見解である。この見解は，参加者による自由で平等な競争によって価格形成のメカニズムが機能することを重視する。そして，競売手続を遅延させることを，本罪の処罰根拠に含ませることについては強く批判している（京藤哲久「裁判所に対する虚偽の賃貸借契約書の提出と競売入札妨害罪の成否」金法1556号73頁）。

施行者等利益侵害説は，競売・入札制度を利用する施行者等の具体的な財産的利益を保護法益とする見解である。この見解は，妨害行為によって落札価格が下落するおそれに着目し，「施行者等が不利益を被らない状況」が「公正」の概念の実体であると理解する。

(b) 検　討

(ｱ)　競争侵害説は，本罪によって保護される競売・入札の本質が自由競争にあることに着目し，その処罰根拠と処罰範囲を明確化するというメリットがある。また，本罪の法定刑（2年以下の懲役又は250万円以下の罰金）が，偽計・威力業務妨害罪の法定刑（3年以下の懲役又は50万円以下の罰金）と比べて，懲役

刑が軽く罰金刑が重いことについて，整合的な説明ができるように思われる。

ところで，競争侵害説によると，偽計により入札希望者の減少及び競売手続の遅延を生じさせた場合，入札希望者の減少という点では本罪が成立し，競売手続の遅延を生ぜしめた点では偽計業務妨害罪（刑233条）の成立を認めた上，両者が観念的競合になると解すべきことになりそうである。しかし，この点については，沿革的に見て，刑法233条・234条にいう「業務」には公務を含まないという解釈が確立した判例理論となっていた（大判大4・5・21刑録21輯663頁）。それゆえ，昭和16年に新設された刑法96条の3第1項は，それまで不可罰であった偽計・威力による公務妨害罪の一部を可罰的なものとする性格を有していたところ，その後，最高裁判例によって，非権力的公務は業務妨害罪にいう「業務」に含まれるという判例理論が確立されたが，そのことにより，同時に，競売入札妨害罪についても，その保護法益を競争侵害のみの見地から理解し，これを超える部分については業務妨害罪の成立を認めるという解釈を採ることは法的安定性の見地から許されない，という批判が加えられているのである（西田典之「競売妨害罪の成立要件」研修642号7頁）。

(イ) 次に，施行者等利益侵害説について，確かに国又は公共団体が実施する競売・入札において，落札価格が不当に形成されれば，それは国民の税金が不当に費消される危険をはらむことになる。しかし，例えば，不動産執行において，競売価格が下落しても，それによって損失を受けるのは債権者や債務者などの私人であって，国や公共団体が損失を受けるわけではないのである。そうだとすると，債権者や債務者などの私人の利益に対する侵害について，財産犯としての保護に加えて，本罪により手厚く保護する根拠が十分でないように思われる（橋爪・前掲46頁）。本罪の規定により，私人が自由に公の競売や入札に参加することができ，それに伴う経済的利益が保護されるという側面もあるが，これは，公の競売又は入札の公正が保護されることによる反射的効果であると考えられる（京都地判昭58・8・1刑月15巻7＝8号387頁）。

(ウ) 本罪の保護法益について，競争侵害説が，競売・入札の「競争」という本質に着目している点は評価することができるが，それのみによって説明することは相当でないように思われる。そして，本罪は，すべての競売・入札手続を保護しているわけではなく，「公の」競売・入札に限定して，その公正を害す

べき行為を処罰の対象としているのである。その根拠は、「公の」競売・入札については、国民の税金が投入されていることや、その結果が国民の生活に重要な影響を及ぼす可能性があることから、私的な競売よりも高く保護される必要があるためであると考えられる。

そうすると、本罪の「公正」の内容については、公務侵害説に競争侵害説のいう競争原理の観点を加味して理解するのが相当であると解する。前掲最決平10・7・14の原審は、内容虚偽の賃貸借契約書を執行裁判所に提出した行為について、「入札希望者を減少させ、本件競売手続も遅延させ、競売価格も低下させる事態を招来するおそれのあるものである」として、刑法96条の3第1項にいう「競売の公正を害すべき行為」に当たる旨判示しているところである。

④ 競売入札妨害罪が既遂に至る要件

競売入札妨害罪は、抽象的危険犯であり、現に公正を害されたことは必要ではないと解されている（西田・各論（第5版）427頁、大谷・各論（新版第3版）562頁など。ただし、前掲大コメ刑法199頁は、具体的危険説によっている）。では、どの時点で競売・入札の公正を害する「危険」が生じたと評価できるのであろうか。

(1) 内容虚偽の賃借権が現況調査報告書等に記載された場合

前述した下級審の判例④及び⑤は、いずれも執行官に対し、競売建物について虚偽の賃借権の存在を主張した上、その旨現況調査報告書に記載させた事案である。

建物の賃貸借は、その登記がなくても、建物の引渡しがあれば、その後、その建物について物権を取得した者に対し、対抗することができる（借地借家31条）。そのため、執行裁判所としては、競売の対象物件を債務者（所有者）以外の者が占有している場合には、その権利関係について、関係者に対する審尋などを通じて十分な調査を行うのであり、これには相応の時間を必要とするが、執行妨害の意図のもと虚偽の権利を主張しているときは、不当に競売手続の実施を遅延させようとするものと評価できることが多いであろう。そして、いわゆる「3点セット」において、建物賃借権の存続が認められていれば、その閲覧の結果、入札希望者の減少や売却価格の低減が強く予想されるところである。

このような場合には，公務侵害の点からも競争侵害の点からも，競売・入札の「公正」が害される抽象的危険があることは明らかである。

(2) 執行裁判所が内容虚偽の賃借権であることを見破った場合

では，執行裁判所が，内容虚偽の賃借権であることを見破った場合には，競売・入札の「公正」が害される危険はないことになるのであろうか。

しかし，「競売入札の理念である『競争原理』というものは，物理的心理的に公衆の自由な参加があって初めて確保されるものであり，」「虚偽の短期賃借権であっても，それを主張する者が存在するということ自体が入札の希望者をためらわせ，そのような者が存在しなければ入札する意思のある者にこれを断念させるおそれがあるのであって，」「そこでは，競争入札の仕組みは表向き維持されているものの，競争原理は実質的に損なわれているものというべきであるから，入札の公正が損なわれていることに変わりがない」のである（三好幹夫・判解刑平10年度118頁）。

すなわち，執行裁判所が内容虚偽の賃借権であることを見破り，物件明細書等にその旨記載した場合にも，競売手続の遅延，入札希望者の減少や売却価格の低減という事態を招くおそれがあることは，前記(1)と同じなのである。

(3) 危険性の発生時期について

ところで，上記のような「物理的心理的に公衆の自由な参加があって初めて確保されるこの競争原理の侵害の危険性は，虚偽の短期賃貸借を主張する者の存在が一般に公表されることによって現実的なものとなる」という重要な指摘がある（上嶌一高「裁判所に対する内容虚偽の賃貸借契約書の提出と競売入札妨害罪の成否」判例セレクト1998（法教222号別冊）35頁）。

しかし，民事執行法の下，現在の執行実務では，競売・入札に参加しようとする者に対し，不測の損害を与えることがないように，できるだけ多くの情報を提供しようとしているのである。そして，執行裁判所に対し，虚偽の賃借権の主張がなされ，その資料が提出されれば，執行裁判所は，その虚偽性を見破ると否とを問わず，その旨現況調査報告書や物件明細書に記載し，その情報が参加希望者に伝達されることはほぼ確実なのであり，前記(1)や(2)で指摘した危険性が発生しているのである。したがって，執行官や執行裁判所に対し，そのような虚偽の権利の主張等がなされた時点で，既に競売・入札の「公正」が害

19 虚偽の申立て等と競売入札妨害罪

される抽象的危険を生じたものということができると解する。

5 本罪の対象となる不動産執行手続の始期と終期について

設問の前段では、不動産競売開始決定はなされているものの、売却実施命令はまだ発せられてなく、執行官による現況調査の段階で、虚構の賃借権の申し出がなされている。また、設問の後段では、入札が終わり、落札者（最高価買受申出人）が決定した後、同人に対し、威迫する文書が送付されている。

本罪の「競売又は入札」の意義を、文字どおり、民事執行法における不動産売却の方法である入札や競り売りに限定して解釈するのか、それともその前後の手続も含まれるのかが問題になる。

(1) 始期について

最高裁は、東京都が実施した払下げに関する指名入札の事案において、「公の入札が行われたというためには、権限のある機関によって、入札に付すべき旨の決定がなされたことが必要であり、かつそれをもって足るものと解するのが相当である。」と判示している（前掲最判昭41・9・16）。

この判決に従うと、民事執行法による不動産競売においても、競売又は入札に付すべき決定、すなわち売却実施命令（民執64条3項）がなされることが必要であるようにも思われる。

しかし、民事執行法上の不動産競売については、競売開始決定（民執45条）がなされれば足り、売却実施命令を発していたことまでは要しないものと解する（三好・前掲121頁）。なぜならば、不動産競売において、賃借権の仮装等により手続の妨害を図る場合、最も効果があるのは、売却実施命令前に行われる現況調査の段階であり、現況調査報告書に賃借権の存在あるいはそのような権利を主張する者の存在することが記載されれば、対象物件の評価額や最低売却価格の決定に影響を及ぼす可能性が十分にあること、少なくとも競売開始決定がなされれば、その後に入札又は競売に至ることがほぼ確実であり、売却実施命令前であっても、入札又は競売の手続の公正という保護法益が侵害され得る段階にあり、刑法上の保護が必要であるということができるからである。

(2) 終期について

最高裁は、不動産の競売における入札により最高価買受申出人となった者に

対し，威力を用いてその入札に基づく不動産の取得を断念するよう要求したときは，競売入札妨害罪が成立する旨判示している（最決平10・11・4刑集52巻8号542頁）。

　検討するに，開札が終了して，最高価買受申出人が定められると，自由競争は一応決着することになるが，その結果が完全に実現したわけではない。なぜならば，売却不許可決定が出されたり，代金の納付がなされなかったりすれば，最高価買受申出人は，落札物件を取得することができないのであり，再売却のために再度入札の手続が採られることになるからである。上記最決の原審が述べるとおり，「買受人が代金を納付するまで，当該競売手続は所期の目的を達しないまま浮動状態に置かれ」ているのである。

　そうすると，「競争原理に引き付けて『入札の公正』を理解するとしても，開札終了後の行為について，なお本罪の成立を認める余地があると考えられる」（飯田喜信・判解刑平10年度198頁）。

　このことは，売却許可決定が確定して「買受人となった者」に対して，偽計又は威力による妨害行為がなされた場合にも，同様である。

　しかし，買受人が代金を全額納付して競売物件の所有権を取得した段階に至った場合には，もはや入札又は競り売りの方法による不動産売却の手続は終了し，競売入札妨害罪の成立は認められないものと解する。

6　罪数について

　競売入札妨害罪の罪数について，まずは，競売・入札手続の個数を基本にして検討することとし，複数の競売・入札手続の公正が，それぞれ別の行為によって妨害された場合には，併合罪になると考えられる。

　では，一つの競売・入札手続に対し，複数回の妨害行為がなされた場合はどうであろうか。

　競売入札妨害罪における偽計や威力は，公務執行妨害罪における暴行又は脅迫のように，必ずしも特定の人に向けられたものであることを要するものではないとし，偽計や威力が向けられた者の人数に関係なく，基本的には一つの競売又は入札に関するものである限り，競売入札妨害罪は，すべて包括されるものと解すべきである，という見解もある（裁判例コメ刑法第2巻39頁〔髙崎秀

231

19 虚偽の申立て等と競売入札妨害罪

雄〕)。

　しかしながら，競売・入札手続は，前述のとおり，種々の段階を経て実施されるものであり，その開始から終了まで相当の時間を要するものである。そうだとすると，妨害行為がなされた手続の段階，犯意の発生時期・その内容，妨害行為の手段・方法，その相手方，公正を害するおそれの継続性の有無など諸般の事情を総合考慮して，一罪になるのか併合罪になるのか判断すべきであると解する（なお，公訴時効に関する判例であるが，現況調査に訪れた執行官に対して虚偽の事実を申し向け，内容虚偽の契約書類を提出した行為は，刑法96条の3第1項の「公の競売又は入札の公正を害すべき行為」に当たるが，上記虚偽の事実の陳述等に基づく競売手続が進行する限り，その行為の時点をもって，刑訴法253条1項にいう「犯罪行為が終わった時」とはならない（最決平18・12・13刑集60巻10号857頁）と判示されており，このことも罪数の判断に当たり参考になる）。

7　設問について

　以上の検討によれば，設問の結論は，明らかであろう。

(1) 設問の前段について

　甲が，執行官に対し，本件土地建物について虚構の賃借権の存在を申し出で，内容虚偽の賃貸借契約書を提出した行為は，執行官において，調査の結果それが虚偽であることを見破り，現況調査報告書に「A会社は賃貸借契約を主張するが，使用貸借であると考えられる」旨記載し，執行裁判所も，A会社には賃借権がないものとして，本件不動産を評価し，売却手続を実施していることを考慮してみても，競売手続の遅延，入札希望者の減少，売却価格の低減という事態を招来するおそれがあると認められる。したがって，甲のこの行為は，偽計により「競売又は入札の公正を害する」行為に該当すると考える。

(2) 設問の後段について

　甲が，最高価買受申出人となったDに対し，「本件競売手続は，E暴力団が仕切っている。直ちに手を引け」と書いた文書を匿名で送付した行為は，威力を用いて代金の納付を断念させようとするものであり，開札が終了していても，なお自由競争の実現を妨げるものである。したがって，甲のこの行為は，威力により「競売又は入札の公正を害する」行為に該当すると考える。

(3) 罪数について

甲による上記二つの行為は，一つの強制執行手続の公正を害するものではあるが，手続の段階，妨害の手段・方法，相手方を異にしており，2回目の妨害行為によって，新たに公正を害する危険を生じさせているから，両者は併合罪になるものと考える。

【島田　一】

※［補注］
　刑法96条の3第1項が規定していた「公の競売又は入札の公正を害すべき行為」については，平成23年法律第74号の改正により，「公の競売又は入札で契約を締結するためのものの公正を害すべき行為」と改められた（96条の6第1項）ため，本問に関する論点の一部は立法的に解決された。

20 証拠隠滅・犯人蔵匿教唆

　暴力団員甲は，舎弟であるAの自動車を借用して運転していた際，不注意で人をはねてけがを負わせたが，そのまま逃走した。甲は，Aに事実を打ち明けて相談したところ，Aが「前日に車が盗まれたものとして盗難届を出し，車も処分しておきましょうか。」と提案したため，Aに任せた。Aは，ただちに事故車両をスクラップにするとともに，警察に対し，事故前日に車が盗まれた旨の盗難届を提出した。ところが，事故の目撃者の供述等から，甲が事故車両を運転していたという疑いが深まり，逮捕されてしまった。甲は，別の舎弟Bであれば，18歳の少年であるため，刑事罰を受けないのではないかと考え，留置場からBに手紙を書き，仲間うちの隠語で，身代わり犯人となってほしいと依頼した。Bは，依頼に応じて，警察署に出頭し，自分が事故車両を運転していたと申告した。甲の罪責はどうか（自動車運転過失傷害，道路交通法違反を除く）。

1 問題の所在

　甲は，自己の犯した自動車運転過失傷害の罪，道路交通法違反（救護義務違反及び報告義務違反）の罪に関して，Aに対しては，証拠の隠滅及び虚偽の証拠の作出を，Bに対しては，身代わり犯人となることを，それぞれ依頼している。

　まず，議論の前提として，犯人自身が，証拠隠滅ないし犯人隠避の教唆を行った場合に，そのような行為を罰することができるのかが問題となる。

　次に，甲は，Aからの提案を受ける形で，証拠の隠滅，証拠の偽造及び偽造証拠の使用をするようAに依頼しているのであり，正犯から具体的な証拠隠滅等の提案がなされたという事情がある場合でも，証拠隠滅等教唆の罪が成立するのかが問題となる。

　最後に，甲は，逮捕された後に，身代わり犯人となるようBに依頼をしているが，このような捜査機関による身柄拘束がなされた後であっても，犯人隠避

が成立するのかが問題となる。

② 犯人自身が他人を教唆して証拠隠滅，犯人隠避に及ばせた行為の可罰性

(1) 学説及び裁判例

　犯人が，自己の犯罪事実に関する証拠の隠滅や偽造を自ら行ったり，自分を隠避させたりしても，その行為が罰せられないということは，明らかであり，争いがない。すなわち，刑法104条は，隠滅，偽造，変造の対象を「他人の刑事事件に関する証拠」と定めており，文言上，自己の刑事事件に関する証拠が隠滅，偽造，変造の対象となる余地はない。また，刑法103条の犯人隠避等の罪においても，犯人が自己を隠避させても罪が成立しないとされている（他人を教唆して自己を隠避させた事案についての大判昭8・10・18刑集12巻1820頁もそのことを前提にした判断を示している）。そして，法が，これらの行為を罰していない理由は，自己の犯罪に関する証拠の隠滅や自己の隠避といった行為をしないことを犯人に期待することが困難であるという期待可能性が類型的に低いからであるとするのが，従来の支配的な考え方である。

　しかしながら，犯人が他人を教唆して証拠隠滅，犯人隠避等をさせた場合において，証拠隠滅，犯人隠避の教唆の罪が成立するか否かについては，争いがある。この点についての，学説と裁判例の状況を概観する。

　学説は可罰性を認めない見解（消極説）とこれを認める見解（積極説）に分かれている。

　結果発生に原因を与える行為があればそれが教唆行為であろうと実行行為であろうとこれを処罰するべきであり，教唆行為も実行行為と同視することができるとする共犯独立性説に立てば，教唆犯として自己の犯罪の証拠を隠滅させることや自己隠避をさせることは，自己の行為と変わるところがないことになり，自らこれらの行為に及んだ場合と同様に，構成要件に該当しない行為として，不処罰とされる（木村・各論314頁）。かたや，共犯が成立するには正犯の行為が現に行われたことを要するとする共犯従属性説に立つ場合は，教唆行為と実行行為とを区別することになる。その場合であっても，さらに，積極説と消極説とに分かれる。積極説は，他人に自己の犯罪の証拠を隠滅させることや自

己を隠避させることは，自らこれらを行うことと異なり，もはや期待可能性が低いとは言い難いとして可罰性を認める（団藤・各論（第3版）90頁，香川・各論（新版）53頁，藤木・各論40頁，43頁，内田・各論（第3版）652頁，657頁，大塚・各論（第3版増補版）601頁，佐久間・各論272頁）。消極説は，自己の犯罪の証拠を隠滅させることや自己隠避をさせることは，共犯として行う場合であってもやはり期待可能性が類型的に低いとして，又は，共犯が処罰されるのは正犯を通じて法益を侵害することにあるとの考えを立脚点とし，共犯が間接的な犯罪であることにかんがみて，正犯として期待可能性が低いのであれば，間接的な犯罪である共犯に及ぶことは一層期待可能性が低いとして，教唆犯を不処罰とする（滝川・各論281頁，平野・概説285頁，287頁，大谷・各論（新版第3版）366頁，593頁，川端・各論（第2版）690頁，西田・各論（第5版）445頁，449頁，山口・各論（第2版）582頁，589頁）。このほか，犯人蔵匿・隠避に関しての議論ではあるが，消極説の一つとして，犯人蔵匿・隠避については，蔵匿・隠避される者の関与が予定されているのであり，この者はいわば対向的必要的共同正犯というべきであって，法が自己の犯罪の証拠隠滅や自己隠避を処罰していない以上，犯人蔵匿・隠避と対向的必要的共同正犯となる犯人による自己の隠避の教唆等もまた不処罰とするべきであるとする考え方もある（平野龍一「刑法各論の諸問題」法セ228号43頁。藤木・各論40頁も，犯人蔵匿については，一種の必要的共犯関係が生じるから，通常の依頼程度では，共犯を構成せず，通常の依頼を超えて執拗に蔵匿するよう働きかけた場合に限り共犯としての可罰性を認めるべきであるとしている。最決昭60・7・3判タ579号56頁の谷口正孝裁判官の反対意見も同様の指摘をしている）。最近は，積極説の一つとして，自己隠避や犯人自身による証拠隠滅等が不可罰とされるのは，期待可能性の類型的欠如にあるのではなく，刑事訴訟の一方当事者である被告人又は被告人となるべき者に，逃げ隠れしてはならない，証拠を隠滅してはならないという捜査等の刑事司法への一般的協力義務を罰則で強制することは不相当であるとの政策的判断によるのであって，他人をして証拠隠滅をさせる，自己を隠避させるなどといった行為までも不可罰とする必要はないという考え方も示されている（岩村修二「刑事判例研究278」警論48巻9号151頁。また，前田巌「最高裁判所判例解説」曹時61巻9号299頁も，犯人自身の自己蔵匿・証拠隠滅が不可罰とされる根拠を期待可能性の（定型的）欠如

のみに求めることは立法事実としても余り説得力があるようには思えず，この側面が皆無とはいえないまでも，犯人の刑事手続上の地位なども総合して政策的に定められたものと見ざるを得ないのではないかとしている）。

　裁判例においては，一貫して積極説が採用されている（犯人隠避教唆について，大判昭8・10・18刑集12巻1820頁，最決昭35・7・18刑集14巻9号1189頁。証拠隠滅教唆について，大判明45・1・15刑録18輯1頁，大判昭10・9・28刑集14巻17号997頁，最決昭40・9・16刑集19巻6号679頁）。

(2) **検　　討**

　思うに，自己隠避や自己の犯罪の証拠隠滅が不可罰である理由の一つに期待可能性の類型的な低さがあることは否定できないものの，それだけで問題が解決できるのかは疑問である。すなわち，量刑判断においても責任主義が貫かれるべきであるところ，自己隠避や自己の犯罪の証拠隠滅をした場合に，これらについて期待可能性がない，又は，期待可能性が類型的に低いというのであれば，このことをもって情状面で不利益に考慮することは，許されない，又は，何らかの制限が課せられるはずである。しかしながら，このような取扱いは実務においてはとられないものであろうし，一般の量刑感覚からも乖離したものであろう（前記谷口裁判官反対意見も，この問題を責任論の立場で論ずるとすれば，しょせん見解の相違ということになってしまうとした上で，犯人隠避教唆者の行為が正犯の行為と対向的必要的共同正犯を構成することを理由に，それを不処罰とすべきであるとする一方で，本来の犯罪の刑事責任を追及する場面において悪しき情状として考慮すれば足りるとしている。期待可能性の問題ではないことを前提にして，この問題を情状面において解消しようとしていることは示唆に富むというべきである）。その場の具体的事情に応じて非定型的に判断されるべき期待可能性の問題を，この場面に限って，一律に定型的に処理しようとするのは，期待可能性がもつ本来の非定型的な性格となじみにくいのであり，ほかの考えに基づく要請が働いているとみるべきである。それは，刑事訴訟の一方当事者に刑事司法への一般的協力義務を罰則をもって強制することを不相当とする政策的判断であると考える。犯人隠避教唆の事案である前掲大判昭8・10・18は，犯人が自らの発見逮捕を免れようとするのはごく自然な人情（至情）であるから犯人自身の単なる隠避行為は罪として問わないのであるとした上で，このような

行為はいわゆる「防御の自由」に属するものであるとも判示している。当事者的地位が十分に保障されていない旧刑訴法下の判断ではあるものの，訴訟当事者としての地位を尊重するという観点がそこに見受けられる。期待可能性の類型的ないし定型的欠如だけではなく，これに加えて訴訟当事者としての地位を保障するという政策的判断も，自己隠避や自己の犯罪の証拠隠滅が不処罰とされる理由の一つとして考えられるとした上で，この問題を検討すると，他人にこれらを教唆する行為にまで防御の自由を与えるのは当事者としての地位の濫用というべきであり，このような行為には可罰性が認められると思料する。

③ **具体的な証拠隠滅や偽造を正犯者（被教唆者）が考案して，教唆者に提案したという事情があり，教唆者がその証拠隠滅，偽造を正犯者に依頼した場合の証拠隠滅，偽造教唆罪の成否**

(1) **裁 判 例**

この問題についての裁判例として，最決平18・11・21刑集60巻9号770頁がある。被告人が自己の法人税法違反罪の証拠の偽造を他人に教唆したとされる証拠偽造教唆事件であるが，証拠偽造の正犯が証拠偽造の計画を立案して被告人に提案したという事情があり，被告人が正犯に犯行の決意を生じさせたといえるのかが争点となった事案である。

この事案において，同決定は，次のように判示している。すなわち，正犯は，被告人の意向にかかわりなく本件犯罪を遂行するまでの意思を形成していたわけではないから，正犯の本件証拠偽造の提案に対し，被告人がこれを承諾して提案に係る工作の実行を正犯に依頼したことによって，その提案どおりに犯罪を遂行しようという正犯の意思を確定させたものと認められるのであり，被告人の行為は，人に特定の犯罪を実行する決意を生じさせたものとして，教唆に当たるというべきである。

この決定は，事例判断というべきものではあるが，教唆犯が成立するためには，教唆犯が正犯に対して犯罪の決意を生じさせたことが必要とされるところ，そのようにいえるかどうかの判断に当たっては，正犯が教唆犯の意向にかかわりなく本件犯罪を遂行するまでの意思を形成していたかどうかを重視していることがわかる。

ここでいう正犯が教唆犯の意向にかかわりなく本件犯罪を遂行する意思を形成していたかどうかの判断は，最終的には事実認定に属するものではあろうが，その判断において着目するべき点を整理する必要がある。

犯罪を遂行させる意思が教唆犯の意向にかかわりなく確定的であったかどうかという問題は，犯罪遂行の意思が確定的ではあるが，実行行為に出る事態が条件に係っているといういわゆる条件付故意の問題での検討が参考になるとの指摘がなされている（前田・前掲290頁）。

そのような指摘も考慮した上で，犯罪遂行の意思が教唆犯の意向にかかわりなく確定的なものであったかどうかの認定においては，次のような事情が重視されると思われる。①動機ないしは利害関係。この決定においても，「法人税法違反事件の犯人である被告人が証拠偽造に関する提案を受け入れなかったり，その実行を自分に依頼してこなかった場合にまで，なお本件証拠偽造を遂行しようとするような動機その他の事情があったことをうかがうことはできない」と判示して，教唆犯の意向にかかわらず犯罪を遂行するだけの動機ないしは利害関係が正犯にあったかどうかを重視している。②教唆犯と正犯との間の意思連絡の内容。教唆犯が計画を承諾しない場合には改めて正犯が最終的な犯罪遂行の決断をするというような留保が付された発言がなされたかなどといった犯罪遂行の意思が確定的であったかどうかを直接的又は間接的に裏付けるような言動の有無についても着目することとなろう（条件付故意の事案である最決昭56・12・21刑集35巻9号911頁についての佐藤文哉・判解刑昭56年度337頁参照）。③教唆犯の関与がなければ犯罪遂行が不可欠といえるような事情の有無。教唆犯から資金提供や便宜等を受けなければ犯罪遂行が不可能であることなどといった事情も着目されることになろう。

(2) **共同正犯の成否**

ある者から犯罪遂行の計画を持ちかけられ，これを承諾して，数名の者の間で犯罪遂行の意思連絡がなされた上で行われた犯行については，通常は，共同正犯の正否が問題になるところ，既に検討したとおり，自己の犯罪についての証拠隠滅は不可罰であるため，共同正犯ではなく教唆犯の成否という形で問題の検討がなされているのが，これまでの議論である。

この点に関しては，自己の犯罪の証拠隠滅についての共同正犯の成立を認め

る見解もある（内田文昭「消極的身分と共犯」田宮裕博士追悼論集上巻430頁（信山社，2001），安田拓人「司法に対する罪」法教305号80頁，井田良・理論刑法学の最前線II210頁（岩波書店，2006））。前記のとおり，自己の犯罪の証拠隠滅が不可罰となる理由の一つとして，刑事訴訟の当事者としての地位の政策的な保障というものに求める見解に立つならば，単独犯としては不可罰だが共同正犯としては可罰的であるとの考えも成り立つ余地があるようにも思える。

　しかしながら，裁判例においては，いずれも犯人隠避についてであるが，共同正犯が成立する余地はなく教唆犯が成立するとするもの（東京高判昭52・12・22刑月9巻1＝2号857頁）や，共同正犯が成立するけれども自己隠避として不可罰になるとするもの（京都家決平6・2・8家月46巻12号82頁）がある。いずれも自己の犯罪の証拠隠滅の共同正犯が成立することはないとの前提に立っている。また，共犯事件の証拠の隠滅については，専らほかの共犯者のためにする場合と自己のためにする場合とで，その証拠が「他人の」刑事事件の証拠といえるかどうかの結論を異にするという見解が有力であるところ（広島高判昭30・6・4高刑集8巻4号585頁，東京地判昭36・4・4判時274号34頁），共同正犯の成立を認めてこれを可罰的とする見解に立った場合は，共犯事件の証拠隠滅について共謀がなされた事案においては，上記のような「他人の」刑事事件の証拠かどうかを検討する意味は乏しくなる。さらに，教唆犯のみが成立するとの考えとそれにとどまらず共同正犯も成立するとの考えの相違は，成立した共謀に基づいて各人が行った証拠隠滅行為のすべてについて，各共同正犯者に対して，罪責を問うことの可否にも及ぶことになる。本問でいえば，甲とAが共謀して，その共謀に基づいて，仮に甲とAとが手分けしてそれぞれ甲の犯罪の証拠の隠滅をした場合に，甲単独で行った場合には本来不処罰であった甲自らの証拠隠滅行為が，共同正犯の成立を認めることによって可罰的になるということになる。仮に，甲が無免許であり，Aにおいて甲に自動車を貸し渡したことが無免許運転幇助の罪を構成するとした場合に，Aが甲との間で互いの犯罪の証拠を隠滅する旨の共謀を成立させ，自動車をスクラップ処分したときも，共同正犯の成立を認める見解であれば，Aの行為もまた可罰的となるが，共同正犯の成立を認めない見解であれば，Aの行為が不可罰となる余地が出てくる。もっとも，通常の共謀の正否が争点となる事案では，共犯者の行為が被告人と

の共謀に基づくものであるか否かが焦点となるのに，ここでは，被告人の行為が共犯者との共謀に基づくものであるか否かが焦点となるという異なった様相を示すことになり，おのずとその証拠構造も異なったものとなろう（単独犯の訴因に対して，共謀共同正犯者が存在するとしても，被告人の犯罪の成否は左右されないとして，裁判所が訴因どおりの犯罪事実を認定することが許されるとするのが現在の実務の運用であるが，単独犯であれば不可罰だが共同正犯であれば可罰的とするという考えを採用すれば，この運用と異なる状況を招くことになる。最決平21・7・21刑集63巻6号762頁参照）。思うに，そのような錯綜した議論を招くようなことをしてまで，これまでの裁判例を踏み越えて処罰の領域を拡大する考えに抵抗を感じるところであり，ここでは，共同正犯が成立するとの考えについては慎重な立場をとることとする。

(3) **本問での検討**

　Aが甲に対して証拠隠滅ないしは偽造の提案をした時点において，Aが甲の意向にかかわりなく証拠隠滅ないしは偽造の犯行を遂行する意思を形成していたかどうかを判断する。本件の証拠隠滅行為は，甲所有の車両のスクラップ処分や甲による盗難届の提出という甲の関与がなければ遂行できないものではないのであり，甲の意向にかかわりなく犯行を遂行する意思を形成していたとの判断を導く事情が存する。しかしながら，Aが暴力団員甲の舎弟であって，Aに甲の利益を図って行動する利害関係ないしは動機があると十分うかがえること，甲の関与は不要といっても，ことが甲の犯行の証拠隠滅である以上舎弟であるAとしては甲の意向を尊重しなければならないであろうこと，具体的な提案はしているものの最終的には甲の意向を尋ねる形での発言をAがしていることなどの事情に照らせば，Aにおいて，既に犯行遂行の意思を形成していたとはいえないと認められる。そして，甲が，Aの提案を受けて，Aに対し，証拠隠滅等をまかせ，Aが直ちに計画どおりに犯行に用いた車両のスクラップ処分及び虚偽の盗難届の提出をしているのであり，甲は，証拠隠滅，証拠偽造及び偽造証拠使用の教唆行為を行ったものといえる。この行為についての甲の罪責は，証拠隠滅，証拠隠滅及び偽造証拠使用の教唆犯である。

　なお，付随的な問題点として，虚偽の盗難届を提出する行為は，偽造証拠使用なのか犯人隠避なのかという点について触れておく。後に検討するとおり，

犯人隠避罪にいう「隠避」については，犯人の身柄確保を妨げるような行為をいうとして，捜査機関による犯人の特定作用を妨げる結果犯人の身柄確保を妨げる種類の行為もこれに含まれるとされている。そうすると，虚偽の盗難届を提出する行為は，犯人隠避にも該当しそうである。この場合，①犯人隠避ではなく偽造証拠使用の罪のみが成立するとの考え，②両罪の保護法益が同種であることにかんがみて，混合した包括一罪が成立するとの考え，③両罪の保護法益は同種ではあるが，保護の客体や保護しようとする司法活動の性質が異なることにかんがみて，一個の行為で観念的に両罪が成立しているとして，観念的競合（刑54条1項前段）とする考えに分かれると思われる。ここでは結論を出すまでに考察を深めることができないが，いずれにせよ，適用すべき罰条が異なっても処断すべき刑の範囲に変わりはないというべきであろう。なお，隠避を蔵匿と同程度の犯人等の所在の究明及び身柄の確保を妨害する危険性を有する行為に限るとの解釈をとれば，犯人隠避罪が成立する余地は乏しく，偽造証拠使用罪のみの成立を認めることになろう（十河太朗「犯人蔵匿罪と証憑湮滅罪の限界に関する一考察」同志社法学46巻5号110頁）。

④ 逮捕，勾留中の犯人の身代わりを出頭させる行為と犯人隠避・蔵匿の教唆罪の成否

(1) 裁判例及び学説

犯人隠避罪が逮捕勾留といった身柄拘束に関する司法手続を保護するものであるならば，既に逮捕勾留されていた被告人に関して，犯人隠避罪が成立する余地はないようにもみえる。

同様の問題に直面した裁判例がある（最決平元・5・1刑集43巻5号405頁）。この事案に対しては，一審と控訴審，上告審とで異なる判断が示された。また，この各判断に対して学説も様々な意見を述べている。

その事案は，殺人未遂の被疑事実で逮捕，勾留された被告人が，配下の者に身代わり犯人として自首させたとして起訴されたという犯人隠避教唆被告事件である。犯人が身柄拘束されている状態であっても，これを隠避させたといえるのかが争点となった。

一審判決は，刑法103条の立法趣旨が，犯人等に対する官憲による身柄の確

保に向けられた刑事司法作用の保護にあると解した上で，本犯の嫌疑により既に逮捕勾留された者を隠避させることは予定されていないとし，逮捕勾留されている者の場合は，隠避行為の結果，官憲が誤ってその逮捕勾留を解くに至ったときに限って，隠避させたといえるとして，本件はそのような場合に当たらないから，被告人は無罪であるとする。

控訴審判決は，一般に身代わり自首はそれ自体犯人の発見，逮捕を困難にし捜査権の作用を妨害するおそれがある行為として犯人隠避罪を構成するものと解すべきであり，本件でもポリグラフ検査，関係者の事情聴取，自首した者の供述の裏付け捜査等が必要となったのであり，現実にも捜査の円滑な遂行に支障を生じさせる結果を招いていると指摘した上で，犯人が釈放されることがなかったとしても，被告人は犯人隠避の罪責を免れないとし，本条を広く司法に関する国権の作用を妨害する行為を処罰する趣旨に出たものと解されることは異論を見ないとして，一審判決を破棄し，犯人隠避教唆罪の成立を認めている。

上告審は，本条を，捜査，審判及び刑の執行等広義における刑事司法の作用を妨害しようとする者を処罰しようとする趣旨の規定であるとし，犯人として逮捕勾留されている者も対象となり，このような者をして現になされている身柄の拘束を免れさせるような性質の行為も「隠避」に当たると解すべきであるとして，控訴審の判断を維持している。

①刑法103条の趣旨を，身柄の確保に向けられた刑事司法作用の保護と考えるか，捜査等の広義における刑事司法の作用の保護と考えるか，②「隠避」という文言をどのように解釈するのか，具体的には，身柄を拘束されていない者を官憲から隠すことを意味するのか，身柄拘束されている者についてもその拘束を免れさせるような性質の行為を意味するのか，さらに，③犯人隠避罪が成立するには，捜査に対する何らかの妨害がなされたことが必要とされるのかといった点に問題を整理することができる。

学説においては，①について，同条の趣旨を捜査等の広義における刑事司法の作用の保護とする見解（川端博「逮捕勾留中の犯人の身代りを出頭させる行為と犯人隠避教唆罪」法セ421号99頁），より限定させて，犯人の所在の究明と身柄の確保を妨害させないことを保護するとの見解（井田良「逮捕勾留中の犯人の身代りを出頭させる行為と犯人隠避教唆罪の成否」重判解平元年度162頁，菊池京子「身

代り犯人と犯人隠避罪の成否」判例百選各論II（第5版）248頁），犯人を特定する作用を含ませずに身柄の確保に向けられた刑事司法作用のみを保護するとする見解（日高義博「逮捕勾留中の犯人の身代り自首と犯人隠避罪」法教108号88頁，十河・前掲72頁）に分かれる。また，②及び③についても，身代わり自首により誤って身柄を解放する危険は抽象的に認められるのだから，そのような行為は隠避に当たるとするべきであるとして最高裁決定に賛成するする見解（川端・前掲），犯人が身柄を拘束されている以上は，証拠隠滅のような違法性の高い手段がとられない限り，捜査の円滑な遂行を妨害する行為があっても，それだけでは処罰の対象にならないと考えるべきである，少なくとも犯人が釈放されるなど身柄の拘束状態に変化を生じさせる程度の結果があって初めて逮捕前の身柄隠避行為と同視できるとして最高裁決定に反対の考えをとる見解（井田・前掲），これらの理由に加えて，「隠避」は，「蔵匿」との均衡上，犯人の特定作用という意味は含んでないと考えるべきであること及び犯人の特定作用を妨害するような行為も「隠避」に当たるとすると証拠隠滅罪との区別が不明確になることを理由として最高裁決定に反対する考え（十河・前掲），条文が「隠避させた」と規定されている以上，結果犯と解するべきであり，既に身柄拘束中の者の発見を免れさせることは不可能であるから，この者は犯人隠避罪の客体となり得ないとする見解（浅田和茂「犯人蔵匿・隠避罪の保護法益と危険概念」現代刑事法5巻10号9頁）など多岐に分かれる。

　本条の趣旨については，身柄の確保に向けられた刑事司法作用のみを保護するというのは狭いというべきであるから，上告審の指摘するとおり広義の刑事司法の作用を保護するもの，又は，少なくとも犯人の特定作用をも保護するものと考えるのが相当と思料する。そうすると，既に身体拘束されている者についても隠避の対象となり得る余地があるというべきである。そして，その身体拘束を免れさせるような性質の行為も「隠避」に当たるとするのが相当であろう。その上で，本罪は，その成立に当たって，現実に刑事司法手続を妨害したという結果の発生が不要ないわゆる抽象的危険犯と解するべきであり，刑事司法手続を妨害する一般的なおそれのある行為がなされれば，本罪が成立すると解するべきである。控訴審判決が，釈放に至らなくても，身代わり自首により本来は必要がなかった捜査をせざるを得なくなったことを指摘しているが，こ

れは身代わり自首が一般的に捜査権の妨害に該当することを事案に即して説明したものにすぎず，具体的な捜査妨害の事情がなければ犯人隠避罪が成立しないとの考えを示したものとはいえないと解される。

(2) **本問での検討**

身代わり犯人となって警察に出頭する行為は，一般的に，それ自体が犯人の発見，逮捕を困難にし捜査権の作用を妨害するおそれがある行為というべきであるから，犯人を隠避させるものとして犯人隠避罪を構成する。犯人隠避罪が成立するためには，甲が釈放されることは必要とされない。また，釈放に至らなくても，Bの行為によって余計な捜査をせざるを得なくなったなどの，現に捜査妨害がなされたという具体的な事情は，情状面で問題になることはともかく，犯罪成否の立証としては必要とされるものではない。

【伊藤　寿】

21 贈収賄罪における職務関連性

次の場合に，金品を受け取ったＡ県中央警察署地域課に勤務する警察官甲の罪責はどうか。

〔1〕 Ａ県北警察署長に公正証書原本不実記載等の事件の告発状を提出していたＢから，被疑者の氏名等の特定に関する情報と捜査の進捗状況等を知らせてもらいたいと依頼を受けて「お歳暮」というのし付きのビール券20万円分を受け取った。

〔2〕 Ａ県南警察署管内の会社で発生した現金200万円の業務上横領事件について，その代表取締役Ｃから，南警察署の捜査担当の刑事に積極的に捜査を進めるように働き掛けてもらいたいと頼まれて10万円を受け取り，その後さらに，Ｃから，Ａ検察庁で当該事件を担当している検事に必ず公判請求するように働き掛けてもらいたいと懇願されて現金10万円を受け取った。

〔3〕 Ｄ県西警察署管内で発生した傷害事件の被害者Ｅから，告訴状の記載方法や起訴後に刑事手続への被害者参加をする方法等を教示，助言してもらいたいと頼まれて現金20万円を受け取った。

1 はじめに

設問によれば，Ａ県中央警察署地域課に勤務する警察官甲は，各小問において，Ｂ，Ｃ，Ｅから，それぞれビール券や現金といった金品を受け取っている。甲のような公務員の職にある者が，人から金品を受け取った場合について，それが刑法で定める要件を満たせば収賄罪が成立することになる。これを，刑法197条1項前段についてみてみると，公務員が，その「職務に関し」賄賂を収受することが，単純収賄罪が成立する要件とされている。例えば，設問の警察官甲が，窃盗事件発生の通報を受けてＡ県中央警察署管内にある現場に行き，被害品を持った男を発見したが，男が犯人であることを認めた上で見逃してほしいとして現金を交付してきたので，これを受け取って男を見逃した場合，警察官としての「職務に関し」賄賂をもらったことになるから，甲に収賄罪が成

立するが，甲が，釣り仲間に依頼されて，魚のよく釣れる場所を教えてほしいと依頼されてビール券をもらったとしても，警察官としての「職務に関し」賄賂をもらったことにはならないから，甲に収賄罪は成立しない。しかし，実際に当該公務員の収賄罪の成否が問題になるのは，上記のような明白な事例ばかりではない。そのため，当該公務員に収賄罪が成立するか否かを的確に判断していくためには，まず，判例がどのような事例についてどのような判断を下してきたかを十分検討し，それに対する学説の見解等も検討した上で，「職務に関し」の要件を満たす事実があるのか否かについての判断基準を頭に入れ，それに従って当該事例を検討していくことが肝要である。本設問においても，甲は，その「職務に関し」ビール券や現金を受け取ったのか否かについて，事例に挙げられたどのような点に着目し，どのような基準に従って判断していくべきかを検討していくことにする。

② 「職務に関し」の要件の解釈

判例及び有力な学説は，「職務に関し」の意義について，以下のように理解している。すなわち，①ここでいう「職務」とは，法令上当該公務員の一般的職務権限に属するものであれば足り，当該公務員が内部的な事務分掌等の具体的事情の下においてその行為を適法に行うことができたかどうかは問われず（一般的職務権限の理論），②また，「職務に関し」とは，「職務に関連して」という意味であり，上記①の意味における「職務」に当たらなくても，当該「職務」に密接な関係を有する，準職務行為あるいは事実上所管する職務行為であればよく，当該行為に関して公務員が賄賂を収受することにより，当該公務員は「職務に関し」賄賂を収受等したことになる（職務密接関連行為の理論）（一般的職務権限の理論については，大審院以来判例のとる立場であり，最近のものとしては，最大判平7・2・22刑集49巻2号1頁（判例①）がある。職務密接関連行為の理論については，県会議員が，他の議員を勧誘して賛成を求めることが「職務と密接な関係にある行為」とした大判大2・12・9刑録19輯1393頁がリーディングケースであり，「職務」だけではなく「準職務行為又は事実上所管する職務行為」について「職務に密接に関連する行為」とし，これについて賄賂を収受すれば，賄賂罪が成立するとしたものとして，最決昭31・7・12刑集10巻7号1058頁がある。判例の立

247

場を支持する学説としては，団藤・各論（第3版）137頁，大谷・各論（新版第3版）609頁，大コメ刑法第10巻（第2版）24頁〔古田佑紀＝渡辺咲子＝五十嵐さゆり〕，斎藤（信）・各論（第3版）297頁などがある）。

なお，「職務」には上記①の意味での職務だけではなく，②の「職務密接関連行為」も含まれると解する一方で，「職務に関し」とは，賄賂と職務行為との対価関係を意味すると解する有力な学説もあるが（西田・各論（第5版）477頁，前田・各論（第4版）570頁，山口・各論（第2版）617頁など），これに対しては，判例の立場を支持する学説から，対価関係については「賄賂」という言葉自体の中に含まれているとの反論がなされている（大コメ刑法第10巻（第2版）32頁〔古田＝渡辺＝五十嵐〕）。ただ，この点における見解の相違が，直ちに具体的事例に対する結論の相違に結びつくことにはならないだろう。

ところで，収賄罪を含めた賄賂罪の保護法益について，判例通説は，「職務の公正とこれに対する社会一般の信頼」にあると考えている（信頼保護説）（判例①，大判昭6・8・6刑集10巻412頁，西田・各論（第5版）476頁，前田・各論（第4版）565頁，大コメ刑法第10巻（第2版）26頁〔古田＝渡辺＝五十嵐〕，大谷・各論（新版第3版）606頁，斎藤（信）・各論（第3版）291頁など）。その論拠として，「現行刑法は，職務に関し賄賂を収受するという単純収賄罪を基本としており，公務が賄賂によって左右されることまでを要求していない」ことが挙げられる（西田・各論（第5版）474頁）。すなわち，単純収賄罪にあっては，公務員が「職務に関し」賄賂を収受した以上，当該職務が適法なものであっても，処罰されることになるが，これは，実際に当該職務の公正が害されたからではなく，当該職務が公正に行われることに対する社会一般の信頼が害されるからであると解することによって，初めて説明できるとされるのである。この立場からは，公務員が，自己の一般的職務権限に属する行為（一般的職務権限の理論），あるいはそれに密接に関連する行為（職務密接関連行為の理論）に関して賄賂を収受することで収賄罪が成立するのは，それにより，当該公務員の職務の公正に対する社会一般の信頼が害されたと評価できるからだと説明されている（大コメ刑法第10巻（第2版）26頁，43頁〔古田＝渡辺＝五十嵐〕）。

これに対し，賄賂罪の保護法益は，あくまでも職務の公正にあると主張する説（純粋性説）も有力に主張されている（曽根・重要問題〔各論〕（第2版）379

頁，山口・各論（第 2 版）610 頁，山口・問題探究各論 316 頁，町野朔「収賄罪」現代的展開〔各論〕348 頁）。この立場からは，信頼保護説に対し，「社会の信頼」という法益の侵害があるから，「職務に関し」という要件が存在するといえないこと，公務員が何かおかしなことをやっているらしい，というだけで収賄罪の成立を認めることになりかねないこと，さらには，「職務の公正」は法益であり得るが，「社会の信頼」は法益とはなり得ないなどの批判がなされている（町野・前掲 350 頁）。また，単純収賄罪が処罰されることについては，当該公務員が職務に関し賄賂を収受することによって当該職務の公正が侵害される抽象的危険が生じたことを処罰根拠とする抽象的危険犯と解することによって説明しようとする（町野・前掲 353 頁）。しかしながら，全く正当な職務行為に関して賄賂が収受された場合であっても単純収賄罪は成立するが，そのような場合に，当該職務の公正が損なわれる抽象的な危険が生じたと考えるのは無理があるように思われる（西田・各論（第 5 版）474 頁）。むしろ，そのような場合には，職務の公正に対する社会一般の信頼が損なわれることに処罰根拠を求めた方が端的な考え方であろう。また，公務員の職務の公正に対する社会一般の信頼が損なわれれば，法の認める正当な方法によることが迂遠でばからしいとの思いを国民に抱かせ，賄賂等の方法によって自己の意志を公務に反映させようという考えが蔓延し，ひいては，国家秩序に対する不信を招来しかねないが（斎藤（信）・各論（第 3 版）291 頁），そのようなことを防止するため，職務の公正に対する社会一般の信頼を保護することは重要であり，これを保護法益として刑罰法規を設けることには十分意味があることと考えられる。さらに，職務の公正に対する社会一般の信頼を保護法益に持ち込んだとしても，そのことから，賄賂罪の成立範囲が不明確になったり，徒に処罰範囲を拡大したりすることには，必ずしもつながらないと思われる（斎藤（信）・各論（第 3 版）293 頁）。

以上検討してきたことからすれば，判例・通説の立場が妥当であろう。そこで，各設問を検討していくに当たっては，判例及び通説の立場に立って考えを進めていくことにする。

③ 設問〔1〕について

設問によると，A 県中央警察署地域課に勤務する警察官である甲は，A 県北

21 贈収賄罪における職務関連性

警察署長に公正証書原本不実記載等の事件（以下「X事件」という）の告発状を提出したBから，被疑者の氏名等の特定に関する情報と捜査の進捗状況等を知らせてもらいたいとの依頼を受けて，ビール券20万円分を受け取っている。このビール券の受取りが，甲の職務に関し行われたものと判断されれば，甲には収賄罪が成立することになる。この判断をするに当たって問題となるのは，①ひとつは，甲は，A県中央警察署地域課に勤務する警察官であるところ，一般的職務権限の理論によれば，甲の職務権限が，A県北警察署の担当するX事件の捜査に及ぶと考えていいのかという点であり，②いまひとつは，仮にそれが及ぶとして，X事件につき，被疑者の氏名等の特定に関する情報と捜査の進捗状況等の情報をBに提供することが，Aの職務に含まれといえるのか，あるいは，そうでないとしても，職務密接関連行為の理論から，その職務に密接に関連する行為といえるのかという点である。

まず，上記①の点について検討する。

判例（最決平17・3・11刑集59巻2号1頁（判例②））は，警視庁調布警察署地域課に勤務する警部補である被告人が，公正証書原本不実記載等の事件につき，同庁多摩中央警察署長に対し告発状を提出していた者から，同事件について，告発状の検討，助言，捜査情報の提供，捜査関係者への働き掛けなどの有利かつ便宜な取り計らいを受けたいとの趣旨の下に供与されるものであることを知りながら，現金の供与を受けたとして，単純収賄罪（刑197条1項前段）で起訴されたという，設問と類似の事案で，「警察法64条等の関係法令によれば，同庁警察官の犯罪捜査に関する職務権限は，同庁の管轄区域である東京都の全域に及ぶものと解されることなどに照らすと，被告人が調布警察署管内の交番に勤務しており，多摩中央警察署刑事課の担当する上記事件の捜査に関与していなかったとしても，被告人の上記行為は，その職務に関し賄賂を収受したというべきである。」と判示して，甲に単純収賄罪が成立すると判断した（判例②の担当調査官による解説として，平木正洋・判解刑平17年度1頁がある）。

判例②に関して，警察官の職務に関する法令の定めをみてみると，警察法2条1項は，「警察は，個人の生命，身体及び財産の保護に任じ，犯罪の予防，鎮圧及び捜査，被疑者の逮捕，交通の取締その他公共の安全と秩序の維持に当ることをもつてその責務とする。」と，同法36条1項は，「都道府県に，都道府

県警察を置く。」と，同条2項は，「都道府県警察は，当該都道府県の区域につき，第2条の責務に任ずる。」と，同法64条は，「都道府県警察の警察官は，この法律に特別の定がある場合を除く外，当該都道府県警察の管轄区域内において職権を行うものとする。」とそれぞれ規定して，当該都道府県の管轄区域外でも警察官として職権行使できる場合について規定している反面，当該都道府県の管轄区域内において職権行使できない場合についての規定は置いていない。また，地域警察運営規則（国家公安委員会規則）2条1項で，地域警察は，「すべての警察事象に即応する活動を」行うこと，同規則3条1項で，地域警察は，「事件又は事故の処理に当たつては，犯人の逮捕」等の「措置を行う」ことなどを定めている。これらの法令の規定によれば，都道府県警察に所属する警察官は，その所属する部署がどこであるかを問わず，警察法等の関係法令によって，当該都道府県の区域内全域にその職務権限が及ぶものと解される。これからすれば，当該警察官が実際に担当しない他の警察署が担当する事件であっても，法的には当該事件に関する職務を行う可能性があることになり，したがって，警察官は，どの警察署のどの部局に所属しているかにかかわりなく，犯罪捜査に当たることがその一般的職務権限に含まれると解することができる（平木・前掲10頁）。また，国民の目からすれば，警察官の職務遂行権限について，自己が居住する都道府県警察の警察官であれば，当該警察官がどこの警察署のどの部局に所属しているかは，さして意識していないと考えられることから，当該警察官が上記職務に関して賄賂を収受することは，職務の公正に対する社会一般の信頼を損ねるのに十分な行為だということができる（平木・前掲12頁）。判例②は，上記のような考え方に立ったものであり，賄賂罪の法益について信頼保護説に立った場合，その見解は支持されるべきであろう（判例②を支持する見解として，只木誠「警察官の一般的職務権限の範囲」法教302号118頁，前田雅英「演習」法教306号118頁などがある。なお，長井長信「警察官の職務権限の限界」判例セレクト2005（法教306号別冊）38頁，橋爪隆「警察官の一般的職務権限と収賄罪の成否」ジュリ1352号150頁，嶋矢貴之「賄賂罪」法教306号62頁は，判例②から，直ちに警視庁警察官であれば常に東京都全域の犯罪捜査について一般的職務権限が認められるとの一般論が導かれることには疑問があるとする。また，賄賂罪の保護法益について信頼保護説の立場に立ちながら，判例②を批判する見解と

して、中森喜彦「刑事判例批評(10)」刑事法ジャーナル3号89頁、西田・各論（第5版）479頁がある）。

　ところで、どこまで一般的職務権限の理論を適用できるかについては議論があり、勤務する官署を異にし、あるいは、職務権限の対象たる事務の性質が異なるときは、一般的職務権限の理論は適用されないとし、当該公務員が所属する課に属する事務かどうかが、一つの目安とする立場もある（藤木・各論60頁。なお、最判昭37・5・29刑集16巻5号528頁（判例③）は、熊本県八代地方事務所農地課勤務の事務吏員は、日常担当しない職務であっても、同課に属する事務の職務権限を有するとした）。しかしながら、賄賂罪の保護法益が職務の公正に対する社会一般の信頼にあると考えるのであれば、一般的職務権限の理論が適用される限界を一律に課の単位で画さなければならない理由はなく、当該公務員の職務について定められた法令の規定やその属する組織の大小等を勘案して考えていくべきだろう（大コメ刑法第10巻（第2版）25頁〔古田＝渡辺＝五十嵐〕）。例えば、最判昭27・4・17刑集6巻4号665頁は、富山税務署直税課第一係に属する職員につき、上司に分担を命じられた区域及び業種外の職務についてであっても、「第一係の所属職員は結局その第一係の分掌事務全般にわたってこれに従事する職務権限を有する」と判示し、最決昭32・11・21刑集11巻12号3101頁（判例④）は、南九州財務局局長官房総務課文書係に所属する大蔵事務官が、同財務局理財部金融課の行う金融検査の日時の事前内報をしたことに関して、収賄罪の成立を認めている。判例③も、一般的職務権限の理論の及ぶ範囲を、課の単位に限定する趣旨ではないだろう。したがって、判例②の見解は、従前の判例の見解とも整合すると考えられる。

　これに対し、法令上の根拠を理由に、当該事件の捜査に関係する具体的・事実上の可能性のない警察官に対してまで、一般的職務権限の理論を適用して賄賂罪の成立を認めたことに対し疑問を投げ掛ける見解もある（例えば、堀内捷三「平成17年度重要判例解説刑法9」ジュリ1313号177頁、中森・前掲89頁、西田・各論（第5版）479頁など）。しかしながら、具体的・事実上の可能性の有無を検討するためには、内部的事務分配規程や、その他の当該公務員が属する組織内部の諸事情をも勘案することになりかねないように思われるが、賄賂罪の法益を社会一般の信頼保護にあると考える信頼保護説の立場に立つのであれば、同じ

法令上の権限を有する公務員であるにもかかわらず，外からうかがい知ることのできない内部的な事情によって，一方では社会一般の信頼が損なわれ，他方は社会一般の信頼が損なわれないと考えるのは不都合なように思われる。また，警察官の職務が及ぶ範囲について，法令上の根拠を検討してその範囲を画しているのであるから，職務の公正に対し社会一般の信頼を損ねるとの一事をもって一般的職務権限の理論を無限定に拡大しているわけではなく，判例②の見解によっても，その法令上の制約から，同じ警察官ではあっても，その都道府県を越えてその一般的職務権限が及ぶと解するようなことにはならないだろう。

　そこで，判例②の見解に沿って設問の事案を検討していく。判例②の判旨及びそれに関連する警察法64条等の法令に照らせば，A県中央警察署地域課に勤務する警察官甲の一般的職務権限は，BがA県北警察署長宛に告発状を提出した公正証書原本不実記載等事件の捜査にも及ぶことになる。

　次に，②の点について検討する。

　本設問で，甲が，X事件の告発人であるBから提供を求められたのは，被疑者の氏名等の特定に関する情報と捜査の進捗状況等に関する情報である。これからすると，BはX事件の告発はしたものの，その被疑者が誰であるのかは定かに知らなかったということだろう。このような情報は，通常は捜査上外部には秘匿しておくべき情報であり，したがって，甲において，外部の者であるBに対しこれを提供することは許されないと考えるべきだろう。

　このような外部には秘匿しておくべき情報を漏らした行為に関して，判例④は，「被告人がいやしくも大蔵事務官として判示南九州財務局長官房総務課文書係である以上，判示のごとき内報をしてはならない職務を有することはいうまでもない」として，賄賂罪の成立を認めた。これに対し，その後の判例（最決昭59・5・30刑集38巻7号2682頁（判例⑤））は，大学設置審議会及びその歯学専門委員会の委員であった被告人が，歯科大学設置の許可申請をしていた関係者らに，同委員会の中間的審査結果をその正式通知前に知らせた事案で，「審議会の委員であり且つ右専門委員会の委員である者としての職務に密接な関係のある行為」に当たるとして，被告人に賄賂罪の成立を認めた。

　判例④は，公務員が，一般的職務権限に属する事項について内部で秘匿しておくべき情報がある場合は，それを外部に漏らしてはならないという職務を負

っていることになるから，それに反して秘密を漏らす行為は，端的に職務に関する行為であるとの考えに立つ（龍岡資晃＝小川正持＝青柳勤・判解刑平7年度88頁，条解刑法（第2版）521頁。松浦馨・判解刑昭59年度332頁，335頁も，守秘義務を負う公務員の身分を持った者等が秘密事項を漏らした例として判例④を挙げている）。判例④の考え方によれば，甲は，一般的職務権限の理論により，A県北警察署の担当する公正証書不実記載等の事件に関して，被疑者の氏名等の情報や捜査の進捗状況等の捜査情報を外部に漏らしてはならないという職務上の義務を負うことになるから，これを漏らす行為は，職務に関する行為に当たることになる（なお，町野・前掲366頁は，判例④の事案について，「公務員は職務上知りえた秘密を保持する職務権限があるのであるから，一般的職務権限の理論，あるいは，……密接関連行為の理論に立ち入るまでもなく，職務行為が認められる事案である」としている）。

これに対し，判例⑤は，秘密を漏らす行為は職務行為であるとは言い難いが，秘密を漏らしてはならないということは本来の職務に伴う義務であるから，職務と密接に関連する行為であるとする（平木・前掲15頁。なお，判例⑤は判例④の見解とは異なる見解に立っていると考えるものとして，龍岡＝小川＝青柳・判解刑平7年度88頁及び条解刑法（第2版）521頁がある。これに対し，松浦・判解刑昭59年度332頁は，判例⑤の事例は，判例④のように，被告人に厳しい守秘義務が負わされ，提供された内容も秘密にすることが厳しく要請されているような事例ではなく，ただ，提供された情報が職務遂行の過程で得られたもので，その内容が提供者の職務内容とかかわりがあり，そのため当該情報の提供が職務執行の公正に影響を及ぼす可能性があることから，職務に密接な関連行為であることを認められた事例であると分析している。この見解によれば，判例⑤は，判例④と見解を異にするものではないことになる）。判例⑤の考え方によれば，甲は，一般的職務権限の理論により，上記捜査情報を外部に漏らしてはならないということが甲の職務に伴う義務となることから，それを漏らすこと自体が甲の職務行為とはいえないとしても，その職務に密接に関連する行為には当たることになる。

以上のとおり，判例④，判例⑤のいずれの立場に立っても，甲がX事件について上記捜査情報を告知することに関してビール券20万円分を受け取ることは，その「職務に関して」賄賂を収受したことになる。なお，Bは，上記ビール券

を「お歳暮」というのし付きで交付しているが、その金額、受渡しの状況からして、「お歳暮」という社交儀礼の範疇に属するものとはいえず、上記のしに記載された「お歳暮」との文言は、上記ビール券の賄賂性を否定する事情とはならないだろう。

さらに、設問によれば、Bは、甲に上記ビール券を交付するに当たって、上記捜査情報を知らせてもらいたい旨依頼し、もって、公務員に対し、職務に関し一定の行為を行うことを依頼している。刑法197条1項後段にいう「請託」とは、公務員に対して一定の職務行為を行うことを依頼することを意味するところ（最判昭27・7・22刑集6巻7号927頁、最判昭30・3・17刑集9巻3号477頁）、Bの上記依頼は「請託」に当たる。これに対し、甲は、上記ビール券を受け取っているのであるから、これにより、甲は、Bの請託を承諾したといってよいだろう。

以上からすれば、甲には、刑法197条1項後段の受託収賄罪が成立する。なお、受託収賄罪の構成要件が単純収賄罪の構成要件を包摂していることからしても、受託収賄罪が成立する場合には、別に単純収賄罪が成立しないと考えるべきだろう（大コメ刑法第10巻（第2版）143頁〔河上和雄＝小川新二〕）。

4 設問〔2〕について

ここでは、公務員による他の公務員への働き掛けについて、どのように考えるかが問題となる。

この問題について、判例は、税務署職員が、同じ事務に参与する同僚や上司を説得して、業者に有利な決定をするようあっせんする行為について、職務密接関連行為に当たると判示し（大判昭19・7・28刑集23巻15号143頁（判例⑥））、また、北海道開発庁長官が、港湾工事の受注に関し特定業者の便宜を図るよう北海道開発局港湾部長に働き掛ける行為は、同長官の職務に密接な関係のある行為に当たるとして、受託収賄罪の成立を認め（最決平22・9・7刑集64巻6号865頁）、他方で、農林大臣が、復興金融公庫から融資を受けようと考えている業者に、同公庫融資部長を紹介した行為について、その本来の職務行為ではなく、その職務に密接な関係のある行為ともいえないと判示している（最判昭32・3・28刑集11巻3号1136頁）。

このように，判例は，公務員の他の公務員に対する働き掛けが，一般的職務権限の理論，職務密接関連行為の理論により，その職務，あるいは職務密接関連行為に当たるか否かを検討した上で，それに当たらない場合には，別途あっせん収賄罪の成否の問題になると考えており，この考え方は，学説からも支持されている（曽根威彦「収賄罪―職務権限論を中心に―」刑雑31巻1号64頁，龍岡＝小川＝青柳・判解刑平7年度90頁）。

そこで，上記判例の考え方に従って設問の事例を検討する。

まず，甲がCから依頼された事項のうち，A県南警察署管内で発生した業務上横領事件（以下「Y事件」という）について，南警察署の捜査担当刑事に積極的に進めるよう働き掛けることについては，以下のように考えられる。すなわち，設問〔1〕で検討したとおり，判例②の考えに従って，A県中央警察署地域課の警察官である甲の職務権限は，一般的職務権限の理論により，同じA県内全域に及ぶのであるから，A県南警察署で発生したY事件の捜査にも当然及ぶことになる。そして，判例⑥によれば，自己の一般的職務権限が及ぶ事件について，他の公務員に便宜を働き掛ける行為は，甲の職務に密接に関連する行為ということになる（平木・前掲17頁は，働き掛ける行為自体が，甲の一般的職務権限に含まれると考えることも可能であるとする）。その上で，甲は，上記働き掛けを依頼されて10万円を受け取ったというのであるから，甲には受託収賄罪が成立する。

なお，判例（最決昭40・9・17刑集19巻6号4702頁）は，被告人が，知り合いの税務署直税課法人税係の職員に対し，同じ税務署の同じ係の同僚に対し，被告人に対する税務調査に手心を加えてもらえるようあっせんすることを依頼した事案で，あっせん贈賄罪の成立を認めているが，これは，通常の贈賄罪より軽いあっせん贈賄罪の規定があった当時の事案であり，受託収賄罪が成立する場合は，別途あっせん収賄罪の成立を認めるのは相当ではないだろう（大コメ刑法第10巻（第2版）193頁〔河上＝小川〕）。したがって，甲にあっせん収賄罪が成立することはない。

次に，甲がCから依頼された事項のうち，A検察庁でY事件を担当する検事に必ず公判請求するよう働き掛けることについては，以下のように考えられる。すなわち，甲は，A県中央警察署地域課に所属する警察官であるが，法令上，

A検察庁の職務に関与することができる権限を見いだすことはできず，国民の目から見ても，警察官が，その職務として，検察官の訴追裁量を左右するということはないと考えるのが常識にかなっているだろう。そうすると，判例②の趣旨からして，甲は，A検察庁の検事の職務に関して一般的職務権限を有しているとは考えられず，したがって，甲に受託収賄罪は成立しない。

そこで，働き掛ける側の公務員において，働き掛けられる側の公務員の職務権限を有していることが要求されないあっせん収賄罪の成否について更に検討する。あっせん収賄罪が成立するためには，「不正な行為をさせ」あるいは「相当の行為をさせないよう」にあっせんすることが必要である（刑197条の4）。これを，設問〔2〕の事例についてみると，Y事件において，それが罪とならず，あるいは嫌疑がないことが明白であるなどの特殊な事情は見当たらず，したがって，Y事件について検事が公判請求することは，不正な行為をし，あるいは，相当な行為をしないことにはならない。したがって，甲が，Cから上記のような働き掛けを受けて金銭の交付を受けたとしても，あっせん収賄罪の要件を満たさず，この点で，甲が罪に問われることはない。

5 設問〔3〕について

ここでは，公務員の指導，助言行為について，いかに考えるべきかが問題となる。

判例は，公務員の指導，助言行為について，それが公務員としての当該地位に基づくもので，かつ，指導，助言事項が本来の職務の対象となるものであって，そのため指導，助言したことがその本来の職務執行に影響を及ぼす可能性のあるものであれば，職務密接関連行為に当たるとしてきた（松浦・判解刑昭59年度332頁）。

これを設問〔3〕の事例についてみると，一般的に，告訴状の受理は，警察官の職務に当たり，したがって，その記載方法を教示，指導することは，告訴状の受理という本来の職務執行に影響を及ぼす可能性があるといえるだろう。しかしながら，甲が，Eから告訴状の記載方法について教示，指導を依頼された事件は，D県西警察署管内で発生した傷害事件（以下「Z事件」という）であり，設問〔1〕で検討したとおり，判例②の考えに従えば，甲の所属するA

県警察の管轄区域内の事件でない以上，原則として甲の一般的職務権限は及ばないことになる。したがって，この場合には，甲が，Z事件につき，Eから告訴状の記載方法につき教示，助言してもらいたいとの依頼を受けて現金を受け取っても，甲に収賄罪は成立しない。

もっとも，D県西警察署管内で発生したZ事件について，警察法60条，60条の2，60条の3，61条などの適用により，例外的にA県警察の権限が及ぶ場合には，甲には，受託収賄罪が成立することになろうが（平木・前掲13頁，只木・前掲119頁），設問の事例をみる限り，そのような例外的場合に当たるような事情は見当たらない。

次に，甲がEからZ事件について起訴後の刑事手続への被害者参加をする方法等について教示，助言を求められた点について検討する。まず第1に，上記のとおり，甲は，Z事件について一般的職務権限を有していない。第2に，被害者参加の申し出は，当該事件の捜査が終了し，起訴された後に行われるものであり，検察官を通じて行われることからすれば（刑訴316条の33第2項），被害者参加の方法等について教示，指導することは，警察官の本来の職務の対象になり，あるいは，その職務に影響を及ぼすものではなく，したがって，また，警察官の職務ないしは職務密接関連行為に当たらない。したがって，上記いずれの点からしても，甲が，Z事件につき，Eから起訴後の被害者参加の方法等につき教示，助言してもらいたいとの依頼を受けて現金を受け取ったことにより，甲に収賄罪が成立することはない。

6 まとめ

以上検討してきたところからすれば，甲の罪責は以下のようになる。

設問〔1〕の事例では，甲に受託収賄罪が成立する。

設問〔2〕の事例のうち，甲が，A県南警察署で発生したY事件につき，Cから南警察署の捜査担当刑事に積極的に進めるよう働き掛けてもらいたいとの依頼を受けて現金を収受した点については，甲に受託収賄罪が成立する。しかし，甲が，Y事件につき，A検察庁の検事に必ず公判請求するように働き掛けてもらいたいとの依頼を受けて現金を収受したことについては，甲に収賄罪は成立しない。

設問〔3〕の事例については，甲に収賄罪は成立しない。

【岩倉　広修】

22 過去の職務行為と贈収賄罪，没収・追徴額

次の場合，甲，乙の罪責はどうか。
〔1〕 金融庁検査官であった甲は，A銀行B支店の査察を行った際，その支店長Cが友人であったことから，B支店における貸付処理の方法が違法であったにもかかわらず，Cに対し，次回査察までに改善しておいた方がいいよと伝えたのみで，金融庁の上司にはその旨の報告等をしなかった。Cは，その6か月後，B支店における違法な貸付処理を見逃してくれたことに対する謝礼として，財務事務官に異動していた甲に現金300万円を渡したが，甲もその趣旨をわかっていた。
〔2〕 乙は，弁護士資格を有する任期付公務員として金融庁検査官をしていたが，D信用金庫本店の査察を行った際，妻の父である同信用金庫の理事長Eから不正貸付を見逃してほしいと頼まれ，不正貸付に気付いたものの，その旨の指摘をせず，上司にもその旨の報告をしなかった。乙は，その後，任期が終了して弁護士に戻ったため，理事長のEは，従来の顧問弁護士に対する顧問料が月額10万円であったのに，前記のとおり不正貸付を見逃してくれたことの謝礼として，乙を顧問弁護士として受け入れた上，2年間にわたり，月額30万円ずつの顧問料を支払ったが，乙もその趣旨に気付いていた。

1 問題の所在

賄賂罪は，公務員が職務に関し賄賂を収受等することにより成立する。その基本構造は，①公務員という主体，②職務行為と賄賂が対価関係に立つこと，③法益侵害，以上の三要素に分類できるといわれている（嶋矢貴之「賄賂罪」法教306号55頁等参照）。どの要素も賄賂罪が成立するためには欠かせないものである。なお，事前収賄罪（刑197条2項）や事後収賄罪（刑197条の3第3項）については，賄賂を収受等する時点では①の要素，すなわち，公務員であることは不要とされており，やや異質なものとなっていることに注意を要する。

ところで，実務上最も争いになるのが，②の要素，すなわち，職務行為と賄

賂の対価関係であり，特に，賄賂の対象とされた行為が，職務行為に当たるか否かが問題になることが多い。判例は，法令により定められた一般的職務権限に属するものはもちろん，賄賂という言葉そのものが職務と対価関係を持つ不正な報酬を意味するものである以上，「職務に関し」の意義は職務に関連する行為（密接関連行為）を含むことにあるとして，職務行為の範囲を比較的広くとらえている。このような解釈の背景には，判例の採る保護法益論（③）の考え方が影響している。そして，一般的職務権限の考え方と，密接関連行為の考え方が結びつけば，職務行為の範囲は，公務員が現実に担当する職務よりも相当広いものになる。その限界等が問われているのが前問（21問〔贈収賄罪における職務関連性〕）である。

これに対して本問では，職務行為に当たるか否かの検討が当然の前提とはなるものの，主として，賄賂の対象となる職務行為が過去のものであってもよいのかという時間的なずれが問題とされている。併せて，①の要件，すなわち，先述の事前収賄罪や事後収賄罪の場合を除いて，賄賂を収受等する際に公務員の地位にあることが要求される趣旨・根拠についても考える必要があるであろう。

本問では，これらの点を検討した上，各小問について，それぞれ賄賂罪に当たるのか，当たるとすれば，どの類型の賄賂罪に当たるのかについて検討をすることになる。小問〔2〕では，請託に基づく不正行為の対価として，事後に顧問料を上乗せする形で報酬が支払われている。どの範囲のものが賄賂に当たるのか，没収・追徴の対象とも絡んで検討を加える必要がある。

2 職務の範囲と保護法益との関係

先述のとおり，賄賂罪（収賄罪）は，公務員が，「その職務に関し，賄賂を収受等する」ことにより成立する（公務員の悪質な「口利き行為」を罰するあっせん収賄罪は異質である）。したがって，収賄罪が成立するためには，利益供与の対象となる行為が，公務員の職務であることが前提になる。当該公務員が現に担当している職務がこれに当たることは異論のないところであろう。問題は，具体的に担当している職務の範囲を超えて，どこまでのものが賄賂罪の対象となる当該公務員の「職務」といえるかである。先述のとおり，法令で定められ

てはいるものの，現実には全く左右することができない事項〔一般的職務権限〕や，法令で明記された以外の職務と密接に関連する行為〔密接関連行為〕についても，判例は，これに当たるとする。しかし，学説の一部からは異論も出ているところである。

判例がこのように賄賂罪の対象となる職務の範囲を広く認めるのは，先述の「職務に関し」という文言の解釈によるところが大きいものの，より根本的には賄賂罪の保護法益の考え方にある。そこでとられた考え方は，本問の中心的な論点である過去の職務行為に対して賄賂罪が成立するかということとも関わる。なお，学説の中では，以下に述べるとおり，判例とは異なる保護法益の考え方も有力である。

(1) **判例の考え方**

大判昭6・8・6刑集10巻412頁は，「法が収賄罪を処罰する所以は公務員の職務執行の公正を保持せんとするにとどまらず職務の公正に対する社会の信頼をも確保することにあれば」と述べ，賄賂罪の保護法益が，職務行為の公正だけではなく，これに対する社会の信頼にあることを明らかにした。以後，判例は，一貫して後に述べる信頼保護説の立場をとり，このような理解の下に職務行為の範囲等についての説明を行う。例えば，最大判平7・2・22刑集49巻2号1頁は，「賄賂罪は，公務員の職務の公正とこれに対する社会一般の信頼を保護法益とするものであるから，賄賂と対価関係に立つ行為は，法令上公務員の一般的職務権限に属する行為であれば足り，公務員が具体的事情の下においてその行為を適法に行うことができたかどうかは，問うところではない。けだし，公務員が右のような行為の対価として金品を収受することは，それ自体，職務の公正に対する社会一般の信頼を害するからである」と述べている。また，最決平17・3・11刑集59巻2号1頁についても，判例解説（平木正洋・判解刑平17年度6頁）において，「一般的職務権限と職務密接関連行為の理論は，職務の公正に対する社会一般の信頼を害するような『賄賂と対価関係にある行為』を，二つの基準に基づいて類型化するものであるといえよう」などと解説されている。職務密接関連行為についても，一般的職務権限に関する先の判例と同様の考えがとられ，同決定がこれを前提にしていることが明らかであろう。

(2) 信頼保護説（判例，通説）

判例と同様に，公務が適正に機能するためには，国民の公務に対する信頼が重要であるが，職務と利益が結びつけば，その信頼が損なわれる。したがって，公務の公正，及びこれに対する信頼が賄賂罪における保護法益だとする考え方である。賄賂罪の基本形が単純収賄罪（刑197条1項）であることを容易に説明できるし，賄賂罪の成立範囲を不当に狭めることなく妥当な結論を導き出せるとされる。

(3) 純粋性説（有力説，現在では学説上の多数説といえよう）

職務の公正を保護法益と解し，職務行為の対価として利益が提供される場合には，職務行為が賄賂の影響下に置かれ，職務の公正が侵害されたり（加重収賄罪），職務の公正に危険を及ぼすことになる（受託収賄罪は具体的危険犯，単純収賄罪は抽象的危険犯）とする考え方である（林幹人「賄賂罪における純粋性説」鈴木茂嗣先生古稀祝賀記念論文集〔上巻〕589頁〔成文堂，2007〕，山口厚「賄賂罪の基本問題」法教222号52頁等参照）。

純粋性説は，ビンディングの「賄賂罪は職務の公正（純粋性）を保護するものであり，賄賂罪の不法内容は，個人的な利益によって職務を決定することにある」との考え方を継承する。判例等が，賄賂罪の成否について，職務の公正に対する社会一般の信頼が害されたか否かを判断基準とするのに対し，迂遠で，その内容が抽象的であると批判し，不当に賄賂罪の成立範囲が拡大されないように制限しようとするのである。そして，純粋性説の立場でも，判例が賄賂罪の成立を認めているものを合理的に説明することができて，刑法が単純収賄罪を賄賂罪の基本型とすることの説明も可能であると主張する論者が多い。

例えば，山口厚教授は，「賄賂罪の規定は，職務と賄賂が対価関係に立つことにより，職務行為が賄賂の影響下に置かれ，不公正な裁量の行使が行われることを防ぐことを目的とする。受託収賄罪は，職務行為が賄賂の影響下に置かれる危険が高いから単純収賄罪よりも重い犯罪とされ，賄賂の収受等の結果として不正な行為が行われた加重収賄罪は，職務行為が賄賂の影響下に置かれた結果として不正な行為まで行われたから，それ自体としては適法な職務行為にとどまった単純収賄罪よりも重く処罰されることになるのである」などと説明される（山口・前掲55頁）。

林幹人教授は,「保護法益とされる職務の公正とは個人的な利益によって決定されていないことを意味する。適法であっても不公正ということがありうる。職務の公正性は,公務員が得た利益との対価関係,すなわち,公務員の職務執行意思が利益によって決定されるかを問題にするものである。過去の職務行為の対価として利益を収受すると,将来の職務行為の公正性に対する危険が生じうる。単純収賄罪の保護法益としての将来の職務行為は,それほど具体的なものでなくてもよいと解される。さらに,その危険も低いもので足りると解することは可能である。公務の公正性の法益の重要性に鑑みれば,そのような解釈は十分に可能である。大切なことは純粋性説の枠組みの中で問題を解決することである」などと説明される(林・前掲595頁等)。

(4) **筆者の立場**

上記のとおり,純粋性説の論者の多くは,判例が賄賂罪の成立を認めてきたものについては原則として犯罪の成立を是認し,その根拠を実質的に説明しようと試みることで,賄賂罪の成立範囲が不当に拡大されることを防ごうとする。純粋性説が指摘するとおり,「社会一般の信頼」という言葉には不明確なところがある。その意味するところを実質的に解明しようとする方向性には正しいものがある。

しかし,純粋性説によって,判例が賄賂罪の成立を認めるものをすべて合理的に説明できて,妥当な結論が導き出せるかについては,なお疑問を禁じ得ない。後に触れるとおり,過去の職務行為の説明には無理がある。また,刑法は,単純収賄罪を賄賂罪の基本に置く。職務と賄賂の対価関係が認められる場合に,被告人が個人的利益のために職務を決定しなかったと反証することを許すとは思えない。だからこそ,純粋性説に立つ論者は,先に述べ,また,後にも述べる説明の工夫をするのである。

信頼保護説によっても,職務行為と賄賂の対価関係は不可欠であり,しかも,その旨の認識や公務員としての地位も要求される。あくまでも信頼の対象は公務の公正さであって,公務員ではない。私的な行為は除かれる(最判昭51・2・19刑集30巻1号47頁参照)。これらの点に留意する限り,処罰範囲の不当な拡大は考えられない。公務員は,全体の奉仕者として,自らの行う公務に疑惑を招かないようにしなければならない。当該公務員が担当する,あるいは担当可能

と考えられて不思議のない職務に，不正な利益が絡めば，個人的な利益のために公務が歪められたのではないかとの疑いが生じ，公務の公正さに対する信頼は明らかに失われる。一般的職務権限に属したり，これと密接に関連する行為に対し賄賂罪の成立を認める必要があるといえる。この点を説明しやすい信頼保護説は簡明で理論的にも優れている。

　この点について，大谷實教授と前田雅英教授が，「国民の信頼を失うような事態が生ずると，職務の円滑な運用ができなくなるというのが本来の趣旨である。職務の円滑な運用が最終的な保護法益だといえる。現実に法を曲げて，職務が執行されたことを基準にする，という考え方は採れない。賄賂罪の解釈論の軸は，公正さに対しての信頼という面を中心に考えると若干広がってもよい。国民の処罰の要求に適切に応えるものであると考える」旨述べられている（大谷實＝前田雅英・エキサイティング刑法各論320頁（有斐閣，2000）のが参考になるであろう。

　以上の点からすると，筆者は，賄賂罪の保護法益の理解としては信頼保護説が妥当だと考える。

③　過去の職務行為に対し賄賂が提供される場合

　転職により担当職務を変わった後，あるいは，公務員としての身分を失った後に，過去の職務行為について対価を受け取る行為が賄賂罪を構成するかが問題になる。

　判例は，大審院時代には，転職前後の職務に，いわゆる一般的・抽象的職務権限の同一性が認められる場合に限って賄賂罪の成立（刑197条1項）を認めていた（以下「限定説」という）。しかし，最高裁になると，賄賂を受け取った時点でも公務員の地位にありさえすれば，職務権限の同一性の有無にかかわらず，賄賂罪（刑197条1項）の成立を認めるようになった（以下「非限定説」という）。特に，この点を実質的に判断したのが，最決昭58・3・25刑集37巻2号170頁である。同決定は，「公務員が一般的職務権限を異にする他の職務に転じた後に前の職務に関して賄賂を供与した場合であっても，右供与の当時受供与者が公務員である以上，贈賄罪が成立するものと解すべきである」と明確に述べている。

判例解説（龍岡資晃・判解刑昭58年度42頁）では,「公務員が過去の職務に関し賄賂を収受することは,直接的には過去の職務の公正さとこれに対する社会の信頼を害するものといえるが,賄賂を収受等するときに現に公務員である以上,それが過去の職務に関するものであったとしても,単に過去の職務の公正さとこれに対する社会の信頼を害するのみならず,右収受等の時点における,あるいは,さらに将来の職務の公正さやこれに対する社会の信頼を害する一面があることも否定できない。非限定説といえども,少なくとも,賄賂罪が成立するためには,従前の職務と賄賂罪との間に対価関係があることが必要であるとするのであるから,単に公務員という身分のみを重視するものとはいえないし,賄賂罪の成立範囲を不当に拡大するものとの批判は当たらないであろう。限定説からの批判にもかかわらず,非限定説には十分な論拠があるものといえよう」などと解説されている。

　もっとも,判例と同様に信頼保護説の立場に立ちながら,限定説をとるものも少なくない。賄賂罪には,「職務に関し」という要件が必要とされており,過去の職務に関する賄賂罪は成立しないと解釈した上,一般的職務権限を異にする職務に異動等した場合でも,「公務員であった者」という解釈も可能であるから,事後収賄罪の要件をみたす範囲で処罰すれば足りるという考え方である。過去の職務に関して賄賂を受け取っても,当該公務員が現在の職務に影響を与える可能性は低い。職務の公正に対する社会の信頼は害されることがあっても,職務の公正は害されないので処罰すべきではないなどといったことを実質的な理由とされる（前掲法教228号62頁〔大谷発言部分〕）。

　一方,純粋性説の立場は,先述のとおり職務の公正を保護法益ととらえる。事後に賄賂を収受等したからといって,当該職務行為の時点で賄賂の授受等がされていない以上,後記のとおりの疑いを生じることがあっても,公務員の職務執行意思が利益により決定されて職務の公正が害されたとみることは困難であろう。したがって,同説による場合には,過去の職務行為に対する賄賂罪の成立は原則として否定されるはずである。もっとも,純粋性説の立場でも,非限定説にまで,その処罰範囲を広げるかには争いがあるものの,過去の職務行為について賄賂罪の成立を認める論者が多い。そのアプローチの仕方には大まかに二つのものがある。すなわち,①過去の職務行為の対価として賄賂を受

取ったからには，その過去の職務行為は利益を受けることを期待・想定して行われたに違いないという見解と，②過去の職務行為の対価として利益を収受すると，その結果として，将来の職務行為の公正さに対する危険が生じるという見解である（林・前掲599頁）。①・②いずれの立場においても，限定説と非限定説の双方の立場が考えられる。

先述のとおり，筆者は，判例と同様に，賄賂罪の保護法益についての考え方は，信頼保護説をとるべきだと考えている。また，賄賂罪の基本型である刑法197条1項は，「公務員が，その職務に関し，賄賂を収受等する」ことを罰している。賄賂を収受等する時点で，公務員の地位にあること，職務と賄賂の対価性を要求するものの，職務と賄賂の収受等の同時性までも要求しているとは解しがたい。その職務が何時の時点のものであろうが，公務員がこれと対価関係に立つ賄賂を収受等することは，当該職務の公正さへの信頼を害し，公務の円滑な執行に差し障りを生じさせるのに十分な行為といえるのではないだろうか。純粋性説が過去の職務行為に対する賄賂罪の成立を認めるために指摘する点は，信頼が害されていることの根拠を説明するものとして十分であろう。しかし，当該公務の公正が侵害されていることの根拠とするにはやや擬制がすぎるように思われる。擬制を用いるか，曖昧な部分が残るのかのいずれかの事態が避けがたいのだとすれば，曖昧な部分を残しつつも，これに合理的な制約を加える判例理論の方が優れているように思われる。

ところで，過去の職務に対する賄賂罪の成立が問題になる場合には，過去の職務との対価性が問題になり，その信頼失墜こそが第1に重視されるべきである。現在の職務との対価性やその信頼の失墜が直接の問題になるわけではないから，非限定説が妥当である。

過去の職務行為に対する賄賂罪の成立を否定し，あるいは限定説によった場合には，小問〔1〕の場合には，請託を受けていない以上，事後収賄罪にも当たらないという結論になる。しかし，過去の職務と対価性のある賄賂が収受等されたことが明らかになれば，職務を行った時点で賄賂の暗黙の約束があったり，少なくとも期待して当該職務が行われたのではないかとの疑惑をまぬがれ得ない。過去の職務行為が不正な場合はなおさらである。当該公務への信頼は著しく害されることになるであろう。純粋性説も先のような擬制を用いて判例

の結論を維持しようとするのは、これらの場合に、賄賂罪の成立を認めないのは相当ではないとの判断があるからではないだろうか。

④ 事前・事後収賄罪以外で公務員の地位にあることが要求される根拠

公務の公正、及びこれに対する国民の信頼が保護法益だとする信頼保護説の立場を推し進めれば、賄賂罪が成立するためには、職務と賄賂の対価関係さえ存在すれば足り、賄賂を収受等したときに公務員であることまでは必要ないということになるであろう。しかし、刑法が、公務員になる前に請託を受けて賄賂の収受等をし、後に公務員となることを要件とした事前収賄罪や、請託及び不正の公務が行われたことを要件とする事後収賄罪の場合を除いて、賄賂を収受等する際に公務員であることを要求していることが明らかである。

平野龍一教授は、公務と賄賂の対価関係を明確にするため、原則として賄賂を収受等する時点で公務員であることが要求されているとされる（平野・概説295頁）。

山口厚教授は、結果無価値の立場から、賄賂罪の違法性の実体は賄賂と職務行為の対価関係により与えられ、公務員であることは責任を加重する要素である。就職前、退職後の収賄については、請託といった違法加重要素が要求され、賄賂収受時における加重された責任の不存在を補うものとなっているとされる（山口・前掲56頁等）。

対価関係は、公務との間で問題になることで、公務員であることとは一応区別して考えられるべき問題である。しかし、公務員が一方的に特定人の利益を図る不正な行為をして退職した後、当該特定人が任意に金銭等を渡すことがあるとすれば、それは事後的な謝礼よりも退職等につながったことへのお詫びや今後の生活保障的な意味合いを帯びることが多いのではないだろうか。一方、なおも公務員の地位にある場合には、当該行為への謝礼と今後も同様の取り計らいをしてほしい旨の依頼の趣旨ということになるであろう。不正でない行為の場合には、そもそも退職後に特定の公務の対価として利益が交付されること自体が通常考えがたいことであろう。不正な行為に対し利益が収受等される場合でも、収受時に公務員の地位にある場合とない場合では、明らかにその持つ意味・評価が異なるのではないだろうか。平野教授も指摘されるように、一般

的・抽象的にも対価関係が弱まり、その違法性の評価に差を生じることになるものと思われる。どこまでを処罰の対象とするかは立法政策の問題である。刑法は、たとえ職務行為と対価関係にある賄賂等を収受した場合であっても、そのときに公務員の地位にない限り、事前収賄罪や事後収賄罪に当たる場合以外は処罰しないことにしたのである。不正の行為が存在する限り公務の公正への信頼は失墜する。しかし、賄賂罪で処罰されるべきは、不正な利益に絡む公務の公正に対する信頼の失墜に限られる。その中で、どこまでを賄賂罪として罰するかはまさしく立法政策の問題であり、刑法は原則として賄賂の収受等の際に公務員の地位を要求しているのである。

⑤ 賄賂に当たる報酬の範囲

賄賂となり得る利益は、金品その他の財産的利益に限らず、およそ人の需要又は欲望を満たす利益であれば、いかなるものかは問わない。謝礼金、菓子箱はもとより、金融の利益、ゴルフクラブ会員権、異性との情交、就職のあっせん、地位の提供なども賄賂となり得るものと解されている（判例、通説）。

また、賄賂といえるためには、職務行為（職務と密接に関連する行為を含む）の対価として提供されたものでなければならない。そして、公務の公正に対する信頼が保護法益とされ、職務行為については、先述のとおり、一般的な職務権限に属するものや、これと密接に関連するものでもよいと解されているから、その関連は抽象的なもので足りる。法令や慣行上、当該公務員の職務に属すべき行為と利益との間の対価関係が問題になるのである。

ところで、過去の職務に対する利益供与については、小問〔2〕の場合のように再就職先の斡旋等という形で提供される場合も考えられる。このような場合、再就職先の職務を現実にこなしていることも少なくないであろう。再就職先において得られる給与・報酬が賄賂に当たり、没収・追徴の対象になるのかが問題となる。これに類似した事例において、最決平21・3・16刑集63巻3号81頁は、「在職中に企業の幹部から請託を受けて職務上不正な行為を行い、その後まもなく当該官庁（防衛庁）を退職して当該企業の関連会社の非常勤の顧問となり顧問料として金員の供与を受けたなどの事実関係の下においては、顧問としての実態が全くなかったとはいえないとしても、供与を受けた金員は不

269

正な行為と対価関係があり，事後収賄罪が成立する」旨の判断を示している。同決定は，対価関係が認められる根拠として，「職務上の不正な行為と間もない時期に，上記関連会社の代表取締役において，不正な行為で世話になっていたなどの理由から，被告人の希望に応ずる形で，当時の同社においては異例な報酬付与の条件等の下で，防衛庁を退職した被告人を同社の非常勤の顧問に受け入れ，被告人は，顧問料として前記金員の供与を受けることになった」旨の認定がされている。

　要するに，職務の対価として顧問としての職の提供があったと認定しているのである。

　小問〔2〕の場合は，乙が公務員を退職後，公務員に在職中に行われた職務に対する謝礼の趣旨から，従前の顧問弁護士の報酬を3倍も上回る報酬額で顧問弁護士として雇い入れて，乙もこのことを認識していたというのである。職務との対価性は明らかであろう。

　仮に，乙が従前から顧問弁護士の地位にあり，一時的に公務員の職についた後，公務員を辞めて弁護士に復職するに当たり，当該条件の下，顧問弁護士の職の提供を受けたのだとしても，同様に対価であることは否定できない。職の提供それ自体が対価だといえる以上，その地位にあることによって受けた給与・報酬の全体が賄賂に当たるものと解される。顧問弁護士の仕事を現実に行い，かつ，従前よりもその仕事が増える等といった事情があったとしても，従前の報酬を上回る部分のみが賄賂に当たるといった結論は取り得ないであろう。

　どの範囲で賄賂に当たるのかという点は，没収・追徴との関係で問題になる。没収・追徴の趣旨は，不正な利益の保持を認めないところにある。賄賂のすべてに及ぶが，それ以上には及ばないと解すべきだと学説では解されている。しかし，判例は，賄賂と正当な謝礼等が包括して不可分的に収受された場合には，全体が賄賂性を帯びて没収・追徴の対象になるとする。一体として対価を構成する以上，当然の解釈ではないかと思われる。没収が不能な場合には追徴の問題となる。その物自体を没収できる場合には，これを没収しなければならないが，費消，混同などにより没収できなくなった場合のみならず，その賄賂の性質上，没収できない場合には追徴が問題となる。

　先にみたとおり，請託による不正な職務の対価として職の提供を受けた場合

には，その職に就いて得た報酬等のすべてが賄賂に当たる。報酬自体が特定されて，その物自体として残っていることは通常考えられない。したがって，追徴の問題が生じる。追徴額の算定の時期は収受の時にすべきであるというのが判例の立場である。給与や報酬の形で交付されたものは，追徴額の算定の問題は生じないから，弁護士に復職した後，顧問弁護士の職に就いてこれまで収受した給与・報酬の全額が追徴の対象となる。

6 まとめ

これまでみてきたところを前提にすれば，本問については以下のような結論になるものと思われる。

(1) 小問〔1〕

金融検査は，金融機関の安定と関係者の保護，金融の円滑を図るため，金融機関に対して行われる検査である（金融庁設置法3条・4条）。同検査は，金融庁検査局が所管し，同局に所属する職員が，一定の基準に基づいて検査を行い，その結果を上司に報告すべきこと等が定められている（金融庁組織令3条・14条ないし17条等）。

甲は，上記のような法令上の根拠に基づいて金融検査を行うに当たり，違法な貸付処理が行われていることに気付きながら，これを見逃すという職務上不正な行為をした。そして，職務権限の異なる財務事務官に異動した後に，これに対する謝礼として300万円の賄賂を収受したのである。小問〔1〕は，まさしく，公務員が過去の職務行為について賄賂を収受した場合である。

判例の立場を前提に，信頼保護説をとり，非限定説によった場合には，公務員の地位にあり，職務上の不正な行為に対し賄賂を受け取ったことが明らかであるから，刑法197条の3第2項の加重収賄罪が成立することになる。妥当な結論であろう。しかし，過去の職務はすでに終わっており，賄賂による職務への影響力はない等と考える限定説や厳格な立場の純粋性説に立った場合には，請託の事実もない以上，刑法197条の3第3項の事後収賄罪を問う余地はないから不処罰という結論になる。妥当な結論とは思えない。

(2) 小問〔2〕

乙は，公務員である金融庁検査官に在職中，Eから請託を受けて不正な貸付

を見逃すという職務上不正な行為を行い，公務員を退職した後に，その見返りとして高額の顧問料が得られる顧問弁護士の職の提供を受けて，2年間にわたり月々30万円の顧問料を得たというのである。

公務員の職にあるときに請託を受けているものの，賄賂の約束等はされていない。これらが行われたのは，公務員を退職した後である。賄賂の収受等が行われた時点で公務員の地位にない以上，通常の賄賂罪は成立しない。事後収賄罪の成立のみが問題になる。

乙は，請託を受けて，不正貸付を見逃すという職務上不正な行為をしており，これに対する報酬として顧問弁護士の職の提供を受けて顧問料を得ており事後収賄罪に当たる。既述のとおり，2年間の顧問料の全額，すなわち，月30万円×12か月×2（720万円）が追徴の対象となる。

【和田　真】

23 放火罪における現住性と公共の危険

A宅は，敷地の中に，木造2階建ての母屋と木造平屋建ての離れが建てられており，母屋と離れは，木製の床，柱及び屋根で成り立っている約10メートルの渡り廊下で繋がっていた。Aは，日頃は都心のマンションに住んでいて，土日のみ，A宅を訪れ，母屋で食事や寝泊まりをし，離れを趣味の絵画のアトリエとして使用していた。そして，平日のうち3，4日は，防犯のため，部下のBら数人を交替でA宅に宿泊させていた。甲は，Aに恨みを抱き，Aが住んでいると考えていたA宅に放火しようと決意し，離れにガソリンをまき，ライターで点火したが，近所の人が早期に火事に気付いたため，離れの一部を焼損したにとどまった。当日は，AもBらも不在であった。

さらに，甲は，連続放火に見せかけようと考え，A宅から約200メートル離れた市街地の駐車場にとめられていた自動車にもガソリンをまき，ライターで点火したが，通り掛かった人がすぐに気付いたため，その自動車全体を焼損しただけであった。甲の罪責はどうか。

1 はじめに

本設問は，放火罪に関して，建造物の「現住性」と「公共の危険」の問題を中心に問うものである。まず，前提として，放火罪の特質について概観した上で，設問に沿って検討することにしたい。

2 放火罪について

放火罪に関する規定は，刑法2編9章に置かれ，放火の客体に応じて，108条から110条までの放火罪が定められているほか，延焼罪（111条），消火妨害罪（114条），失火罪（116条）等が定められている。このうち，主要なものは，108条から110条までの放火罪であり，本設問に関連するのもこれらの罪である。この3か条では，放火の対象に応じ，現住建造物等（108条），非現住建造物等（109条），建造物等以外（110条）について，構成要件が定められ，さらに，非

273

現住建造物等と建造物等以外については、それぞれ他人所有（109条・110条の各1項）と自己所有（同各2項）とに分けられている。

108条と109条1項の罪は、明文上、公共の危険の発生が要求されていないのに対し、109条2項と110条1・2項の罪はこれが要求されており、前者は抽象的危険犯、後者は具体的危険犯とされる。

放火罪は、本来的には公共危険罪としての性質を有するが、放火の対象が他人所有か自己所有かで刑や未遂・予備の処罰についての扱いを異にしている点があることなどから、副次的には財産犯的な性質も有していると考えられる。

それぞれの罪に対する処罰の軽重の根拠や、その要件の違い、さらに財産犯との関係等について、網羅的、体系的に論じることは本稿の予定するところではもとよりない。本設問（前段は、「現住性」の存否から、現住建造物等放火罪の成否、すなわち非現住建造物等放火罪との区別、後段は、「公共の危険」の存否から、建造物等放火罪の成否、すなわち器物損壊罪との区別を考えるものである）との関係でいうと、現住建造物等放火罪が非現住建造物等放火罪よりも重く処罰される根拠は、住居に対する放火により人の生命、身体に危険が生じることにあり（後出③(1)(a)参照）、建造物等以外放火罪が単なる器物損壊罪よりも重く処罰される根拠は、公共の危険を生じることにある。本設問で問題となる「現住性」や「公共の危険」の存否の判断は、判例を踏まえ、具体的な事実に照らして行なわなければならないものであるが、処罰根拠との関連を念頭において検討することも忘れてはならない。

③ 設問前段について

設問では、甲はA宅の離れに火を放ち、その一部を焼損している。Aは離れをアトリエとして使用していたのみで、食事や寝泊まりには使用していない。設問からは必ずしも明確ではないが、Bらが宿泊していたのも、母屋であって離れではないと考えられる。そうすると、離れだけをみた場合、これを「現に人が住居に使用」する建造物ということはできない。また、犯行当時、離れにA及びBらは不在であったのであるから、「現に人がいる」建造物にも当たらない。そうすると、離れのみを独立してみる限り、非現住建造物ということになり、甲には他人所有の非現住建造物等放火罪（109条1項）が成立するにとど

まることになる。しかし，母屋については現住建造物に当たる余地があり，さらに，離れと母屋を1個の建造物とみるべきではないかを検討する必要がある。

(1) 現住性について

(a) 判例，学説の概況

「現に人が住居に使用」すること，すなわち「現住性」について，判例は，現に人の起居（起臥寝食）の場所として日常使用していることをいい，必ずしも昼夜間断なく使用している必要はなく（大判大2・12・24刑録19輯1517頁，最判昭24・6・28刑集3巻7号1129頁），居住者がたまたま外出して一時その建物にいない場合でもよいとしている（中谷雄二郎・判解刑平9年度217頁参照）。そして，生活の本拠という本来の意味での住居以外にも，学校や裁判所の宿直室（前掲大判大2・12・24（学校），大判大3・6・9刑録20輯1147頁（裁判所）），神職，ガードマンや守衛が寝泊まりする社務所や守衛詰所（次の建造物の一個性の項で紹介する最決平元・7・14刑集43巻7号641頁）のように，複数の者が交替で起居の場所として日常使用している建造物についても現住性を認めている。

また，学説上も，通説は，現住建造物に対する放火が重く処罰される根拠を，住居に対する放火により人の生命，身体に危険が生じることに求める立場から，判例を支持している（反対説を含めて学説の状況については，中谷・前掲217頁以下，225頁以下参照）。

判例の見解を前提に，どの程度の使用があれば現住性を認め得るかについては，最決平9・10・21刑集51巻9号755頁が参考になる。同決定は，被告人が，競売手続を妨害する目的で，「人がそこで生活しているように装うとともに，防犯の意味も兼ねて，自己の経営する会社の従業員5名に指示して，休日以外は毎日交替で本件家屋に宿泊に行かせることとし，本件家屋の鍵を従業員2名にそれぞれ所持させたほか，会社の鍵置き場に鍵1個を掛けて，他の従業員らはこれを用いて本件家屋に自由に出入りできるようにした。」「その結果，平成3年10月上旬ころから同年11月16日夜までの間に十数回にわたり，従業員5名が交替で本件家屋に宿泊して，近隣の住民の目から見ても本件家屋に人が住み着いたと感じ取れる状態になった」という事案において，その家屋につき，「人の起居の場所として日常使用されていたもの」であるとして，現住性を認めている。この事案では，約1か月半の間に十数回，すなわち3，4日に1回

程度の宿泊の頻度でも当該建物に対する放火に伴う人の生命，身体に対する危険が認められているといえる（中谷・前掲219頁）。

　(b)　設問の場合における母屋の現住性

　設問では，Aが，土日のみ，母屋で食事や寝泊まりをし，平日のうち3，4日は，部下のBら数人を交替で宿泊させていた，というのであるから，合わせると，毎日とはいえないまでも，週5，6日はだれかが宿泊している。前掲最決平9・10・21の事案よりも多く，放火に伴う人の生命，身体に対する危険は十分認められよう。母屋については，現住性が認められる。

(2)　**建造物の一個性について**

　(a)　判例・学説の概況

　次に，建造物の一個性については，最決平元・7・14刑集43巻7号641頁が重要である。同決定は，「(1)平安神宮社殿は，東西両本殿，祝詞殿，内拝殿，外拝殿（大極殿），東西両翼舎，神楽殿（結婚儀式場），参集殿（額殿），齋館，社務所，守衛詰所，神門（応天門），蒼龍楼，白虎楼等の建物とこれらを接続する東西の各内廻廊，歩廊，外廻廊とから成り，中央の広場を囲むように方形に配置されており，廻廊，歩廊づたいに各建物を一周しうる構造になっていた，(2)右の各建物は，すべて木造であり，廻廊，歩廊も，その屋根の下地，透壁，柱等に多量の木材が使用されていた，(3)そのため，祭具庫，西翼舎等に放火された場合には，社務所，守衛詰所にも延焼する可能性を否定することができなかった，(4)外拝殿では一般参拝客の礼拝が行われ，内拝殿では特別参拝客を招じ入れて神職により祭事等が行われていた，(5)夜間には，権禰宜，出仕の地位にある神職各1名と守衛，ガードマンの各1名の計4名が宿直に当たり，社務所又は守衛詰所で執務をするほか，出仕と守衛が午後8時ころから約1時間にわたり東西両本殿，祝詞殿のある区域以外の社殿の建物等を巡回し，ガードマンも閉門時刻から午後12時までの間に3回と午前5時ころに右と同様の場所を巡回し，神職とガードマンは社務所，守衛は守衛詰所でそれぞれ就寝することになっていた」という事情に照らすと，「右社殿は，その一部に放火されることにより全体に危険が及ぶと考えられる一体の構造であり，また，全体が一体として日夜人の起居に利用されていたものと認められる。そうすると，右社殿は，物理的に見ても，機能的に見ても，その全体が一個の現住建造物であった

と認めるのが相当である」と判示している。

①「その一部に放火されることにより全体に危険が及ぶと考えられる一体の構造」すなわち物理的一体性（前記の事実のうち，(1)から(3)までがこれに関する事情である）と，②「全体が一体として日夜人の起居に利用されていたもの」すなわち機能的一体性（前記の事実のうち(4)と(5)がこれに関する事情である）のどちらかの観点から見て，構造上の一体性が肯認される場合に一個の現住建造物といい得ることを判示した趣旨とされる（香城敏麿・判解刑平元年度240頁）。なお，延焼の可能性は，独立した要素ではなく，物理的一体性を判断する際の考慮要素の一つとされている（前記の事実のうち(3)は，延焼可能性に関するものである）。それまでの判例をみても，物理的一体性か機能的一体性のいずれかが認められれば，建造物の一個性が認められており，同決定はそれを明確にしたものといい得る（香城・前掲242頁以下参照）。

これに対し，学説上は，物理的一体性か機能的一体性があればよいとする見解（前田・各論（第4版）375頁以下）もあるが，物理的一体性がない場合に，機能的一体性を理由として一個の現住建造物とみることには，判断が不明確になることなどから反対ないし慎重であるべきとの見解が多い（例えば，山口・各論（第2版）381頁以下，西田・各論（第5版）292頁）。

前記のとおり，「現に人が住居に使用」する建造物（現住建造物）に対する放火が，「現に人がいる」建造物（現在建造物）に対する放火と並んで，他の建造物に対する放火よりも重く処罰されるのは，そのような放火により人の生命，身体に対する危険が発生するからである。そして，人が現に住居として使用していない部分（非現住部分）であっても，住居として使用されている部分（現住部分）と物理的一体性があるものに放火すれば，現住部分にも危険が及ぶし，現住部分と非現住部分に機能的一体性があれば，その建造物のどの部分にも居住者が行き来して現在している可能性があるため，それに対する放火は全体に危険を及ぼすことになる。前記の判例は，このような考えに基づくものであるとされる（香城・前掲249頁以下）。判例の見解が妥当といえる。

(b) 設問の場合

判例の見解を前提に，設問の離れと母屋を一個の建造物とみることができるかについて検討する。

まず，物理的一体性について検討する。母屋と離れはいずれも木造であり，両者は，木製の床，柱及び屋根で成り立っている渡り廊下で繋がっていること，両者の間の距離は約10メートル（渡り廊下の長さ）であること，加えて，これらの事情によれば，離れに放火された場合，母屋に延焼する可能性があるといえることに照らすと，A宅は，離れに放火されることにより母屋に危険が及ぶ一体の構造であるといえる。

次に，機能的一体性についても検討しておく。土日のみ，A宅を訪れるAは，母屋で食事や寝泊まりをしていたものの，離れを趣味の絵画のアトリエとして使用していた，というのであるから，土日に関する限りは，母屋と離れの全体が日夜人の起居に利用されていた，という余地はある。また，平日は，うち3，4日，防犯のため，Bら数人を交替でA宅に宿泊させていた，というのであり，Bらが食事や寝泊まりに使用したのは母屋であったとみられるが，Bらの寝泊まりの目的は，「防犯のため」というのであるから，常時離れを見回り巡回していた可能性もある。その場合には，全体が一体として日夜人の起居に利用されていたもの，すなわち，機能的一体性があると認められる可能性もある。

以上によれば，母屋と離れとは，少なくとも物理的一体性があると認められる。そうすると，母屋及び離れには現住性が認められるから，離れに火を放ち，その一部を焼損させた甲には，現住建造物等放火罪が成立することになる。

4 設問後段について

甲は，市街地の駐車場にとめられていた自動車に放火している。自動車は，108条及び109条に定める客体に該当せず，110条の建造物等以外放火罪の成否を検討することとなるが，ここでは「公共の危険」を発生させたかが問題である。

(1) 「公共の危険」

(a) 限定説・非限定説

110条にいう「公共の危険」が認められるのは，108条及び109条1項所定の客体への延焼の危険がある場合に限定されるか，という問題がある。判例は，かつて限定説に立つように読めるものもあった（大判明44・4・24刑録17輯655頁）が，最決平15・4・14刑集57巻4号445頁は，刑法「110条1項にいう『公共の

危険』は，必ずしも同法108条及び109条1項に規定する建造物等に対する延焼の危険のみに限られるものではな」いと判示し，非限定説に立つことを明らかにした。学説上は，限定説（西田・各論（第5版）301頁など）も有力である。

108条及び109条1項の罪は抽象的危険犯であり，その客体に放火すると公共の危険が発生したといい得ることから，これらの客体に対する延焼の危険があれば「公共の危険」があるとはいえる。しかし，「公共の危険」をそれに限定する必要はなく（多数の乗客がいるバスへの放火などの事例を想定するとわかりやすい），非限定説が相当である。

(b) 「公共の危険」の定義

非限定説に立つ場合，「公共の危険」をどのように定義するかの問題が生じる。前掲最決平15・4・14は，「110条1項にいう『公共の危険』は」，「不特定又は多数の人の生命，身体又は」108条及び109条1項所定の「建造物等以外の財産に対する危険も含まれると解するのが相当である。」とする。学説は，「生命，身体，財産」という法益の主体について，判例と同様に「不特定又は多数の人」とする説のほか，「不特定の人」とする説，「多数の人」とする説，「不特定かつ多数の人」とする説に分かれるが，判例と同様の見解が有力である（学説の状況については，大コメ刑法第7巻（第2版）9頁〔村瀬均〕，芦澤政治・判解刑平15年度255頁以下参照）。「公共の」危険を考える上で，危険の及ぶ法益の主体として「不特定の人」，「多数の人」のいずれかを除くべき理由は見当たらず，判例の見解が妥当といえよう。

(c) 「公共の危険」の判断

上記のように定義した上で，具体的な事案において，公共の危険の発生の有無を判断する必要があるが，その際，前掲最決平15・4・14が参考になる。同事件の事案は，小学校の教職員用の駐車場に無人でとめられていた自動車（被害車両）に対し，ガソリン約1.45ℓを車体のほぼ全体にかけた上，これにガスライターで点火して放火した，というものである。決定では，同駐車場は「市街地にあって，公園及び他の駐車場に隣接し，道路を挟んで前記小学校や農業協同組合の建物に隣接する位置関係にあり」，「前部を北向きにしてとめられていた被害車両の近くには」，被害車両の所有者「以外の者の所有に係る2台の自動車が無人でとめられており」，うち1台（第1車両）は「被害車両の左側

部から西側へ3.8mの位置に」，他の1台（第2車両）は「第1車両の左側部から更に西側へ0.9mの位置に」あり，「被害車両の右側部から東側に3.4mの位置には周囲を金属製の網等で囲んだゴミ集積場が設けられており，同所に一般家庭等から出された可燃性のゴミ約300kgが置かれていた」，「被害車両には，当時，約55ℓのガソリンが入っていたが」，「消防隊員が現場に到着したころには，被害車両左後方の火炎は，高さ約1m，幅約40ないし50cmに達していた」，「本件火災により，被害車両は，左右前輪タイヤの上部，左右タイヤハウス及びエンジンルーム内の一部配線の絶縁被覆が焼損し，ワイパーブレード及びフロントガラスが焼けてひび割れを生じ，左リアコンビネーションランプ付近が焼損して焼け穴を作り，トランクの内部も一部焼損し，更に第1，第2車両とゴミ集積場に延焼の危険が及んだ」と認定されている。その上で，同決定は，「市街地の駐車場において，被害車両からの出火により，第1，第2車両に延焼の危険が及んだ等の本件事実関係の下では」，公共の危険の発生を肯定することができると判示している。

　(d)　「公共の危険」を判断する上での具体的問題〜設問の処理

　設問の事例は，前掲最決平15・4・14の事案に類似しているが，「市街地の駐車場にとめられていた自動車にもガソリンをまき，ライターで点火した」というのみで，駐車場やその周囲の状況について具体的に示されていない。駐車場の周囲の建物，駐車場内の人や物の状況について場合に分けて考えてみることにする。

　①　周囲に現住建造物や他人所有の非現住建造物に当たる家屋等の建物が近接してあり，これらへの延焼の危険性が生じている場合

　この場合は，108条及び109条1項に規定する建造物等に対する延焼の危険が生じているのであるから，限定説に立っても公共の危険が認められる場合である。非限定説からも，公共の危険が認められる典型的な場合として想定されているといえよう。

　②　駐車場内又は周囲に人がいて，その生命，身体に危険が生じている場合

　非限定説からは，この場合も「不特定又は多数の人の生命，身体」に対する危険があるといえれば，公共の危険を認めることができる。ここで，「不特定」の意義が問題となり得るが，その場に居合わせた経緯や行為者との関係におい

て，偶然の相手といえば，「不特定」の人に当たると考えてよいと思われる（芦澤・前掲266頁以下参照。同解説は，財産の法益主体の不特定性について，これ以外の考え方も検討して論じている。生命，身体の主体の不特定性についても同様の議論が当てはまるであろう）。

③ 駐車場内にとめられている自動車その他の物への延焼の危険が生じている場合

この場合には財産への侵害の危険が問題となる。非限定説からは，この場合も「不特定又は多数の人の財産」に対する危険があるといえれば，公共の危険を認めることができる。

しかし，人の生命，身体に対する危険とは異なり，その侵害の危険が軽微なものでもよいかは問題である。学説上は，財産に限定を加えない説のほか，重要な財産に限るあるいは軽微な財産は除くという説もある（学説の状況につき，大コメ刑法第7巻（第2版）9頁〔村瀬〕，芦澤・前掲257頁参照）。判例の見解は必ずしも明らかではないが，前掲最決平15・4・14は，「侵害の危険が及んだ対象が財産のみである場合には，公共の危険の発生には一定の規模のものが必要であるという考えを前提にしているとみることができる」との指摘がある（芦澤・前掲264頁）。器物損壊罪等と110条1項の罪との法定刑の差などを考えると，侵害される危険の生じる財産について何らかの限定が必要である。そして，ここでの問題が「公共の危険」に関するものであることからすると，単なる財産的価値の大小ではなく，「規模」を考慮するべきであるというのは正当である（以上につき，芦澤・前掲258頁以下参照）。どの程度の規模が必要かについては同決定の事実関係が手掛かりとなろう。

(2) 「公共の危険」の認識

110条1項の放火罪が成立するために，公共の危険の発生についての認識を要するかについては，必要説（大谷・各論（新版第3版）377頁，山口・各論（第2版）393頁など），不要説（前田・各論（第4版）382頁（ただし，予見可能性が必要），西田・各論（第5版）300頁（ただし，過失が必要）など）に見解が分かれるが，最判昭60・3・28刑集39巻2号75頁は，「刑法110条1項の放火罪が成立するためには，火を放って同条所定の物を焼燬する認識のあることが必要であるが，焼燬の結果公共の危険を発生させることまでを認識する必要はないものと

解すべきである」と判示し，不要説に立つことを明らかにした（同判例については，高橋省吾・判解刑昭60年度42頁以下など参照）。

これによれば，甲が自動車に放火して焼損させることの認識があれば足り，公共の危険の発生の認識を有していたかは問わないことになる。

5 罪　　数

以上のとおり，設問前段については現住建造物等放火罪が成立し，設問後段については建造物等以外放火罪が成立する可能性があるが，両罪が共に成立する場合の罪数関係について，最後にみておくことにする。

放火罪は公共危険罪であるから，罪数は発生した公共の危険の数により決せられる（詳細については，大コメ刑法第7巻（第2版）53頁以下〔村瀬〕などを参照）。設問の場合，甲は連続放火に見せかけるという意図の下に，2つの行為を連続して行っているものの，両者の現場は約200メートル離れていることを考えると，生じた公共の危険は別個のものと考えるのが相当であろう。そうすると，2罪が成立することとなり，両者は併合罪の関係に立つことになる。

【堀田　眞哉】

24 文書のコピー，入試答案と文書偽造

次の場合，甲，乙の罪責はどうか（詐欺又は詐欺未遂を除く）。

〔1〕 甲は，消費者金融から，架空人名義で借入れをするため，不正に入手した他人名義の自動車運転免許証の写真部分に自己の写真を重ねるとともに，氏名欄に架空人名を印刷した紙片をはり付けた上で，電子複写機によって複写した自動車運転免許証のコピーを作った。そして，消費者金融の無人店舗に赴き，架空人の名義で借入申込書を記入した上，その借入申込書及び前記自動車運転免許証のコピーを，無人借入機のスキャナーに読み取らせた。回線で接続された本部借入審査部門の職員は，その画像を見て貸出し手続を行った。

〔2〕 乙は，A大学の入学試験をBの替え玉として受験するため，答案用紙の氏名欄に受験生であるBの氏名を記入し，その解答欄に記号を記入するなどして答案を作成し，試験係員に提出した。

1 はじめに

本問は，文書偽造罪ないし偽造文書行使罪の対象となる「文書」といえるかどうかが主たる問題となる事例である。

刑法上，文書一般の定義はされていない。これまでの定説は，「文字またはこれに代わるべき記号，符号を用いて，ある程度永続すべき状態において，物体の上に記載された意思又は観念の表示であって，その表示内容が法律上又は社会生活上重要な事項について証拠となりうるものをいう」とされてきた（大判明43・9・30刑録16輯1572頁，山中・各論（第2版）545頁等）。

このような定義がされてきたのは，文書偽造罪が「公共の信用」を保護法益としているからであると考えられる。すなわち，作成名義人がその考え方や意思を示したものとして，一般の人が見て読むことができるからこそ，一般の人は，それを信用するのであり（大谷實＝前田雅英・エキサイティング刑法各論257頁以下（有斐閣，2000）参照），①文書の可読性・可視性，②作成名義人の存在，③ある程度の永続性，④原本性といった要素が必要とされてきたのは，そのよ

うな事情からであると考えられる。

　ところが，科学技術の進歩の結果，電子コピー，電磁的記録物，通信回線といった新たな記録媒体や伝達方法が生じるに至っている。現代社会においては，これらの媒介手段に対しても，従来の文書を直接提示した場合と同様の社会的信用性が認められるようになっており，そのような事情を踏まえて，基本的な文書概念の見直しが必要ではないかという検討が必要となっている。小問〔1〕は，そのような視点から，原本性や可読性・可視性の要件等を再検討するものである。

　また，文書は，意思又は観念を表示したものでなければならず，私文書については，一般人の信頼の対象となり得るもの，すなわち，権利義務又は事実証明に関するものでなければならないとされている。小問〔2〕は，そのような視点から，入学選抜試験の答案が，私文書偽造の対象となる文書であるかどうかを問うものである。

2　電子コピー等の扱い

　小問〔1〕について検討する。本事例では，甲は，まず，不正に入手した他人名義の自動車運転免許証の写真部分に自己の写真を重ねるとともに，氏名欄に架空人名を印刷した紙片をはり付けた上で，電子複写機によって複写した自動車運転免許証のコピーを作っている。また，消費者金融の無人店舗において，架空人の名義で借入申込書を記入している。

　そのうち，架空人名義の借入申込書を作成している点については，有印私文書偽造罪が成立することは明らかであろう。架空人名義であっても，一般人をして真正に作成された文書と誤信させる危険性がある以上，私文書に当たる（最判昭28・11・13刑集7巻11号2096頁）。また，これを無人借入機のスキャナーに読み取らせ，回線で接続された本部借入審査部門の職員にその画像を読み取らせたという点については，スキャナーや通信回線を使用している点で，直接的な提示とは異なるが，行使とは，提示，交付，送付，備付けなどの方法によって，文書の内容を相手方に認識させ，あるいは認識し得る状態に置くことをいうのであり，通信回線を通じてその画像を認識させることも，文書に対する公共的信用が害されることは明らかであるから，「行使」に該当するといってよ

い。そうすると，架空人名義で借入申込書を作成した時点で，有印私文書偽造罪が成立し，それをスキャナーによって読み取らせ，通信回線で本部借入審査部門の職員にその画像を読み取ることができるようにさせた時点で，偽造有印私文書行使罪が成立する。

　他方，自動車運転免許証のコピーを作った点についてみると，自動車運転免許証それ自体は，都道府県公安委員会作成名義の有印公文書であるが，被告人の作成したのは，そのコピーであるということについては，どのように考えるべきであろうか。

　すなわち，写真機，複写機等を使用し，機械的方法により原本を複写したもの（電子コピーないし写真コピー）については，それを刑法上どのようなものとして扱うべきかが問題となるわけである。この問題を検討するに当たり，その前提として，手書きの写しについて考えてみると，それは写しの作成者の認識を経由しており，原本作成者の意思又は観念を表示するものではない。そのような写しには信頼性が乏しいものがかなりあり，刑法の保護に値しないとも言われる。しかし，分析的に考えれば，原本の写しは，写しの作成者において，原本の内容を認識し，それと同一内容を書き写したとする意思ないし観念を表示するものであって，写しの認証文がある場合や，文書の内容，筆跡，形式等によって写しの作成名義人を知り得る場合には，その作成名義人の作成名義に係る文書であると考えることができる。

　他方，電子コピーないし写真コピーについて，同じように分析的に考えると，写しの作成過程は，原本の機械的な再現にすぎず，人の意思ないし観念を表示したものではない。また，認証文のないコピーについては，機械的な再現にその作成名義人という概念があり得るかどうかも問題となる上，機械の操作をした人（又はさせた人）を作成名義人と考えたとしても，通常，それを特定することはできない。このような論理を押し進めると，電子コピーないし写真コピーは，刑法上の文書とはいえないという考え方になるであろう（平野・犯罪論㊦409頁以下。なお，平野説は，文書の成立要件として「作成者の表示」が必要であるとしているが，「名義人が文書自体に表示されていなくとも文書の内容，筆跡等によってあるいは付随する物体によって知り得れば足りる」という通説・判例の立場であっても，前記のような論理になると思われる）。

24 文書のコピー，入試答案と文書偽造

　この点について，判例（最判昭51・4・30刑集30巻3号453頁，最決昭54・5・30刑集33巻4号324頁，最決昭58・2・25刑集37巻1号1頁）は，写真コピーないし電子コピーについて，その性質と社会的機能等を根拠として，原本と同一の意識内容を保有する原本作成名義人の作成名義にかかる文書であるとしている。すなわち，写真コピーないし電子コピーは，複写した者の意識が介在する余地のない，機械的に正確な複写版であって，紙質等を除けば，その内容のみならず筆跡，形状にいたるまで，原本と全く同じく正確に再現されているという外観をもち，また，一般にそのようなものとして信頼され得るような性質のものであり，言い換えれば，見る者をして，同一内容の原本の存在を信頼させるだけでなく，印章，署名を含む原本の内容についてまで，原本そのものに接した場合と同様に認識させる特質をもち，その作成者の意識内容だけでなく，原本作成者の意識内容が直接伝達保有されている文書とみ得るようなものであるから，そのようなコピーは，そこに複写されている原本がそのコピーどおりの内容，形状において存在していることにつき極めて強力な証明力をもち得るため，実生活上原本に代わるべき証明文書として一般に通用し，原本と同程度の社会的機能と信用性を有するものとされていることが多い，といった理由から，文書本来の性質上，コピーが原本と同様の機能と信用性を有し得ないような場合を除いて，原本と同一の意識内容を保有する原本作成名義人の作成名義にかかる文書と解すべきである，としている。

　このような判例の見解に賛成する学説もあるが（前田・各論（第4版）441頁等），前記の平野説が発表された以降，写しそれ自体を原本として行使することが予定されているような場合（例えば，精巧なカラー複写機を用いれば，原本と区別することが困難なコピーを作ることが可能であり，それを原本であるかのように行使する場合が考えられる）等は別として，写しである以上，認証文のないコピーを原本と同じ文書であるということはできないという見解もかなり有力に主張されている（西田・各論（第5版）348頁，山口・各論（第2版）433頁等）。これらの否定説の主な根拠は，文書といえるためには，①原本性，②作成名義人の存在が不可欠であり，これらが欠けているコピーを文書として扱うのは，罪刑法定主義に反する類推解釈であるという点にある。

　なるほど，「文書」の意義について，従来の考え方に立つ限り，①原本性，

②作成名義人の存在をそれぞれ必要とするという考え方が分析的・論理的であることは前記のとおりである。しかし，刑法自体に文書の定義があるわけではない。文書偽造罪の保護法益が「文書に対する社会一般の信用」であるということを踏まえ，一般人が信用を置く対象となり得るものを文書の意義として考えた結果，従来は，①原本性，②作成名義人の存在を必要とする解釈となったにすぎないのではなかろうか。そうすると，実生活上原本に代わるべき証明文書として一般に通用し，原本と同程度の社会的機能と信用性を有するような電子コピー等が出現した段階においては，「文書に対する社会一般の信用」という観点から，これを文書に含めても，直ちに罪刑法定主義に反するということにならないように思われる。また，一般的な用語としても，電子コピーを文書として扱うこと自体，特に違和感があるとは思われない。判例の解釈が罪刑法定主義に反する類推解釈に当たるとはいえないのではなかろうか。

3 スキャナーによって読み取らせた画像を画面に表示した場合の扱い
(1) 問題の所在
　小問〔1〕の事例では，甲は，前記の方法で偽造した他人名義の融資申込書のほか，偽造の自動車運転免許証のコピーについて，無人借入機のスキャナーに読み取らせた上，回線で接続された画面を通じて，本部借入審査部門の職員にその画像を閲覧させている。偽造の融資申込書のスキャナーによる読み取りとその情報送付等については，偽造有印私文書行使罪が成立する旨前述したが，そもそも，ある者が遠隔地にいる別の者にファクシミリや通信回線等の通信手段を用いて特定の文書の内容を認識させた場合において，それが偽造であったとき，偽造文書というべき物は，発信元に存在しているものであるのか，それとも，受信先に表示されたり印刷されたりしたものであるのかを検討することとしたい。
(2) ファクシミリ文書の送受信と文書の偽造・行使
　例えば，ファクシミリについてみると，通常の場合，発信元にある文書等の情報を発信元のファクシミリ機器が読み取り，通信回線を通じて，その情報を送信すると，受信側におけるファクシミリ機器がこれを受信し，発信元の文書の写しともいうべきファクシミリ文書（受信文書）を印刷したり，あるいは，

内蔵メモリーに記憶した上でディスプレイに表示したりするといった過程を経ることとなるが，このように，発信元において偽造文書を読み取らせ，通信回線で送信し，受信側でそれを受信してファクシミリ文書（受信文書）が印刷された場合，偽造文書は何であると考えるのが相当であろうか。

一つの考え方としては，発信元にある文書が偽造文書であり，受信側のファクシミリ機器によって同一内容の文書（ファクシミリ文書）が印刷されるのは，あくまで発信元の偽造文書の行使形態に過ぎないという考え方があり得る。

他方，受信側のファクシミリ機器によりファクシミリ文書を印刷させる過程を，写しという形式の偽造文書の作出ととらえる考え方もあり得る。なお，ファクシミリによって作出される写しは，複写機によるものと比較すれば，鮮明さや精度に多少の違いがあり，また，原本代用としての社会的機能，信用性が若干劣るという面がないとはいえないが，ファクシミリ機器や送信技術の向上，情報化社会の発展等に伴い，ファクシミリに対しても，通常のコピーとの差異はなくなりつつあると考えられる。

この点について，裁判例（広島高岡山支判平8・5・22判時1572号150頁）は，①ファクシミリは，文書の送受信用の機器であるとともに，複写用の機器でもあり，その基本原理からすると，一般的に作成された受信文書は，送信文書の写しではあるが，その写し作成者の意識が介在する余地がなく，原本である送信文書が電気的かつ機械的に複写されるから，ファクシミリについても，真正な原本を原形どおり正確に複写したかのような形式，外観を有する写しを作成する機能があり，その写しは，複写機械による写しと格別の差がないこと，②真正な原本を原形のまま正確に複写したかのような形式，外観を有するファクシミリによる文書の写しは，一般には，同一内容の原本が存在することを信用させ，原本作成者の意識内容が表示されているものと受け取られて，証明用文書としての社会的機能と信用性があることは否定できないことなどから，受信側のファクシミリ機器において受信文書を印刷する過程を，複写機による複写過程と同様に見て，写しという形式の偽造文書の作出ととらえている（東京地判平5・5・17判時1475号37頁も，特段の理由の記載はないものの，受信側のファクシミリ受信機によって写しを作出したことをもって，写真コピーの偽造であるとしている）。

この場合の法律構成については，どちらかの考え方しか取り得ないというものではないであろう。偽造文書を作成しようとした者の意思がどうであったかという点や，客観的に見て，人が信頼し得るような外観が整ったといえる段階としていずれが相当であるかといった点などを総合して判断するのが妥当であると思われる。そのような観点からすれば，例えば，発信元の文書を見る限り，その外観等から容易に偽造であるとわかるものの，ファクシミリによる送信過程を経て，受信側でファクシミリ文書（受信文書）が印刷されると，本物のコピーのような外見を備えるに至るといったような場合であれば，受信側のファクシミリ機器において受信文書を印刷する過程を，偽造過程と見た方がよいであろうし，発信元で本物そっくりの文書を偽造した上，ファクシミリで送信した場合には，その過程を偽造文書の行使の過程と見た方が妥当であるように思われる。

なお，最近のファクシミリ機器には，受信時には，受信文書の内容を内蔵メモリーに記憶し，その後，ディスプレイに表示して印刷の必要があるもののみを印刷するという機能を有するものが出現している。そのような機器の場合でも，ファクシミリによる送信過程につき，偽造文書の行使の過程と見ることには特段の問題はないと思われるが，偽造の過程であると見ることができるかどうかについては様々な議論があり得るであろう（最終的には印刷されることが予定されている場合には，その段階をもって偽造ととらえることができるかもしれないが，印刷されることが予定されていない場合には，内蔵メモリーに記憶された電子情報をもって，文書であるということができるかどうかを検討しなければならないであろう。この点は，後述する，モニター画面表示の場合と共通する問題である）。

(3) **スキャナーによる読み込みと画面への表示**

では，本文のように，スキャナーで読み取り，回線を通じて，モニター画面に映し出した場合は，どうであろうか。モニター画面に表示されたものを文書と見ることができるであろうか。

塩見淳「演習刑法」法教238号133頁は，ディスプレイに表示された画像が文書といえるかという点につき，最高裁の立場に立てば，当該画像も原本と同一の意識内容を保有し，これと同様の社会的機能と信用性を有しており，プリントアウトしたかどうかで，文書性が左右される実質的理由が見当たらないから，

積極に解することも不可能ではないとしている。確かに，ある程度永続する状態において，物体の上に記載された意思又は観念の表示であれば，文書といい得る上（画面の表示は，審査側が審査に必要な範囲で，そのまま保持することができる以上，永続性がないとは言い難いのではないか），文書に対する社会的信用という観点からすれば，画面の表示自体を文書と考えることも検討に値しよう。また，そのように理解すれば，ファクシミリで文書を送付した場合とパラレルに考えることができる。

しかし，スキャナーの機能の実態からみると，スキャナーは，原稿台の原稿に光を当て，その反射光ないし通過光を映像素子で電気信号に変換し，さらに，その電気信号を変換回路によってデジタルデータ化するものである。そして，外部に送信する場合には，外部インターフェース信号に変換する過程を経るが，回線で繋がれた画面に映し出されているのは，そういった電磁的記録に他ならないと考えられる。なお，その電磁的記録は，いずれかのコンピュータ上にあるものと思われる。

そうすると，この問題については，そのような電磁的記録物をもって，文書ということができるかどうかという観点を含めて検討する必要がある。

(4) 電磁的記録物の文書性

電磁的記録物が文書といえるかどうかについて，判例（最決昭58・11・24刑集37巻9号1538頁）は，道路運送車両法に規定する電子情報処理組織による自動車登録ファイルは，刑法157条1項にいう「権利，義務に関する公正証書の原本」に当たるとしている。それ以前の下級審裁判例（名古屋高金沢支判昭52・1・27刑月9巻1＝2号8頁，広島高判昭53・9・29刑月10巻9＝10号1231頁）では，電磁的記録物は，それ自体は可視的，可読的ではないものの，人の思想，意思，観念の表示を内容とし，一定のプロセスを経てプリントアウトされれば，必ず，可視的，可読的な文書として再現され，再現された文書と電磁的記録物とは一体不可分な関連を有することなどを根拠として，電磁的記録物である自動車登録ファイルについて，正面からその文書性を肯定しているのに対し，最高裁判例では，判文上，文書性を肯定したのかどうかは明らかではない。

この判例をどのように理解するべきかについては争いがある。それ以前の判例（最判昭36・3・30刑集15巻3号605頁）が「刑法157条1項の権利義務に関する

公正証書とは，公務員が職務上作成する文書であって，権利義務に関するある事実を証明する効力を有するもの」をいうと説示していて，公正証書が文書であることを当然の前提としていたことと併せて考えれば，昭和58年の判例は，一定の電磁的記録物について文書性を認めたものとも理解し得る。しかし，公正証書の原本については文書性を必要としないという考え方も有力であり（昭和58年判例における谷口裁判官の少数意見は，公正証書の原本は，公権力によってその内容を確定し公証する方法として公務所において備え付け，これを権利義務に関する証明の具として強い証明力を付与するとともに，これを見たいという者に対してその利用を目的としているから，文書以外の形態のものであっても，権利義務に関する証明の確実性が確保され，しかも関係の法令がそれを権利義務に関する証明のためのよりどころとすることを明定している場合には，文書性に欠けるところがあっても，刑法157条にいう公正証書の原本として保護されてよいとして，道路運送車両法の自動車登録ファイルは，文書性には欠けるが，公正証書の原本に当たる，としている)，最高裁が電磁的記録物について明確にその文書性を認めたと理解することはできないであろう。ちなみに，学説上は，電磁的記録物は，可視性，可読性がないから，文書に当たらないとする説が通説（山口・各論（第2版）430頁，西田・各論（第5版）346頁，山中・各論（第2版）545頁等）であるように思われるが，文書の概念について，刑法上，定義があるわけではなく，「公共の信用」という保護法益の観点を踏まえて解釈すべきであることからすると，やや柔軟性に欠けるのではないかと思われる。電磁的記録物を文書に含めたからといって，直ちに罪刑法定主義に反するとは思われない。

　もっとも，電磁的記録物が文書に当たるかどうかという議論は，昭和62年の刑法一部改正（昭和62年法律52号）により，電磁的記録の不正作出や供用を処罰する規定（刑162条の2）等が設けられたことにより，実益を失っている。この法改正が，創造的なもの（従来，処罰の対象とはならなかったものを処罰することとしたもの）であるのか，確認的なもの（従来も処罰の対象となっていたものについてその処罰範囲等を明確にしたもの）と解するかについては，争いがあるものの，確認的な規定であるとしても，通常の文書偽造罪とは別に，電磁的記録不正作出罪・同供用罪という特別規定が設けられた以上，電磁的記録の不正作出等を通常の文書偽造罪で処罰することはできない。

24 文書のコピー，入試答案と文書偽造

そうなると，スキャナーで読み込んだものを通信回線で送信し，モニター画面に表示させた行為に関し，文書偽造罪や同行使罪が問題となり得るのは，送信元の文書についてであるということになるであろう。

(5) **下級審裁判例の動向とその検討**

このような事例について文書偽造罪や同行使罪の適用が問題となった下級審の裁判例がいくつか存在している。

これらの裁判例で問題となったのは，スキャナーで読み取る段階の偽造物を直接見れば真正なものではないことが判明し得るが，スキャナーで読み込んだものを画面で見れば，真正なものと誤認するような形態の偽造方法であった場合，文書偽造罪が成立するかどうかである。この点について，大阪地判平 8・7・8 判タ 960 号 293 頁は，自己の運転免許証の上に他人の運転免許証の写しから氏名，生年月日，本籍・国籍，住所，交付の各欄を切り取って該当箇所に重ねるようにして置き，氏名欄の氏の部分に更に他人の氏の記載のある紙片を置いて，その上からメンディングテープを貼り付け固定するなどしたものをイメージスキャナーで読み取らせ，それをディスプレイに表示させたという事例において，有印公文書偽造・同行使の各罪の成立を認めているが，その理由について，「文書の形式・外観が，一般人をして真正に作成された文書であると誤認させるに足りる程度であるか否かを判断するに当たっては，当該文書の客観的形状のみならず，当該文書の種類・性質や社会における機能，そこから想定される文書の行使の形態等をも併せ考慮しなければならない」とした上で，ファクシミリやスキャナーを通してされる行使の形態をも念頭に置くと，本件運転免許証は，「一応形式は整っている上，表面がメンディングテープで一様に覆われており，真上から見る限りでは，表面の切り貼り等も必ずしもすぐ気付くとはいえないのであって，そうとすると，このようなものであっても，一般人をして真正に作成された文書であると誤認させるに足りる程度であると認められる」としている。また，札幌高判平 17・5・17 高刑速報平 17 年 343 頁は，真正な自衛官診療証をコピーし，そのコピーの生年月日欄や氏名欄の一部を修正テープや修正ペンで消し，その上に黒色スタンプやボールペンで別の内容を記入するなどしたものを，スキャナーを通じて端末画面に表示させた事例について，同様に，「一般人からみて真正に作成されたものであると誤信させるに足りる

程度の形式，外観を備えているかどうかは，当該文書の社会における機能やその行使態様をも考慮して判断されなければならない」とし，「スキャナーを介して呈示したという本件の行使態様を合わせて考慮すると，本件各文書は，一般人からみて真正に作成された文書であると誤信させるに足りる形式，外観を備えていると認めることができる」として，公文書偽造・同行使罪の成立を認めている。

　他方，東京高判平20・7・18判タ1306号311頁は，自分自身を被保険者とする国民健康保険被保険者証の白黒コピー3枚を作成し，うち1枚の被保険者の生年月日欄，住所欄に他の2枚から切り抜いた数字を糊で貼り付けて作り出した改ざん物をファクシミリに読み取らせ，その画像データを携帯電話会社に送信し，同社従業員に閲覧させたという事例において，「文書偽造罪が偽造文書行使罪とは独立の犯罪類型として規定されている以上，偽造の成否は当該文書の客観的形状を基本に判断すべき」であり，「文書偽造罪が行使の目的をその要件としていることからすれば，偽造の成否の判断に際して文書の行使形態を考慮すべき面はあるが，その考慮できる程度には限度があるといわざるを得ない」との一般論を前提として，前記の改ざん物については，「ファクシミリ複合機によりデータ送信された先の端末機の画面を通して見れば，一般人をして本件保険証の原本の存在を窺わせるような物であるが，そのような電子機器を介する場合以外の肉眼等による方法では，その色合いや大きさ等の客観的形状に照らせば，これを本件保険証の『原本』と見誤ることは通常は考え難い」と判断し，原本の偽造・行使には当たらないとしている。もっとも，「真上から一見する程度であれば，表面の切り取りなどが認知されない可能性は十分ある」ので，本件改ざん物は，「保険証のコピーそのものではないけれども，一般人をして保険証の真正なコピーであると誤信させるに足りる程度の形式・外観を備えた文書と認めるのが相当」であるとして，保険証コピーの偽造，行使の各罪の成立を認めている。

　これらの3件の裁判例を概観してみると，文書偽造罪の成否を検討する上で，行使の態様をどの程度考慮することができるのか，すなわち，作成された物の客観的形状を中心として考えるのか，それともファクシミリやスキャナーで読み込まれたものが映し出される画像の方の状態をかなり考慮してよいのか，と

いう点については，裁判例が固まっていないといわざるを得ない。なお，学説上は，人の視認による真正性の確認をクリアできない場合に，有形偽造の成立を肯定することには疑問がある（山口・各論（第2版）439頁）とか，偽造罪の成立に必要な文書の外観は，当該文書の行使方法により変化するものと解すべきではない（西田・各論（第5版）350頁）との見解も有力である。

　この点は，さらに，作成された物を直接見れば，コピーであることが明らかであるが，ファクシミリやスキャナーで読み込まれたものを映し出した画像としては，原本であるかのように見える場合について，原本の偽造・行使と考えるべきか，コピーの偽造・行使と考えるべきかという問題に発展する可能性があろう。

　前掲東京高判の事例についてみると，検察官は，「当該文書の形式・外観が一般人をして真正に作成された文書であると誤認させるに足りる程度であるか否かを判断するに当たっては，当該文書の客観的形状のみならず，該当文書の種類・性質や社会における機能，そこから想定される文書行使の形態等をも併せて考慮しなければならないとし，本件において被告人が作成した文書は，ファクシミリ複合機に読み取らせて送信することを想定しており，相手方が端末機の画面の表示を閲覧した場合には本件保険証の原本の複写物であると誤認する程度のものであったことは，現に相手方が誤認していることからも明らかであり，かつ，そのような行使方法は，保険証という公文書の行使方法として通常想定されることから，被告人の行為は，文書偽造における偽造と認めることができる」と主張していたというのであり，むしろ，問題の核心はそこにあったようにも思われる。

　この点を検討するに，電子コピー（写真コピー）について文書性を認めない学説においても，電子コピー（写真コピー）を原本であるかのように見せかける場合には，原本の偽造・行使であると解している（平野・前掲412頁，西田・各論（第5版）348頁）。そして，ファクシミリやスキャナーを介しての提示についても文書の行使に当たるという解釈を採る以上，作成者において，ファクシミリやスキャナーを介することにより，原本であるかのように見せかけるつもりで，コピーを作り，ファクシミリやスキャナーを用いて相手方にこれを提示し，相手方においても原本であると誤信するような状況であったとすれば，文

書に対する社会的信用という観点からして，それらは，まさしく，原本の偽造・行使であるとするのが素直な解釈であると思われる。前掲東京高裁の事例ははっきりしないものの，原本として行使したと評価できるものであれば，原本の偽造・行使と考えてよいのでないかと思われる。

(6) **小問〔1〕についての結論**

以上に基づいて，小問〔1〕についての結論を示すと，借入申込書の作成・提示については，有印私文書偽造・同行使罪となる。また，自動車運転免許証のコピーの作成・提示については，甲において，原本として装うつもりであった（客観的にもそのような状況であった）場合には，原本としての有印公文書偽造・同行使罪となるが，写しとして装うつもりであった場合には，写しとしての有印公文書偽造・行使罪が成立するということになる。

4 入学試験の答案について

続いて，小問〔2〕について検討する。

乙は，A大学の入学試験をBの替え玉として受験するため，答案用紙の氏名欄に受験生であるBの氏名を記入し，その解答欄に記号を記入するなどして答案を作成し，試験係員に提出しているが，このような答案が私文書といえるかどうかが問題となる。

まず，文書といえるためには，意思又は観念を表示したものでなければならないが，この事例の答案は，解答欄に記号を記入するなどの方式が採られており，記号だけを独立して見ると，意思又は観点を表示しているとは言い難い。しかし，表示自体から判明しなくとも，試験問題の設問と答案用紙における設問番号とを対比すれば，答案作成者が当該問題に対する正解と観念した判断内容を記載したことがわかるのであり，観念の表示であるといってよい。文書性には特段の問題はないであろう。

次に，私文書偽造の対象となる文書は，権利，義務又は事実証明に関する文書に限られている（刑159条1項）。判例は，この「事実証明に関する文書」の意義につき，「社会生活に交渉を有する事項を証明するに足りる文書」をいうとしている（最判昭33・9・16刑集12巻13号3031頁）。学説には，この定義では，やや広きに失するとして，法的にも何らかの意義のある，社会生活上の重要な

295

利害に関係のある事実を証明し得る文書に限るべきであるとするのが有力である（大塚・各論（第3版増補版）484頁，前田・各論（第4版）465頁）。もっとも，このような定義の違いは，程度の違いに過ぎないとして，あまり重視していない見解もある（西田・各論（第5版）363頁）。そうすると，むしろ，問題となった文書が，社会生活においてどのような意味を持ち，どのような趣旨で事実証明に関する文書といえるかを検討することが重要であろう。

　このような入試答案が「事実証明に関する文書」に当たるか否かについて，判例（最決平6・11・29刑集48巻7号453頁）は，入学選抜試験の答案は，試験問題に対し，志願者が正解と判断した内容を所定の用紙の解答欄に記載する文書であり，それ自体で志願者の学力が明らかになるものではないが，それが採点されて，その結果が志願者学力を示す資料となり，これを基に合否の判定が行われ，合格の判定を受けた志願者が入学を許可されるのであるから，志願者の学力の証明に関するものであって，「社会生活に交渉を有する事項」を証明する文書に当たると解するのが相当であるとしている。

　最高裁判例以前の裁判例をみると，釧路地網走支判昭41・10・28判タ199号204頁・判時468号73頁は，運転免許証試験の答案について，その性質上，一定の水準以上の者に対しては無制限に免許を与えてしかるべき性質のものであり，それ故に採点者の主観を入れる余地のない択一式試験としていることなどから，採点をまたずに合格の事実を証明する文書であるとしているのに対し，神戸地判平3・9・19判タ797号269頁は，高校の入試答案の改ざんについて，答案は学力検査において受験生がいかなる解答をしたかを客観的に証明するもので，その解答を採点することにより，受験生の合否を判定し，高等学校への入学の可否という実社会生活上重要な事項を決定する重要資料になるものであるから，事実証明に関する文書に当たるとしていた。

　最高裁判例は，前記のとおり説示して，志願者の学力の証明に関するものであるという趣旨から，事実証明に関する文書に当たるとしたものである。

　なお，学説においては，答案は，採点という評価行為，すなわち，採点者の考える正解ないし採点及び配点基準という文書外在的知識ないし事情を取り込まない限り，あくまで，志願者がいかなる解答をしたかという事実を証明するレベルの文書にとどまるのであるから，志願者の学力の証明という中間項を挿

入して，私文書性を認めることには疑問があるとする見解もある（伊東研祐・重判解平6年度（ジュリ1068号）147頁）。この見解の背景には，事実証明に関する文書といえるためには，当該文書が一定の事項を直接証明するものでなければならないという考え方があるように感じられる。

　確かに，答案は，学力を判断し，合否を判定するという最終的な証明内容からすると，準備的・資料的文書と位置付けられるかもしれないが，極めて重要な事実である志願者の学力判断と合否判定に当たり，答案は直接的で密接な関連性を有するといえるのであり，そのような関係からすれば，答案が，志願者の学力の証明に関するものであって，「社会生活に交渉を有する事項」を証明する文書に当たるとするのが，一般常識にかなった解釈ではないかと思われる（準備的・資料的文書が事実証明に関する文書といえるかどうかは，最終的な証明内容の重要性と，準備的文書の証明内容との関連性の程度等を実質的に判断すべきであるとする見解として，前田・各論（第4版）466頁参照）。

　以上によれば，小問〔2〕については，乙において，他人名義の答案を作成したことが有印私文書偽造罪となり，これを試験係員に提出したことが同行使罪に当たるということになる。

【吉村　典晃】

25 有形偽造の意義

　外国人である甲は，退去強制歴があり，自分の名前で日本に入国したり就労ビザを取得したりすることができなかったため，知人である同国人Aの承諾を得て，Aの名前でパスポート等を取得し，日本に入国したが，日本国内の通訳会社に対し，自分の写真を貼り，Aの氏名，生年月日等を記載してサインをした履歴書を作成して提出し，面接を受けた結果，通訳人としての職を得た。以後，甲はAの名前で働き，生活をしていたため，甲を知っている人は，皆，甲がAという名前であると思っていた。その後，甲は，自動車を運転していて交通違反で摘発された際，警察官に対し，ブローカーから入手したA名義の国際運転免許証様のものを提示するとともに，Aの名前で，交通反則違反切符中の供述書を作成して警察官に渡した。なお，甲は，予めAから，日本で警察に捕まったりしたときには，Aの名前を使ってよいと言われていた。甲の罪責はどうか（特別法違反を除く）。

1 問題の所在

　本問においては，(1)甲がAの氏名，生年月日等を記載してサインをした履歴書を作成して通訳会社に提出した行為が，有印私文書偽造・同行使罪に当たるか，(2)甲が警察官に対し，ブローカーから入手したA名義の国際運転免許証様のものを提示した行為が，偽造有印私文書行使罪に当たるか，(3)甲がAの名前で，交通反則違反切符中の供述書を作成して警察官に渡した行為が，甲がAの名前を用いることについて，予めAから承諾を得ていたという状況の下で，有印私文書偽造・同行使罪に当たるかが問題となる。さらに，(3)の点については，(4)Aという名前が甲の生活圏においてその通称名として通用していたことが，犯罪の成否に影響を与えるかも問題となる。

　これらの論点に関しては，一連の判例が蓄積されており，これらを基に問題を検討することになるが，その前に，文書偽造の意義に関して，基本的な考え方を整理しておこう。

② 文書偽造の意義

　文書の偽造には，有形偽造と無形偽造があり，有形偽造とは，文書を作成する権限をもたない者が他人の名義を偽って文書を作成することをいい，無形偽造とは，文書の名義人が内容虚偽の文書を作成することをいう。後出の判例は，有形偽造について，「文書の名義人と作成者との間の人格の同一性を偽って，文書を作成することをいう」という定義を採用している。この定義は，ドイツ刑法に由来するものであり（江家・各論135頁），先の定義と実質的に異なるものではないが，文書偽造罪において問題となるのは，氏名その他の称号自体の同一性の欺罔ではなく，これらを通じて認識される人格主体の同一性の欺罔であることを明らかにしたという点で，有形偽造の成否を判断するのに有用である。例えば，自己の氏名を用いて文書を作成した場合であっても，第三者をして他の人格主体（例えば，同姓同名の他人）がそれを作成したかのように誤解させる場合は，人格の同一性の欺罔があるから，有形偽造となると解される。これに対し，仮名を用いて文書を作成した場合に，それが作成者の通称又はペンネームとして通用している場合等，他の人格主体がそれを作成したかのような誤解を与えない場合は，人格の同一性の欺罔がないから，有形偽造とはならないと解される。このように，「人格の同一性」を基準として有形偽造の成否を判断する近時の判例は，氏名その他の称号が同一かどうかという形式的な基準によってではなく，これらを通じて認識される人格が同一かどうかという実質的な基準によって，有形偽造の成否を判断する立場に立っているということができる。

　一般に，有形偽造は，文書の出所を偽るもので，文書に関する責任追及を困難にするものである。また，現実の社会においては，文書の内容の真実性もさることながら，その作成者が誰かによって，文書の価値が判断されるのが一般的である。他方，無形偽造の場合には，その作成者が誰かが明らかであるから，内容虚偽の文書を信用した者は，その名義人に対し直接その責任を追及することが可能である（西田・各論（第5版）346頁）。このように，社会的には，無形偽造よりも有形偽造の方が高い当罰性を有しているといえる。このため，刑法は，公文書については，有形偽造（155条）と無形偽造（156条）の双方を処罰するのに対し，私文書については，原則として，有形偽造のみを処罰し（159

条），無形偽造については，一部の文書に限って例外的に処罰するにとどめている（160条）。したがって，有形偽造と無形偽造を区別することが，私文書偽造罪の成否を判断する上で，非常に重要な意味をもっている。

③ 他人名義の履歴書等を作成した行為と私文書偽造罪の成否

　他人名義を用いて文書を作成する行為は，一般的に，人格の同一性を偽るものという評価を受けることが多いであろう。もっとも，宿泊者がホテルの宿泊者名簿や宿泊申込書に仮名で署名した場合には，ホテルの側からすれば，宿泊の申込みをした当該人物が確実に宿泊料を支払うかどうかが関心事であって，その人物がいかなる素姓の者であるかは，必ずしも重要でないことが多い。したがって，このような場合，仮名で宿泊を申し込んだからといって，直ちに「人格の同一性」を偽ったことにはならないと解される。

　この点に関し，大判大14・12・5刑集4巻709頁は，前科を隠して就職するため，友人の名前を詐称して履歴書を作成した行為について，単なる氏名詐称にとどまるものではなく，前科がない者という他人の資格を冒用して人格の同一性を偽るものであるとして，私文書偽造罪の成立を認めた。この判例は，名義人の特定について，作成者の主観的意図を重視する立場に立つものといえるが，資格の冒用に関する後述の判例の先駆けとなるものとみることもできよう。

　これに対し，近時の判例は，先にも述べたように，文書の記載内容や性質等も考慮に入れて，有形偽造に当たるかどうかを，客観的，実質的に判断する立場を採っている。例えば，最決平11・12・20刑集53巻9号1495頁は，「被告人は，甲野一郎の偽名を用いて就職しようと考え，虚偽の氏名，生年月日，住所，経歴等を記載し，被告人の顔写真をはり付けた押印のある甲野一郎名義の履歴書及び虚偽の氏名等を記載した甲野一郎名義の雇用契約書等を作成して提出行使したものであって，これらの文書の性質，機能等に照らすと，たとえ被告人の顔写真がはり付けられ，あるいは被告人が右各文書から生ずる責任を免れようとする意思を有していなかったとしても，これらの文書に表示された名義人は，被告人とは別人格の者であることが明らかであるから，名義人と作成者との人格の同一性にそごを生じさせたものというべきである。」と判示して，被告人の各行為について有印私文書偽造・同行使罪の成立を認めた原判決を是認

した。

　この事案において，被告人は，履歴書に自らの顔写真を貼り付けており，雇主とすれば，顔写真を貼り付けた当該人物と雇用契約を結ぶかどうかが問題であって，人格の同一性にそごは生じていないという見方もあり得る。また，被告人は，雇用契約上の義務や履歴書の記載から生じる責任を引き受ける意思であったと考えられるから，雇主が事後に被告人に対して責任を追及することは可能であったといえる。しかしながら，履歴書は，一般的に，雇主にとって当該人物を継続的に雇用するかどうかを判断する上で，その経歴や人となりを知るための重要な書類であるといえる（雇用契約自体が，継続的な信頼関係を前提としているといえよう）。このような履歴書の機能に照らすと，その記載内容は真実であることが要求され，特に，氏名や生年月日，住所等といった人物の特定に関する事項は，重要であるといえよう。上記の事案において，被告人は，虚偽の氏名，生年月日，住所，経歴等を記載し，いわば架空人である甲野一郎に成りすまして，履歴書等を作成したのであるから，自分の顔写真を貼り付けたとはいえ，人格の同一性を偽ったとみることができる。この判例は，他人名義による履歴書を作成した場合に，一律に，私文書偽造罪の成立を認めたものとまではいえないが，上記のような履歴書の機能に照らすと，そのような行為は，一般的に人格の同一性を偽るものといえるから，甲野一郎が被告人の通称名として確立しており，生年月日，住所，経歴等については虚偽が含まれていないなどの特段の事情がある場合を除き，私文書偽造罪の成立を認めるべき場合が多いと思われる。

④　国際運転免許証様のものを提示する行為と偽造有印私文書行使罪の成否

　設問において，甲はブローカーから入手したA名義の国際運転免許証様のものを警察官に提示したとされるが，これがいかなるものであるかは，必ずしも明らかでない。おそらく，国際運転免許証の発給権限のない者（B）が，その外観に似せて，Aが国際運転免許を有する旨を認証した文言を記載した文書ではないかと推測される。

　国際運転免許証については，ジュネーブ条約（1949年9月19日にジュネーブで

採択された道路交通に関する条約）があり，同条約は，締約国若しくはその下部機構の権限ある当局又はその当局が正当に権限を与えた団体でなければ，同条約に基づいて国際運転免許証を発給することができないと規定している。このため，同条約上，締約国の政府機関のみならず，当局から正当に権限を与えられた民間団体も，国際運転免許証の発給権限を有するものとされている。設問における国際運転免許証様のものの作成名義人であるＢは，締約国の当局から正当に発給権限を与えられた団体でないのに，そのような権限があるかのように装って，みだりに上記文書を作成したものと考えられる。

　Ｂが架空の団体又は人であれば，上記文書の作成者は，Ｂの名前をかたって上記文書を作成したことになり，このような行為が，人格の同一性を偽るものとして，有形偽造に当たることは明らかである。これに対し，Ｂが実在の団体又は人で，自ら上記文書を作成した場合（又はその承諾に基づいて第三者が作成した場合）には，文書の作成者と名義人との間にそごがなく，国際運転免許証の発給権限のないＢがそのような文書を作成したという点で，「資格の冒用」と呼ばれる場合に当たる。このような資格の冒用が有形偽造と無形偽造のいずれに当たるかは，従前から議論のあるところである。例えば，甲が裁判官甲の名義の逮捕状様の文書を作成した場合，裁判官甲が実在しないとしても，一般人は実在する裁判官甲が発付した逮捕状と誤認すると考えられるから，有形偽造に当たると解される。これに対し，弁護士でない甲が自動車を購入するに当たり，ディーラーを信用させるため，「弁護士甲」として契約書を作成しても，有形偽造には当たらないと解される（平木正洋・判解刑平15年度453頁参照）。

　最決平5・10・5刑集47巻8号7頁は，被告人が自己の氏名が弁護士甲と同姓同名であることを利用して，「弁護士甲」の名義で弁護士の業務に関連した形式，内容の文書を作成したという事案について，このような行為は，たとえ名義人として表示された者の氏名が自己の氏名と同一であったとしても，私文書偽造罪に当たると判示した。この判例は，当該各文書が弁護士としての業務に関連して弁護士資格を有する者が作成した形式，内容のものである以上，これらの文書に表示された名義人は，実在の弁護士甲であるとしたものである。前述のように，被告人が一般の文書に「弁護士甲」の肩書を付しただけでは，直ちには有形偽造に当たらないと考えられるが，「弁護士甲」の名義で弁護士

の業務に関連した形式，内容の文書を作成した場合には，文書に対する社会的信用が名義の資格，肩書と結び付いており，文書を受け取った者は，「弁護士甲」が作成した文書と受け取ると考えられるから，そのような行為は，自己と同姓同名の実在の「弁護士甲」に成りすますものであって，人格の同一性を偽ることになるといえる（青柳勤・判解刑平5年度43頁）。この事案は，文書に表示された名義人が実在し，作成者がその名義人と同姓同名であることを利用して，その名義人に成りすました場合であるから，有形偽造と判断され易い事案であったといえるが，弁護士甲が実在しない場合であっても，後述の最決平15・10・6の趣旨に照らすと，有形偽造と判断される場合が多いといえよう。

さらに，最決平15・10・6刑集57巻9号987頁は，被告人が正規の国際運転免許証に酷似する文書をその発給権限のない団体Aの名義で作成したという事案について，当該文書の記載内容，性質等に照らすと，ジュネーブ条約に基づく国際運転免許証の発給権限を有する団体により作成されているということが，正に本件文書の社会的信用性を基礎付けるものといえるから，本件文書の名義人は，「ジュネーブ条約に基づく国際運転免許証の発給権限を有する団体であるA」であると解すべきであり，被告人が団体Aから上記文書の作成を委託されていたとしても，上記発給権限のないAの名義を用いて本件文書を作成する行為は，文書の名義人と作成者との間の人格の同一性を偽るものであって，私文書偽造罪に当たるとした。この判例は，事例判例ではあるが，典型的な資格の冒用の事案を有形偽造と認めたものであるから，その射程範囲は広く（平木・前掲445頁参照），これによれば，資格の冒用の事案についても，人格の同一性を偽ると認められる場合が多いと思われる。

5 交通反則違反切符中の供述書を予め承諾を得て他人名義で作成した場合と私文書偽造罪の成否

一般に，文書の作成者が他人の名義を使用して文書を作成しても，このことについて本人の承諾を得ている場合には，人格の同一性を偽ったとはいえず，私文書偽造罪は成立しないと解される。その理由としては，作成者に文書の作成権限が与えられる結果，文書が真正文書となり，文書偽造罪の構成要件該当性が阻却されるからであると解される。しかしながら，文書の性質によっては，

作成者の本名を記載されることが要求されていて，他人名義で文書を作成することについての承諾が許されない場合，あるいは名義人が文書の内容について責任を負うことがおよそ無意味な場合があり，このような場合には，私文書偽造罪の成否が問題となる。

　交通事件原票中の供述書を承諾を得て他人の名義で作成した場合に私文書偽造罪が成立するかについて，最決昭56・4・8刑集35巻3号57頁は，「交通事件原票中の供述書は，その文書の性質上，作成名義人以外の者がこれを作成することは法令上許されないものであって，この供述書を他人の名義で作成した場合は，あらかじめその他人の承諾を得ていたとしても，私文書偽造罪が成立する」と判示した。また，最決昭56・4・16刑集35巻3号107頁も，交通事件原票中の供述書は，「その性質上，違反者が他人の名義でこれを作成することは，たとい名義人の承諾があっても，法の許すところではない」と判示して，私文書偽造罪の成立を認めた。これらの判例は，交通事件原票中の供述書は，「文書の性質上，作成名義人以外の者が作成することが法令上許されないもの」であることを根拠として挙げており，この点が，有形偽造を認める本質的かつ核心的な理由であると考えられる（田中清・判解刑昭56年度37頁）。学説には，名義人が文書の内容について責任を引き受けている以上，公共の信頼が害されることはないとして（平野・犯罪論(下)408頁），あるいは，名義人の表示意思に沿うものである以上，人格の同一性を偽ったとはいえないとして（林・各論（第2版）354頁），上記各判例に反対するものもある。しかしながら，交通事件原票中の供述書については，表示内容についての責任の移転や引受けがおよそあり得ないというべきである（中森・各論（第2版）240頁）。

　上記各判例の射程を考える上では，「文書の性質上，作成名義人以外の者が作成することが法令上許されないもの」がいかなるものを意味するかを検討する必要がある。交通事件原票中の供述書は，略式手続（刑訴461条以下）及び交通反則手続（道交125条以下）等において用いられ，これらの手続は書面審理によって行われ，事件が定型的であって，個性に乏しく，大量の事件を簡易迅速に処理することが要請されることから，「私が上記違反をしたことは相違ありません。事情は次のとおりであります。」という不動文字が印刷され，その末尾に違反者が署名すべきものとされている。他方，これらの手続においては，

違反者が他人に成りすまして取調べを受け，供述書を作成することにより，人違いによって誤判が生じる危険性が大きく，交通事件原票中の供述書は，文書作成者と名義人との同一性を担保するほとんど唯一の証拠であるといえる。このような供述書の文書としての性質上，これに対する公共の信用は，観念の表明としての文書の内容それ自体というよりも，主として名義人と作成者との同一性にあるといえる（田中・前掲35頁）。すなわち，交通事件原票中の供述書は，名義人が単に交通違反をしたという事実を証明するにとどまらず，作成者と名義人との同一性をも証明する文書であるといえる。したがって，このような証明文書としての性質上，上記供述書は，単に公の手続において作成される文書であるにとどまらず，作成名義人以外の者が作成することが法の趣旨から許されない文書といえるのであって，他人の承諾を得ていたとしても，私文書偽造罪が成立すると考えられる。

　これに対し，一般の被疑事件において被疑者が作成する供述書等の書面については，他人の名義を使用して作成しても，私文書偽造罪は成立しないと解される。けだし，この場合は，交通事件原票中の供述書と異なり，捜査官が被疑者を取り調べることなどにより，氏名以外の点で被疑者を特定することが可能であるから，作成者と名義人との同一性を証明する文書であるとはいえず，他人の名義を使用して作成しても，直ちに「人格の同一性」を偽ることにならないと考えられるからである（山口厚・重判解昭55年度184頁）。

　このほか，判例上，「文書の性質上，作成名義人以外の者がこれを作成することが許されないもの」に当たるとされたものとしては，一般旅券発給申請書（大阪高判平2・4・26高検速報平2年3頁，東京地判平10・8・19判時1653号154頁），運転免許申請書（大阪地判昭54・8・15刑月11巻7＝8号816頁），私立大学の入学試験の答案（東京高判平5・4・5判タ828号275頁，ただし傍論）などがある。

6 通称名を用いて交通反則違反切符中の供述書を作成した場合と私文書偽造罪の成否

　芸名やペンネーム等の通称を用いて文書を作成しても，通常は，作成者と名義人との人格の同一性を偽ることにならないから，私文書偽造罪は成立しない

（大判大14・12・5刑集4巻709頁参照）。これに対し，偽名，変名，仮名は，使用者が自らに法的効果が及ぶことを免れようとする意図の下にこれを用いる場合が多いといえる。もっとも，偽名や仮名であっても，限られた範囲において被告人を指称するものとして通用している場合には，それを用いて文書を作成したとしても，文書がその範囲で流通する限り，公共の信用が害されるとはいえない。

　判例は，通称名を用いて文書を作成した場合であっても，文書の記載内容や性質に応じて，「人格の同一性」を偽ったと評価される場合には，私文書偽造罪の成立を認めている。すなわち，最決昭56・12・22刑集35巻9号953頁は，別件で服役中に逃走し，遁刑中であることが発覚するのを恐れて，義弟と同一の氏名を使用して生活していた被告人が，道路交通法違反（無免許運転）の罪を犯して警察官の取調べを受けた際，その氏名を名乗り，義弟の生年月日及び本籍を告げ，その氏名を使用して交通切符中の供述書に署名した行為について，その氏名がたまたま限られた範囲において被告人を指称するものとして通用していたという場合であっても，私文書偽造罪が成立するとした。この事案は，被告人が一種の偽名として義弟の氏名を使用し，義弟に成りすましたという場合である。被告人が作成した文書が，被告人の通常の生活圏においてのみ流通するものであれば，義弟の氏名を使用しても，人格の同一性を偽ることにはならないが，交通切符中の供述書のような公の手続において用いられる文書は，通常の生活圏を超えて流通するものであって，これを義弟の氏名を使用して作成することは，人格の同一性を偽ることになると考えられる。

　また，最判昭59・2・17刑集38巻3号336頁は，本邦に密入国した被告人が，外国人の新規登録申請をしていないにもかかわらず，甲名義で発行された外国人登録証明書を他から取得し，その名義で登録事項確認申請を繰り返すことにより，自らが外国人登録証明書の甲その人であるかのように装って本邦に在留を続け，甲という名称を永年自己の氏名として公然と使用した結果，それが相当広範囲に被告人を指称するものとして定着していたという事案について，被告人が再入国許可申請書を甲名義で作成した場合に，その名義人は適法に本邦に在留資格を有する甲であって，被告人は人格の同一性を偽ったことになるから，私文書偽造罪が成立するとした。この判例に対しては，被告人が甲という

名称を永年使用したことにより，再入国許可申請書の主たる受取人である行政機関も，甲という名称から被告人を十分認識できたとして，反対する見解もある（林・各論（第2版）365頁）。確かに，偽名が通称名として相当広範囲に被告人を指称するものとして定着していた場合には，その通称名を用いて一般の文書を作成しても，人格の同一性を偽ったことにはならないであろう。しかし，再入国許可申請においては，適法な在留資格があることが審査の前提となり，在留資格の有無が決定的に重要であるから，上記の通名化の事実をもってしても，その効果が再入国許可申請の手続に及ぶことはなく，偽名を用いて再入国許可申請書を作成したことは，人格の同一性を偽ったことになると考えられる（中川武隆・判解刑昭59年度79頁，西田・各論（第5版）368頁，山口・各論（第2版）468頁）。この事案も，一種の資格の冒用の事案ととらえることができるものであり，前掲の最決平15・10・6と同様に，実在しない「適法な在留資格がある甲」として作成した再入国許可申請書は，人格の同一性を偽ったものとみることができよう。

7 設問への解答

(1) 甲がAの氏名，生年月日等を記載してサインをした履歴書を作成して通訳会社に提出した行為は，前掲最決平11・12・20に照らすと，人格の同一性を偽るものといえよう。特に，通訳の職務は，大使館等の公的機関から依頼される仕事もあり，雇主の通訳会社とすれば，通訳として雇い入れる者の素性が何者であるかについて高い関心を有するのが通常であると考えられるから，履歴書における人定事項は，重要な意味をもつものといえよう。甲がA名義の履歴書を作成したのは，過去の退去強制歴を隠し，Aに成りすます目的であったと考えられる上，時期的にも，いまだAが甲の通称名として確立していたとはいえないから，人格の同一性を偽るものであることが明らかであろう。そして，甲はAとしてサインをして履歴書を作成しているから，有印私文書偽造罪が成立する。また，甲がこの履歴書を雇主に提出した点は，偽造有印私文書行使罪に該当し，両罪の関係は，牽連犯（刑54条1項後段）に当たる。

(2) 次に，甲が警察官に対し，ブローカーから入手したA名義の国際運転免許証様のものを提示した行為については，前掲最決平15・10・6に照らすと，

ジュネーブ条約に基づく国際運転免許証の発給権限を有しない者が，このような権限を有するものとして国際運転免許証様の書面を作成する行為であって，人格の同一性を偽るものということができる。甲は，ブローカーからこのような文書を入手したのであるから，それが正規の発給権限を有しない者が作成したものであることは，認識していたと考えられる。この種の国際運転免許証様の文書は，真正な国際運転免許証にある認証者の署名を偽っていると考えられるから，偽造有印私文書に当たると考えられる。したがって，甲の行為は，偽造有印私文書行使罪に該当し，甲にはその故意もあったといえよう。

(3) さらに，甲がAの名前で，交通反則違反切符中の供述書を作成した行為は，前掲最決昭56・4・8等の趣旨に照らすと，甲がAの名前を用いることについて，予めAから承諾を得ていたとしても，その文書の性質上，作成名義人以外の者が作成することが法令上許されないものであるから，人格の同一性を偽るものといえ，Aの署名を偽るものでもあって，有印私文書偽造罪が成立する。また，これを警察官に渡した行為は，偽造有印私文書行使罪に該当し，両罪の関係は，牽連犯に当たる。

もっとも，甲は，Aの名前で働き生活をしていたため，甲を知っている人は，皆甲がAという名前であると思っていたというのであるから，交通違反で摘発された時点では，Aという名前は，甲の生活圏においてその通称名として相当程度通用していたと考えられる。しかしながら，前掲最判昭59・2・17に照らすと，交通反則違反切符中の供述書は，公的文書であって，甲の生活圏を超えて流通することが予定されているものであるから，Aという名前が通称名として通用していたとしても，甲が人格の同一性を偽ったことに変わりはなく，甲の行為の罪責に影響が生じることはないというべきである。

【朝山　芳史】

26 電磁的媒体とわいせつ物頒布等

次の場合，甲，乙の罪責はどうか。

〔1〕 甲は，自ら撮影した成人男女の露骨な性交場面の映像データを一時的にパソコンのハードディスクに保存し，さらに，バックアップ用に，その映像データをフラッシュメモリーにコピーした。甲は，パソコンのハードディスクに保存された映像データの人物の顔にぼかしを入れて加工し，DVDにコピーしてこれを不特定多数の者に販売する目的で，①購入を申し込んだ特定の客に送付するために，加工された映像データが記録されたDVD 3枚，②加工された映像データが保存されているハードディスク1個，③加工前の映像データが保存されているフラッシュメモリー1個をそれぞれ所持していた。

〔2〕 乙は，自ら管理するインターネットのサーバーコンピュータのハードディスク上に，男女の露骨な性交場面の画像データを保存するとともに，会員において，そこにアクセスして会員番号を入力すれば，会員自身のパソコンにその画像データをダウンロードして，画像表示ソフトを用いて画像を再生閲覧できるという仕組みを作った上で，インターネットを通じて会員を募集したものの，未だ会員が10名しか集まっておらず，その誰も当該画像データをダウンロードするまでに至らないうちに，警察に摘発された。

1 問題の所在※

(1) 刑法175条の解釈上の問題点

設問は，刑法175条の解釈上の問題点を問うものである。

同条は，わいせつな文書，図画その他の物（以下「わいせつ物」という）を頒布し，販売し，公然と陳列し，又は販売目的で所持した者を2年以下の懲役又は250万円以下の罰金若しくは科料に処するとしている。同条の解釈に当たっては，わいせつ物の意義，頒布・販売の意義，公然陳列の意義，そして販売目的の意義が問題となる。

以下，これらの概念の意義について，順次，まずその一般的な理解を確認した上，設問との関係で検討すべき問題点を指摘していくこととする。

(2) わいせつ物についての問題点

わいせつ物とは，その内容がいたずらに性欲を興奮又は刺激させ，かつ，普通人の正常な性的羞恥心を害し，善良な性的道義観念に反する物をいう（最判昭26・5・10刑集5巻6号1026頁，最判昭32・3・13刑集11巻3号997頁）。

そして，従来の通説・実務は，わいせつ物とは上記のようなわいせつな情報が記録された有体物をいうと理解していた。例えば，わいせつな画像を記録したビデオテープについては，そのテープがわいせつ物なのであって，テープ上の磁気情報やこれを再生した画像がわいせつ物なのではない。

もっとも，わいせつ物に当たるというためには，その有体物に記録されたわいせつな情報が認識可能なものでなければならない。わいせつな写真であっても，そのわいせつ性の核心となる部分がインクで塗りつぶされていて見ることができず，シンナー等でインクを除去することは不可能ではないが，そのようなことをすると除去された部分は白紙になってしまう場合には，わいせつ物に当たらない（東京高判昭52・5・18東高時報28巻5号45頁参照）。

これに対し，そのままの状態ではわいせつな情報を認識することができないが，通常必要とされる簡単な作業によって認識可能な状態にすることができるものであればわいせつ物に当たる。例えば，わいせつな画像が記録されたビデオテープやわいせつな音声が記録された録音テープは，そのままの状態ではわいせつな情報を認識することができないが，適合する機械に接続して通常必要とされる簡単な操作を行えばこれを認識することができるから，わいせつ物に当たる（ビデオテープについて最判昭54・11・19刑集33巻7号754頁，録音テープについて東京高判昭46・12・23高刑集24巻4号789頁）。また，大阪地判平3・12・2判時1411号128頁は，わいせつな音声を記憶させた録音再生機はわいせつ物に当たり，これを設置して，不特定多数人が所定の電話番号に電話をかけることによって再生機を作動させ，電話回線を通じてその録音内容を聴くことができる状態にしたことがわいせつ物公然陳列罪に当たるとしている。

同様に，わいせつな画像データが記録されたDVD，コンパクトディスク，フラッシュメモリーなどの媒体も，これを適合する機械に接続して通常必要と

26 電磁的媒体とわいせつ物頒布等

される簡単な操作を行えばその画像を閲覧できるものであれば，わいせつ物に当たる。同趣旨の裁判例として，ほかに，映画フィルムの現像は比較的容易になされ得る作業であるなどとして未現像のわいせつ映画のフィルムがわいせつ物に当たるとした名古屋高判昭55・3・4刑月12巻3号74頁，大阪高判昭44・3・8刑月1巻3号190頁，名古屋高判昭41・3・10高刑集19巻2号104頁，簡単に除去できるインクで修正したわいせつ写真誌がわいせつ物に当たるとした東京高判昭56・12・17高刑集34巻4号444頁，東京地判昭55・8・19刑月12巻8号785頁，東京高判昭49・9・13判時769号109頁，底部にわいせつな写真を入れ，その上をレンズで覆って，酒や水等の透明な液体を入れるとわいせつな映像が現れる仕組みになっている盃がわいせつ物に当たるとした東京高判昭38・11・28高刑集16巻8号716頁，それほど労を要しないで察知できるからくりによって容易にわいせつな図画を具現できるハンカチやマッチがわいせつ物に当たるとした札幌高判昭44・12・23高刑集22巻6号964頁がある。

　わいせつ物とは上記のような有体物を意味するという考え方は，刑法175条の文理に加え，同条は，社会的法益としての健全な性秩序ないし性風俗を保護するため，わいせつな情報が社会に流通・拡散することを防止しようとするものであるが，情報はそれ自体単独では持続して存在することができず，何らかの媒体に固定されることによってはじめて持続性を獲得し，繰り返し再現されることが可能になるので，わいせつな情報は必ず何らかの媒体に固定された状態で，すなわち有体物を介して社会に流通・拡散するものであるから，当該媒体を規制すれば足りるという考え方に基づくものと思われる。

　しかし，ネットを通じてコンピュータ相互間で容易に電磁的記録（電子的方式，磁気的方式その他人の知覚によっては認識できない方式で作られる記録であって，電子計算機による情報処理に供されるものをいう。刑法7条の2参照）を送信できるようになった現代においては，立法当時と相当状況が変化している。例えば，コンピュータのハードディスクにわいせつな画像データを記録した場合には，従来の通説によればハードディスクがわいせつ物であるということになりそうであるが，そのような解釈は正しいのかということが議論され，また，わいせつな画像データそれ自体もわいせつ物に当たるのではないかということが議論されるようになっている。

(3) 頒布・販売についての問題点

　販売とは有償での譲渡を，頒布とはその他の方法による交付を意味し，双方を合わせてわいせつ物を交付する一切の方法を意味するという見解が多数説と思われる（大コメ刑法第9巻（第2版）44頁〔新庄一郎＝河原俊也〕，山口・各論（第2版）510頁，西田・各論（第5版）385頁，前田・各論（第4版）484頁，団藤・各論（第3版）329頁，松浦恂「わいせつビデオ・テープの頒布，販売」判タ560号59頁，角田正紀「判批」研修504号85頁，柳俊夫「最近におけるわいせつ事犯の動向と問題点について」ひろば35巻4号21頁など。販売の意味について大判大6・5・19刑録23輯487頁，大判昭10・11・11刑集14巻1165頁）。

　もっとも，販売とは有償での，頒布とは無償での交付を意味するという見解も有力である（大谷・各論（新版第3版）504頁，曽根・各論（第4版）266頁）。

　なお，販売とは有償での譲渡を，頒布とは無償での交付を意味するという見解もあり（注釈刑法(4)291頁〔団藤重光〕，大塚・各論（第3版増補版）522頁など），かつてはこれが通説であるといわれていたが，これによれば有償での貸与はいずれにも含まれないことになり不合理であるとして，現在ではこの見解を採る者は少ない。

　頒布・販売のいずれについても不特定又は多数の者（以下，単に「不特定多数人」という）を相手方とすることが必要である（最判昭34・3・5刑集13巻3号275頁）。そのような目的があれば1人に対する1回の行為のみでも頒布・販売罪は成立する（大判大6・5・19刑録23輯487頁，最決昭31・9・25裁判集〔刑事〕114号743頁）。また，頒布・販売に当たるというためには，わいせつ物が現実に交付され，相手方にわいせつな情報が認識可能な状態になることが必要であると解される（大判昭11・1・31刑集15巻68頁，大コメ刑法第9巻（第2版）46頁〔新庄＝河原〕）。

　それでは，頒布・販売とは，わいせつ物それ自体を交付することに限られるのであろうか，わいせつ物に記録されているわいせつな情報だけを交付する行為は，わいせつ物の頒布・販売に当たらないのであろうか。

　従来の通説・実務は，頒布・販売とはわいせつ物それ自体を交付することであるということを当然の前提としていたように思われる。しかし，ネットを通じて容易に電磁的記録を送信できるようになった現代においては，わいせつ物

それ自体ではなく，わいせつ物に記録されているわいせつな情報だけを交付する行為も，わいせつ物の頒布・販売の概念に含めるべきではないかという議論が生じ得る。

(4) **販売目的**についての**問題点**

販売目的とは日本国内で販売する目的をいうと解される（最判昭52・12・22刑集31巻7号1176頁）。刑法175条は日本国内における健全な性秩序ないし性風俗を維持するための規定だからである。

また，かつては，販売目的とは現に所持しているわいせつ物自体を販売する目的を意味するという理解が一般的であった。しかし，現在では，現に所持しているわいせつ物自体は販売する目的がなくても，これを別の媒体に複写して販売する目的があれば，販売目的は認められるのかということが議論されている。

そして，上記の論点からは，直ちにそのわいせつ物から複写して販売する目的ではなく，複写元のわいせつ物が何らかの事情で使えなくなったときのバックアップ目的でもよいかという論点が生じ，複写に当たって何らかの加工を施すことを予定している場合にも販売目的は認められるのかという論点が生じる。

(5) **公然陳列**についての**問題点**

公然陳列とは，わいせつ物に記録されているわいせつな情報を不特定多数人が認識できる状態に置くことをいう（大コメ刑法第9巻（第2版）50頁〔新庄＝河原〕，山口・各論（第2版）512頁，西田・各論（第5版）385頁，大谷・各論（新版第3版）505頁，前田・各論（第4版）485頁，最決昭32・5・22刑集11巻5号1526頁参照）。認識できる状態にされるべきなのはわいせつな情報であって，わいせつ物自体ではない。上記のわいせつな情報が不特定多数人に認識可能な状態に置かれることをもってわいせつ物が公然と陳列されたと評価されるわけである。大判大15・6・19刑集5巻267頁は，わいせつな映画を映写すれば，写し出されたものによって映画の内容が認識できる状態に置かれるから，映画を公然陳列したものといえるとしており，わいせつ物である映画フィルム自体を認識できる状態に置く必要がないことを当然の前提としている。

また，そのわいせつな情報は，これが直ちに認識できる状態になっている必要はなく，観覧者において通常必要とされる簡単な操作をすることによって容

易に認識できる状態に置かれていれば足りる。例えば，わいせつな音声を記録した録音再生機を設置していわゆるダイヤルＱ２回線により不特定多数人がその録音内容を聴取可能な状態にすれば，公然陳列罪は成立する（前掲大阪地判平3・12・2）。その録音内容を聴くためには，相手方において特定の電話番号に電話をかけるなどの操作をする必要があるが，そのような操作が必要であるということは公然陳列罪の成立を妨げるものではない。

　それでは，自分のコンピュータやインターネットのサーバコンピュータのハードディスク上にわいせつな画像データを記録し，ネットを介して上記の画像を不特定多数人が再生，閲覧できる状態に置いたとき，それはわいせつ物であるハードディスクを公然陳列したことになるのであろうか。また，そのような状態に置けば，実際に不特定多数人がこれを閲覧することがなかったとしても，直ちに公然陳列罪が成立するのであろうか。

　以下，これらの問題について，順次，検討する。

２　わいせつ物の意義

(1) わいせつ物とはわいせつな情報が記録された有体物をいうのか

　通説は，わいせつ物とはわいせつな情報が記録された有体物のことであり，わいせつな情報それ自体はわいせつ物に当たらないとしている（山口・各論（第２版）509頁，西田・各論（第５版）385頁，大谷・各論（新版第３版）501頁，前田・各論（第４版）484頁，山口厚「コンピュータ・ネットワークと犯罪」ジュリ1117号73頁，園田寿「陳列概念の弛緩」現代刑事法11号10頁，塩見淳「インターネットとわいせつ犯罪」現代刑事法8号36頁，山中敬一「インターネットとわいせつ罪」インターネットと法（第４版）87頁（有斐閣，2010）など）。

　実務も同様であると思われる。もっとも，わいせつな情報それ自体はわいせつ物に当たらないとした最高裁判例は見当たらず，むしろ，下級審の裁判例には，後述のとおり，わいせつな情報がわいせつ物に当たるとしたものがある。しかし，実務の大勢は上記通説の考え方を前提として運用されていると理解できる。下級審の裁判例には，単なる電子データそのものや電磁的記録その他の記録はわいせつ物に当たらないとした札幌高判平21・6・16高検速報平21年317頁（立石英生「判例紹介」研修737号127頁に内容が紹介されている），わいせつ物

とよく似た規制が行われている児童買春，児童ポルノに係る行為等の処罰及び児童の保護等に関する法律（以下「児童買春処罰法」という）2条3項の「児童ポルノ」の概念について，電磁的記録は児童ポルノに当たらないとした大阪高判平15・9・18高刑集56巻3号1頁がある。

(2) **わいせつな画像データが記録されたコンピュータのハードディスクはわいせつ物に当たるか**

　上記のような考え方によれば，わいせつな画像データをコンピュータのハードディスクに記録した場合には，コンピュータを起動して通常必要とされる簡単な操作を行えば容易にその画像を閲覧することができるのであれば，そのハードディスクはわいせつ物に当たると解される。同様に，インターネットのサーバーコンピュータのハードディスクやその集合体であるディスクアレイ（以下，両者を区別せずに「ハードディスク」という）にわいせつな画像データを記録すれば，そのサーバーコンピュータのハードディスクがわいせつ物に当たるということになろう。

　判例は，このような場合にはコンピュータのハードディスクがわいせつ物に当たるとしている（被告人のコンピュータのハードディスクについて最決平13・7・16刑集55巻5号317頁，大阪高判平11・8・26高刑集52巻1号42頁，京都地判平9・9・24判時1638号160頁，サーバーコンピュータのハードディスクについて大阪地判平11・3・19判タ1034号283頁，大阪地判平9・10・3判タ980号285頁，東京地判平8・4・22判時1597号151頁・判タ929号266頁など）。通説も同様である（山口・各論（第2版）509頁，大谷・各論（新版第3版）501頁，前田・各論（第4版）483頁，塩見・前掲36頁など）。

　これに対し，有体物としてのコンピュータ自体は何らわいせつ性のない物である，コンピュータのハードディスクをわいせつ物とみなすと，大容量のハードディスクにわずかなわいせつデータが記録されるとその全体がわいせつ物となり，また，HTMLのリンク機能によれば，インターネット上に点在する無数のサーバーがわいせつ物となって，一般の常識的な用語法から大きく外れるなどとして，ハードディスクがわいせつ物に当たることを否定する見解がある（曽根・各論（第4版）267頁，園田寿「メディアの変貌」中山古稀第4巻『刑法の諸相』179頁（成文堂，1997），同「サイバーポルノと刑法」法セ501号6頁，岩間康夫

「インターネット上のわいせつ情報」刑法の争点（第3版）239頁，南部篤「電子メディアとわいせつ表現物の刑事規制」法学紀要40巻別巻86頁など）。そして，岡山地判平9・12・15判時1641号158頁・判タ972号280頁は，わいせつな画像データを記録したサーバーコンピュータのハードディスクはわいせつ物に当たらないと判示している（その上で，後掲の横浜地川崎支判平12・7・6と同様，画像データ自体がわいせつ物に当たるとしている）。

　しかし，コンピュータにはわいせつ性がないという上記の批判が，それ自体を肉眼で見てもわいせつな内容を認識できないという意味であれば，それはビデオテープやDVDなどでも同じことであり，否定説の理由にはならない。わずかなわいせつ情報が記録されていると媒体全体がわいせつ物になるというのも他の媒体でも同じことであり，ハードディスクは大容量であるといっても量的な差に過ぎない。ましてや，ネットワークによって情報が共有化されたときにそのすべてがわいせつ物に当たるというのは当然のことであって何ら不合理なことではない。わいせつな画像データが記録されたコンピュータのハードディスクは，わいせつ物に当たるというべきである。

(3) わいせつな画像データはわいせつ物に当たるか
　(a) 判　　例
　既に述べたとおり，実務の大勢はわいせつな情報それ自体はわいせつ物に当たらないということを前提としており，その旨を明言した下級審裁判例もある。
　これに対し，横浜地川崎支判平12・7・6公刊物未登載（山川景逸「判例紹介」研修628号119頁に内容が紹介されている。以下，「川崎支部判決」という）は，わいせつな画像データを電子メールで販売することをインターネットのホームページに掲載して告知した上，これに応じて料金を支払った者に対し，インターネットの電子メールシステムを利用し，わいせつな画像データを電子メールの添付ファイルとして自分のコンピュータから送信し，相手方のコンピュータのハードディスクに記録させて閲覧可能な状態にしたという事案において，わいせつ物販売罪の成立を認めている。この判決は，電子メールによる画像データの送信という場面に限定して，送信された画像データ自体がわいせつ物に当たると解したものと思われる。
　(b) 学　　説

前述のとおり，通説はわいせつな情報それ自体はわいせつ物に当たらないとしているが，近時においては，主として川崎支部判決のような事案を想定し，わいせつな情報それ自体をわいせつ物の概念に含めることを模索する見解が増加している。

　堀内捷三「インターネットとポルノグラフィー」研修588号3頁は，かつてはわいせつな内容は有体物に化体してしか表象されなかったが，今日ではこれを無形的にも表象し得るのであり，このような方法により法益が侵害されるならば，刑法175条の客体を有体物に限定する必然性はなく，サーバー上に保存されているわいせつな情報も刑法175条の図画に当たるとする（南部・前掲88頁も同旨）。

　前田雅英「インターネットとわいせつ犯罪」ジュリ1112号82頁は，わいせつな画像データそのものをわいせつ物と解することは不可能ではないとする（もっとも，従来の解釈との連続性も考えれば，わいせつ物は何らかの有体物に蔵置された状態で把握することが望ましいとして，結論は留保されている）。

　また，わいせつな画像データそのものの取引によっても法益は侵害されるから，刑法175条の対象を有体物に限定しなければならない必然性はない，わいせつな画像データを電子メールの添付ファイルとして不特定多数人に送信したときは，同データは送信元においても送信先においても有体物に化体された状態にあるから，有体物性が要求される実質的理由に照らし，頒布・販売罪の成立を認めるべき十分な理由がある，などとして，わいせつな情報自体を刑法175条の対象に含める可能性に言及する見解がある（松本裕「判批」研修635号10頁，北村篤「判研」研修650号27頁，吉田統宏「判研」警論51巻4号174頁，渡部惇「判研」ひろば45巻10号64頁，同「判研」警論45巻8号224頁，名取俊也「判批」研修596号26頁，野口元郎「判批」研修581号61頁）。

　このほか，山口雅髙・判解刑平13年度114頁は，わいせつ物の頒布罪，販売罪などの限定的な場面においてわいせつ物にわいせつな画像データ自体を含めて理解する余地があるとする見解には傾聴に値するものがあるとする。また，大コメ刑法第9巻（第2版）49頁〔新庄＝河原〕も，社会状況の変化に伴って新たな形態の犯罪が生じた場合には，わいせつな情報自体がわいせつ物に含まれると解釈する余地がないわけではないとする。

(c) 検　　討

　通説がわいせつ物を有体物に限定する見解を採っているのは，刑法175条の文理に加え，同条は，社会的法益としての健全な性秩序ないし性風俗を保護するため，わいせつな情報が社会に流通・拡散することを防止しようとするものであるが，情報はそれ自体単独では持続して存在することができず，何らかの媒体に固定されることによってはじめて持続性を獲得し，繰り返し再現されることが可能になるので，わいせつな情報は必ず何らかの媒体に固定された状態で，すなわち有体物を介して社会に流通・拡散するものであるから，わいせつな情報の流通・拡散を防ぐためには媒体を規制すれば足りるという考え方によるものと理解される（例えば，園田寿「判批」判例セレクト2006（法教318号別冊）38頁は「わいせつ情報は，何らかの物理媒体に固定されてはじめて持続性と流通性が生まれ，瞬時に消え去る情報そのものを単純に伝達する場合に比べて法益侵害性も高まる」とし，同・前掲現代刑事法11号12頁は「物体の流通によって情報が伝達されてきた。」「物に依存しない情報の記録は，人の脳以外では不可能であったし，人の脳に記憶されたわいせつ情報の外部的表現は……風俗に対する侵害性が低いと考えられた。」「このような意味において，刑法175条は，わいせつ情報が化体したわいせつ『物』の交付や展示を規制してきた」とする。また，山口厚・前掲ジュリ1117号74頁は，情報の物への化体の要件は，永続性という観点から要求される外在的な制約であると指摘する）。

　このような考え方は，刑法175条の文理だけではなく，媒体に固定されたものではないわいせつな情報を公然と陳列する行為ともいうべき公然わいせつ行為について，刑法174条が刑法175条よりも軽い処罰を定めているという刑法の構造にも表れている。通説は，わいせつな情報をわいせつ物に含めて解釈しようとする見解に対し，そのような見解は刑法175条と174条の区別を曖昧にするものであると批判する（山口・各論（第2版）509頁，大谷・各論（新版第3版）501頁，園田・前掲現代刑事法11号13頁，曽根・各論（第4版）267頁など。なお，わいせつなショーは刑法175条のわいせつ物公然陳列罪ではなく刑法174条の公然わいせつ罪に当たるとした東京高判昭27・12・18高刑集5巻12号2314頁参照）が，この批判は当たっているものと思われる。

　このような考え方の基礎となる，わいせつな情報は何らかの媒体に固定され

ることによってはじめて持続性，再現性を獲得するという事情は，コンピュータとネットの普及によっても，基本的には何ら変わっていないといえよう。確かにネットを通じて容易に電磁的記録を送信できるようにはなったけれども，その電磁的記録は必ず何らかの媒体に記録されていなければ認識できないのであって，媒体を規制すればわいせつな情報の流通・拡散を防ぐことができるという状況は変わっていない。それにもかかわらず，川崎支部判決の事案のような問題が生じるのは，そのような規制の対象行為として，従来は媒体自体の流通と媒体の展示しか想定していなかったからである。現在では，これらに加えて，媒体から媒体へのわいせつな情報の複写を規制する必要が生じている。

そうすると，このような問題に対処するには，わいせつ物概念の解釈によるのではなく，後述するとおり，頒布・販売概念の解釈によって対処するのが適切である。わいせつな情報それ自体もわいせつ物に当たるという解釈は相当ではないと考える。

なお，児童買春処罰法2条3項の児童ポルノの概念についてもよく似た問題があるが，平成16年法律106号により児童買春処罰法は改正され，新たに電気通信回線を通じて同法所定の児童の姿態を視覚により認識することができる方法により描写した情報を記録した電磁的記録その他の記録を提供する行為や不特定多数人に提供する目的で上記電磁的記録を保管する行為などが処罰の対象となり，一応問題が解消された。なお，刑法175条についても同趣旨の改正案が国会に提出されたが，廃案となっている。

③ 頒布・販売の意義

(1) わいせつ物に記録されているわいせつな情報を相手方の支配下にある媒体に複写する行為は頒布・販売に当たるか

頒布・販売とは，不特定多数人を相手方とするわいせつ物の交付を意味し，通常，わいせつ物自体を交付し，交付の相手方がそのわいせつ物に記録されているわいせつな情報を認識できる状態に置くことが必要であると解されている。

しかし，わいせつ物自体を交付しなくても，そのわいせつ物に記録されているわいせつな情報を相手方の支配下にある媒体に複写して記録し，これによって新たなわいせつ物を作出してそのわいせつな情報を相手方の認識可能な状態

に置けば，それは実質的にはわいせつ物自体を交付しているのと変わらない。不特定多数人を相手方とする目的でこのような行為を行えば，それはわいせつ物の頒布・販売に当たるといえないであろうか。

(2) 私　見

　前述のとおり，わいせつな情報の流通・拡散を防止するためにその媒体を規制するという刑法175条の趣旨からすれば，わいせつ物の定義から有体物性を取り払ってしまうことは難しい。しかし，ある媒体に記録されているわいせつな情報を相手方の支配下にある別の媒体に複写して記録する行為は，媒体を介して行われるわいせつな情報の流通・拡散にほかならない。これを頒布・販売の概念に含める解釈は，刑法175条の趣旨に沿う合理的なものであり，また，これによって刑法175条と174条の区別が曖昧になるおそれもない。このような解釈は必ずしも許されないものではないと考える。

　もっとも，このようなわいせつな情報の複写をもって頒布・販売に当たるというためには，それがわいせつ物自体を交付する行為に匹敵する容易な作業である必要があろう。それが決して容易な作業ではない場合（例えば，わいせつな図画を手書きで複写する場合など）には頒布・販売に当たらないというべきである。しかし，川崎支部判決の事案のような電磁的記録の複写はもちろんのこと，複写が容易なものであれば，媒体や記録の種類にかかわらず，頒布・販売に当たると解される。また，頒布・販売に当たるというためには，複写元と複写先のわいせつな情報が同一性を保っていることも必要であろう。そして，それは既に何らかの媒体に記録されている情報の複写でなければならない。そうではなく，例えば，人間によって行われているわいせつな行為を相手方のカメラで撮影させるような行為は，頒布・販売には当たらない。

　そうすると，結局，複写の容易性とわいせつな情報の同一性を要件として，不特定多数人を相手方とする目的をもって，わいせつ物に記録されているわいせつな情報を相手方の支配下にある別の媒体に複写して相手方の認識可能な状態に置くことは，わいせつ物の頒布・販売に当たると解することができる。そのような行為が有償で行われるならば販売に，無償で行われるならば頒布に当たると解される（大阪地堺支判昭54・6・22刑月11巻6号584頁は，客が持ち込んだ生のビデオテープに店舗側のビデオテープからわいせつな画像を複写して返還し，

その対価として料金の支払を受けたという事案において，これはビデオテープ転写の請負契約であって主要な材料を被告人が供給しているから，転写されたビデオテープの所有権はいったん被告人に帰属し，これを有償で譲渡したものであるという極めて技巧的な説明をして販売に当たるとしている。しかし，主要な材料を被告人が供給しているとはいえず，転写されたビデオテープの所有権がいったん被告人に帰属するという解釈には無理がある。もっとも，転写されたビデオテープの返還行為や店舗側のビデオテープの貸与行為をとらえて頒布に当たるということは不可能ではない。松浦恂「わいせつビデオ・テープの頒布，販売」判タ560号60頁は返還行為が頒布に当たるとし，柳俊夫「最近におけるわいせつ事犯の動向と問題点について」ひろば35巻4号21頁は貸与行為が頒布に当たるとし，宮崎礼壹「判研」警論40巻3号250頁は，店舗側で転写する場合には返還行為が頒布に当たり，客が自分で転写する場合には貸与行為が頒布に当たるとする。しかし，この取引の実態は，店舗側のビデオテープに記録されている磁気情報を客のテープに複写することによって客のテープをわいせつ物に変え，その対価として料金を得るというものであって，その過程において客のテープや店舗側のテープが一時相手方に手渡されることに特別な意味はなく，返還行為や貸与行為だけをとらえて頒布に当たるというのは相当に無理のある構成である。これに対し，私見によれば，店舗側のビデオテープに記録されているわいせつな画像データの有償での複写として販売に当たり，実態に即した説明ができる）。

(3) **文理解釈との関係**について

　上記のような行為は，わいせつな情報の頒布・販売であってわいせつ物の頒布・販売ではないから，これをわいせつ物の頒布・販売に当たるというのは文理に反するという批判が考えられる。しかし，上記のような行為は，わいせつ物の価値を構成する重要な部分を提供する行為であって，わいせつ物の一部を交付する行為と評価することができるから，これがわいせつ物の頒布・販売に当たるということは文理上可能であると考える（園田寿＝川口直也「判批」関西大学法学論集48巻1号176頁は，ネットを介してコンピュータのハードディスクに記録されたわいせつな画像データをダウンロードすることはわいせつな情報の頒布・販売というべきであるとした上，そのような概念は現行刑法典が全く予定していなかったものであり，有体物を中心とした体系を大きく逸脱するものであるとするが，

媒体に記録されているわいせつな情報に限って頒布・販売を問題にするのであるから，それが有体物を中心とした刑法175条の体系を逸脱するものとは思われない）。刑法155条に関して写真コピーの文書性を認めた最判昭51・4・30刑集30巻3号453頁などに照らしても，この程度の拡張解釈が文理に反して許されないとはいえないであろう。

　他方，頒布・販売とは占有支配の移転を含む概念であるから，複写元の情報が何ら損なわれない上記のような行為は頒布・販売には当たらないという批判も考えられる（画像データの有償ダウンロードが児童ポルノの販売に当たらないとした前掲大阪高判平15・9・18は，ダウンロードによっても複写元の画像データには変化が生じていないから，占有支配が移転したと見る余地もないと判示している）。しかし，頒布・販売とは，通常，それによって相手方がその対象を支配下に置くことが重要なのであって，それによって頒布・販売者側が支配を失うことの重要性は低く，頒布・販売が占有支配の喪失を含む概念であるとはいえない。ネットを介して日常的に行われている電磁的記録の取引の実態を考えても，ネットを介して電磁的記録を相手方の支配下にある媒体に複写することを頒布・販売と呼ぶことに何の違和感もなく，通常の用語法に反するものとは考えられない。

④　販売目的の意義
(1)　複写したわいせつ物を販売する目的も販売目的に当たるか
(a)　判例・学説
　最決平18・5・16刑集60巻5号413頁は，コンパクトディスクに複写して販売する目的で，コンピュータのハードディスクにわいせつな画像データを記録し，同時に，ハードディスク上の画像データが何らかの事情で破壊されるなどして販売用のコンパクトディスクが作成できなくなる事態に備えて，バックアップのために光磁気ディスクにも同様の画像データを記録していたという事案において，上記光磁気ディスクの所持は販売目的で行われたものということができるとしている。同最決は，ハードディスクの所持については直接判断を示していないが，コンパクトディスクに複写して販売する目的での上記ハードディスクの所持についても販売目的が認められることを前提としているものと解され

る。なお，上記最決は，上記光磁気ディスクの所持は児童買春処罰法7条2項の児童ポルノ販売目的所持罪（犯行後，平成16年法律106号により改正され，現在では提供目的所持罪となっている）にも当たるとしており，同項の販売目的についても同様の判断を示したものである。

また，富山地判平2・4・13判時1343号160頁と東京地判平4・5・12判タ800号272頁は，いずれも，複写して販売する目的でわいせつなビデオテープを所持していた事案について，販売目的を認めている。

このように，判例はこの論点について肯定の立場を採っている。また，上記富山地判と東京地判の事案では所持するわいせつ物も販売予定のわいせつ物もビデオテープであったが，上記最決の事案ではハードディスクとコンパクトディスクという異質な媒体であり，判例は，所持するわいせつ物と販売予定のわいせつ物との間で媒体の同質性を要求していないといえる。

学説上は，この論点について肯定の立場を採る見解（大コメ刑法第9巻（第2版）53頁〔新庄＝河原〕，条解刑法（第2版）464頁，大谷・各論（新版第3版）506頁，前田・各論（第4版）487頁など）と否定の立場を採る見解（山口・各論（第2版）514頁，西田・各論（第5版）386頁，山中・概説II（各論）173頁，林美月子「性的自由・性表現に関する罪」法セ455号95頁，伊東・各論（第2版）406頁，松浦恂「わいせつビデオ・テープの頒布，販売」判タ560号61頁など）がある。

また，前記3つの判例については，多くの評釈類がある。主なものは次のとおりである。

- 上記最決について，肯定的なものとして山口裕之・判解刑平18年度257頁，島根悟「判研」警論59巻10号199頁，瀬戸毅「判研」研修700号97頁，深町晋也「判批」重判解平18年度174頁，否定的なものとして園田寿「判批」判例セレクト2006（法教318号別冊）38頁，永井善之「判批」刑事法ジャーナル8号133頁，内山良雄「判研」法時79巻8号168頁，穴沢大輔「判研」ジュリ1365号142頁，生田勝義「判批」判例百選II各論（第6版）216頁，森尾亮「判批」速報判例解説（法セ増刊）197頁（日本評論社，2007）
- 上記富山地判について，肯定的なものとして角田正紀「判批」研修504号79頁，塩見淳「判批」判例セレクト'86〜'00（法教増刊）422頁（有斐閣，2002），新庄一郎「判研」警論43巻7号154頁，否定的なものとして曽根威彦

「判批」法セ429号123頁
・上記東京地判について，肯定的なものとして渡部惇「判研」ひろば45巻10号60頁，同「判研」警論45巻8号216頁，否定的なものとして山中敬一「判批」法セ463号49頁

  (b) 検　討

　わいせつ物を頒布・販売する行為は，それによって現実にわいせつな情報が社会に流通・拡散することになるから，類型的に法益侵害の危険性の高い行為として処罰の対象とされていると理解されるが，販売の目的をもってわいせつ物を所持する行為も，その利欲的動機の故に，容易に販売行為に発展してわいせつな情報の流通・拡散につながりやすく，それ自体が類型的に法益侵害の危険性の高い行為として処罰の対象とされているものと理解できる。これは販売の予備的行為ではなく，販売とは別に処罰の対象とされているものと理解できよう（前掲東京地判平4・5・12も同趣旨を述べる）。

　そして，わいせつ物に記録されているわいせつな情報が容易に他の媒体に複写できるものである場合には，これを複写して販売する目的で所持していれば，わいせつな情報が社会に流通・拡散する危険性はそのわいせつ物自体を販売する目的で所持しているときと変わらない。加えて，刑法175条の「販売の目的」に他の媒体に複写して販売する目的を含めて解釈しても，同条の文理に反するものではない。したがって，他の媒体に複写して販売する目的も同条の販売目的に当たるというべきである。

  (c) 否定説の理由とその検討

　この問題に関する否定説の論拠を整理すると，概ね次のようになる。

① 　販売目的所持罪は販売罪の予備的行為を処罰の対象とするものであるから，複写して販売する目的での所持を販売目的所持に含めると予備の予備を処罰することになり，法益侵害から遠い行為を処罰することになる（前掲大谷，西田，林，伊東など）。

② 　実質的にはわいせつな情報の頒布・販売を処罰することにつながり，有体物性を要求している刑法175条の体系から逸脱する（前掲園田，永井，穴沢など）。

③ 　処罰範囲の無制約な拡大につながる。例えば，編集・複写して販売する

目的で個人用のわいせつなコレクションを所持する場合，コピーして製本の上販売する目的でわいせつ図書を所持する場合，写真に撮って販売する目的でわいせつな人形を所持する場合にも販売目的所持罪が成立する可能性が生じる。また，ネット上でのわいせつ画像の送信に関しても販売ないし販売目的所持罪の成立の余地が生じる（前掲林，永井，曽根，山中など）。

このうち，①については既に(b)で検討したとおりであり，販売目的所持罪は販売罪の予備的行為を処罰の対象とするものではないと考えられる。②については，頒布・販売の意義について③の(3)で述べたのと同様，媒体に記録されているわいせつな情報に限って販売目的を問題にするのであるから，それが有体物を中心とした刑法175条の体系を逸脱するものとは思われない。

③については，複写の容易性と後で(3)で述べるとおりわいせつな情報の同一性を要件とすれば，処罰範囲が無制約に拡大することにはつながらない。編集を予定している場合には，それによってわいせつな情報としての同一性が欠けることになるのであれば，販売目的は否定されることになろう。製本については，複写自体が容易なのであれば，販売目的を否定する事情にはならないと思われる（反対・前田雅英「猥褻物の販売と公然陳列」警論48巻3号194頁，瀬戸・前掲107頁）。撮影して写真を販売する目的で人形を所持する場合には，人形と写真とでそこに表れているわいせつな情報に同一性があるのかということがメルクマールとなろう（瀬戸・前掲107頁は販売目的所持罪に当たらないとする）。ネット上でのわいせつな画像データの送信については，私見によれば頒布・販売に当たり得るし，そのような目的でコンピュータのハードディスクを所持すれば販売目的所持に当たり得るが，③で述べたとおり，何ら処罰範囲の不当な拡張ではない。

(2) バックアップ目的も販売目的に当たるか

上記のような考え方によれば，直ちに複写した物を販売する目的がなく，バックアップ目的に止まっている場合にも，販売目的は認められると考えられる。前掲最決平18・5・16は，前述のとおりバックアップ目的しかなかった事案において販売目的を認めている。

すなわち，バックアップ目的というのは，複写元のわいせつ物（上記最決の事例であればハードディスク）に記録されているわいせつな情報が何らかの事情

で破壊されるなどして販売用のわいせつ物が作成できなくなったときに、所持しているわいせつ物（同じく光磁気ディスク）から販売用の媒体（同じくコンパクトディスク）にわいせつな情報を複写して販売する目的（ただし、実際には、直接複写するのではなく、いったんハードディスクに複写して複写元のわいせつ物を再製することが多いと思われる）を意味しており、言い換えると、条件付きの複写物販売目的（又は複写物の複写物の販売目的）を意味している。条件付きであるから、上記光磁気ディスクを実際に使用して複写を行う可能性は低いが、それだけでは販売目的を否定する理由にはならない（永井・前掲139頁は、利用の可能性が低いことを理由に法益侵害の実質的危険性がないなどとするが、法益侵害の危険性は通常の複写元であるハードディスクの販売目的所持と一体として考える必要があろう）。また、2段階の複写を行う予定であっても、この2段階の複写がいずれも容易な作業であり、これにより複写されるわいせつな情報が同一性を有するのであれば、直接複写した物を販売する目的と実質的に変わるものではない。

(3) **複写に当たり加工を施すことが予定されている場合にも、販売目的があるといえるか**

前掲最決平18・5・16の事案では、バックアップ用の光磁気ディスク上の画像データとハードディスク上の画像データとは若干異なっており、バックアップに当たって画像上の児童の目の部分にぼかしを入れ、ファイルのサイズを縮小する加工を施すことが予定されていたが、このような事情は販売目的を肯定する妨げにはならないとされている。

この程度の加工であれば、複写されるわいせつな情報の同一性は明らかであり、販売目的を否定する理由にはならないと考えられる。しかし、加工が相当高度なものになった場合には問題がある。内容がかけ離れ、わいせつな情報としての同一性を欠く場合には、販売目的は認められないというべきである（同旨・瀬戸・前掲107頁、深町・前掲175頁）。

この点について、販売目的を認めるためにはその所持が広くわいせつ物の販売という目的に導かれたものであれば足り、所持しているわいせつ物と販売する目的のわいせつ物との内容の同一性は要求されないという見解がある（山口裕之・前掲判解刑287頁）。

しかし，販売目的を認めるためには，所持している有体物上のわいせつな情報が同一性を保ったまま社会に流通・拡散する危険性を有することが必要であろう。そうでなければ，流通・拡散が予想されるわいせつな情報はいまだ存在しておらず，存在しているわいせつな情報は流通・拡散する危険性がないので，法益侵害の危険性が現実化しているとはいえないからである。上記の見解には賛同できない。

なお，販売を予定しているわいせつな写真誌と内容の同じ写真誌を見本として所持したという事案で販売目的を認めた裁判例があり（東京地判昭60・3・13判時1172号159頁。ただし，冊数が不足した場合には見本を売ることもあり得たと認定されている），このような場合に販売目的を認める見解がある（角田・前掲84頁，新庄・前掲160頁）。同一性のある販売予定の写真誌が現に存在しているのであれば，法益侵害の危険性は現実化しているといえるので，このような場合には販売目的を認める余地があろう。

⑤ **公然陳列の意義**
(1) **わいせつな画像データをコンピュータのハードディスクに記録し，不特定多数人が容易にわいせつ画像を再生，閲覧できる状態にすることは公然陳列に当たるか**
(a) 判例・通説

前記①(5)のような考え方によれば，わいせつな画像データをインターネットのサーバーコンピュータのハードディスクに記録し，不特定多数人が通常必要とされる簡単な操作をすれば容易にこれにアクセスしてその画像を再生，閲覧できる状態にした場合には，わいせつ物である上記ハードディスクを公然と陳列したことになると考えられる。自分のコンピュータのハードディスクにわいせつな画像データを記録し，これをホストコンピュータとするインターネット以外のネットを介して上記同様の状態にした場合も同様である。

判例もこのような考え方を採っている（インターネット以外のネットに関するものとして最決平13・7・16刑集55巻5号317頁，大阪高判平11・8・26高刑集52巻1号42頁，京都地判平9・9・24判時1638号160頁，インターネットに関するものとして大阪地判平11・3・19判タ1034号283頁，大阪地判平9・10・3判タ980号285頁，東京

地判平8・4・22判時1597号151頁・判タ929号266頁）。

通説も同様である（大コメ刑法第9巻（第2版）49頁〔新庄＝河原〕，条解刑法（第2版）462頁，山口・各論（第2版）512頁，西田・各論（第5版）386頁，大谷・各論（新版第3版）505頁，前田・各論（第4版）486頁，塩見淳「インターネットとわいせつ犯罪」現代刑事法8号37頁，佐久間修「ネットワーク犯罪におけるわいせつ物の公然陳列」西原春夫先生古稀祝賀論文集第3巻224頁（成文堂，1998）。なお，前掲最決平13・7・16の評釈類として，山口雅髙・判解刑平13年度97頁，北村篤「判研」研修650号15頁，山口厚「判批」判例百選Ⅱ各論（第6版）214頁，同「判批」重判解平13年度166頁，塩見淳「判批」法教257号137頁，只木誠「判批」現代刑事法40号79頁，同「判批」判例セレクト2001（法教258号別冊）35頁などがある）。

(b) 否定説とその検討

上記の判例・通説に対し，上記ハードディスクにアクセスした者が閲覧できるのはわいせつ物である上記ハードディスクに記録された画像ではなく，ダウンロードして自分のコンピュータに表示された画像であるから，これを閲覧しても元の画像を閲覧したことにはならないという見解がある（前掲最決平13・7・16の上告趣意，曽根・各論（第4版）267頁，南部篤「電子メディアとわいせつ表現物の刑事規制」法学紀要40巻別巻86頁）。しかし，両者は電磁的記録としては全く同一のものであるから，ダウンロードした画像を閲覧すれば元の画像を閲覧したものと評価することができる（同旨・山口雅髙・前掲判解刑117頁，北村・前掲15頁，塩見・前掲136頁，園田寿「陳列概念の弛緩」現代刑事法11号15頁）。

また，公然と陳列したというためには，陳列の場所でしか観覧できないこと（同地性），陳列と同時に情報が伝達されること（同時性）などが必要であるが，これらの要件が欠けるから公然陳列罪は成立しないという見解もある（前掲最決平13・7・16の上告趣意，園田・前掲18頁）。その場で見ることのできないビデオテープを道ばたに並べるようなもので，これが陳列に当たるというにはかなりの無理があるという指摘（園田・前掲19頁），街頭でわいせつな内容のビデオテープを通行人に販売し，通行人が自宅に帰ってビデオデッキでそれを再生，閲覧する場合には，公然陳列罪の成立を肯定することには困難があるという指摘（山口厚・判例百選Ⅱ各論（第6版）215頁，同・重判解平13年度168頁）もある。

しかし，これらの見解がこれらの要件を要求する理由は判然としない。道ば

たにビデオテープを並べたり街頭で通行人にビデオテープを販売したりする場合には，観覧者がわいせつ物それ自体を自分の支配下に置かなければその内容を観覧できないわけであるが，そのような状態は「わいせつ物」の「陳列」の語義に反し，持ち帰って自宅で再生，閲覧することは通常必要とされる簡単な操作には当たらないから公然陳列罪が成立しないのであって，同地性・同時性等の要件を欠くからではない（同旨・北村・前掲21頁）。公然陳列罪の成立にこれらの要件は必要ないと考えられる。

　さらに，インターネットを介して行われる画像データのダウンロードについては画像の再生過程が自動化されているが，それ以外のネットを介して行われる画像データのダウンロードについては，通常，観覧者はダウンロードした画像を閲覧するために別途画像表示ソフトを起動させ，データを読み込ませる作業をしなければならず，そのようなプロセスはおよそ陳列という行為とはかけ離れているという見解がある（園田・前掲17頁，園田寿＝川口直也「判批」関西大学法学論集48巻1号168頁）。しかし，画像表示ソフトを起動させることもわいせつな画像を再生，閲覧するために必要な通常の過程に過ぎず，かつ，比較的簡単な操作に過ぎないから，そのような操作が必要であるからといって公然陳列罪が成立しないとはいえない（同旨・山口雅髙・前掲判解刑118頁）。

　ほかに，サーバーコンピュータが日本国外にある場合には，刑法175条に国外犯処罰規定はないとして処罰に疑問を示す見解がある（西田・各論（第5版）386頁，園田寿「インターネットとわいせつ情報」法時69巻7号29頁，同「わいせつの電子的存在について」関西大学法学論集47巻4号30頁，堀内捷三「インターネットとポルノグラフィー」研修588号9頁）。しかし，日本国内からサーバーコンピュータのハードディスクにわいせつな画像データを記録し，国内の不特定多数人が閲覧できる状態にした場合には，犯罪行為の一部が国内で行われている上，保護法益である日本国内における健全な性秩序ないし性風俗に対する危険が存在するから，国内犯として処罰の対象となると考えられる（同旨・大谷・各論（新版第3版）505頁，前田・各論（第4版）486頁，佐久間・前掲226頁，山中敬一「インターネットとわいせつ罪」インターネットと法（第4版）112頁（有斐閣，2010），前掲大阪地判平11・3・19）。また，記録されている画像データがいわゆるマスク処理されており，そのままではわいせつな画像が閲覧できない場合には，

公然陳列に当たらないという見解もある（園田・前掲関西大学法学論集47巻4号24頁）。しかし，既に述べたところからすれば，マスク処理がされていたとしても，通常必要とされる簡単な操作によってそのマスクを外してわいせつな画像を閲覧できるのであれば，それは公然陳列に当たると解される（前掲大阪地判平11・3・19は，わいせつな画像データがマスク処理されていた事案であるが，わいせつ物公然陳列罪の成立を認めている）。

以上のとおり，否定説の理由はいずれも説得力に欠ける。判例・通説の見解が妥当である。

  (c) 頒布・販売の意義に関する私見との関係

もっとも，媒体に記録されているわいせつな情報の複写について頒布・販売罪の成立を認める私見においては，これと公然陳列罪との関係も検討する必要がある。私見によれば，上記のとおり公然と陳列されたハードディスクに不特定多数人がアクセスしてわいせつな画像データをダウンロードすると，わいせつ物の頒布・販売罪が成立する可能性がある（頒布・販売する側が自ら画像データを送信した川崎支部判決の事案とは異なるが，画像データを自由にダウンロードできる状態に置くことは，自由に持ち帰ってもよいとして路上にわいせつ物を置くことと同じであり，これに応じて不特定多数人がこれをダウンロードすれば頒布・販売に当たると解される）。しかし，頒布・販売罪が成立するから公然陳列罪は成立しないとはいえない。例えば，路上でわいせつな写真誌を公然と陳列しながら販売する場合には，陳列した時点で公然陳列罪が成立するとともに，これを実際に販売したときに販売罪が成立し，両者は包括1罪の関係にあると理解される。私見によれば，上記ハードディスクにわいせつな画像データを記録して不特定多数人が容易にこれを閲覧できる状態に置いたときには公然陳列罪が成立するが，不特定多数人が実際にこれにアクセスしてわいせつな画像データをダウンロードしたときには頒布・販売罪が成立し，両者は包括1罪の関係にあると考える。

(2) **公然陳列罪の成立には，わいせつな画像データをコンピュータのハードディスクに記録し，不特定多数人が容易にわいせつ画像を再生，閲覧できる状態にするだけで足りるか**

前述の判例・通説の考え方によれば，公然陳列罪が成立するためには，わい

せつな画像データをコンピュータのハードディスクに記録し，不特定多数人が容易にこれにアクセスして再生，閲覧できる状態にするだけで足り，実際に不特定多数人がこれをダウンロードすることまでは要しないと解される。

　これに対して，次のような理由で，観覧者が実際にわいせつな画像を再生，閲覧する必要があるという見解がある。すなわち，公然陳列罪が成立するためには，わいせつな画像が可視的であることが必要である。観覧できる状態とは見ようとすれば見られる状態をいう。未現像フィルムについては頒布・販売罪が成立するとしても公然陳列罪は成立しない。また，通信エラーの可能性も無視できず，設定行為が直ちに法益侵害を意味するとはいえないという（堀内・前掲6頁。山中・前掲107頁，山本光英「判批」判評487号241頁も同旨）。

　しかし，確かに未現像フィルムについては頒布・販売罪が成立し得るにもかかわらず公然陳列罪は成立しないと考えられる（名古屋高判昭41・3・10高刑集19巻2号104頁）が，その理由は，これを頒布・販売すれば相手方において現像してそのわいせつな情報を容易に認識することができるのに対し，そのままの状態で陳列しても観覧者においてこれを現像することができないからである。前述のとおり，そのままの状態ではわいせつな情報を認識することができないが，通常必要とされる簡単な操作によってそれを認識可能な状態にすることができる物はわいせつ物に当たるのであって，わいせつな情報を認識するために観覧者による能動的な行為が必要とされることは，それが通常必要とされる簡単な操作に止まる限り，公然陳列罪の成立を妨げるものではない。

　前掲最決平13・7・16は，コンピュータのハードディスクにわいせつな画像データを記録し，不特定多数人がこれにアクセスして再生，閲覧できる状態にしたことはわいせつ物を公然と陳列したことに当たるとしている。そして，これを現実に閲覧するためには，観覧者が自分のコンピュータを使用して上記ハードディスクから画像データをダウンロードした上，画像表示ソフトを使用して画像を再生，閲覧する操作が必要であるが，そのような操作は，通常必要とされる簡単な操作に過ぎないと判示している。

6 設問の検討

　以上の検討に基づき，設問について考える。

26 電磁的媒体とわいせつ物頒布等

問〔1〕の①については，甲のDVD 3枚の所持について販売目的所持罪の成否が問題となる。成人男女の露骨な性交場面の映像データは，前述のわいせつの定義に照らし，わいせつな情報に当たると考えられる。そうすると，これを記録したDVD 3枚は，適合する機械に接続して通常必要とされる簡単な操作を行えば再生，閲覧できるものであれば，わいせつ物に当たる。販売目的もあるから，甲にはこのDVD 3枚についてわいせつ物販売目的所持罪が成立する。

②について，上記のわいせつな映像データが記録されているハードディスクは，これがパソコンを起動して通常必要とされる簡単な操作を行えば再生，閲覧できるものであれば，わいせつ物に当たる。そして，甲は，このハードディスク自体を販売する目的は有していないが，これに記録されたわいせつな映像データをDVDに複写して新たなわいせつ物を作成し，これを販売する目的を有している。加えて，パソコンからDVDへの複写は容易な作業であると考えられ，複写はわいせつな情報が同一性を保ったまま行われるものと予想される。そうすると，上記の目的は刑法175条の販売目的に当たる。したがって，甲には，このハードディスクについてもわいせつ物販売目的所持罪が成立する。

③について，甲は，ぼかしの入っていない上記映像データが記録されたフラッシュメモリー1個をバックアップ用に所持していたというのであるから，これについても販売目的所持罪の成否が問題となる。このフラッシュメモリーも，適合する機械に接続して通常必要とされる簡単な操作を行えば再生，閲覧できるものであればわいせつ物に当たる。また，甲は，このフラッシュメモリー自体を販売する目的は有していないが，仮に上記ハードディスクに記録された映像データが何らかの事情で破壊されるなどして販売用のDVDが作成できなくなったときには，このフラッシュメモリーに記録された上記映像データを利用して販売用のDVDを作成して販売する目的を有しており，フラッシュメモリーからの複写は容易な作業であると考えられるから，これは刑法175条の販売目的に当たる。甲は，その際，フラッシュメモリーに記録された映像データの顔にぼかしを入れて加工する予定であったが，その程度の加工ではわいせつな映像データとしての同一性が失われるとは考えられないから，これによって販売目的が否定されることはない。したがって，甲には，このフラッシュメモリ

ーについてもわいせつ物販売目的所持罪が成立する。

①から③までの販売目的所持は，同一の犯意に基づくものであるから，1罪を構成する。

問〔2〕について，問〔1〕と同様の理由で，乙が管理するサーバーコンピュータのハードディスクはわいせつ物に当たる。乙は，これを不特定多数の会員がアクセスして会員番号を入力すれば，わいせつな画像データをダウンロードすることができ，次いで画像表示ソフトを用いてその画像を再生すれば，これを閲覧することができる状態にして会員を募集したものであり，かつ，これらのアクセス，ダウンロード，画像の再生は，いずれも通常必要とされる簡単な操作に過ぎないと考えられるから，乙には，わいせつ物公然陳列罪が成立する。仮に上記サーバーコンピュータが日本国外にあったとしても，そのハードディスクに日本国内から上記画像データを記録し，国内の不特定多数人がその画像を閲覧できる状態にしたのであれば，国内犯として処罰の対象となる。わいせつ物公然陳列罪は不特定多数人が閲覧できる状態にすれば直ちに成立するから，実際には誰も上記画像データをダウンロードしなかったとしても，同罪の成立は否定されない。

【長井　秀典】

※［補注］
　刑法175条については，平成23年法律第74号の改正により，1項前段にわいせつ物の例示として「電磁的記録に係る記録媒体」が掲げられたほか，1項後段が設けられ，無形のわいせつな電磁的記録その他の記録を電気通信の送信により頒布すること自体が処罰の対象となることが明確にされた。また，2項により，わいせつな電磁的記録を有償頒布の目的で保管することも処罰されることになった。これにより，本問に関する論点の一部は立法的に解決された。

27 被害者の行為と殺人罪

男性である甲が，次の女性らに対し，自殺の名所である高さ50メートルの断崖絶壁から海に飛び込むように述べたため，女性がその断崖絶壁から飛び降りた。甲の罪責はどうか。

〔1〕 甲は，一緒に住んでいたAが疎ましくなり，心中をする意思が全くなかったのに，Aに対して「一緒に断崖から飛び込んで心中をしよう」などと言ったため，Aにおいて，甲が後から飛び込んで追死してくれるものと思い込み，甲と心中するつもりで断崖絶壁から飛び降り，死亡した。

〔2〕 甲は，Bを自殺させて保険金を取得しようと思い，甲のことを極度に畏れて服従していたBに対し，殴ったり脅したりして，断崖絶壁から飛び込むように執拗に要求したため，Bにおいて，それ以外の行為を選択することができない精神状態となり，死んでも仕方がないと考えて飛び込み，死亡した。

〔3〕 甲は，Cを自殺させて保険金を取得しようと思い，Cに殴ったり脅したりして，断崖絶壁から飛び込むように要求したところ，Cにおいて，この程度の高さであれば水深が深いので死なないと考えて飛び込んだ結果，頭部を海底にぶつけて3か月の重傷を負ったものの死亡しなかった。

1 はじめに

本問は，犯人が，自ら手を下して他人を殺害するのではなく，他人に働き掛けることでその者の殺害を図る場合の罪責を問うものである。いずれのケースでも，被害女性らは，甲の言により，自殺の名所である高さ50メートルの断崖絶壁から海に飛び込むという，死の危険の極めて高い「自殺行為」を余儀なくされている。

刑法は，他人の自殺に関与した場合について，教唆又は幇助して自殺させる「自殺関与罪」と，嘱託を受け又は承諾を得て殺害する「同意殺人罪」とを併

せて規定しており（202条。その法定刑は「6月以上7年以下の懲役又は禁錮」であり，199条が殺人罪について「死刑又は無期若しくは5年以上の懲役」とされているのに比してかなり大幅に軽減されている），甲の行為は，被害女性らに自殺を決意させた自殺教唆罪には該当するように見える。しかし，甲は，単に被害女性らをして自殺させようとしたのにとどまらず，〔1〕では心中するとの嘘を言って騙し，〔2〕では暴行・脅迫を加えて飛び込むよう執拗に要求するなどしているから，更に進んで，甲が女性の行為を利用して女性を殺した，すなわち殺人罪に問える余地がないかを検討すべきことになる。他方，〔3〕の被害女性Cは，〔2〕の被害女性Bと比べると，甲から同じような暴行・脅迫を受けながらも，甲の言いなりにはなっていない点で状況が異なり，自らの自由な意思で飛び降りたものとも考えられ，自殺の意思もなさそうである。

これらに関連して想起されるのは，他人を利用して犯罪を行う間接正犯であり，本問の場合，被害者を利用した間接正犯の可能性をも検討すべきであろう。

② 関連する判例等

(1) これまでの最高裁の判例には，被害者の行為を利用した殺人罪を認めたものが4件あり，これらをめぐり，学説等においてもその当否が議論されてきたので，まず，これら判例と，関連する先例を概観する。

① 最決昭27・2・21刑集6巻2号275頁

被告人が，被害者に通常の意思能力がなく，自殺の何たるかを理解せず，しかも被告人の命ずることに何でも服従するのを利用して，被害者に首をくくる方法を教えて実行させ，死亡させた事案である。本決定は，第1審判決は，被害者が通常の意思能力もなく，自殺の何たるかを理解しない者であると認定したのであるから，判示事実に対し刑法202条をもって問擬しないで同法199条を適用したのは正当であるとした。

自殺は，自由な意思決定に基づいて行為者自身がその生命を断絶することであって，死の意味を理解し，自由に意思を決定し得る能力を有する者の行為でなければならないとされている（大コメ刑法第10巻（第2版）350頁〔金築誠志〕）ことからすれば，本決定の結論は当然のものともいえよう。大審院時代の判決にも，愚鈍で被告人を厚く信じている被害者を欺き，一時仮死状態に陥っても

薬品を使って蘇生させられるものと信用させ，被害者自身に頸を縊って死亡させた事案について殺人罪の成立が認められているが（大判昭8・4・19刑集12巻6号471頁），同様の事例ということができる。

②　最判昭33・11・21刑集12巻15号3519頁

被告人は，交際していた被害女性に別れ話を持ち出したところ，同女はこれに応じずに心中を申し出，その熱意につられて渋々相談に乗ったが心中する気持ちはなかったにもかかわらず，同女を伴って山中に行き，追死してくれるものと同女が信じているのを奇貨として，同女のみを毒殺しようと企て，追死するように装い，その旨同女を誤信させ，買い求めておいた致死量の青酸ソーダを与えて嚥下させ死亡させた事案である。殺人罪に問擬した原判決に対して，上告趣意は，被害者は自己の死そのものにつき誤認はなく，それを認識承諾していたものであるから刑法上有効な承諾があるものというべきであって，原判決には法律の解釈を誤った違法があると主張したのに対し，本判決は，被害者は被告人の欺罔の結果，被告人の追死を予期して死を決意したものであり，その決意は真意に添わない重大な瑕疵ある意思であることが明らかであるとし，このように被告人に追死の意思がないにもかかわらず被害者を欺罔し被告人の追死を誤信させて自殺させた被告人の所為は，通常の殺人罪に該当するとした。

この判決と前後して，類似の事案で殺人罪の成立を認めた高裁判決がある。仙台高判昭27・9・15高刑集5巻11号1820頁は，被告人が，夫の愛人に対して夫との関係を絶つように申し入れ，拒絶されるや，追死の意思がないのに，「自分も死ぬからお前もこれを飲んで死んでくれ。」と追死の意思があるように欺罔して，予め準備していた硝酸ストリキニーネを相手の口中に入れ，さらにコップで水を与えて嚥下させ死亡させた事案について，殺人罪の成立を認めた。また，名古屋高判昭34・3・24下刑集1巻3号529頁は，被告人が，三角関係を清算し，被害者である愛人の携帯着用していた金品を奪取する目的で，同女に対し，自分は死ぬ意思がないのに同死する旨騙して，同女が被告人の手によって殺してもらいたいと申し出たのを幸いに，マフラーを割いた物を同女の頸部に巻いて絞殺した上，金品を奪った事案で，強盗殺人罪の成立を認めた。

③　最決昭59・3・27刑集38巻5号2064頁

被告人は，ほか2名とともに，厳冬の深夜，かなり酩酊し，かつ被告人らか

ら暴行を受けて衰弱していた被害男性を，都内荒川の河口近くの堤防上に連行し，同所において，被害者を川に転落させて死亡させるのもやむを得ない旨意思を相通じ，上衣・ズボンを無理矢理脱がせたうえ，被害者を取り囲み，「この野郎，いつまでふざけてるんだ，飛び込める根性あるか。」などと脅しながら護岸際まで追い詰め，更に垂木で殴り掛かる態度を示すなどして，遂には逃げ場を失った被害者を護岸上から約3メートル下の川に転落するのやむなきに至らしめ，そのうえ長さ約3，4メートルの垂木で水面を突いたり叩いたりし，もって被害者を溺死させたというのであるから，被告人の所為は殺人罪に当たるとした原判決は相当であるとした。

④　最決平16・1・20刑集58巻1号1頁

　被告人が，自動車の転落事故を装い，被害女性を自殺させて多額の保険金を取得する目的で自殺させる方法を考案し，それに使用する自動車等を準備した上，被告人を極度に畏怖して服従していた被害者に対し，犯行前日に，漁港の現場で，暴行・脅迫を加えつつ，直ちに車ごと海中に転落して自殺することを執拗に要求し，猶予を哀願する被害者に翌日に実行することを確約させるなどし，犯行当日，被害者をして，命令に応じて車ごと海中に飛び込む以外の行為を選択することができない精神状態に陥らせていたという事案である。被害者は，自殺する気持ちはなく，車ごと海に飛び込んで生き残る可能性にかけ，死亡を装って被告人から身を隠そうと考え，実際にも水没前に車内から脱出して死亡を免れた。本決定は，被告人は，上記のような精神状態に陥っていた被害者に対して，当日，漁港の岸壁上から車ごと海中に転落するように命じ，被害者をして，自らを死亡させる現実的危険性の高い行為に及ばせたものであるから，被害者に命令して車ごと海に転落させた被告人の行為は，殺人罪の実行行為に当たるとした。

(2)　同種事案の下級審判決の中で，取り上げられることの多い事例として，次のものがある。

⑤　広島高判昭29・6・30高刑集7巻6号944頁

　被告人は，妻が不倫をしたと邪推し，4か月程前からほとんど毎日のように詰責し，外出逃避を監視しつつ，時には「死ぬる方法を教えてやる」と言いながら失神するほどに首を絞め，又は足蹴にし，錐・槍の穂先等で腕・腿等を突

27 被害者の行為と殺人罪

く等常軌を逸した虐待・暴行を加え、あるいは被害者を強要して不倫を承諾する書類や「自殺します。」なる書面を作成させるなど、暴行・脅迫行為を繰り返し、執拗に肉体的・精神的な圧迫を加えたため、妻が遂にこれ以上被告人の圧迫を受けるよりはむしろ死を選ぶほかないと決意して自殺するに至ったという事案である。判決は、自殺とは、自己の自由な意思決定に基づいて自己の死を惹起することであり、自殺の教唆は自殺者をして自殺の決意を生ぜしめる一切の行為であってその方法を問わないと解する、したがって犯人が威迫によって他人を自殺するに至らしめた場合、自殺の決意が自殺者の自由意思によるときは自殺教唆罪を構成し、進んで自殺者の意思決定の自由を阻却する程度の威迫を加えて自殺せしめたときは、もはや自殺関与罪でなく殺人罪をもって論ずべきであるが、本件の暴行、脅迫が、被害者の自殺の決意をなすにつき意思の自由を失わしめる程度のものであったと認むべき確証がないので、結局被告人の本件所為は自殺教唆罪に該当するとした。

⑥　福岡高宮崎支判平元・3・24高刑集42巻2号103頁

独り暮らしの女性（66歳）から盲信に等しい信頼を得て短期間に合計750万円にのぼる金員を欺罔的手段で借り受けていた被告人が、債務の支払を免れるため、同女を自殺せしめようと企て、同女を欺罔して出資法違反の罪で警察から追われているとの錯誤に陥れ、警察の追及から逃れるためという口実で連れ出して半月余りの逃避行をさせるなどし、体力も気力も弱まった同女に、近所の人に見つかると警察にすぐ捕まるとか、逮捕されれば身内の者に迷惑がかかるなどと申し向けて、知人や親戚との接触を断ちながら、もはやどこにも逃げ隠れする場がないという状況に陥らせた上、身内に迷惑がかかるのを避けるためにも自殺する以外にとるべき道はない旨執拗に自殺を勧めて同女を心理的に追い詰めるなどして、状況認識を誤って自殺する以外に道はないと誤信した同女をして自ら農薬を飲み下して死亡するに至らしめたという事案である。本判決は、自殺とは自殺者の自由な意思決定に基づいて自己の死の結果を生ぜしめるものであり、自殺の教唆は自殺者をして自殺の決意を生ぜしめる一切の行為をいい、その方法は問わないと解されるものの、犯人によって自殺するに至らしめた場合、それが物理的強制によるものであるか心理的強制によるものであるかを問わず、それが自殺者の意思決定に重大な瑕疵を生ぜしめ、自殺者の自

由な意思に基づくものと認められない場合には、もはや自殺教唆とはいえず、殺人に該当するものというべきである、被害者の自殺の決意は真意に添わない重大な瑕疵のある意思であるというべきであって、それが同女の自由な意思に基づくものとは到底いえず、したがって、被害者を誤信させて自殺させた被告人の所為は、単なる自殺教唆行為にすぎないものということは到底できないのであって、被害者の行為を利用した殺人行為に該当するものであるとして、強盗殺人罪の成立を認めた。

③ 各事例の検討
(1) 検討の視点

　自殺に関与した者に対する殺人罪の成否について検討すべき点には、自殺者の意思の問題と、殺人の実行行為性の問題の2つがある。自殺そのものは刑法上犯罪とされず、前記のとおり、他人の自殺に関与した場合のみが、殺人罪と比較すれば軽い罪で処罰されている（自殺の不可罰や自殺関与の可罰の根拠については諸説がある。大コメ刑法第10巻（第2版）346頁〔金築〕）。自殺関与罪は、殺人罪よりかなり軽い罪で処罰されるのであって、自殺者の意思決定が自由なものである必要があり、外部的な働き掛けがなされた結果自殺者の意思決定が自由でないという場合は、普通殺人罪の成立が検討されることになろう。自殺関与罪の中でも、同意殺人罪の場合には、他人による殺人の実行行為が存するが、自殺教唆・幇助罪の場合、そこで行われる外部的な働き掛けは千差万別であり、一定以上の関与がなければ、それを「人を殺した」と評価することは困難であって、その点で、自殺者の意思決定の問題のほか、殺人罪としての実行行為性も問題となるものと考えられる（藤井敏明・判解刑平16年度10頁―12頁、井上宏「自殺させて保険金を取得する目的で被害者に命令して岸壁上から自動車ごと海中に転落させた行為が殺人未遂罪に当たるとされた事例」警論57巻11号184頁、前田雅英「刑法演習」法教294号171頁。ただし、いずれの面も自殺者の意思決定に対する他人の関与の強さを問題とするものであるから、考慮要素は近似し、両者を同一のものと捉える見解もあることについて、藤井・前掲）。

(2) 強制・威迫に基づく自殺の場合

　そこで、まず、強制・威迫に基づく自殺の場合について検討すると、被害者

27 被害者の行為と殺人罪

の意思を制圧する面のあることから，これまでは主に，被害者を利用した間接正犯として説明されてきた形態ということができる。

　間接正犯は，他人の行為を利用した犯罪が単独正犯として処罰される場合であり，実定法上の根拠はないが，判例でも古くから認められてきた概念である（大判昭9・11・26刑集13巻21号1598頁等）。最高裁の判例でも，最決昭58・9・21刑集37巻7号1070頁では，父親が12歳の養女に命じて窃盗を行わせた事案で，日頃の言動に畏怖し意思を抑圧されている養女を利用して窃盗を行ったとして，窃盗の間接正犯が成立すると認めるべきであるとされ，「間接正犯」の言葉が判文上明確に使用されている（その解説として，渡邊忠嗣・判解刑昭58年度275頁）。間接正犯理論の出発点には，情を知らない者を利用して犯罪を行う場合のように，正犯となるべき者がいない場合に，背後で犯罪をさせた者を正犯者とすべきことなどがあり，理論的には，他人を道具として利用する，あるいは他人の行為を支配することなどによって，直接正犯の場合と同等の実行行為を行ったものと評価できるかなど，多様な説明がされている（間接正犯に関する学説の状況を詳述するものとして，栗原宏武「間接正犯と教唆犯の区別」新実例総論277頁）。そして，一般には，被利用者が情を知っていて規範的な障害となる場合は，利用者の行為は結果発生の確実性を欠くため，間接正犯とはならないとされている。

　この間接正犯の議論に従うと，被害者を利用する殺害の場合にも，被利用者の自由意思を阻却し，あるいはその意思を完全に抑圧して絶対的強制下に置く必要があるなどとされてきた。判例④の1審判決でも，被害者が精神的に疲弊し，被告人の指示に逆らうことができず，車ごと海に飛び込む以外に選択肢を選ぶことはできない状態に至っていたものであり，したがって，車ごと海に飛び込んだ被害者の行為は，被告人により強制された，意思決定の自由を欠くものと判示されているが，間接正犯の理論の影響下にある判示であることが見て取れる。しかし，判例④の場合，被害者は，表面的には被告人に従いつつも，自殺を装って生き延びようとする主体的な意思決定もしており，意思決定の自由を欠くとするには疑問もある（藤井・前掲25頁）。これに対し，控訴審判決は，1審判決とほぼ同じ状況を認定しつつも，被害者が他に選択肢のない精神状態に陥り，被告人に強制されて意思決定の自由を制限された状況において車ごと

海に飛び込んだと認定し，威迫等によって被害者が抗拒不能の絶対的強制下に陥ったり意思決定の自由を完全に失っていなくても，行為者と被害者との関係，被害者の置かれた状況，その心身の状態等に照らし，被害者が他の行為を選択することが著しく困難であって，自ら死に至る行為を選択することが無理もないといえる程度の暴行・脅迫等が加えられれば，殺人罪が成立する，被害者の行為を利用した殺人の間接正犯としての実行行為性も到底否定できない，などと判示した。この控訴審判決が間接正犯と認めながら意思決定の自由の喪失度合が緩くて構わないかのような判示をした点については，伝統的な間接正犯概念を守る学説からの批判もあるが，翻って考えてみると，被害者を利用した殺人の場合，正犯として処罰されるべき者の欠缺を避けるという問題はなく，間接正犯の理論を持ち出す実益があるのがそもそも疑問に思われ，また，間接正犯であるとすると，人を殺す直接の行為は被害者自身が行っていることになるが，これと自殺教唆・幇助を否定することが調和するか疑問なしとしない（大コメ刑法第10巻（第2版）263頁〔金築〕），あるいは，間接正犯の理論によるとしても，規範に直面すべき立場にある第三者の行為を利用する場合と，自己の法益の処分又はその危殆化を迫られる被害者の行為を利用する場合とでは，同じく他人を利用するものといっても，被利用者の置かれた立場・状況は実質的に全く異なっており，これらを「道具理論」や「行為支配」などの概念で一律に説明しようとすることにはやや無理があるのではないか（藤井・前掲15頁）などの指摘がある。要は，殺人罪の実行行為とは，被害者を死亡させる具体的危険性のある行為をいうのであって，物理的に殺害する行為でなくても，被害者に対して自殺するように仕向ける暴行・脅迫などが，被疑者の意思決定の自由を強く抑圧し，それにより被害者が自らの生命を絶つ行為が当然に導かれるようなものであれば，被害者を死亡させる具体的な危険性を備えた行為として殺人罪の実行行為と認める余地があるものと考えられる（藤井・前掲14頁）。この場合，被害者の意思決定の自由を完全に失わせる必要はなく，被害者を自殺に追い込む目的で，被害者が自殺を選択することが無理もないと考えられる程度の暴行・脅迫が加えられた場合は，もはや自殺関与罪ではなく，被害者の置かれた状況，その心身の状態，行為者と被害者との関係等を考慮し，普通殺人罪が成立するとの説明が可能であろう（大コメ刑法第10巻（第2版）352頁〔金築〕）。

また，被害者の行為は違法行為でなく，正犯と共犯との間での刑事責任（犯罪実現の寄与に応じた）が問題になっている訳ではなく，むしろ，被害者の生命という法益の保護必要性（要保護性）の程度が減少するかどうかが問題であり，他方で，行為者は被害者の心理的圧迫状態を創出し，これにより被害者の死亡という結果を惹起しようとしているのであり，そうであるとすれば，被害者が意思決定の自由を完全に奪われていなくても，被害者の精神状態が心神耗弱（刑39条2項）の要件を疑わせる程度にまで減弱している場合には意思制圧の関係が認められるし，当該被害者の主観的な捉え方を基準として他に行動の選択肢が存在しないと考えられるところまで心理的に追い詰められたのであれば，意思の制圧の関係を認めて同意の有効性を否定し普通殺人罪とすべきであるとの指摘もある（井田良「自殺関与罪と同意殺人罪」刑事法ジャーナル4号138頁）。

　これらの観点から判例③，④を見てみると，判例③は，被害者を物理的に川に突き落としたわけではないが，護岸際まで追い詰めて垂木で殴りかかる態度を示すなど，暴行によって直接に突き落としたのに近い事例である上，転落後も溺死させるための暴行を加えるなどしており，殺人罪を認めた結論には概ね異論がないところである（ただし，その理論的根拠は間接正犯性に求めるのが一般であった。松浦繁・判解刑昭59年度250頁）。これに対し，このような暴行はないが，他行為選択の可能性がないとされる事例で殺人罪の成立を認めた判例④については，評釈等でも評価が分かれている。被害者に意思決定の自由が奪われて失われていたと見つつ結論に賛意を示す見解もあるが（林幹人「被害者を強制する間接正犯」研修687号9頁，豊田兼彦「自殺行為の強制と殺人罪の成否」法セ593号115頁，小林憲太郎「自殺させて保険金を取得する目的で被害者に命令して岸壁上から自動車ごと海中に転落させた行為が殺人未遂に当たるとされた事例」ジュリ1319号178頁など。ここでも間接正犯性を是認する見解が多い），判例④の事案ではこれに足りず，殺人罪としての実行行為性を認めることに疑問を呈する見解や（橋田久「被害者に命令して岸壁上から自動車ごと海中に転落させた行為が殺人未遂罪に当たるとされた事例」法教289号153頁，吉川真理「被害者を利用した間接正犯について」東北学院法学64号304頁。身柄を拘束されていたわけでもなく，警察に通報するという他行為の選択は不可能ではなかったと見る余地があるという），そこまでの強度の意思の抑圧状態は必要ではないとする見解もある（山口厚

「被害者の行為を利用した法益侵害」法教290号108頁，日高義博・重判解昭59年度177頁，伊東研祐「被害者を利用した殺人」重判解平16年度156頁)。

これら判例と比較されるものとして，⑤の広島高判があり，被告人が妻に行っていた暴行・脅迫がかなり強いにもかかわらず，自殺教唆罪の成立しか認められていない。この広島高判と最高裁の判例④との関係如何も問題とされているが，広島高判の事案では被告人は殺人罪では起訴されておらず，殺人罪の成立を検討した部分は完全な傍論というべきものであって，その判例としての意義を大きいものと見ることはできないであろう(常軌を逸する暴行を加えていた一方で，自殺行為の現場でその実行を強く迫ったような状況がないなど，判例④とは事案もかなり異なり，単純な比較は難しい。藤井・前掲20頁，28頁)。また，強盗殺人罪の成立を認めた⑥の福岡高宮崎支判は，威迫的な手段と欺罔的な手段が併用されている点に特色のある事案であるが，被告人が被害者を相当強く支配していた事情が伺われるところであって，その結論に対する異論は少ない。

なお，判例④においては，被害者は他の行為を選択する可能性を失ってはいたが，意思の自由を失っておらず，自殺する意図はなかった。自殺というためには，当該本人に自殺する意思が必要であり，仮に殺人罪が成立しない場合であっても，被告人に自殺関与罪は成立しないものと思われるが，このような場合にも，自殺関与罪が殺人罪を補充する類型であると見，被害者が自己を死亡させる現実的危険性のある行為に及んだことも自殺の範疇で捉えて，自殺教唆未遂罪の成立の余地を認める見解もある(林・前掲6頁—7頁，吉川・前掲289頁)。

(3) **錯誤に基づく自殺の場合**

(2)と対比して，見解がより尖鋭に対立する類型である。

いわゆる偽装心中の場合であり，判例②等の現われる以前から，自殺関与罪とする見解と，普通殺人罪とする見解の対立があり，判例②が出された後も，普通殺人罪の成立を認める見解は，行為者の追死してくれることが被害者の自殺への決意を固めるについて最も本質的な事柄であり，それが欠けた場合には自殺することは考えられないという事態において，その本質的事項について被害者を欺罔することは，実質上，自殺の決意に対する自由を奪うものにほかならず，自殺関与の範囲を逸脱するなどとする(大塚・全集各論(上)46頁，高橋幹男・

ジュリ107号54頁)。他方，自殺関与罪とする見解は，被害者はこの場合「死」ということの意味は十分理解しているのであり，死ぬこと自体には錯誤はなく，ただその動機に錯誤があるにすぎないのであるから，普通殺人罪とするのは妥当ではないとする（中野次雄・ひろば12巻2号14頁，平野・概説158頁）。

最近有力に主張されているのは，「法益関係的錯誤説」であり，被害者の錯誤に関する一般論として，被害者による同意は法益の放棄・処分であるとし，法益の内容そのものに関する錯誤のみが「法益関係的錯誤」として同意の効力に影響し，それ以外の単なる動機の錯誤については，被害者がその法益が失われること自体は正しく認識して同意を与えている以上，同意としての有効性は否定されないというものであって，学説の中で支持を広げている（山中敬一「被害者の同意における意思の欠缺」関西学院大学法学論集33巻3＝4＝5号921頁，佐伯仁志「被害者の錯誤について」神戸法学年報1号66頁，林美月子「錯誤に基づく同意」内藤謙先生古稀祝賀『刑事法学の現代的状況』21頁（有斐閣，1994），林幹人「錯誤に基づく被害者の同意」松尾浩也先生古稀祝賀論文集(上)233頁（有斐閣，1998），甲斐克則「自殺関与罪と殺人罪の限界」判例百選Ⅱ各論（第6版）7頁等）。

ドイツに発するこの考え方の背景には，判例②を，錯誤がなければ同意しなかったというだけで同意を無効とするものと解した上で，それでは処罰範囲が広がりすぎるとの視点がある。この見解の下では，偽装心中においては，死ぬこと自体は被害者も正しく認識し，まさに「被告人が追死してくれる」との動機にのみ錯誤がある場合であるから，被害者の同意は有効であって殺人罪にはならないものと考えられている。なお，この見解からも，(2)の強制・威迫に基づく同意の場合は，被害者の自由な自己決定に基づいていないから無効と考えられている。

もっとも，法益関係的錯誤説を純粋に貫く見解は見当たらず，緊急状態を欺罔されるなど，脅迫・強要の場合と同様の心理的強制状態に陥った同意は，自由意思によるものでないから同意の有効性が否定されるべきではないかなどとの議論があり，論者によっても，被害者の同意を無効とする範囲は相当に異なっている（緊急状態の例としては，子供の命を救うためには臓器移植が必要だと親を騙して移植に同意させた場合等が挙げられている。佐伯仁志「被害者の同意とその周辺(2)」法教296号84頁，山口厚「『法益関係的錯誤』の解釈論的意義」司法研修

所論集111号111頁。このように法益関係的錯誤説の中でも見解が分かれる背後には，論者の当罰性意識の差があるように伺われる。これらの見解に対して，法益関係的錯誤の論者による差異を詳細に分析し，その例外等が法益関係的錯誤説の立論そのものに反する点を指摘するものとして，上嶌一高「被疑者の同意(上)(下)」法教270号50頁，272号76頁がある）。

　これに対し，錯誤に基づく同意の効力に疑問を呈する見解も多い。例えば，欺罔の場合も，錯誤がなければ不本意な死なのであり，錯誤によってその認識が妨げられているだけであって，威迫と欺罔とで決定的に違うともいえない（大コメ刑法第10巻〔第2版〕356頁〔金築〕），あるいは，欺罔による場合に被害者の錯誤が法益でなく行為の動機にすぎないとしても，意思形成過程にだけ問題があるとの点では脅迫が加えられた場合であっても同じであり，殺人罪でないとの理由付けに十分でない（中森喜彦「偽造心中と殺人罪」判例百選Ⅱ各論〔第6版〕5頁），本当のことを知っていたなら死ぬことを決意することはおよそあり得なかっただろうという，本質的に重要な点に関して騙すことは，意思決定の自由を奪うものである，被害者に生命が失われることの認識があるかないかはそれ自体は重要ではなく，行為者により意図的に惹起された錯誤の動機付けに対する影響力が大きく，結果的に意思決定が被害者の真意に沿わない不本意なものとなることに変わりはないというとき，そのような同意があることにより被害者の生命という法益の要保護性が減少するとは到底言い得ないと思われる（井田・前掲140頁），錯誤の場合と区別して脅迫と同様の心理的強制による同意の無効を論じる必要はなく，行為者の欺罔ないし脅迫等によって一定程度被害者に心理的強制が加えられた場合には，同意は無効となると理解することができ，このように心理的強制を生じるのは，脅迫または緊急状態の欺罔がなされる場合に限られない（上嶌・前掲81頁）などの見解がある。これら見解の下では，偽装心中のケースでも殺人罪の成立の余地を検討していくことになるが，その場合でも，自殺の決意の形成過程に他人が関与した全ての場合が殺人罪になるのではなく，自殺者の心理を操作し，その行為を支配して，自殺に追い込んだと言えるだけのものがなければ殺人罪は成立しないとし，判例②については，心中を申し出たのが被害者であり，自殺者の行為支配性という点でやや弱い事案であったことは否定できないとの指摘もある（大コメ刑法第10巻

（第2版）356頁〔金築〕。ほかに，行為者が相手を支配しておらず，結論に若干の疑問があるとするものとして，林・前掲研修687号10頁。これと対比した場合，判例②と併せて掲記した仙台高判の事例では，被告人が被害者の口に薬物を入れ水を与えて嚥下させている点で事案が大きく異なる。名古屋高判の事例は，被告人が自ら殺害行為に及んでいる同意殺人の類型であって，同様の問題は存しない）。他方，被告人が被害者から心中を持ち掛けられて一旦はこれに応ずるように振る舞っていたなどの経緯に照らし，被告人は被害者の誤信状態を解くべきであるのに，かえってこれを利用し，他の行為を選択する可能性のない心理状態を維持させた不作為と，山中に同行し，自ら入手した毒薬を被害者に与えて嚥下させた作為の全体を考えれば，殺人の実行行為を認めるに十分とする見解もある（井上・前掲188頁―189頁）。

4 設問についての検討

(1) 設問〔1〕を見ると，甲は，追死する意思もないのに，被害者Aを欺罔して心中してくれるとの錯誤に陥れてAに自殺を決意させ実行させているが，判例②と比較した場合，自殺行為そのものに対する関与はしていないもののように見える。

本問の場合，錯誤に基づく同意を無効とするか有効とするかで結論は大別され，判例でもある前者の見解からは殺人罪が成立する余地があるが，後者では殺人罪は成立し得ず，自殺教唆罪のみを認め得ることになろう。しかし，前者の見解を前提としても，甲のAの自殺に対する支配が弱く，甲がAを自殺に追い込んだとはいえず，殺人罪の実行行為性がないとして，結局は自殺教唆罪を認めるとの結論も考えられるところである。

(2) 設問〔2〕については，日頃から甲を極度に畏れて服従していた被害者Bに対し，甲は暴力も加えて飛び込みを執拗に要求し，Bは他行為選択の可能性のない精神状態に陥って自殺したと見られる。判例④と比較検討すると，Bに他行為選択の可能性がない点は共通するが，Bに自殺の決意までをもさせている点で威迫は判例②以上に強く，執拗に飛び込みを要求した点で，殺人の実行行為性が肯定される可能性が高いものと考えられる。判例④及びその結論を支持する見解を前提とすれば，本問は判例④以上に殺人罪の成立が認めやすい

事案ということになろう。これに対し，威迫による自殺を殺人と認めるために，被害者の自由意思の阻却など極めて強い意思の抑圧を要求する立場からは，この程度の威迫では足りず，殺人罪としての実行行為性がないとされ，自殺教唆罪にとどまるとすることもあり得よう。

(3) 設問〔3〕の被害者Cは，甲の暴行脅迫にもかかわらず，自らの意思でこの程度は大丈夫との選択をした上で，断崖絶壁から飛び込んで傷害を負っている。設問〔2〕と比較して明らかに被害者の意思抑圧の程度が弱く，被害者は他の行為を選択できないような精神状態にも至っていないと認められるから，この場合に殺人（未遂）罪を認める見解は考え難いものと思われる。Cには自殺の意思もないから，自殺関与罪は成立せず，この場合，甲はCに飛び込むという義務のないことを行わせたとして強要罪（刑223条）の成立のみが考慮されるとも考えられるが，かかる場合であっても，殺人罪の補充類型として自殺教唆・幇助罪の成立を認める見解のあることは前記のとおりである。

【大野　勝則】

28 早すぎた結果の発生と殺人罪

甲は、Aとの結婚話が持ち上がったことから、同棲中のBの存在がじゃまになった。そこで、甲は、「桟橋で2人きりの時間を過ごそう」とBを誘った上で、桟橋でBの飲物に密かに睡眠薬を入れて眠らせ、そのまま海中に突き落として溺死させようと計画した。甲は、Bを首尾よく人気のない桟橋に誘い出し、隙をみて、Bの飲んでいたワインのグラスに睡眠薬を入れたところ、それを飲んだBがまもなくぐったりしたため、Bを桟橋から海中に突き落とした。その後、Bの死体が発見され、その死因の鑑定結果によれば、甲がBに飲ませた睡眠薬がベンゾジアゼピン系であり、酒と一緒に多めに服用されたためにその作用が強化されてBの呼吸停止を招き、海中に突き落とされる前に死亡していた可能性があることが判明した。甲は、酒と睡眠薬とを一緒に飲むと呼吸停止を招くことがあることを全く知らなかった。甲の罪責はどうか。

1 はじめに

本問では、甲の罪責、具体的にはBに対する殺人罪の成否が問題となる。すなわち、甲が立てたBの殺害計画は、①人気のない桟橋まで誘い出したBに、睡眠薬を入れた飲物（ワイン）を飲ませて眠らせる、②眠ったBを桟橋から海中に突き落とす、③Bを溺死させるというものであり、甲としては、直接的には②の行為によってBの死亡の結果を生じさせようとしているから、①の行為はそのための準備的行為と位置付けることができる（以下、本稿を通じて、このような準備的行為を「第1行為」といい、それに引き続く本来意図した結果を直接生じさせようとする行為を「第2行為」ということにする）。そして、甲は計画どおり第1行為及び第2行為を遂げており、これがBの死亡（溺死）という結果を発生させる危険性を有すること、すなわち、殺人罪の実行行為性を有することも明らかであって、現にBを死亡させたのであるから、甲がBに対する殺人罪の責任を負うことは多言を要しないようにも思われる。

ところが、甲の計画によれば、Bは第2行為の結果として溺死するはずであ

28 早すぎた結果の発生と殺人罪

ったのに，実際には，Ｂが飲まされた睡眠薬がベンゾジアゼピン系であり，酒と一緒に多めに服用されたために強化されたその作用（以下「複合作用」という）で呼吸停止を招き，Ｂが海中に突き落とされる前に死亡していた（以下「窒息死」という）可能性，すなわち，第１行為により死亡した可能性のあることが判明したが，甲はそうした複合作用のもたらす呼吸停止の危険性を全く知らなかった。このような事情の下でもなお，甲はＢに対する殺人罪の責任を負うのかが問題となる。もっとも，Ｂが第１行為により窒息死したというのは飽くまで可能性であって，第２行為により溺死した可能性が否定されたわけではないが，第１行為により窒息死したとの合理的な疑いがあり，かつ，そのように認定する方が被告人に有利であれば，「疑わしきは被告人の利益に」の原則上，第１行為により窒息死した旨認定すべきであることはいうまでもない。したがって，本問は「甲は，Ｂが第１行為により窒息死した場合でも，殺人罪の責任を負うか」というのと実質的に同じである。

　付言すると，第２行為に殺人罪の実行行為性が認められることは明らかであり，第１行為もその複合作用のゆえに客観的には殺人罪の実行行為性を有するところ，仮に，甲において複合作用を認識していれば，Ｂの死因が窒息死又は溺死のいずれであろうと，殺人罪の責任を負うことは，どの見解からも問題なく認められよう。なぜなら，その場合の甲の心理状態は，できればＢには第２行為の結果として死んでもらいたいが，第１行為の結果として死んでも構わないというものにすぎず，第１行為によりＢを窒息死させることについて，少なくとも未必的な故意が認められるからである。しかしながら，実際には甲は複合作用による死の危険性を認識しておらず，同危険性に対応する故意がないから，同危険性を根拠として殺人罪を認定することはできない。

2 論　点

　甲がＢを殺害しようとして行為した結果，Ｂは死亡したが，甲の想定していたＢ死亡に至る計画と，現実の経過がそごしている。すなわち，甲の計画によれば「第１行為→第２行為→Ｂの死亡」となるはずのところが「第１行為→Ｂの死亡」となっており，いわゆる早過ぎた結果の発生（「早過ぎた構成要件の実現」ともいう）の問題が生じている。この問題，本問に即していえば，甲が予

定より早く生じたBの死亡という結果について殺人罪の責任を負うべきかの問題をめぐっては、学説上の対立があり、判例・多数説は、「ウェーバーの概括的故意」の事例の逆の場合であるとして、因果関係の錯誤の問題ととらえているが（ウェーバーの概括的故意の事例とは、最初の行為により結果を発生させたと思い、後の行為を行ったところ、実は後の行為により初めて結果が生じたという場合である。大判大12・4・30刑集2巻378頁は、被告人が被害者を殺害するつもりでその首を絞め、死んだものと思い込んで犯行の発覚を防ぐ目的でその死体を砂浜に放置したところ、実際にはまだ生きていた被害者が、砂末を吸い込んで死亡した事案につき、最初の行為と結果との間に因果関係が存在し、後の行為の存在はそれを遮断するものではないとして、殺人罪の成立を認めている）、反対説も有力に主張されている。

なお、早過ぎた結果の発生の問題を因果関係の錯誤の問題ととらえるとしても、まず確認しておくべきことは、殺人罪の実行の着手が認められない予備以前の段階で死亡の結果が発生しても、殺人罪が成立する余地はないということである。刑法43条は「犯罪の実行に着手してこれを遂げなかった」場合を未遂としているのであるから、（犯罪の）実行の着手がなければ未遂罪が成立しないことは当然であるし、未遂の段階を経ずに結果が発生しても、既遂罪が成立することはない。このことは、いかなる見解からも異論がないと思われる。それゆえ、甲がBの死亡につき殺人罪の責任を負うには、その前提として、第1行為に殺人罪の実行の着手が認められることが必要であり、仮に、これが認められなければ、第1行為については睡眠薬を飲ませてBの生理機能に障害を生じさせ、その結果死亡させたものとして傷害致死罪となり、第2行為については殺人の不能犯（状況により殺人未遂罪）ということになろう。

③　平成16年判例

最決平16・3・22刑集58巻3号187頁（以下「平成16年判例」という）は本問と類似する事案につき、殺人罪の成否が問題となったものである。同判例は事例判断を示したものである上、保険金目当ての共犯事件であること、第1行為と第2行為との間に時間的・場所的な異同があることなど、いくつかの点で本問とは差異があるが、本問を検討する上で極めて重要なものであるので、まずそ

の内容を確認しておくことにする。

　平成16年判例の事案は，Vを事故死に見せ掛けて殺害し，生命保険金を詐取することを企てた被告人両名が，Vを自動車内に誘い込み，クロロホルムを吸引させて失神させた上，自動車ごと水中に転落させて溺死させるという計画を立て，実行犯3名に指示して同計画を実行させたところ，実行犯3名は，クロロホルムによりVを昏倒させた（第1行為）上，約2キロメートル離れた港まで運び，第1行為の約2時間後に，Vを自動車ごと海中に転落させ（第2行為），Vを死亡させたが，その死因が第1行為と第2行為のいずれによるものか不明であったというものである。なお，客観的にみれば，第1行為は人を死に至らせる危険性の相当高い行為であったが，犯人らには，第1行為自体によりVが死亡する可能性の認識はなかったとされている。

　この事案でも，第1行為に殺人罪の実行の着手が認められなければ，第1行為によりVの死亡の結果が発生しているとの合理的な疑いが残るため，殺人罪には問えないことになるが，平成16年判例は，「実行犯3名の殺害計画は，クロロホルムを吸引させてVを失神させた上，その失神状態を利用して，Vを港まで運び自動車ごと海中に転落させて溺死させるというものであって，第1行為は第2行為を確実かつ容易に行うために必要不可欠なものであったといえること，第1行為に成功した場合，それ以降の殺害計画を遂行する上で障害となるような特段の事情が存しなかったと認められることや，第1行為と第2行為との間の時間的場所的近接性などに照らすと，第1行為は第2行為に密接な行為であり，実行犯3名が第1行為を開始した時点で既に殺人に至る客観的な危険性が明らかに認められるから，その時点において殺人罪の実行の着手があったものと解するのが相当である」と述べて，第1行為の時点で殺人罪の実行の着手が認められるとした。

　また，同判例は，早過ぎた結果の発生の点につき，「実行犯3名は，クロロホルムを吸引させてVを失神させた上自動車ごと海中に転落させるという一連の殺人行為に着手して，その目的を遂げたのであるから，たとえ，実行犯3名の認識と異なり，第2行為の前の時点でVが第1行為により死亡していたとしても，殺人の故意に欠けるところはなく，実行犯3名については殺人既遂の共同正犯が成立するものと認められる。そして，実行犯3名は被告人両名との共

謀に基づいて上記殺人行為に及んだものであるから，被告人両名もまた殺人既遂の共同正犯の罪責を負うものといわねばならない」とした。

④ 本問の検討
(1) 実行の着手
(a) 論理的順序に従い，まず，実行の着手の有無について検討する。最初に，実行の着手に関する判断基準を簡単に整理しておくと，大別して，①行為者の意思を基準とし，犯意を徴表する外形的行為が行われた時期を実行の着手とする主観説，②行為の客観面に着目して客観的基準により判断する客観説，③客観面と主観面の両者を併せ考慮する折衷説（計画説）が対立している。主観説は，主観的犯罪論に基づくものであるが，同説によると，実行の着手時期がかなり早くなり，例えば，他人の住居に侵入した上で，窃盗をする場合と家人を殺害する場合とであれば，客観的な面は同じであるのに，行為者の目的に応じて，いずれも住居侵入の時点で窃盗罪ないし殺人罪の実行の着手を認めることになってしまうこと，予備罪と未遂罪の区別が困難になることなどの問題があり，実務的にも採られていない。

これに対し，客観説にはそうした問題がなく，基本的に妥当な見解であるが，この客観説も，構成要件に該当する行為を開始したか否かという形式的基準で判断する形式的客観説と，法益侵害の危険性を，実質的・具体的に判断して着手時期を判断する実質的客観説に分かれる。刑法43条の文言からすれば，実行の着手とは，実行行為，すなわち構成要件該当行為を開始することをいうはずであるから，本来，構成要件該当行為かそれに直接接続する密接行為が行われることが必要であり，その意味で形式的客観説の依拠する形式的基準は重要であるものの，これを貫くと実行の着手時期が余りに遅れるため法益の保護が十分でない。それゆえ，形式的客観説にも内容をやや修正して，構成要件該当行為のほか，これに接着する行為を開始した場合にも実行の着手を認める見解が存するが，通説的見解は，実質的客観説を採用し，構成要件に該当する行為に着手した場合のほか，未遂犯の処罰根拠が既遂に至る危険性を発生させることにあることにかんがみ，構成要件的結果が発生する実質的危険性を有する行為に着手した場合にも実行の着手が認められるとしている。そして，判例も，か

つては形式的客観説を採用していたが，その後は，構成要件該当行為に密接な行為をした場合（大判昭9・10・19刑集13巻1473頁）や，構成要件的結果が発生する実質的危険性を有する行為に着手した場合（最決昭45・7・28刑集24巻7号585頁など）にも実行の着手を認めており，基本的に実質的客観説に立つものと解されてきた。

　もっとも，実質的客観説に立つとして，実行の着手の判断に当たり，行為者の主観面を考慮すべきかについては，更に見解が分かれている。人の行為は主観と客観の全体構造を持つものであり，客観的には同じに見える行為でも，行為者の意図により成立する罪名は異なるのであるから（例えば，相手方に対し，けん銃を突き付けて引き金に手を掛ける行為は，その相手方を射殺する意図であれば殺人未遂罪であるし，単に脅すつもりであれば脅迫罪であろう），実行の着手に当たるかの判断に際しても，主観面と客観面を併せ考慮すべきであって，少なくとも故意の限度では考慮せざるを得ないところ，平成16年判例は，実行の着手の有無の判断に当たり，行為者の計画も考慮に入れることを明確にしており，主観面を考慮する実質的客観説ともいえるが（安田拓人「実行の着手と早すぎた結果発生」重判解平16年度157頁），むしろ折衷説に立つものと思われる（平木正洋・判解刑平16年度163頁。なお，小川新二「被害者にクロロホルムを吸引させて失神させた上，自動車ごと海中に転落させてでき死させようとする計画の下にこれを実行したものの，海中に転落させる前に被害者がクロロホルム吸引により死亡していた可能性もある事案について，殺人罪の成立が肯定された事例」研修673号9頁も参照）。折衷説については，主観面を過度に重視する場合には，主観説と同様の問題があるが，飽くまでも客観面を基本とし，これに主観面も考慮して実行の着手の有無を判断するのであれば妥当な見解といえよう。

　(b)　それでは，本問の甲につき，実質的客観説又は折衷説の立場から，Bに対する殺人罪の実行の着手が認められるか。

　甲の行った第1行為は，客観的には複合作用によりBを窒息死させる危険性の高いものであったが，甲にはその点に関する認識が全くなかった。しかしながら，甲に認識のなかった上記危険性の点を除いても，甲はBが睡眠薬の服用により昏倒することを認識・認容して第1行為を行ったのである。そして，このように人気のない桟橋上でBを昏倒させることは，その直後に同じ現場で行

うBを海中に突き落とす行為によりBを溺死させるという結果を発生させることを極めて容易にするものであるから，昏倒させたことをもって，Bの殺害（死亡の結果発生）に至る現実的危険性を含む行為を開始したもの，すなわち，殺人罪の実行に着手したものと評価してよいと思われる。端的にいえば，甲において，第1行為によりBを昏倒させて，抵抗できなくさせることについての認識があれば十分であり，そもそも第1行為に複合作用がなくても構わないというべきである（窃盗罪の実行の着手が物色行為の段階で認められるように，ある行為につき実行の着手が認められるためには，同行為自体から構成要件的結果が発生する物理的な可能性があることまで要せず，構成要件該当行為に至る客観的な危険性があれば足りると解される）。そうすると，甲に複合作用に関する認識がなかったことは，殺人罪の実行の着手を認める上で支障にはならないというべきである。

なお，平成16年判例は，その第1行為（同判例によれば，多量のクロロホルムを染み込ませてあるタオルをVの背後からその鼻口部に押し当てなどして，クロロホルムの吸引を続けさせ，昏倒させる行為）につき，犯人らは，それによりVが死亡する可能性があるとの認識を有していなかったものの，客観的にみれば人を死に至らしめる危険性の相当高い行為であったと判示しており，実行の着手の有無の判断において，上記死に至る危険性の高さを考慮しているようにも読める。しかし，そもそも犯人らには，第1行為によりVが死亡する可能性があるとの認識はなかったのであるから，その認識を故意の内容とすることはできないところ，同判例の判文上，実行の着手の有無の判断では，第1行為自体からVの死亡の結果が発生する可能性に全く論及されていないことからしても，上記判示部分は，その後の因果関係の錯誤の判断において，当該錯誤が故意を阻却するようなものではないことを論ずる前提として，事案に即した判示をしたものであり，第1行為が「人を死に至らしめる危険性の相当高い行為」でなければ，結論を異にしたと考えるのは相当でないと思われる（平木・前掲171頁，橋爪隆「殺人罪の実行の着手と早すぎた構成要件実現における殺人既遂の成否」ジュリ1321号235頁）。

(c) 以上のとおり，甲は第1行為のもたらす複合作用を全く知らなかったものの，その認識する範囲でもBの抵抗を完全に失わせる第1行為を行ったも

のであり，これによりBの殺害に至る現実的危険性を含む行為を始めたと評価できるから，引き続き第2行為を行う計画があったことをも考慮に入れる折衷説からはもとより，実質的客観説からも，第1行為を行った時点で，Bに対する殺人罪の実行の着手を認めてよいと思われる。それゆえ，仮に，第1行為の終了後，第2行為の前の段階でBが保護され，生命に別条がなかったとしても，甲はBに対する殺人未遂罪を免れないと解すべきである。

(2) **早過ぎた結果の発生**

(a) 次に，早過ぎた結果の発生の点を検討する。

多数説は，事実の錯誤が故意を阻却するかにつき，いわゆる相当因果関係説に立った上，早過ぎた結果の発生については，実行の着手があった後，構成要件的結果が発生した以上，その間の問題は因果関係の錯誤の一類型にすぎず，犯人が認識した因果の経過と実際の因果の経過との間に食い違いがあっても，両者が相当因果関係の範囲内において一致するのであれば，その食い違いは構成要件的評価において重要なものではないから，故意を阻却しない（法定的符合説）としている。また，いずれも放火の事案につき，建物内にガソリン等をまいた時点で放火罪の実行の着手を認めた上，その後の引火によって建物が焼燬した場合を放火既遂罪に当たるとした静岡地判昭39・9・1下刑集6巻9＝10号1005頁，広島地判昭49・4・3判タ316号289頁，横浜地判昭58・7・20判時1108号138頁や，殺人の事案につき，マンション9階の自宅内で殺意をもって妻を包丁で刺して重傷を負わせ，放置してもしばらくすれば死ぬと思って包丁を台所に置きに行くと，同女がベランダの手すり伝いに隣室に逃げ込もうとしたので，部屋の中に連れ戻してガス中毒死させようと考え，その腕をつかもうと手を伸ばしたところ，これを避けようとした同女が，バランスを崩して転落し死亡したという場合に殺人既遂罪の成立を認めた東京高判平13・2・20判時1756号162頁も同様の見解に立つものと思われる。そして，平成16年判例も，判文のみからでは早過ぎた結果の発生を因果関係の錯誤の問題ととらえているとは断定できないものの，その原判決は「すでにクロロホルムを吸引させる行為により死亡していたとしても，それはすでに実行行為が開始された後の結果発生に至る因果の流れに関する錯誤の問題に過ぎない」として，因果関係の錯誤の問題としていることが明らかであり，その判断を平成16年判例は是認して

いるのであるから，平成16年判例も，早過ぎた結果の発生を因果関係の錯誤の問題ととらえていると解するのが素直であろう（平木・前掲182頁，安田・前掲158頁）。

(b) これに対し反対説は，既遂犯の実行行為（構成要件該当行為）と未遂犯の実行行為（実行の着手が認められる行為）が同一である必然性はないとの理解を前提に，本問の甲には，第1行為によりBの殺害という構成要件的結果を発生させようとの意思はなく，第2行為により同結果を発生させようとの意思を有している点を重視して，第1行為の時点では甲に殺人（既遂）罪の故意は認められないから，せいぜい殺人未遂罪にとどまると主張する。すなわち，反対説は，既遂犯の故意を肯定するには，結果惹起のために，行為者として必要な行為はすべて行ったとの認識（実行未遂の認識あるいは「手放し」の認識）が必要であるとしており，図式的にいえば「実行の着手＋構成要件的結果＝既遂犯」とする判例・多数説に対しては，未遂処罰の必要性から，政策的に未遂犯の処罰時期を既遂犯の構成要件該当行為の着手以前にさかのぼらせるばかりか，そのことを根拠に既遂犯の構成要件該当行為自体までをも拡張・前倒しするものであり，未遂犯を犯罪の基本型，既遂犯をその結果的加重類型と理解するものであるなどとの批判を加えている（山口・新判例刑法（第2版）86頁，林幹人「早過ぎた結果の発生」判時1869号4頁。ただし，山口教授は，基本的に反対説に立ちつつも，平成16年判例の結論については，「当初の犯行計画に基づき予定され，密接な関係において行為者自身により遂行される一連の行為については，それらを実質的に一体のものとして把握することが可能な限りにおいて，そうした一連の行為を開始する段階ですでに故意を認め，一連の行為のいずれかにより惹起された結果について既遂犯の成立を肯定することも，（中略）不可能とはいえないであろう」（山口・総論（第2版）216頁とされている）。

(c) しかし，反対説については，実行の着手があり，相当因果関係も認められる仕方で結果も発生したのに，未遂犯しか成立しないとすることにつき素朴な疑問が生じる（川端博「早すぎた構成要件の実現」研修688号10頁）。特に，美術館で展示中の花瓶を館外に持ち出した上，破壊しようとして花瓶を動かそうとしたところ，誤って落としてその場で破壊してしまった場合などでは，器物損壊罪は未遂が処罰されないから不可罰とせざるを得なくなる（山口・問題探

究総論141頁)。このほか，反対説に対しては，①未遂犯の実行行為と既遂犯の実行行為が異なるのは，既遂の結果が発生したか否かという結果の点のみであり，両者の故意の内容が異なると解すべきではない，②第2行為から結果が発生すると思っていて，第1行為から結果が発生したとしても，客観的に結果発生の危険を基礎付ける事実を認識していたのであれば，それは当てはめの錯誤にすぎず，故意の阻却とは無関係である，③人間が自己の行為を完全にコントロールできるものではない以上，最後の最後まで因果経過を行為者がコントロールしていたことを既遂の要件として要求するのは過度の要求であるといった批判が妥当しよう（平木・前掲178頁）。

　そして，早過ぎた結果の発生は，Xにおいて，Yを何度も殴り付けて，できるだけ苦しませてから殺害しようと考え，最初は手加減するつもりでいたところ，最初の一撃でYを死亡させてしまった場合でも問題となるが，結果発生に至る犯人の意思を重視する余り，殺人罪の成立を認めないとすれば，明らかに不当であろう（橋爪・前掲238頁）。

　(d)　思うに，本問の甲が想定する「第1行為＋第2行為」が，全体として殺人罪の構成要件該当性を有することは，冒頭でも述べたように明らかである。そして，確かに，第1行為に出た時，甲には同行為自体によってBを殺害する意思はなかったものの，その時点で既に，引き続く第2行為により殺害の目的を遂げようと考えており，そのための不可欠な準備的行為として第1行為を行っているのであるから，両行為を分断して理解し，第1行為の時点ではB殺害の故意がないと考えるのは実態にそぐわない。甲において，Bに対する殺意なしに第1行為に出た後，昏倒したBを見て殺意を生じ，第2行為に及んだときのように，第1行為と第2行為が一体的に把握できない場合とは明らかに状況が違うのであって，両行為は一体的に1個の実行行為として把握すべきものであり（平木・前掲175頁，福田平「『早すぎた構成要件の実現』について」判タ1177号125頁），このように一体として把握された一連の過程のどの時点においてBの死亡という結果が発生しても，甲は殺人罪の責任を免れるべきではないと思われる（平成16年判例も，その第1行為及び第2行為を通じて「一連の殺人行為」と評価しているところである）。

　(e)　もちろん，一体的に把握するといっても，第1行為に殺人罪の実行の

着手が認められなければ，そこから死亡の結果が発生しても殺人罪は成立しない。それゆえ，早過ぎた結果の発生の問題として議論される，①XがYを射殺するつもりで，Y宅付近に赴き，殺害に使用するけん銃に弾丸が込められているかを確かめていたところ，同けん銃が暴発して弾丸が発射され，たまたま付近を通り掛かったYに当たって，同人が死亡した事例や，②Xが夫Yを毒殺するつもりで，Yの好きな酒に毒を入れて自宅の戸棚にしまっておき，いずれ機会を見てその酒を出してYに飲ませようと考えていたところ，Xの外出中にYがその酒を発見してこれを飲み，死亡した事例では，客観的には殺人罪の構成要件に該当するとしても，Xにおいて，Y殺害の実行の着手が認められないから，殺人罪はおろか，殺人未遂罪にも当たらないが，第1行為に実行の着手が認められ，結果発生の現実的危険性を生じさせている以上は，生じた結果について責任を負わせても何ら不当ではないというべきである（安田・前掲158頁）。

5 まとめ

以上の検討を踏まえると，本問の結論は次のようになろう。

甲は，Bを殺害しようとの計画の下，睡眠薬を入れた飲物（ワイン）を飲ませるという第1行為を行ってBを昏倒させた。甲には第1行為の複合作用がもたらす危険性についての認識はなかったものの，昏倒させること自体がBの殺害という結果発生に至る現実的危険性を有する行為であるから，第1行為には殺人罪の実行の着手が認められる。

甲は，引き続き，ぐったりしたBを桟橋から海中に突き落として第2行為を行い，Bを死亡させたが，それが第1行為により窒息死したのか，第2行為により溺死したのか不明であった。死因が後者であれば殺人罪の責任を負うことは明らかであるが，前者である可能性も否定できず，早過ぎた結果の発生の問題が生じているとしても，同一構成要件内の因果関係の錯誤にすぎず，その内容も重大なものではないから，殺人の故意は阻却されず，甲はBの死亡につき，殺人罪の責任を負うべきことになる。

このように，Bが第1行為により死亡した可能性と第2行為により死亡した可能性がいずれも否定できないものの，いずれにしても甲は殺人罪の責任を免れないのであるから，罪となるべき事実としては，「甲は，第1行為によりB

を窒息死させ，又は第2行為によりBを溺死させた」旨のいわゆる択一的認定をすることになろう（このような認定が許されることは最決平13・4・11刑集55巻3号127頁参照）。

【松田　俊哉】

29 音の暴力と暴行・傷害罪

次の場合，甲，乙の罪責はどうか。

〔1〕 甲は，Aほか10名とともに，約18平方メートルの締め切った部屋の中で，Bの周囲を取り囲み，それぞれ大太鼓，シンバル等を連打して，Bを意識もうろうとさせて，息詰まった気分にさせた。

〔2〕 乙は，自宅の窓を開けて，窓際にラジオを置き，約1年にわたり，隣家に住むC及びDに向けて，連日，早朝から深夜まで，ラジオの音を大音量で鳴らし続けたところ，Cは精神的ストレスによって，慢性頭痛症及び耳鳴り症になった。

1 問題の所在

設問は，人に対し，通常の社会生活では考えられない態様・音量で音を聞かせることが，暴行罪，傷害罪の関係でどのような意味を持つかを問題にしている。具体的には，①締め切った狭い部屋の中で，多数人で取り囲み，それぞれ大太鼓，シンバル等を連打した行為は，暴行罪における暴行といえるか，②自宅窓際にラジオを置き，約1年にわたり，隣家に住むC，Dに向けて，連日，早朝から深夜まで，ラジオの音を大音量で鳴らし続けた行為は，暴行といえるか，③Cが精神的ストレスによる慢性頭痛症及び耳鳴り症になったことは傷害といえるか（Bが意識もうろう，息詰まる気分になったことは，傷害といえるか），④上記②の行為は，傷害罪の実行行為といえるか，⑤Dが発症していない点は，乙の行為の実行行為性やCの慢性頭痛症等との因果関係に影響を及ぼすか，⑥乙に傷害罪が成立するかなどが問題となる。

以下，関連する一般的な諸論点について考察を加えながら，順次検討する。

2 暴行罪における暴行の意義

(1) 総説

暴行という言葉は，刑法の様々な条文で用いられているが，一義的でなく，各条文の趣旨を踏まえて解釈する必要がある。ここで問題とされている暴行罪

（刑208条）における暴行（以下，単に「暴行」ともいう）とは，人の身体に対する不法な有形力の行使と解されている。暴行罪が「第27章　傷害の罪」に規定され，その保護法益が「身体の安全ないし平穏」と解されていることから，ここでの暴行が「人の身体」に向けられたものでなければならないことは自明である。そして，不法な有形力の行使の点については，暴行という言葉の日常用語的語感から容易に想定できる「殴る」「蹴る」などの力学的作用だけでなく，音，熱，光，電気等の物理的な力が作用する場合も含むと解されている。争いがあるのは，①毒物，病原菌あるいは腐敗物の投与等の化学的・病理学的手段，催眠術等の心理的手段を用いた場合が含まれるか，②傷害の結果を引き起こす危険性を有することが必要か，③身体に直接接触することが必要かなどである。

  (a)　判　　例

　暴行は，「人の身体に対し不法な攻撃を加えること」である（最判昭29・8・20刑集8巻8号1277頁）。そして，前記①に関しては，他人に性病を感染させた行為（最判昭27・6・6刑集6巻6号795頁）や赤痢菌・チフス菌を添加させた食品を食べさせて発病させた行為（東京高判昭51・4・30判時851号21頁）は，いずれも暴行によらない傷害としている。また，前記②に関しては，労働争議に関連し，電車に乗り込もうとしている被害者を多数人で取り囲み，被害者の衣服を引っ張るなどして電車に乗るのを妨げた事案について，（暴行は）「人ノ身体ニ対スル不法ナル一切ノ攻撃方法ヲ包含シ其ノ暴行カ性質上傷害ノ結果ヲ惹起スヘキモノナルコト」は必要ではないとする（大判昭8・4・15刑集12巻427頁）。さらに，前記③に関しては，通行人の数歩手前を狙って石を投げつける行為（東京高判昭25・6・10高刑集3巻2号222頁），脅す目的で抜き身の日本刀を持ち出し，被害者のいる狭い四畳半の室内で数回振り廻す行為（最決昭39・1・28刑集18巻1号31頁）あるいは被害者の首ないし胸の辺りにほとんど接近して突きつける行為（東京高判昭43・11・25判タ233号189頁），自動車等で被害自動車や被害者に著しく接近させ，あるいは執拗に追跡するなどの行為（東京高判昭50・4・15刑月7巻4号480頁，東京高判昭56・2・18刑月13巻1＝2号81頁，東京高判平12・10・27東高時報51巻1＝12号103頁，東京高判平16・12・1判時1920号154頁）は，いずれも暴行に当たるとしている。このように，判例は，①不法な攻撃とは物理力である，②それが人の身体に接触した場合には傷害の危険を欠く行為であっ

ても暴行である，③物理力が人の身体に接触しなくても暴行に該当する場合があると解している。これに対しては，暴行罪について，傷害罪にはない固有の保護法益を考え（上記②），傷害未遂の一部を補足するために暴行概念が広げられている（上記③）との指摘がなされている（山口・各論（第2版）42頁）。

(b) 学　　説

学説は，前記②，③に関し，判例の立場を基本的に支持する見解（団藤・各論（第3版）419頁，大塚・各論（第3版増補版）35頁，大谷・各論（新版第3版）38頁，前田・各論（第4版）46頁）が多数といえるが，判例よりも暴行概念を限定する二つの流れも有力である（山口・問題探究各論36頁）。その一つは人の身体への接触を要求する見解であり（山口・各論（第2版）44頁），もう一つは暴行には傷害の危険が含まれていることが必要であるとする見解である（野村稔「暴行罪・傷害罪」現代的展開各論38頁）。このほか，暴行罪の保護法益には身体の外形的自由（行動の自由）（齋野彦弥「暴行概念と暴行罪の保護法益」成蹊法学28号449頁）あるいは意思活動の自由（佐久間修「暴行の意義と刑法の解釈」夏目古稀『刑事法学の新展開』101頁（八千代出版，2000））も含まれるとした上で，暴行概念の明確化を図ろうとする見解もあるが，その保護法益の理解は一般的とはいえない。

(c) 考　　察

暴行は，「人の身体に対し不法な攻撃を加えること」とされているが（最判昭29・8・20刑集8巻8号1277頁），そのことから「有形力の行使」という概念が当然に導き出されるわけではない。しかし，暴行を不法な有形力の行使とする通説的理解は，刑法208条の保護法益（身体の安全ないし平穏）を重視しつつ，暴行という言葉の日常用語的語感に沿った解釈を指向するものとして，基本的に妥当である。もっとも，その内実として，どこまでのものを含ませるかについては争いがある。この点については，暴行を有形力の行使であるとすることの実質的根拠に立ち返る必要があろう。すなわち，暴行罪が結果犯としての傷害罪とは別個に規定されていることに鑑み，結果が生じたことから遡及的に何らかの手段が用いられたことが推認できるというようなものは，人の身体に対する作用自体を直接に処罰する暴行罪の射程範囲ではないと考えるべきではなかろうか。そうであるとすると，有形力行使の内実も，人の身体に作用してい

ること自体が，その作用している時点で五官によって感得し得る力を意味すると解すべきであろう。具体的には，殴る，蹴るなどの力学的な力だけでなく，音，電流，光，熱，臭気等の物理的な力は含まれるが，物理的な力を用いずに毒物，病原菌あるいは腐敗物を投与するなどの化学的・病理学的作用，催眠術等の心理的作用は含まれない。このような解釈に対しては，借金の返済を免れる目的で債権者を毒殺したケースについて二項強盗に問えない不都合を指摘する見解もあるが（西田・各論（第5版）43頁，井田良「傷害の概念をめぐって」刑事法ジャーナル6号114頁），殺人罪で対応すべきであろう。

また，傷害の結果を引き起こす具体的危険性を要するかについては，暴行罪の保護法益をどう考えるかに関わっている。暴行罪は，傷害罪の未遂としての機能を果たす規定であるが，それだけではなく，身体に対する不可侵性を保護するという独自の意味もあると解される。そうである以上，身体に危害を及ぼさない不法な有形力の行使も，それによる生理的・心理的苦痛を排除すべき現実の要請も強いし，他人から物理力による不法な攻撃を受けないこと（身体に対する不可侵性）という観点からも処罰の必要がある。要するに，暴行は，性質上傷害の結果を発生させる態様・程度のものが中核であることは間違いないが，その外延には生理的・心理的苦痛を伴う不法な攻撃を含むと考えるべきであろう（大谷・各論（新版第3版）37頁）。

さらに，身体に直接接触することの要否については，前記(a)のとおり，手段として用いられた凶器や自動車が最終的には被害者や被害者運転の車両に接触し，あるいは接触と同視できる程度の事情により被害者の傷害ないし死亡という結果が発生した場合には，暴行があったとする一連の裁判例がある。使用された手段（凶器，車）の予想外の動き（何かにぶつかって跳ね返ったり，車がスリップ等をしたりすること），追い詰められた被害者の突発的な反応（被害者車両の運転ミス，被害者の転倒や危険な退避行動）によっては，使用された手段（凶器，車）が被害者の身体に接触し，傷害の結果を引き起こす具体的危険が極めて高かったのであり，現実にも傷害の結果が発生している。身体の安全という保護法益を十分に保護するためには，今にも接触し，傷害の結果が発生する具体的危険が生じた場合は，これを暴行と呼んでも日常用語的語感に照らして何ら違和感がなく，暴行の結果的加重犯としての傷害あるいは傷害致死罪に該当

すると解すべきであろう。このような理解は，暴行罪によって身体の「安全」の保護を超えて「安全感（主観的感覚）」まで保護しようというものではない（林・各論（第2版）59頁）。したがって，逃走した被害者が誤ってショーウィンドーのガラスに激突して死亡した事案において，被告人による単なる追跡だけでは暴行に該当しないとした裁判例（東京地判昭35・6・16判タ105号103頁）は，結論において妥当である。この点，暴行罪は傷害未遂罪の一部を捕捉する機能を果たしているが，傷害未遂罪そのものではなく，暴行という結果の発生が必要であることを強調し，身体への接触が必要との見解も有力である（山口・問題探究各論42頁）。しかし，暴行という言葉の日常用語的語感に照らし，有形力が今にも身体に接触し，傷害の結果が発生する具体的危険が生じた場合には，暴行という結果が既に発生したと解することは，刑法の解釈として十分に可能ではないかと思われる（この場合に傷害の結果が発生する具体的危険性を問題にしている点については，後記(2)(b)を参照）。

 (2) 音の使用と暴行

 音の使用が不法な有形力の行使に当たり得ることは，前記(1)で述べたとおりであるが，常に暴行に該当するわけではない。

  (a) 判 例

 ①室内において被害者の身辺でブラスバンド用の大太鼓，鉦等を連打し，同人等をして頭脳の感覚鈍り意識もうろうとした気分を与え，又は，脳貧血を起こさせたりするなどの程度に達した場合には，暴行に当たるとしたもの（最判昭29・8・20刑集8巻8号1277頁），②被害者の左耳元近くで拡声器を通じて大声で怒鳴りつけ，同人の左耳部に強い音響を与えたことを暴行と認めたものの，この暴行と被害者の聴力低下及び平衡機能障害との因果関係は否定し，音響性外傷による傷害罪の成立は認めなかったもの（大阪地判昭42・5・13判時487号70頁），③被害者の耳元で拡声器により大声で怒鳴る暴行により，被害者に感音性難聴の傷害を与えたとしたもの（大阪高判昭59・6・26高検速報昭59年391頁），④勤務していた会社を退職せざるを得なくなったのは上司であった被害者の策略によるものと思い込み，約7か月間，ほぼ連日にわたって，被害者宅付近を徘徊して自己の存在を顕示し，被害者方に向かって「ばかやろう」「どろぼう」などと怒号し，付近の鉄板を踏み鳴らし，ダンプカーを運転して被害者方玄関

先で急停車や空ぶかしを繰り返し，自転車のベルを鳴らして騒音を発するなどの嫌がらせにより，被害者に入院約3か月間を要する不安及び抑うつ状態の傷害を負わせたとして，暴行によらない傷害罪の成立を認めたもの（名古屋地判平6・1・18判タ858号272頁），⑤隣家の主婦同士の確執から，嫌がらせのために，隣家の被害者らに向けて，約1年半の間にわたり，連日朝から深夜ないし未明まで，ラジオの音声及び目覚まし時計のアラーム音を大音量で鳴らし続けるなどして，同人に精神的ストレスを与え，よって，同人に全治不詳の慢性頭痛症等の傷害を負わせた行為について，暴行には当たらないが，傷害罪の実行行為に当たるとしたもの（最決平17・3・29刑集59巻2号54頁）がある。

(b) 考　察

前記(a)の判例にもあるように，その音量や被害者の身体との接触状況等の事実関係次第では，暴行に当たるとされている。しかし，通常の場合，音波が物理的な空気振動として被害者の鼓膜に達し，それが騒音とよばれる程度に達したとしても，物理的な力自体としては程度が弱く，これを暴行とみることは，日常の生活騒音なども暴行に該当しかねないという問題がある。それでは，暴行に当たるか否かの限界は，どのように判断すべきであろうか。上記で指摘されている問題点を斟酌することによって，直感的な結論は導き出すことができようが，安定した判断を下すための実質的基準は見えてこない。そのような音声を聞くこと自体が「日常生活における受忍限度の範囲」を超えるもの（西田・各論（第5版）39頁），「物理的な影響を与えるもの」（奈良地判平16・4・9判時1854号160頁，前記(a)⑤の第一審判決）あるいは「人の身体に直接に不法な外的力となって作用するとき」（福山道義・判例百選II各論（第6版）12頁）という基準で区別するといっても，同様であろう。この点に関して参考になるのが，暴行罪の暴行に傷害の危険を要求する見解である。この見解によると，被害者の耳元で直接的に大音量を流す行為は暴行となるが，それは耳元で鳴らす行為が耳に器質的な機能障害を引き起こす危険性が高いからであり，他方，一定程度離れた場所から大音量を流すことは，そのこと自体では傷害の危険には至らず，暴行には当たらないということになるし（慢性的に大きな音に曝されて難聴となるような状況を作り出した場合には，暴行と解する余地はある），いたずら電話も，単なる空気の振動としてとらえた場合には，音声の有する傷害の危険性

が極めて低いことから暴行とはならない（内海朋子「自宅から隣家の被害者に向け連日連夜ラジオの音声等を大音量で鳴らし続け慢性頭痛症等を生じさせた行為と傷害罪の成否」ジュリ1330号164頁）。前記(1)(c)で検討したとおり，暴行罪における暴行について，一般的に傷害の危険を要求することは妥当でない。しかし，人の身体に直接接触する物理力の行使であっても，社会的に相当な行為といえるかどうかが限界的な事案については（電車に乗ろうとする人の衣服をつかんで引っ張り乗車を妨げる行為（大判昭8・4・15刑集12巻427頁），壺の中から塩をつかみ出して人の頭，顔，胸等に数回振りかける行為（福岡高判昭46・10・11判タ275号285頁），唾を吐きかける行為などは，明らかに社会的に相当でない行為であり，限界的な事案ではない），それが暴行といえるかを判断する際の下位基準として，その有形力自体に，不快・嫌悪等の心理的苦痛ではなく，傷害発生の具体的危険又は身体的苦痛を包含しているかという視点が有用と思われる（大谷・各論（新版第3版）38頁が，「光，熱，電気，臭気，音波など……は暴行としては非典型的類型に属するから，傷害の未遂といえるときにのみ可罰的」としているのも，同様の発想であろう）。なお，大判昭8・4・15刑集12巻427頁は「暴行カ性質上傷害ノ結果ヲ惹起スヘキモノナルコト」は必要としないとしているが，社会的に相当でない行為について判示したに過ぎないのであるから，上記のような検討が否定されているものではないと解される。

(3) **設問〔1〕における甲，同〔2〕における乙の各行為と暴行**（前記①①，②について）

いずれも，音による暴行の成否が問題となっているが，音の発生方法・程度，周囲の状況，身体への影響等を勘案するならば，設問〔1〕の甲は暴行に該当するが，同〔2〕の乙の行為は暴行に該当しないと解される。

③ 傷害の意義

(1) 総　説

(a) 学　説

傷害罪（刑204条）における傷害とは，身体の生理的機能（生活機能）に障害を与えることないし健康状態を不良に変更することであるとする見解が多数説である（生理機能障害説，西田・各論（第5版）41頁，山口・各論（第2版）45頁，

前田・各論（第4版）32頁）。これに対し，身体の完全性の毀損を含むとする見解（完全性侵害説，注釈刑法(5)76頁〔小暮得雄〕），身体の外形に重大な変更を加えることを含むとする見解（折衷説，大谷・各論（新版第3版）24頁，大塚・各論（第3版増補版）25頁）も有力である。生理機能障害説と完全性侵害説・折衷説の違いは，毛髪・ひげ等の切除をどうみるか程度であり，生理機能障害説によっても毛髪・ひげ等の切除は暴行には当たるので処罰の間隙は生じないが，傷害に当たるか否かは強盗致傷罪等の傷害をもって加重要件とする犯罪の成否に影響する（大コメ刑法第10巻（第2版）392頁〔渡辺咲子〕）。

(b) 判　　例

必ずしも統一された表現が踏襲されているわけではないが，判例は，生理機能障害説の立場に立っていると解される（大判明45・6・20刑録18輯896頁）。

傷害と認められる第1の類型は，外傷や内部的組織の損傷（以下「外傷等」という）が発生した場合である。外部的創傷のほか，骨折，血管の断裂，臓器の損傷など身体組織の損壊が典型であるが，表皮の剥離（大判大11・12・16刑集1巻799頁），陰毛を引っ張ることによって生じた全治約12週間の皮下結締織炎（高松高判昭29・1・12高刑集7巻3号233頁），処女膜裂傷（大判大3・7・4刑録20輯1403頁），消退に約10日間かかった強度のキスマーク（東京高判昭46・2・2判タ261号270頁）なども該当する。

傷害と認められる第2の類型は，外傷等がなくても内部的に健康状態の不良変更が発生した場合である。疼痛（最決昭32・4・23刑集11巻4号1393頁），性病の感染（最判昭27・6・6刑集6巻6号795頁），毒物中毒による眩暈嘔吐の症状（大判昭8・6・5刑集12巻736頁），メチルアルコール中毒による全身倦怠・膝蓋腱反射亢進の症状（最判昭26・9・25裁判集〔刑事〕53号313頁），精神的健康状態の不良変更としての神経衰弱症（東京地判昭54・8・10判時943号122頁），心的外傷後ストレス障害（以下「PTSD」という。富山地判平13・4・19判タ1081号291頁，東京地判平16・4・20判時1877号154頁）などがこの類型に該当する。

(2) **軽微な傷害，一時的な失神**

外傷等が生じた場合については，判例は，一貫して，「軽微な傷でも，人の健康状態に不良の変更を加えたものである以上，刑法にいわゆる傷害と認めるべき」（最決昭37・8・21裁判集〔刑事〕144号13頁，最決昭41・9・14裁判集〔刑事〕

160号733頁，最決平6・3・4裁判集〔刑事〕263号101頁）と判示し，外傷等が存在するときはその傷の軽重にかかわらず傷害と認める立場をとっている。

　刑法204条の法定刑の下限が1万円以上の罰金であることに照らし，かなり軽微な傷害も同条に当たると解される。しかし，日常生活において看過される程度のものは除外されるべきであるし（西田・各論（第5版）41頁），下級審裁判例や検察官の起訴不起訴の実情を見ると，被害者本人及び周囲が取り立てて傷害とは受け止めていないようなものについては，刑法上の傷害とは扱っていないように思われる。この点，名古屋高金沢支判昭40・10・14高刑集18巻6号691頁が，生理的機能に障害を生じさせても，それが日常生活に支障を来さないこと，傷害として意識されないか日常生活上看過される程度であること，医療行為を特別に必要としないことなどの基準を提示していることが参考となる。また，福岡高判平12・5・9判時1728号159頁は，たまたま通りかかった小学生を路上に引き倒し，その頭部を足で踏みつけ，顔等を手拳等で数回殴り，止めに入った主婦の頭部を手拳等で数回殴るなどした事案について，PTSDの診断がなされているものの，診断のもととなったのが被害の4日後になされた1回限りの診察であること，その後の治療措置や経過観察もとられていないこと，症状の程度を明らかにする証拠も乏しいことなどから，PTSDの診断自体に疑問があるとし，さらに，暴行後の一定程度の精神的ストレスは暴行罪に織り込み済みであるとの視点も提示して，PTSDによる傷害罪の成立を否定している。

　一時的な失神については，約30分間の人事不省を傷害とは認めなかった裁判例があり（大判大15・7・20新聞2598号9頁），軽微性のほか，昏酔強盗罪（刑239条）や準強制わいせつ・準強姦（刑178条）との関係でも問題となる。すなわち，昏酔強盗罪は，当該構成要件で予定されている程度の意識障害（財物の取得に必要十分な程度のもの）を生じさせることは傷害に該当しないことを前提としており，それを超えて長時間にわたる意識喪失状態を生じさせるような場合にはじめて刑法240条前段の適用が問題となると解される（井田・前掲116頁）。したがって，外傷等を伴わない内部的健康状態の不良変更で傷害に該当するのは，暴行に必然的に付随する一時的なものではなく，ある程度継続したものに限ると解すべきであろう。

(3) 設問〔2〕におけるC，同〔1〕におけるBの**各症状と傷害**（前記❶③について）

設問〔2〕のCは，精神的ストレスによって慢性頭痛症及び耳鳴り症になったというのであるから，傷害に関するどのような見解に立っても傷害に当たる（なお，設問〔1〕のBは，意識もうろう，息詰まった気分になったとあるが，一時的なもので，医療行為を特別に必要としない程度と解されるので，傷害とはいえない）。

④　暴行以外の手段による傷害罪
(1) 暴行以外の手段による傷害罪と実行行為
　(a) 総　説

傷害罪の実行行為は，「人の身体を傷害」することであり（刑204条），その方法に制限はなく，暴行以外の作為又は不作為によっても可能とされている（最判昭27・6・6刑集6巻6号795頁は「傷害罪は他人の身体の生理的機能を毀損するものである以上，その手段が何であるかを問わない」としている）。

　(b) 判　例

①他人に性病を感染させた行為について，暴行によらない傷害罪の成立を認めたもの（最判昭27・6・6刑集6巻6号795頁），②社長の注意等を逆恨みし，約半年間にわたってほぼ連日深夜から早朝にかけて社長方に電話し，社長の妻が受話器を取り上げて応対すると無言で電話を切り，逆に応対しないと長時間にわたって呼び出し音を鳴らし続け，その結果同妻に精神的な不安を与え，神経衰弱症に陥らせたという事案において，傷害罪の成立を認めたもの（東京地判昭54・8・10判時943号122頁），③被害者方に向かって怒号するなどの嫌がらせにより不安及び抑うつ状態に陥らせたもの（名古屋地判平6・1・18判タ858号272頁，前記❷(2)(a)④と同一），④約3年の間に1万回以上の無言電話や脅迫・中傷の電話をかけて PTSD を負わせたもの（富山地判平13・4・19判タ1081号291頁），⑤1か月半の間に2000回の無言電話をかけて PTSD を負わせたもの（東京地判平16・4・20判時1877号154頁），⑥隣家の被害者に向けて，約1年半の間にわたり，連日朝から深夜ないし未明まで，ラジオの音声及び目覚まし時計のアラーム音を大音量で鳴らし続けるなどし，同人に精神的ストレスによる慢性頭痛症

等の傷害を負わせたもの（最決平17・3・29刑集59巻2号54頁，前記❷(2)(a)⑤と同一），⑦ホストクラブの従業員に対し，約23分間にアルコール度数20度の焼酎1リットル超を怒号するなどして飲ませ，急性アルコール中毒による心肺停止状態に陥らせ，同傷害に基づく脳障害により死亡させた行為について，当該飲酒をさせた行為は，社会的に許容された態様，量等を明らかに超え，傷害の結果を生じさせる危険性が高かったとして，傷害罪の実行行為性を肯定したもの（東京高判平21・11・18 LLI/DB 06420676）がある。

(c) 設問〔2〕における乙の行為と傷害罪の実行行為（前記❶④について）

音の行使が暴行といえるかについては，前記❷(2)で検討したとおりであるが，それが暴行とはいえなくても，騒音といえるような状態で，過大，不快な程度にまで達し，かつ，長期間反復されるときは，これに曝された者に精神的ストレスを生じさせ，生理的障害を引き起こす現実的危険性のある行為として，無形的方法による傷害の実行行為に当たる場合もある。この場合の傷害を引き起こす現実的危険性の有無は，音量・音質，時間帯・期間等のほか，地域の状況，行為者と被害者との関係（確執のある者から出された音であれば被害者にはより大きな精神的ストレスとなる）や流された経緯等を斟酌して総合的に判断することになる（大野勝則「自宅から隣家の被害者に向けて連日連夜ラジオの音声等を大音量で鳴らし続け被害者に慢性頭痛症等を生じさせた行為が傷害罪の実行行為に当たるとされた事例」判解刑平17年度66頁）。

設問〔2〕の乙の行為は，傷害罪の実行行為に該当するといえよう。

(2) **Dが発症していない点と実行行為及び因果関係**（前記❶⑤について）

乙の行為は，C及びDを区別することなく行われたものであり，基本的には両者に対する関係で傷害の実行行為に当たるといえよう。もっとも，Dが在宅している時間の長さ，乙とDとの確執関係の有無・程度によっては，Dについては生理的障害を引き起こす現実的危険性がないとして実行行為性が否定される場合もあろうが，発症していないDとの関係で傷害罪や過失傷害罪が成立する余地はなく，Dとの関係での実行行為性を検討する実益はない。

因果関係との関連で，Dが発症していない点は，Cが専業主婦として最も在宅時間が長く，主婦同士で乙との関係でも矢面に立ちやすい存在であったのに対し，Dにはそのような事情がなかったというのであれば，何ら特異なもので

はなく，因果関係の認定に影響を及ぼすものではない（大野・前掲75頁）。
(3) 暴行以外の手段による傷害罪と故意
(a) 暴行罪との関係

　刑法は，傷害罪（刑204条）の構成要件を故意犯の形式で規定する一方，暴行罪については，「暴行を加えた者が人を傷害するに至らなかったとき」と規定する（刑208条）。このため，暴行の故意のみで暴行を加えて人を傷害した場合，傷害罪が成立するか問題となる。判例（最判昭22・12・15刑集1巻1号80頁等）・通説は，傷害罪の規定（刑204条）には故意犯だけでなく暴行罪の結果的加重犯も含まれていると解している（肯定説）。これに対し，刑法204条は故意犯のみを規定していると解する見解（反対説）に立つならば，傷害の結果が発生した場合には，暴行罪（刑208条，2年以下の懲役若しくは30万円以下の罰金又は拘留若しくは科料）ではなく過失傷害罪（刑209条1項，30万円以下の罰金又は科料）等を適用するほかなく，暴行の故意で傷害に至らなかった場合よりも軽く処罰されるという不当な結果になる（ただし，反対説は暴行罪と過失傷害罪の観念的競合とするが，傷害の結果が発生しているのに刑法208条に該当するというのは，その文理に反する）。反対説は，故意犯以外の処罰はあくまでも例外であること（刑38条1項本文）を強調するが，刑法204条，208条の相互に関連した条文構造自体が「法律に特別の規定がある場合」（刑38条1項ただし書）に該当するといえる。したがって，肯定説が妥当である。

　もっとも，刑法204条は，何らかの手段による結果的加重犯すべてを含むものではなく，暴行を手段とした場合についてだけのものであるから，暴行以外の手段による傷害の場合には，原則に戻って傷害の故意が当然に必要となり，その認定は慎重に行う必要がある。

(b) 設問〔2〕における傷害罪の成否（前記❶⑥について）

　前記(1)のとおり，乙の行為は，音を手段とした傷害罪の実行行為に該当する。問題は，乙に傷害の故意（Cに精神的ストレスによる障害が生ずることの認識・認容）があったといえるかである。その認定に際しては，乙の自白等の直接証拠がない場合には，乙の行為が傷害を引き起こす現実的危険性の有無・程度（音量・音質，時間帯・期間等のほか，乙とCとの関係や流された経緯等を斟酌して総合的に判断），ラジオの設置状況，Cの生活状況（乙の行為にCが現実に曝される程

度等）とこれに対する乙の認識，Cの心身の状態とこれに対する乙の認識，乙のCに対する敵意の有無・程度，警察官や周囲の者による警告の状況等の事情を総合して判断することになろう。そして，Cに対する傷害の故意があったといえるならば，乙には，Cに対する傷害罪が成立する。乙に傷害の故意がない場合には，過失傷害罪の成否を検討することになる。

なお，騒音を発する行為の途中から傷害の故意が生じた場合には，それ以前の行為は過失傷害，それ以降の行為は傷害と評価され，両者の罪数関係が問題となる。傷害の故意が生じた後に新たな傷害の発生や病状の悪化があった場合には，先行の過失傷害罪は後行の傷害罪に吸収されて傷害罪のみが成立し，新たな傷害の発生や病状の悪化などが見られず，症状が固定してから故意が生じた場合には，後行行為と傷害結果との間に因果関係を認めるのは困難であるから，過失傷害罪としての処罰を検討することになろう（内海・前掲167頁参照）。

【大熊　一之】

30 危険運転致死傷罪における赤色信号の殊更無視

甲は，都内で普通乗用自動車を運転中に，パトカーで警ら中の警察官に交通違反を現認され，追跡されマイクで再三停止を求められたが，そのまま逃走するうち，信号機により交通整理の行われている交差点に差し掛かった（いずれの道路も片側一車線）。甲は，交差点手前で先行自動車が停止しているのを見て，赤色信号であろうと思ったものの，時速約50キロメートルのまま，対向車線に進出して交差点に進入しようとした。折から右方道路から青色信号に従い同交差点を左折して対向進行してきたA運転の普通貨物自動車を前方約20メートルの地点に認め，急制動の措置を講じたが間に合わず，同交差点入口手前で同車右前部に自車右前部を衝突させ，Aに加療約2か月間を要する傷害を負わせた。甲の罪責はどうか（道路交通法違反を除く）。

1 はじめに※

甲に対しては，刑法208条の2第2項後段の危険運転致傷罪の成否が問題となる。

刑法208条の2の危険運転致傷罪は，無謀な自動車運転による悪質・重大な死傷事犯に対し，その事案の実態に即した適切な科刑をするため，アルコールの影響により正常な運転が困難な状態で自動車を走行させた場合など，一定の危険運転行為を故意に行って人を死傷させた者を，暴行により人を死傷させた者に準じて処罰するものとして，平成13年の刑法改正で新設された。その後，平成16年と平成19年の2度にわたる改正により，致傷の場合の法定刑の上限が10年以下から15年以下に引き上げられ（同時に致死の場合の有期懲役刑の上限引き上げも行われている）たり，対象となる自動車の範囲が4輪以上の自動車から自動二輪車を含む自動車一般に拡大されたりして現在に至っている。

本問で問題となる刑法208条の2第2項後段の罪の構成要件は，「赤色信号又はこれに相当する信号を殊更に無視し，かつ，重大な交通の危険を生じさせる速度で自動車を運転し，よって人を死傷させた」というものである。

本問の中心的な問題点は、①赤色信号であろうと思ったにすぎない甲が、赤色信号を殊更に無視したといえるかという点と、②甲の赤色信号殊更無視という危険運転行為と被害者の傷害との間に因果関係が認められるかという点である。また、③時速約50キロメートルという速度が「重大な交通の危険を生じさせる速度」といえるかという点も検討しておきたい。さらに、④本問では、甲運転の普通乗用自動車は、交差点入口手前でA運転の普通貨物自動車と衝突しており、同交差点には進入していていないと思われる（ということは、赤色信号無視という道路交通法違反自体は、未遂に終わっており不可罰となる）が、このような場合に赤色信号殊更無視の危険運転致傷罪の成立を認めてよいのかも問題となる。

そこで、以下、上記4つの問題点について順に検討していくことにする。

② 赤色信号の殊更無視について

甲は、対面赤色信号を直接見たわけではなく、交差点手前で先行自動車が停止しているのを見て、赤色信号であろうと思ったというのであり、そのような未必的認識しかないのに、「赤色信号又はこれに相当する信号を殊更に無視し」たといえるかどうかが問題となる。

刑法208条の2第2項後段で使われている「殊更に」という語句には、「わざわざ。わざと。故意に」といった意味がある（「広辞苑」による）ため、文言上は、赤色信号であることの確定的認識が必要との趣旨に読めるかのようである。

しかし、同条項の立法過程をみると、当初の要綱では「赤色信号に従わず」となっていたが、黄色から赤色への変わり際に行うものについては危険性・悪質性が極めて高い行為とまではいえないのではないかとの指摘を受け、極めて悪質かつ危険な運転行為に限定する趣旨から「赤色信号を殊更に無視し」と文言が修正されたという経緯がある。そして、立案当局者は、「赤色信号を殊更に無視し」とは、故意に赤色信号に従わない行為のうち、およそ赤色信号に従う意思のないものをいい、赤色信号であることについての確定的認識があり、停止位置で停止することが十分可能であるにもかかわらず、これを無視して進行する行為や、信号の規制自体を無視し、およそ赤色信号であるか否かについては一切意に介することなく、赤色信号の規制に違反して進行する行為がこれ

に当たると説明していた。学説も，おおむねこれに沿った解釈をしており，同趣旨の下級審判例も存在する（大阪高判平15・8・21判タ1143号300頁）。

　そして，最高裁は，普通乗用自動車を運転し，パトカーで警ら中の警察官に赤色信号無視を現認され，追跡されて停止を求められたが，そのまま逃走し，信号機により交通整理の行われている交差点を直進するに当たり，対面信号機が赤色信号を表示していたにもかかわらず，その表示を認識しないまま，同交差点手前で車が止まっているのを見て，赤色信号だろうと思ったものの，パトカーの追跡を振り切るため，同信号機の表示を意に介することなく，時速約70キロメートルで同交差点内に進入し，折から同交差点内を横断中の歩行者をはねて死亡させたという本問の前半とほぼ同様の事例において，「赤色信号を『殊更に無視し』とは，およそ赤色信号に従う意思のないものをいい，赤色信号であることの確定的な認識がない場合であっても，信号の規制自体に従うつもりがないため，その表示を意に介することなく，たとえ赤色信号であったとしてもこれを無視する意思で進行する行為も，これに含まれると解すべきである」と説示して，赤色信号殊更無視の危険運転致死罪の成立を認めた（最決平20・10・16刑集62巻9号2797頁）。

　本問では，被告人の内心までの記載はないけれども，パトカーに追跡されて逃走中に時速50キロメートルのまま交差点に進入しようとしたという行為自体から，上記最高裁決定と同様，「信号の規制自体に従うつもりがないため，その表示を意に介することなく，たとえ赤色信号であったとしてもこれを無視する意思で進行」したと認めて差し支えないであろう。

　以上のとおり，刑法208条の2第2項後段の「殊更に」という文言は，赤色信号についての認識が確定的である場合のすべてを含むわけではないし，その認識が未必的な場合を一律に排除するわけでもないので，注意を要する。整理しておくと，①赤色信号であることを確定的に認識し，かつ，停止位置で停止することが十分可能であるにもかかわらず，これを無視して進行する行為が本罪に当たるのはいうまでもないが，②赤色信号の確定的認識があっても安全に停止することが困難な地点ではじめて赤色信号を認識したため，そのまま進行する行為は「殊更に」赤色信号を無視したとはいえない。一方，③信号の変わり際で，赤色信号であることについて未必的な認識しかない場合などには，

「赤色信号を殊更に無視し」には当たらないが，④およそ信号表示を意に介さず，たとえ赤色信号であってもこれを無視する意思で運転する場合は，赤色信号に対する認識がたとえ未必的であったとしても，そのような運転行為自体が「殊更に」赤色信号を無視する行為ということができる。また，いわゆる「未必の故意」との区別も必要である。④の場合のように，赤色信号についての認識が未必的であったとしても，およそ信号の表示に従う意思がない場合には，未必の故意ではなく，そのような運転をすることについて確定的故意があることになる。

③ 因果関係について

次に，本件事故の直接の原因は，甲が自車を対向車線上に進出させたことにあり，赤色信号殊更無視という危険運転行為と被害者の傷害との間には因果関係が認められないのではないかという点が問題となる。

危険運転致死傷罪は，人の死傷の結果を発生させる実質的危険性を有する運転行為を故意に行う犯罪であるとともに，そのような故意の危険運転行為により，意図しない人の死傷の結果が生じたときに成立する結果的加重犯としての性質を有する。したがって，危険運転致死傷罪が成立するためには，危険運転行為と死傷の結果との間に刑法上の因果関係が存することが必要となる。

刑法上の因果関係については，「その行為がなければ結果が発生しなかったであろう」という条件関係を基礎にしつつ，一定の範囲に制限するのが通説・判例とされている。学説の詳細は差し控えるが（長瀬敬昭「被害者の病変と因果関係」新実例総論53頁等を参照されたい），最近では，結果を生ずるについて相当な条件についてのみ因果関係を認めるという「相当因果関係説」と，条件関係にある結果のうち行為の危険性が実現した場合にその結果を行為に帰属させるという「客観的帰属論」が有力であることは周知のとおりである。一方，判例は，いずれの見解に依拠するかは明らかにせず，事例ごとに判断しているとされており，自動車ではねて屋根に乗った状態の被害者を同乗者が引きずり下ろして死亡させたという事案について，被告人の過失行為から結果の発生することは経験則上当然予測されるところではない旨説示して因果関係を否定した事例（最決昭42・10・24刑集21巻8号1116頁。いわゆる米兵ひき逃げ事件）がある一

方で，被告人の暴行と被害者の病変とが相まって被害者死亡の結果が生じた場合につき，「致死の原因たる暴行は，必ずしも死亡の唯一の原因または直接の原因であることを要するものではない」として因果関係を肯定した事例（最判昭46・6・17刑集25巻4号567頁等）のほか，被害者又は第三者の行為等が介在する場合について，被告人の行為はそれ自体が死亡等の結果を引き起こしかねない危険性を持つなどとして，因果関係を肯定した事例が多数存している（最決平2・11・20刑集44巻8号837頁，最決平4・12・17刑集46巻9号683頁，最決平15・7・16刑集57巻7号950頁，最決平16・2・17刑集58巻2号169頁等参照）。

　結果的加重犯における基本行為と重い結果の間の因果関係についても，他の場合と特段異なるところはないと解するのが一般であるが，危険運転致死傷罪については，立法過程において，立案当局者から，「自動車の直前への歩行者の飛び出しによる事故など，当該交通事故の発生が運転行為の危険性とは関係のないものについては，因果関係が否定される」という説明がされていた。この立案当局者の説明をめぐっては，当然のことであって，従前の判例の立場と異なる考え方を前提にしたものではないという見解（後掲最高裁決定の前田巌調査官の判例解説，大山邦士「新判例解説」研修697号15頁）と，危険運転致死傷罪の因果関係は，従前の通説・判例の立場とは異なり，危険運転行為の持つ高度の危険性が直接に死傷結果のなかに実現したという関係が必要であり，例えば，赤色信号殊更無視の行為があったとしても，直接には，その直後の前方不注視やハンドル操作の誤りによって結果を生じさせた場合には，因果関係は否定されるという見解（井田良「危険運転致死傷罪の立法論的・解釈論的検討」法時75巻2号35頁）がある。

　ところで，被告人が，普通乗用自動車を運転し，信号機により交通整理の行われている交差点手前で，対面信号機の赤色表示に従って停止していた先行車両の後方にいったん停止したが，同信号機が青色表示に変わるのを待ちきれず，同交差点を右折進行すべく，同信号機がまだ赤色信号を表示していたのに構うことなく発進し，対向車線に進出して，上記停止車両の右側方を通過し，時速約20キロメートルの速度で自車を運転して同交差点に進入しようとしたため，折から右方道路から青色信号に従い同交差点を左折して対向進行してきた普通貨物自動車を前方約14.8メートルの地点に認め，急制動の措置を講じたが間に

合わず，同交差点入口手前の停止線相当位置付近において，同車右前部に自車右前部を衝突させ，相手車両の運転者及び同乗者を負傷させたという本問の後半とおおむね同様の事案において，上告審の弁護人は，「被告人が自車を対向車線上に進出させたことこそが同車線上で交差点を左折してきた被害車両と衝突した原因であり，赤色信号を殊更に無視したことと被害者らの傷害との間には因果関係が認められない」旨主張した。

この弁護人の主張を本問に当てはめるとすれば，①衝突事故は，本来甲が走行を許されない対向車線上で発生したもので，甲が赤色信号を無視したか否かにかかわらず，対向車線に進出していなければ事故は発生していなかったから，赤色信号無視と傷害の結果との間に条件関係はなく，対向車線進出との間にだけ条件関係があるのではないか，②被害者の傷害の直接の原因は，甲の赤色信号殊更無視ではなく，対向車線への進出にあるのではないかという問題に整理することができる。

しかし，①については，本問の場合，甲の進路前方には信号待ちのための停止車両があり，交差点に進入するためには対向車線を走行するしかなかったのであるから，「甲が赤色信号を無視したが，対向車線には進出しなかった」といった事態は起こり得ず，甲が赤色信号を無視したか否かにかかわらず，対向車線に進出していなければ事故は発生していなかったとの論理でもって，対向車線進出との間にだけ条件関係があるということはできない。本問では，あくまでも，「赤色信号を無視し，対向車線に進出して交差点に進入しようとした」という行為と結果との間の条件関係が問題となるのであって，それが認められるのは明白であろう。

また，②についても，甲は，青色信号に従って左折してきたA運転の車両と衝突したのであるから，同衝突事故は甲の赤色信号殊更無視行為の危険性が現実化したものにほかならない。前記のとおり，甲は，先行停止車両があったため，赤色信号を無視して交差点に進入するには対向車線に進出するしかなかったのであって，対向車線に進出したことだけが衝突事故の唯一直接の原因でないことは明らかである。

最高裁も，前記弁護人の主張に対し，「被告人が対面信号機の赤色表示に構わず，対向車線に進出して本件交差点に進入しようとしたことが，それ自体赤

色信号を殊更に無視した危険運転行為にほかならないのであり，このような危険運転行為により被害者らの傷害の結果が発生したものである以上，他の交通法規違反又は注意義務違反があっても，因果関係が否定されるいわれはないというべきである」旨説示して，これを斥け，被害者らの各傷害が被告人の危険運転行為によるものであることは明らかであると判断した（最決平18・3・14刑集60巻3号363頁）。

　この事例では，被告人の危険運転行為と被害者らの傷害との間に因果関係があることは誰の目にもはっきりしており，その結論自体は，危険運転行為の高度の危険性が結果に直接発現したことを要するという前記見解によっても支持されると思われる。ただ，上記最高裁決定は，直接性といった要件に言及することなく，かえって，他の注意義務違反等があっても因果関係は否定されない旨説示していることからすると，因果関係に関する従前の判例の考え方を踏襲していると理解するのが相当であろう。

④　危険速度について

　赤色信号殊更無視の場合の危険運転致死傷罪にいう「重大な交通の危険を生じさせる速度」とは，赤色信号を殊更に無視した車両が，他の車両と衝突すれば重大な事故を惹起することになると一般的に認められる速度，あるいは，重大な事故を回避することが困難であると一般に認められる速度を意味すると解されている。危険速度に該当するか否かは，当該信号の設定された場所の状況や交通量等の具体的な状況により判断することになるが，立法段階においては，時速20ないし30キロメートルの速度で走行していれば危険速度に当たる場合が多いと説明されており，裁判実務上も，時速20キロメートル程度の速度で，本条の危険運転致死傷罪の成立を認めた事例が少なくない。

　前掲最決平18・3・14も，前記③記載の事実関係によれば，被告人は，赤色信号を殊更に無視し，かつ，重大な交通の危険を生じさせる速度で四輪以上の自動車を運転したものと認められる旨説示して，時速約20キロメートルの速度で対向車線上を進行して交差点に進入しようとした場合に，危険運転致傷罪の成立を認めている。

　本問の場合も，甲は，おおむね同様の状況において，時速約50キロメートル

の速度で自車を進行させており，危険速度の要件を満たすことは明らかである。

5 道路交通法上の赤色信号無視の罪との関係について

　前記のとおり，危険運転致死傷罪は，人の死傷の結果を発生させる危険性を有する運転行為を基本犯とする結果的加重犯としての性質を有するが，通常の結果的加重犯と異なり，刑法には，基本犯たる危険運転行為を直接処罰する規定は存しない。この点について，危険運転致死傷罪を，道路交通法上の酒酔い運転罪や赤色信号無視の罪などを基本犯とする結果的加重犯であると解する見解もないではないが，一般には，危険運転行為は，上記酒酔い運転罪その他の道路交通法違反として処罰が可能であるから，特に処罰規定を置く必要はなかったにすぎないと解されている。

　ところで，道路交通法上の赤色信号無視の罪（同法119条1項1号の2・7条）は，当該信号機の設置された交差点の停止位置（停止線又はそれが設けられていない場合は交差点の直前。なお，対向車線に進出した場合の停止位置については議論があるが，本問では，甲運転の自動車はこれを越えていないという前提で論じることとする）を越えて進行することにより成立すると解されており，その未遂の処罰規定はない。

　そうすると，交差点入口手前で被害車両に自車右前部を衝突させており，交差点の停止位置を越えて自車を進行させることがなかった本問の場合，甲には，上記道路交通法上の赤色信号無視の罪は成立し得ないこととなり，それにもかかわらず，甲が「赤色信号又はこれに相当する信号を殊更に無視し……よって人を死傷させた」といえるかどうかが問題となる。

　危険運転致傷罪について，一定の道路交通法違反行為を基本犯とする結果的加重犯であると解するならば，上記赤色信号無視の罪の要件を満たすのでなければ基本犯を欠くことになり，赤色信号殊更無視の危険運転致死傷罪も成立し得ないとの解釈も可能となろう。しかし，刑法208条の2所定の各罪の基本行為は，人を死傷させる実質的かつ高度の危険性を有する運転行為が類型化されたものとして記述されており，同法所定の各罪が，道路交通法違反の罪の結果的加重犯そのものとして構成されているわけでないことは文言上も明らかである。したがって，危険運転致死傷罪が道路交通法違反罪の結果的加重犯そのも

のであるという根拠はないし，基本犯たるべき道路交通法違反罪について未遂処罰規定が存しないから同罪が既遂に達しない場合には危険運転致死傷罪が成立しないというのも，形式論理にすぎるのではなかろうか。

　本問では，甲は，その意図としてはもちろんのこと，客観的にもまさに赤色信号を殊更無視して交差点に進入しようとしていたものであり，また，Aは同交差点を対面青色信号に従って左折進行しようとして本件被害に遭ったのであるから，本件事故は，甲の赤色信号殊更無視の危険運転行為によって惹起されたものにほかならない。したがって，たとえ，甲の車両が停止位置を越えて進行しておらず，甲の危険運転行為そのものについて道路交通法上の赤色信号無視の罪が成立し得ないとしても，赤色信号殊更無視の危険運転致傷罪の成立は妨げられないと解すべきである。

　前記最決平18・3・14も，「交差点入口手前の停止線相当位置付近」において，被害車両に自車右前部を衝突させた場合につき，赤色信号殊更無視の危険運転致傷罪の成立を認めており，道路交通法上の赤色信号無視の罪が既遂に達していることを本罪の要件とは解していないことを明らかにしている。

　ただし，赤色信号殊更無視は，単に行為者の内心の意図だけで足りるものではないことにも注意を要する。例えば，交差点のかなり手前において，赤色信号を無視して同交差点に進入しようと意図し，対向車両があることに気付かずに対向車線に進出したため，その直後に同対向車両と衝突したといった場合には，赤色信号を無視しようとしたことは対向車線進出の動機・経緯にすぎないから，赤色信号殊更無視の危険運転致傷罪は成立せず，対向車両に気付かずに対向車線に進出した過失につき自動車運転過失致死傷等の罪責が問われることになろう。具体的にどのような状況に至れば危険運転致死傷罪の成立が認められるかは今後の課題であるが，行為者の車両がまさに赤色信号を無視して交差点に進入しようとしていたという客観的状況を重視すべきではないだろうか。

6　まとめ

　以上によれば，甲は，パトカーから逃走するため，対面信号表示を意に介することなく，赤色信号であったとしてもこれを無視する意思で交差点に進入しようとしたと認められるから，たとえ赤色信号であることについて未必的な認

30 危険運転致死傷罪における赤色信号の殊更無視

識しかなかったとしても，赤色信号を殊更に無視したものということができ，かつ，時速約50キロメートルという甲の運転速度が重大な危険を生じさせる速度であることは明らかであるから，甲の運転行為は，刑法208条の2第2項後段の危険運転行為に該当する。そして，この危険運転行為とAの受傷との間には刑法上の因果関係が認められ，甲運転車両が交差点内には進入してなかったことは赤色信号殊更無視の危険運転致傷罪の成立を妨げない。

したがって，甲には刑法208条の2第2項後段の危険運転致傷罪が成立する。

【畑山　靖】

※［補注］
　従来，刑法に規定されていた自動車運転による死傷事犯については，新たに，「自動車の運転により人を死傷させる行為等の処罰に関する法律」（平成25年法律第86号）が規定することになり，危険運転致死傷罪及び自動車運転過失致死傷罪についても同法に移され，新たな類型のものも処罰対象とされることになった（平成26年5月20日施行）。これに伴い，刑法の一部改正も行われ，208条の2が削除され（208条の3が208条の2と改められた），211条2項も削除された。危険運転致死傷罪に関する30問及び自動車運転過失致死傷罪に関する31問で示された考え方は，根拠条文が異なることとなったものの，そのまま，自動車の運転により人を死傷させる行為等の処罰に関する法律2条（危険運転致死傷）又は5条（過失運転致死傷）に関する考え方として妥当するものである。

31 自動車運転過失致死傷罪と信頼の原則，胎児性傷害

　甲は，自動車を運転して，時速約40キロメートルで走行し，交差点で右折しようとした際，対向車線の遠方にかなり速い速度で近づいてくるA運転の普通乗用自動車の存在に気付いた。その停止線手前約27メートルで対面信号が青から黄に変わったものの，そのまま右折しようと考え，減速をした上で停止線を越えたところ，対面信号が赤に変わり，なおもA運転車両が前方約60メートルの地点にいて更に近付いてくるのがわかったものの，信号機には時差式の標識等がないから，対向車両の対面信号も赤に変わっているはずであり，A運転車両は信号に従って停止するものと考えて，そのまま進行した。ところが，同交差点の信号機は時差式で，Aの対面信号は青のままであったので，Aはそのまま直進し続け，前記のとおり右折してきた甲運転車両と衝突した。その結果，妊娠7か月の妊婦であったAは，全身打撲等の傷害を負い，また，これを原因として，1か月後に生まれたAの子Bにも，出生時，呼吸窮迫症候群等の傷害が生じていた。甲の罪責はどうか（道路交通法違反を除く）。

1　問題の所在※

　従来，過失による自動車事故については，業務上過失致死傷罪が適用されてきたが，平成19年法律54号「刑法の一部を改正する法律」により，自動車運転過失致死傷罪が新設された。上記改正法の立案担当者によると，これまで自動車運転による過失致死傷事犯として業務上過失致死傷罪により処理されてきたものは，「業務上必要な注意」，すなわち，自動車運転という業務を行う上で必要とされる注意義務を怠り，人を死傷させたものであることから，一般的には，「自動車の運転上必要な注意を怠り，よって人を死傷させた者」に当たるとされており（伊藤栄二＝江口和伸＝神田正淑「『刑法の一部を改正する法律』について」曹時59巻8号40頁），実務においても，この解釈に沿った運用がなされている。本問を検討する上では，従前の業務上過失致死傷罪の議論が基本的に妥当すると解される。

31 自動車運転過失致死傷罪と信頼の原則，胎児性傷害

　本件における論点は，(ｱ)甲に衝突事故に関する自動車運転上の過失が認められるか，(ｲ)(ｱ)が認められる場合，行為当時胎児であったＢに対する自動車運転過失傷害罪の成立を肯定し得るかである。以下，順に検討する。

② 論点(ｱ)（注意義務違反の有無）について
(1) 過失をめぐる議論

　過失の成否は基本的には刑法総論の問題であるが，本問を解決する上で必要な範囲で議論を整理する。

　過失とは，注意義務違反である。刑法211条1項前段は，業務上必要な注意を怠り人を死傷させた者を，同条2項本文は，自動車の運転上必要な注意を怠り人を死傷させた者を処罰の対象としている。

　注意義務は，一般人ならば，結果を予見することが可能であったという意味での予見可能性を前提とした「予見義務」と，その予見に基づいて結果の発生を回避し得たという意味での結果回避可能性を前提とした「結果回避義務」の2つの要素から成り立っている。

　そして，周知のとおり，過失の本質をめぐっては，新旧過失論の対立がある。

　旧過失論は，前記2つの要素のうち，予見義務を重視する。旧過失論によると，過失の本質は，行為者の不注意な心理状態（主観的注意義務違反）にあり，過失犯の構成要件該当性・違法性は，故意犯と基本的に共通で，責任段階で初めて故意犯と区別される。予見できるはずの結果を不注意で予見しなかったという心理態度，すなわち予見可能性を前提とした予見義務違反への非難（責任非難）であるとする。

　これに対し，新過失論は，注意義務の中心を結果回避義務に移し，過失の本質を，客観的注意義務（井田良・刑法総論の理論構造113頁（成文堂，2005）によると，「行為者の立場に置かれた一般人に遵守が要求される行動基準を想定し，それにかなった態度をとるべき義務という意味での『客観的注意を払うべき義務』」を指す）に違反する行為であるとする。新過失論においては，過失犯は，客観的注意義務違反の行為として，構成要件・違法性段階で故意犯と区別される。

　新旧過失論対立の背景には，刑法における行為無価値，結果無価値の対立が反映しており，行為無価値は結果回避義務を重視する新過失論と，結果無価値

は予見可能性を重視する旧過失論と結び付いている。

現在の実務は，交通事件を中心に，基本的に新過失論の立場に立脚した上，過失犯の要件事実として，①結果予見可能性，②結果回避可能性，③注意義務（結果回避義務），④過失行為の4要件を要求しているとの見解がある（杉田宗久「過失犯の共同正犯」新実例総論346頁）。これに対し，旧過失論からは，判例が過失行為を「結果回避義務違反行為」として表示する場合が多いのは，具体的で実質的な危険行為を積極的に明示することが実務上困難な場合が多く，交通事犯など具体的な行為基準が確定してきている場合には，それを過失犯の処罰範囲確定の「道具」に利用しているに過ぎない（前田・総論（第5版）296頁）などと反論されている。実務における過失犯の認定構造が，新過失論に親しむものであることは否めない。しかしながら，どの過失論を採用するかによって，具体的結論にさほどの影響を及ぼさないという指摘もあり，とりわけ交通事故の分野においてはその指摘が妥当する。実務においては，過失犯の体系論的位置付けに過度にこだわることなく，過去の実例の集積を類型化し，分析を加えつつ，判断の安定化を図ることが肝要である（佐藤文哉・判解刑昭55年度78頁，奈良俊夫「予見可能性・回避可能性」刑事裁判実務大系(5)77頁，林正彦「業務上過失致死傷犯における注意義務の前提となる事実(1)―予見可能性」刑事事実認定重要判決50選(上)（補訂版）307頁（立花書房，2007）各参照）。

(2) **信頼の原則**

信頼の原則とは，「行為者がある行為をなすにあたって，被害者あるいは第三者が適切な行動をすることを信頼するのが相当な場合には，たといその被害者あるいは第三者の不適切な行動によって結果が発生したとしても，それに対しては責任を負わない」とする原則である。信頼の原則の位置付けは論者によって異なるが，旧過失論では，例えば，「事実的自然的予見可能性の中から刑法的な予見可能性を選び出すための原理」などと，新過失論では，例えば，「予見可能性がある事態のもとで，結果回避義務の負担を軽減するもの」などとされる（栃木力「信頼の原則」新実例総論241頁）。信頼の原則は，判例（最判昭41・12・20刑集20巻10号1212頁など）・学説上確立された原則であり，交通事故の分野では，「車両の運転者は，特別の事情がない限り，他の交通関与者が，交通法規を守り，自車との衝突を回避するため適切な行動に出ることを信頼し

て運転すれば足りるのであって，他の交通関与者が交通法規に違反した行動や交通上不適切な態度に出るであろうことまで予想して安全を確認すべき注意義務はない」と要約される。実務における現在の問題関心は，同原則の適用範囲・限界であり，適用範囲・限界を考える上で，次の２点が指摘されている。すなわち，(ア)信頼の原則は，相手方に交通法規に従った適切な行為を期待できる場合に適用し得る原則であるから，相手方にそのような期待ができない場合，例えば，相手方が既に交通法規に反する行為をしているか，交通法規に反する行為をする蓋然性が高い場合などは，信頼の原則を適用する前提が欠けることになり，また，(イ)行為者に交通違反があっても，その違反行為が事故の一因となっていない場合は，なお信頼の原則の適用が可能であるが，反面，事故の一因となっている場合は，信頼の原則の適用が困難になる（栃木・前掲242頁以下参照）。

(3) 最高裁平成16年7月13日決定

　本問を考える上で，重要な判例が最決平16・7・13刑集58巻5号360頁である。本決定において認定された事実及びこれに基づく判断は，次のとおりである。

　「被告人は，普通乗用自動車を運転し，本件交差点を右折するため，同交差点手前の片側２車線の幹線道路中央線寄り車線を進行中，対面する同交差点の信号が青色表示から黄色表示に変わるのを認め，さらに，自車の前輪が同交差点の停止線を越えた辺りで同信号が赤色表示に変わるのを認めるとともに，対向車線上を時速約70ないし80kmで進行してくる甲野運転の自動二輪車（以下「甲野車」という。）のライトを，前方50m余りの地点に一瞬だけ見たが，対向車線の対面信号も赤色表示に変わっており甲野車がこれに従って停止するものと即断し，甲野車の動静に注意することなく右折進行し，実際には対面する青色信号に従って進行してきた甲野車と衝突したというのである。以上のような事実関係の下において，被告人は甲野車が本件交差点に進入してくると予見することが可能であり，その動静を注視すべき注意義務を負うとした原判断は，相当である。所論は，本件交差点に設置されていた信号機がいわゆる時差式信号機であるにもかかわらず，その旨の標示がなかったため，被告人は，その対面信号と同時に甲野車の対面信号も赤色表示に変わり甲野車がこれに従って停

止するものと信頼して右折進行したのであり，そう信頼したことに落ち度はなかったのであるから，被告人には過失がないと主張する。しかし，自動車運転者が，本件のような交差点を右折進行するに当たり，自己の対面する信号機の表示を根拠として，対向車両の対面信号の表示を判断し，それに基づき対向車両の運転者がこれに従って運転すると信頼することは許されないものというべきである。」

本決定以前に，岡田雄一「交差点における車同士の事故」刑事裁判実務大系(5)440頁は，見通しのきかない交差点における交差道路に一時停止の標識が設置されていたとしても，「交差道路側の道路標識等を見て自己の運転行動を決定するというようなことは，本来法の予定しないところというべきである。」として，交差道路側の標識を信頼の対象とすることに疑問を呈していた。本決定は，自動車運転者が，自己の対面信号を根拠に，現認していない対向車線の対面信号の表示を判断し，対向車両がこれに従うと信頼することは許されないとの法理を判示しており（大野勝則・判解刑平16年度317頁），上記岡田論文の問題意識に通じるものがある。

自車の対面信号の表示から他の信号の表示について合理的な推測を働かせることはよくあることである。例えば，自車の対面信号が青色なら，交差道路は赤色であり，だからこそ運転者は，交差道路からの車両の進入はないであろうと考える。しかし，それはあくまで自車の対面信号表示自体への信頼に還元されるべきものであり，交差道路の赤色表示が直接信頼の対象になるのではない。本決定では，被告人は，自車の対面信号の表示から，対向車両の対面信号の表示を推測している。しかし，本決定で問題となった時差式信号機はいまだかなりの数が設置されていて，時差式であるとの表示も常にされているわけではない。現状を前提とすれば，対向車の対面信号が自車の対面信号と同じ赤色であると信頼できるような状況にはないといわざるを得ない。

なお，被告人が現認した対向車の位置・速度からすると，対向車両が交差点に進入してくることが明らかな状態であり，時差式信号ではないという被告人の認識を前提としても，相手車両がこれに従って運転することを信頼できない状態であったのに，相手方が停止するものと即断し，右折進行したのは注意義務違反になるので，そこでいわば「決着済み」であるとの見解（古川伸彦「刑

事判例研究」ジュリ1341号187頁）や，被告人は信号無視をしており，そもそも信頼の原則を否定すべき場合であったと見ることも可能であるとの見解（大野・前掲324頁）もある。とりわけ交通事件における信頼の原則は，個別の事情を抜きには論じ得ないのであり，本決定の射程距離を考える上では，上記で指摘されているような具体的事実関係を離れてその法理のみを一般化・抽象化することは避けるべきであろう。

(4) **本問の検討**

以上を前提に考える。なお，具体的結論を導くには，設問で示された事情以外，例えば現場の明るさや見通し，交通量，信号の周期，甲の当該交差点の利用頻度なども考慮する必要があり，以下は一応の検討ということになる。

本問は，普通乗用自動車同士の交差点における衝突事故であり，甲車は右折車両，Ａ車は対向車両である。道路交通法37条によると，右折車両は，交差点を直進する車両の進行を妨害してはならないとされている。同法制定当初は，同条2項において，交差点で右折しようとする車両等がすでに右折を開始した場合は，その右折している車両等は，直進し，又は左折しようとしている車両に優先すると規定されていたが，昭和46年に同規定が削除され，現在では，直進・左折車両の優先原則が確立されている。甲は，交差点に進入するまでに，対向車線上には進行中のＡ車があり，その速度がかなり速いということも把握していたのであるから，右折を開始した場合は，Ａ車が交差点に進入し，その進行を妨害することを予見することは可能であったといえる。加えて，甲車が停止線を越えたところで対面信号が黄色から赤色に変わっていたのであるから一層右折を差し控えるべき場合であったといえる。しかるに，甲は，対面信号が赤に変わったので，対向車両の対面信号も赤に変わっているはずであり，Ａ運転車両は信号に従って停止するものと考えて，そのまま進行したのである。このような信頼が保護に値しないのは，前掲平成16年決定が判示するとおりであり，同判例がまさに妥当する場面であるといえる。基本的には，過失が認められる事案であろう。

③ 論点(イ)（Bに対する自動車運転過失傷害罪の成否）について
(1) 胎児性致死傷をめぐる議論

本問で傷害の原因となった実行行為は，Bが出生前，Aの母体内にいる段階で行われている。このような胎児段階で負った傷害や，これに起因して死亡した場合についてどのように考えるべきか，以前から激しい議論が展開されてきた。胎児性致死に関しては，熊本水俣病事件についての最高裁決定（最決昭63・2・29刑集42巻2号314頁。以下「最高裁判例」という）が出たことで，実務上の一応の決着を見たが，これに対する学説からの批判は強い。そこで，最高裁判例が出される以前の学説の状況を，これらを網羅的に整理している最高裁調査官による解説（金谷利廣＝永井敏雄・判解刑昭63年度137頁。以下，「最判解説」という）に依拠して述べた上，熊本水俣病事件の第1審，原審，最高裁判例の各判示，これらに対する学説の評価，最近の議論や下級審裁判例の動きを紹介する。

(a) 最高裁判例以前の学説の状況

最判解説は，胎児段階の病変に起因して出生後の人が死傷した場合について，①病変が胎児段階で固定し，出生後には悪化しない場合，傷害を負った人を出生させたことが，法律上，人に傷害の結果を発生させたと言えるか，②人をその胎児段階で発生させた病変に起因して出生後死亡させた場合，どのような罪が成立するかの2つの段階に分けて分析する。

①は，結果発生面における解釈問題であり，その典型が，ドイツで問題となったサリドマイド薬禍事件である。この問題については，「胎児が既に傷ついていた場合でも，出生と同時に人に対する傷害が発生したと言うべきであるから，その時点で人に傷害の結果が発生したと評価して差支えない。傷ついた人を出生させることは，人を傷つけることと同視し得る。」として積極に解する既存結果流用説（板倉宏「『胎児』に対する加害行為と『人』に対する傷害」判タ375号18頁，藤木英雄「胎児に対する加害行為と傷害の罪」ジュリ652号72頁，土本武司「刑法における生命(1)胎児傷害」判タ612号5頁など），「傷害という結果が発生したと言うためには，人が傷害されたことが必要であって，単に傷ついた人が出生したのでは足りない。」として消極に解する新規結果必要説（斉藤誠二「胎児は人か―胎児の傷害と傷害罪―」ジュリ622号91頁，平野龍一「刑法における

『出生』と『死亡』」平野・犯罪論(下)など）がある。

②は，行為の客体面における解釈問題，すなわち作用時における客体の存在の要否であり，熊本水俣病で問題となったものである。この問題については，「胎児は，母体の一部と見るべきである。胎児に対する加害は，母体の臓器等に対する加害と同様，母体に対する加害であり，これにより胎児に損傷を与えたときは，出生をまつまでもなく，その時点で母体に対する傷害罪又は過失傷害罪が成立する。」とする母体傷害説（宮本英脩・刑法大綱各論293頁（弘文堂書房，1934）など），「有害作用さえなければ健康な子供を生むことができる母親が，その有害作用によって健康な子供を出産できない状態にされたということは，母親としての重要な生理的機能が害されたということになるという意味において，母親の身体に対する傷害である。」とする出産機能傷害説（藤木・前掲80頁など。なお，これも広い意味では母体傷害説に含まれる），「人の死亡を招来する危険性のある行為を行い，その結果として，人の死亡を招来すれば，人に対する罪が成立する。故意があれば殺人罪であり，過失があれば過失致死罪である。行為の作用が客体に及んだとき，客体が既に人になっていたか，いまだ胎児にとどまっていたかは，これら犯罪の成否には無関係である。」とする作用不問説（板倉・前掲18頁など），「人に対する罪が成立するためには，他の要件に加えて，行為の作用が人に及ぶことが必要である。行為の作用が単に胎児に及んだにすぎない場合には，人に対する罪は成立しない。」とする作用必要説（斉藤・前掲99頁，大谷實「刑法における人の生命の保護」団藤重光博士古稀祝賀論文集第2巻342頁（有斐閣，1984）など）がある。母体傷害説（出産機能傷害説）によると，母親に対する傷害罪ないし過失傷害罪が成立し，作用不問説によると，出生した子に対する殺人罪ないし過失致死罪が成立し，作用必要説によると，堕胎罪が成立することは別論，傷害罪ないし過失傷害罪は問い得ないことになる。

(b) 熊本水俣病第1審判決（熊本地判昭54・3・22判タ392号46頁）

認定された事実関係によると，被害男児は，出生に先立つ胎児段階において，母親がメチル水銀によって汚染された魚介類を摂食したため，胎内でその影響を受けて脳の形成に異常を来し，その後，出生はしたものの，健全な成育を妨げられた上，12歳9か月余にしていわゆる水俣病に起因する栄養失調・脱水症

により死亡したというのである。

　第1審判決は，「胎児の脳等に病変を生じさせた時点においては，構成要件要素としての客体である『人』は未だ存在していないといわざるを得ないのであるが，元来，胎児には『人』の機能の萌芽があって，それが，出生の際，『人』の完全な機能となるよう順調に発育する能力があり，通常の妊娠期間経過後，『人』としての機能を完全に備え，分娩により母体外に出るものであるから，胎児に対し有害な外部からの侵害行為を加え，『人』の機能の萌芽に障害を生じさせた場合には，出生後『人』となってから，これに対して業務上過失致死罪の構成要件的結果である致死の結果を発生させる危険性が十分に存在することになる。従って，このように人に対する致死の結果が発生する危険性が存在する場合には，実行行為の際に客体である『人』が現存していなければならないわけではなく，人に対する致死の結果が発生した時点で客体である『人』が存在するのであるから，これをもって足りると解すべきである。」として，業務上過失致死罪の成立を認めた。これは，前記②の論点について，作用不問説の立場に立ったと理解できる。

　(c)　同控訴審判決（福岡高判昭57・9・6判タ483号167頁）

　控訴審判決は，第1審判決の説示を引用しつつ，「本件業務上過失排水行為は（被害男児）が胎生8か月となるまでに終ったものではなく，とくに，その侵害は発病可能な右時点を過ぎ，いわゆる一部露出の時点まで，継続的に母体を介して及んでいたものと認められる。そうすると，一部露出の時点まで包括的に加害が認められる限り，もはや人に対する過失傷害として欠くるところがない」旨付加して，業務上過失致死罪の成立を認めた。控訴審判決は，第1審判決と基本的には同様の立場を踏襲しつつも，人の始期について通説的理解とされる一部露出段階での侵害が継続していたと認められるとして，事実認定のレベルでも決着を図ろうとしたものと理解できる。

　(d)　最高裁判例

　これに対し，最高裁判例の法廷意見は，「現行刑法上，胎児は，堕胎の罪において独立の行為客体として特別に規定されている場合を除き，母体の一部を構成するものと取り扱われていると解されるから，業務上過失致死罪の成否を論ずるに当たっては，胎児に病変を発生させることは，人である母体の一部に

31 自動車運転過失致死傷罪と信頼の原則，胎児性傷害

対するものとして，人に病変を発生させることにほかならない。そして，胎児が出生し人となった後，右病変に起因して死亡するに至った場合は，結局，人に病変を発生させて人に死の結果をもたらしたことに帰するから，病変の発生時において客体が人であることを要するとの立場を採ると否とにかかわらず，同罪が成立するものと解するのが相当である。」として，被害男児に対する業務上過失致死罪の成立を肯定した原判断は，「結論において」正当であるとした。

長島敦最高裁判事は補足意見において，要旨，(i)胎児は，それ自体としての生命を持っているが，胎内にある限り母体の一部を構成しており，過失により侵害が加えられた場合において，胎児だけに死傷の結果を生じた場合も，母体に対する過失傷害罪が成立する，(ii)過失行為によって傷害された胎児が出生して人となった後に，その傷害に起因して死亡した場合は，侵害の及んだ客体と結果の生じた客体は，成育段階を異にする同一の生命体ということができ，刑法的・構成要件的評価においても，侵害の及んだ客体である母体と結果の生じた客体である子は，いずれも人であることに変わりはなく，いわば法定的に符合しているのであるから，死亡した人に対する過失致死罪の成立を肯認することができる，として，法廷意見に全面的に同調した上で，(iii)過失行為によって傷害を受けた胎児がその後遺症としての障害を負って出生した場合における過失傷害罪の成否は難しい問題であるが，仮に，胎児のときに受けた傷害に起因して，出生後において死に至らないまでも傷害の程度が悪化したような場合には，その悪化した傷害の結果につき，出生した人に対する過失傷害罪の成立を肯認する余地があるとする。その上で，(iv)別の理論構成として，刑法209ないし211条の各規定を形式的に見ても，侵害行為が加えられた客体が必ずしも人であることを要求しておらず，実質的に見ても，過失行為が人に死傷の結果を発生させる一定の客観的な危険性を備えているときは，行為と結果との間の因果関係を肯定することができる限り，右過失行為の構成要件該当性を否定すべき根拠は見当たらない，として，過失行為による侵害作用が及んだ時点において，客体の法的性質が人であることは，必ずしも必要ではないと解することができるとする。

(e) 最高裁判例に対する学説の評価

31 自動車運転過失致死傷罪と信頼の原則，胎児性傷害

　最高裁判例は，長島補足意見(i)(ii)に端的に表されているように，第1段階として，母体傷害説を採用した上，第2段階として，錯誤論における法定的符合説の考え方を援用し，「人」をある程度抽象化し，母親と子の差異を捨象して構成要件該当性を肯定した。最高裁判例に対しては，一部に賛同する見解もあった（金澤文雄・判タ682号76頁）ものの，学者からは，総じて強い批判が浴びせられている。最高裁判例の結論自体は支持するというものもある（作用不問説の立場からのものとして，平良木登規男・重判解昭63年度143頁など）が，結論自体に反対するものが多い（内田文昭・判例百選Ⅱ各論（第4版）10頁，山口・各論（第2版）24頁，佐久間・各論76頁，大谷・各論（新版第3版）25頁，西田・各論（第5版）24頁，前田・各論（第4版）33頁，林・各論（第2版）15頁など）。最大の問題は，現行刑法が胎児保護に関する規制を堕胎罪に委ねていることと整合しないのではないかという点である（山口厚「人の保護と胎児の保護」法教199号77頁）。すなわち，㋐堕胎罪が妊婦自身による自己堕胎行為を処罰している（刑212条）ことをみても，現行法は，胎児を母親とは別個の独立の存在として保護の客体としている，㋑誤って母体内で胎児を死に至らしめた場合は過失堕胎として不可罰になることと比較し，傷害の程度がそれより軽いため出生し，あるいはその後死亡したときに過失致死傷罪を適用するのは，明らかに均衡を失する，㋒妊婦が誤って転倒したため胎児に傷害を与え，障害をもって出生させた場合にも過失傷害罪ないし過失致死罪が成立することになり，処罰範囲が不当に拡大するとする（大谷・各論（新版第3版）27頁）。また，㋖法定的符合説の援用についても，行為時には胎児しか存在しない以上，錯誤の場合と同様に考えることはできないとの批判が強い（西田・各論（第5版）26頁）。これに対して最高裁判例の立場からは，現行刑法各則の解釈として，堕胎罪の規定がこれに当たらない行為を積極的に非犯罪化する趣旨までも含むものとは解されないこと，不同意堕胎罪を母体傷害の特別類型と位置付けることに格別の支障がないこと，母体傷害説を採る限り，㋒については自傷行為として不可罰となること，出産は，懐胎中の母親という1つの個体が母親と子という2つの個体に分裂する場合であり，懐胎中の母親という1つの個体が侵害作用を受けた後，2つの個体に分裂し，その1つである子に死亡の結果を生じたと考えれば，法定的符合説の考え方を援用する素地はあることなどの反論が考えられる（最判解説159頁以下）。

31　自動車運転過失致死傷罪と信頼の原則，胎児性傷害

　反対説の論者の多くは，この問題を立法的解決に委ねるべきとする。しかしながら，この問題について，立法により犯罪の成立範囲を合理的に画するのは相当に困難な作業である（川口浩一・公害・環境判例百選233頁）。生命医療の発展・進歩により，合理的な処罰範囲の画定による胎児保護の要請は一層高まっているが，立法による具体的・抜本的な解決が図られる見通しは立っていない。

　なお，作用必要説に立つ大谷・前掲「刑法における人の生命の保護」345頁は，「単に有害な作用の結果が発生する段階で人となったのではなく，人となってから侵害作用が生まれ，あるいは人に侵害が継続して作用しているときは，『人』に対する侵害として実行行為が人に及んでいる」とし，林・各論（第2版）18頁も，作用必要説に立ちつつ，熊本水俣病事件の控訴審判決が付言するような，一部露出あるいは全部露出してからも，臍帯を通してメチル水銀が子に入り込んでいたと認められるような場合は，人に対する作用があったといい得るとする。作用必要説に立つ場合は，いかなる場合に「作用」があったとみるかは重要な問題であるが，「作用」と「結果発生」との区別は相当あいまいであるとの指摘（最判解説169頁）がある。とりわけ公害・薬害事案などでは，その批判が妥当するように思われる。

　(f)　近時の議論の動き

　近時，この問題について，母体傷害説を採用した上で，症状固定型か症状悪化型かで区別するのではなく，出生後人となった時期―独自の生存可能性を持った時期―にまで侵害が及ぶ場合は，人に対する罪としての傷害罪ないし過失傷害罪が成立するとする見解（木村光江「胎児傷害」現代刑事法5巻7号74頁），母体傷害説に理解を示しつつも，結果帰責理論の見地から，出生後の死亡結果についてまで帰責することはできないとする見解（小林憲太郎「いわゆる胎児性致死傷について」立教法学67号104頁），「人」になってから結果（症状悪化ないし死亡）が発生したと評価できる場合には，「人」に対する罪を構成し，子に対する傷害罪ないし過失傷害罪を問い得るとする見解（辰井聡子「生命の保護」法教283号51頁），人の始期について，独立生存可能性という観点から問題の本質を捉えるべきであるとする見解（伊東研祐「『人』の始期について」法学研究80巻12号237頁），処罰範囲を合理的に画するという観点から，胎児性致死については，出産予定時期と実際の出産時期との関係―どの程度出産が早まったか―や，

出生後死亡までの期間―どの程度生存したか―などを考慮し，一定の範囲で過失致死罪の成立を認め，胎児性致傷については，症状進行型のものについてのみ処罰の可能性を認める見解（和田俊憲「交通事犯における胎児の生命の保護」慶應法学11号301頁）など，多様な見解が表明されている。その背景には，(g)で取り上げる近年の下級審裁判例の動きがあり，現行法の枠組みや制約の中で，胎児保護を一定の合理的な範囲で行おうとする問題意識の表れとして注目される。

　(g)　下級審裁判例の状況

　最高裁判例以前のものとして，秋田地判昭54・3・29刑月11巻3号264頁は，自動車同士の衝突事故で，被衝突車両に同乗していた妊娠34週の女性が，約1週間後に重症仮死状態の女児を早産し，分娩後約36時間半で女児が死亡したという事案につき，「胎児の際の過失により加害され，生活機能の重要な部分が損なわれ，自然の分娩期より著しく早く母体外に排出され（早産），生活能力もなく，自然の成り行きとして出産後短時間で死に至ることが予測され，実際どんな医療を施しても生活能力を具備できず医学的にも死の結果を生じた本件事案のような場合には，刑法上右分娩児は『人』となったとは言えず，胎児の延長上にあり，胎児又は死産児に準じて評価するのが相当である。」として，業務上過失致死罪の成立を否定した。

　最高裁判例と上記秋田地判との関係について，最高裁判例によれば逆の結論になるとの評価がある（裁判例コメ刑法第2巻559頁〔川上拓一〕）。しかしながら，「出生しても，生命力が不十分のため直後に死亡するに至った場合には，胎内死亡の場合に準じ，必ずしも『人の死亡』という結果が発生したとまで言う必要がないという考え方」（最判解説164頁）に立てば，秋田地判の事案で業務上過失致死罪の成立を否定することと，最高裁判例の立場は必ずしも矛盾するものではないように思われる（小川新二「刑事判例研究〔365〕」警論56巻2号213頁同旨）。この点，最決昭63・1・19刑集42巻1号1頁は，産婦人科医師が業務上堕胎によって妊娠26週で出生した未熟児を放置しておいたところ，出生から約54時間後に死亡した場合につき，その未熟児に保育器等の未熟児医療設備の整った病院の医療を受けさせれば，同児が短期間内に死亡することはなく，むしろ生育する可能性のあることを認識し，かつ，その医療を受けさせる措置をと

ることが迅速容易にできたとして，延命・生育可能性があることを前提に，保護責任者遺棄致死罪の成立を認めていることも参考になる。

　次に，最高裁判例後の下級審裁判例を見る。岐阜地判平14・12・17は，交通事故により妊娠35週の女性が負傷し，同女の傷害は軽傷にとどまったが，胎児が重度の傷害（治癒見込みのない低酸素性虚血性脳症等）を負い，帝王切開により早期出産したものの，嬰児に重い障害が残ったと認められる事案について，「……母親に加療7日間を要する右膝打撲等の傷害を負わせるとともに，その身体の一部である胎児に治癒見込みのない低酸素性虚血性脳症等の傷害をそれぞれ負わせた」と認定した（小川・前掲203頁）。同事案は，出生後更に症状が悪化するものではなく，症状固定型の事案とみることができる。次いで，鹿児島地判平15・9・2（LEX／DB28095497）は，妊娠7か月の妊婦が，交通事故後に帝王切開手術を受け，出生した子が呼吸窮迫症候群，脳室内出血後水頭症の傷害を負った事案で，「胎児に病変を発生させることは，人である母体の一部に対するものとして，人に病変を発生させることにほかならず，そして，胎児が出生して人となった後，右病変に起因して傷害が増悪した場合は，結局，人に病変を発生させて人に傷害を負わせたことに帰する」として，妊婦に対する業務上過失致死傷罪とは別に，子に対する業務上過失傷害罪の成立を認めた（観念的競合）。さらに，新聞等で報道されたものとして，3日後に出産予定だった妊娠37週の妊婦が交通事故の3時間後に帝王切開手術を受け，出生した子が重症新生児仮死により30時間後に死亡した事案で，子に対する業務上過失致死罪を認めたもの（静岡地浜松支判平18・6・8），妊娠9か月の妊婦が交通事故後に緊急出産し，出生した子が肺損傷により7日後に死亡した事案で子に対する業務上過失致死罪を肯定したもの（長崎地判平19・2・7），妊娠7か月の妊婦が交通事故の翌日に帝王切開手術を受け，出生した子が脳性麻痺の傷害を負った事案で，業務上過失傷害罪を肯定したもの（鹿児島地判平19・11・19）が紹介されている（和田・前掲303頁，伊東・前掲246頁。なお，江花優子・11時間―お腹の赤ちゃんは『人』ではないのですか第5章（小学館，2007）も参照）。これら下級審裁判例は，概ね胎児性致死傷について積極的な判断を指向するものであるが，いまだ実務の方向性が固まっているとまでは評価できないであろう。

(2) 本問の検討

(a) 本問では，論点(ア)で甲の過失が認められれば，Ａが負った全身打撲等の傷害について，自動車運転過失傷害罪が成立することは明らかであり，Ｂの負った呼吸窮迫症候群等の傷害について刑責を問い得るかが問題となる。

呼吸窮迫症候群とは，正常肺胞の内面に存在する表面活性物質が欠如するために呼吸困難を呈する疾患で，未熟児，帝王切開娩出児，糖尿病母体の産児に多い（看護学大辞典（第5版）729頁（メヂカルフレンド社，2002））。本問の設定だけでは必ずしも明らかではないが，上記疾病が，一般に，多呼吸，陥没呼吸，チアノーゼ，呻吟などの症状を伴い，数時間で次第に増強することも多い進行性のものであることからすると，Ｂの負った傷害については，一応症状悪化型と考えてよいであろう（前掲鹿児島地判平15・9・2も参照）。そこで，以下は，まず症状悪化型を前提に検討を進め，その上で，症状固定型の場合についても適宜触れることとする。

Ｂの傷害は，甲の過失行為に起因するものであり，かつ，その行為（作用）は胎児段階で終了していると考えられるので，まずは，(1)(a)②の行為の客体面の問題に関する見解ごとに論じる。

最高裁判例が採用する母体傷害説の立場からは，Ｂへの傷害を一旦母親であるＡに対する傷害と評価した上で，結果発生段階における解釈問題（(1)(a)①）を検討することになる。最高裁判例は，この点についての態度を明らかにしていないが，長島補足意見(iii)は，症状悪化型の場合は，犯罪の成立を認める余地があるとしており，最判解説も，サリドマイドのような症状固定型と，水俣病のような症状進行型を峻別して論じていることからすると，出生後死亡結果こそ生じていないものの，傷害の症状が進行・悪化するものについては，最高裁判例の射程範囲にあると考えるのが自然であろう。そうすると，本問でも，Ｂに対する自動車運転過失傷害罪の成立が認められる。次に，Ａ，Ｂそれぞれに傷害結果が発生している点をどう考えるかであるが，最高裁は，錯誤論に関し，数故意説の考え方を採っており（最決昭53・7・28刑集32巻5号1068頁），この考え方を援用すれば，Ａ，Ｂそれぞれに対する自動車運転過失傷害罪の成立が認められることとなろう。前掲鹿児島地判平15・9・2は，症状悪化型の事案について，母体傷害説に立った上，母親と子それぞれに対する犯罪の成立を認め

ている。なお，この帰結を批判するものとして，小林・前掲115頁以下参照。

　仮に，症状固定型の事案であった場合はどうか。前記のとおり，母体傷害説の立場に立つ最高裁判例は，この点についての判断を留保している。新規結果必要説に立てば，Bに対する傷害結果は，母体であるAに対する傷害結果の一部として評価され，Aに対する自動車運転過失傷害罪のみが成立することとなろう（なお，その場合の判示事実の認定として，胎児傷害の点をどのように適示するかが問題となり得るが，前掲岐阜地判平14・12・17の判示が参考となろう）。これに対し，木村・前掲79頁は，前記のとおり，母体傷害説を採用した上で，症状固定の有無で区別することなく，出生した（独立の生存可能性を持った）子に対する傷害罪又は過失傷害罪の成立を認める。この見解によれば，A，Bそれぞれに対する自動車運転過失傷害罪の成立を肯定することとなろう。

　次に，作用不問説の立場によれば，症状悪化型であれば，既存結果流用説，新規結果必要説いずれを採用するかにかかわらず，Bに対する自動車運転過失傷害罪の成立が認められる。これに対し，症状固定型については，既存結果流用説，新規結果必要説のいずれの説に立つかによって結論が異なる。なお，作用不問説と既存結果流用説との間に論理的な結び付きはない（最判解説154頁）。行為の客体について作用不問説の立場に立ち，作用が客体に及んだ段階では「人」である必要はないが，行為の結果について新規結果必要説に立ち，結果が発生した段階では「人」である必要があると解する余地は十分あり得る（辰井・前掲56頁は基本的にこの見解に立つと考えられる）。

　最後に，作用必要説の立場に立てば，症状悪化型，固定型のいかんにかかわらず，Bの負った傷害については，甲に帰責できず，Aに対する自動車運転過失傷害罪のみが，全身打撲等の傷害の限度で認められることとなろう。

　なお，Bの負った傷害について，Bに対する傷害としても，Aに対する傷害の一部としても評価し得ないとした場合は，Aに対する自動車運転過失傷害罪の量刑において，Bに生じた傷害や死亡の結果を量刑上斟酌することが許されるのか否か，斟酌し得るとすると，いかなる理論構成によって考慮されることになるのかという問題への対処が迫られるであろう（井田良「人の出生時期をめぐる諸問題」刑事法ジャーナル2号127頁注31。なお，伊藤寿「構成要件の結果以外の実質的被害の発生と量刑」判タ1217号45頁も参照）。

(b) Bに生じた傷害結果を甲に帰責する上では，甲にとって，対向車両の運転者が妊娠しており，その胎児が傷害を負うということが予見できるか，という観点からも検討しておく必要がある。

一般に，予見可能性の内容・程度に関し，危惧感説（不安感説）と，具体的予見可能性説の対立があるが，判例（札幌高判昭51・3・18高刑集29巻1号78頁）・通説は，具体的予見可能性説に立つ。ただし，具体的な結果そのものの精確な予見までは必要ではなく，一定の抽象化された結果の認識で足りるとされている。最決平元・3・14刑集43巻3号262頁は，トラック運転手が高速走行の上ハンドル操作を誤り，自車を暴走させ，道路左側の信号柱に自車を激突させ，その衝撃により，後部荷台に乗車していた2名を死亡させ，助手席に同乗していた1名に傷害を負わせたという事案において，「(本件のような)無謀ともいうべき自動車運転をすれば人の死傷を伴ういかなる事故を惹起するかもしれないことは，当然認識しえたものというべきであるから，たとえ被告人が自車の後部荷台に前記両名が乗車している事実を認識しなかったとしても，右両名に対する業務上過失致死罪の成立を妨げない」とした（この判例については，故意犯における具体的事実の錯誤に関する法定的符合説の立場から理解するのが一般的である（安廣文夫・判解刑平元年度86頁など）が，佐久間・総論284頁のように，あくまで故意犯とは別の，過失犯独自の観点から解決すべきとの見解もある。この点につき，橋爪隆「過失犯（上）」法教275号78頁参照）。この判例に沿って本問を検討すると，甲が，対向車両の運転者であるAが妊婦であることまで認識していなくても，Bに生じた傷害結果に対する責任を問うことができるであろう。

(c) 仮に，本問において，A，Bそれぞれに対する自動車運転過失傷害罪が成立した場合は，罪数処理の問題が生じる。判例上，1個の過失行為により，数人を死に至らし，傷害を負わせた場合は，1個の行為で数個の罪名に触れるので，観念的競合により一罪として処断されている（大判大7・1・19刑録24輯4頁。なお，前掲最決平元・3・14も，科刑上1罪により処理した第1審の判断を是認している）。したがって，両者は観念的競合により科刑上1罪として扱われる。

【村越　一浩】

※ ［補注］ 法改正につき，30問の［補注］(382頁)参照。

32 保護責任者遺棄致死罪における保護義務

甲（男性）は、ホテルの一室に成人女性Aを連れ込んで性的関係を持つにあたり、自ら持参したMDMAと覚せい剤の混合錠剤をAと一緒に飲んだ。Aは「熱い、苦しい」などと訴え始め、やがて錯乱状態となった。甲は、Aをそのままにしてホテルを立ち去ったところ、その約1時間後に、Aは、薬物使用による急性心不全で死亡した。鑑定結果によれば、Aが錯乱状態になった段階で甲が直ちに救急医療を要請していれば、Aは確実に助かったことが判明した。甲の罪責はどうか（特別法違反を除く）。

Aが、自ら所持していたMDMAと覚せい剤の混合錠剤を、甲が知らないうちに一人で飲んだため、甲において、Aが錯乱している理由がわからなかった場合はどうか。

1 はじめに

(1) 問題の所在

設問の事例のように、同宿者の健康状態が悪化し、緊急に保護を必要とする状態となったのに、必要な保護をせずに放置しておいたところ、間もなく同人が死亡したという場合には、同宿者を救命するために必要な措置を講じなかった者について、遺棄の罪、特に、その者の行為が同宿者の健康状態を悪化させる原因となったことに着目すれば、保護責任者遺棄致死罪の成否が問題となる。

(2) 保護責任者遺棄致死罪の成立要件

遺棄の罪（刑2編30章）は、扶助を必要とする者（要扶助者）を保護されない状態に置くことによって、その者の生命・身体に危険を生じさせることを内容とする罪であり、判例・通説によれば、抽象的危険犯であると解されているところ、刑法は、①単純遺棄罪（217条）、②保護責任者遺棄罪（218条）、③これらの罪の結果的加重犯である遺棄等致死傷罪（219条）を規定している。

そして、刑法218条は、「老年者、幼年者、身体障害者又は病者を保護する責任のある者」（保護責任者）が「これらの者を遺棄し、又はその生存に必要な保

護をしなかった」（不保護）場合に保護責任者遺棄罪が成立すると規定しており，これに219条の規定を合わせると，保護責任者遺棄致死罪が成立するためには，①行為者（主体）に保護責任が認められること，②被害者（客体）が老年者や病者等の要扶助者であること，③行為は，「遺棄」又は「不保護」であること，④行為と被害者の死の結果の間に因果関係が認められること，以上4つの要件が認められなければならない。

そこで，以下では，設問の事例において，これらの要件が認められるかについて，順次，検討を加えることとする。

2 保護責任について

(1) 保護責任の根拠に関する判例・学説

前記のとおり，保護責任者遺棄罪の主体は，「老年者，幼年者，身体障害者又は病者を保護する責任のある者」（保護責任者）に限定されているところ，この罪の保護法益にかんがみれば，保護責任者とは，老年者，病者等の要扶助者の生命・身体の安全を保護すべき法律上の義務を負う者と解される。

そして，従来から，判例においては，保護責任の根拠として，法令，契約，事務管理のほか，慣習，条理などの事項が挙げられており，そのいずれであるかを問わないと説かれてきた（大判大8・8・30刑録25輯963頁，大判大15・9・28刑集5巻387頁）。

例えば，法令に基づく保護責任としては，民法による親権者の監護義務（820条），夫婦相互の扶助義務（752条），親族の扶養義務（877条以下）などの私法上の保護義務，警察官職務執行法による警察官の保護義務（3条），精神保健及び精神障害者福祉に関する法律による保護者の保護義務（20条）などの公法上の保護義務があるが，保護責任は要扶助者の生命・身体をその危険から保護すべき現実の義務であるから，法令上の義務の全てが直ちに保護責任の根拠となるのではないとされ（大塚・各論（第3版増補版）62頁，大谷・各論（新版第3版）46頁），判例でも，民法上の扶養義務の順序にかかわらず，先順位の扶養義務者があっても，後順位者が老年者を現に看護すべき状態にあるときは，後順位者に保護責任が認められたり（大判大7・3・23刑録24輯235頁），先順位者が扶養義務を履行しない場合に，後順位者に扶養義務が認められたりしたこと

401

もある（大判大 8・8・7 刑録25輯953頁）。このように，一見すると保護責任に関係しそうな法令上の義務でありながら保護責任の根拠とならないものがあり，いかなる法令であれば保護責任の根拠となるのか明らかではないし，このことは契約や事務管理についても同様であって，誰を相手とするいかなる契約や事務の管理が保護責任の根拠となるのかなどについて，十分な基準が示されたとはいいがたく，保護責任の実質的根拠を明らかにし，客観的な判断基準を示していく必要があるとの指摘がされている（大コメ刑法第11巻（第 2 版）186頁―187頁〔半田靖史〕）。

　また，保護責任の根拠として，判例が列挙する事項は，不真正不作為犯における作為義務の根拠とされている事項と基本的には同じであり，遺棄の意義に関する通説的見解，すなわち，単純遺棄罪における「遺棄」を狭義のもの（移置）に限定し，置き去りなどの不作為における単純遺棄を認めず，保護責任者についてのみ不作為犯が処罰されるという立場から説明されてきた内容である。そこでは，「置き去りのように不作為犯的形態のものが遺棄罪を構成すると考えられるのは，つまりは，行為者に保護義務のある場合だからである。」（団藤・各論（第 3 版）453頁）と説明されているように，不真正不作為犯（置き去り）の成立根拠である作為義務と保護責任とが区別せずに論じられていた。

　ところが，その後，学説では，置き去りのような不作為による遺棄についても単純遺棄罪の行為である遺棄に含める立場が有力になったが，この立場では，保護責任は，その存在によって保護責任者遺棄罪の成立が認められ，不作為による単純遺棄よりも更に重く処罰されるわけで，責任が加重される根拠となるものであるから，不真正不作為犯一般における作為義務よりも高度の義務として意識されるようになった。具体的には，「行為者と被害者との間に第三者の介入を排除するに足りる密接な保護＝被保護の生活関係に基づく義務と解すべきである」（植松正ほか・現代刑法論争 II（第 2 版）19頁〔曽根威彦〕（勁草書房，1997）），「保護責任者は，危険防止がその者に委ねられており，要扶助者の生命身体の安全を支配できる地位にある者に限られる」（曽根・各論（第 4 版）43頁），「保護責任は，排他性など，より強度の支配関係がある場合に限定するのが妥当である」（山口・各論（第 2 版）36頁）などと，保護責任やこれに対応する保護義務は，作為義務よりも高度の義務であることを明示する見解が主張されるようになった。

また，作為義務との区別を明示しないながらも，保護責任の内容を限定する解釈として，「社会通念上，危険の防止が委ねられており，要扶助者の生命の安全を支配できる地位にあるとき，その者に保護義務が生じる」（大谷・各論（新版第3版）46頁），「（保護責任者は）すでに存在する要扶助者の生命の危険を支配しうる地位にある者に限定されるべきであろう。この支配的地位が行為者の意思に基づいて獲得された場合に保護責任を認めうるのは当然であるが，支配的地位が行為者の意思に基づかない場合には，行為者と要扶助者との間に一定の生活共同体から生ずる社会生活上の継続的な保護関係の存することが必要であろう」（西田・各論（第5版）33頁）との見解が示されている。

以上の諸説に共通の要素として，①要扶助者の安全又は危険に対する支配を有していること，②要扶助者を保護することが社会的に期待されるような関係にあることが挙げられるが，一元的な説明を心がけても，一元化，抽象化に伴う不分明さや基準としての使いにくさは避けられないから，上記の一元的把握の諸説に含まれているような保護責任の核心を踏まえつつ，これまでの判例・学説から，保護責任の実質的根拠となっていた要素を抽出し，それぞれの重要性を考量すること，そして，具体的事件においては，各要素の有無，程度を総合的に検討した上で保護責任の有無を判断することが必要であるとの指摘がされている（大コメ刑法第11巻（第2版）186頁―187頁〔半田〕）。

(2) 保護責任の実質的根拠

では，どのような場合に，保護責任が生じるのか。

従来の判例上，保護責任の実質的根拠として，「保護の継続性」「保護の引受け」「先行行為」「保護者としての独占的地位」「保護の容易さ」などの要素が重視されてきたといわれている（鈴木義雄「保護責任者遺棄における保護の根拠」研修306号79頁，85頁，原田國男・判解刑昭63年度7頁以下）。

なお，保護責任を認める上で，以上のような要素が全て必要なわけではなく，特定の要素が必須というわけでもない。各要素の有無，程度を総合的に判断することが肝要である。

以下，各要素につき，個別に説明する。

(a) 保護の継続性

「保護の継続性」とは，要するに，要扶助者との人間関係の性質，内容を意

味するものである。そこには，夫婦や親子といった親族関係のように密接で継続的な保護被保護の関係が存在する場合，あるいは，そのような関係が求められている場合もあれば，友人や知人といった関係，さらには，偶然で一時的な出会いの場合もあるのであって，要扶助者との関係には様々なものがあるが，その関係の濃淡によって，期待される保護の程度にも違いが生じ，密接，継続的で濃厚な関係が認められれば認められるほど，保護責任を肯定しやすくなると考えられる。

(b) 保護の引受け

「保護の引受け」とは，要扶助者を自己の管理支配下に置くことであり，これを開始すれば，要扶助者の安全を支配する立場に至ったこととなり，程度の差こそあれ，相手の生死が自分の手に委ねられていることになるから，保護責任の有無を判断する上で重要な要素となる。なお，要扶助者を保護しようという目的を有している必要ない。

(c) 先行行為

「先行行為」とは，他人を要扶助状態にし，危険を生じさせる原因となった自己の行為を意味する。従来から条理により保護責任を発生させる例として，先行行為の存在が挙げられることが多かったが，自己の行為によって他人を要扶助状態にし，危険を生じさせたのであるから，その危険を回避できるように努めるのは当然であるともいえる。ただし，ひき逃げをしたからといって必ず保護責任者遺棄罪が成立するわけではないように，先行行為の存在のみで全ての場合に保護責任が認められるというものではない。

(d) 保護者としての独占的地位

「保護者としての独占的地位」のみで保護責任を根拠付けることは困難であるが，これが備わっていながら，保護をしないとなれば，要扶助者に与える危険は大きくなるから，保護責任を肯定する方向に働く重要な考慮要素である。

(e) 保護の容易さ

「保護の容易さ」があれば，保護を行うのに支障は少なかろうから，その場合には，保護責任を認めやすくなると考えられる。

(3) 設問の事例での具体的検討

(a) 甲とAとがMDMAと覚せい剤の混合錠剤を一緒に飲んだ場合

甲とAとは，ホテルの一室で性的関係を持ち，上記薬物を一緒に服用したとはいえ，そこに至る経過は明らかでないから，両者の人間関係はつまびらかになっていない。したがって，「保護の継続性」について，甲に期待される保護の程度を判定することは困難である。

次に，Aが体調の不良を訴え始め，錯乱状態となってからも，甲がAを介抱したような事情は見あたらないから，「保護の引受け」があったとはいえない。

しかし，Aは甲と一緒に上記薬物を服用した後，体調の不良を訴え，薬物使用による急性心不全で死亡したのであるから，上記薬物を持参し，これをAに提供して一緒に服用したという甲の行為によって，Aは要扶助状態に陥り，生命の危険を生じたということになるから，この甲の行為は「先行行為」に当たると評価できるし，甲としても，その間の経緯を十分に了解していたものと考えられるから，甲には，Aの保護に尽力すべきであったと考えられる。

また，ホテルの客室には，甲とAしかおらず，甲だけがAを保護できたのであるから，甲は，「保護者としての独占的地位」にあったといえる。

最後に，薬物使用を原因としてAが要扶助状態に陥ったということであれば，甲自らがAを介抱するなどしても生命の危険を回避できず，最も有効な手だては救急医療を要請することであると容易に察しがつくはずであるし，救急医療の要請自体は，容易な事柄であるから，「保護の容易さ」が認められる。

以上に検討したところ，殊に，先行行為の存在や保護者として独占的地位にあったこと，保護の容易さからすると，甲には保護責任を認めるのが相当である。

　(b)　Aが甲の知らないうちに上記混合錠剤を飲んでいた場合

まず，「保護の継続性」については，甲とAとが一緒に薬物を服用するような間柄だったとは認められないことを除き，(a)で検討したことと同様であるし，「保護の引受け」についても，事情は異ならない。

「先行行為」については，甲が薬物を所持していなければ，Aがこれを服用することはなかったといえるが，甲は，Aによる薬物の服用そのものには関与していないのであるから，薬物の所持を先行行為ととらえるべきではなかろう。

次に，甲が「保護者としての独占的地位」にあったことについては，(a)の場合と差異はない。そうすると，甲だけがAを保護することができたのであり，それだけ，甲による保護への期待も高まるわけであるから，このことは，保護

責任を認める上で積極方向に働く事情である。

最後に，「保護の容易さ」について，検討するに，甲としては，Aが要扶助状態に陥った原因がわからないのであるから，原因が薬物使用だとわかっていた場合と比較すれば，直ちに救急医療を要請する必要を感じなかったとしても致し方ない面がある。もっとも，Aが錯乱状態に陥った状況に至れば，自分の手に負えないことは明らかであるから，その時点では，救急医療の要請を思いつくと思われるし，そのこと自体は容易なことである。

以上のように，甲とAとが一緒に薬物を服用した場合と比較すれば，先行行為と評価できるものが存在しない点で大きく事情が異なっており，その他の事情を総合しても，保護責任を認めることは相当ではないと考える。

③ 客体について

保護責任者遺棄罪の客体は，「老年者，幼年者，身体障害者又は病者」であり，かつ，「扶助を必要とする者」である。刑法218条は，217条とは異なり「扶助を必要とする者」という要件を規定していないが，同じ遺棄の罪である以上単純遺棄罪と同様に解すべきことは当然であるとされている（大谷・各論〔新版第3版〕43頁）。また，「扶助を必要とする者」とは，他人の保護によらなければみずから日常生活を営む動作をすることが不可能もしくは著しく困難なため，自己の生命・身体に生ずる危険を回避できない者と解されている。

老年者等の制限は，制限的な列挙であるが，「病者」に関し，判例通説はこれを広く解していることからすると，本件事案のように，覚せい剤等の薬物を使用し，その急性の薬理作用によって錯乱状態に陥った者についても「病者」に含まれると考えられるから，Aは保護責任者遺棄罪の客体に当たると認められる（最決平元・12・15刑集43巻13号879頁参照）。

④ 行為について

設問の事例によれば，Aが錯乱状態になった段階で甲が直ちに救急医療を要請していれば，Aは確実に助かったというのに，甲は，錯乱状態となったAをそのままにして，ホテルを立ち去ったというのであるから，甲がAの生存に必要な保護をしなかったのは明らかであり，この行為は，不保護として，保護責

任者遺棄罪の構成要件に該当する行為と認められる。

5 因果関係について

保護責任者遺棄致死罪が成立するためには，甲による不保護とAの死の結果の間に因果関係が存在しなければならない。

不保護は不作為であるが，不作為は何もしないことではなく，「期待された行為」を行わないことであるから，設問の事例でいえば，不保護とは，「Aが錯乱状態になった段階で直ちに救急医療を要請しなかったこと」を意味する。

そして，不作為の因果関係についても，作為の場合と論理的に同一の構造を持つと考えられているから，作為の場合には，当該行為がなかったとすれば，結果が生じなかったといえるかを検討するのに対し，不作為の場合には，期待された行為がなされていれば，結果が生じなかったといえるかを検討することになり，結果が生じなかったといえる場合には，不作為と結果との条件関係が認められることになる。これを設問の事案に当てはめると，「Aが錯乱状態になった段階で直ちに救急医療を要請したとすれば，Aの死の結果は生じなかったといえるか」を検討することになるところ，設問の事例では，この段階で救急医療の要請をしていれば，Aは確実に助かったというのであるから，不保護とAの死の結果との間には，条件関係が認められる。

また，不作為の因果関係においても相当因果関係が必要であるところ，期待された行為がなされているのに，結果を生じさせるような事情が存在していれば，不作為と結果の間に相当因果関係が認められないこととなろうが，設問の事例では，救急医療の要請をしたにもかかわらず，Aの死を招来するような事情は見あたらないから，不保護とAの死の結果との間には，相当因果関係も認められる。

6 結　論

以上に検討したことからすると，甲とAとが MDMA と覚せい剤の混合錠剤を一緒に飲んでいた場合には，甲には保護責任者遺棄致死罪が成立するが，甲の知らないうちにAが上記混合錠剤を飲んでいた場合には，甲には同罪は成立しないと考えられる。

【松藤　和博】

33 不法目的の立入りと住居侵入罪

甲は，銀行の現金自動預払機を利用する客のカードの暗証番号，名義人氏名，口座番号等を盗撮するため，現金自動預払機が設置されていて，行員の常駐していない銀行支店出張所に，その営業中，自動ドアのある出入口から，立ち入った。甲の罪責はどうか。

1 論点の所在

設問は，建造物侵入罪の成否を問うものであり，甲の銀行支店出張所への立入りが同罪の「侵入」に当たるか否かが論点となる。換言すれば，建造物侵入罪の「侵入」とはどのような立入りかが問題である。すなわち，甲が立ち入った銀行支店出張所は，現金自動預払機を利用する銀行の顧客のために供された店舗であり，無人ではあるもののその出入口は自動ドアとされるなど支店長の事実上の支配下にあることが明らかであるから刑法130条前段の「人の看守する建造物」に該当すると解される。したがって，問題は，銀行の支店出張所は，その設置の目的や業務の性質上不特定多数の者が立ち入ることを予定されている店舗であるところ，設問のような違法な行為に及ぶ目的をもってそのような店舗に立ち入ることが建造物侵入罪の「侵入」に当たるか否かということになる。そこで，建造物侵入罪，ひいては住居侵入罪における「侵入」について，学説，判例上どのような議論がなされてきたかを概観し，その上で，設問に対する考え方を説明することにしたい。

2 学説

(1) はじめに

学説は，住居侵入罪における「侵入」の意義について，同罪の保護法益と関連させた議論をしている。そこで，まず住居侵入罪の保護法益に関する議論を，次いで同罪における「侵入」の意義を，更には違法な行為に及ぶ目的で店舗等に立ち入る行為が同罪の「侵入」に当たるか否かについての議論を概観する。

(2) 住居侵入罪の保護法益

　住居侵入罪が個人的法益に対する罪であることは、今日争いがないものの、その保護法益に関しては、学説上、大別して、住居権説と平穏説の対立がある。

　住居権説は、住居侵入罪の保護法益を住居の支配・管理権であるとする（平野・概説182頁、中森・各論（第2版）76頁、大谷・各論（新版第3版）126頁、西田・各論（第5版）96頁、山口・各論（第2版）117頁）。

　これに対して、平穏説は、住居侵入罪の保護法益を住居の事実上の平穏であるという（団藤・各論（第3版）501頁、藤木・各論232頁、福田・各論（第3版増補版）203頁、大塚・各論（第3版増補版）110頁、前田・各論（第4版）135頁）。

　住居権説は、平穏説に対して、その保護内容があいまいであり、処罰範囲も限定できない（平野・概説182頁、山口・各論（第2版）118頁）などと批判し、平穏説も、住居権説に対して、住居権の内容が不明確であり（注釈刑法(3)234頁〔福田平〕）、複数の住居権者の意思が異なる場合の処理に困難がある（前田・各論（第4版）135頁）などと批判する。

　なお、住居権説や平穏説に対して、侵入の客体の特質に応じて保護法益を多元的に解し、私的な住居については立入り許諾の自由、社会的営造物については平穏かつ円滑に業務遂行し得る平穏な状態などと解する見解（関哲夫・住居侵入罪の研究315頁（成文堂、1995））も主張されているが、客体によって保護法益が異なるという考え方が一般的に採り得るものか疑問であろう（大コメ刑法第7巻（第2版）266頁〔毛利晴光〕）。

(3) 住居侵入罪における「侵入」の意義

　住居権説は、住居侵入罪の「侵入」とは、住居権者の意思に反する立入りであると解する（意思侵害説、平野・概説184頁、中森（第2版）・各論78頁、大谷・（新版第3版）各論130頁、西田・各論（第5版）98頁、山口・各論（第2版）123頁）。

　他方、平穏説は、住居侵入罪の「侵入」を住居の平穏を害する態様の立入りであるとしながら、その内容は住居権者の意思又は推定的意思に反する立入りであるとして結論的に意思侵害説と同様に解する見解（団藤・各論（第3版）505頁、藤木・各論233頁、大塚・各論（第3版増補版）116頁）と、端的に同罪の「侵入」とは住居の平穏を害する態様の立入りであると解する見解（平穏侵害説、福田・各論（第3版増補版）205頁、前田・各論（第4版）138頁）とに分かれて

いる。

　ただ，平穏侵害説も住居権者の意思を無視するわけではなく，それを住居の平穏侵害を判断する重要な資料として考慮する（注釈刑法(3)245頁〔福田〕）ので，意思侵害説からはもちろん，平穏侵害説からも，住居権者の意思に反しない立入りについては住居侵入罪の構成要件該当性を欠くとされる（注釈刑法(3)246頁〔福田〕，前田・各論（第4版）138頁）。そこで，住居権者の意思に反するものの，住居の平穏を害しない立入りが「侵入」に当たるか否かが意思侵害説と平穏侵害説の対立点となる（前田・各論（第4版）138頁，山口・問題探究各論69頁）。平穏侵害説は，このような立入りを「侵入」に当たらないとする（前田・各論（第4版）138頁）が，意思侵害説は，住居権者の意思に反する立入りをそれが平穏を害しないという理由で非犯罪化する点が不当である（山口・各論（第2版）123頁）と批判する。

(4) 違法な行為に及ぶ目的による店舗，施設等への立入り

　意思侵害説では，住居への立入りが「侵入」に当たるか否かは，その立入りが住居権者に同意（許諾）されているか否かによるが，広く一般に開放された店舗，施設等では，通常の方法による立入りに包括的又は推定的な承諾が与えられているといえるから，これらの立入りは原則として「侵入」に当たらない。平穏侵害説からも，これらの店舗等への通常の方法での立入りはそれらの平穏を害しないので，やはり原則として「侵入」に当たらない。

　問題は，違法な行為に及ぶ目的でこれらの店舗等に立ち入る行為であり，このような行為が「侵入」に当たるか否かについては，意思侵害説と平穏侵害説のいずれにおいてもその内部で見解が分かれている。

　意思侵害説からは，行為者の違法な行為に及ぶ目的を住居権者が知らないことにより，その包括的又は推定的な承諾が錯誤により無効となるか，あるいは住居権者の包括的又は推定的な承諾がその真意に基づかないものとなるかが問題となる。そして，住居権説（意思侵害説）をとる者の多くは，立ち入る者が誰であるかなどの点に錯誤がなければ，その者が違法な行為に及ぶ目的を有していることは立入りに対する同意とは無関係であり，その錯誤は同意を無効ならしめるものではないから違法な行為に及ぶ目的で立ち入ることは「侵入」に当たらないと解する（平野・概説184頁，山口・各論（第2版）126頁）。この見解

は，行為者の犯罪目的を考慮すると，その目的となる犯罪の予備的な行為である住居への立入りを，それらが予備罪としては犯罪を構成せず不可罰であるにもかかわらず，広く住居侵入罪で処罰することを認めることになるとして問題視する（中森・各論（第2版）79頁，山口・各論（第2版）119頁）。

しかし，意思侵害説には，違法な行為に及ぶ目的による立入りの場合，真意に基づく同意や許諾がないとして，その立入りが「侵入」に当たると解する見解（大谷・各論（新版第3版）131頁，大塚・各論（第3版増補版）117頁）もある。この見解は，住居権者が立入りを許諾する際，その者が住居で何をするかは重要な判断資料であり，住居権者に違法な行為に及ぶ目的が知られていたか否かで住居侵入罪の成否が異なる理由もないから，この点の錯誤は許諾意思を無効にし，住居侵入罪を成立させると解する（塩見淳「住居侵入罪の保護法益」判例百選Ⅱ各論（第6版）35頁）。また，立入りにつきあらかじめ包括的に承諾がなされていると認められる営業中の店舗等は，正当な用務のためにする立入りについて承諾がなされているにすぎず，その他の目的による立入りについては，包括的な承諾の範囲内にあるとは通常いえず，違法な行為に及ぶ場合にはなおさらそうであろうともいわれる（大コメ刑法第7巻（第2版）295頁〔毛利〕）。もっとも，立入りの目的によって立入りへの許諾意思の効力が失われることを認める見解に対しては，万引きやスリの目的でデパートに立ち入る行為も含め，違法な行為に及ぶ目的を隠して通常の方法で店舗等に立ち入る行為がすべて建造物侵入罪を構成することになり不当であるとの批判がある（井田良「住居侵入罪」法教215号11頁，山口・問題探究各論75頁）。

他方，平穏侵害説は，違法な行為に及ぶ目的に基づく立入りについては，立入りに対する住居権者の承諾の有効性に拘泥するよりも，端的に立入り行為が平穏を侵害する態様か否かを問題にすべきであると主張し（注釈刑法(3)246頁〔福田〕，前田・各論（第4版）139頁），行為は主観・客観の全体構造を持つものであるから，立入りが住居の平穏を害する態様か否かについても，その主観・客観の両面を併せ考慮すべきであるとしたり（注釈刑法(3)245頁〔福田〕），事実上の平穏侵害の有無は客観的，外形的に判定すべきであるとしたり（前田・各論（第4版）139頁—141頁）している。前説は，強盗の目的でナイフを携えて立ち入るような行為は「侵入」に当たるが，詐欺の目的で穏やかに立ち入ったよう

な行為は「侵入」に該当しないと解し（注釈刑法(3)245頁〔福田〕），後説は，違法な行為に及ぶ目的に基づく立入りはその後に客観的に平穏を害していることが多いものの，不当な目的を隠して立ち入る行為をすべて侵入罪とするのは疑問であるという（前田・各論（第4版）139頁―141頁）。なお，前説に類する見解として，井田・前掲10頁は，建造物の本来的な利用ないし支配を阻害する規模の犯罪行為に及ぶ目的による立入りについては，不退去罪による建造物の保護のみでは十分とはいえず，建造物侵入罪の成立を認めることに理由があるので，殺人，強盗，強姦等の目的の場合には平穏を害する立入りに当たるが，これと異なり，詐欺や押し売り，借金の返還請求，贈賄，盗聴器の設置等の目的の場合には，平穏を害する態様による立入りとはいえず，退去要求に応じなかった時点で不退去罪に問えば十分であるとする。この見解に対しては，建物の利用・支配そのものを侵害するような犯罪との関係で（のみ），予備罪としての住居侵入罪の機能を徹底させようとするものであり，住居等の利用・支配の阻害とは何かが明らかでないなどと批判されている（和田俊憲「住居侵入罪」法教287号59頁）。

　こうして意思侵害説には住居権説に基づくものと平穏説を背景にしたものとがあり，しかも錯誤に基づく許諾の効力にも見解の相違がある一方，平穏侵害説にも平穏侵害の判断の基礎となる事情や平穏侵害の判定基準をめぐって争いがあることから，違法な行為に及ぶ目的による立入りが「侵入」に当たるか否かの判断をめぐる議論は複雑な様相を呈している。特に，住居権説（意思侵害説）も立入りの目的をその許諾の有無の判断資料に含めるのであれば，「侵入」の判断において平穏説（平穏侵害説）と大差ないように見受けられる（塩見・前掲35頁）。そこで，住居侵入罪が保護する法益（住居権）を住居等への立入りを許諾するか否かを決める利益（許諾権）に限定し，これに純化すべきであると主張して，許諾権以外の住居等の内部で保護されるべき実質的利益を住居侵入罪の保護法益とみる見解（実質的利益説）は失当であるとする見解（許諾権説，山口・各論（第2版）118頁）がある。許諾権説によれば，行為者の目的により住居権者の許諾が無効となる余地を認める見解は，住居への立入り自体についての（形式的な）許諾の有無だけを判断して「侵入」に当たるか否かを判断するのではなく，行為者が住居の内部で行おうとしていることについての許諾の有

無をも加味して「侵入」に当たるか否かを判断しようとしていることになり，それは結局のところ，（形式的な）許諾権以外の実質的利益を保護することにほかならないというのである（山口・問題探究各論64頁）。これに対しては，平穏説はもとより，住居権説の内部からも，実質的な利益をまったく捨象した単なる許諾の自由というもののみを住居権の内実として住居侵入罪の保護法益を理解するものであり法益としての内容に乏しいなどの批判が向けられている（井田・前掲10頁，大コメ刑法第7巻（第2版）267頁〔毛利〕）。

③ 判　例
(1) 住居侵入罪の保護法益及び「侵入」の意義について

大審院は，大判大7・12・6刑録24輯1506頁において，「住居侵入ノ罪ハ他人ノ住居権ヲ侵害スルヲ以テ本質ト為シ住居権者ノ意思ニ反シテ違法ニ其ノ住居ニ侵入スルニ因リテ成立ス」と判示しており，住居侵入罪の保護法益について住居権説に立脚するとともに，「侵入」の意義について意思侵害説を採用していたことが明白である。ただ，例えば，大判昭14・12・22刑集18巻565頁において，夫婦が子孫とともに家族的生活を営む場合には，夫は家長として一家を主宰するといえるので，その住居に対する侵入についての許諾権は夫だけがこれを有するのであって，妻がこれを代行する場合も，夫の意思に反しない限度でその効力を有する旨説示されていたように，そこでいう住居権は，家督制度と相俟って家長権として把握されていた。このため，大審院判例が採用していた住居権説は，戦後，学説の批判を浴び，平穏説が登場する契機となった（条解刑法（第2版）357頁）。

これに対して，最高裁判所は，後掲の最判昭23・5・20刑集2巻5号489頁，最判昭24・7・22刑集3巻8号1363頁，最判昭34・7・24刑集13巻8号1176頁等において，住居侵入罪の成否を住居権者の承諾の有無にかからせる判断を示し，大審院判例の枠組みを基本的に維持していた。

ところが，最決昭49・5・31裁判集〔刑事〕192号571頁（以下「昭和49年決定」という）は，被告人がベトナム戦争反対運動の一環としてキャンプ王子米国陸軍病院の開設反対のため同病院敷地内に立ち入ったという事案における，憲法9条違反の上告趣意に対して「住居侵入罪の保護すべき法律上の利益は，住居

等の事実上の平穏であり，居住者又は看守者が法律上正当の権限を有するか否かは犯罪の成立を左右するものではない」と説示した。また，最判昭51・3・4刑集30巻2号79頁（以下「昭和51年判決」という）も，東京大学地震研究所が同研究所に対するデモ等に対処するため金網柵を設置するなどして関係職員以外の立入りを禁止した同研究所の附属地に学生である被告人らが金網柵を引き倒すなどして乱入したという事案において，その附属地が建造物侵入罪の客体に当たると判断するに際し，「建物の囲繞地を刑法130条の客体とするゆえんは，まさに右部分への侵入によって建造物自体への侵入若しくはこれに準ずる程度に建造物利用の平穏が害され又は脅かされることからこれを保護しようとする趣旨にほかならない」と説示しており，これらは，住居侵入罪の保護法益につき大審院判例と異なる表現を用いていた。

　こうした中で，最判昭58・4・8刑集37巻3号215頁（以下「昭和58年判決」という）は，次のように判示した。すなわち，全逓郵便局員が夜間郵便局舎内に多数のビラを貼る目的で同局舎内に立ち入ったという事案について，「刑法130条前段にいう『侵入し』とは，他人の看守する建造物等に管理権者の意思に反して立ち入ることをいうと解すべきであるから，管理権者が予め立入り拒否の意思を積極的に明示していない場合であっても，該建造物の性質，使用目的，管理状況，管理権者の態度，立ち入りの目的などからみて，現に行われた立ち入り行為を管理権者が容認していないと合理的に判断されるときは，建造物侵入罪が成立する。」と説示し，「侵入」の判断についての従来の立場を維持したのである。そして，後掲の最決平19・7・2刑集61巻5号379頁（以下「平成19年決定」という）や，最判平20・4・11刑集62巻5号1217頁（防衛庁職員らの居住する集合住宅にビラを配布する目的で立ち入った事案），最判平21・11・30刑集63巻9号1765頁（民間の分譲マンションの共用部分に政党のビラを配付する目的で立ち入った事案）でも建造物の管理権者の意思に反する立入りを「侵入」と判断している。

　このように，最高裁判所は，住居侵入罪の保護法益や「侵入」についての判断の枠組みに関する大審院判例を変更することなく，昭和49年決定や昭和51年判決の説示を行い，その後，これらの判断を変更することなく，昭和58年判決以降も「侵入」について判断しており，しかも，昭和58年判決以降，保護法益

33 不法目的の立入りと住居侵入罪

には言及していない（森岡茂・判解刑昭58年度70頁）。そこで、②で示した平穏説に立脚しつつ意思侵害説に立つ学説の中には、昭和49年決定や昭和51年判決と併せてみると、判例は平穏説に立脚していると評する者もいる（大塚・各論（第3版増補版）111頁）。しかし、昭和49年決定や昭和51年判決の判示内容は、いずれも傍論といえる部分であり、その結論も平穏説でなければ説明できないものではなく、それぞれの判断のいう「平穏」を建造物の管理者の意思に反しない状態と理解することも可能であって、これらの判断は昭和58年判決と抵触しないと評されている（森岡・前掲76頁―77頁）。このため、判例は平穏説ではなく、住居権説に立っていると解する見解（条解刑法（第2版）358頁、頃安健司「刑法130条前段の『侵入』の意義」研修420号73頁、塩見・前掲35頁）の方が多いようであり、判例は、大審院以来住居権説に立脚しているという見方も可能であるといわれている（裁判例コメ刑法第2巻126頁〔佐々木一夫〕）。もっとも、住居侵入罪の保護法益の内容が住居権者においてその住居内を意思どおりに支配管理することであり、そのような自由を住居権と称し、その意思どおりに住居が支配管理できている状態を平穏と称するのであれば、住居権説と平穏説の相違は表現の違いにすぎず、実務に影響するところも少ない（森岡・前掲71頁―72頁）。

次に、最高裁判所の「侵入」についての判断は、意思侵害説に相当すると解される（大コメ刑法第7巻287頁〔毛利〕、頃安・前掲69頁、伊藤英二「判例研究」研修712号15頁）。すなわち、昭和58年判決は、住居（管理）権者の意思に反する立入りを「侵入」と判示しているが、これは、同判決の1審判決の、建造物侵入罪の構成要件に該当するには、単に管理権者の意思に反する立入りというだけでは足りず、建造物内の平穏が乱されたか否かを判断する必要があるという趣旨の判断について、刑法130条前段の規定文言自体からはもとより保護法益からも当然には導き出せない加重要件を課するものであるとして、住居権者の意思に反する立入りをそれ自体で実質的に違法であるとしたものと解される（森岡・前掲72頁）から、平穏侵害説を否定したことは明らかである（伊藤・前掲20頁）。

ただ、判例が住居権説に基づく意思侵害説に立脚しているとしても、昭和58年判決は、管理権者の意思を判断する要素として、建造物の性質、使用目的、

415

管理状況，管理権者の態度に加え，立入りの目的も挙げているから，許諾権説などの行為者の立入りの目的を考慮しない見解と異なる立場であることは明らかである（井田・前掲9頁，塩見・前掲35頁）。

(2) **違法な行為に及ぶ目的による立入りについて**

最高裁判所は，違法な行為に及ぶ目的による住居等への立入りが問題となった事案について，次のように判示している。

最判昭23・5・20刑集2巻5号489頁は，強盗殺人の目的を持つ被告人3名がその目的を隠し，顧客を装って，閉店後の店内に立ち入り，店主が被告人らの申出を信じて店内に立ち入ることを許容したという事案において，「住居権者の承諾ある場合は違法を阻却すること勿論であるけれども被害者において顧客を装い来店した犯人の申出を信じ店内に入ることを許容したからと言って，強盗殺人の目的を以て店内に入ることの承諾を与えたとは言い得ない。果して然らば被告人等の本件店屋内の侵入行為が住居侵入罪を構成すること言うまでもない。」と説示した。

最判昭24・7・22刑集3巻8号1363頁は，強盗の意図を持つ被告人らがその意図を隠して民家の入口で呼びかけ，家人がその呼びかけに応じて入口の戸を開けるや同家に立ち入ったという事案において，「強盗の意図を隠して『今晩は』と挨拶し，家人が『おはいり』と答えたのに応じて住居にはいった場合には，外見上家人の承諾があったように見えても，真実においてはその承諾を欠くものであることは，言うまでもないことである。されば，原判決が挙げている証拠中に論旨に摘録するような問答があるとしても，これらの証拠によれば原判決のような住居侵入の事実を肯認することができる」と説示した。

最判昭34・7・24刑集13巻8号1176頁は，被告人ら数名の者が夜間，税務署庁舎内にセメント袋入り人糞を投げ込む目的で同庁舎構内に立ち入ったという事案において，「税務署構内は同税務署に用事のない者がみだりに立入ることを許さない場所であるから，たとえ同税務署裏手に酒販組合事務所があつて，人々が同構内を自由に通行していたとしてもやはり同税務署の庁舎管理者の看守内にあること明白であり，これを通路に準ずるものとなす所論は失当であるのみならず，原判示の如く被告人らが夜間同庁舎内に人糞を投込む目的をもつて同構内に立入つた以上その所為は一般に予期される正常な用務を帯びるもの

でなく庁舎管理者の承諾の限度を越えて故なく人の看守する建造物に侵入したものとして刑法130条の罪を構成するこというまでもない。」と説示した。

　これらの判例は，意思侵害説を前提としながら，被告人の立入りの目的などを考慮して，その立入りに対する住居権者の承諾の効力を判断したものであるが，広く一般人に開放された店舗等に対して通常の方法で立ち入ったという事案に係るものではなかった（山口裕之「最高裁判例解説」曹時62巻8号240頁）。

　これに対して，平成19年決定は，本設問のもとになったとみられる事案であり，被告人らが銀行のATM利用客のカードの暗証番号，名義人氏名，口座番号等を盗撮する目的で，ATMが複数設置されている，行員の常駐しない無人の銀行支店出張所に営業中に立ち入ったという事実関係において，「被告人らは，現金自動預払機利用客のカードの暗証番号等を盗撮する目的で，現金自動預払機が設置された銀行支店出張所に営業中に立ち入ったものであり，そのような立入りが同所の管理権者である銀行支店長の意思に反するものであることは明らかであるから，その立入りの外観が一般の現金自動預払機利用客のそれと特に異なるものでなくても，建造物侵入罪が成立するものというべきである。」と判示した。

　これは，最高裁判所として，広く一般に開放された店舗等に対する通常の方法による立入りであっても，その立入りの目的が管理権者の意思に反するものであれば建造物侵入罪が成立すると新たに判断したものであり，管理権者の意思に反するか否かの判断に当たっては，建造物の性質，使用目的，管理状況，管理権者の態度に加えて，立入りの目的等を考慮するという従来の判断の枠組みを及ぼしたものといえる。同決定は，具体的な事実関係を判示した上での事例判断ではあるが，その立入りの外観が一般の客の場合と特に異なるものでなくても建造物侵入罪が成立する旨判示していることからも，その射程は当該事案に限られるものではないであろう。

　ところで，このように立入りの目的を考慮してその立入りが管理権者の真意に反すること，ひいては建造物侵入罪の成立を認めることに対しては，学説上，万引きやスリの目的でデパートに立ち入る行為も含め，違法な行為に及ぶ目的を隠して通常の方法で店舗等に立ち入る行為がすべて建造物侵入罪を構成することになるという前述の批判があった。

33 不法目的の立入りと住居侵入罪

　これに対して，頃安・前掲73頁は，真に住居権者の意思に反する立入りである限り，これらの立入りについて犯罪の成立を認めても特に不合理とはいえないとする。すなわち，これらの住居権者の意思に反する立入りを住居権者に受忍させるべき理由は存在せず，これらの事案の中には，その態様等に照らし犯情が比較的軽微なものが含まれることになるものの，住居侵入罪の法定刑の下限が罰金刑の最下限であることを考えれば，同罪がそのような比較的軽微なものを包含していたとしてもおかしくはなく，万引き目的によるデパートへの立入りについても当初から万引き目的であったことを認定し得る限り侵入罪を認めることに支障はないのであって，客を装って立ち入る犯人を見分けることができないから現実には事件にできず，また立入り後，現実に万引きを実行したことを窃盗罪に問えば，別に侵入罪の責任を問う必要が少ないので，多くの場合事実上問題にしないだけであるなどとする。

　平成19年決定も，一般に客らの立入りが許容されている店舗等に平穏公然に立ち入る場合であっても，その立入りの目的が店舗等の管理権者の意思に反する場合には建造物侵入罪を構成することを明確に認めたものであり，上記のような批判学説には与しないことを明確にして，建造物侵入罪の成立する外延を明確にしたということができる（山口・前掲240頁）。また，上記の批判学説は，その前提として，管理権者には，行為者が立ち入ること自体に錯誤はなく，その立ち入る目的に錯誤があるにすぎないから，管理権者の包括的な承諾を無効ならしめることはないというが，こうした錯誤論自体，上記の判例の立場に反しており，にわかに納得できるものではないとされているところである（山口・前掲239頁）。

　そして，判例は，管理権者の意思を判断する要素として，立入りの目的のほか，建造物の性質，使用目的，管理状況，管理権者の態度等を挙げているところ，その立入りの目的によっては，それが違法な行為に及ぶ目的ではなくても管理権者の意思に反すると判断される場合もあろうし，逆に，違法な行為に及ぶ目的であっても管理権者の意思に反しないとされる場合もあろう。また，一般に客らの立入りが許容されている店舗といっても，例えば，銀行支店出張所については，基本的に ATM の利用を目的とする者の出入りが想定されるにとどまるのに対比して，デパートについては，より広く様々な目的を持つ者の

出入りが想定されるように，それぞれの店舗にはその性質等に相違があるから，それぞれへの立入りが管理権者の意思に反するか否かについては，上記の各事情を総合的に考慮して判断する必要があろう。

4 設問に対する考え方

(a) このように住居権説（意思侵害説）と平穏説（平穏侵害説）は，いずれも住居権者の意思を重要な事情として「侵入」について判断しており，多くの事案では同様の結論が導かれることになる。しかし，設問のように違法な行為に及ぶ目的をもって通常の方法で店舗，施設等に立ち入る事案では，2及び3で検討したように，いずれの見解を採用するかによって結論を異にすることになろう。

(b) 意思侵害説では，甲の立入りに対する銀行支店長の承諾の効力が問題になる。意思侵害説のうち立入りの目的によって管理権者の承諾が錯誤により無効となり得るという見解では，甲の立入りが盗撮という銀行の業務を妨害する行為に及ぶことを目的とするものであるから，甲の立入りに対する銀行支店長の包括的な承諾は真意に基づくものではないことになり，甲には建造物侵入罪が成立すると解することになろう。これに対し，許諾権説を始めとする立入りの目的を考慮しない意思侵害説によれば，立ち入る者が誰であるかなどの点に錯誤がなければ，その者が違法な行為に及ぶ目的を抱いていることはその立入りに対する同意とは無関係であり，その点の錯誤は同意を無効ならしめないことになるから，甲の立入りは建造物侵入罪を構成しないと解することになろうか。

(c) 平穏侵害説では，甲の立入りの態様が店舗の平穏を侵害するものか否かが問題になる。立入り行為の外観自体を重視する見解によれば，その態様は一般の客の場合と変わらないのであるから，立入りの目的を考慮するとしても，店舗の平穏を侵害するものではなく，甲の立入りは建造物侵入罪を構成しないと解することになろう。もっとも，平穏侵害説のうち立入り後の客観的な事情をも考慮する見解では，甲が銀行支店出張所に立ち入った後，盗撮行為を行っていたのであれば，客観的にも平穏を害する態様と判断される余地があろう（前田雅英「最近の住居侵入罪の判例と囲繞地」研修717号11頁）。これに対して，

33 不法目的の立入りと住居侵入罪

立入りの目的を踏まえて店舗の平穏侵害について判断する見解，例えば，建造物の利用・支配を阻害するような目的かどうかを基準として平穏侵害について判断する見解によれば，甲の立入りは建造物侵入罪を構成しないと解することになろうか（井田・前掲10頁）。

(d) 判例は，既に紹介したとおり，住居侵入罪の成否について意思侵害説に立ち，立入りが管理権者の意思に反すると認められる場合には，立入りの外観が一般の客と異ならなくても建造物侵入罪が成立するとし，その立入りが管理権者の意思に反するか否かを判断するに当たっては，建造物の性質，使用目的，管理状況，管理権者の態度，立入りの目的等を考慮するという枠組みを用いている。設問の立入りについては，その建造物の性質，使用目的等に加え，その立入りが銀行の業務の妨害を目的としていることなどから，管理権者である銀行支店長の意思に反すると認められるので，建造物侵入罪を構成すると解することになろう。

【吉井　隆平】

34 親権者による子の連れ去りと未成年者略取誘拐罪

　　A（男）は，妻甲と2年前から別居し，現在，離婚調停中であったが，同人らの子であるB（女・14歳）及びC（女・5歳）は，Aがその実家で両親の援助を受けて，特段の問題なく監護養育していた。甲は，女の子は母親と一緒にいた方が幸せであるし，離婚に当たってはB，Cの親権者になりたいと思い，B，Cを自分の下に連れてこようと考えた。そこで，甲は，まず，Bが通う中学校前に行き，下校してきたBに対し「迎えに来たよ」と言うと，Bは，喜んで甲の運転していた自動車に乗り込んだ。甲は，続いて，Cが通う幼稚園に行ったところ，Aの母DがCの手をつないで幼稚園から出てきたため，Dを突き飛ばして転倒させた上，Cに対し「お母さんと一緒に来るでしょ」と話し掛けると，Cがうなずいたことから，Cを抱き抱えて自動車に乗せ，Dがなおもドアノブに手を掛けるなどして制止するのも無視して自動車を発進させた。Aは，警察に相談するなどして，B，Cの行方を捜していた。B，Cは，甲と一緒にいることを喜んでおり，Aの実家に帰りたい様子は示さなかったが，3日後にホテルに甲と一緒にいるところを保護された。甲の罪責はどうか。

1　はじめに

　甲の罪責を考えるに当たっては，まず，甲が，B及びCの母親であり，両名に対する親権を有していることから，両名をAの実家から連れ出し，ホテルで一緒に過ごした各行為について，そもそも未成年者略取・誘拐罪の構成要件に該当するかが問題となる。この点は，未成年者略取・誘拐罪の保護法益をどうとらえるかという立場の違いにより，結論が変わり得る。また，B及びCの態度についても，同じく未成年者略取・誘拐罪の構成要件該当性の判断に影響を与える可能性があるので，この点についても検討する必要がある。次に，構成要件に該当するとしても，離婚調停中の親権者が，相手方親権者の保護下に置かれていた子供達に対して行ったという点で，違法性が阻却されるかが問題と

なる。この点は，類似した事案における判例において示された判断の枠組について分析した上，本問の事例に当てはめて検討する必要がある。

② 構成要件該当性
(1) 未成年者略取・誘拐罪の保護法益

略取・誘拐（拐取）とは，人をその生活環境から不法に離脱させ，自己又は第三者の実力的支配下に移すことをいう（山口・各論〔第2版〕89頁）。そして，略取は，暴行又は脅迫を手段とする場合であり，誘拐は，欺罔又は誘惑を手段とする場合である。本問では，甲のBに対する行為は，誘拐に当たり得るが，略取には当たらないであろう。これに対して，甲のCに対する行為は，略取に当たり得る。本問では，甲はCの祖母Dに対して暴行を加えているが，略取における暴行は，被拐取者に対してのみではなく，保護者や監護権者に対するものも含まれるからである。ところで，未成年者に対する略取・誘拐は，通常，未成年者が，監護権者による監護下で生活をしている状況で発生するが，中には，未成年者自身は，拐取者の行為を承諾している事案や，監護権者自身が，拐取行為を行う事案も起こり得る。特に，そのような場合の未成年者略取・誘拐罪の成立について考えるに当たっては，未成年者略取・誘拐罪の保護法益をどうとらえるかによって，結論が変わり得る。この点，学説は，以下のように分かれている。第1説は，略取・誘拐された者の自由のみを保護法益とする。第2説は，監護権者の監護権のみを保護法益とする。第3説は，略取・誘拐された者の自由と監護権者の監護権の両方を保護法益とする。第4説は，略取・誘拐された者の自由及びその安全を保護法益とする。これらの見解のうち，通説・判例は第3説，最近の有力説が第4説と言われている（大コメ刑法第11巻〔第2版〕378頁〔山室恵〕）。第3説の根拠としては，被拐取者となる未成年者には未だ自分で行動する意思や能力のない者も含まれることから，被拐取者の自由のみを保護法益とするのは無理があるという点，現行法が，成年者に対する一般的な拐取は不可罰としながら，未成年者に対しては処罰する旨規定したのは，監護権者の監護権を考慮していると考えるほかない点が挙げられる（谷口正孝「未成年者誘拐罪の本質」ジュリ278号57頁，判例としては，大判明43・9・30刑録16輯1569頁，大判大7・11・11刑録24輯1326頁，大判大13・6・19刑集3巻7号

502頁，福岡高判昭31・4・14裁特3巻8号409頁。ただし，いずれも結論を述べており，理由には触れていない）。第4説は，監護権が濫用された場合のことを考え，監護権者の意思は未成年者の保護に資する限りにおいて，考慮されるべきとする。被拐取者の安全を保護法益に加え，未成年者拐取罪を自由に対する罪だけではなく，安全に対する罪としての性格を有するものとしてとらえている（山口・各論（第2版）93頁）。第4説に対しては，非親権者が，親権者の下から子供を略取したが，安全性という観点からは略取者の下の方が，親権者の下よりも安全である場合であっても，未成年者略取・誘拐罪として処罰されることは異論がないことに照らし，処罰の根拠を，安全以外の要素，すなわち監護権に求めざるを得ないという指摘がある（菱川孝之「共同親権者間の子どもの連れ去り行為と略取誘拐罪の成否」ジュリ1272号155頁）。

(2) **監護権者は未成年者略取・誘拐罪の主体と成り得るか**

　本問のように，拐取の主体が，被拐取者の監護権を有する者である場合に，その行為が拐取に当たるかは，上記のどの説に立つかによって結論が分かれ得る。第2説以外の立場からは，被拐取者の自由あるいは安全が害される限り，拐取に当たり，第2説の立場からは，当たらないことになるものと思われる。ただし，第2説に立った場合でも，実務上，実際に拐取になるかが問題になるのは，本問でもそうだが，当該主体以外に監護権者がいる場合であろうから，その場合に，主体となり得ることは否定されないだろう。したがって，本問においては，どの見解によっても，甲のBに対する行為は，未成年者誘拐罪の構成要件に，Cに対する行為は，未成年者略取罪の構成要件に，それぞれ該当し得ることになる。

(3) **被拐取者の承諾がある場合**

　また，被拐取者が承諾した場合に，未成年者略取・誘拐罪が成立するか否かについても，上記のどの説に立つかによって結論が分かれ得ることになるはずである。理論的に考えると，第1説に立てば，未成年者略取・誘拐罪は成立せず，第2説及び第3説に立てば，監護権者の監護権が侵害される限りは成立し，第4説に立てば，被拐取者の安全が害される場合には成立するということになる。しかし，実際には，第1説に立っても，刑法は未成年者の承諾不存在を擬制したので，未成年者の承諾は違法性阻却事由又は構成要件不該当事由にならな

ないとする見解もあるし（内田・各論（第3版）133頁），第3説に立っても成立しないという考え方もある（柏木・各論379頁）。したがって，この点に関しては，どの説に立つかということと未成年者略取・誘拐罪が成立するかは直接的に関連しないものの，通説と言われる第3説に立てば，通常は監護権者の監督権が侵害される限り，未成年者略取・誘拐罪は成立し得るという点を押さえておけばよいと思われる。むしろ，より重要なのは，一見承諾があるようにみえても，その年齢や具体的状況からみて，真に有効な承諾が認められるかである。本問では，Bは14歳であり，自ら喜んで甲の自動車に乗り，その後も甲といることを喜んでいる。この点は，5歳のCと比べると，これを真に有効な承諾と認め易い状況であるとはいえる（内田・各論（第3版）133頁は，立法論として，一般には，13歳ないし14歳以上の者には承諾能力を認めてよいのではなかろうかとしている。山口・各論（第2版）93頁は，一定の判断能力を備えた年齢に達すれば，同意能力を肯定すべきで，有効な同意を認め得る限りにおいて，未成年者略取罪の成立は否定されるべきとする）。しかし，例えば，Bは，母親である甲が，父親であるAの承諾を受けて，Bを迎えに来たと考えたから，喜んで甲と行動を共にした可能性があり，必ずしも真に有効な承諾と断定できないと考える立場もあろう。また，14歳という年齢は，刑法が未成年者略取・誘拐罪について，その目的にかかわらず処罰する旨規定していることからみて，自らの自由について十分に状況を判断し，行動できる年齢といえるかについても疑問の余地もあろう。そうすると，Bについて，被拐取者が承諾している場合に当たると即断するのは疑問である。また，Cがうなずいたことに関しては，5歳というCの年齢や連れ去った状況からみて，これを承諾とみることができないことは明らかであろう。したがって，本問においては，B及びCが，甲と行動を共にすることについて，いずれも承諾したとは認められないから，この観点から，甲の行為が構成要件に該当しないと判断することはできない。

③ 違法性阻却
(1) 最決平17・12・6刑集59巻10号1901頁の検討
次に，離婚調停中の親権者が，相手方親権者の保護下に置かれていた子供をそこから連れ出した場合に，未成年者略取・誘拐罪の違法性が阻却されるか否

かについて検討する。この点については，表記の最高裁平成17年12月6日第2小法廷決定の事案が参考になる。事案が本件と類似し，具体的事案の内容が判断の前提として重要になるので，やや詳しく内容を紹介しておく。

(a) 事案の概要

被告人が，別居中の妻Eが養育している当時2歳の長男Fを連れ去るべく，保育園付近の歩道上において，Eの母Gに同伴していたFを抱きかかえて自車に同乗させた上，発進させて連れ去ったという未成年者略取の事案である。連れ去り行為の態様は，Fが通う保育園へEに代わって迎えに来たGが，自分の自動車にFを乗せる準備をしているすきをついて，被告人が，Fに向かって駆け寄り，背後から自らの両手を両わきに入れてFを持ち上げ，抱きかかえて，あらかじめドアロックをせず，エンジンも作動させたまま停車させていた被告人の自動車まで全力で疾走し，Fを抱えたまま自動車に乗り込み，ドアロックしてから，Fを助手席に座らせ，Gが，同車の運転席の外側に立ち，運転席のドアノブをつかんで開けようとしたり，窓ガラスを叩いて制止したりするのも意に介さず，自車を発進させて走り去ったというものである。なお，被告人とEは，Fと共に3人で生活していたが，約1年2か月前に，Eと口論になった際，被告人が暴力をふるうなどしたことから，以後，EはFを連れて実家に帰り，Gと共に暮らしていた。Eは，被告人を相手として，夫婦関係調整の調停や離婚訴訟を提起し，係争中であったが，本件当時，Fに対する被告人の親権ないし監護権について，これを制約するような法的処分は行われていなかった（本問の事例で使用している符号と重なるので，決定が使用している符号を変更した）。

(b) 争点及び下級審の判断

弁護人及び被告人は，①未成年者略取の主体に被拐取者の親権者は含まれないと解すべきであるから，Fの親権者であった被告人は，同罪の主体ではあり得ない，②被告人の行為は，Fを本来の生活の場であった被告人の住居に連れ戻そうとしたものであるから，略取に該当しない，③同行為は，Fの父親としての正当な親権の行使であるから，法令行為として違法性が阻却されるなどと主張した。しかし，1審，2審とも，被告人側の主張を退けて，未成年者略取罪の成立を認めたので，被告人が同様の主張をして上告した。

(c) 決定の概要

本決定は，滝井裁判官を除く4人の裁判官による多数意見によるもので，結論として上告趣意が，実質は単なる法令違反，事実誤認の主張であって，上告理由に当たらないとした上で，未成年者略取罪の成否について，以下のような職権判断をした。被告人は，Fの共同親権者の1人であるEの実家においてE及びその両親に監護養育されて平穏に生活していたFを，祖母のGに伴われて保育園から帰宅する途中に前記のような態様で有形力を用いて連れ去り，保護されている環境から引き離して自分の事実的支配下に置いたのであるから，その行為が未成年者略取罪の構成要件に該当することは明らかであり，被告人が親権者の1人であることは，その行為の違法性が例外的に阻却されるかどうかの判断において考慮されるべき事情であると解される。本件において，被告人は，離婚係争中の他方親権者であるEの下からFを奪取して自分の手元に置こうとしたものであって，そのような行動に出ることにつき，Fの監護養育上それが現に必要とされるような特段の事情は認められないから，その行為は，親権者によるものであるとしても，正当なものということはできない。また，本件の行為態様が粗暴で強引なものであること，Fが自分の生活環境についての判断・選択の能力が備わっていない2歳の幼児であること，その年齢上，常時監護養育が必要とされるのに，略取後の監護養育について確たる見通しがあったとも認め難いことなどに徴すると，家族間における行為として社会通念上許容され得る枠内にとどまるものと評することもできない。以上によれば，本件行為につき，違法性が阻却されるべき事情は認められないのであり，未成年者略取罪の成立を認めた原判断は，正当である。

(d) 滝井裁判官の少数意見

滝井裁判官は，共同親権者間で子の養育をめぐって対立し，親権者の1人の下で養育されている子を他の親権者が連れ去り自分の事実的支配の下に置こうとすることは珍しいことではなく，それが親子の情愛に起因するものであってその手段・方法が法秩序全体の精神からみて社会観念上是認されるべきものである限りは，社会的相当行為として実質的違法性を欠くとみるべきであって，親権者の1人が現実に監護していない我が子を自分の支配の下に置こうとすることに略取誘拐罪を適用して国が介入することは格別慎重でなければならない

として，多数意見に反対し，本件の事案においては，違法性が阻却されるとの反対意見を述べている（なお，本決定に先立つ事案として，最決平15・3・18刑集57巻3号371頁があるが，この事案は，日本人である妻と別居中のオランダ国籍の被告人が，妻において監護養育していた2歳4か月の子をオランダに連れ去る目的で，入院中の病院から有形力を用いて連れ出した行為が，国外移送略取罪に該当し，親権者の1人として子を自分の母国に連れ帰ろうとしたものであることを考慮しても，その違法性は阻却されないと判断している。上記の平成17年決定の事案と比べると，その目的が国外移送であり，その態様も，入院中の病院のベッド上から，両足を引っ張って逆さにつり上げ，脇に抱えて連れ去ったというかなり粗暴で，およそ違法性が阻却されないことが明らかな事案であったことから，違法性阻却の基準等について何ら触れていない。滝井裁判官は，少数意見において，この平成15年決定の事案の際には，違法性が阻却されないという法廷意見に賛成したが，平成17年決定の事案は，全く事案を異にするとしている）。

　(e)　決定の判断枠組

　このように，最高裁は，この事例における被告人の行為について，構成要件該当性を認めた上で，被告人が親権者の1人であることは，例外的に違法性が阻却されるかどうかの問題であるととらえている。このようなとらえ方をする背景として，親権者が子供を自己の監護下に置こうとすることは，親子の情愛という人間の根元的感情に根ざすもので，かつ，親権の本質的な内容といえること，別居中とはいえ，親権の行使は，相互に対等なものであること，他方配偶者の監護下においても，子供の処遇が低劣で過酷な状態に置かれている場合には，その監護に顕著な違法性があるとされる場合があることといった，親権者が別居中の配偶者の下から子を連れ去る行為固有の問題点を考慮する必要があることが指摘されている（前田巌・判解刑平17年度〔31事件〕686頁）。その上で，最高裁は，この事例では，本件の具体的事情に照らして，違法性は阻却されないとしているが，判断の枠組として，①被拐取者の監護養育上現に必要とされるような特段の事情の有無，②行為態様，③被拐取者の年齢，④略取後の確たる見通しの有無などの事情を考慮し，違法性が阻却されるかを判断している。確かに，被拐取者を実際に監護しているもう一方の親権者が，被拐取者を虐待していて，被拐取者の自由や安全が危険にさらされているような場合には，

違法性が阻却される可能性が強まると思われる。同じように，拐取の行為態様が平穏である場合を想定したり，被拐取者の年齢がそれなりに高く，ある程度自分自身による判断ができる場合を想定したり，あるいは拐取後において，被拐取者を自己の下で保護するための具体的な準備がなされている場合を想定したりすることは可能であると思われるから，上記決定が考慮する事情が，違法性の実質的な判断に一定の影響を与える要素であることは明らかであろう。しかし，本決定は，具体的事例を基にした事例判断であり，ここに挙げられた事情以外にも，個々の事案によっては，さらに考慮しなければならない事情が生じ得ると思われる。また，これらの諸事情の間で，どれを重視すべきかについても，本決定は必ずしも明確にはしていない。これらの点は，今後，類似事案の具体的検討の中で，明らかになっていくであろう。おそらく重視すべきは，特に①の事情であり，次に②③の事情が考慮され，④は，あまり重視されないのではないかと思われる。なお，前田・前掲判解刑では，①を積極的に正当行為となし得る領域，②ないし④を，いわば家庭内における放任行為として実質的違法性を問題とすべき領域として区別して論じている。確かに，実際の事例では，まず①の事情の有無が検討され，そのような事情が存しない場合でも，②ないし④の事情が検討されることになると思われるが，その区別をする要素としては，①は重要であろう。また。判例は，実質的違法性の判断に際し，一般論として，「当該行為の具体的状況その他諸般の事情を考慮に入れ，それが法秩序全体の見地から許容されるべきものであるか否かを判定しなければならない。」（最判昭48・4・25刑集27巻3号418頁）としており，本決定も，その判断を前提としているものと思われる。前田雅英「実質的違法性と社会的相当性」研修693号3頁によれば，その具体的な判断基準としては，目的の相当性，手段の相当性，法益の衡量，相対的軽微性，必要性・緊急性の総合考量ということになるとしている。上記①及び④の各事情は，目的の相当性，必要性・緊急性といった要素に当たり，上記②の事情は，手段の相当性の要素に当たり，上記③は，法益の衡量の要素に当たるとして，整理することができるのではないかと思われる。

(2) **本問の事例への当てはめ**

本問の事例においては，平成17年の最高裁決定が指摘しているような，子供

34 親権者による子の連れ去りと未成年者略取誘拐罪

の監護養育上，離婚係争中の他方親権者であるAの下から子供らを離して自分の手元に置こうとすることについて，現に必要とされるような特段の事情は認められない。したがって，違法性が阻却されるためには，それ以外の事情の存在が必要である。まず，Bに対する行為に関しては，Bが14歳という年齢で，ある程度は自分自身の自由について判断できると考えられること，母親である甲の「迎えに来たよ」という言葉に喜んで自動車に乗り込み，その後も3日後にホテルで甲と一緒にいるところを保護されるまで，甲といることを喜んでいたという事情が認められる。既に構成要件該当性の判断の際に指摘したように，甲のBに対する発言は，Bの判断に影響を与えている可能性は否定できないが，積極的にBの判断に影響を与えるような虚偽の事実は何も述べていないのであるから，違法性阻却の判断においては，このような行為態様は，上記決定の枠組を当てはめる際に，かなり重視されると思われる。加えて，Bの年齢が14歳と比較的高いことも，未成年者拐取罪の保護法益について基本的に被拐取者の自由に対する罪と考える立場からすれば，このような場合まで，監護権者の監督権を重視するのは疑問であるから，やはり違法性阻却を認める方向に考慮される事実であろう。そうすると，本問のBに対する甲の行為は，未成年者誘拐罪の構成要件に該当するという立場に立っても，上記決定の趣旨に照らし，Bの年齢や行為態様を考慮し，違法性が阻却されると解すべきだと思われる。次に，Cに対する行為について検討する。本問では，甲は，Dを突き飛ばして転倒させているし，車のドアノブに手を掛けるなどして制止するのも無視して自動車を発進させている。そうすると，そのような行為態様は，違法性阻却を考えるに当たっては消極的な要素となろう。また，Cの5歳という年齢は，上記決定の2歳という事例に比べれば，C自身の意思を観念できるとしても，やはり違法性阻却を検討する際には，消極的な要素になると思われる。そして，それ以外に，本問では，違法性阻却を積極的に考えるべき事情は窺えない。したがって，Cに対する行為については，違法性阻却はされないという結論になるであろう。

④ 結　論

　甲の罪責としては，Cに対する未成年者略取罪が成立する。Bに対する未成

34 親権者による子の連れ去りと未成年者略取誘拐罪

年者誘拐罪は，違法性が阻却され，成立しない。

【若園　敦雄】

35 名誉毀損罪と事実の公共性，真実性の錯誤

編集長である甲は，日本の有力食品企業Ａの企業活動のあり方を批判する目的で，その例証として，これまで政府の審議会委員等を務めた経験を持つとともに折りに触れて政治的見解を表明してきたＡの代表取締役Ｂについて，その女性関係が乱脈を極めており，Ｂと関係のあった女性（匿名）がＢの指示でＣ党の国会議員秘書として働いているといった内容を含む記事を執筆掲載し，販売した。甲の罪責はどうか。

1 名誉毀損罪（刑230条1項）の構成要件該当性

甲が上記記事を執筆掲載し，販売したという行為は，当該記事で取り上げられた関係者の社会的評価を低下させるものであって，名誉毀損罪に該当すると解される。以下，甲の行為が同罪に該当するか否か検討してみよう。

(a) まず，記事を執筆掲載して販売したのであるから，「公然と」行っていることは問題なく肯定できる。同罪の要件である公然性は，不特定又は多数人が認識し得る状態であればよい（大判昭3・12・13刑集7巻766頁。最判昭36・10・13刑集15巻9号1586頁等）と解されており，甲の行為は，不特定又は多数が当該記事の内容を認識し得る状態に置くものといえるからである。もっとも，例えば特定の会員のみに対して販売したという場合であるなどその販売形態いかんによっては，公然性の要件も問題になり得るが，その場合には不特定又は多数人への「伝播の可能性」（大判大8・4・18新聞1556号25頁。大判昭12・11・19刑集16巻1513頁等）をも考慮して判断されることになろう（もっとも，伝播可能性でよいとするのでは，公然性を要求して本罪の成立要件を限定した意味がなくなるとの説も有力である）。

(b) 次に，甲の行為は「人」の名誉を毀損しているといえるか。甲は，上記記事で，食品企業Ａ，Ｂ，匿名の女性，Ｃ党の社会的評価をそれぞれ害するような記事を掲載しているが，自然人ではないＡ，Ｃは，そもそも名誉毀損罪の保護法益である名誉の主体となり得るのかが問題となる。

判例は，侮辱罪（刑231条）における「人」には，法人も含まれるとしてい

るところ（最決昭58・11・1刑集37巻9号1341頁），同罪及び名誉毀損罪の保護法益についていずれも客観的な社会的名誉（いわゆる外部的名誉）としているから（大判大5・5・25刑録22巻816頁等），名誉毀損罪における「人」には，当然，法人も含むと解すると思われる（大判大15・3・24刑集5巻117頁）。「法人等の団体もその構成員とは別個の社会的活動の重要な単位であり，その社会的評価も保護に値する」（東京地判平9・9・25判タ984号288頁参照）といえるから，名誉の保護のためには法人格が要求されるというべきではなく，その構成員とは独立した組織・団体が社会的に一定の活動を行っており，その社会的活動が社会的評価によって大きく影響されるような組織・団体であれば，これらは名誉毀損罪の保護対象となるというべきであろう。このようにみると，AやCも「人」に含まれるといえると思われる（なお，政党の法人格については，「政党交付金の交付を受ける政党等に対する法人格の付与に関する法律」がある）。

　また，匿名の女性も名誉毀損罪の保護対象になるといえるであろう。匿名とはいえ，C党の国会議員秘書となった等の事実を踏まえて判断すれば，個人の特定が可能であり，同女の社会的名誉が毀損されている点では名前を明らかにしている場合と異ならないからである。この点に関して，モデル小説において，その登場人物がその設定等から特定人と見当がつく場合には，そのモデルに対する名誉毀損罪が成立するとした裁判例（東京地判昭32・7・13判時119号1頁）が参考になる。

　(c)　次に，「事実」を摘示し，「名誉を毀損し」ているといえるか。判例（前掲大判大5・5・25等），多数説（前田・各論（第4版）152頁。林・各論（第2版）113頁。山口・各論（第2版）150頁）によれば，名誉毀損罪と侮辱罪は，ともに人の社会的評価を低下せしめる行為であるが，事実の摘示の有無によって区別される（侮辱罪の保護法益を名誉感情と理解する立場として，前掲最決昭58・11・1における団藤・谷口両裁判官の意見がある）。

　Bについては，設問の記事では，その女性関係が乱脈を極めており，関係のあった女性が国会議員秘書として働いている，との具体的な事実を掲げており，単にBに対する抽象的な価値判断にとどまるものではないから，名誉毀損罪にいう「事実の摘示」があるといえるであろう。もちろん，Bが既婚，未婚であるかを問わず，性的に不道徳な人物であるとの印象を世間に与え，ひいてはそ

の社会的地位，活動にも有形無形に影響が及ぶような事実といえるから，上記摘示事実は人の社会的評価を低下させるものといえよう。本罪は抽象的危険犯と解されており，実際に社会的評価が低下したか否かは問わない。これに対して，当該記事は，「Bが女性にもてる」，「いい男である」などの意味であって，社会的評価を低下させてはいないという反論も考えられるが妥当ではない。もっとも，翻って考えてみると，異性関係等の事実は，社会的評価の低下が関係する「名誉」というより，むしろ，その公表が人格に関わる「プライバシー」といってよく，これを名誉の保護と同列に扱ってよいかは，なお，議論の余地があるといえる。しかし，従前から判例においても，異性関係を含むプライバシーは名誉毀損罪の「事実」として扱われてきており（最判昭56・4・16刑集35巻3号84頁「月刊ペン事件判決」），現に社会的評価に関係するものである以上，この要件に欠けるとはいえない（山口・各論（第2版）138頁）。匿名女性についても，Bとの男女関係を摘示されており，これと同様に解されよう。

　それでは，食品企業Aについてはどうか。これについては，異性関係に乱脈を極めるBのような人物が代表取締役を務めているとの指摘があっても，Aの社会的活動とは無関係であって，その社会的地位を低下させるような事実摘示とはいえないとの立場が考えられよう。前掲東京地判平9・9・25は，商事会社社長の性的嗜好を揶揄するような歌を街宣車に積んだ拡声器で流したという行為について，会社自体に対する社会的評価を害するに足るべき具体的事実の摘示が含まれていないとして名誉毀損罪の成立を否定し，会社に対する侮辱罪が成立するにとどまるとしている。企業の社会的評価は，一般的には，その製品，サービス内容等の業務を中心とする企業活動に伴う事実からなされるもので，代表者の個人的な行状によるものではないから，Aに対する名誉毀損は成立しないとの立場は説得的である（もっとも，コンビニが異物混入したジュースを販売した旨警察に虚偽の申告をした行為を信用毀損罪とし，同罪は経済的な側面における社会的な評価を保護するもので，同罪の「信用」は，販売される商品の品質に対する社会的な信頼も含むとした最判平15・3・11刑集57巻3号293頁があり，名誉毀損罪との区別は判例上も流動的といえよう）。そうすると，Aに対する名誉毀損罪は成立せず，また，設問の記事内容からすればAに対する侮辱行為と評価できるものも見当たらないので，Aに対する侮辱罪も成立しないと解される。

次に、Cについてはどうであろうか。党所属の国会議員の秘書が、Bと男女の関係にあったとしても、基本的にCの政治活動を中心とする社会的活動とは無関係であって、その社会的評価を直ちに低下させるものとはいえないであろう。Bの指示により匿名女性がC党所属の国会議員秘書として働いているという事実が、BがCに大きな影響力を有しているとか、C所属の議員は不道徳な人物を雇っている、との事実を示すものととらえて、Cの社会的評価の低下と関連付ける見方もあり得ようが、やはり、直ちにCの社会的評価を低下させるものということには無理があろう。したがって、Cに関する名誉毀損罪も侮辱罪も成立しないと解される。

(d) 以上の検討からすれば、甲の行為は、B及び女性（匿名）に対する名誉毀損罪の構成要件にそれぞれ該当し、両者は観念的競合の関係になると解される。

② **事実証明**（刑230条の2第1項）の要件該当性

(a) 甲の行為が刑法230条1項に該当するとしても、刑法230条の2第1項所定の事実証明がなされたときは、甲は処罰されない。同条は、「人格権としての個人の名誉の保護と、憲法21条による正当な言論の保障との調和」を図るため（最大判昭44・6・25刑集23巻7号975頁。いわゆる「夕刊和歌山時事事件判決」）、昭和22年に導入されたものである。この事実証明による不処罰のための要件は、摘示事実が、①公共の利害に関する事実に係ること（事実の公共性）、②専ら公益を図る目的でなされたこと（公益目的）、③真実であることの証明がなされたこと（真実性の証明）、である。そして、①と②の要件が肯定できれば、裁判所は被告人に真実性の立証を許すほか、職権調査によって事実の真否の判断をしなければならないと解されている（東京高判昭28・2・21高刑集6巻4号367頁）。逆に、①、②の要件いずれかが欠けるときは、真実性の証明は許されないと解される（西田・各論（第5版）113頁等多数説）。これに対して、上記①、②の要件が欠けても、情状立証としては意味があるので真実性の立証を許すべきとの説もあるが、摘示した事実が真実のときは、虚偽であった場合より量刑上有利となるか否かは、むしろ真実であるほうが被害者に対する打撃は大きい場合もあるともいえ、必ずしも定まらないであろう。事実の公共性や公益目的

が認められないのに，どれだけ量刑に影響するか不明の事実の立証に時間とコストをかけ，結果的に被害者の名誉を害する結果を招くのは避けるべきと思われる。

以上を前提として，設問の事例において，上記①，②の要件に該当するか否かを検討してみよう。

(b) まず，①事実の公共性は，一般に，「それを知ることが，社会にとって重大な利益となるような事実」（林・各論（第2版）118頁）とか，「その事実を公衆に知らせ，その批判にさらすことが公共の利益増進に役立つと認められるもの」（藤木・各論242頁）などとされている。Bは，非公務員であるから，刑法230条の2第3項は問題とならず，その私生活での行状に公共性があるといえるのかは問題である。

この点をめぐって大きく争われたのが，創価学会会長の私生活上の行状を摘示したことが名誉毀損に問われた前記月刊ペン事件である。同事件においては，1審，2審がいずれも，摘示事実が私生活上の不倫な男女関係の醜聞を内容とするものであること等から，事実の公共性を否定したのに対し，最高裁は，私人の私生活上の行状であっても，その「たずさわる社会的活動の性質」及びこれを通じて「社会に及ぼす影響力の程度」などのいかんによっては，その社会的活動に対する批判ないし評価の一資料として，事実の公共性が肯定できる場合があるとした上，多数の信徒を擁するわが国有数の宗教団体である同会の教義ないしあり方を批判し，その誤りを指摘するに当たり，同会長がその教義を身をもって実践すべき信仰上のほぼ絶対的な指導者であって，公私を問わずその言動が信徒の精神生活等に重大な影響を与える立場にあり，宗教上の地位を背景とした直接・間接の政治的活動を通じ，社会一般にも少なからぬ影響を及ぼしていることなどの事実関係のもとでは，事実の公共性が肯定できると判断したのである。それまで，原判決を含む判例は，私人の異性関係等の醜聞について事実の公共性を肯定したものはなかったのであるが，最高裁は，一定の社会的影響力がある私人の場合は，その私的活動についても，公共性があるといってよいとしたのである。これは，いわゆる「パブリックフィギュア」の考え方を採用したものといわれている。

Bはこのようなパブリックフィギュアといえるのであろうか。日本の有力食

品企業Aの代表取締役で，政府の審議会委員等を務めた経験を有し，折りにふれて政治的見解を表明してきたことをどうみるべきであろうか。上記月刊ペン判決にいう「そのたずさわる社会的活動の性質」と「社会的影響力」を検討する必要がある。

　ひとつの考え方は，Bがたずさわる活動は，Aの代表取締役としてのものであるが，Aの経済的活動の規模は大きく，その活動に利害を有する者は，消費者である一般公衆をはじめ，取引先，従業員，株主，一般投資家等多数の者がおり，ひいては日本経済の動向にも影響があるし，また，Bは，政府審議会委員を務めた経験や時折表明する政治的な見解等により，大きな社会的影響力を有しているとみることができるから，事実の公共性を肯定できるという見方であろう。

　これに対して，Bがたずさわるのは，Aの企業活動であるが，その活動とBの私的行状とは直接関係がなく，社会的影響力という点でも，有力とはいえ一私企業の代表取締役にすぎず，限定的であるという見方である。仮に影響力があるとしてもそれは主にその政治的見解自体の説得力やメディアによる取り上げられ方等によるもので，その私生活の行状とは直接関係がなく，これを取り上げることで公共的な利益を確保することには何ら繋がらないとするのである。月刊ペン事件における宗教団体会長とBを対比すると，私生活での行動を含む全人格がその社会的活動の基盤，前提となるとみられる宗教指導者と経営判断や手腕が主に重視される一営利企業の役員という立場の違いがあり，さらに，その宗教団体の規模，有力政党に影響力を持つ政治家としての側面などからみた社会的影響力の大きさと，有力とはいえ一食品企業の代表取締役で政治的発言を時折するにすぎないBの影響力の大きさとは比べものにならないとみることもできよう。

　以上の見方のうちどちらを採用すべきであろうか。この点を検討するに当たっては，そもそも，犯罪とはならない私生活の行状を暴くことが，その人の社会的活動に対する正当な批判の根拠となり得るかについて，あらためて考えてみる必要があるのではないかと考える。例えば，配偶者等私人の関係者が，その私人と人生を共に歩む上での判断材料にしたいとか，不法行為，離婚等の請求の前提として知りたいとかなどの利害関係を有することはあるにしても，一

般公衆にとって，私人の私生活の行状を知ることが公共の利益増進に役立つとはまず考えられない（強いていえば，人格の高潔さを社会的活動の基盤としている宗教家等の虚名を剝ぐ場合などが例外であろうか）。一方，誰でも人は社会的活動と離れた私生活上の行為については，みだりに公表されないという期待を持ち，その期待はやむを得ない場合を除き，尊重されるべきであろうと思われる。このように考えると，最高裁が月刊ペン事件判決で示した判断基準の適用も慎重になされるべきであろう（西田・各論（第5版）112頁．佐伯仁志「プライバシーと名誉の保護（4・完）」法協101巻11号1755頁）。しかも，刑法230条の2は，いかに軽率な表現行為でも真実であればすべて不処罰とするものなので，「事実の公共性」は明白に認められなければならないと解されているのである（前田・各論（第4版）156頁等）。

以上の考え方からすれば，Bの私生活の行状に関しては，事実の公共性は否定されよう。

次に，匿名女性についてはどうであろうか。問題文からは必ずしも明らかではないが，同女がいわゆる公設秘書（国会法132条，国家公務員法2条3項15号）である場合は，特別公務員として，刑法7条，230条の2第3項にいう公務員に関する事実に関わることとして，真実性の立証が許されるとの見方もできそうである。しかし，他方，国会議員秘書という職務とその私生活上の行状がどれほど関係があるのかは疑問である。判例（最判昭28・12・15刑集7巻12号2436頁）は，町議会議員の政治的意見の変節を批判するに当たり，「立候補当時の公約を無視し，存置派に急変したヌエ的町会議員もあるとか。……肉体的の片手落は精神の片手落に通ずるとか？」などと記載した記事について，刑法230条の2第3項の適用はないとしている。肉体的なハンディと公務遂行の間には何ら関連性がないからこの判旨は正当であろう。これを前提とすると，Bとの交際をするに当たり公務上の職権を濫用したとか，公金をBとの交際費に流用したとか等，国会議員秘書の公務との関連性が明らかにされないかぎり，同項の適用はなく，たとえ摘示事実が真実と証明されても名誉毀損の罪責は免れないとみるべきであろう。匿名女性がいわゆる公設秘書ではない場合は，その議員の政策立案，情報収集，後援者等の関係者との接触など事実上大きな影響力を及ぼしている場合であっても，あくまでそれは国会議員の補助業務にすぎな

いから，設問において匿名女性をパブリックフィギュアとみなすことには慎重にならざるを得ないであろう。月刊ペン事件において，宗教団体会長の交際相手とされた女性らは同団体の「婦人部の幹部で元国会議員という有力な会員」であったことが事実の公共性肯定の大きな要素になっているように解されるところ，本設問の匿名女性の場合にそのような要素は窺えないのである。

(c) 次に，②公益目的について検討しよう。この目的は，「専ら」と条文上要求されているようにみえるが，公益目的が唯一の目的であることはまれであり，それでは表現の自由の保障に欠けるとして，「主たる」目的として公益を図ることがあれば足り，他の目的が併存してもよいとされる。また，この判断に当たっては，事実摘示の方法や事実調査の程度も考慮されるべきであろう（前記月刊ペン最高裁判決。もっとも，この点につき，表現方法は名誉侵害の程度・危険性の問題であり，事実調査の程度は真実性の証明ないし行為の違法性の問題ではないかとの指摘もある。例えば，林・各論（第2版）120頁）。さらに，この目的は，事実の公共性の認識に解消されるべきとの有力説（山口・各論（第2版）141頁。なお，佐伯・前掲1752頁）もある。

本設問では，Aの企業活動のあり方を批判するとの目的で，その例証として当該記事を執筆掲載し，販売したとされるから，一般公衆に対し，Aの企業活動への批判の視座を提供し，よりよい企業活動を促すという公益目的があったとも認められよう。もっとも，Aの企業活動のあり方を批判するためには，Bの私生活の行状をことさら取り上げることは必ずしも必要ないから，甲には，読者の興味を煽り販売数を伸ばそうとの経済的目的があったとも認められそうであるが（その意味で，被告人の供述のほか，どのような目的を有していたかを推測するためにも，月刊ペン事件判決で最高裁がいうように事実摘示の方法や事実調査の程度を具体的に検討する必要はあろう。なお，主として読者の好奇心を満足させる目的にすぎないとして公益目的が否定された東京高判昭30・6・27東高時報6巻7号211頁がある），前記②(b)において事実の公共性を肯定する立場を採用したときは，甲には，基本的にその認識もあったと推測され，この公益目的も肯定されよう。

(d) 上記①及び②の要件がともに肯定されると解した場合には，甲は，摘示した事実の重要な部分について（細かな点の立証は不要とするものとして，大阪

高判昭25・12・23判特15号95頁)，その真実性を立証することになる。本来，犯罪事実については，検察官に合理的な疑いを容れない程度の立証責任があると解すべきことから，この規定をどう解釈するのかは議論があるところである。処罰阻却条件と解する立場ではこの難点は避けられるが，それ以外の立場においては，被告人に立証責任を転換させたかのように読めるこの規定について，証拠提出責任を被告人に課したにすぎないと解する説もある。また，立証責任は被告人にあるとしても，その証明の程度は「証拠の優越」の程度で足りるとすべきとの学説も有力である。しかし，いずれも条文の文言上の問題もあり，判例においてはこれらの見解は採用されていない。すなわち，いわゆる丸正名誉毀損事件決定（最決昭51・3・23刑集30巻2号229頁）は，証拠の優越で足りるかについての判断を留保したとも解されているが，同判決は，合理的な疑いを容れない程度の証明であることを要せず，証拠の優越で足りるとの判示をしたとも解される前記大阪高判昭25・12・23に原判決が反しているとの上告趣意に対し，同高裁判例は最判昭34・5・7刑集13巻5号641頁で変更されていると判示しており，これは，最高裁が，真実性について合理的な疑いを容れない程度の立証を要するものと判断したものとも解され，下級審レベルでは，例えば，月刊ペン事件差戻後控訴審判決（東京高判昭59・7・18判時1128号32頁）は同趣旨を明言している。後に検討するとおり，真実性に関する錯誤について，夕刊和歌山時事事件判決の立場のように，誤信について相当の理由がある場合には処罰されないと解すれば，名誉の保護と表現の自由の調和を図った趣旨が損なわれるとはいえないから，上記判例の立場もあながち不合理とはいえないと思われる。

　いずれにせよ，甲が真実性の立証に成功した場合には処罰されないことになる。これはどんなに根拠が薄い資料，根拠に基づいた場合であってもよいし，行為時は虚偽かもしれないと思っていたが（それでも公益目的が肯定できるとして），公判での活動により真実性の立証ができた場合でもよい。

　この不可罰性の法的根拠をいかに解するかは，次に述べる錯誤との関連でも多くの議論があるところである。

3 事実の真実性に関する錯誤

(a) それでは，甲が真実性の証明に失敗した場合はどうなるか。刑法230条の2第1項の文言を素直に読むと，その場合には処罰されるということになる。かつて，判例はそのように解した（最判昭34・5・7刑集13巻5号641頁）。これは，「事実の有無にかかわらず」事実摘示により名誉毀損罪が成立するとした刑法230条1項の文言に合致し，被告人に挙証責任があることの説明もしやすいもので，刑法230条の2は犯罪の成立とは無関係であって，表現の自由への配慮から処罰阻却事由と位置づける考え方に基づくものといえる。しかし，この見解については，表現の自由に対する萎縮的効果が生ずるとして批判も強く，最高裁は，夕刊和歌山時事事件で上記判例を変更し，同項にいう事実が真実であることの証明がない場合でも，「行為者がその事実を真実であると誤信し，その誤信したことについて，確実な資料，根拠に照らし相当の理由があるときは，犯罪の故意がなく，名誉毀損罪は成立しないものと解するのが相当である。」との判断をするに至ったのである。

(b) ところで，真実性の錯誤については多くの議論がされている（専田泰孝「真実性の錯誤」刑法の争点154頁）。学説には，真実性の錯誤は，処罰条件であって犯罪成立に影響を及ぼさず，誤信にどんなに根拠があろうと処罰されるという旧判例の立場（青柳・各論415頁）やこの錯誤は違法性阻却事由の錯誤（事実の錯誤）であり，どんなに軽信したとしても不処罰となるという立場（斎藤（信）・各論（第3版）79頁。松宮・各論（第2版）156頁。これらは，刑事責任追及ではなく，被害者による民事責任追求によることで足りるとするのであろう）もみられるが，いずれも多数の支持するところとはなっていない。学説上は，上記夕刊和歌山時事判決と同様の結論が導けるような理論構成をするものが有力となっているといえよう。この観点からの学説を概観すると，まず，刑法230条の2の訴訟法的規定を実体法に引き直し，「証明可能な程度に真実であった」場合には構成要件該当性が否定され，行為者が「証明可能な程度の資料，根拠をもって事実を真実と誤信したとき」は故意が阻却されるとする（旧団藤説）。しかし，この資料，根拠は，行為者が証明可能と信じるだけでは足らず，客観的に相当な資料，根拠が要求されるべきであろうが，旧団藤説を貫くと軽率に証明可能と信じた場合でも不可罰となってしまう難点がある。そこで，刑法

230条の2は，処罰阻却事由と解し，真実が証明された場合は不処罰であるが，しかし，他方，そうでなくとも一定程度の資料，根拠に基づいた表現の場合には同条とは別に表現の自由の正当な行使として刑法35条による違法性阻却を考えたり（藤木・各論246頁），「一応真実と考えられる程度の相当の根拠を持って情報を流す行為は，憲法21条の表現の自由として，正当化される」（平川・各論235頁）としたり，「許された危険」の法理（林・各論（第2版）124頁）によるなどの正当化事由説を考慮する立場（団藤・各論（第3版）527頁。前田・各論（第4版）160頁）が有力に主張されてきた。これに対しては，虚偽の言論は，行為者がどのような資料に基づいて真実と誤信したとしても，表現の行使として正当化されることはあり得ないとし，誤信を違法性ではなく，責任要素として考慮すべきとする説が対抗する。これには，真実であることを違法性阻却事由とした上で，これは違法性の錯誤にすぎず，故意は阻却しないがその誤信に相当の理由がある場合は責任阻却とする説（注釈刑法(5)377頁〔福田平〕）や誤信の場合は故意を阻却するが，過失でその虚偽性を認識しなかった場合は処罰するとの過失犯処罰の特別規定と解する説（西田・各論（第5版）117頁）があり，上記判例はこの後者の説に近いとされる。また，結論はこれとほぼ同様だが，挙証責任が被告人にあることを説明するためにも，事実の真実性は違法を減少させるため処罰阻却事由とされていると解し，したがって，その誤信は故意を阻却しないが，過失がなく処罰阻却事由があると誤信した場合は，責任主義の観点から処罰阻却事由があるのと同様に扱うべきとする説（山口・各論（第2版）147頁以下）もある。

(c) 本設問では，甲が，Bや匿名女性について記した記事の内容が真実とは証明されなかったが，真実と誤信したことに「相当の理由」があると主張する場合が考えられ，その場合の判断基準について検討する必要が出てくる。

そこで，上記夕刊和歌山時事事件以降，最高裁が，名誉毀損罪の成否に関して「相当の理由」を判断した事例をみると，①最決昭46・10・22刑集25巻7号838頁（いわゆる松川事件の1審裁判長に対する名誉毀損事件），②最決昭51・3・23刑集30巻2号229頁（「丸正名誉毀損事件」），③最決平22・3・15判時2075号160頁をあげることができる。これらの事例においては，結論は，いずれも「相当の理由」には当たらないとされている。①は，いわゆる松川事件1審を担当し

た裁判長に対する名誉毀損（恐喝も含む）の事案で，被告人が同事件の弁護人から捜査当局にあてた書面等を資料とした場合に，「継続中の刑事事件の一方の当事者の主張ないし要求または抗議に偏するなど断片的で客観性のないものと認められるとき」は，相当理由がないとしたものであり，②は，いわゆる丸正事件と呼ばれる強盗殺人事件の弁護を担当していた弁護士らが，当該事件の被告人らは無実であり，真犯人は被害者の兄ら同居の親族であるとの事実を記者会見で発表し，また単行本を発行して発表した事案について，「丸正事件が被告人らの犯行であることは，合理的疑いを容れる余地のない証拠があるのに対し，親族らの犯行であることには合理的疑いを容れることのできない証拠はもとより，証拠の優越の余地すら存在しない」とし，また弁護士らには「真実であると信ずることについても，それを相当であると認めうる程度に確実な資料，根拠があるとはいえない」としたものである。③は，インターネット上のホームページ内においての名誉毀損に関するものであり，最高裁は，1審（東京地判平20・2・29判時2009号151頁）が，「確実な資料，根拠」に照らさなくとも，インターネットの相互発信機能から反論が可能かつ容易であるという特徴や個人利用者がインターネット上で発信した情報の信頼性は一般的に低いものと受け取られているという実態認識を背景に，個人利用者に対して要求される水準を満たす調査が行われていれば，相当な理由があったと認めてよい，としたのに対し，従来の相当性の判断基準を変えるのは是認できないとした2審（東京高判平21・1・30判タ1309号91頁）の判断を支持したものである。そこでは，個人利用者がインターネット上に掲載した情報を信頼性の低い情報として閲覧者が受け取るとは限らず，また，その情報は不特定多数の利用者が瞬時に閲覧可能であって，被害は時として深刻になり，一度損なわれた名誉回復は容易ではなく，インターネットによる反論による名誉回復の保証も十分ではないとし，「インターネットの個人利用者による表現行為の場合においても，他の場合と同様に，行為者が摘示した事実を真実であると誤信したことについて，確実な資料，根拠に照らして相当の理由があると認められるときに限り，名誉毀損罪は成立しないものと解するのが相当であって，より緩やかな要件で同罪の成立を否定すべきものとは解されない。」とされている。本設問とは直接の関係はないものの，新たな表現手段における表現と名誉の保護の調和をどこに

求めるかという興味深い論点に対して最高裁が初めて判断をしたものとして参考になるものといえよう。

なお，民事事件においても，不法行為の該当性判断において，「相当の理由」の有無が問題とされるが，これが否定されたものに，捜査当局から公式発表がない段階の解剖医等への取材に基づく場合（最判昭47・11・16民集26巻9号1633頁）や通信社から配信された記事の場合（最判平14・1・29民集56巻1号185頁）などがあり，肯定された例として，確定前の1審判決に依拠した場合（最判平11・10・26民集53巻7号1313頁）などがある。

(d) 本設問では，甲が，どのような資料，根拠によって，当該記事の内容を真実と誤信したのかは明らかではないが，それが「確実な資料，根拠」に照らして相当といえるかどうかを，以上の判例の事例などを参考に判断することになろう。

【菊池　則明】

36 公務と業務妨害罪

政治団体の代表者である甲は，Ａ県議会において，同政治団体の信念に反する決議案が提出され，採決されようとしているのを知り，その議決を妨害しようと考え，他の構成員乙ほか多数とともに，当日，傍聴人として議場に入った。議長Ｂが議長席に着いて開会を宣言しようとした際，発煙筒をたいて議員席に投げ入れるとともに，火災報知器のブザーを押して鳴らしたため，県議会の開会が約30分遅れた。開会後も甲らは，決議案の提案者である議員Ｃがその提案理由を説明しようとすると，傍聴席から執拗にヤジをとばし，その説明を遮った。そのため，議長Ｂは，これ以上審議するのは不可能であると考え，「本件決議案は明日審議する」旨告げて，休憩を宣言し，議場から退出しようとしたところ，甲らは，議長席に詰め寄り，Ｂの顔面，頭部等を複数回殴打した。甲の罪責はどうか（特別法違反を除く）。

1　問題の所在

本設問においては，甲らの行為により，県議会の開会が約30分遅れ，開会後も議員Ｃによる決議案の提案理由説明が遮られているのであって，公務の妨害に対する業務妨害罪の成否が問題となる。さらに，議長Ｂは，休憩を宣言して議場から退出しようとしたところに暴行を加えられており，公務執行妨害罪における「職務を執行するに当たり」の要件についても検討が必要である。

2　業務妨害罪と公務
(1) 学　説

業務妨害罪（刑233条・234条）における「業務」とは，「社会生活上の地位にもとづいて継続して行う事務」（団藤・各論（第3版）535頁，小野・各論（新訂8版）221頁，中森・各論（第2版）69頁，西田・各論（第5版）124頁）ないしは「汎ク職業其他継続シテ従事スルコトヲ要スヘキ事務又ハ事業」（大判大10・10・24刑録27輯643頁）などと理解されているが，その定義に含まれ得る公務員の職務で

ある「公務」については，公務執行妨害罪（刑95条1項）によっても保護されている。そして，公務執行妨害罪は，「暴行又は脅迫」による妨害行為が行われた場合に成立し得るのに対し，業務妨害罪は，「偽計」や「威力」による妨害行為が行われた場合に成立し得るのであって，このような差異のある両罪の関係が問題となる（両罪のその他の違いとして，公務執行妨害罪が「公務員」の職務を保護するのに対し，業務妨害罪で保護される「人の業務」は法人等の団体のそれも含むとされている（大判大15・2・15刑集5巻1号30頁）ことが挙げられるが，具体的な適用の場面における実質的な差異はないであろう）。この点につき，業務妨害罪における「業務」に「公務」も含まれるか否か，すなわち，公務の執行が偽計又は威力によって妨害された場合の業務妨害罪の成否について，以下のように見解が分かれている（なお，各見解の呼称は論者によって異なるので注意を要する）。

まず，①「公務」は「業務」に含まれず，その妨害行為に対して業務妨害罪は成立しないとする見解（消極説）がある（吉川・各論116頁（ただし，公務執行妨害罪の公務について判例が広い概念をとっていることを前提としつつ，同350頁では，公務執行妨害罪の公務は権力的作用に限られるとする），熊倉・各論(上)326頁，松宮・各論（第2版）167頁—168頁，429頁，伊達秋雄「公務執行妨害罪」刑事法講座(4)679頁（ただし，「強いていうならば，公務の中特に私企業的性格を有するもののみが業務にあたると解してよいかとも考えている」ともしている），木田純一「信用および業務妨害」刑法講座(5)280頁，藤野英一「国鉄の輸送業務に対する妨害は刑法の業務妨害罪を成立せしめるか―刑法における目的論的解釈の限界点について―」ジュリ208号122頁）。

次に，②「公務」も全面的に「業務」に含まれ，その妨害行為に対して業務妨害罪が成立するとする見解（無限定積極説）がある（小野・各論（新訂8版）222頁，柏木・各論417頁，江家・各論（増補）259頁，木村・各論77頁，藤木・各論20頁，27頁，252頁，植松・各論（第8版再訂版）351頁，大谷・各論（新版第3版）138頁，大コメ刑法第6巻（第2版）152頁〔頃安健司〕，大コメ刑法第12巻（第2版）95頁〔坪内利彦＝松本裕〕，同書122頁—123頁〔佐々木正輝〕，鴨良弼「信用毀損罪及び業務妨害罪」刑事法講座(7)1654頁，永井敏雄「いわゆる権力的公務と業務妨害罪の成否」警論31巻8号73頁，木藤繁夫「公務と業務との関係」警論34巻4号148頁，

坪内利彦「間接強制により保護されている公務に対する威力業務妨害罪の成否」警論39巻9号176頁，髙山佳奈子「公職選挙法上の選挙長の立候補届出受理事務と業務妨害罪にいう『業務』」ジュリ1203号143頁）。

その中間に，一定の「公務」に限って「業務」に含まれ，その妨害行為が業務妨害罪の対象となるとの見解があるが，その場合，③当該公務が暴行脅迫により妨害されれば公務執行妨害罪が成立するとの見解（限定積極説）（大塚・各論（第3版増補版）159頁，福田・各論（全訂第3版増補）199頁，内田・各論（第3版）185頁，前田・各論（第4版）169頁，509頁—510頁（ただし，公務執行妨害罪の対象は，公務一般ではなく，暴力による妨害を特に排除する必要のある公務のみとする），林・各論（第2版）130頁—131頁，斎藤（信）・各論（第3版）86頁，313頁），④基本的に限定積極説を支持しつつ，偽計業務妨害罪については限定をしない見解（修正積極説）（山口・各論（第2版）161頁，西田・各論（第5版）126頁，鎮目征樹「公務に対する偽計業務妨害罪の成否」刑事法ジャーナル6号74頁），⑤当該公務が暴行脅迫によって妨害されても公務執行妨害罪は成立せず，業務妨害罪のみが成立するとの見解（公務区分説ないしは公務振り分け説）（団藤・各論（第3版）48頁，536頁，香川・各論（第3版）37頁，480頁，中山・口述各論（新版補訂2版）100頁，曽根・各論（第4版）72頁，中森・各論（第2版）71頁—72頁，296頁，町野・各論374頁—375頁，伊東・各論（第2版）103頁，平川・各論208頁，川端・各論（第2版）258頁，650頁，長島敦「業務妨害罪—公務執行妨害罪との関係をめぐって—」警論7巻10号32頁，谷口正孝「国鉄の輸送業務に対する業務妨害罪の成立」ジュリ225号16頁）などに分かれている。

③ないし⑤の見解において，業務妨害罪の「業務」に含まれる「公務」の判断基準としては，㋐非権力性，㋑現業性（いわゆる旧3公社5現業（日本専売公社・日本国有鉄道・日本電信電話公社の3公社と郵政・造幣・印刷・国有林野・アルコール専売の5事業。現在は，国有林野を除きいずれも民営化され又は独立行政法人に移管されている）等のような事業をいうとも解される（永井敏雄・判解刑昭62年度72頁）が，論者によってその理解には差異がみられる），㋒民間類似性等の要素が挙げられている（複数の要素を挙げるものも多く，団藤・各論（第3版）535頁は「権力的・非現業的な公務」について業務妨害罪の適用がないとし，中森・各論（第2版）71頁は「民間の業務と同様の実態を持つ私企業的現業的公務」について業務妨

害罪の成立を認めるとする）。なお，⑦の非権力性の理解としては，強制力を有しないか否かを基準とするとの考えが有力である（藤木・大学双書各論29頁，香川・各論（第3版）480頁，前田・各論（第4版）169頁，山口・各論（第2版）161頁，西田・各論（第5版）126頁，曽根・各論（第4版）72頁）。

その他に，公務を行う主体が公務員か否かで区別する身分振り分け説（注釈刑法(3)71頁〔大塚仁〕，同書(5)400頁〔内藤謙〕），強制力ないし妨害に対する自力排除力を伴わない権力的公務は業務妨害罪と公務執行妨害罪が成立し，強制力ないし自力排除力を伴う権力的公務は公務執行妨害罪のみが成立し，現業的公務・民間類似の業務は業務妨害罪のみが成立するとの交差型振り分け説（山中・各論（第2版）215頁）などの見解もある。

現在有力な①〜⑤の説につき，成立し得る犯罪を表にまとめると下記のとおりとなる（③〜⑤の区分につき，便宜上「権力性」を基準とする）。

	公務		業務（公務を除く）
	権力的	非権力的	
①消極説	公務執行妨害罪		業務妨害罪
②無限定積極説	業務妨害罪		
	公務執行妨害罪		
③限定積極説		業務妨害罪	
	公務執行妨害罪		
④修正積極説	偽計業務妨害罪	業務妨害罪	
	公務執行妨害罪		
⑤公務区分説	公務執行妨害罪	業務妨害罪	

(2) 判　例

(a) 大審院

大審院時代には，偽計を用いた執行裁判所の競売に対する妨害につき，偽計業務妨害罪の成立を認めたもの（大判明42・2・19刑録15輯120頁），村立小学校教員が，恨みを抱いていた同校校長に重要物件紛失の責任を負わせるため教育勅語謄本等を教室の天井裏に隠匿した行為に対し，公務員の職務は「業務」に含

まれないとして偽計業務妨害罪の成立を否定し、警察犯処罰令2条5号（現在の軽犯罪法1条31号）の業務妨害の罪の限度で責任を認めたもの（大判大4・5・21刑録21輯663頁），「職員」と称されない現業傭人である集配人は「公務員」（刑7条1項）ではなく，その公務の執行を妨害した場合には威力業務妨害罪は成立するが公務執行妨害罪は成立しないとしたもの（大判大8・4・2刑録25輯375頁。ただし，最決昭30・12・3刑集9巻13号2596頁は，収賄罪の事案において，行為者が職制等の上で「職員」と呼ばれる身分を持つかどうかを問わないとして特別調達庁の支局の雇人が「公務員」に当たることを認め，最判昭35・3・1刑集14巻3号209頁は，公務執行妨害罪の事案において，同様の解釈に基づき郵便配達人が「公務員」に当たるとして前記大判大8・4・2を変更した），傍論ではあるが，新聞紙発行を目的とする株式会社創立に対する妨害行為が問題となった事案において，刑法233条の業務は経済的事業であって精神的事務を含まないとする上告趣意に対し，業務とは，公務を除くほか，精神的なると経済的なるとを問わず広く職業その他継続して従事することを要すべき事務又は事業を総称するとしたもの（前掲大判大10・10・24）などがある。

以上のとおり，大審院時代の裁判例の立場は，必ずしも明確とはいえないものであった。

(b) 最高裁

(ア) 最高裁となってからは，まず，最判昭26・7・18刑集5巻8号1491頁が，生産管理による業務妨害行為を鎮圧するために出動した警察官らに対し，工場正門前でスクラムを組み，労働歌を高唱して気勢を上げた事案に関し，「業務妨害罪にいわゆる業務の中には，公務員の職務は含まれないものと解するを相当とする」として業務妨害罪の成立を否定し，消極説を採用したようにも思われた。

しかしながら，その後の判例において，いずれも「業務」への該当性について判断した事案ではないが，最判昭28・1・16裁判集〔刑事〕72号83頁，最判昭29・12・23刑集8巻13号2175頁，最決昭30・3・3裁判集〔刑事〕103号147頁では，旧国鉄の業務を妨害した行為に対して威力業務妨害罪の成立を認めた原審を維持した。

このように判例の立場が必ずしも明確ではなかった中，最判昭35・11・18刑

集14巻13号1713頁は，旧国鉄の列車の運行を妨げ，石炭輸送業務を妨害した事案において，国鉄の行う事業ないし業務を刑法233条・234条の業務妨害罪の対象から除外することは相当ではなく，国鉄職員の行う当該公務の執行に対する妨害に対しては，妨害の手段方法によっては，刑法95条のほかに刑法233条・234条も適用されるとした上で，威力業務妨害罪の成立を認めた（前掲最判昭26・7・18に違反する旨の上告趣意に対しては，当該判決は権力的作用を伴う警察官の職務執行につき威力業務妨害罪の成立を否定した判例であり，事案が異なるとしている）。その後も旧国鉄の行う事業ないし業務につき同様の判断が行われ（最判昭41・11・30刑集20巻9号1076頁），あるいはこれを前提とした判断がされている（最判昭53・3・3刑集32巻2号159頁，最判昭53・6・29刑集32巻4号759頁）。

その他の公務に関しても，国の行う郵政業務（最判昭53・3・3刑集32巻2号97頁）や旧電電公社の業務（最決昭59・4・27刑集38巻6号2584頁，最決昭61・2・3刑集40巻1号1頁，最決昭61・6・24刑集40巻4号292頁）につき，威力ないし偽計業務妨害罪における「業務」に当たることを前提とした判断がされている。

(イ) 以上のとおり，判例においては，「公務」が業務妨害罪の「業務」に含まれ得ることが認められる一方，旧国鉄の業務が公務執行妨害罪における公務員の職務に当たることも認められている（国鉄気動車運転士兼機関士が急行列車の運転室内で引継ぎ・交替を行い，運転当直助役のもとに赴いて終業点呼を受けるため駅ホームを歩行していた際に暴行を受けた事案につき，最決昭54・1・10刑集33巻1号1頁（国鉄職員が現業業務に従事する限りにおいては公務執行妨害罪にいう公務員の職務の執行からは除外されるとする団藤重光裁判官の反対意見が付されている），国鉄電気機関士による電気機関車出区点検行為につき最決昭59・5・8刑集38巻7号2621頁（非権力的関係を内容とする現業的業務については公務執行妨害罪が成立せず，威力業務妨害罪をもって処断すべきとする谷口正孝裁判官の意見が付されている））。

旧国鉄の業務以外にも，旧日本専売公社職員による立入禁止命令及び退去命令の執行が，公務執行妨害罪によって保護されるべき職務に当たるとされ（最決昭53・5・22刑集32巻3号427頁（各執行が公務執行妨害罪における「職務」から除外されるべき現業業務的な性格のものとはいえないとする団藤重光裁判官の補足意見が付されている）），旧電電公社電報局長や次長による統轄的職務の執行中の

妨害行為に対する公務執行妨害罪の成立も認められている（最判昭53・6・29刑集32巻4号816頁（同判決は「同項〔注：刑95条1項〕にいう職務には，ひろく公務員が取り扱う各種各様の事務のすべてが含まれる」としている。なお，各職務行為は公務執行妨害罪における「職務」から除外されるべき現業業務には該当しないとの団藤重光裁判官の補足意見が付されている））。また，公務執行妨害罪における「職務」に該当するか否かの判断をしたものではないが，市立中学校校長が学力調査実施中の各教室を見回る職務への妨害行為に対しても公務執行妨害罪の成立が認められている（最判昭51・5・21刑集30巻5号615頁）。

(ウ) このように，判例が限定積極説を採用していることは明らかとなっていたが，どのような「公務」が「業務」に含まれるかについては，前掲最判昭35・11・18は，旧国鉄の貨車運行業務につき，「その行う事業ないし業務を内容的にみれば，運輸を目的とする鉄道事業その他これに関連する事業ないし業務であつて，国鉄はこれらの現業事業体に外ならないのであり，民営鉄道と何等異なるところはないのである……法令上国鉄の事業ないし業務が公務とされその職員が右の如く政府職員に準ずる取扱を受けるものとされているのは，主としてその経営上の沿革的理由と高度の公共性とによるものであつて，事業ないし業務が権力的ないし支配的作用を伴うことによるものではなく，事業ないし業務遂行の実態は，まさに民営鉄道のそれと同様である」などとし，前掲最判昭41・11・30も，旧国鉄の青函連絡船の運航業務につき，「その行う事業ないし業務の実態は，運輸を目的とする鉄道事業その他これに関連する事業ないし業務であつて，国若しくは公共団体又はその職員の行う権力的作用を伴う職務ではなく，民営鉄道のそれと何ら異なるところはない……国鉄職員の行う現業業務は，その職員が法令により公務に従事する者とみなされているというだけの理由で業務妨害罪の対象とならないとする合理的理由はない」としていた。

これらの判例は，「現業性」，「民間類似性」，「非権力性」等の各要素を挙げているものの，いずれの要素を基礎としているのかは，判決文のみからは必ずしも明確ではなかった（栗田正・判解昭35年度407頁は，「本判決の基本的な考え方は……問題の公務が内容的に私企業と同質の現業的業務であるかどうかの点を業務妨害罪成否の鍵とするものである」とし，船田三雄・判解刑昭41年度228頁は，「本

36 公務と業務妨害罪

判決が国鉄職員の職務につき業務に含まれるとする根拠が主としてその非権力性に求められていることを推測させる」としつつ，同225頁においては，「権力的職務については，それが自ら執行する権力，いわば自力執行力を与えられているから，これに対する妨害からの保障は，その妨害が『暴行又ハ脅迫』程度に強力である場合にのみ保護されれば足る」との視点を提示していた）。

　その後，特に議会の議事に対する妨害行為に関する裁判例として，東京地判昭48・9・6刑月5巻9号1315頁は，衆議院の本会議開催中の議場での威力による妨害行為の事案につき，衆議院本会議の議事は，それ自体現実に強制力を行使することを内容とする職務ではなく，態様において一般社会の会議と異ならないので，非権力的職務に属し，これに対する妨害は威力業務妨害を構成すると判断し，最高裁の判例では明示されていなかった「現実に強制力を行使することを内容とする職務」という要素を指摘した（東京高判昭50・3・25刑月7巻3号162頁も同様の判断を示して控訴を棄却した）。また，町議会の議事に関して業務妨害罪の「業務」に当たることを認める裁判例も続き，長崎地判昭55・8・22判時1008号208頁は，議会の議決等自体は，直接住民に対して現実に強制力を及ぼすような権力的支配的作用を行使する職務ではなく，私企業等の会議と異なるところはないとし，千葉地判昭60・3・19判タ564号272頁は，議会の審議等は，外部のものに権力的作用を及ぼす性質のものではなく，私企業等の正式の会議に類似するものであるとし，佐賀地判昭60・3・19判タ564号272頁は，議事そのものは公権力の行使ではなく，その執行という性質を持たず，私企業における会議等と刑法上の保護の必要性において区別されるべき合理的理由がないとしたが，いずれの判決も，私企業の会議との類似性を指摘していた。

　ところで，それまでの判例が挙げていた，権力的作用を伴う職務であるか否か，事業ないし業務遂行の実態が民間と同様であるか否かなどといった基準からすると，国や地方公共団体の議会の議事は，公権力の行使そのものとして「業務」から除かれるのではないかとの疑問も生じ得るところであった（中森喜彦「公務に対する業務妨害罪の成否」判タ549号58頁は，議会の立法作用はすべての強制力行使の源泉であり，国会・地方公共団体に固有の作用であって，議事の進行の外形が民間の会議と同じだとするのは，全く皮相的な類推であることが明らかであるとする）。そうしたところ，最決昭62・3・12刑集41巻2号140頁は，県庁委

451

員会室で開会に備えて着席していた委員らに大声で罵声を浴びせ，委員席の名札で机を叩くなどし，委員長の退室要求を無視するなどして同室内を占拠するなどした事案において，現業事業性や民間類似性等の基準には一切触れることなく，「本件において妨害の対象となった業務は，新潟県議会総務文教委員会の条例案採決等の事務であり，なんら被告人らに対して強制力を行使する権力的公務ではないのであるから，右職務が威力業務妨害罪にいう『業務』に当たるとした原判断は，正当である」とした。これにより，それまで判例によって示されていた「権力的作用」の本質は「強制力を行使する」ことにあり，強制力を行使する公務であるか否かが，業務妨害罪の「業務」から除かれる「公務」の基準であることが示されるとともに，議会の議事が業務妨害罪の「業務」に含まれることが明らかとされた（本件後に議会の議事の妨害に威力業務妨害罪の成立を認めたものとして，「業務」への該当性が争点になった事案ではないが，東京高判平5・2・1判時1476号163頁がある）。

その後も，最決平12・2・17刑集54巻2号38頁は，公職選挙法上の選挙長の立候補届出受理事務に対する偽計及び威力による妨害の事案において，同事務が「強制力を行使する権力的公務ではない」ことから業務妨害罪における「業務」に当たるとして，偽計業務妨害罪の場合も同様の基準によることを明らかにし，また，最決平14・9・30刑集56巻7号395頁は，動く歩道を設置するため，通路上に起居する路上生活者に対し自主的に退去するよう説得し，退去後に段ボール小屋等を撤去することなどを内容とする東京都による環境整備工事が，「強制力を行使する権力的公務ではない」ことから威力業務妨害罪の「業務」に当たり，妨害行為が警察官により排除され，実際に段ボール小屋が撤去されていても結論は異ならないとした。「業務」への該当性の判断を示したものではないが，最決平4・11・27刑集46巻8号623頁は，町消防本部消防長の部下職員からの報告の受理，各種決裁事務の執務に対する妨害行為につき，威力業務妨害罪の成立を認めた（井上弘通・判解刑平4年度173頁は，本件で妨害の対象とされたものは，強制力を行使する場面ではなく，通常の事務処理であって，それ自体として被告人らに対し強制力を行使するものではないとする）。

以上のとおり，現在の判例においては，「強制力を行使する権力的公務ではない」ものが業務妨害罪における「業務」に含まれるとの解釈が確定している

ということができる。

(3) 検　討

　刑法の「信用及び業務に対する罪」（2編35章）は，旧刑法（明治13年太政官布告36号）において規定されていた「商業及ヒ農工ノ業ヲ妨害スル罪」（2編8章）が「業務」一般に拡張されるなどしたものであり，公務執行妨害罪は，旧刑法の「官吏ノ職務ヲ行フヲ妨害スル罪」（2編3章2節）において「官吏其職務ヲ以テ法律規則ヲ執行シ又ハ行政司法官署ノ命令ヲ執行スルニ当リ」（139条1項）とされていたのが，単に「公務員ノ職務ヲ執行スルニ当リ」（平成7年法律91号により「公務員が職務を執行するに当たり」と改正されている）とされるなどしたものである。消極説は，このような立法の沿革を踏まえ，両罪はその体系的地位からしても保護法益を異にするものであり，公務に対する妨害が手段の差により異なる法益を害することになるのは奇異である，また，公務員は職務の執行を担保するに足りる法律上の実力を有しているのが通例であるから暴行・脅迫に至らない程度の抵抗行為にあっても克服し得る，などとする（吉川・各論115頁―116頁，藤野・前掲121頁）。しかしながら，現行の業務妨害罪と公務執行妨害罪は，いずれもそれまでの規定では保護の範囲が十分ではなかったことから「業務」や「公務」に特段の限定を付することなく範囲が拡張されたものであることからすると，その立法経緯については，無限定積極説の根拠付けとすることも可能であり（髙山・前掲143頁―144頁），抵抗を排除する実力を有するとの点についても，すべての公務について妥当するものではない。

　また，業務妨害罪が人の私経済的生活を保護するものであることを消極説の根拠とするものもある（伊達・前掲679頁）。しかし，業務妨害罪は，商業農工業に限って保護していた旧刑法の規定から，特に限定されることなく業務一般に対象を拡張したものであることに照らしても，経済的側面のみの保護に限られるものではなく，人の社会的行動の一環として行われる業務活動の自由を保護するものであると考えられる（京藤哲久「業務妨害罪」現代的展開各論123頁）。少なくとも，経済的業務の保護に限られないことは明らかであって（最決昭38・7・12裁判集〔刑事〕147号805頁では，政党の結党大会が威力業務妨害罪の「業務」に含まれるとされている），刑法233条の信用毀損罪が経済的な側面における人の社会的な評価を保護するものであること（最判平15・3・11刑集57巻3号293

頁）とは性質を異にする面がある。そうである以上，業務を遂行する立場の者が公務員であるからというのみで，業務妨害罪の保護から除かれるとするべきではない。

　こうした点に加え，判断基準の明確性や後述の偽計による妨害の場合の問題等も考慮すると，強制力を行使する権力的公務に関しては「偽計」や「威力」の認定を慎重に行うこと（無限定積極説をとる髙山・前掲144頁は，「『強制力を行使する』公務に対するときは少しの影響力では相手方の意思は制圧されないのであるから，『威力』にあたらない……としうる場合が多いと思われる」とする）を前提として，無限定積極説をとることにも十分な理由があるように思われる。

　しかしながら，公務執行妨害罪の法定刑は，業務妨害罪のそれと当初より上限を同じくしていた上，平成18年法律36号による改正で罰金刑が追加されたことにより，禁錮刑を選択し得ること以外は同じものとなっている。「公務」が無限定に「業務」に含まれるとするのであれば，暴行脅迫を要件とする公務執行妨害罪が成立する場合には，偽計や威力を要件とする業務妨害罪も成立し得ることになるが，それにもかかわらず同様の法定刑の公務執行妨害罪がもうけられていることの説明が困難となる（敢えていうなら禁錮刑を選択し得ることに意味があることになる）。立案者は業務妨害罪を侵害犯と解しており（立法時の審議において，政府委員は，「業務ノ妨害ト云フコトノ結果ノアル場合ヲ想像シテ居ルノデアリマスカラ，幾ラカ名誉罪ヨリモ此方ヲ重ク罰スル必要ガアル」とし，その後の質問に対しても，実際的に業務の妨害の証明がなければならない旨を述べている（第23回帝国議会衆議院刑法改正案委員会議録第7回73頁）。なお，法定刑比較の対象とされている名誉毀損罪の懲役刑の上限は，当初1年であったのが，昭和22年法律124号により3年に引き上げられた），かかる見解をとれば危険犯である公務執行妨害罪との差異を説明することが可能であるかもしれないが（髙山・前掲144頁），判例は妨害結果の発生を要しないとして業務妨害罪を危険犯と理解しており（大判昭11・5・7刑集15巻8号573頁，最判昭28・1・30刑集7巻1号128頁。なお，前掲最決平4・11・27において「畏怖させるに足りる状態においた一連の行為」との表現が用いられているのもこれに沿うものであるとされている（井上弘通・判解刑平4年度166頁）），判例の立場からはそのような限定はなし得ない。

　また，強制力を行使する権力的公務に関しては，暴行脅迫に至らない威力に

とどまるような妨害行為が行われても，基本的にはこれを排除して職務を遂行することが予定されているといえるが，一般的に業務妨害罪の成立可能性を認めた上で，「偽計」や「威力」ないしは「妨害」などの要件への当てはめによる事実認定のレベルで対処するのみでは，適正な限定を行い得るか疑問が残る。

したがって，判例が採用している限定積極説，すなわち強制力を行使する権力的公務は威力業務妨害罪における業務に含まれないが，それ以外の公務は含まれる，との立場を基本的には支持すべきものと思われる。

なお，限定積極説に対しては，強制力を行使する権力的公務であっても，偽計に対しては無力である旨が指摘されており（永井・前掲警論82頁，木藤・前掲152頁，坪内・前掲176頁，中森・前掲判タ59頁，大コメ刑法第12巻（第 2 版）95頁〔坪内＝松本〕，同書122頁—123頁〔佐々木〕），偽計による場合には強制力を行使する公務であっても「業務」に含まれるとする修正積極説も主張されているのは前記のとおりである。

確かに，強制力によって排除し得ない偽計行為による妨害から公務を保護する必要性が生じ得ることは否定できず，現に，横浜地判平14・9・5判タ1140号280頁は，海上保安庁に不法入国者がいる旨の虚偽通報をし，通報がなければ遂行されたはずの同庁職員らの本来の行政事務，パトロール業務，出勤待機業務等の業務の遂行を困難ならしめた事案につき偽計業務妨害罪の成立を認め（同罪の成否は争われていないが，判タ匿名コメントは，「対象とされる公務が，実際に強制力を行使する局面にあるかどうか，強制力ないし自力執行力による妨害排除を期待しうるか否か，業務妨害罪による保護を不要とするのが相当かといった観点からの理論的検討が必要となる」とする），東京高判平21・3・12判タ1304号302頁は，インターネット掲示板に無差別殺人を実行する旨の虚構の殺人事件の実行を予告し，予告がなければ遂行されたはずの警察官らの警ら，立番業務その他の業務の遂行を困難ならしめたという事案につき偽計業務妨害罪の成立を認めた（その他，消防署に虚偽通報をした事案に関し，消防法上の立入り等制限や優先通行権には直接強制を許す規定がないこと，消防部隊及び救急隊の出動活動はそれ自体強制力を行使する権力的公務とは考え難いことなどから「業務」該当性を認めたものとして，東京地判平11・12・10 D1/DB2818300がある。なお，同裁判例の評釈として，大鶴基成「119番への虚偽通報により消防部隊の出動活動を妨害した事案

について，刑法233条の業務妨害罪の成立を認めた事例」研修649号13頁）。

　しかしながら，偽計による妨害行為であっても，権力的公務が有する強制力によって対処し得るものもある。例えば，警察官が被疑者を逮捕しようとする際には，被疑者が偽計を用いて逃れることを許さないように職務を執行することが期待されているということができ，このような場合にまで偽計業務妨害罪の成立を認めるのは相当ではない（前田・各論（第4版）170頁，朝山芳史・判解刑平12年度34頁）。また，威力であるか偽計であるか微妙な事案もあり，いずれの行為に該当するかによって犯罪の成否が左右されることの妥当性にも疑問が残る（朝山・前掲35頁，山﨑耕史「犯罪予告の虚偽通報を受けて警察が出動した場合の業務妨害罪の成否」警論63巻9号157頁，田山聡美「犯罪予告の虚偽通報がなければ遂行されたはずの警察の公務と偽計業務妨害罪にいう『業務』の意義」刑事法ジャーナル20号77頁）。

　この点に関し，前掲東京高判平21・3・12は，その理由中において，「妨害された本来の警察の公務の中に，仮に逮捕状による逮捕等の強制力を付与された権力的公務が含まれていたとしても，その強制力は，本件のような虚偽通報による妨害行為に対して行使し得る段階にはなく，このような妨害行為を排除する働きを有しないのである」としているところ，強制力を行使する権力的公務が，強制力の行使により職務が執行されようとしている場合には「業務」に当たらないと解し，虚偽通報等の場合には強制力の行使により職務が執行されようとしている場合に該当しないとする見解（前田・各論（第4版）169頁），「強制力を行使する権力的公務」は，強制力の行使により職務が執行されようとしている局面の公務に限られるとの見解（大鶴・前掲29頁），虚偽通報等のような事案は，公務と妨害行為との関係上，当該公務が当該妨害行為に対し強制力を行使する状況になり得ないとする見解（山﨑・前掲156頁―157頁）等も基本的には同様の方向性のものであるといえる。

　判例が採用している限定積極説を基礎としつつその適用範囲を適正に画するものとして，「強制力を行使する公務」は，当該強制力を行使し得る段階（局面，状況）にある場合に業務妨害罪の「業務」から除かれるとの見解によって，事案の妥当な解決を図るのが相当であろう。

36 公務と業務妨害罪

③ 「職務を執行するに当たり」の解釈

公務執行妨害罪において保護されるのは，公務員の地位や身分ではなく，公務員によって執行される公務そのものであり（最判昭28・10・2刑集7巻10号1883頁），同罪が成立するには，公務員が「職務を執行するに当たり」暴行又は脅迫を加えられることが必要である。

どのような場合にこの要件に該当するかについては，最判昭45・12・22刑集24巻13号1812頁が，「保護の対象となるべき職務の執行というのは，漫然と抽象的・包括的に捉えられるべきものではなく，具体的・個別的に特定されていることを要するものと解すべきである。そして，右条項に『職務ヲ執行スルニ当リ』と限定的に規定されている点からして，ただ漠然と公務員の勤務時間中の行為は，すべて右職務執行に該当し保護の対象となるものと解すべきではなく，右のように具体的・個別的に特定された職務の執行を開始してからこれを終了するまでの時間的範囲およびまさに当該職務の執行を開始しようとしている場合のように当該職務の執行と時間的に接着しこれと切り離し得ない一体的関係にあるとみることができる範囲内の職務行為にかぎつて，公務執行妨害罪による保護の対象となる」との判断を示した上で，旧国鉄の駅の助役が点呼事務を終えて数十メートル離れた助役室に事務引継ぎのために赴こうとした際に暴行を加えられたという事案に関し，点呼と事務引継ぎは別個のものであり，両事務を一連の事務として点呼場から助役室に赴くことを職務と解することはできないとした原判決を是認した。

ただし，この判決には，助役が点呼並びに事務引継ぎという一連の職務を執行中であったとみるのが相当であるとの反対意見が付されているほか，多数意見においても，原判決の判断を「首肯し得ないものではない」とするにとどまっていたものであり，その事実認定としての判断には安定的とはいい難い面があった（千葉裕・判解刑昭45年度439頁参照）。

そうしたところ，前掲最判昭53・6・29刑集32巻4号816頁は，旧電電公社の電報局長が職務を中断して被告人に対応するために立ち上がりかけた際に暴行を加えられたり，同次長が被告人らの声等が聞こえて職務の執行を続けることを断念して立ち上がったところ暴行を加えられたりした事案において，「職務の性質によつては，その内容，職務執行の過程を個別的に分断して部分的にそ

457

れぞれの開始，終了を論ずることが不自然かつ不可能であつて，ある程度継続した一連の職務として把握することが相当と考えられるものがあり，そのように解しても当該職務行為の具体性・個別性を失うものではない」とした上で，局長及び次長の職務は局務全般にわたる統轄的なもので，その性質上一体性ないし継続性を有し，職務の執行が中断ないし停止されているかのような外観を呈していたとしても，その統轄的職務の執行中であったとみるのが相当であるし，さらに，職務が中断ないし停止されているかのような外観を有しているのも被告人の不法な目的を持った行動により作出されたものである以上，職務執行が中断したと解するのは相当でないとして，公務執行妨害罪の成立を認めた（なお，自判するに当たっての認定事実としては，「電報局の事務全般を掌理し，部下職員を指揮監督する職務に従事し，その一部として公訴事実第一記載の職務を行っていた」などとしている）。

　また，前掲最決昭54・1・10は，旧国鉄の気動車運転士兼機関士が，列車の運転室内で他の運転士と乗務の引継ぎ・交替を行い，運転当直助役のもとに赴いて終業点呼を受けるため駅ホームを歩行していた際に暴行を加えられたという事案につき，終業点呼は運転状況等の報告をすることなど乗務に直結する内容をもって構成されていることが明らかであるとして，公務執行妨害罪の成立を認めたが，前掲最判昭45・12・22の事案と異なり，乗務と終業点呼を継続した一連の職務と評価したものといえる（松本光雄・判解刑昭54年度6頁）。

　このように，職務の執行中であるか否かについては，具体的・個別的に特定された職務の執行を対象としつつも，その執行状況を殊更に形式的・分断的に考察することはせず，当該職務を執行する公務員の職責を踏まえるなどもして職務の性質を検討し，執行状況を実質的な観点から判断するという方向性が明らかになった。そして，議会における議長等の職務終了時期に関するそれまでの裁判例についても，同様の方向性で理解し得る以下のものがあった。

　大判昭9・7・7刑集13巻13号958頁は，町会の議長が閉会を宣言したのに対して議員から異議が出され，引き続き議決を取ろうした際に数名の傍聴者が議場に乱入するなどし，議長が議場整理のため制止していたところ被告人が暴行を加えたという事案において，議長が閉会宣言をしても異議があれば同宣言の効力は生じずに会議は開会中であって議長の職務に消長を来すものではないと

し，公務執行妨害罪の成立を認めた。

　福岡高宮崎支判昭53・6・27判時912号110頁は，町議会において特別委員長代理に指名された議員が演台で継続審議の報告を終わるか終わらないかの時点で取り囲まれて暴行を加えられた事案において，場合によっては他の議員が報告に関連して質問をしたり，これに対する説明がされたりすることも予想される状況にあり，議長の閉会宣言はされていなかったという事実を踏まえ，委員長代理である議員が報告をする職務の執行中であったと認定した（原審の鹿児島地判昭52・3・31判時867号124頁は，報告の終了を認めて公務執行妨害罪は成立しないとしていた）。

　そうした中，本設問と類似する事例に関する判例として，最決平元・3・10刑集43巻3号188頁は，県議会の特別委員会の議事を整理し，秩序を維持する職責を有する同委員会委員長が，昼食のための休憩を宣するとともに，陳情に関する審議の打切りを告げて席を離れ，委員会室出入口に向かおうとした際に，当該陳情をした団体の構成員らに抗議され，腕を引っ張られるなどし，これを振り切って委員会室から廊下に出ると，更に体当たりや足蹴りなどをされたという事案において，「委員長は，休憩宣言により職務の執行を終えたものではなく，休憩宣言後も，前記職責に基づき，委員会の秩序を保持し，右紛議に対処するための職務を現に執行していたものと認めるのが相当である」として，公務執行妨害罪の成立を認めた。形式的に考察すれば，休憩宣言をして退出しようとしていたことにより委員長としての職務は終了していたと見ることも可能であったかもしれない。しかしながら，委員長は，委員会の議事を整理し，秩序を維持する職責を有しているのであって，その統轄的な職務の性質に照らして実質的に判断すれば，休憩宣言後に議場において生じた紛議に対処することは，その職務の一環としてなすべきものといえよう（吉本徹也・判解刑平元年度67頁）。

　公務の終了時期に関する学説としては，職務の執行を終了した際に暴行・脅迫を加えた場合にも公務執行妨害罪が成立するとの見解（木村・各論299頁，注釈刑法(3)61頁〔大塚仁〕，大コメ刑法第6巻（第2版）122頁〔頃安〕），職務執行終了後であるがこれと時間的に接着しかつ切り離し得ない一体的関係にある範囲内に限って保護の必要性を認める見解（森本益之「休憩宣言後の県議会委員長に

対する暴行が公務執行妨害罪を構成するとされた事例」判評372号71頁），あるいは，職務執行後であっても，執行をめぐって生じた事態に事実上対処を要する段階まで時間的範囲を広げる見解（塩見淳「公務の執行の時間的範囲」法教107号95頁）などもある。このように職務執行終了後に公務執行妨害罪の成立を認める見解は，結論の具体的妥当性を図るとともに，職務執行の概念が弛緩して無限定に広がることがないよう配慮するものであるが，前記各判例は，こうした見解には依拠していないものと解される（千葉・前掲437頁，吉本・前掲65頁）。

　職務をめぐって生じた事態に対処する必要があるならば，それは実質的にみれば職務の執行中であると認めるのが自然ではないかと思われること，職務執行終了後の保護を認めることは「職務の執行」を保護する公務執行妨害罪の趣旨に合致するとはいい難いこと（伊達・前掲673頁は，職務終了後には職務の妨害ということは考えられないとする），当該職務の内容・性質，職務が終了ないし中断する外観を呈することとなった原因やその際の状況等を踏まえ，職務の執行が継続しているとみることができるか否かを検討することにより，適正な限界付けを図ることもできること（吉本・前掲72頁は，前記森本説に対し，「具体的な事案で，公務執行終了後いつの時点までその保護の範囲が拡張されるのか限界の明確でないことが多いと思われる」と批判する）などに照らすと，職務の執行中であることを理由に公務執行妨害罪の成立を認める判例の立場が妥当であろう（川崎友巳・判例百選II各論（第5版）227頁）。

　なお，前掲最判昭53・6・29刑集32巻4号816頁は，「本件局長及び次長の右各職務の執行が一見中断ないし停止されているかのような外観を呈したとしても，その状態が被告人の不法な目的をもった行動によって作出されたものである以上，これをもって局長及び次長が任意，自発的に当該職務の執行を中断し，その職務執行が終了したものと解するのは相当でない」としている（賛成：中森・各論（第2版）300頁，板倉宏・重判解昭53年度176頁）。反対の見解もあるが（村井敏邦・判例百選II各論（第2版）217頁，武光美司子・刑評(40)138頁），妨害者の行為がなければ直ちに職務の執行に戻り得る状態であれば，職務の執行中と評価してよいであろうし，また，不法な目的を持った当初の妨害行動が暴行脅迫に至らないものであっても，そこから暴行脅迫に至る行為が一連のものと評価できるような場合には，妨害行為により終了させられる前の職務の執行を妨害

したと解してもよい場合があると思われる（大阪高判昭45・8・26刑月2巻8号830頁。なお，生田勝義・判例百選II各論（第4版）215頁は，前者には肯定的であるが，後者には否定的である）。

④ 本設問の検討

甲らは，発煙筒をたいて議員席に投げ入れるとともに，火災報知器のブザーを押して鳴らし，議会の開会を約30分間遅らせ，また，執拗にヤジをとばして議員Cによる決議案の提案理由の説明を遮っており，これらの行為自体をどのように評価すべきかが問題となる。

まず，発煙筒をたいて議員席に投げ入れた行為であるが，議員らに向けられたものであれば，議員に対する暴行行為と認められる可能性もあるが（公務執行妨害罪における暴行の意義に関し，最決昭34・8・27刑集13巻10号2769頁，最判昭37・1・23刑集16巻1号11頁等），設問の上ではそのような事実関係は明らかではなく，むしろ，火災報知器のブザーを押して議場を混乱させるために発煙筒を投げ入れたもののようである。そこで，これらの行為が暴行には当たらないことを前提に威力業務妨害罪の成否を検討するが，刑法234条の「威力」とは，人の意思を制圧するに足りる勢力をいうところ（最判昭28・1・30刑集7巻1号128頁，最決昭47・3・16裁判集〔刑事〕183号395頁），発煙筒をたいて議員席に投げ入れ，火災報知器のブザーを鳴らす行為がこれに当たることは明らかである。

また，傍聴席から執拗にヤジをとばし，その説明を遮った行為についても，細かい事実関係が明らかでない面はあり，害悪の告知を含まない限りは脅迫とはいえないにしても，前記の妨害行為の後に行われたものであることや，議員による提案理由の説明が遮られ，議長がこれ以上審議するのは不可能であると考えるような程度のものであることからして，「威力」に当たるとみてよいであろう（参考となる裁判例として，日教組の大会の会場で発煙筒に点火して燃焼させた東京高判昭35・6・9高刑集13巻5号403頁，政党の結党大会の会場で演説が行われる際に発煙筒をたき，ビラを撒布するなどした東京高判昭37・10・23高刑集15巻8号621頁，衆議院の本会議開催中の議場で総理大臣の演説が行われている際，傍聴席において，爆竹を連続して鳴らし，大声で叫び，アジビラを撒布するなどした前掲東京高判昭50・3・25，議場内でトランジスタメガホンを用いるなどしてシュプレヒ

コールを繰り返した前掲佐賀地判昭60・3・19，衆議院本会議の開催中に傍聴席から総理大臣が答弁をしていた演壇に向かって靴を投げ，大声で叫ぶなどした前掲東京高判平5・2・1等がある。）。

　そして，甲らは，これらの「威力」によって県議会の議事を妨害したものであるところ，県議会は，公務員である議員により組織され，議員から選出された議長が議事を整理する立法機関であって，同議会における決議案の審議・採決に係る議事が「公務」に当たることは明らかである。しかし，かかる県議会の議事は，「威力」による妨害を排除することができる強制力を有していないのであるから，「強制力を行使する権力的公務」とはいえず，威力業務妨害罪における「業務」に含まれると解されるので，甲に対して同罪の成立が認められる（なお，甲の罪責については，後記の公務執行妨害罪も含めて，乙ら他の構成員の行為も共謀により甲に帰責されることを前提とする）。

　さらに，議長Bは，甲らのヤジにより議員Cが議案の提案理由の説明を遮られたことにより，これ以上審議するのは不可能であると考え，休憩を宣言し，議場から退出しようとしたところ，議長席に詰め寄ってきた甲らから，顔面，頭部等を複数回殴打されるという暴行を加えられている。

　県議会の議長は，「議場の秩序を保持し，議事を整理」する職責を有しており（地方自治法104条），その職務上，休憩を宣言した後であっても議場において紛議が生じた場合にはこれに対処しなければならないところ，議長Bは，甲らのヤジによる喧噪状態が生じる中で休憩を宣言したものの，未だ議長席付近にいた状態であった。前掲最決平元・3・10の事案と比較しても，議会の秩序保持等の職務の執行中であったといえることは明らかであり，議長Bに対する暴行行為に関し，甲に対して公務執行妨害罪が成立する。

【小倉　哲浩】

判例索引

大判明 35・3・17 刑録 8 輯 37 頁 …………201
大判明 35・6・12 刑録 8 輯 6 巻 93 頁 ………154
大判明 39・4・10 刑録 12 輯 436 頁 …………154
大判明 42・2・19 刑録 15 輯 120 頁 …………447
大判明 42・4・16 刑録 15 輯 452 頁 …………205
大判明 43・7・5 刑録 16 輯 1361 頁 …………178
大判明 43・9・22 刑録 16 輯 1531 頁 …………178
大判明 43・9・30 刑録 16 輯 1569 頁 …………422
大判明 43・9・30 刑録 16 輯 1572 頁 …………283
大判明 43・10・25 刑録 16 輯 1745 頁 ………167
大判明 43・12・5 刑録 16 輯 2135 頁 …………119
大判明 43・12・16 刑録 16 輯 2188 頁 ………201
大判明 43・12・16 刑録 16 輯 2214 頁 ………118
大判明 44・4・24 刑録 17 輯 655 頁 …………278
大判明 45・1・15 刑録 18 輯 1 頁 ……………237
大判明 45・6・20 刑録 18 輯 896 頁 …………367
大判大元・11・11 刑録 18 輯 1366 頁 ……121, 122
大判大 2・12・9 刑録 19 輯 1393 頁 ……178, 247
大判大 2・12・23 刑録 19 輯 1502 頁 …………154
大判大 2・12・24 刑録 19 輯 1517 頁 …………275
大判大 3・4・14 新聞 940 号 26 頁 ……………201
大判大 3・4・29 刑録 20 輯 673 頁 ……………154
大判大 3・6・9 刑録 20 輯 1147 頁 ……………275
大判大 3・6・13 刑録 20 輯 1174 頁 …………120
大判大 3・6・20 刑録 20 輯 1300 頁 …………201
大判大 3・7・4 刑録 20 輯 1403 頁 ……………367
大判大 3・10・16 刑録 20 輯 1867 頁 ……131, 132
大判大 4・3・18 刑録 21 輯 309 頁 ……………1, 14
大判大 4・4・9 刑録 21 輯 457 頁 ……………165
大判大 4・5・21 刑録 21 輯 663 頁 …93, 227, 448
大判大 4・10・8 刑録 21 輯 1578 頁 …………184
大判大 5・5・25 刑録 22 巻 816 頁 ……………432
大判大 6・3・3 新聞 1240 号 31 頁 ……………201
大判大 6・5・19 刑録 23 輯 487 頁 ……………312
大判大 7・1・19 刑録 24 輯 4 頁 ………………399
大判大 7・3・23 刑録 24 輯 235 頁 ……………401
大判大 7・11・19 刑録 24 輯 1326 頁 …………422
大判大 7・12・6 刑録 24 輯 1506 頁 …………413
大判大 8・2・13 刑録 25 輯 132 頁 ………………1
大判大 8・4・2 刑録 25 輯 375 頁 ……………448

大判大 8・4・18 新聞 1556 号 25 頁 …………431
大判大 8・5・13 刑録 25 輯 632 頁 ……………201
大判大 8・8・7 刑録 25 輯 953 頁 ……………402
大判大 8・8・30 刑録 25 輯 963 頁 ……………401
大判大 8・11・19 刑録 25 輯 1133 頁 …………184
大判大 9・5・8 刑録 26 輯 348 頁 ………………90
大判大 10・10・24 刑録 27 輯 643 頁 ……444, 448
大判大 11・7・12 刑集 1 巻 393 頁 ……………184
大判大 11・11・7 刑集 1 巻 642 頁 ……………155
大判大 11・12・15 刑集 1 巻 763 頁 ……………94
大判大 11・12・16 刑集 1 巻 799 頁 …………367
大判大 12・2・13 刑集 2 巻 1 号 60 頁 ………119
大判大 12・4・30 刑集 2 巻 378 頁 ……………350
大判大 12・11・2 刑集 2 巻 744 頁 ……………60
大決大 13・3・5 刑集 3 巻 178 頁 ……………155
大判大 13・6・19 刑集 3 巻 7 号 502 頁 ………422
大判大 13・12・24 刑集 3 巻 904 頁 ……………34
大判大 14・12・5 刑集 4 巻 709 頁 ………300, 306
大判大 15・2・15 刑集 5 巻 1 号 30 頁 ………445
大判大 15・3・24 刑集 5 巻 117 頁 ……………432
大判大 15・6・19 刑集 5 巻 267 頁 ……………313
大判大 15・7・20 新聞 2598 号 9 頁 …………368
大判大 15・9・28 刑集 5 巻 387 頁 ……………401
大判大 15・10・2 刑集 5 巻 10 号 435 頁 ……119
大判昭 3・12・13 刑集 7 巻 766 頁 ……………431
大判昭 5・5・26 刑集 9 巻 342 頁 ……………155
大判昭 6・8・6 刑集 10 巻 412 頁 ………248, 262
大判昭 6・11・17 刑集 10 巻 604 頁 ……………32
大判昭 7・3・24 刑集 11 巻 296 頁 ……………211
大判昭 7・9・12 刑集 11 巻 1317 頁 …………133
大判昭 7・9・21 刑集 11 巻 1342 頁 …………201
大判昭 7・10・31 刑集 11 巻 11 号 1541 頁 …114
大判昭 7・12・15 刑集 11 巻 21 号 1858 頁 …119
大判昭 8・2・14 刑集 12 巻 114 頁 ……………132
大判昭 8・4・15 刑集 12 巻 427 頁 ………361, 366
大判昭 8・4・19 刑集 12 巻 6 号 471 頁 ………336
大判昭 8・6・5 刑集 12 巻 736 頁 ……………367
大判昭 8・10・18 刑集 12 巻 1820 頁 ……235, 237
大判昭 9・5・28 刑集 13 巻 679 頁 ……………154
大判昭 9・6・25 刑集 13 巻 880 頁 ……………155

463

大判昭 9・7・7 刑集 13 巻 13 号 958 頁 ………458
大判昭 9・7・19 刑集 13 巻 13 号 983 頁 ……121
大判昭 9・8・2 刑集 13 巻 1011 頁 ……………155
大判昭 9・10・10 評論 23 巻 12 号 362 頁 ……59
大判昭 9・10・19 刑集 13 巻 1473 頁 ………353
大判昭 9・11・26 刑集 13 巻 21 号 1598 頁 …337
大判昭 9・12・12 刑集 13 巻 22 号 1717 頁
　　　　　　　　　　　　　　……………121,122
大判昭 9・12・22 刑集 13 巻 1789 頁 …………94
大判昭 10・7・3 刑集 14 巻 11 号 745 頁 …121
大判昭 10・9・28 刑集 14 巻 17 号 997 頁 …237
大判昭 10・11・11 刑集 14 巻 1165 頁 ………312
大判昭 11・1・31 刑集 15 巻 68 頁 …………312
大判昭 11・5・7 刑集 15 巻 8 号 573 頁 ……454
大判昭 12・11・19 刑集 16 巻 1513 頁 ………431
大判昭 13・9・1 刑集 17 巻 648 頁 …………184
大判昭 14・12・22 刑集 18 巻 565 頁 …………413
大判昭 19・7・28 刑集 23 巻 15 号 143 頁 …255
最判昭 22・12・15 刑集 1 巻 1 号 80 頁 ………371
最判昭 23・3・16 刑集 2 巻 3 号 220 頁 ………13
最判昭 23・5・20 刑集 2 巻 5 号 489 頁 …413,416
最判昭 23・6・5 刑集 2 巻 7 号 641 頁 ………178
最判昭 23・7・20 刑集 2 巻 8 号 979 頁 …………13
最判昭 23・11・9 刑集 2 巻 12 号 1504 頁 ……189
最判昭 24・3・8 刑集 3 巻 3 号 276 頁
　　　　　　　　　　　　…………94,120,121,166
最判昭 24・5・7 刑集 3 巻 6 号 706 頁 …………59
最判昭 24・5・21 刑集 3 巻 6 号 858 頁 …………30
最判昭 24・6・28 刑集 3 巻 7 号 1129 頁 ……275
最判昭 24・6・29 刑集 3 巻 7 号 1135 頁 ……122
最判昭 24・7・22 刑集 3 巻 8 号 1363 頁 413,416
札幌高判昭 24・10・8 高刑集 2 巻 2 号 167 頁 177
最判昭 24・11・17 刑集 3 巻 11 号 706 頁 ……59
最判昭 25・4・21 刑集 4 巻 4 号 655 頁 …205,206
最判昭 25・6・1 刑集 4 巻 6 号 909 頁 …………59
東京高判昭 25・6・10 高刑集 3 巻 2 号 222 頁 361
福岡高判昭 25・8・23 高刑集 3 巻 3 号 382 頁 177
最判昭 25・12・12 刑集 4 巻 12 号 2543 頁 ……27
最判昭 25・12・14 刑集 4 巻 12 号 2548 頁 …201
大阪高判昭 25・12・23 判特 15 号 95 頁 438,439
最判昭 26・1・30 刑集 5 巻 1 号 117 頁
　　　　　　　　　　　　　　………189,191,195
東京高判昭 26・4・28 判特 21 号 89 頁 ………177

最判昭 26・5・10 刑集 5 巻 6 号 1026 頁 ……310
最判昭 26・5・25 刑集 5 巻 6 号 1186 頁 ……182
最判昭 26・6・1 刑集 5 巻 7 号 1222 頁 ……156
最判昭 26・7・13 刑集 5 巻 8 号 1437 頁 ………94
最判昭 26・7・18 刑集 5 巻 8 号 1491 頁 448,449
最判昭 26・9・25 裁判集〔刑事〕53 号 313 頁 367
最決昭 27・2・21 刑集 6 巻 2 号 275 頁 ……335
最判昭 27・3・25 裁判集〔刑事〕62 号 653 頁 156
最判昭 27・4・17 刑集 6 巻 4 号 665 頁 ……252
最判昭 27・6・6 刑集 6 巻 6 号 795 頁
　　　　　　　　　　　　　　………361,367,369
東京高判昭 27・6・26 判特 34 号 86 頁 ………49
最決昭 27・7・10 刑集 6 巻 7 号 876 頁 …190,198
最判昭 27・7・22 刑集 6 巻 7 号 927 頁 ………255
仙台高判昭 27・9・15 高刑集 5 巻 11 号 1820 頁
　　　　　　　　　　　　　　　　　………336
最判昭 27・10・17 裁判集〔刑事〕68 号 361 頁
　　　　　　　　　　　　　　　　　………120
東京高判昭 27・12・18 高刑集 5 巻 12 号 2314 頁
　　　　　　　　　　　　　　　　　………318
最判昭 28・1・16 裁判集〔刑事〕72 号 83 頁 448
最判昭 28・1・30 刑集 7 巻 1 号 128 頁 …454,461
東京高判昭 28・2・21 高刑集 6 巻 4 号 367 頁 434
最判昭 28・4・7 裁判集〔刑事〕78 号 163 頁 …95
最判昭 28・4・16 刑集 7 巻 5 号 916 頁 ……183
最判昭 28・10・2 刑集 7 巻 10 号 1883 頁 217,457
最判昭 28・11・13 刑集 7 巻 11 号 2096 頁 …284
最判昭 28・12・15 刑集 7 巻 12 号 2436 頁 …437
最判昭 28・12・25 刑集 7 巻 13 号 2721 頁 …125
最判昭 28・12・25 裁判集〔刑事〕90 号 487 頁
　　　　　　　　　　　　　　　　　………132
高松高判昭 29・1・12 高刑集 7 巻 3 号 233 頁 367
東京高判昭 29・6・7 東高時報 5 巻 6 号 210 頁 90
東京高判昭 29・6・29 判特 40 号 166 頁 ……177
広島高判昭 29・6・30 高刑集 7 巻 6 号 944 頁 337
最決昭 29・7・15 刑集 8 巻 7 号 1137 頁 ……214
最判昭 29・8・20 刑集 8 巻 8 号 1277 頁 362,364
最判昭 29・10・12 刑集 8 巻 10 号 1591 頁 ……2
最判昭 29・11・5 刑集 8 巻 11 号 1675 頁 …133
最判昭 29・12・23 刑集 8 巻 13 号 2175 頁 …448
最決昭 29・12・27 刑集 8 巻 13 号 2435 頁 …214
最決昭 30・3・3 裁判集〔刑事〕103 号 147 頁 448
最判昭 30・3・17 刑集 9 巻 3 号 477 頁 ………255

最判昭 30・4・8 刑集 9 巻 4 号 827 頁 …83,84,85
東京高判昭 30・4・19 高刑集 8 巻 3 号 337 頁　95
広島高判昭 30・6・4 高刑集 8 巻 4 号 585 頁　240
東京高判昭 30・6・27 東高時報 6 巻 7 号 211 頁
　………………………………………………438
最決昭 30・7・7 刑集 9 巻 9 号 1856 頁
　…………………………………84,85,86,90,92
最判昭 30・7・19 刑集 9 巻 9 号 1908 頁 ……214
東京高判昭 30・10・6 裁特 2 巻 20 号 1032 頁 163
最判昭 30・10・14 刑集 9 巻 11 号 2173 頁
　…………………………154,156,157,160,161,162,163
最決昭 30・12・3 刑集 9 巻 13 号 2596 頁 ……448
最判昭 30・12・9 刑集 9 巻 13 号 2627 頁 ……122
最決昭 30・12・26 刑集 9 巻 14 号 3053 頁 …165
福岡高判昭 31・4・14 裁特 3 巻 8 号 409 頁 …423
東京高判昭 31・6・13 裁特 3 巻 12 号 618 頁　161
最判昭 31・6・26 刑集 10 巻 6 号 874 頁 ……168
最決昭 31・7・12 刑集 10 巻 7 号 1058 頁 ……247
最決昭 31・8・22 刑集 10 巻 8 号 1260 頁 ………2
最判昭 31・9・25 裁判集〔刑事〕114 号 743 頁
　………………………………………………312
東京高判昭 31・12・5 東高時報 7 巻 12 号 460 頁
　…………………………………………………86
最判昭 31・12・7 刑集 10 巻 12 号 1592 頁 …176
名古屋高金沢支判昭 31・12・11 裁特 3 巻 24 号
　1218 頁 ………………………………………162
最判昭 32・3・13 刑集 11 巻 3 号 997 頁 ……310
東京高判昭 32・3・20 東高時報 8 巻 3 号 64 頁
　………………………………………………162
最判昭 32・3・28 刑集 11 巻 3 号 1136 頁 ……255
最判昭 32・4・23 刑集 11 巻 4 号 1393 頁 ……367
最判昭 32・5・22 刑集 11 巻 5 号 1526 頁 ……313
東京地判昭 32・7・13 判時 119 号 1 頁 ………432
大阪高判昭 32・7・22 高刑集 10 巻 6 号 521 頁
　………………………………………………216
最判昭 32・11・8 刑集 11 巻 12 号 3061 頁 19,21
最決昭 32・11・21 刑集 11 巻 12 号 3101 頁 …252
最判昭 33・4・17 刑集 12 巻 6 号 1079 頁 ……96
最判昭 33・5・6 刑集 12 巻 7 号 1336 頁 ……161
最判昭 33・5・28 刑集 12 巻 8 号 1718 頁 ……144
東京高判昭 33・7・7 裁特 5 巻 8 号 313 頁 ……86
最判昭 33・9・16 刑集 12 巻 13 号 3031 頁 …295
最判昭 33・9・30 刑集 12 巻 13 号 3151 頁 …220

最決昭 33・10・8 刑集 12 巻 14 号 3237 頁 …166
最判昭 33・10・10 刑集 12 巻 14 号 3264 頁 …122
最決昭 33・10・31 刑集 12 巻 14 号 3421 頁 …48
最判昭 33・11・21 刑集 12 巻 15 号 3519 頁 …336
最決昭 34・2・9 刑集 13 巻 1 号 76 頁 ………189
最判昭 34・2・13 刑集 13 巻 2 号 101 頁
　……………………………………106,114,117,123
最判昭 34・3・5 刑集 13 巻 3 号 275 頁 …312
最決昭 34・3・13 刑集 13 巻 3 号 310 頁 …167
最決昭 34・3・23 刑集 13 巻 3 号 391 頁 …48
名古屋高判昭 34・3・24 下刑集 1 巻 3 号 529 頁
　………………………………………………336
東京高判昭 34・4・30 高刑集 12 巻 5 号 486 頁
　………………………………………………216
最判昭 34・5・7 刑集 13 巻 5 号 641 頁 …439,440
最決昭 34・6・12 刑集 13 巻 6 号 960 頁 ……48
最決昭 34・7・24 刑集 13 巻 8 号 1176 頁 413,416
最決昭 34・8・27 刑集 13 巻 10 号 2769 頁 …461
大阪高判昭 34・12・18 下刑集 1 巻 12 号 2564 頁
　…………………………………………162,163
東京高判昭 35・2・22 東高時報 11 巻 2 号 43 頁
　…………………………………………………86
最判昭 35・3・1 刑集 14 巻 3 号 209 頁 ……448
東京高判昭 35・6・9 高刑集 13 巻 5 号 403 頁 461
東京地判昭 35・6・16 判タ 105 号 103 頁 ……364
東京高判昭 35・7・15 下刑集 2 巻 7＝8 号 989 頁
　…………………………………………………21
最決昭 35・7・18 刑集 14 巻 9 号 1189 頁 ……237
最判昭 35・11・18 刑集 14 巻 13 号 1713 頁
　…………………………………………448,450
最判昭 36・3・30 刑集 15 巻 3 号 605 頁 ……290
東京地判昭 36・4・4 判時 274 号 34 頁 ………240
東京高判昭 36・8・8 高刑集 14 巻 5 号 316 頁 22
最決昭 36・10・10 刑集 15 巻 9 号 1580 頁 …184
最判昭 36・10・13 刑集 15 巻 9 号 1586 頁 …431
東京高判昭 36・11・14 東高時報 12 巻 224 頁 201
東京高判昭 36・11・27 東高時報 12 巻 11 号 236
　頁 …………………………………………162,163
札幌高判昭 36・12・25 高刑集 14 巻 10 号 681 頁
　…………………………………………………31
最判昭 37・1・23 刑集 16 巻 1 号 11 頁 ……461
最決昭 37・2・9 刑集 16 巻 2 号 54 頁 ………224
最判昭 37・2・13 刑集 16 巻 2 号 68 頁 ………113

465

最判昭 37・3・8 民集 24 巻 11 号 1560 頁 ……178
最判昭 37・3・16 裁判集〔刑事〕141 号 511 頁 20
最判昭 37・5・29 刑集 16 巻 5 号 528 頁 ……252
最判昭 37・6・26 裁判集〔刑事〕143 号 201 頁 96
福岡高判昭 37・7・23 高刑集 15 巻 5 号 3 頁 …43
最決昭 37・8・21 裁判集〔刑事〕144 号 13 頁 367
東京高判昭 37・10・23 高刑集 15 巻 8 号 621 頁
　………………………………………………461
東京高判昭 38・1・24 高刑集 16 巻 1 号 16 頁　31
最決昭 38・3・28 刑集 17 巻 2 号 166 頁　107,113
名古屋高判昭 38・4・15 下刑集 5 巻 3 = 4 号 201
　頁 ………………………………………………162
最決昭 38・7・12 裁判集〔刑事〕147 号 805 頁
　………………………………………………453
東京地判昭 38・7・15 判タ 154 号 160 頁　161,163
東京高判昭 38・11・28 高刑集 16 巻 8 号 716 頁
　………………………………………………311
最決昭 39・1・28 刑集 18 巻 1 号 31 頁 ………361
最判昭 39・6・26 裁判集〔刑事〕151 号 517 頁
　………………………………………………159
最判昭 39・8・28 裁判集〔刑事〕152 号 653 頁
　………………………………………………159
静岡地判昭 39・9・1 下刑集 6 巻 9 = 10 号 1005 頁
　………………………………………………355
名古屋高判昭 39・12・28 下刑集 6 巻 11 = 12 号
　1240 頁 …………………………………………202
最判昭 40・3・26 裁判集〔刑事〕155 号 289 頁
　………………………………………………159
最決昭 40・5・27 刑集 19 巻 4 号 396 頁 ……119
最決昭 40・9・16 刑集 19 巻 6 号 679 頁 ……237
最決昭 40・9・17 刑集 19 巻 6 号 4702 頁 ……256
名古屋高判昭 41・3・10 高刑集 19 巻 2 号 104 頁
　…………………………………………311,331
最決昭 41・4・14 判時 449 号 64 頁 ……217
最判昭 41・6・10 刑集 20 巻 5 号 374 頁 ……206
大阪高判昭 41・8・9 高刑集 19 巻 5 号 535 頁　43
最決昭 41・9・14 裁判集〔刑事〕160 号 733 頁
　………………………………………………367
最判昭 41・9・16 刑集 20 巻 7 号 790 頁　226,230
釧路地網走支判昭 41・10・28 判時 468 号 73 頁
　………………………………………………296
広島高判昭 41・11・7 高検速報昭 41 年 97 号　42
最判昭 41・11・30 刑集 20 巻 9 号 1076 頁

　………………………………………………449,450
最判昭 41・12・20 刑集 20 巻 10 号 1212 頁 …385
大阪地判昭 42・5・13 判時 487 号 70 頁 ……364
最大判昭 42・5・24 刑集 21 巻 4 号 505 頁 …215
福岡高判昭 42・6・22 下刑集 9 巻 6 号 784 頁　50
東京地判昭 42・9・5 判タ 213 号 203 頁　162,163
最判昭 42・10・24 刑集 21 巻 8 号 1116 頁 …376
最判昭 42・11・2 刑集 21 巻 9 号 1179 頁 ……42
最判昭 43・1・18 刑集 22 巻 1 号 32 頁 ………206
東京高判昭 43・4・26 東高時報 19 巻 4 号 93 頁
　………………………………………………11
東京高判昭 43・11・25 判タ 233 号 189 頁 …361
東京高判昭 44・2・20 高検速報昭 44 年 1702 号
　………………………………………………42
大阪高判昭 44・3・8 刑月 1 巻 3 号 190 頁 …311
最大判昭 44・6・25 刑集 23 巻 7 号 975 頁 …434
札幌高判昭 44・12・23 高刑集 22 巻 6 号 964 頁
　………………………………………………311
仙台地判昭 45・3・3 刑月 2 巻 3 号 308 頁 …202
最決昭 45・7・28 刑集 24 巻 7 号 585 頁 ……353
名古屋高金沢支判昭 45・7・30 刑月 2 巻 7 号 739
　頁 ………………………………………………162
大阪高判昭 45・8・26 刑月 2 巻 8 号 830 頁 …461
最大判昭 45・10・21 民集 24 巻 11 号 1560 頁 178
東京高判昭 45・11・10 刑月 2 巻 11 号 1145 頁
　………………………………………………178
最判昭 45・12・22 刑集 24 巻 13 号 1812 頁 …457
東京高判昭 45・12・25 高刑集 23 巻 4 号 903 頁
　………………………………………………49
東京高判昭 46・2・2 判タ 261 号 270 頁 ……367
最判昭 46・6・17 刑集 25 巻 4 号 567 頁 ……377
仙台高判昭 46・6・21 高刑集 24 巻 2 号 418 頁　95
福岡高判昭 46・10・11 判タ 275 号 285 頁 …366
最決昭 46・10・22 刑集 25 巻 7 号 838 頁 ……441
東京高判昭 46・12・23 高刑集 24 巻 4 号 789 頁
　………………………………………………310
最決昭 47・3・16 裁判集〔刑事〕183 号 395 頁
　………………………………………………461
福岡地小倉支判昭 47・4・28 判タ 279 号 365 頁
　………………………………………………160,162
最判昭 47・11・16 民集 26 巻 9 号 1633 頁 …443
最判昭 48・4・25 刑集 27 巻 3 号 418 頁 ……428
東京地判昭 48・9・6 刑月 5 巻 9 号 1315 頁 …451

東京高判昭 48・9・26 東高時報 24 巻 9 号 146 頁
　………………………………………11
広島地判昭 49・4・3 判タ 316 号 289 頁 ……355
最決昭 49・5・31 裁判集〔刑事〕192 号 571 頁
　………………………………………413
東京高判昭 49・9・13 判時 769 号 109 頁 ……311
東京高判昭 50・1・22 東高時報 26 巻 1 号 6 頁
　…………………………………83,86
東京高判昭 50・3・25 刑月 7 巻 3 号 162 頁
　…………………………………451,462
東京高判昭 50・4・15 刑月 7 巻 4 号 480 頁 …361
最判昭 51・3・4 刑集 30 巻 2 号 79 頁 ………414
札幌高判昭 51・3・18 高刑集 29 巻 1 号 78 頁　399
最決昭 51・3・23 刑集 30 巻 2 号 229 頁　439,441
最判昭 51・4・30 刑集 30 巻 3 号 453 頁 ……286
東京高判昭 51・4・30 判時 851 号 21 頁 ……361
最判昭 51・5・21 刑集 30 巻 5 号 615 頁 ……450
札幌高判昭 51・11・11 刑月 8 巻 11・12 号 453 頁
　………………………………………67
名古屋高金沢支判昭 52・1・27 刑月 9 巻 1＝2 号
　8 頁 ………………………………290
鹿児島地判昭 52・3・31 判時 867 号 124 頁 …459
名古屋高判昭 52・5・10 判時 852 号 124 頁　15,21
東京高判昭 52・5・18 東高時報 28 巻 5 号 45 頁
　………………………………………310
最判昭 52・12・22 刑集 31 巻 7 号 1176 頁 …313
東京高判昭 52・12・22 刑月 9 巻 11＝22 号 857 頁
　………………………………………240
最判昭 53・3・3 刑集 32 巻 2 号 97 頁 ………449
最判昭 53・3・3 刑集 32 巻 2 号 159 頁 ………449
千葉地木更津支判昭 53・3・16 判時 903 号 109 頁
　………………………………………50
東京高判昭 53・3・29 高刑集 31 巻 1 号 48 頁　42
最判昭 53・5・22 刑集 32 巻 3 号 427 頁 ……449
福岡高宮崎支判昭 53・6・27 判時 912 号 110 頁
　………………………………………459
最判昭 53・6・29 刑集 32 巻 4 号 759 頁 ……449
最判昭 53・6・29 刑集 32 巻 4 号 816 頁
　…………………………………450,457,460
最決昭 53・7・28 刑集 32 巻 5 号 1068 頁 …397
最決昭 53・9・22 刑集 32 巻 6 号 1774 頁 …212
広島高判昭 53・9・29 刑月 10 巻 9＝10 号 1231 頁
　………………………………………290

最決昭 54・1・10 刑集 33 巻 1 号 1 頁　…449,458
熊本地判昭 54・3・22 判タ 392 号 46 頁 ……390
秋田地判昭 54・3・29 刑月 11 巻 3 号 264 頁　395
東京高判昭 54・4・12 刑月 11 巻 4 号 277 頁 …16
最決昭 54・5・30 刑集 33 巻 4 号 324 頁 ……286
大阪地堺支判昭 54・6・22 刑月 11 巻 6 号 584 頁
　………………………………………320
東京地判昭 54・8・10 判時 943 号 122 頁　367,369
大阪地判昭 54・8・15 刑月 11 巻 7＝8 号 816 頁
　………………………………………305
福岡地小倉支判昭 54・9・19 判タ 399 号 99 頁
　………………………………………163
最判昭 54・11・19 刑集 33 巻 7 号 754 頁 ……310
東京地判昭 55・2・14 刑月 12 巻 1＝2 号 47 頁　99
東京高判昭 55・3・3 判時 975 号 132 頁 ………73
名古屋高判昭 55・3・4 刑集 12 巻 3 号 74 頁　311
東京高判昭 55・6・19 刑月 12 巻 6 号 433 頁　202
大阪高判昭 55・7・29 刑月 12 巻 7 号 525 頁　161
東京高判昭 55・8・19 刑月 12 巻 8 号 785 頁　311
長崎地判昭 55・8・22 判時 1008 号 208 頁 …451
最判昭 55・10・30 刑集 34 巻 5 号 357 頁 ……96
東京高判昭 56・2・5 判時 1011 号 138 頁 ……72
東京高判昭 56・2・18 刑月 13 巻 1＝2 号 81 頁
　………………………………………361
最決昭 56・4・8 刑集 35 巻 3 号 57 頁　…304,308
最判昭 56・4・16 刑集 35 巻 3 号 84 頁 ……433
最判昭 56・4・16 刑集 35 巻 3 号 107 頁 ……304
東京高判昭 56・12・17 高刑集 34 巻 4 号 444 頁
　………………………………………311
最決昭 56・12・21 刑集 35 巻 9 号 911 頁 …239
最判昭 56・12・22 刑集 35 巻 9 号 953 頁 …306
東京高判昭 57・6・28 刑月 14 巻 5＝6 号 324 頁
　………………………………………161
福岡高判昭 57・9・6 判タ 483 号 167 頁 ……391
最決昭 58・2・25 刑集 37 巻 1 号 1 頁 ……286
福岡高判昭 58・2・28 判時 1083 号 156 頁　18,21
最決昭 58・3・25 刑集 37 巻 2 号 170 頁 ……265
最決昭 58・4・8 刑集 37 巻 3 号 215 頁 ……414
最決昭 58・5・24 刑集 37 巻 4 号 437 頁
　……………………………106,109,111,112,113
横浜地判昭 58・7・20 判時 1108 号 138 頁 …355
京都地判昭 58・8・1 刑月 15 巻 7＝8 号 387 頁
　………………………………………227

最決昭 58・11・1 刑集 37 巻 9 号 1341 頁 ……432
最決昭 58・11・24 刑集 37 巻 9 号 1538 頁 …290
最決昭 59・1・27 刑集 38 巻 1 号 136 頁 ……171
最判昭 59・2・17 刑集 38 巻 3 号 336 頁 306,308
最決昭 59・3・27 刑集 38 巻 5 号 2064 頁 …336
最決昭 59・4・27 刑集 38 巻 6 号 2584 頁 …449
最決昭 59・5・8 刑集 38 巻 7 号 2621 頁 …449
最決昭 59・5・30 刑集 38 巻 7 号 2682 頁 …253
大阪高判昭 59・6・26 高検速報昭 59 年 391 頁
　………………………………………………364
東京高判昭 59・7・18 判時 1128 号 32 頁 …439
東京高判昭 59・10・4 判タ 550 号 292 頁 …55
東京地判昭 60・3・13 判時 1172 号 159 頁 …327
千葉地判昭 60・3・19 判タ 564 号 272 頁 …451
佐賀地判昭 60・3・19 判タ 564 号 272 頁 451,462
最判昭 60・3・28 刑集 39 巻 2 号 75 頁 ……281
東京高判昭 60・5・9 刑月 17 巻 5 = 6 号 519 頁 72
最決昭 60・7・3 判タ 579 号 56 頁 …………236
最決昭 61・2・3 刑集 40 巻 1 号 1 頁 ………449
最決昭 61・6・24 刑集 40 巻 4 号 292 頁 …449
最決昭 61・11・18 刑集 40 巻 7 号 523 頁 …91
最決昭 62・3・12 刑集 41 巻 2 号 140 頁 …451
最決昭 63・1・19 刑集 42 巻 1 号 1 頁 ……395
最決昭 63・2・29 刑集 42 巻 2 号 314 頁 …389
東京高判昭 63・3・31 判時 1292 号 159 頁 …169
最決昭 63・11・21 刑集 42 巻 9 号 1251 頁 …134
最判平元・3・9 刑集 43 巻 3 号 95 頁 ………220
最決平元・3・10 刑集 43 巻 3 号 188 頁 …459,462
最決平元・3・14 刑集 43 巻 3 号 262 頁 ……399
福岡高宮崎支判平元・3・24 高刑集 42 巻 2 号 103
　頁 ……………………………………………337
最決平元・5・1 刑集 43 巻 5 号 405 頁 ……242
最判平元・6・29 民集 43 巻 6 号 664 頁 …218
最決平元・7・14 刑集 43 巻 7 号 641 頁 …275,276
最決平元・9・26 判時 1357 号 147 頁 …………213
最決平元・12・15 刑集 43 巻 13 号 879 頁 ……406
富山地判平 2・4・13 判時 1343 号 160 頁 …323
岡山地判平 2・4・25 判時 1399 号 143 頁 …225
大阪高判平 2・4・26 高検速報平 2 年 3 頁 …305
最決平 2・11・20 刑集 44 巻 8 号 837 頁 ……377
最決平 3・2・1 刑集 45 巻 2 号 1 頁 …………132
東京高判平 3・4・1 判時 1400 号 128 頁 ………21
東京地判平 3・9・17 判時 1417 号 141 頁 ………2

神戸地判平 3・9・19 判タ 797 号 269 頁 ……296
大阪地判平 3・12・2 判時 1411 号 128 頁 ……310
東京高判平 3・12・26 判タ 787 号 272 頁 ……72
高松高判平 4・4・30 判タ 789 号 272 頁 ……225
東京地判平 4・5・12 判タ 800 号 272 頁 323,324
鳥取地米子支判平 4・7・3 判タ 792 号 232 頁 225
最決平 4・11・27 刑集 46 巻 8 号 623 頁 452,454
最決平 4・12・17 刑集 46 巻 9 号 683 頁 ……377
東京地判平 5・2・1 判時 1476 号 163 頁 452,462
東京高判平 5・4・5 判タ 828 号 275 頁 ……305
東京地判平 5・5・17 判時 1475 号 37 頁 ……288
大阪高判平 5・7・7 高刑集 46 巻 2 号 220 202
最決平 5・10・5 刑集 47 巻 8 号 7 頁 …………302
東京地判平 5・12・20 金法 1379 号 38 頁 …225
名古屋地判平 6・1・18 判タ 858 号 272 頁
　…………………………………………365,369
京都家決平 6・2・8 家月 46 巻 12 号 82 頁 …240
最決平 6・3・4 裁判集〔刑事〕263 号 101 頁
　…………………………………………55,368
最決平 6・7・19 刑集 48 巻 5 号 190 頁 ………30
東京高判平 6・9・12 判時 1545 号 113 頁 ……67
最決平 6・11・29 刑集 48 巻 7 号 453 頁 ……296
最大判平 7・2・22 刑集 49 巻 2 号 1 頁 …247,262
東京地判平 8・4・22 判時 1597 号 151 頁 315,327
最判平 8・4・26 民集 50 巻 5 号 1267 頁 ……64
広島高岡山支判平 8・5・22 判時 1572 号 150 頁
　…………………………………………………288
大阪地判平 8・7・8 判タ 960 号 293 頁 ……292
京都地判平 9・9・24 判時 1638 号 160 頁 315,327
東京地判平 9・9・25 判タ 984 号 288 頁 432,433
大阪地判平 9・10・3 判タ 980 号 285 頁 315,327
最決平 9・10・21 刑集 51 巻 9 号 755 頁 275,276
岡山地判平 9・12・15 判時 1641 号 158 頁 …316
最決平 10・7・14 刑集 52 巻 5 号 343 頁 226,228
東京地判平 10・8・19 判時 1653 号 154 頁 …305
最決平 10・11・4 刑集 52 巻 8 号 542 頁 ……231
最決平 10・11・25 刑集 52 巻 8 号 570 頁 ……134
大阪地判平 11・3・19 判タ 1034 号 283 頁
　……………………………………315,327,330
大阪高判平 11・8・26 高刑集 52 巻 1 号 42 頁
　…………………………………………315,327
最判平 11・10・26 民集 53 巻 7 号 1313 頁 …443
最決平 11・12・9 刑集 53 巻 9 号 1117 頁 …38,41

判例索引

東京地判平 11・12・10 D 1/DB 2818300 ……455
最決平 11・12・20 刑集 53 巻 9 号 1495 頁
　……………………………………………300,307
最決平 12・2・17 刑集 54 巻 2 号 38 頁 ………452
福岡高判平 12・5・9 判時 1728 号 159 頁 ……368
横浜地川崎支判平 12・7・6 ………………316
東京高判平 12・8・29 判時 1741 号 160 頁 ……87
東京高判平 12・10・27 東高時報 51 巻 1 = 12 号
　103 頁 ……………………………………361
最判平 12・12・15 刑集 54 巻 9 号 923 頁
　…………………………………………36,39,41
最決平 12・12・15 刑集 54 巻 9 号 1049 頁 ……40
東京高判平 13・2・20 判時 1756 号 162 頁 …355
東京高判平 13・3・22 高刑集 54 巻 1 号 44 頁 167
富山地判平 13・4・19 判タ 1081 号 291 頁
　……………………………………………367,369
最決平 13・4・21 刑集 55 巻 3 号 127 頁 ……359
最決平 13・7・16 刑集 55 巻 5 号 317 頁
　…………………………………315,327,328,331
最決平 13・7・19 刑集 55 巻 5 号 371 頁 ………68
京都地判平 13・9・21 刑集 58 巻 2 号 93 頁 …75
札幌高判平 13・9・25 判タ 1086 号 313 頁 …223
最決平 13・11・5 刑集 55 巻 6 号 546 頁 ……125
最判平 14・1・29 民集 56 巻 1 号 185 頁 ……443
最決平 14・2・8 刑集 56 巻 2 号 71 頁 …………73
最決平 14・2・14 刑集 56 巻 2 号 86 頁 ………50
東京地判平 14・3・15 判時 1793 号 156 頁
　……………………………………………160,163
最決平 14・7・1 刑集 56 巻 6 号 265 頁 ……193
大阪高判平 14・8・22 刑集 58 巻 2 号 116 頁 …75
横浜地判平 14・9・5 判タ 1140 号 280 頁 ……455
最決平 14・9・30 刑集 56 巻 7 号 395 頁 ……452
最決平 14・10・21 刑集 56 巻 8 号 670 頁 …60,62
岐阜地判平 14・12・17 ……………………396,398
最決平 15・2・18 刑集 57 巻 2 号 161 頁 ……141
最判平 15・3・11 刑集 57 巻 3 号 293 頁 433,453
最決平 15・3・12 刑集 57 巻 3 号 322 頁 ………67
最決平 15・4・14 刑集 57 巻 4 号 445 頁
　…………………………………278,279,280,281
最大判平 15・4・23 刑集 57 巻 4 号 467 頁
　……………………………………………167,169
東京高判平 15・7・8 判時 1843 号 157 頁 ………2
最決平 15・7・16 刑集 57 巻 7 号 950 頁 ……377

大阪高判平 15・8・21 判タ 1143 号 300 頁 …375
鹿児島地判平 15・9・2 LEX/DB 28095497
　……………………………………………396,397
大阪高判平 15・9・18 高刑集 56 巻 3 号 1 頁　315
最決平 15・10・6 刑集 57 巻 9 号 987 頁 303,307
東京高裁平 15・11・27 刑集 58 巻 9 号 1057 頁 49
最決平 16・1・20 刑集 58 巻 1 号 1 頁 ………337
宮崎地都城支判平 16・2・5 判時 1871 号 147 頁
　………………………………………………2,10
最決平 16・2・9 刑集 58 巻 2 号 89 頁 ……75,77
最決平 16・2・17 刑集 58 巻 2 号 169 頁 ……377
最決平 16・3・22 刑集 58 巻 3 号 187 頁 ……350
奈良地判平 16・4・9 判時 1854 号 160 頁 ……365
東京地判平 16・4・20 判時 1877 号 154 頁
　……………………………………………367,369
最決平 16・7・13 刑集 58 巻 5 号 360 頁 ……386
最決平 16・8・25 刑集 58 巻 6 号 515 頁 ………16
最判平 16・9・10 刑集 58 巻 6 号 524 頁 ……141
大阪地判平 16・11・17 判タ 1166 号 114 頁 ……55
最決平 16・11・30 刑集 58 巻 8 号 1005 頁 ……95
東京高判平 16・12・1 判時 1920 号 154 頁 …361
最決平 16・12・10 刑集 58 巻 9 号 1047 頁 ……49
最決平 17・3・11 刑集 59 巻 2 号 1 頁 …250,262
最決平 17・3・29 刑集 59 巻 2 号 54 頁 …365,370
札幌高判平 17・5・17 高検速報平 17 年 343 頁
　……………………………………………………292
大阪地判平 17・5・25 判タ 1202 号 285 頁 …163
広島高判平 17・6・14 高検速報平 17 年 317 頁 10
最決平 17・10・7 刑集 59 巻 8 号 779 頁 ……135
最決平 17・10・7 刑集 59 巻 8 号 1108 頁 ……142
最決平 17・12・6 刑集 59 巻 10 号 1901 頁 …424
最決平 18・1・17 刑集 60 巻 1 号 29 頁 ……207
最決平 18・3・14 刑集 60 巻 3 号 363 頁 379,381
最決平 18・5・16 刑集 60 巻 5 号 413 頁
　…………………………………………322,325,326
静岡地浜松支判平 18・6・8 …………………396
最決平 18・8・30 刑集 60 巻 6 号 479 頁 ………33
最決平 18・11・21 刑集 60 巻 9 号 770 頁 ……238
最決平 18・12・13 刑集 60 巻 10 号 857 頁 ……232
長崎地判平 19・2・7 …………………………396
最決平 19・3・20 刑集 61 巻 2 号 66 頁 …201,204
最決平 19・4・13 刑集 61 巻 3 号 340 頁 ………2
最決平 19・7・2 刑集 61 巻 5 号 379 頁 ………414

469

最決平 19・7・17 刑集 61 巻 5 号 521 頁 ………62
広島高判平 19・9・11 LEX/DB 28135467……208
鹿児島地判平 19・11・19 ………………396
最決平 20・2・18 刑集 62 巻 2 号 37 頁 …27,33
東京地判平 20・2・29 判時 2009 号 151 頁 …442
最判平 20・4・11 刑集 62 巻 5 号 1217 頁 ……414
最決平 20・5・19 刑集 62 巻 6 号 1623 頁 ……143
東京高判平 20・7・18 判タ 1306 号 311 頁 …311
最判平 20・10・10 民集 62 巻 9 号 2361 頁 …64
最決平 20・10・16 刑集 62 巻 9 号 2797 頁 …375
東京高判平 21・1・30 判タ 1309 号 91 頁 ……442
東京高判平 21・3・12 判タ 1304 号 302 頁
………………………………………455,456
最決平 21・3・16 刑集 63 巻 3 号 81 頁 ………269
最決平 21・3・26 刑集 63 巻 3 号 291 頁 ……167
札幌高判平 21・6・16 高検速報平 21 年 317 頁
……………………………………………314
最決平 21・6・29 刑集 63 巻 5 号 461 頁 ……‥2
最決平 21・7・21 刑集 63 巻 6 号 762 頁 ……241
東京高判平 21・11・18 LLI/DB 06420676 …370
最判平 21・11・30 刑集 63 巻 9 号 1765 頁 …414
最決平 22・3・15 判時 2075 号 160 頁 ………441
最決平 22・7・29 刑集 64 巻 5 号 829 頁 ………62
最決平 22・9・7 刑集 64 巻 6 号 865 頁 ………255

事項索引

[あ]

新しい違法状態維持説 ………………189
あっせん収賄罪 ………………………256
アルコール ……………………367,446

[い]

委員 ……………………………253,436
遺棄罪 …………………………………400
遺棄致死罪 ……………………396,400
医師 ……………………………………395
意思活動の自由 ………………………362
意識的処分行為説 ………………………87
意思決定の自由 ………………………338
意思侵害説 ……………………………409
委託関係 ……………………28,166,179
移置 ……………………………………402
一時使用 …………………………39,97
著しく接近 ……………………………361
1項詐欺罪 …………………………72,82
逸脱 …………………3,108,140,155,321,343
一般的職務権限 ………………247,261
居直り強盗 ……………………………46
囲繞地 …………………………………414
威迫 ……………………………224,338
畏怖 …………………156,337,409,454
違法状態維持説 ………………………188
違法な職務執行 ………………………212
イメージスキャナー …………………292
威力 …………………………162,223,445
威力業務妨害罪 ………………226,448
因果関係……4,57,61,77,350,360,374,392,401
　　——の錯誤 ……………………350
印章 ……………………………………286
インターネット ………………314,442
隠匿 ………………………3,94,190,447
隠避 ……………………………………234
隠滅 …………………………………45,234

[う]

疑わしきは被告人の利益に………17,349
写 ………………………………224,285,313
運搬 ……………………………184,187

[え]

嬰児 ……………………………………396

[お]

横領 ………………………………36,106,166
　　——と背任 ……………………149
横領罪 ………………37,94,116,165,177
置き去り ………………………………402
置き忘れ ………………………………14
汚損 ……………………………………208
オンライン ……………………………58

[か]

害悪の告知 ……………………………461
外傷後ストレス障害 …………………367
外部の名誉 ……………………………432
顔写真 …………………………………300
加害目的 ………………………127,137
書かれざる構成要件要素 ……………211
架空人名義 …………………60,283,284
角材 ……………………………………40
加工 …………………309,313,326,332
過失傷害罪 ……………………370,390
過失致死罪 ……………………………390
加重収賄罪 ……………………………263
貸し渡し ………………………………240
仮装譲渡 ………………………………167
画像データ ……………………293,309
喝取 ……………………………………158
可読性 …………………………………283
可罰的違法性 ………………86,99,180
牙保 ……………………………187,193
監護権 …………………………………422

事 項 索 引

——の濫用 …………………………423
監護権者 …………………………422
看守 …………………………37, 408
管理権者の意思 ………………12, 414

[き]

議員 …………………………215, 247, 434
機会の継続中 ……………………45
毀棄 …………………………96, 190
毀棄・隠匿罪 ……………………97, 100
毀棄罪 ……………………………98
危惧感説 …………………………399
偽計 …………………………91, 223, 445
危険運転致死傷罪 ………………373, 376
危険行為 …………………………385
危険速度 …………………………379
危険犯 …………220, 228, 244, 263, 274, 400, 433, 454
記号 ………………………………283
既遂時期 …………………………99
キスマーク ………………………367
キセル乗車 ………………………86
寄蔵 …………………………187, 195
偽造 …………………………234, 287, 299
偽装心中 …………………………343
偽造文書 …………………………283
毀損 …………………………205, 367, 431
期待可能性 ………………………235
器物損壊罪 …………………97, 169, 200, 274, 356
義務のないこと …………………347
欺罔行為 …………………………60, 82, 154
客観説（職務の適法性） ………217
客観説（実行の着手） …………352
キャッシュカード ………………58, 71
旧過失論 …………………………384
恐喝罪 …………………………2, 24, 101
恐喝罪説 …………………………157
凶器 …………………………57, 363
強制執行妨害罪 …………………222
強制力を行使する権力的公務 …452
共同意思 …………………………144
共同正犯 …………………1, 138, 175, 236, 351
共同正犯者 ………………………240

共同被告人 ………………………175
脅迫 …………………2, 19, 46, 101, 153, 212, 224, 422, 445
脅迫罪 ………………46, 100, 155, 215, 353
脅迫罪説 …………………………155
業務 ……107, 120, 169, 227, 302, 383, 408, 433
業務上横領罪 …………24, 115, 118, 170, 256
業務上過失致死傷罪 ……………383
業務妨害罪 …………………224, 444
供与 …………………75, 108, 250, 261
供用 ………………………………291
強要罪 ……………………………347
虚偽の申告 ………………………443
虚偽の申立て ……………………222
挙証責任 …………………………440
挙動による欺罔 …………………63
虚名 ………………………………437
銀行預金 …………………………61

[く]

具体的職務権限 …………………212
熊本水俣病事件 …………………389
クレジットカード ………………63, 71
——の不正使用 …………………76

[け]

警告 …………………………41, 372
警察官職務執行法 ………………213, 401
継続犯 ……………………………196
刑の免除 …………………………25
競売 …………………94, 222, 275, 447
競売入札妨害罪 …………………222
刑法上の占有 ……………………19
結果回避義務 ……………………384
結果の加重犯 …………………363, 376, 400
月刊ペン事件 ……………………433
現在建造物 ………………………277
現住建造物 …………………274, 277
現住建造物等放火罪 ……………274
原状回復 …………………………37, 206
建造物 …………………200, 273, 408
建造物侵入罪 ………………13, 408
建造物損壊罪 ……………………200

472

事項索引

建造物等以外放火罪	274
原本性	283
権利義務に関する文書	73
権利の行使	153
——と恐喝罪	153
権利の濫用	64, 155
権力的公務	220, 447

[こ]

公害	394
公共危険罪	274
公共の危険	273
抗拒不能	341
行使	284, 361, 441, 451
——の目的	293
公正を害すべき行為	223
公然	306, 309, 418, 431
公然性	431
公然陳列	309
公然わいせつ罪	318
公訴時効	169, 232
交通事件原票	304
交通事故	377, 385
強盗	45, 132, 363, 411, 416
強盗罪	2, 19, 45, 100, 162, 190
強盗殺人	416, 442
強盗殺人罪	336, 339
強盗致死傷罪	54
交付	58, 72, 82, 93, 268, 284, 312
公文書	285, 299
公務	211, 226, 437, 444
公務員	178, 211, 246, 260, 291, 435, 444
——であった者	266
公務区分説	446
公務執行妨害罪	211, 231, 445
公務所	291
効用侵害説	206
公用文書毀棄罪	94
国外犯	329
個人の計算	117
故買	187
コピー	99, 283, 309

——の文書性	322
誤振込み	58
個別財産に対する罪	77, 158
個別財産の喪失	77
婚姻	33
昏酔強盗罪	368
コンピュータ	290, 309

[さ]

罪刑法定主義	105, 286
債権の取立て	162
財産	25, 60, 72, 83, 138, 187, 250
財産上の損害	6, 77, 107, 127, 138, 158
財産上の利益	32, 82, 154, 166
財産犯	25, 36, 132, 159, 181, 188, 227, 274
再入国許可申請書	307
財物	2, 14, 27, 28, 37, 45, 59, 72, 95, 153, 177, 368
債務免除の意思表示	82
詐欺罪	24, 60, 72, 82, 93, 154, 192
作為義務	402
錯誤	35, 60, 73, 82, 218, 338, 350, 393, 410, 431, 440
作成権限	303
詐取	58, 351
殺意	355
殺人罪	335, 348, 363, 390

[し]

資格の冒用	300
自救行為	160
自己決定	344
事後強盗罪	19, 45
事後収賄罪	260
自己堕胎	393
自己の計算	120
自己の所有物	94, 167
自己の占有	3, 42, 99, 120, 166, 177, 184
自殺	334
自殺関与罪	334
事実上の(事実的)支配	18, 37, 95, 165, 408, 426
事実証明	284, 434
——に関する文書	295

473

事項索引

事実の公共性	431
事実の錯誤説	219
事実の摘示	432
自首	242
失火罪	273
実行の着手	10, 21, 350
実質的違法性	46, 160, 426
自動車運転過失致死傷罪	383
児童買春処罰法	315
児童ポルノ	315
支配の事実	22
私文書	284, 297, 299
私文書偽造罪	73, 284, 300
事務	34, 107, 108, 175, 252, 402
事務処理者	107, 132, 146
社会生活上の地位	444
社会的相当性	160
住居	200, 274, 352, 409
住居権説	409
住居侵入罪	71, 408
収受	187, 246, 260
自由に対する罪	423
収賄罪	246, 260
主観説(共同正犯と幇助)	12
主観説(職務の執行)	216
主観説(実行の着手)	352
主観的違法要素	129
受託収賄罪	255, 263
準強姦	368
準職務行為	247
純粋性説	248, 263
準備	168, 297, 348
使用	31, 58, 115, 274, 303
傷害	45, 360, 374, 389
——の意義	55, 366
——の程度	55, 392
傷害罪	55, 360, 390
傷害致死罪	350, 363
傷害未遂	362
消火妨害罪	273
証拠隠滅罪	244
証拠の優越	439

使用侵奪	40
焼損	274
状態犯	196
承諾	75, 194, 238, 298, 410, 422
情報	229, 250, 287, 311
証明文書	286
条理	67, 401
職権	142, 251, 426, 434
嘱託	334
職務	246, 260, 444
——の適法性	211
——を執行するに当たり	211, 444
職務関連性	246
職務権限	212, 247, 265
所持説	28
処罰条件	440
処罰阻却事由	440
処罰阻却事由説	25
処分意思	83
処分行為	60, 73, 82
署名	71, 286, 300
所有権	28, 59, 71, 165, 177, 192, 231, 321
人格権	434
人格の同一性	299
新過失論	384
真実性の錯誤	431, 440
真実性の証明	434
心神耗弱	342
真正文書	303
親族	24, 33, 401
親族関係	26, 27, 34, 404
——の錯誤	35
親族相盗例	24
身体の完全性	367
侵奪	4, 36, 125
心中	335
心的外傷後ストレス障害	367
侵入	409
信用毀損罪	433
信頼の原則	383, 385
信頼保護説	248, 263

事項索引

[す]

スキャナー……………………………284,287

[せ]

請求………………………………82,102,177
正常な運転が困難な状態 …………………373
請託………………………………………255,261
性的羞恥心…………………………………310
生理機能障害説……………………………366
窃取………………1,14,30,36,39,48,169,191,186
窃盗罪 ……1,14,24,36,71,82,93,97,169,191,
　352,354
窃盗の機会の継続中……………………………45
先行行為……………………………………172,404
全体財産に対する罪………………………159
占有(者)……1,14,19,26,30,48,68,73,82,94,
　100,103,120,153,158,165,177,195,228,322
占有移転……………………………………………5
占有説………………………………………158
占有態様の変更…………………………………39
占有の取得……………………………42,99,196
占有離脱物横領罪…………………14,66,185

[そ]

騒音…………………………………………365
臓器移植……………………………………344
蔵匿…………………………………………234
贓物……………………………………………27
贓物罪………………………………………187
贈賄罪……………………………………256,265
訴訟詐欺……………………………………225
損壊……………………………169,200,205,367

[た]

胎児………………………………………384,389
胎児性致死傷………………………………389
逮捕………………………………45,242,456
逮捕状……………………………216,219,302,456
堕胎罪……………………………………390,399
奪取……………………27,43,46,82,95,336,426
他人性…………………………………………179

他人の刑事事件に関する証拠………………235
他人の物…………14,68,94,120,166,177,184
談合罪………………………………………222
単純遺棄罪………………………………400,402
単純横領罪……………………………………28
単純収賄罪……………………………248,255,263

[ち]

着手時期……………………………………352
着服…………………………………………183
注意義務………………………………78,379,383

[つ]

追求権…………………………………186,188
追求権説……………………………………188
追徴…………………………………………260

[て]

抵当権の設定………………………………166
電子計算機…………………………………311
電磁的記録………………………………290,311
電磁的記録不正作出罪……………………291
電磁的記録物……………………………284,290
伝播可能性…………………………………431

[と]

答案……………………………………284,295,305
同意殺人罪…………………………………334
同一性……………………48,60,77,265,299,320
同姓同名……………………………………299
盗品等に関する罪………………………177,187
道路交通法違反の罪………………………380
図画………………………………………309,311
毒物…………………………………………361
特別背任罪……………………………107,127,138
賭博罪………………………………………190
図利目的……………………………………128

[に]

2項詐欺…………………………………72,82,94
二重抵当……………………………………166
二分説……………………………………129,218

475

事項索引

入札 ……………………………………222
妊婦 ……………………………………393
任務違背 ………………………106,127,139

［は］

ハードディスク …………………………311
配偶者 …………………………24,75,427,436
背任罪 …………………………106,127,138,159,166
破壊 ……………………………………100,205,356
場所的離隔 ………………………………17
販売 ……………………………309,313,322,431
頒布 ……………………………………309,312,330

［ひ］

ＰＴＳＤ→心的外傷後ストレス障害
非現住建造物等放火罪 …………………274
非権力的公務 …………………………220,227
費消 ……………………………33,115,178,227,270
必要的共犯 ………………………………236
ビデオテープ ……………………………310
人 ……………………………383,389,422,431,445
　――の始期 ……………………………391
秘密を漏らす ……………………………254
ビラ貼り ………………………………202,206

［ふ］

ファクシミリ ……………………………287
不安感説→危惧感説
不可罰の事後行為 ………………168,173,198
不実の記載 ………………………………110
侮辱罪 …………………………………431,432
扶助を必要とする者 ……………………400,406
不真正不作為犯 …………………………402
不正貸付 ………………………………272
不正作出 ………………………………291
不正な利益 ……………………………265,270
不正の行為 ……………………………269,272
不退去罪 ………………………………412
不同意堕胎罪 …………………………393,399
不動産 …………………………36,37,165,223
不動産侵奪罪 …………………………24,36
不法 ……………………………16,31,84,177,361,422,455

不法原因寄託 ……………………………181
不法原因給付 …………………………177,192
不法領得の意思 …………………36,93,97,117,166
不保護 …………………………………401,407
プライバシー ……………………………433
不良貸付 ………………………………106,138
文書 ……………………………73,283,299,309
　――の作成者 …………………………285,299

［へ］

変造 ……………………………………235

［ほ］

放火罪 …………………………………273,355
暴行…1,19,45,101,153,211,220,224,335,360,
　364,373,422,444
　――によらない傷害 …………………361
　――の意義 …………………………360,461
暴行罪 …………………………………215,360
幇助 ……………………………………1,12,334
法定的符合説 …………………………355,393
法は家庭に入らず ………………………25
法律上の支配 ……………………………37
法律的支配 ………………………………165
保護義務 ………………………………400,401
保護責任者 ……………………………400,401
保護責任者遺棄罪 ……………………295,400
母体傷害説 ……………………………390
没収 ……………………………………260
本権説 ………………………………28,38,158
本人図利目的 ……………………………129
本人の計算 ……………………………120
本人の名義 ……………………………121
本犯助長的性格 …………………………191

［ま］

マスク処理 ……………………………329

［み］

身代り犯人 ……………………………234
未成年者 ………………………………422
未成年者拐取罪 ………………………423,429

未成年者略取・誘拐罪 …………………421
身分 ………………127,138,254,265,448
身分犯…………………………… 46,138

[む]

無意識的処分行為説……………………87
無形偽造 ……………………… 299,302
無形的方法 ……………………………370
無罪説 ………………………… 154,157
無主物 ……………………………………14
無償譲受け ……………………… 188,191
無銭飲食 …………………………………63

[め]

名義 ………… 58,72,95,110,284,299,309
名義人の承諾 ……………………… 75,304
名誉 ……………………………………431
名誉感情 ………………………………432
名誉毀損罪 ……………………… 431,454

[も]

目的の正当性 …………………………160
目的犯……………………………………47
物 ……… 1,14,94,118,165,177,187,188,201,270

[ゆ]

有印公文書偽造罪 ……………………295
有印私文書偽造罪 ……………… 284,298
誘拐 ……………………………………422
有形偽造 ………………………… 294,299
有形力の行使 …………………… 213,361,362
有償の処分のあっせん …………………193
有償譲受け ……………………………191
有体物 …………………………………310
誘惑的要因 ………………………………25
譲り渡し ………………………………191

[よ]

幼年者 …………………………………400
要保護性 ………………………… 212,342
予備 ……………………… 46,274,324,350

[ら]

落札価格 ………………………………227

[り]

利益窃盗…………………………………82
利益の移転………………………………83
略取 ……………………………………422
略取誘拐罪 ……………………………421
流通性 …………………………………318
領得 ………………… 1,14,28,94,180,188
領得行為説 ……………………………166
領得罪 …………………………………93
旅券発給申請書 ………………………305
履歴書 …………………………………300

[ろ]

老年者 …………………………………400
ローンカード ……………………………73

[わ]

わいせつ ………………………………309
わいせつ物 ……………………… 309,314
わいせつ物公然陳列罪 ………………310
わいせつ物販売罪 ……………………316
わいせつ物販売目的所持罪 …………332
賄賂 ………………………… 190,246,260
賄賂罪 …………………………247,248,260

事項索引

477

■編者紹介

池　田　　修（いけだ　おさむ）
　　　国家公務員倫理審査会会長
　　　元福岡高等裁判所長官

金　山　　薫（かなやま　かおる）
　　　元大阪高等裁判所判事
　　　元日本大学大学院法務研究科教授

新実例刑法［各論］

2011年6月10日　初版第1刷発行
2014年12月25日　初版第2刷発行

編　者　池　田　　修
　　　　金　山　　薫

発行者　逸　見　慎　一

発行所　東京都文京区　株式　青林書院
　　　　本郷6丁目4-7　会社

振替口座　00110-9-16920／電話03（3815）5897〜8／郵便番号113-0033
ホームページ■http://www.seirin.co.jp

印刷／中央精版印刷　落丁・乱丁本はお取り替え致します。
©2011 Printed in Japan　O.Ikeda　K.Kanayama
ISBN978-4-417-01542-0

JCOPY 〈(社)出版者著作権管理機構 委託出版物〉
本書の無断複写は著作権法上での例外を除き禁じられています。複写される場合は，そのつど事前に，(社)出版者著作権管理機構（電話 03-3513-6969，FAX 03-3513-6979，e-mail: info@jcopy.or.jp）の許諾を得てください。

《姉妹図書》

新実例刑法 ［総論］
池田　修＝杉田宗久編

1	類推解釈の禁止	…………近藤　宏子
2	不真正不作為犯	…………小倉　哲浩
3	間接正犯の限界	…………前田　巌
4	被害者の行為の介在と因果関係	…………島田　一
5	被告人の行為の介在と因果関係	…………吉村　典晃
6	被害者の承諾	…………下津　健司
7	尊厳死	…………山田　耕司
8	急迫不正の侵害の終了時期	…………松田　俊哉
9	正当防衛と第三者	…………河原　俊也
10	正当防衛と共同正犯	…………大善　文男
11	自招侵害	…………増田　啓祐
12	量的過剰防衛	…………遠藤　邦彦
13	責任能力と精神鑑定	…………稗田　雅洋
14	薬物輸入罪の故意，事実の錯誤	…………安東　章
15	早すぎた結果の発生，遅すぎた結果の発生	…………齋藤　正人
16	意味の認識	…………丸田　顕
17	事実の錯誤と違法性の錯誤	…………菊池　則明
18	過失犯における予見可能性	…………家令　和典
19	信頼の原則	…………齊藤　啓昭
20	管理・監督過失	…………西野　吾一
21	実行の着手	…………吉井　隆平
22	不能犯	…………中川　綾子
23	中止犯	…………佐伯　恒治
24	共謀共同正犯の成否	…………川田　宏一
25	教唆犯と共同正犯	…………長瀬　敬昭
26	過失の共同正犯	…………板津　正道
27	承継的共犯	…………芦澤　政治
28	不作為の共同正犯・幇助	…………村越　一浩
29	幇助の因果性	…………島戸　純
30	共犯からの離脱	…………三村　三緒
31	共犯と身分	…………江口　和伸
32	自首の成否	…………大西　直樹
33	執行猶予の判断基準	…………田村　政喜

詳しくは www.seirin.co.jp をご覧ください。